BIBLIOTHÈQUE… …
…FACULTÉ DES…

FASCICULE III

LEXIQUE ÉTYMOLOGIQUE
DES TERMES LES PLUS USUELS
DU
BRETON MODERNE

PAR

Victor HENRY

… de Sanscrit et Grammaire comparée des Langues indo-européennes
à l'Université de Paris

RENNES
J. PLIHON et L. HERVÉ, Libraires-Éditeurs
5, Rue Motte-Fablet, 5

1900

LEXIQUE ÉTYMOLOGIQUE

DU

BRETON MODERNE

CHALON-S-SAONE, IMPR. FRANÇAISE ET ORIENTALE DE E. BERTRAND

BIBLIOTHÈQUE BRETONNE ARMORICAINE

PUBLIÉE PAR LA FACULTÉ DES LETTRES DE RENNES

FASCICULE III

LEXIQUE ÉTYMOLOGIQUE
DES TERMES LES PLUS USUELS
DU
BRETON MODERNE

PAR

Victor HENRY

Professeur de Sanscrit et Grammaire comparée des Langues indo-européennes
à l'Université de Paris

RENNES

J. PLIHON et L. HERVÉ, Libraires-Éditeurs

5, Rue Motte-Fablet, 5

1900

A MES CHERS AMIS

Claude Keromnèn

Paul Le Gac

ET A TOUS LES BRETONS CURIEUX COMME EUX
DES ORIGINES DE LEUR LANGUE

*Je dédie ces pages
causées bien avant d'être écrites*

Ce livre a le malheur d'avoir une histoire. Il a été refait trois fois. Il n'en vaut probablement pas davantage. C'est pour plaider les circonstances atténuantes que j'en conte brièvement les aventures.

Il est né, en saison de bains de mer, de mes entretiens avec mes amis bretons, qui voulaient bien m'enseigner leur langue, telle qu'elle voltige *viva per ora virum*, au bord de cette anse de Plougasnou que dominent de loin les flèches historiques de Saint-Pol-de-Léon. Pour ne pas être trop en reste avec eux, je leur apprenais à mon tour le peu que je savais de leur passé celtique, de notre commun passé indo-européen, ou simplement de telle étymologie évidente ou curieuse. J'en avais en effet recueilli un bon nombre, soit dans les ouvrages de MM. d'Arbois et Loth, soit en dernier lieu — le *Glossaire* de M. Ernault n'avait pas encore paru — dans l'*Urkeltischer Sprachschatz* de M. Whitley Stokes. A mesure que j'apprenais par conversation ou lecture une nouvelle expression bretonne, je rangeais ces étymologies par ordre alphabétique de mots bretons, et je me composais ainsi un petit lexique de termes usuels, fort incomplet, mais commode pour mon usage personnel.

Plusieurs années après, ayant suspendu, par des raisons qui n'intéressent que les sanscritistes, ma traduction commentée de l'Atharva-Véda, je me trouvai de loisir pour d'autres travaux, et l'idée me vint de faire profiter mes amis de Bretagne de cette ébauche de dictionnaire. Dans ma pensée ce devait être un répertoire étymologique tout à fait élémentaire : ni appareil érudit, ni citations d'autorités, ni même référence constante aux autres langues soit celtiques soit indo-européennes ; rien que des rapprochements, les plus frappants possible, avec le latin, le français ou l'anglais, parfois avec le grec, rarement avec le sanscrit ou le slave; bref, un petit livre sans prétention scientifique, exclusivement destiné au public lettré de Bretagne, et que par ce motif je tenais à faire paraître en pays bretonnant.

L'ouvrage à peu près terminé, je le fis offrir gratuitement à un éditeur du Finistère, qui consentit sans hésiter à l'imprimer... à mes frais.

Au fond, peu m'importait : un éditeur parisien qui m'honore de sa confiance acceptait mon manuscrit et le publiait tel quel; mais ma conscience m'interdisait de lui faire courir le risque d'une publication qui, à en juger par cette première épreuve, avait peu de chances de se répandre en Bretagne, et qui, à raison de sa rédaction sommaire, n'en avait aucune d'être demandée ailleurs. Je repris donc mon travail et le refondis sur un plan moins étroit : j'y introduisis les rapprochements de langues « estranges » que j'avais systématiquement écartés, les références aux auteurs dont je m'étais borné à enregistrer la doctrine, les raisons de douter que j'avais souvent passées sous silence; et, pour ne pas le grossir outre mesure, je dus recourir à une concision qui peut-être en compromettait la clarté.

Sur ces entrefaites, MM. Loth et Dottin, apprenant l'existence de mon manuscrit, voulurent bien m'offrir, avec l'hospitalité de leur *Bibliothèque Bretonne-Armoricaine*, la légitime notoriété dont elle dispose tant en France et à l'étranger qu'en Bretagne même. Mais cet honneur inespéré m'imposait de nouveaux devoirs : il ne suffisait plus que l'ouvrage pût être de quelque utilité aux lettrés bretons et aux indogermanistes de tout pays; il fallait, de plus, qu'il fût de consultation commode pour ceux-là mêmes à qui il n'enseignerait rien, pour les celtisants de profession. J'ai donc dû multiplier et préciser les références, soit corniques et cymriques, soit irlandaises et gaéliques, — le récent *Dictionary* de M. Macbain m'a été d'un immense secours, — insister davantage sur les irrégularités phonétiques qui émaillent encore l'étymologie celtique, signaler tout au moins les points controversés entre les spécialistes, vérifier à mainte reprise telle forme rare ou telle orthographe par trop arbitraire ; et ce travail, généralement exécuté sur les placards, les a parfois couverts d'un pittoresque désordre de ratures, de renvois, de corrections et surtout d'additions.

Je saisis cette occasion pour exprimer toute ma reconnaissance à M. Bertrand, mon imprimeur : non seulement son outillage est fort complet ; mais ses compositeurs se retrouvent à merveille dans l'attirail compliqué de signes graphiques et diacritiques qu'il leur faut manier. En somme, après une courte période d'essai, je n'ai plus eu à relever, dès la première épreuve, qu'un minimum vraiment infime de fautes d'impression, et je n'ai eu qu'à me louer de l'intelligence et du soin avec lesquels mes nombreuses « corrections d'auteur » étaient reportées des placards à la mise en pages.

Que sera-t-il sorti de tout cet effort ? La critique me le dira, et je ne chercherai pas plus longtemps à fléchir ses arrêts. Aussi bien son indulgence ni sa juste sévérité ne sauraient-elles influer sur la direction ultérieure de mes études. Exilé, depuis trente ans, de ma petite patrie l'Alsace, je m'en étais fait en quelque sorte une seconde de la Bretagne, et j'ai essayé de lui payer ma dette d'affection. Mais le moment est venu de m'acquitter envers la première : je retourne au germanisme et au dialecte colmarien, sur lequel j'ai accumulé assez de documents pour que la grammaire et le vocabulaire en soient mûrs.

Je ne remercierai jamais assez mes deux chers collègues, MM. Loth, doyen de la Faculté des lettres de l'Université de Rennes, et Meillet, directeur adjoint à l'École des hautes-études, qui ont mis à ma disposition, l'un sa connaissance pratique du breton moderne, ses lumières de celtisant et la rare sagacité de sa critique phonétique, l'autre plus spécialement son autorité en matière de zend et de letto-slave et son universelle information indo-européenne. Avec un dévouement qu'apprécieront tous ceux qui savent combien sont absorbantes leurs études personnelles, ils ont consenti de la meilleure grâce à revoir mon manuscrit ou mes épreuves, et m'ont signalé bien des lacunes, des erreurs et des invraisemblances. Quoi que vaille l'ouvrage, il n'a pas dépendu d'eux qu'il ne fût beaucoup meilleur. Il le serait sans aucun doute, si j'avais toujours scrupuleusement accédé à leurs suggestions.

V. HENRY.

Sceaux (Seine), 15 décembre 1899.

INTRODUCTION

I. La première et indispensable condition, pour faire usage d'un dictionnaire étymologique, si modeste soit-il, c'est de se rendre un compte exact de la nature de la science étymologique en elle-même : elle ne consiste point à rapprocher au hasard *deux mots* qui se ressemblent dans deux langues *plus ou moins différentes*, mais à préciser, s'il se peut, les rapports nettement saisissables entre *tous les mots* d'un ensemble de langues qu'on a reconnues avec certitude pour être *apparentées entre elles*.

Supposons qu'un mot breton soit absolument identique à un mot japonais de même signification : ce sera une circonstance fortuite à peine digne de remarque, jusqu'au jour où l'on pourrait démontrer ou soupçonner que ce mot eût été, par exemple, rapporté du Japon par quelque matelot breton et naturalisé tel quel en Bretagne ; et, alors même, la constatation de cette identité demeurerait une curiosité isolée, presque sans intérêt, puisqu'il n'existe par ailleurs aucun lien historique ni linguistique entre la Bretagne et le Japon.

Entre deux langues, apparentées ou non, qu'unissent depuis des siècles des relations continues de voisinage et de commerce, la question se posera autrement : si un mot breton ressemble à un mot français de même sens, il n'est pas probable a priori que ce soit pur hasard ; et l'on se demandera, dès lors, si le breton l'a emprunté au français, ou le français au breton, et vers quelle époque ce transport s'est effectué. Mais, de plus, comme le breton et le français sont incontestablement, en dehors de leurs longues relations historiques, deux langues linguistiquement apparentées, la ressemblance, même lointaine, même insaisissable à tout autre œil que celui du linguiste, de deux synonymes ou quasi-synonymes de ces deux langues, fera surgir un nouveau problème, le plus intéressant à coup sûr, mais aussi le plus ardu, de l'étymologie : il se peut qu'aucune des deux langues n'ait rien emprunté à l'autre, que le mot breton soit authentiquement celtique, le mot français authentiquement latin, et que leur ressemblance extérieure tienne, non pas à l'union historique constatée de la Bretagne et de la France, mais à l'apparentation préhistorique du celtique et du latin.

Pour s'en assurer, il faudra évidemment restituer le mot breton sous sa forme celtique, le mot français sous sa forme latine, c'est-à-dire tous deux sous la forme qu'ils affectaient il y a au moins deux mille ans. A cette date, le latin nous est connu, mais non pas le celtique, dont les plus anciens documents remontent bien moins haut. L'élément essentiel de la comparaison nous ferait donc défaut, si une légitime induction n'y suppléait : par le rapprochement de toutes les formes celtiques actuellement vivantes ou littérairement constatées, nous pouvons espérer *remonter* à la forme préceltique commune d'où elles sont issues ; par le rapprochement de toutes les autres langues connues pour appartenir à la même famille que le celtique, — sanscrit, grec, latin, etc., — nous pouvons espérer reconstituer, dans sa physionomie générale, la langue primitive et inconnue qui leur a donné naissance, et dès lors, telle forme de cette langue étant donnée, *redescendre* de celle-ci à la forme celtique qui en a procédé. C'est ce double travail d'induction ascendante et descendante qui constitue l'essence de toute étymologie sûre d'elle-même. Mais aussi, à ce prix, atteint-elle des résultats insoupçonnés de la masse des esprits même les plus cultivés : un homme intelligent et lettré peut amuser sa fantaisie à mille rapprochements extérieurs, dont à peine vingt ou trente tiendront debout; quand l'étymologiste est parvenu, *en ramenant deux mots à une forme préhistorique commune*, à en affirmer l'identité primitive, ce n'est plus d'ingénieux jeux d'esprit qu'il s'agit, mais de certitude scientifique aussi rigoureuse qu'il s'en puisse rencontrer en dehors des mathématiques.

Il va de soi, d'autre part, qu'une semblable affirmation n'est possible que sous le bénéfice de l'observation constante des rapports relevés entre les diverses langues qui en font l'objet : il faut savoir qu'à telle voyelle grecque répond invariablement telle ou telle voyelle germanique, qu'à telle consonne latine ou celtique se superpose sans exception telle paire de consonnes sanscrites; il faut, en un mot, connaître et appliquer partout les *lois phonétiques*, et demeurer persuadé qu'une étymologie qui les viole peut être vraie à la rigueur et par hasard, mais que, pour vraisemblable qu'elle lui apparaisse, l'étymologiste soucieux de vérité scientifique n'a pas le droit même de la mentionner, sans l'accompagner d'un « peut-être » ou chercher à découvrir les raisons historiques ou psychologiques d'une pareille monstruosité.

La phonétique celtique est fixée dans ses grandes lignes, et la phonétique indo-européenne l'est parfois jusqu'à l'infime détail : c'en est assez pour légitimer provisoirement un essai d'étymologie du breton. Mais ni l'une ni l'autre ne sauraient entrer dans le plan de cette rapide introduction, qu'il n'eût même pas valu la peine d'écrire, — tant sont élémentaires les notions qu'elle contient, — si le présent ouvrage avait la moindre prétention de rien apprendre à qui que ce fût. Mais, comme il n'est bon qu'à stimuler quelques curiosités ou à rafraîchir quelques souvenirs, il a paru nécessaire qu'il se suffît en quelque sorte à lui-même, dans la mesure au moins de ce qu'ont droit d'en exiger les rares amateurs qui daigneront le consulter.

II. Le breton actuel est une langue celtique, — c'est-à-dire qu'il est apparenté, de fort loin déjà, au gaulois disparu depuis quinze siècles, — de plus loin encore au latin et aux langues modernes qui en descendent, — de très loin enfin, à toutes les autres langues de l'Europe, qui, à la seule exception du basque, du hongrois, du turc et du finnois, rentrent dans la grande famille linguistique désignée conventionnellement sous le nom de famille *indo-européenne* ou *indogermanique*, et, par suite, procèdent toutes aussi d'une langue unique, vieille au moins de quarante siècles, en partie restituée par simple conjecture, et conventionnellement dénommée « indo-européen commun ».

La souche indo-européenne s'est scindée en un grand nombre de rameaux, dont huit seulement ont subsisté jusqu'à nous, soit par tradition littéraire, soit sous forme d'idiomes encore actuellement vivants : *indo-éranien, arménien, hellénique, illyrique, italique, celtique, germanique* et *letto-slave*.

1. Le groupe indo-éranien ou asiatique se subdivise à son tour en *indien* et *éranien*, l'un représenté par le *sanscrit*, les prâcrits et les dialectes modernes de l'Inde, l'autre par le *zend*, le vieux-perse, le pehlvi et le persan moderne. — Le sanscrit, la plus ancienne langue indo-européenne qui nous soit parvenue, en tant que langage sacré des livres dits « Védas », a été et reste encore, quoique dans une moindre mesure, le témoin le plus précieux dans la recherche des origines de nos idiomes ; mais le grec aujourd'hui le balance, et même l'emporte sur lui de beaucoup quant à la détermination exacte du vocalisme primitif. Les autres langues de l'Inde n'ont d'intérêt que pour les indianistes. — Le zend est l'antique langue des livres sacrés de la Perse ; et toutefois il ressemble trop au sanscrit pour qu'il y ait nécessité fréquente d'en appeler à son témoignage. On ne le trouvera pas souvent cité ; à bien plus forte raison, le vieux-perse, dont on n'a que quelques spécimens épigraphiques, et les dialectes modernes, très profondément altérés.

2. Le groupe arménien ne contient qu'une langue, sous deux états différents et relativement modernes : l'arménien ancien, qui ne remonte pas au delà du Ve siècle de notre ère, et l'arménien actuel, qui relève politiquement de la Russie, de la Turquie ou de la Perse. La valeur scientifique en est donc tout à fait secondaire. Il en serait différemment, si l'on parvenait à démontrer que jadis le phrygien dût s'y rattacher, et surtout si l'on possédait du phrygien autre chose que quelques inscriptions insignifiantes.

3. Le groupe hellénique ne renferme, lui aussi, qu'une seule langue (le *grec*), mais scindée en une infinité de dialectes, représentée par la plus belle littérature qui soit au monde, l'une des plus riches et des mieux conservées, fixée enfin en un état très ancien par la transmission orale et écrite des poèmes attribués à Homère (VIIIe-Xe siècle av. J.-C.). Cette langue homérique, à bien peu près sans doute contemporaine du sanscrit védique, qu'un intervalle de dix à quinze siècles seulement, selon toute apparence, sépare de la scission de l'indo-européen, passe avec raison pour le reproduire avec une étonnante fidélité dans sa structure, son phonétisme, et parfois jusque dans les nuances de sa délicate accentuation. Aussi nul, s'il n'est helléniste au moins passable, n'aborde-t-il plus aucun domaine de l'indogermanisme. Mais les états modernes du grec, byzantin et grec actuel, sont à ce point de vue quantités négligeables.

4. Le groupe illyrique comprend : dans l'antiquité, l'illyrien du nord ou vénète, et celui du sud ou messapien, dont il ne reste que fort peu d'inscriptions mal comprises ; de nos jours, l'albanais, prodigieusement corrompu par l'infiltration du néo-grec, du turc et des idiomes latins ou slaves. Aucune de ces langues n'a d'intérêt que pour elle-même[1].

5. Le groupe italique embrasse le *latin*, l'*ombrien*, l'*osque* et plusieurs autres langues anciennes, à peine connues, de la Péninsule. Le latin, dont le premier document authentique peut remonter au Ve siècle avant notre ère, et dont la littérature considérable nous est parvenue en assez bon état, nous offre seul une documentation complète de cette branche de l'indogermanisme, d'importance d'ailleurs moindre en principe ; car le latin est de l'indo-européen beaucoup moins bien conservé que le grec, le sanscrit ou même le germanique. Mais, s'il recule au troisième plan pour la comparaison générale, il est au contraire, à trois points de vue, d'importance absolument primordiale pour le celtisant.

---

[1] On trouvera dans ce lexique un seul mot illyrien (μόναπος), un seul thrace (βρῦτον), un seul macédonien (ἀδροῦτες), pas un albanais. Le thrace et le macédonien sont des unités trop mal connues pour qu'on puisse songer à les classer. Toutefois on a récemment essayé de rattacher l'albanais au thrace, en le séparant de l'illyrique.

a) De tous les rameaux entre lesquels s'est divisé l'indo-européen commun, il n'en est pas qui montrent à beaucoup près entre eux autant d'affinité que l'italique et le celtique. Tout semble indiquer que Celtes et Latins ont dû cohabiter encore, ou tout au moins voisiner, à une époque relativement tardive, où toutes les autres unités ethniques s'étaient déjà depuis longtemps séparées, en sorte que, s'il est prématuré ou excessif de parler à la lettre d'une sous-unité italo-celte, il doit être permis de se servir de cette expression pour classer les formes qu'ont en commun les Italiotes et les Celtes et qu'eux seuls possèdent, par exemple ce curieux *r* impersonnel bien connu en latin (*legit-ur* « on lit »), qui survit jusque dans le breton usuel de notre temps (*kar-eur* « on aime »).

b) Les Celtes de la Grande-Bretagne, seuls ancêtres de tous les Celtes actuels, furent soumis par les Romains ou civilisés par la culture latine. C'est en latin aussi qu'ils reçurent la prédication du christianisme. Leurs langues se sont donc mélangées, à diverses époques, de nombreux emprunts au latin, qu'il importe de reconnaître, — on verra tout à l'heure à quels indices, — d'isoler du fonds celtique, et même, si faire se peut, de dater approximativement.

c) Le latin, enfin, a une postérité très vivace de langues médiévales et modernes (*romanes*), qui toutes, sauf le rhétique et le roumain, se sont trouvées en contact fréquent avec les idiomes celtiques : nouvelle source d'emprunts, cette fois réciproques, mais beaucoup plus rares dans un sens que dans l'autre. Donc, à partir du VIIe siècle environ, où cessent les emprunts au latin, commence la période des emprunts au roman, qui se prolonge jusqu'à nos jours. Il va sans dire, au surplus, que l'observation ci-dessus ne s'applique à aucun couple celto-roman autant qu'au breton et au français, contigus durant tout le moyen âge et politiquement unis depuis plus de quatre siècles.

6. Le rameau celtique se subdivise en *celtique continental* (gaulois) et *celtique insulaire*, et celui-ci, à son tour, en *gâdélique* (ou gaélique) et *brittonique*. On le réservera ici pour un plus ample développement.

7. Le groupe germanique a trois subdivisions.

a) Le *germanique oriental* n'est représenté que par le *gotique*, aujourd'hui éteint, mais bien connu par une traduction d'une partie du Nouveau Testament qui remonte au IV° siècle, constituant par conséquent la forme la plus archaïque du germanique qui nous soit directement accessible. Grâce à ce précieux intermédiaire, l'évolution de la phonétique et de la grammaire de l'anglais et de l'allemand se manifeste avec autant de netteté et de rigueur que celle même du grec et du sanscrit[1].

b) Le *germanique septentrional* ou *scandinave* remonte aussi haut que le gotique, mais seulement par quelques inscriptions en caractères dits runiques. Par ailleurs, il ne dépasse pas le XI° siècle (*vieil-islandais*), mais se perpétue par le danois, le norvégien, le suédois et l'islandais actuels.

c) Le *germanique occidental* comprend essentiellement trois classes d'idiomes, puis chronologiquement dans chacune d'elles : — l'*anglo-saxon* (VIII°-XI° siècles), le moyen-anglais (XI°-XV° siècles), et l'anglais moderne; — le vieux-saxon, le moyen-néerlandais et le *bas-allemand* moderne; — le vieux-haut-allemand (VIII°-XI° siècles), le moyen-haut-allemand (XI°-XIV°), et le *haut-allemand* moderne. — En dehors de l'importance linguistique générale de tous ces idiomes, l'anglo-saxon en a, pour le celtique insulaire, une toute particulière : langue des conquérants de la Grande-Bretagne, il a dû nécessairement s'infiltrer de fort bonne heure dans la langue des vaincus; beaucoup moins pourtant que le latin, car les Saxons et les Angles étaient bien moins civilisés que les populations brittoniques qu'ils asservirent en premier lieu[2].

8. La répartition du groupe letto-slave ou balto-slave est celle

---

1. On prononcera : *ái* et *áu* gotiques en diphtongues, mais *aí* et *aú* respectivement comme *e* et *o* ouverts; *ei*, comme *i* long; *u* comme *u* allemand; *w* et *th*, respectivement, comme *w* et *th* anglais (dur). Le reste est sans importance ni difficulté.

2. On prononcera l'anglo-saxon, non comme l'anglais actuel, mais tel qu'il est écrit, en observant bien les signes de longueur; toutefois, le *c* comme *k* en toute position, l'*y* comme *u* français, et le *th* comme *th* anglais dur.

qu'implique son nom. — Le *lettique* ou *baltique*, en voie de disparition, comprend le *lituanien*[1] (Lituanie russe), le *letton* ou lette (Courlande, etc.), et le vieux-prussien (éteint). — Le slave remonte jusqu'au IX° siècle par le vieux-slavon[2], langue religieuse des Slaves dits orthodoxes, et descend jusqu'à nous par la riche expansion des dialectes slaves qui couvrent la moitié de l'Europe. — La portée de l'un et de l'autre, fort considérable en indogermanisme, est naturellement assez restreinte en matière d'étymologie celtique. On n'en relèvera que peu de citations.

III. Revenons donc au groupe celtique, et d'abord envisageons-le dans son ensemble. Une particularité qui lui est exclusivement propre le distingue de tous les autres : dès avant qu'il ne se fût scindé en dialectes, le *p* primitif de l'indo-européen, conservé partout ailleurs, y avait disparu sans laisser de trace. En d'autres termes, soit un mot grec, latin, sanscrit, contenant un *p* initial ou intérieur : cette consonne y manquera dans tous les dialectes celtiques; au latin *porcus* l'irlandais répond par *orc*, et le breton par *leûn* au latin *plēnus*. Ainsi nous sommes sûrs que ces deux mots sont vraiment celtiques, n'ont pas été tirés du latin. Et, d'autre part, si le latin et le celtique, le français et le breton nous offrent, par exemple, un couple de synonymes qui contiennent dans l'une et l'autre langue la consonne *p*, nous pouvons affirmer avec certitude que le mot celtique est un emprunt. On en verra maint exemple.

Un autre critérium, non moins absolu, sépare, dans le celtique lui-même, le groupe iro-gaélique du groupe brittonique. Soit un mot indo-européen contenant la consonne que l'on désigne conventionnel-

---

1. On prononcera : *é* et *o*, fermés et longs; *e*, ouvert, bref ou long selon l'accentuation; *y*, comme *i* long; *sz* et *ż*, respectivement, comme *ch* et *j* français; *c* et *cs* comme *ts* et *tch*. L'aigu et le circonflexe sont signes de longueur, mais avec une nuance d'accentuation qui n'est pas brièvement définissable.

2. On prononcera : *e* et *o*, ouverts; *ê*, fermé et long; *ŭ* et *ĭ*, presque muets (*y* est une voyelle très difficile à définir); *ch*, comme en allemand; *ż*, comme en lituanien. Les autres signes graphiques ne se rencontreront pas dans ce livre.

lement par *q*, à laquelle le sanscrit et le letto-slave répondent par *k*, le grec par π ou τ suivant le voisinage, le latin toujours par *qu*, le gotique par *hw*, etc.: en irlandais, ce mot contiendra un *k* (écrit *c*), et en breton un *p*, dont la genèse est naturellement postérieure à la chute totale et générale du *p* primitif[1] : ainsi, le nom de nombre qui est en latin *quinque* est en irlandais *cóic*, et *pemp* en breton. Si donc nous trouvons en gaélique et en brittonique deux mots synonymes contenant dans l'une et l'autre langue un *k*, nous parierons à coup sûr que le brittonique a emprunté le mot au gaélique; et la réciproque sera vraie de deux synonymes qui contiendront un *p* dans les deux langues.

Ceci n'est qu'un exemple, mais frappant dans sa simplicité et sa rigueur, des mille ressources dont dispose la science pour reconstituer la préhistoire du langage.

Le celtique continental (gaulois) partage naturellement la première de ces particularités avec tout le groupe celtique. Il partage la seconde avec le rameau brittonique : « cinq » s'y disait *pempe*. Ce n'est pas leur seul trait commun : l's initial primitif, qui persiste en gaélique, devient *h* en brittonique; or il reste *s* en gaulois[2]; mais, à l'époque gauloise, il était encore *s* en brittonique. On ne saurait cependant rattacher le gaulois à l'une plutôt qu'à l'autre division. Il forme une catégorie à lui seul, ainsi qu'on doit l'attendre, au surplus, de sa situation géographique.

IV. Cela posé, on esquissera à grands traits l'histoire de chacune des unités qui composent le groupe celtique.

1. Le celtique continental fut la langue de la Gaule jusque vers le IIe siècle de notre ère; mais la conquête romaine lui porta un coup mortel, il disparut avec une rapidité qui ne laisse pas de surprendre l'historien contraint de la constater. De quelque façon qu'on s'en

---

1. Il se peut donc fort bien qu'un mot cymrique ou breton contenant un *p* soit d'origine celtique; mais c'est à condition que la forme indo-européenne dont il descend contienne, non un *p*, mais un *q*. Au contraire, aucun mot iro-gaélique contenant un *p* ne saurait être celtique.
2. Voir notamment, au lexique, les mots *hé-*, *hégar*, *hen*, *hent*, etc.

rende compte, le fait demeure irréfragable : au IV⁰ siècle¹, toute la Gaule — y compris l'Armorique — parlait latin. Celle-ci s'est « receltisée » par immigration, ainsi qu'on va le voir. Prendre les Bretons actuels pour les continuateurs immédiats des Gaulois Armoricains, est une des pires erreurs qui faussent encore dans certains esprits la conception du celtisme.

La précoce extinction du gaulois, jointe à la circonstance qu'il ne possédait point de littérature écrite, — la tradition druidique étant purement orale, — suffit à justifier la rareté des vestiges qu'il a laissés : une trentaine d'inscriptions qui ne sont pas toutes comprises, quelques mots épars dans les auteurs anciens, des noms propres et des appellations géographiques², c'est tout ce qu'il en subsiste. En fait, nous ne connaissons pas le gaulois et ne le connaîtrons jamais ; nous nous le figurons seulement, avec quelque vraisemblance, d'après ces rares documents et le témoignage de ses congénères plus heureux qui lui ont survécu.

2. L'Irlande, en effet, et la Grande-Bretagne septentrionale (Écosse) ne subirent pas la conquête romaine, et le celtique gadélique s'y maintint, obscurément du reste, jusqu'au jour où la prédication chrétienne le vint réveiller et où il émerge dès lors dans l'histoire³.

a) De ce jour (VIII⁰ siècle) apparaît, avec sa riche littérature, sacrée ou profane, le gaélique d'Irlande, qu'on appelle plus usuellement *irlandais* tout court. Il se nomme vieil-irlandais jusqu'au XI⁰ siècle, moyen-irlandais jusqu'au XVI⁰, irlandais moderne, enfin, de nos jours, où il est réduit à presque rien par la concurrence de l'anglais⁴.

---

1. Dans la France du nord, du moins dans les campagnes reculées, le gaulois paraît s'être maintenu jusqu'au VI⁰ et même par delà.
2. Encore ne nous sont-ils parvenus, pour la plupart, que sous une forme entièrement latinisée. Voir l'index gaulois à la fin du volume.
3. Toutefois il existe quelques inscriptions gadéliques, dites ogamiques, qui remontent au paganisme et aux premiers siècles de notre ère ; mais c'est une mince ressource.
4. On prononcera : les voyelles et diphtongues telles qu'elles sont écrites, mais longues les voyelles accentuées ; *c*, comme *k*, devant toute voyelle ; *ch*, comme en

b) Le gaélique d'Écosse, usuellement *gaélique* tout court, se défend mieux, dans les âpres régions qui lui font une sorte de citadelle; mais les sources en sont bien moins anciennes et moins sûres, et d'ailleurs il ne diffère pas assez de l'irlandais pour qu'on invoque son autorité autrement qu'à titre accessoire et supplémentaire[1].

c) Le *manx* ou gaélique de l'île de Man doit à sa situation insulaire quelques particularités, d'assez médiocre intérêt quant à l'ensemble du celtique.

3. A la différence des Gâdels, qui ne connurent pas la conquête romaine et vécurent, longtemps aussi, indépendants de la conquête anglaise, — ce qui leur permit de constituer dans leur triple contrée une vaste unité territoriale, — les *Brittons* subirent les premiers assauts de l'une et de l'autre, et la seconde les morcela en trois tronçons, dont deux survivent jusqu'à présent, de très inégale importance.

Les Celtes qui peuplaient le sud et le centre de la Grande-Bretagne se désignaient eux-mêmes sous le terme commun de *Brittones*[2]. Soumis par César comme les Gaulois, mais plus fidèles à leur passé, ils gardèrent leur langue sous la domination romaine, moins forte, d'ailleurs, et plus éphémère dans l'île que sur le continent. La fondation de l'heptarchie anglo-saxonne (Vᵉ siècle) les absorba ou les dispersa. La langue des vainqueurs prévalut partout, sauf dans quelques régions montagneuses ou maritimes, où la conquête pénétra peu ou plus tardivement, et où les Celtes demeurèrent maîtres de leurs destinées.

a) La principale de ces forteresses celtiques fut le rude pays de

allemand; puis, si l'on veut, — car la prononciation s'est modifiée d'âge en âge, — *dh* et *gh* comme *y* du mot *yeux*, *th* comme *h*, *bh* comme *v*, et *mh* comme un *v* nasal pareil à celui du breton *hañv*, *leñv*, etc.

1. On prononcera : longues, les voyelles marquées d'un accent grave; *é* et *ó*, longs et fermés; les diphtongues très fuyantes; *ea*, *ei* et *eu* à peine diphtongués; le reste, comme en irlandais.

2. Dans le nord de l'île (Écosse actuelle), les Pictes, restés toujours insoumis, parlaient un celtique que le critérium du *p* fait rattacher de plus près au brittonique qu'au gâdélique; mais on ne possède de ce dialecte que quelques noms propres.

Galles. Les Celtes qui s'y réfugièrent se nomment eux-mêmes *Cymmry* « les compatriotes »[1] : d'où le nom de *cymrique* ou gallois que porte leur langue, dont la difficulté ne doit point être mesurée aux complications de son orthographe[2]. On y distinguera chronologiquement : le vieux-cymrique, qui se confond avec le vieux-breton ; celui du moyen âge, représenté surtout par le recueil de contes dit *Mabinogion* « les Jeunesses » (XIIe siècle) ; et le gallois actuel, très vivace encore, qui ne cède que bien lentement devant la prépondérance de la langue anglaise.

b) La longue et étroite presqu'île à laquelle sa population valut, comme à la Cornouaille française, le nom de Cornwall, ouvrit au celtique un autre asile. Il y vécut, sous le nom de *cornique*, jusqu'au siècle dernier[3]. Sa maigre littérature, exclusivement biblique, ne remonte pas au delà du XVe siècle ; mais il est connu sous sa forme moyenne, par un vocabulaire du XIIIe, qui paraît être la copie d'un original plus ancien. Antérieurement, le vieux-cornique se confond avec le vieux-breton.

c) Même avant la conquête saxonne, des émigrants bretons passèrent la Manche et s'établirent sur le littoral peu peuplé qui faisait face au leur ; plus tard, les Celtes, refoulés vers la mer, affluèrent en plus grand nombre : ainsi s'accomplit la colonisation qui valut à la vieille Armorique son nom actuel de Bretagne, et maintient à l'extrémité occidentale de la France un dialecte celtique, exactement « breton armoricain », usuellement *breton* tout court. — Sa division chronologique comporte trois stades : vieux-breton, depuis le VIIIe siècle[4], ancêtre commun du cymrique, du cornique et du breton,

---

1. Voir au lexique le mot *brô*.
2. Voici les règles essentielles de prononciation : *u*, intermédiaire entre *u* et *i* français ; *y*, de même, après *w*, ou dans un monosyllabe, ou en syllabe finale, mais en toute autre position comme *e* muet faisant syllabe ; *w* devant voyelle, comme *w* anglais, mais entre consonnes comme *ou* français ; *c*, comme *k*, en toute position ; *ff* comme *f*, et *f* comme *v* bilabial ; *th* et *dd*, respectivement, comme *th* anglais dur et doux ; les consonnes suivies d'*h*, sans sonorité ; *ll* est presque indéfinissable.
3. On prononcera le cornique à peu près tel qu'il est écrit, — si l'on peut, car certains mots sont d'aspect assez rébarbatif ; mais cela n'a guère d'importance. — Le *dh* est un *th* anglais doux. — Voir au lexique le mot *Kerné*.
4. Les mots antérieurs sont tous latinisés.

sans aucune littérature, et se réduisant à une liste de cinq cents mots relevés çà et là dans des gloses de manuscrits latins ; moyen-breton, dont la littérature religieuse part seulement du XIVe siècle; et breton moderne, demeuré la langue rurale d'un département français et de la moitié de deux autres. — Géographiquement, le breton se divise en quatre dialectes, qui correspondent aux quatre anciennes provinces épiscopales : *trécorois* (Tréguier), *léonais* (Saint-Pol de Léon), *cornouaillais* (Quimper) et *vannetais*. Ceux qui parlent l'un quelconque des trois premiers se comprennent entre eux; mais le breton de Vannes en diffère très notablement.

V. On vient de voir que le cymrique, le cornique et le breton, séparés depuis le Ve siècle, sont restés à peu près identiques, ou du moins sans différence appréciable pour nous, jusque vers le Xe. Depuis lors, ils ont divergé, mais moins qu'on ne serait tenté de le supposer de prime abord : les relations ont été assez suivies d'un bord à l'autre de la Manche ; la terre conquise par le Saxon exécré est demeurée pour le Breton le pays des souvenirs patriotiques et religieux, d'où partent et où se rendent en pèlerinage la plupart des saints qui catéchisent l'Armorique. Ce n'est guère qu'à partir de la fin du moyen âge, que les deux nations, après leur divorce religieux, se voient définitivement emportées, l'une dans l'orbite de la France, l'autre dans celle de l'Angleterre. Il en résulte qu'aujourd'hui encore les idiomes brittoniques se ressemblent beaucoup : non pas, comme on se l'est imaginé, qu'un Breton et un Gallois puissent d'emblée converser ensemble sans préparation, — tant s'en faut ; — mais en ce sens que, abstraction faite des lois phonétiques propres à chacune des trois langues, il serait difficile de signaler dans l'une d'elles une tendance générale ou un fait de structure linguistique qui ne fût point partagé presque à un égal degré par les deux autres. Leur évolution a été parallèle, et leurs divergences phonétiques mêmes n'affectent guère que le vocalisme.

Cependant, s'il importait absolument d'assigner au breton un caractère spécial qui l'isolât dans une certaine mesure de ses congénères, on pourrait peut-être le trouver dans l'extrême fréquence de la métathèse consonnantique. La métathèse se rencontre dans toutes les langues, et de préférence dans les moins cultivées : elle n'a manqué, ni au cymrique, ni surtout, semble-t-il, au cornique ; mais en breton elle foisonne. Dès les premières pages du lexique, on trouvera des formes telles que *alan* pour **ana(z)l*, *aṅsaô* pour *aʒanv, *beulké* pour *beuglé, etc., qui témoignent en faveur d'une sorte d'instabilité consonnantique et de fréquentes « fautes de langage » dans un parler populaire dialectalement morcelé sans qu'aucune littérature centrale intervînt pour le fixer ; et les nombreux doublets du type *gweskléé* et *gloesker* « grenouille », *gwèstl* et *gloestr* « gage », etc., paraissent bien relever du même principe. On les retrouvera en leur lieu.

Accessoirement, on notera en breton une forte tendance à l'introduction de nasales parasites, surtout dans les mots récents et empruntés, tels que *ampart*, *beṅtonik*, *diṅs*, *puṅs*, *bouṅta*, *toṅka*, et tant d'autres. Dans bien des cas, comme dans ce dernier, il a pu y avoir confusion de deux quasi-homonymes. Mais la généralité de la tendance doit s'expliquer par une cause plus générale, à savoir la chute phonétique de la nasale dans les mots où elle était étymologique : l'existence de doublets dialectaux du type de *krénv* et *krèff* « fort », *klaṅv* et *klaff* « malade », etc., a dû entraîner, par voie de conséquence presque nécessaire, l'insertion fautive de la nasale préconsonnantique dans bien des mots qui ne la comportaient pas et qui, n'étant pas indigènes, se défendaient mal contre cette altération.

A part ces traits, le breton ne se distingue du cornique et du cymrique que par une particularité tout extrinsèque : l'énorme appoint de mots français qu'il a accueillis et naturalisés, avant peut-être et surtout depuis le double mariage d'Anne de Bretagne. Le comble en ce genre est atteint, de nos jours, par ce qu'on pourrait nommer « le breton politicien », langue de journalisme et de profession de foi où, sauf les copules, les désinences grammaticales et de loin en loin quelques mots de la langue usuelle, pas un élément ne relève plus du celtique. Il est superflu de dire qu'un dictionnaire étymologique n'a point à connaître de ces nécessaires mais déplorables néologismes. On ne rencontrera au lexique que les emprunts au français sur lesquels une personne connaissant les deux langues sans en connaître exactement l'histoire serait excusable d'hésiter un instant.

VI. Il serait évidemment excessif de tirer d'un travail aussi parcellaire une conclusion quelconque quant à l'ensemble de l'étymologie celtique. Il est pourtant une remarque qui s'impose : en feuilletant, soit ce lexique brittonique, soit son aîné de quatre ans et sa contrepartie gâdélique, le dictionnaire de M. Macbain, on sera frappé de la fréquence de la mention « Étymologie inconnue ». Ce n'est pas que proportionnellement peut-être elle revienne beaucoup plus souvent que dans un vocabulaire sanscrit, grec, ou surtout latin, dont l'auteur eût religieusement noté ses incertitudes et ses repentirs. Toute étymologie laisse nécessairement un semblable résidu. Lorsqu'il n'est pas imputable à l'imperfection de nos connaissances et de nos moyens d'investigation, il relève d'une circonstance aussi aisée à présumer que difficile à vérifier : le domaine conquis par chacune des peuplades indo-européennes était occupé avant elle par des tribus de race différente; les Grecs, par exemple, avaient gardé le souvenir de semblables devanciers sous le nom de Pélasges; et, comme ces autochtones furent partout asservis, nulle part en tout cas complètement anéantis, il est à supposer que quelques mots de leur langue survivent à notre insu dans le langage indo-européen de leurs vainqueurs. Mais ce qui semble exceptionnel dans le celtisme, c'est que, parmi ces mots qui demeurent en l'air, qui ne s'expliquent, ni par l'indo-européen, ni par un emprunt au latin ou au français, à l'anglo-saxon ou à l'anglais, il y en ait beaucoup de fort usuels, qui devaient appartenir à la vie de tous les jours ; — car les mots de ce genre sont généralement indigènes dans chaque langue; — c'est que des mots comme *beûré* « matin », *bloaz* « année », *kôz* « vieux », *sellout* « voir », n'aient point du tout de répondant en dehors du celtique, que d'autres comme *kenn* « peau » n'en aient qu'au prix d'un effort de conjecture plus ou moins plausible, qu'enfin le répondant, s'il se rencontre à coup sûr, n'existe que dans un seul des autres domaines de l'indogermanisme, ce qui interdit d'affirmer qu'il ait vraiment appartenu à l'indo-européen commun. Il est donc à supposer que les Celtes, au moins les Celtes insulaires, se sont trouvés, à un moment donné, dans leur marche d'immigration ou de conquête, en contact avec une nation plus homogène et plus dense que celles qu'ont rencontrées sur leur route les autres envahisseurs de l'Europe, ou bien encore avec une race qui était à peu près leur égale en civilisation[1], qu'ils en ont triomphé et l'ont absorbée, mais non sans y laisser quelque chose de la pureté de leur propre langue, et qu'enfin le celtique commun fut un mélange, à doses fort inégales, mais pourtant encore reconnaissables, des dialectes de ces vainqueurs préhistoriques et de ces vaincus désormais effacés. En un mot, et toutes proportions gardées, bien entendu, la langue de ceux-ci aurait survécu à l'invasion celte comme le latin à la conquête des barbares[2]. Mais c'en est assez sur un secret que le passé nous garde et gardera toujours. La science n'a que faire d'hypothèses qu'elle ne sera jamais en mesure de confirmer ni de réfuter.

[1]. Selon M. d'Arbois de Jubainville le domaine conquis par les Celtes continentaux l'a été sur les Ligures, population indo-européenne. Cette donnée importante ne nous permet pas néanmoins d'identifier les vocables non-celtiques égarés dans le celte; car nous ne savons presque rien de la langue des Ligures; moins encore, de celle des Ibères, que les Ligures avaient supplantés; et enfin, nous ignorons à quelles peuplades primitives ont eu affaire les Celtes insulaires en envahissant la Grande-Bretagne.

[2]. Bien d'autres considérations entrent ici en ligne de compte, et mon excellent confrère M. Duvau m'en confirmait une tout récemment. Seuls de tous les Indo-Européens, tous les Celtes ont la numération vigésimale (br. *daou-ugent* = 40). Cette particularité leur est commune avec les Français, seuls de tous les peuples romans (*quatre-vingts, six-vingts, les Quinze-Vingts*); et les Français sont aussi les seuls qui habitent un domaine jadis exclusivement celte. Il est donc impossible de ne pas songer à des occupants préhistoriques, non indo-européens, qui, comme aujourd'hui encore les Eskimos par exemple, comptaient par les dix doigts des mains, puis par ceux des pieds, puis recommençaient, et qui auraient légué leur système aux Celtes envahisseurs.

INSTRUCTION POUR L'USAGE DU LEXIQUE

L'orthographe, — alors même qu'une autre eût été légèrement plus correcte, — et l'ordre alphabétique suivis dans ce lexique sont exactement, pour faciliter la recherche, ceux des dictionnaires de Le Gonidec, La Villemarqué et Troude, à savoir : a b k d e f g h ch c'h i j l m n o p r s t u v w z.

Il y faut joindre les caractères ḻ = *l* mouillé, ṅ = *ñ* espagnol (*gn* français) et ṅ = *n* nasalisant la voyelle précédente. Mais le signe diacritique qui accompagne la consonne ne modifie pas son rang alphabétique.

Les autorités lexicographiques et étymologiques sont citées en abréviation. On reconnaîtra aisément les noms suivants : d'Arbois de Jubainville, Bezzenberger, Dottin, Ernault, Godefroy, Hatzfeld, Le Gonidec, Le Pelletier, Macbain, Thurneysen. Ceux de MM. Ascoli, Duvau, Loth, Meillet, Rhŷs, Antoine Thomas, Whitley Stokes, Windisch, Zimmer, et autres, figurent en toutes lettres.

Les majuscules entre parenthèses (C., L., T., V.) désignent les quatre dialectes du breton moderne[1].

L'astérisque désigne une forme qui n'est nulle part historiquement ou littérairement attestée, mais seulement restituée par conjecture ou induction linguistique, comme le sont, par exemple, toutes les formes indo-européennes, et toutes les formes dites « celtiques » (ou préceltiques), c'est-à-dire appartenant au celtique commun et préhistorique, antérieur à la scission en gaulois, gadélique et brittonique.

Le signe < entre deux formes indique que la première est issue de la seconde : ainsi, br. *penn* < celt. *qennos. — Le signe >

---

[1]. Il est impossible de confondre la dernière avec l'abréviation « V. = voir », qui généralement n'est pas entre parenthèses et, en tout cas, est toujours suivie d'un complément.

entre deux formes indique que la seconde est issue de la première : ainsi, lat. *oinos* > lat. *ūnus*[1].

Le signe = indique que deux formes de langues différentes sont phonétiquement et morphologiquement tout à fait identiques, en tant que remontant à une forme antérieure commune : ainsi, br. *pemp* = lat. *quinque*[2].

Voici le tableau des autres abréviations :

adj.	adjectif	germ.	germanique
adv.	adverbe	got.	gotique
ag.	anglais	gr.	grec
ags.	anglo-saxon	id.	même sens
al.	allemand	i.-e.	indo-européen
br.	breton moderne	inc.	inconnu
celt.	celtique	ir.	irlandais moderne
cf.	comparer	lat.	latin
conj.	conjecture[3]	lett.	letton
corn.	cornique	lit.	lituanien
dér.	dérivé	mbr.	moyen-breton
cymr.	cymrique	mhal	moyen-haut-allemand
du.	duel	mir.	moyen-irlandais
empr.	emprunt[4]	mod.	moderne
étym.	étymologie	msc.	masculin
fm.	féminin	n. pr.	nom propre
fr.	français	nt.	neutre
gael.	gaélique	pf.	parfait (temps)
gaul.	gaulois	pl.	pluriel

1. La façon la plus simple de les lire, c'est donc, respectivement « issu de » et « d'où ». On prendra garde de les bien distinguer : la flèche est toujours dirigée vers la forme postérieure et issue.
2. N. B. Ce signe n'indique jamais un simple emprunt d'une langue à l'autre.
3. Cette abréviation sert d'appendice à toutes les étymologies qu'une irrégularité phonétique ou toute autre cause d'invraisemblance rend plus ou moins suspectes. Lorsqu'elle n'est suivie d'aucun nom propre, c'est que la conjecture est personnelle à l'auteur, ou du moins qu'il n'a pas eu connaissance qu'elle eût été formulée avant lui.
4. On prendra garde que l'abréviation qui suit désigne toujours la langue *à laquelle* l'emprunt a été fait : la meilleure manière de lire « empr. fr. », c'est « emprunté au français », et ainsi des autres.

ppe	participe	s. v.	sous le mot
préf.	préfixe	V.	voir
prép.	préposition	vb.	verbe
rac.	racine	vbr.	vieux-breton
s. f.	substantif féminin	v. g.	par exemple
sg.	singulier	vhal.	vieux-haut-allemand
singul.	singulatif[1]	vir.	vieil-irlandais
sk.	sanscrit	visl.	vieil-islandais
sl.	slave	voc.	vocabulaire[2]
s. m.	substantif masculin	vsl.	vieux slavon

1. On désigne ainsi la formation brittonique bien connue dont le type est *gwézen* « un arbre », en opposition à *gwéz*, « arbre » en général, « arbres ».
2. La distinction du cornique proprement dit et du vocabulaire cornique n'a pas paru partout indispensable, d'autant que l'index final fournit à ce sujet une information suffisante.

LEXIQUE ÉTYMOLOGIQUE

DES TERMES LES PLUS USUELS DU BRETON MODERNE

A

1 A, préfixe général de conjugaison, br., corn., cymr. : reste d'un ancien démonstratif celtique et primitif (sk. *a-* « ce ») jouant ici le rôle de pronom relatif, en telle sorte que des phrases du genre de *Pêr* a *ganô*, *Doué* a *garann*, etc., doivent s'interpréter littéralement « [c'est] Pierre *qui* chantera, [c'est] Dieu *que* j'aime », etc. Cf. *1 é*.

2 A, prép., v. g. *leün a zour* « plein d'eau », etc. : peut représenter, soit un primitif *ápo* (sk. *ápa*, gr. ἀπό, lat. *ab*, sl. *po*), « de, à partir de », soit la prép. primitive à laquelle répond le sk. *å*, « vers, à partir de », confondus pour la forme et le sens.

A-, préfixe de direction, cf. *aba*, *abarz*, *abenn*, etc., etc. : le même que la prép. précédente.

Ab, particule patronymique, cymr. *ab* « fils [de] » : écourté de *mâb* ou *mâp* « fils ». V. ce mot[1].

Aba, adv., prép., depuis : avec mutation douce, pour *a-pa* « à partir de quand ». V. sous *a-* et *pa*.

Abad, s. m., abbé. Empr. lat. (accus.) *abbátem*.

Abaf, adj., étourdi, timide, stupide. Empr. au fr. popul. (le poitevin a un mot *ébaffé* « abasourdi »), mais avec un vague rappel du sens de *bāv*. V. ce mot, et cf. mbr. *abaff* « hésitation ».

---

1. Un *m* initial, en principe, ne disparaît jamais. Mais l'*m* de *mâb* a commencé par devenir *v* dans la locution courante *Pezr vdb Ælard* « Pierre fils d'Élard », et similaires, qui exigeaient la mutation douce. Après quoi, le *v* initial est tombé, d'où *Pezr ab Ælard* « Pierre Abélard », comme dans *azé* issu de *vazé*, *encor* issu de **vencor*, etc. V. ces mots. La chute constante du *v* initial est un fait actuellement constaté dans le parler de l'île d'Ouessant : *ar éleien*, « les prêtres » : *da Rest* « à Brest », etc.

Abalamour, prép., à cause de. Empr. fr. ancien *par amour (de)*, « pour l'amour de, à cause de », avec dissimilation de *r* en *l* et préfixation de la particule *a-*.

Abaoué, adv., prép., depuis : à décomposer en *aba oué*, littéralement « depuis que [ce] fut ». V. sous *aba*.

Abardaez, s. m., soir. Ce mot très ancien n'a, malgré les apparences, aucun rapport avec *deiz* « jour »[1]. On en a rapproché le vbr. *aperth* « victime », pl. *aperthou* « offrandes », qui représente un celt. *at-ber-to-* « apporté » : préf. *at-*, de même sens que le *ad* latin (V. sous *ad-*), et ppe passé du vb. celt. *ber-ō* « je porte », lat. *ferō*, gr. φέρω, etc. (cf. le ppe gr. φερ-τό-ς et voir d'autres dérivés sous *aber, kémérout*, etc.). De ce mot *aperth*, une dérivation vbr. *aperthaez* > *abardaez* aurait désigné, dans une religion antérieure au christianisme, le moment où se faisaient les « offrandes », les libations, le repas du soir, d'où « la vêprée ». — Impossible. Étym. inc. (Loth).

Abarz, adv., prép., avant : littéralement « à part », mais sans rapport avec lat. *pars*, cf. corn. *a-barth a-bard*, cymr. *o barth*. Le premier terme étant le préf. *a-*, le second est un celt. *qerto-* < *sqer-to-* (ppe passé, cf. *ber-to-* sous *abardaez*, etc.), soit « coupé, divisé », d'où « côté, partie » ; ir. *-scert* « côté », cymr. *parth* « partie ». V. une variante de la rac. sous *skarz*, et cf. peut-être gr. σπαρ-άσσω « je déchire ».

Abek, s. m., cause : mot formé des trois premières lettres de l'alphabet, comme nous dirions « chercher l'*a b c* d'une chose, l'épeler », pour « la décomposer en ses premiers éléments »[2]. — Conj.

Abéki, *abégi*, vb., contrefaire. Empr. fr. ancien *abéquer*[3] : « s'abéquer » à qqun, c'est se mettre *bec à bec* avec lui, pour mimer par dérision toutes les contorsions de son *bec*.

Abenn, adv., tout droit, à bout, au bout : exactement « à la tête, à l'extrémité de ». V. sous *a-* et *penn*.

---

1. Cela résulte à l'évidence de ce que, *abarz* signifiant « avant », une juxtaposition telle que *abarz-deiz* ne pourrait désigner que « la matinée » ou même « l'aube ».

2. A l'époque où les Bretons ont emprunté l'alphabet romain, et longtemps encore après, ils en ont prononcé le nom *abéké*, comme faisaient les Romains eux-mêmes. Cf. de nos jours encore, gael. *aibidil* « alphabet » = ir. *aibghitir* = vir. *abbgitir* = lat. *abecedārium*, et cymr. *abcedilros* « alphabet » (le *c* cymr. se prononce *k* en toute position).

3. La différence inconciliable de sens empêche de rattacher ce mot au précédent, ou réciproquement. D'autre part, s'il était un composé breton de *a-* et *bék* (V. ces mots) il pourrait avoir en breton que la forme *avégi*.

Aber, s. f., embouchure, confluent, baie close, havre (mais sans aucun rapport étymologique avec fr. *havre*[1], qui a pu toutefois influer sur le sens), corn. *aber* « confluent », cymr. *aper* > *aber*, gael. *abbor* > *abar* à l'initiale d'un grand nombre de noms de lieux : d'un celt. **ad-ber-* ou **od-ber-* suivi d'un suffixe nominal formatif, exactement « ap-port » ou « ex-port », rac. BHER « porter » précédée d'un préfixe. Cf. *abardaez, kémérout*, etc.

Abevlec'h, s. m., abreuvoir. Empr. fr., mais bien curieusement retravaillé par l'étymologie populaire, qui y a vu les mots *eva* « boire » et *lec'h* « lieu »[2]. V. ces mots (sous *1 léac'h*).

Aboez-penn, loc. adv., à tue-tête : juxtaposée de *a-*, *poez*[3] et *penn*. V. ces mots.

Abostol, s. m. (pl. *ebestel*), apôtre, Épître dite à la messe (parce que l'auteur fut un apôtre). Empr. lat. *apostolus* et *epistola* confondus.

Abostoler, s. m., sous-diacre (qui lit l'Épître de la messe).

Abrant, s. f., sourcil, corn. *abrans*, vir. *abrait* pl., ir. et gael. *abhra\ fabhra*, « paupière, sourcil ». Étymologie peu claire : peut-être un préfixe de la valeur de *a-*, devant un mot celtique correspondant au lat. *frōns* (*front-is*), comme qui dirait « [ce qui est] au devant » ou « au dessous du front » ; mais il faut peut-être tenir compte aussi de l'existence des mots synonymes et quasi similaires, sk. *bhrû* « sourcil », gr. ὀ-φρύ-ς et macédonien ἀ-βροῦτ-ες pl. (toutefois M. Kretschmer, *Einleitg in die Gesch. der Gr. Spr.*, p. 287, propose la correction très plausible ἀ-βροῦϝ-ες) ; cf. ag. *brow* et al. *braue*, encore d'une autre origine.

Abréd, adv., de bonne heure, à temps. V. sous *a-* et *1 préd*.

Aked, aket, s. m., attention, diligence. Empr. fr. *aguet* « attention » (*être aux aguets*), plus ou moins confondu avec *acquest* au sens de « recherche minutieuse » (*quérir, quêter*). V. le suivant.

Akétaou, adv., tantôt, ce matin : altération par confusion de sens avec le

---

1. En effet, 1° le genre n'est pas le même, mais cette preuve n'est pas décisive, car le breton a opéré beaucoup de changements de genre ; 2° le mot existe identique, non seulement dans tout le brittonique, mais encore dans les noms de lieux du gaélique, qui sûrement n'a pu l'emprunter au français ; 3° dans toutes ces langues, excepté en cymrique, il ne signifie jamais que « confluent, embouchure », et non point « havre ».

2. La métathèse tient ses débuts du français (patoisé) lui-même : le Bas-Maine a une forme *aberowé* Dn.

3. D'une locution telle que *skei a boez hé ziorec'h* « frapper à tour de bras », exactement « de [tout] le poids de ses bras », où l'emploi du mot *poez* s'entend de lui-même, ce mot a été abstrait et transporté à d'autres façons de parler où il n'avait primitivement que faire.

précédent et ses dérivés¹, de la locution *er-geñtaou* « dans les premiers [moments de la journée] » devenue *égétaou* > *agétaou* > *akétaou* (toutes ces variantes existent). V. sous *keñta*.

Aklouéten, s. f., fer d'aiguillette. Empr. fr. altéré *aiguillette*.

Akr, adj., hideux, vbr. *ar-ocr-ion* pl. « atroces », vir. *acher* « rude » (cf. ir. *dcre*), d'un celt. **akros* et **ākros* formé comme lat. *ācer* « violent » = **ăk-ri-s*. V. la rac. AK sous *ék* et *diék*, et cf. *hakr*.

*Ad-, préfixe général de direction, et surtout, sous la forme *az-* ou *as-*, préfixe verbal et nominal itératif² qui équivaut comme sens au fr. *re-*, vbr. *at-*, cymr. *at-* et *ed-*, ir. *áith- áid-*, etc. (mêmes fonctions): d'un celt. **ati-*, qui est le préf. de direction primitif **póti* (sk. *práti*, gr. πρός et ποτί synonymes) « vers » et, par déviation de sens, « en retour », d'où « de nouveau »³.

Adâl, prép., depuis, exactement « du front de, de devant, dorénavant ». V. sous *a-* et *1 tâl*.

Adalek, adv., depuis : dérivé du précédent au moyen de la même suffixation adverbiale que dans *bété*, *étrézé*, *goudé*, etc.

Adarré, adv., derechef, ir. *aith-erriuch*. Le corrélatif primitif du lat. *ērigō* « j'élève » étant le celt. **eks-regō* (aussi lat. primitif), la locution adverbiale ci-dessus a été abstraite d'un vb. composé **ati-eks-regō* « je soulève de nouveau ». Voir les composants sous **ad-*; **eks-* et *rén*.

Adarz, adv., perpendiculairement, d'aplomb; exactement « en perçant ». V. sous *a-* et *tarz*.

Adré, **adréñ**, adv., prép., arrière, derrière, mbr. *adreff*. Mot obscur : l'ir. *druim* ne ramènerait point à un mot vbr. **treff* « dos », et l'on n'en a par ailleurs aucun répondant. D'autre part, le cymr. *adref*⁴ signifie « à la maison, en s'en retournant ». On peut supposer que deux mots très voisins de forme se sont entièrement confondus dans leur signification.

Adreûz, adv., à travers, de travers. V. sous *a-* et *treùzi*.

Adreûz-penn, locution adverbiale, « tout au travers » : combinaison de *adreûz* et *abenn*. V. ces mots.

---

1. Qui vient le matin est diligent, et réciproquement.
2. Voir plus bas les mots qui commencent par cette syllabe.
3. Les deux prépositions celt. **ad* = lat. *ad* et **ate* = gr. ποτί se sont très souvent confondues par voie phonétique (Loth).
4. Le second terme *tref*, le même que vbr. *treb*, « habitation, subdivision du bourg » (cf. *tréô*), remonte à un celt. **treba*, qui répond peut-être au lat. *tribus* « tribu » et sûrement au germanique qui a donné l'ag. *thorp* et l'al. *dorf* « village ».

Aé, s. m., repos du bétail pendant la chaleur : une forme plus ancienne serait *a-hez*, qui suppose un celt. *apo-sedo-*, « le fait de s'asseoir à l'écart, de se reposer », etc., rac. SED « s'asseoir ». V. sous *a-*, *annez* et *azéza*, et cf. *éc'hoaz*.

Ael, s. m., essieu : pour *ahel*, cymr. *echel* (ir. *ais* « chariot »), d'un celt. *aksi-lo-*, dér. de *aksi-* « essieu », lat. *axis*, lit. *aszis*, cf. sk. *ákṣa* et gr. ἄξων.

1 Aer, s. f., couleuvre, serpent : mbr. *azr*, corrompu pour *nazr*[1], corn. *nader*, cymr. *neidr*, vbr. adj. dér. pl. *natr-ol-ion* « de serpent », ir. *nathir*, qui correspond peut-être au lat. *nătrix*, « [couleuvre] nageuse, hydre », et sûrement au mot germanique que reproduisent le got. *nadr-s*, l'ag. *adder*[2] et l'al. *natter* « couleuvre ».

2 Aer, s. m., héritier. Empr. fr. ancien *heir* (du lat. *hērēs*), devenu plus tard *hoir*.

Aez, adj., facile. Empr. fr. *aise*, avec le sens de *aisé*.

Aézen, s. f., vapeur, exhalaison (en mbr. « vent doux et agréable ») : emprunt basque *aize* « vent ». — Conj. Ern.

Af, s. m., baiser, corn. *ame* (vb.) « baiser ». Empr. lat. *am-āre* « aimer », qui a ce sens en bas-latin. — Conj. d'Arb., douteuse.

Afeûr, adv., à mesure. Empr. fr. ancien *a fur* (lat. *ad forum*), survivant dans la locution *au fur et à mesure*.

Affô, adv., vite, avec ardeur : préf. *a-* et *fô*. V. ces mots.

Afu, s. m., variante de *aü* et *aou*. V. ces mots.

Agétaou, adv., variante de *akétaou*. V. ce mot.

Agil, adv., à reculons. V. sous *a-* et *kil*.

Agouéz, adv., même sens que *ac'houés*. V. ce mot.

Agrenn, adv., entièrement : le sens littéral est « tout le tour, en pourtour complet ». V. sous *a-* et *krenn*.

Aheṅdall, adv., d'ailleurs : exactement « par un autre chemin ». V. sous *a-*, *heṅt* et *all*.

---

1. Ce n'est pas que l'*n* initial soit tombé naturellement ; mais, dans une liaison telle que *an nazr*, *eun nazr*, l'initiale du nom a fait corps avec la finale de l'article. et l'on a coupé *ann azr*, d'où *azr* tout court. On constatera le même phénomène dans d'autres noms, tels que *añt*, *eñc*, etc., et dans le même mot en anglais (note suivante). La fusion de l'article avec le nom a produit l'effet inverse dans fr. *lierre* = *l'ierre* (lat. *hedera*) et autres.

2. Le phénomène est exactement le même en anglais qu'en breton : *a nadder* a été pris pour *an adder* et l'on a dit *adder*, comme aussi *apron* « tablier » pour le fr. *napperon*.

Achu, adj., fini, mbr. *achiff*, abstrait du vb. mbr. *achivaff* « terminer ». Empr. fr. *achever*.

1 Ac'h (interjection), fi! Onomatopée de l'action de cracher.

2 Ac'h, prép., de : forme ordinaire, notamment dans les locutions pronominales, du préf. celt. **eks-* = lat. *ex*. V. ce mot.

Ac'houéz, adv., publiquement, cf. *agouéz*, mbr. *a goez* « à vue », cymr. *yn-gwydd*, ir. *fiad fis* (même sens), dont le second terme est un celt. **weid-os* « vue »; cf. gr. ϝεῖδος > εἶδος « forme extérieure, aspect ». V. la racine sous *gouzout*, et cf. *diskouéza*.

Ac'hub, s. m., embarras, grossesse : abstrait du vb. *ac'hubi* « embarrasser », qui est emprunté au lat. *occupāre*.

Aiénen, s. f., source, mbr. *eyen*, paraît remonter, non sans une corruption inexplicable, à un adj. celt. **owen-io-* « écumant ». V. sous *éon*.

Ainez, s. f., limande. Isolé. Étym. inc.

Al, forme de l'article défini, par assimilation, devant un mot commençant par *l*. V. sous *1 ann*.

Ala, vb., vêler, mettre bas, aussi *alein* (V.), mbr. *hallaff*, cymr. *alu*. La variante *éala* ramène à *éal*. V. ce mot[1].

Alan, s. f., haleine, mbr. *alazn*, avec métathèse pour **anazl*[2], corn. *anal*, cymr. *anadl*, ir. *anál*, gael. *anail*, qui tous procèdent d'un celt. **ana-tlā*, dér. de rac. ANĀ (sk. *áni-ti* « il respire », etc.). V. sous *anaoun*.

Alar, s. m., variante dissimilée de *arar*. V. ce mot.

Alessé, adv., de là où tu es : simplifié pour **ann lec'h sé* (mbr. *alechse*) « de ce lieu-là ». V. ces mots (*1 ann* et *1 léac'h*).

Alfô, s. m., délire, cf. br. *arfreu* (V.). Empr. fr. *affres* « angoisses », *affreux*, etc., mais le mot altéré par transport de l'*r* en première syllabe, puis modifié sous l'influence de *fô*. V. ce mot. — Conj. Ern.

Algen, s. f., barbe de la coiffe. — Étym. inc.[3]

Alc'houéder, alc'houédez, s. m., alouette, mbr. *ehuedez, huedez*, qui subsistent encore actuellement dans (T.) *ec'houeder* et (V.) *huide*; corn. *ewidit*, cymr. *ehedydd, hedydd, uchedydd*; ir. *uiseóg, fuiseóg*, gael.

---

1. Si toutefois il est permis de ne pas tenir compte de l'*h* initial mbr., qui fait difficulté; autrement, l'étymologie est désespérée.
2. Conservé encore dans le mot *hanal* ou *hénal* (V.) « haleine », où la prothèse de l'*h* est due à l'influence du français.
3. Le sens, le genre et la phonétique séparent également ce mot de *talgen* « fronteau », auquel pourtant il ressemble de bien près.

uiseag. Ces formes difficiles ne se superposent à aucune primitive connue, ni même entre elles[1] : plusieurs laissent entrevoir une onomatopée du chant et de l'essor de l'alouette, modifiée peut-être en breton, soit par l'influence du gaulois-latin *alauda* (d'où fr. *aloue* et *alouette*), soit encore par celle d'un mot conjectural *alc'houered, venu par métathèse de *aouc'helred, qui serait le lat. *avis galeritus* « alouette huppée ». Cf. *kabellek* et *kogennek*.

Alc'houez, s. f., clef, corn. *alwedh* et *alwhedh*, cymr. *allwedd*. Mot difficile : on peut le supposer abstrait[2] d'un vb. latin corrompu *alcavidáre (mbr. *alhuezaff*, br. *alc'houéza*) « fermer à clef », lequel serait issu par métathèse d'un bas-lat. *aclavidáre, dér. de lat. *clāvis* « clef ». — Conj. d'Arb.

Ali, s. m., avis : abstrait du vb. mbr. *aliaff*, « conseiller », qui est au fond le même que *aliaff*, « allier, lier, engager à un parti ou à une résolution ». Empr. fr. *allier*.

Aliez, adv., souvent, V. sous *a-* et *lies*.

All, autre, cymr. *all*, gaul. *allo-* dans le n. pr. *Allo-broges*, gr. ἄλλο-ς « autre », rac. AL. Cf. *eil* et *bró*.

Aloubi, vb., empiéter, usurper. Empr. fr. ancien *rober* « voler » (cf. *dérober* et ag. *to rob*), avec *r* accidentellement changé en *l*, et préf. *a-*.

Alouein (V.), s. m., variante de *eloézen*.

Alter, s. f., délire : abstrait du vb. mbr. *alteraff*, « altérer, gâter, corrompre » [l'intelligence]. Empr. fr. *altérer*.

Aluzen, s. f., aumône. Empr. bas-lat. *elemosina*, qui lui-même n'est autre que gr. ἐλεημοσύνη « compassion ».

Alzourn, s. m., dissimilé pour *arzourn*. V. ce mot.

1 *Am-, préfixe perdu, mais encore reconnaissable en tête de plusieurs mots[3], avec le sens vague de « autour, auprès, vers », ou avec une nuance collective ou augmentative: sk. *abhí*, « vers, autour », gr. ἀμφί, lat. *amb-* (dans *amb-ire* « faire le tour de »), al. *umb* > *um*, etc. Cf. *amézek*, *amprévan*, etc.

---

1. Chaque langue a fait subir au nom de l'oiseau diverses altérations analogiques et d'étymologie populaire, très finement analysées par Loth, *Mots Latins*, s. v.

2. Il n'est en effet féminin qu'en breton, sans doute sous l'influence du genre du fr. *clef*.

3. Où en principe il produit mutation douce (cf. l'article *dam-*), ce qui implique qu'il se terminait par une voyelle. En fait, les mots gaulois tels que *Ambiāni* « Amiens » indiquent une forme celt. *ambi, qui concorde avec celle des autres langues. Le cymr. *am* et le gael. *im* signifient également « autour » et ont pris en outre un sens superlatif qui contraste beaucoup avec celui de 2 *am-*.

2 Am-, particule privative, à mutation douce. Ce n'est pas la particule privative i.-e. *n-, si répandue partout ailleurs[1] : sk. *a-*, *an-*, gr. ἀ-, ἀν-, lat. *in-*, germ. (ag., al., etc.) *un-*. L'*am-* négatif br. ne diffère pas du précédent: en d'autres termes, partant du sens « autour » et passant par celui de « à côté », *am-* en est venu à prendre la fonction de l'ancien *an-* négatif[2], qu'il a entièrement supplanté. — Ern.

Ama, amañ, adv., ici: préf. *a-*, devant un nom perdu partout ailleurs (mais cf. *azé* et *méaz*), qui équivaut à l'ir. *magen* « lieu », dér. du celt. **mag-o-* (même sens).

Amann, s. m., beurre, corn. *amen-en*, cymr. *ymen-yn*, gael. et ir. *im*, vir. *imb*, d'un celt. **emb-en*, dont la rac. est la même que celle du sk. *añj* « oindre », *áñj-as* « onguent », lat. *ungu-ere, ungu-en, ungu-en-tu-m*, al. *ank-e* « beurre ».

Ambil, adj., qui va en tête : contamination possible de la locution **en-ibil* avec la locution fr. *en cheville*, dont elle est la traduction, et qui se dit dans le Bas-Maine « des bœufs et des chevaux qu'on place en tête des attelages » Dn. — Conj.[3]

Ambren (T., V.), s. f., délire : exactement « dérèglement », préf. *am-*>*amb-*, et *rén*[4]. V. ces mots, et cf. *rambré* et *kañtréa*.

Ambrouk, s. m., conduite en cérémonie, mbr. *hambrouc*, corn. *hembrouk* « il reconduira », *hombronkyas* « il reconduisit », mais *hebrenchiat* « reconducteur », cymr. *hebryngiad* (id.), *hebrwng* « reconduire »[5]. Le mot

---

1. En effet, indépendamment de l'*m* au lieu d'*n*, cette particule, ne se terminant point par une voyelle, ne produit pas et ne saurait produire mutation douce dans les rares mots bretons où elle a subsisté (cf. *koun* et *añkounac'h*).

2. Soit, par exemple, *déré* « décent » et *am-zéré* « à côté du décent », d'où « indécent », et ainsi des autres.

3. Ainsi s'expliquerait l'*l* final. Le rapprochement avec *dibil, dispil*, etc. (Ern., p. 186), est bien douteux et d'ailleurs dubitatif. Une locution *marc'h ambil* « cheval qui va l'amble », à laquelle j'avais songé d'abord, est moins satisfaisante que l'hypothèse portée au texte.

4. D'après cette étymologie, le mot devrait être masculin : il a passé au féminin, parce que tel est le genre de la majorité des noms terminés en *-en*. Quant à l'insertion du *b* entre *m* et *r*, cf. lat. *camera* > fr. *chambre*, et cent autres exemples du même phénomène dans les langues les plus diverses.

5. Le br. a partout la nasale en première syllabe; le cymr. ne l'a jamais; le corn. alterne : en l'état, il est impossible de savoir si l'une et l'autre forme ne seraient pas légitimes, auquel cas on aurait affaire à deux préfixes différents, ou si, par exemple, le br. *hambrouk* ne serait pas altéré par métathèse d'un plus ancien **habrounk* = cymr. *he-brwng*. La seule chose sûre, c'est que ce préfixe commençait par un *h* et par suite procédait d'un adverbe i.-e. commençant par un *s*, soit **sen-* ou **sĕd-*, qui signifie « à part » : cf. sk. *sanutár* « à part », gr. ἄτερ « sans », al. *sonder* « séparément », lat. *sĕd-* dans *sĕd-itiŏ, sē-cernere*, etc., etc.

signifie « fait de reconduire à part, isolément, tout particulièrement », par suite « avec grand honneur », en tant qu'il contient, à la suite d'un préfixe, le radical verbal du n. pr. gaul. *Abrincatui*, dont le sens « apporter, amener » résulte à l'évidence du germanique **briṅgan*, got. *briggan*, ag. *to bring*, al. *bringen*, etc.[1].

Amerc'h (V.), s. m., dissimilé pour *armerc'h*. V. ce mot.

Amézek, s. m., voisin, mbr. *amneseuc*. Ce dernier mot se ramène sans difficulté à un celt. **ambi-neds-āko-*, dont on trouvera les éléments composants sous 1 **am-* et *nés*, avec l'adjonction d'un suffixe d'adjectif fort commun en celtique.

Amgroaz, s. f., fruit de l'églantier (rosier sauvage), mbr. *amgros* et *agroasen*. Cette dernière forme paraît la plus pure, en tant qu'on peut la ramener à un lat. *agrestis* « sauvage », ou mieux à un bas-lat. **acrēnsis* dér. de *ăcer* « âcre »[2]. Cf. *égras*.

Amhéol, s. m., crépuscule : exactement « absence de soleil », préf. *am-* et *héol*. V. ces mots.

Amc'houlou, s. m., ténèbres : originairement « contre-jour ». V. sous *am-* et *goulou*.

Amiégez, s. f., sage-femme : dér. essentiellement br. d'un radical AM, qui semble un terme de caresse enfantine commun à un grand nombre de langues indo-européennes[3], ir. *ammait*, « nourrice, vieille femme », lat. *amita* « tante paternelle », al. *amme* « nourrice », *heb-amme* « sage-femme », etc.

Amouka, vb., tarder : à décomposer en **am-ouk-aff*, soit le même radical verbal que dans *dougen*, précédé du préf. **am-* avec sens négatif ou atténuatif[4]. V. ces mots.

Ampafal, amparfal, amparval, s. m., lourdaud. Le mbr. a des formes *amparfaret* et *ampafalek* « tâtonnant », qui relèvent de la juxtaposition du préf. péjoratif **am-* avec *palf*. V. ces mots, et cf. mbr. *pafala* « tâtonner ». Mais la forme actuelle la plus usitée a sans doute été comprise

---

1. Ce radical, qui ne se trouve qu'en celt. et en germ., est sans doute à son tour une amplification spéciale de la rac. BHER « porter ». V. sous *kémérout*.
2. La première syllabe aurait pris la forme du préfixe négatif en vertu d'une vague notion d'étymologie populaire, *am-groas* étant en quelque façon interprété par **am-rôs* « [fruit] qni n'est pas [celui d'un vrai] rosier ». Le vocalisme inaltéré se retrouve dans le Bas-Maine : *ékrõ* « épine de l'églantier », et *égrasiyáo* « églantier » Dn.
3. Et auquel se rattachent vraisemblablement, tant le lat. *amāre* que les formes réduplicatives **mama*, qui presque partout désignent « la mère » dans la bouche des enfants.
4. Comme qui dirait « tourner autour [du pot] ».

par l'étymologie populaire comme signifiant *ampart-fal*[1]. V. ces mots.

Ampart, adj., robuste, agile : corrompu du mbr. *apert* = corn. *apert*. Empr. fr. ancien *apert*, « ouvert, franc, dispos, adroit »[2].

Amprévan, s. m., insecte, vermine : formation collective sur le mot *prév* au moyen du préf. *am-. V. ces mots[3].

Amzaô (C.), adj., facile : exactement « ce qui n'est pas en montée, pas ardu ». V. sous *am-* et *saô*.

Amzeñt, adj., indocile : préf. *am-* et *señti*.

Amzer, s. f., temps, mbr. *ampser*, corn. *anser*[4], cymr. *amser*, ir. *aimser*, gael. *aimsir*, suppose un celt. *amb-menserà (soit « mesure tout autour, en cercle », etc., cf. *1 *am-*), dont le second terme très voisin du lat. *mēnsūra*, se rattache à l'universelle racine MĒ MET « mesurer » : sk. *mâtrâ* « mesure », gr. μέτρον id., lat. *mētior* « je mesure »; cf. ag. *to mete* et al. *messen*[5].

Amzéré, adj., inconvenant. V. sous *2 am-* et la note.

*An-, préfixe perdu, mais encore reconnaissable en tête de plusieurs mots bretons, où d'ailleurs, à raison de ses origines multiples, il assume les fonctions les plus diverses : — 1° négatif (cymr. *an-*), représentant la négation primitive *ṇ-* (cf. *2 am-*); — 2° séparatif, comme procédant d'un celt. *aona < *apona[6], celui-ci dérivé de l'i.-e. *apo* (cf. *a-*) ; — 3° intensif, comme le gr. ἀνά et le got. *ana* « par-dessus » (ag. *on*, al. *an*); — 4° enfin, oppositif, d'un celt. **andi-* > **ande-*[7], « contre, vis-à-vis », sk. *ánti*, gr. ἀντί, lat. *ante*, al. *ant-* et *ent-* dans *ant-wort* « réponse », *ent-stehen* « se produire », etc., etc. — Cf. quelques-uns des mots suivants[8].

Anaoudek, s. m., adj., connaisseur, reconnaissant : dér. de *anaout*, qui signifie étymologiquement « l'état de bien connaître[9] ».

1. C'est-à-dire comme une traduction littérale, à la construction bretonne près, du fr. *mal-adroit*.
2. Ce mot était fort répandu ; car le gael. *aparr* « expert » en procède aussi, sans doute par l'intermédiaire du moyen-anglais.
3. Soit quelque chose comme l'al. actuel *Ge-würm*.
4. Sans doute faute d'orthographe des mss. pour *amser*.
5. La concordance germanique n'est pas rigoureuse, mais ramène à la variante radicale MED (gr. μίδ-ο-μαι « je mesure > je prends soin de », lat. *mod-u-s*).
6. Survivant en allemand : i.-e. *ponā d'où *fona*, aujourd'hui *von*.
7. Visible, par exemple, dans un n. pr. gaul. tel que *Ande-gavi* « Anjou », et nombre d'autres.
8. De ces quatre formes, la première seule est nettement reconnaissable, en ce qu'elle ne peut produire de mutation douce. Les trois autres se confondent pour la forme et souvent pour le sens.
9. Ce mot est donné comme un type de dérivation compliquée et très commune :

Anaoué, s. m., anathème, excommunication : le sens originaire a dû être simplement « nomination [solennelle] ». V. sous *2 hanô*¹.

Anaoun, s. f. pl., les morts, exactement « les âmes », mbr. *anavon* = celt. **ana-mon-es*², dont la racine est ANÄ : gr. ἄνεμος « vent », lat. *animus* et *anima*, got. *anan* « respirer », etc. V. d'autres formes de la racine sous *alan* et *éné*.

Anaout, vb., connaître, aussi *anavout*³ et *anavézout* (L.), *anaouein* (V.) : dér. du même radical que *anat*.

Anat, adj., connu, mbr. *aznat* et *haznat* (avec aspiration illégitime) : représente un celt. **ati-gna-to-* « bien connu », conservé tout entier dans le n. pr. gaul. *Ategnatos*. Le second terme⁴ est le ppe passé de la rac. GNÔ « connaître » : sk. *jñā-tá-s* « connu », gr. γνω-τό-ς, lat. *gnōtus* > *nōtus*, ir. *gnáth*, cymr. *gnawt* « tenu pour » (al. *kund* « notoire »), etc.

Aṅk, s. m., angle, coin. Empr. fr. altéré *angle*.

Aṅkelc'her, s. m., feu-follet, lutin, mbr. *enquelezr* « géant », corn. *enchinethel, encinedel*, qui se ramènent à un celt. **ande-kene-ilo-*, soit « génération contraire », d'où « monstrueuse », cf. corn. *kinethel* « génération », ir. *cenél* « race ». V. la rac. KEN sous *kent*, et le préf. sous **an-* (4°)⁵.

Aṅken, s. f., chagrin, mbr. *anquen*, cymr. *angen* « nécessité », ir. *écen* id. : d'un celt. **ank-enā*, dont on peut rapprocher le gr. ἀν-άγκ-η « nécessité » et peut-être le lat. *nec-esse*⁶.

Aṅkoé, s. m., luette : dér. de la rac. ANK « crochu », au même titre que sk. *aṅk-á* « crochet », gr. ἀγκ-ύλο-ς « crochu », ἄγκ-υρα « ancre », ὄγκ-ο-ς

il serait en celt. **ati-gna-but-āko-s*. Le suff. d'adj. *-āko-* est le même que dans *amézek* et autres. Quant à l'élément *-but-*, qui est à la base de tous les infinitifs bretons en *-out*, il se ramène au subst. i.-e. **bhū-ti-* « état » (cf. gr. φύ-σι-ς « nature »), dér. de la rac. BHŪ « être », sk. *bhàv-ati* « il est », gr. φύ-εται, lat. *fu-it*, ag. *to be*, al. *ich bin*, etc.,

1. Cette étymologie a contre elle la forme *aznaoué* (Le Gon.); mais il est probable que celle-ci est purement analogique de *aznaout* > *anaout*.
2. Pluriel du même type que le lat. *hom-in-ēs*, etc.
3. Cette dernière forme rend plus visible l'élément radical *-but-* qui s'est superposé à la racine. Cf. *anaoudek* et la note.
4. Pour le premier, voir sous **ad-* (préfixe). Noter toutefois que *anat* ne saurait être identiquement le même mot que *aznat*, puisqu'on trouve de très bonne heure les formes *anat* et *annat* « spécial » en cymrique.
5. Mais la métathèse qui a donné naissance à la forme actuelle bretonne a évidemment été favorisée par la circonstance que ces êtres fantastiques dansent en rond (*an-kelc'h-er* comme qui dirait « en-cercl-eur ») autour de leur victime. Cf. *kelc'h*.
6. Aucun rapport, par conséquent, avec br. *aṅkou* ni avec fr. *angoisse*, dont la rac. est ANGH (V. sous *eṅk*). Mais il se peut qu'à la base de toutes ces formations se trouve la rac. bien connue ANK « crochu », d'où « pénétrant, torturant ».

« crochet », lat. *unc-u-s*, ir. *éc-ath* id., al. *ang-el* « hameçon », etc., etc. — Conj.

Añkou, s. m., mort, corn. *ancow*, cymr. *angen*, ir. *éc*, d'un celt. **enkowo-* dont la rac. est NEK « périr »: sk. *náç-ati* « il meurt », gr. νέκ-υ-ς et νεκ-ρό-ς, « trépassé, cadavre », lat. *nex* (*nec-is*) « mort violente », *nec-are* « tuer », etc.

Añkounac'h, s. m., oubli, cf. mbr. *ancoffnez*: répond à un mot celt. qui serait **an-komen-akto-*, c'est-à-dire le mot celt. qui signifie « intelligence, mémoire », amplifié d'un suffixe de dérivation secondaire et précédé d'un préfixe négatif. V. sous **am-*, **an-* (1°) et *kouñ*.

Añden, s. f., raie, sillon : dér. de *añt*. V. ce mot.

Añdévrek (V.), s. f., tas de fumier : dér. de **andeor-* < **vandeor-* < **mandeor-*, qui n'est autre que l'empr. fr. *main-d'œuvre*, spécialisé au sens de « engrais » par une sorte d'euphémisme.

Añdra, tant que, tandis que : variante de *eñdra*.

Aner, s. m., corvée : altéré pour **añger*. Empr. bas-latin *angarium*, « tourment, labeur pénible et vain », d'où aussi al. (vieilli) *enger* « corvée ».

Anéval, s. m., animal. Empr. fr. ancien.

Anéz, prép., sans : dér. d'un préf. séparatif tel que gr. ἄνευ et al. *ohne* < vhal. *âne* « sans » (cf. *am-brouk*), ou plus simplement de la particule séparative **an-*. V. sous **an-* (2°).

Anez-, de : particule pronominale, dér. de **an-* (2°).

1 Ann, forme normale de l'article défini : avec chute de l'aspiration, pour **hann*, corn. *an*, ir. *sin* > *in*, d'un démonstratif celt. **sendo-*, qui lui-même est dér. du démonstratif i.-e. **se-* commun à toute la famille : sk. *sá* « ce », got. *sa*, « ce, le », gr. ὁ ἡ (article), etc., etc.

2 Ann, adv., ici, ir. *and*, dérive d'un démonstratif primitif différent du précédent et commençant par une voyelle.

---

1. Vue à travers la bouche ouverte, la luette fait l'effet d'un petit crochet suspendu devant l'arrière-gorge.
2. La désignation de ce mot comme s. m. pl. (Le Gon., Tr.) parait une illusion fondée sur sa finale *-ou* et sur une fausse étymologie qui le rattache à *angoisses*. Tout le monde sait que l'Ankou des contes bretons, avec son chariot et sa faux, est un personnage masculin et parfaitement unique.
3. Mutation douce de *m* en *v*, puis chute de *v*. V. sous *db*.
4. Cf. (même origine) l'anglais *manure* « engrais ». — Ern.
5. L'ancienneté de l'emprunt résulte de la mutation régulière de *m* en *v* entre voyelles, qui remonte extrêmement haut.
6. La forme parallèle *hann* vient de l'analogie du précédent, et l'aspiration s'y est

Annéô, s. f., enclume, aussi *annev*, et *annéañ* (V.), mbr. *anneffn*, corn. *ennian*, ir. *indéin*, d'une base celt. **ande-wen-i-* qui signifierait « contre quoi on frappe ». V. le préf. sous **an-* (4°). La rac. est WEN, zd *van-aiti* « il frappe », got. *wun-d-s* « blessé », al. *wund*, ag. *wound* « blessure », etc. Cf. Osthoff, *Idg. Forsch.*, IV, p. 275 ; mais aussi Stokes, p. 15.

Anneûen, s. f., trame, mbr. *anneuffenn*, cf. cymr. *anwe*. V. le préf. sous **an-* (2°, 3°) et la rac. sous *gwéa*.

Annez, s. m., meuble, outil, mbr. *anhez*, abstrait de mbr. *anhezaff* > br. *annéza* « meubler », primitivement « se loger » : préf. **an-* (3°), et **hez-*, forme très pure du radical i.-e. SED « s'asseoir, s'établir »¹. V. sous *azéza*.

Anô, adv., là (en composition) : dér. de 2 *ann*¹.

Anoued (C., V.), s. f., froidure : préf. **an-* (3°) augmentatif, précédant un celt. d'ailleurs altéré **outā* et **ouktā*, qu'on retrouve dans l'ir. *úacht, ócht*, « froidure », et peut-être dans le zd *aota* « froid ».

Añsaô, añsav, s. m., aveu, reconnaissance : métathèse pour **az-anv (-hanv)*, soit une formation qui équivaut à peu près comme sens au lat. *ad-nōmināre*. Cf. **ad-*, *anaoué* et *hanô*. — Conj.

Añt, s. m., tranchée, ride, cymr. *nant* « vallée »² : mot celtique, qui existait en gaulois, ainsi qu'en témoigne le fr. provincial *nant* « ruisseau » dans le Jura⁴, mais sans équivalent connu ailleurs, à moins qu'on ne le rattache au sk. *na-tá-*, « courbé, incliné » < i.-e. *nm-tó-*, rac. NEM.

Añtella, vb., tendre (un piège, un arc), cymr. *annel* « piège », *annelu* « tendre un piège », ir. *indell*, etc. : semblerait répondre à une forme actuelle **an-tenna*, mais modifiée dès l'époque celtique par dissimilation des deux *n*. V. sous **an-*, *stéñ* et *tenna*.

Añter, déaspiré pour *hañter*. V. ce mot.

Añtrônôz, s. f., lendemain. V. sous *trônôz*.

Añv, s. m., orvet, mbr. *anaff*, corn. *anaf* « lézard ». Le roman *anvin* (Bas-Maine *ãvẽ* Dn) indique un empr. qui se rattache au lat. *anguis*.

---

maintenue parce que le mot « ici » est habituellement accentué dans la phrase, tandis que l'article est atone.

1. Le mot br. équivaut donc tout à fait à l'al. *an-sitzen*.
2. L'élément dérivatif est analogue à celui du lat. *in-de*. Cf. *enô*.
3. Le sens primitif et l'*n* initial conservés dans *kornañdoun*. V. ce mot, et pour la chute de l'*n* cf. *1 aer*, etc. Le Dict. de Le Gon. donne même un mot *nañt* « courant, torrent ».
4. D'où le nom de la ville de *Nantua*.

Aô, adj., mûr, mbr. *azff*, cymr. *addfed*, vbr. *admet* « [raisin] sec » : suppose un celt. **ati-met-o-* « propre à être moissonné (récolté) ». V. sous **ad-* et *médi*.

Aod, **aot**, s. m., rivage, corn. *als* « rivage », cymr. *allt* « falaise », ir. *all*, « hauteur, rivage » : d'un celt. **al-to-*, identique au lat. *al-tu-s*, « nourri, haut, surélevé ».

Aoten, s. f., rasoir, cymr. *ellyn*, vbr. *altin*, ir. *altain*, etc.: d'un celt. **altani-* < **palt-ani-*, dont la rac. est la même que celle de *faouta*[1]. V. ce mot.

Aoter, s. m., autel. Empr. lat. *altăre*.

Aotré, s. m., concession, privilège. Empr. fr. *otrei*[2].

Aotrou, s. m., seigneur, monsieur, corn. *altrou* « beau-père », cymr. *altraw*, « répondant, parrain ». Ainsi que l'indiquent le vir. *altram*, ir. *altrom*, gael. *altrum*, « action de nourrir », les trois sens procèdent, par légères divergences et spécialisation, du sens unique de « nourricier »[3] : celt. **al-travon-*, dér. de la même rac. que lat. *al-ere* « nourrir », gr. ἄν-αλ-το-ς « insatiable », got. *al-an* « croître », etc. Cf. *aod*.

Aoun, s. f., peur, corn. *own*, cymr. *ofn*, vir. *omun*, gael. *namhunn*, gaul. **omnā* (à en juger par le n. pr. *Ex-omnos* « Sans-Peur ») : d'un celt. **obnā*, dont on ne trouve à rapprocher que ir. *oponn* « soudain » et gr. ἄφνω id.

Aour, s. m., or, cymr. *aur*. Empr. lat. *aurum*.

Aourédâl, s. m., séneçon (fleur jaune) : dér. de *aour*.

Aouréden, s. f., dorade : dér. de *aour* (poisson doré).

1 Aoz, s. f., manière : pour **naoz*[1]. V. sous *pénaoz* et *neuz*.

2 Aoz, s. f., lit de rivière : suppose un celt. **aues-ā*, dér. du celt. **auos* « rivière », gaul. Αὔος et *Avara*[5], n. pr. de fleuves ; cf. sk. *av-áni* « eau courante », *áva* « de haut en bas ». — Conj.

Aoza, vb., préparer, façonner : dér. de *1 aoz*.

Aozil, s. m., osier, mbr. *ausill*. Empr. bas-latin *ausaria* « oseraie », mais peut-être rattaché par étymologie populaire à *2 aoz*.

---

1. Soit rac. SPALT : la forme à *sp* initial a donné *f* initial, tandis que la forme à *p* initial a régulièrement perdu son *p*. Ces alternances sont fréquentes.

2. Vieux mot, abstrait du verbe *otreyer*, qui est le bas-lat. *auctoricāre* « autoriser ». Aujourd'hui *octroi*.

3. Pour le sens de « seigneur », cf. l'ag. *lord*, qui est l'ags. *hlâf-weard* (serait aujourd'hui **loaf-ward*) « gardien du pain ».

4. Chute de *n* initial comme dans *ant*. V. sous *1 aer*.

5. Aujourd'hui « l'Èvre ». — Le Gloss. Ern. p. 165 indique dubitativement une étymologie toute différente.

Ap, particule patronymique. V. sous *mâb* et *ab*.

Apouel, s. m., auvent. Empr. fr. ancien *apuiail* « gardefou », lui-même dér. de fr. *apui* « appui ».

Ar, forme régulière de l'article défini devant la plupart des consonnes : cf. *ann* et *al*, *eunn*, *eul* et *eur*.

Ar-, préfixe très commun au sens de « vers, à côté, le long de, attenant à », corn. *ar*, cymr. *ar* « près », ir. *ar* « devant », gaul. *are-*, *ar-*, dans *Aremor-ica* > *Armorica* (le pays qui longe la mer) « Bretagne », etc. : sk. *pári* « autour », gr. περί « autour », παρά « auprès », lat. *per* « à travers », got. *fair-* (préf. = al. *ver-*), *faúr* « devant » = al. *vor*, etc., etc.[1]. Cf. la plupart des mots suivants, auxquels parfois le préf. n'ajoute aucun sens bien défini.

Arabad, adj., illicite, mbr. *arabat* : paraît être simplement *a rabat* « de rabais » d'où « de mauvaise qualité, frivole, mauvais », etc. Cf. le suivant. Empr. fr. *rabattre*. — Conj.

Arabaduz, adj., niais, badin : dér. de *arabad* « insignifiant »[2].

Arak, arag, s. m., fétu, duvet : peut-être parti du sens de « barbe de blé » ; cf. gaul. *arinca* « espèce de céréale », gr. ἄραχος « gesse » (sorte de pois chiche). — Conj.

Arak, adv., prép., devant, avant : pour **aràk*, avec une diphtongaison accidentelle. V. sous *a-* et *1 rak*.

Araouz, adj., maussade, querelleur : pour **arraj-ouz*, formation qui équivaudrait à un fr. **rageux*, cf. mbr. *arraig* « rage », *arraigiaff* « enrager ». Empr. fr. — Conj.

Arar, s. m., charrue, mbr. *arazr*, corn. *aradar*, cymr. *aradr*, ir. *arathar*, cf. lat. *arātrum*. V. sous *arat*.

Araskl, adj., non mûr, insuffisamment roui : soit en deux mots *a raskl*, « qui râcle, âpre », cf. fr. ancien *rascler* « râcler » et cymr. *rhasgl* « râteau ». Empr. fr. ou bas-lat. V. sous *1 a*.

Arat, vb., labourer, cymr. *ar-ddwr* « laboureur », ir. *air-inn* « je laboure », etc. (cf. *arar*) : rac. ARĀ commune à toute la famille sauf le sk., gr. ἀρόω, lat. *arō*, got. *arja*, lit. *ariù*, sl. *orją*.

Arbenn, adv., à l'encontre. V. sous *ar-* et *penn*.

---

1. Se garder de confondre ce préfixe avec l'article, dont il se distingue en ce qu'il produit *toujours* mutation douce : *ar-vôr* (ce qui longe la mer) « côte », d'où *Arvor* « la Bretagne côtière » ; mais *ar môr* « la mer » sans mutation.

2. Tenir compte toutefois du cymr. *arab* « plaisant » et dérivés, dont au surplus l'étymologie n'est pas connue.

Arboell (C.), s. m., épargne, cf. cymr. *arbwyll* « prudence » : préf. *ar-* et *poell*. V. ces mots.

Ardamez, s. f., marque, étiquette, observation attentive : si ce dernier sens était le primitif, le mot pourrait signifier « action de diviser par fragments », d'où « analyse ». V. sous *ar-* et *tanm*. — Conj.

Arem, s. m., airain. Empr. fr. ancien *arem* < lat. *aerāmen* dér. de *aes*.

Argad, s. m., huée : d'un celt. *are-katu-* « [cri] qui précède la bataille ». V. sous *ar-* et *kadarn*.

Argaden, s. f., attaque, razzia : dér. du précédent.

Argarzi, vb., avoir en répugnance, en horreur : le sens littéral est « considérer comme une ordure ». V. sous *ar-* et *karz*.

Argil, s. m., recul : d'un celt. *are-kūlo-* « dans la direction du dos ». V. sous *ar-* et *kil*[1].

Argoat, s. m., la Bretagne intérieure, forestière, en opposition au littoral ou Arvor. V. sous *ar-* et *koat*.

Argoured, s. m., forêt : suppose un dér. celt. *are-ko-writ-o-*, où la rac. (à l'état réduit) est WERT « tourner ». Cf. lat. *vert-ere*. V. les préfixes *ar-* et **ke-*, et *gwersid*.

Argourou, s. m. pl., dot, cymr. *argyfreu* pl., exactement « apports » : suppose un dér. celt. pl. *are-ko-br-ow-es*, où la rac. (à l'état réduit) est BHER « porter ». V. sous *ar-*, **ke-* et *kémérout*.

Argud, s. m., assoupissement : le sens primitif pourrait être « à l'ombre », d'où « sieste », du préf. *ar-* et d'un mot aujourd'hui perdu **kud*, attesté par le mbr. *cud-ennec* « obscur »[2] (mais sans rapport avec le cymr. *cyhudd* « ombre »), dont au surplus l'origine est incertaine.

Arc'h, s. f., coffre, corn. et cymr. *arch*. Empr. lat. *arca*.

Arc'hant, s. m., argent, mbr. *argant*, corn. *argant*, cymr. *ariant*, ir. *argat*, *airget*, gaul. *argenton*, lat. *arg-ent-u-m*, sk. *raj-at-á-m*[3], cf. gr. ἄργυρος.

Arc'henna, vb., chausser, cf. cymr. *archen* « soulier », *archenu* « chausser », vbr. *archenatou* « chaussures ». Origine inconnue (lat. *ocrea* « botte » avec métathèse ?), mais tout au moins vague rappel de l'idée de « revêtir de cuir » (préf. *ar-* et *kenn*).

---

1. La formation est donc identique en celtique et en français.
2. Cité au Gloss. Ern. p. 137, et cf. notre article *kudon*.
3. Quelle qu'en soit l'origine indo-européenne, ce mot est donc très ancien et authentiquement celtique ; mais c'est par empr. fr. qu'il a pris en outre le sens de « monnaie ».

Ari (V.), s. m., lien : pour *az-rig*. V. sous *éré* et *kéfré*.

Ariéc'houein, arléouein (V.), vb., aiguiser : préf. *ar-* devant le radical de *lib-onik*. V. ce mot.

Arm, s. m., variante de *arem*. V. ce mot[1].

Armé (V.), s. m., saxifrage (casse-pierre), aussi *arc'hmé*, mbr. *arhme*, cymr. *archmain*[2]. V. sous *méan* et cf. *torvéan*.

Armerc'h (V.), s. m., épargne : exactement « attention, prudence », préf. *ar-* et *merzout*[3]. V. ces mots, et cf. *arboell*.

Arné, arnéô, arnev, s. m., orage, temps orageux : peut représenter un celt. **arnawio*- « pluie torrentielle », qui serait dér. de **arno-*, « fluide, eau courante », gaul. *Arnos* > lat. *Arnus* « l'Arno » ; cf. sk. *arṇavá-* « rivière », dér. de *árṇa-* « flot », qu'on rattache à la rac. de *r-ṇó-ti* « il met en mouvement », *r-ṇu-té* « il se meut ». — Conj.

Arnod, s. m., essai, début : abstrait du vb. *arnodi*, « essayer, commencer », cf. cymr. *arnod* synonyme de *nod* « marque », préf. *ar-* et *nod*[4]. Empr. lat. *nota* en dérivation verbale.

Aros, s. m., poupe, corn. *airos*, ir. *eross*, d'un celt. **are-sos-to-*, exactement « le siège d'à côté, à l'écart » (la place du pilote), où l'élément *-sos-* est l'état fléchi de la rac. SED « s'asseoir ». Cf. *annez, azéza, aé, éc'hoaz*, etc.

Arré, adv., pour *ad-arré* sans le préf. initial. V. ce mot.

Arrébeûri, s. m. pl., mobilier : exactement « les [accessoires] de pâture » ou « d'exploitation en général », d'où « le mobilier de la ferme » et enfin « celui d'une maison quelconque ». V. sous *ar* (article), *ré* et *peûri*.

Arréval, s. m., mouture : décomposer en **ar-ré-mal*, et voir les préfixes *ar-* et *ra-*, et *mala* « moudre »[5].

Arrez, s. m., arrhes, gages. Empr. fr. *arrhes*.

Arruout, vb., aborder, arriver. Empr. fr. ancien *arriver*.

Arsal, s. m., assaut : abstrait du vb. *arsala*. Empr. fr. *assaillir*[6].

Arvar, s. m., doute, soupçon : préf. *ar-*, et *mar*.

---

1. En tant que signifiant « arme » il vient naturellement du fr., tandis que corn. *arc* et cymr. *arf* viennent du latin.
2. Le premier élément doit évidemment signifier « briser », mais il est étymologiquement obscur.
3. Ou serait-ce d'aventure l'article coagulé et ne faisant qu'un avec le nom ? Car le préfixe aurait dû causer mutation.
4. La filière des sens est « noter [les linéaments principaux] — ébaucher — essayer — commencer ».
5. Il existe aussi, paraît-il, une forme synonyme *arval*, qui dès lors ne contient que le premier des deux préfixes.
6. L'initiale modelée sur les nombreux mots à préf. *ar-*.

Arvara, s. m., reste de pain. V. sous *ar-* et *bara*.

Arvest, s. m., spectacle : paraît composé de préf. *ar-* et d'une dérivation de *béza*, soit « ce à quoi on assiste ». V. ces mots et *arvez*.

Arvez, s. f., façon, mine : préf. *ar-* et *béza* « être ».

Arvôr, s. m., côte maritime. V. sous *ar-* et *argoat*.

Arwad, s. m., tanaisie : métathèse pour **aourad*, qui équivaut à peu près à un lat. *aurātum* « doré ». Cf. *aour*[1].

Arwarek (V.), adj., oisif, fainéant : dér. d'une locution *ar-war* = *ar-gwar* « à l'aise ». Cf. *goar* et *gorrek*.

Arwez, s. f., signe de reconnaissance, mbr. *ar-goez* « intersigne », cymr. *arwydd*, ir. *airde* « signe » : suppose un celt. **are-wid-io-* (-*iā*), où la rac. est WID, « voir, connaître ». V. sous *ar-*, *ac'houes* et *gouzout*.

Arzaô, s. m., repos, trêve, mbr. *arsaw* « cesser », cymr. *arsaf* « poste », ir. *airisem* « arrêt » : suppose un celt. **are-sta-men*, où la rac. est STHÂ, soit « station ». V. sous *ar-* et *sad*.

Arzel, s. m., jarret. Empr. bas-lat. **artellus*, altéré de *articulus*.

Arzourn, s. m., poignet : exactement « ce qui est attenant à la main ». V. sous *ar-* et *dourn*.

As-, variante phonétique de la particule intensive et itérative **ad-* (autre variante *az-*). V. ces mots et la plupart des suivants [2].

Asbléô, s. m., duvet : soit « grand nombre de [petits] poils », la nuance diminutive résultant de l'accumulation. Cf. *as-* et *bléô*.

Ask, s. m., coche, entaille : comme qui dirait « une *hachée* » ; mot abstrait d'un vb. mbr. **askiaff*[3], qui équivaudrait à un lat. **asciāre* (fr. *hacher*), dér. de *ascia* « hache ». Empr. lat.

Askel, s. f., aile. Empr. roman *ascella*, métath. de lat. *axilla* « aisselle »[4].

Askel-groc'hen, s. f., chauve-souris : exactement « aile de membrane ». V. sous *askel* et *kroc'hen*.

Asklé, s. m., sein, mbr. *ascles*, pourrait, mais bien difficilement, être un dér. br. d'un emprunt lat. *axilla* « aisselle ». Cf. *askel* et *askré*.

---

1. Et *aourédal* « séneçon » : les deux plantes ont des fleurs jaunes et sont de la même famille. Mais il se peut que la métathèse ait été influencée par l'étymologie de fantaisie que suggère Le Gon. Comparer aussi *baré*.
2. J'ai suivi l'orthographe de Le Gon. : on cherchera sous *az-* les mots qu'on ne trouvera pas sous *as-*, et réciproquement.
3. La forme phonétique correcte eût donc été **esk*, mais la métaphonie a pu être entravée par une cause inconnue.
4. D'où, par syncope, aussi lat **awla* > *āla* « aile ».

Askleûden (C.), s. f., copeau, cymr. *asglodyn*, par dérivation brittonique du bas-lat. **ascla* < *astula* « copeau ». Cf. *astel*.

Askoan, s. f , réveillon, soit « souper réitéré ».

Askol, s. m., chardon, corn. *askellen*, cymr. *ysgallen*. — Étym. inc.[1]. Cf. pourtant gr. σκόλ-υμο-ς, « chardon comestible, artichaut ».

Askouéz, s. m., rechute. V. sous *as-* et *kouéz*.

Askourn, s. m., os (pl. *eskern*), cymr. *asgwrn* (pl. *esgyrn*), corn. *ascorn*. Décomposer **ast-gourn*. Le premier élément est l'i.-e. **osth-* « os », bien connu : sk. *ásthi*, *asthán-*, gr. ὀστίον, lat. *os* (*oss-is*). Le second est emprunté, par adaptation résultant de contraste sémantique, à *migourn* « cartilage ». V. ce mot[2].

Askré, s. m., sein, cymr. *asgre*, ir. *asgall*, etc. : semblent des dérivations et corruptions, à des degrés divers, de l'empr. lat. *axilla*, mieux conservé dans le gael. *achlais* « aisselle ». Cf. *asklé*.

Asdibr, s. m., coussinet de selle (doublure de la selle).

Asdimizi, vb., se remarier. V. sous *as-* et *dimizi*.

Asdô, s. m., œuf couvé : préf. *as-* et *dòi* < *dòzvi*[3].

Asdrézen, s. m., crémaillon (petite crémaillère qui en *continue* une plus grande). V. sous *as-* et *drézen*.

Aspled (C.), s. m., gardefou : comme qui dirait « surcroît d'attention, précaution accessoire ». V. sous *as-* et *pléd*.

Asrann, s. f., subdivision : préf. *as-* et *rann*.

Asrec'h, s. m., contrition, chagrin, mbr. *azrec*[4], corn. *edrek*, ir. *aithrech*, gael. *aithreach* « repentant » : suppose un celt. **ati-reko-* (pour **-prek-o-*), dont la rac. est PREK « prier », sk. *prcháti* « il demande », lat. *prec-ēs* « prières », got. *fraih-nan* « interroger », al. *fragen*, etc.

Astal, s. m., interruption : comme qui dirait « le fait de re-tenir », préf. *as-* et *dal* « tenir ». V. sous *dalc'h*.

Astaol, s. m., contre-coup. V. sous *as-* et *taol*.

---

1. Le vbr. a un mot *scal*, de sens douteux, mais qui ne paraît pas signifier « chardon ».

2. Cette conjecture nouvelle est hasardée, mais moins que l'ancienne. La gutturale de l'arménien *oskr* « os » et du zd *açcu* « tibia » pourrait aussi faire admettre un celt. **ask-* signifiant « os », auquel se serait adjoint un suff. *-urno-* pareil à celui du lat. *diurnus*. Mais la rareté de ce suffixe, jointe à d'autres considérations, le rend ici très suspect.

3. L'incubation étant sans doute considérée comme une sorte de répétition ou de continuation de la ponte.

4. Dont la finale aurait été altérée sous l'influence de *rec'h*. V. ce mot.

Astel, s. f., demi-boisseau, cf. cymr. *hestawr* et fr. *setier*. Empr. lat. *sextārius*, mais altéré de forme et de genre sous l'influence d'un autre mot *astel* « éclat de bois », qui lui aussi est un empr. lat. (*astilla* dimin. de *astula*[1], fr. *attelle*).

Astenn, s. m., rallonge, cf. cymr. *estyn* « étendre » : préf. *as-* et *tenn*.

Astizein (V.), vb., exciter, intercéder : dér. de l'empr. fr. ancien *hastise* « précipitation ». Cf. *hast* et *atiz*.

Astô, s. m., variante assimilée de *asdô*. V. ce mot.

Astomma, vb., réchauffer. V. sous *as-* et *tomm*.

Astud, adj., chétif. Empr. lat. *astūtus* « rusé »[2].

Astuz, s. m., vermine qui pique, corn. *stut* « moustique », vbr. *ar-stud* « pointe », cf. cymr. *cy-studd* « componction ». La rac., avec ou sans préfixes, est STUD TUD, « piquer, frapper », ici sous la forme fléchie STOUD : sk. *tud-áti* « il frappe », lat. *tund-ere, tu-tud-ī* « j'ai heurté », got. *staut-an*, « heurter, pousser », al. *stossen*. Cf. *1 tonn*.

Asverk, s. m., contremarque. V. sous *as-* et *merk*.

Asvôger, s. f., contre-mur V. sous *as-* et *môger*.

At, s. m., variante de *âd* = *hâd*. V. ce dernier mot[3].

Atahin (V.), s. m., querelle : contamination probable de deux emprunts français *attaquer* et *taquiner*.

Ataô, adv., toujours, continuellement. — Étym. inc.[4].

Atersein (V.), vb., s'informer. Empr. fr. altéré (*s'*)*adresser*[5].

Atil, s. m., terre en rapport : abrégé de *douar atil*, fr. **terre d'atil* « terrain aménagé ». Empr. fr. ancien *atillié* « [terrain] aménagé, mis en culture, terre chaude ». — Ern.

Atiz, s. m., avis, instigation. Empr. fr. ancien *hatise* « précipitation ». Cf. *astizein*.

Atô, adv., variante de *ataô*. V. ce mot et la note.

---

1. Tous deux diminutifs de *hasta* « hampe ». Cf. *askleûden*.
2. La filière des sens est fort curieuse : « rusé — qui emploie la ruse — qui n'a que la ressource de la ruse pour déjouer la force d'autrui — faible, chétif ».
3. D'une manière générale, on cherchera sous *h* les mots qu'on ne trouvera pas sous voyelle initiale, et avec *t* les mots qu'on ne trouvera pas avec *d*, ou réciproquement.
4. Peut-être la vraie forme serait-elle *atô*, abstrait d'une locution fr. anc. *a tos colps* « à tous coups ». Il ne semble pas que le cymr. *etto* soit apparenté; car il signifie « encore, encore une fois, toutefois », mais non « toujours ».
5. La métathèse était déjà opérée en fr. patoisé : le Bas-Maine a *aders* « adresse » et *radersé* « redresser » Suppl. Dn.

Atred, s. m., gravois. Empr. bas-lat. *attrītum*, pour *attrītum* « frotté, usé, broyé », d'où « débris ».

Aü, s. m., variante de *avu*. V. ce mot.

Av, adj., variante de *aō*. V. ce mot.

Aval, s. m., pomme, cymr. *afal* et *afallen* « pommier », ir. *aball*, *uball*, etc. : suppose un celt. *aballo-*, d'où procède le dér. gaul. n. pr. *Aballō* « Avallon » (exactement « le Verger »). Empr. lat. [*mălum*] *Abellānum*, à cause de la célébrité des vergers de la ville d'Abella en Campanie[1].

Avank, s. m., bièvre, castor, cymr. *afanc*, ir. *abac*, soit un adj. celt. *abon-ako-* « fluvial ». V. sous *1 aven*.

Avé, s. m., harnais, attelage, cf. corn. *avond*, cymr. *afwyn* « rênes ». Il est difficile de ne pas songer à une altération plus ou moins profonde du lat. *habĕnae*, dont le cymr. est la reproduction exacte.

Avel, s. f., vent, corn. *auhel* « vent » et *anauhel* « tempête[2] », cymr. *awel* et *enawel* id., ir. *ahél*, *aial*, gael. *àile*, etc. : suppose un celt. *aw-ellā*, dérivé comme le gr. *ἄϝ-ελλα > ἄελλα* « tempête »; cf. gr. αὔ-ρα « brise », αὐ-ήρ ἀήρ « air »[3], ἄημι « je souffle ». La rac. AWE « souffler », se présente ailleurs sous la forme WÊ: sk. *vă-ta* et *vă-yú* « vent », lat. *ventus*, german. *wind*, lit. *vė-ja-s*, vsl. *vė-ja-ti* « souffler », etc.

1 Aven, s. f., rivière (vieilli, mais conservé dans Pont-Aven et autres n. pr.), vbr. *auon*, corn. *auon*, cymr. *afon*, gael. *abhainn*, vir. *abann*, gaul. *Abona*, n. pr. : rac. AP et AB « eau », sk. *áp-as* pl. « eaux », *amb-u* « eau », lat. *am-ni-s* « fleuve » de *ap-ni-* ou *ab-ni-*[4].

2 Aven, s. f., mâchoire. — Étym. inc.

Aviel, s. m., évangile. Empr. lat. *Evangelium*.

Aviez, s. f., avives (des chevaux). Empr. fr. bretonisé.

Avoultr, s. m., adultère. Empr. fr. ancien *avoultre*.

Avu, s. m., foie, corn. *avu*, cymr. *afu*, vir. *óa*, ir. *aeghe*, gael. *adha*, *ae*. Rapports incertains, étym. inc.

Awalc'h, adv., assez : exactement « à suffisance ». V. sous *a-* et *gwalc'ha*.

Az-, variante de *as-*. V. ce mot et **ad-*.

---

1. Même emprunt en germanique (ag. *apple*, al. *apfel*) et en letto-slave (lit. *óbălas*, *obelis*, vsl. *ablanĭ*, *ablŭko*, russe *jabloko*, etc.).
2. Pour le préfixe, cf. *an-* (3°) et *anoued*.
3. Lat. *aura* et *āer* sont empruntés au grec.
4. Bien entendu le celt. n'accuse que la forme en *b*. Cf. Johansson, *Idg. Forsch.*, IV, p. 141.

Azaouez, s. f., attention, égards, respect : équivaut à *az-evez « redoublement d'attention ». V. ces mots. — Conj.[1]

Azé, adv., ici : pour vase, de *maze = *man-se[2], qui remonte à un celt. *mageni sai « en ce lieu-ci », locution au locatif.

Azel, s. m., variante vieillie de ézel. V. ce mot.

Azen, s, m., âne, cymr. asyn. Empr. lat. asinus.

Azeûli, vb., célébrer un sacrifice, adorer, cymr. addoli « adorer », addawl « prière » : la forme du vb. sans préf. se trouve dans l'ir. áil-iu, áil-im, « je demande, je prie », soit un celt. *ālīō « je prie », sans équivalent partout ailleurs[3].

Azéza, vb., s'asseoir, mbr. asezaff, corn. ysedha, cymr. assedu, cf. ir. seiss « il s'assit », préf. *ad-, et rac. SED « être assis » universellement indo-européenne : sk. sád-ati « il s'assied », sád-as « siège » ; gr. ἕδ-ος « siège », ἕζομαι « je m'assieds » ; lat. sed-ēre[4], sěd-ēs, got. sit-an « être assis », ag. to sit, al. sitzen, lit. sèd-ėti « s'asseoir », sl. sęd-ą « je m'assiérai », et sėd-ėti « être assis », etc., etc. Cf. aussi les articles annez, aé, éc'hoaz, huzel, neiz, aroz, etc.

Aznaout, etc. V. sous anaout, etc.

Azoûg, adv., pendant : la locution azoûg ann deiz revient à dire « à port du jour », soit « tant que le jour le porte » ou « se comporte ». V. sous a- et dougen.

B

Babouz, s. m., bave : exactement « bav-eux », avec un suffixe dérivatif en plus. Empr. fr. bave. Cf. baó et mormouz.

Babu, s. m., guigne : paraît un mot de friandise enfantine passé dans la langue ; il y a une variante babi, et la merise dans le Maine se nomme babiole, cf. normand baguiole, et fr. ancien badeolier « sorte de cerisier ». Empr. fr. probable.

---

1. Il est vrai que evez est s. m. Mais le genre a pu être changé parce que la majorité des noms en -ez étaient féminins. En fait, plusieurs noms en -ez ont dû être primitivement masculins, puis passer au genre féminin.

2. Pour l'initiale, se reporter à andévezh et ab. Le mot *magen-i est le locatif du substantif qu'on trouvera sous aman. Le locatif *sai se rattache à *se qu'on trouvera sous ann.

3. C'est donc pur hasard si le mbr. azeuliff coïncide avec le lat. adōrāre ou le fr. adorer, qui au surplus a pu et dû influer sur le sens.

4. On observera toutefois que la tête d'article mot exclusivement brittonique, pourrait être aussi un empr. bas-lat. *assedére.

Bad, s. m., étourdissement, étonnement, badauderie, corn. *bad* « stupide », *bàdus* « lunatique », vbr. *bat* « stupeur » : abstrait du lat. populaire **batāre*, d'où procèdent aussi fr. *béer, béant, bayer* et *bâiller*[1]. Cf. le suivant. Empr. bas-latin[2].

Badala, badalein (V.), vb., bâiller. Empr. bas-lat. **bataculāre* > **batacliāre*[3], d'où aussi fr. ancien *baaillier*.

Badalen, s. f., dague, poignard. Empr. fr. ancien *badelaire* « épée courte » (la finale altérée à cause de la fréquence des féminins en *-en*, noms d'objet ou d'instrument[4]).

Badéz, s. f., baptême : abstrait du vb. *badéza*. Empr. bas-lat. *baptizāre* > **batidiāre* (Loth), cf. corn. *bedidhia* et cymr. *bedyddio*.

Bâg (bak), s. f., bateau. Empr. fr. *bac*.

Bagad, s. f., troupe, foule, corn. *bagat* « troupe », *bagas* « grappe », cymr. *bagad*, « grappe, foule », gael. *bagaid* id. : le sens primitif est « grappe »; d'un bas-lat. **bacāta*, dér. de *bāca*, « baie », petit fruit généralement assemblé en grappes. Empr. lat.[5]. — Thurn.

Bagol, adj., sain, robuste : altéré pour **magol*[6] « bien nourri ». V. sous *maga* et *meùr*.

1 **Bâc'h**, s. f., croc, hameçon, corn. *bah*, cymr. *bâch*, vir. *bacc*, gael. *bac*, etc., d'un celt. **bakkā* ou **bakkos* « croc », qui n'a point d'équivalent connu en dehors du celtique.

2 **Bâc'h**, s. f., prison, cf. ir. gael. *bac* « empêchement », identique au précédent, à peu près comme on dit en argot « j'ai été au clou » (*ounn béd er vâc'h* « ... au croc »).

Bac'hein (V.), vb., déconcerter, cf. mir. *bacaim* « j'empêche », soit « j'accroche ou fais accrocher ». Cf. les précédents.

Baian, adj., alezan : contamination de la finale de *alazan* et de l'initiale de *bayo*. Empr. espagnol probable.

---

1. De là aussi l'ital. *badare* « regarder bouche bée, faire grande attention », et aussi fr. *badin, badaud*, mais ceux-ci empruntés au provençal. — Lat. **batāre* serait-il une altération jargonnante de *patēre* « être ouvert »?
2. Aucun rapport avec vir. *báith* « imbécile », gael. *baoth* id. Cf. Macbain s. v.
3. Fréquentatif de **batāre*. V. le précédent.
4. Tandis qu'au contraire les noms en *-er* sont masculins et noms d'agent. En fait, **badaler* aurait paru signifier « bâilleur » : la corruption est donc très logique.
5. Ce mot, en effet, ne saurait dériver du précédent et signifier « batelée », puisqu'il est commun à tout le celtique, tandis que *bâg* est exclusivement breton.
6. Un *m* ne se change pas en *b*, mais tous deux se changent en *v* en mutation douce et sont alors exposés à se confondre accidentellement. Cf. *bañgounel* et *bardel*. — Ern.

Baiziz, adj., jaloux (mais non pas en mauvaise part): pour *gwʰ-eizik* « un peu jaloux »[1]. V. sous *gw-* et *oaz*.

Bal, s. m., branle, danse. Empr. fr. *bal* (sens ancien).

1 Bal, s. m., tache blanche au front des animaux domestiques, cheval ainsi marqué, cymr. *bal* id., ir. *ball* id., gael. *ball* « tache »: d'un celt. *ba-lo-*, *bal-no-*, *bal-yo-*, cf. gr. φά-λ-ιο-ς « noir tacheté de blanc », qui se rattache à la rac. BHÂ « luire »[2].

2 Bal, s. m., baquet, cuvier. Empr. fr. *baille*[3], lequel procède du bas-lat. *bajula* (lat. *bajulus* « portefaix »). Cf. *béol*.

Balaen, s. f., balai. Empr. fr. bretonisé *balai*, mais celui-ci à son tour pris au br. *balan*. V. ce mot.

Balafen, s. f., variante de *balaven*. V. ce mot.

Balamour, prép.: écourté de *abalamour*. V. ce mot.

Balan, s. m., genêt, mbr. *balazn*, avec métathèse pour *banazl*. V. ce mot sous *banal*.

Balaven, s. f. (aussi *balafen*), papillon: semble une métathèse de *pabellen* avec contamination de *falen*. Empr. lat. (acc.) *pāpiliōnem*, et *phalaena* du gr. φάλαινα « papillon de nuit ».

Balbein (V.), vb., altérer (donner soif). — Étym. inc., mais cf. lat. *balbus* « bègue » et le suivant.

Balbouza, vb., bredouiller, barbouiller: du lat. *balbutire*, ou plutôt d'un adj. br. *balb-ouz* (cf. *babous*) refait sur *balb-*, puis confondu à raison de l'homophonie avec fr. *barbouiller*. V. sous *balbein*.

Balé, s. m., marche: dér. de *bal* au sens primitif de « branle, marche réglée et cadencée »[4]; puis le sens s'est généralisé.

Balek (C.), s. m., répugnance: le même que *baleg*, employé métaphoriquement « cela me fait saillie », comme en argot fr. « cela me sort », pour « cela me répugne » (*baleg am eùz*). — Ern.

---

1. Sauf la difficulté qui résulte de l'incertitude phonétique du changement du préf. celt. *wo-* en *b-* devant voyelle; mais elle se reproduit pour d'autres mots, et le préf. a pu exceptionnellement prendre cette forme devant voyelle, par analogie de ce qu'il la prenait en d'autres positions. Cf. *bèoen*, *bézin*, etc.

2. Rapprocher gr. φαίνω « montrer », φῶς « lumière », etc.

3. Le Dict. Hatzf. indique l'emprunt inverse, qui est bien peu vraisemblable: si *bal* était breton, on ne verrait, ni d'où il vient en breton, ni comment il aurait changé de genre en français; si au contraire il est français, on conçoit fort bien que les Bretons, l'empruntant sans y rien changer et prononçant par conséquent *er bal* « dans le baquet », l'aient pris pour un nom masculin.

4. Tel est bien, en effet, le sens du vb. fr. *baller*. Voir: Guy, *Essai sur... Adam de Le Hale*, p. 519.

Baled, s. m., auvent : dér. du radical *bal-. V. le suivant.

Baleg, s. m., saillie d'architecture, cymr. *balog* « saillie », cf. cymr. *bal*, « proéminence, pic terminal d'une montagne », ir. et gael. *ball* « membre » (sens spécialisé), gr. φαλλός « pénis » : dér., cf. *baled*.

Balez, s. f., macreuse : dér. de *1 bal* (tachetée).

Balc'h, adj., fier, arrogant, cymr. *balch*, gael. *bailc-each*, « fort », vir. *balc* id. : d'un celt. *balk-o-*, lat. *fulc-iō* « je soutiens », *fulcrum* « étai », germ. *balk* « poutre » (ag. *balk*, al. *balken*), soit une double racine BHELK BHELG « être ou rendre fort ».

Bali, s. f., avenue d'arbres. Empr. fr. ancien *balie* id.[1].

Balir, s. m., variante de *baleg* dér. du même radical *bal-.

Baltam, s. f., variante de *batalm* (métath.). V. ce mot.

Bamein (V.), vb., ensorceler, tromper. — Étym. inc.[2].

Banal, s. m., genêt, pour *banazl, cymr. *banadl*, corn. *banathel*, d'un celt. *ban-atlo-* dont la syllabe radicale est identique à celle du lat. *gen-ista*. Aucun autre rapprochement ne s'impose. — Conj. Ern. Cf. *balan* et *balaen*[3].

Banel, s. f., venelle. Empr. fr.[4].

Bangounel, s. f., pompe : pour *mangounell*, « baliste, machine », cymr. *magnol* « canon ». Empr. fr. ancien *mangoneau*[5].

Bann, s. m., éminence, jet, rejeton, rayon, aile (de moulin), aile (de dévidoir), écheveau[6] (cf. *banna* « jeter violemment »), cymr. *ban*, « haut, éminence », vir. *benn*, ir. et gael. *beann*, « corne, cime »[7], gaul. *bennā*, « corne, pointe », dans le n. pr. du lac de Garde *Bēnăcos* (aux nombreux promontoires) : d'une rac. GwEN, qui se retrouve dans ag. *kn-oll* « éminence », al. *kn-ollen* « motte de terre ». — Mcb.

---

1. Le Gloss. Ern. s. vv. semble faire dépendre les uns des autres les mots *balé*, *bali* et *baleg* (*baled*). Il me semble qu'on les explique d'une façon bien plus satisfaisante en les isolant.

2. Est-ce une variante dialectale de *boéma* (C.) « pratiquer les arts [magiques] des bohèmes ou bohémiens > frapper de stupeur », par la filière *boem-* > *bwem-* > *bwam-* > *bam-* ou toute autre ? Rien n'est plus admissible ni moins sûr. En tout cas on ne saurait songer à l'al. *bannen* « ensorceler ».

3. Observer toutefois, au sujet de ces trois mots, que le gael. a un mot *bealaidh* « balai », qui ne saurait être empr. fr.

4. *Ar vanel* a semblé une forme de mutation douce, d'où le *b*.

5. *Ar vangounel* en mutation douce, d'où le *b*. Cf. *bagol*.

6. Tous ces sens paraissent se déduire aisément du premier ou du second, et le dernier de l'avant-dernier.

7. Aucun rapport avec br. *penn*. V. ce mot.

Bannac'h, banné, s. m., goutte, d'où « un peu » et « taie sur l'œil », corn. *banna*, vir. *bunne* « goutte », mir. *boinne*, ir. et gael. *bainne* « lait » : soit une base celt. *ba-nyā, ou bien *bannyā (pour *bat-nyā) « liquide », rac. BHA ou BHAT ; cf. ag. *to bathe*, al. *bad-en* « se baigner », etc.

Banniel, s. m., bannière. Empr. fr. altéré.

Banô, banv, s. f., truie en gésine, corn. *baneu* « pourceau », cymr. *banw*, vir. *banb*, ir. et gael. *banbh* (et *Banff* n. pr. de lieu), d'un celt. *banwo-, fm. *banwā, qui n'a point d'équivalent connu ailleurs.

Banvez, s. m., festin, gael. *banais* « noces », ir. *bain-fheis* « repas de noces », qui suppose un celt. *benā-wēsti- « repas de la femme » : le second terme, identique au cymr. *gwêst* « repas », à l'ir. *feis* « nourriture », au visl. *vist* id., se rattache à la même racine que le lat. *ves-ci* « se nourrir » ; sur le premier, cf. *ében*.

Baô, s. m., engourdissement, stupidité, timidité. — Étym. inc.[1].

Baot, s. m., voûte (pl. *-ou*), d'où « tortue » (pl. *-ed*), aussi *vaot*. Empr. lat. *volta* < *voluta* « arrondie ». Cf. *bolz*.

Baouik, s. m., nasse, mannequin ; pour *baoug-ik, dimin. d'un celt. *bolgo- « sac », corn. et cymr. *bol* « le ventre », ir. *bolg* « sac », gaul. latinisé *bulga* « sac de cuir » (d'où fr. *boug-ette* et ag. *budg-et*) ; soit une rac. BHELGH « s'enfler », en divers états, qu'on retrouve dans lat. *folg-vi- > follis* « soufflet, ballon à jouer », al. *balg* « soufflet », ag. *belly* « la panse », etc., etc.

Baoz, s. f., litière à fumier, mbr. *baus*, cf. cymr. *baw* « ordure », fr. *boue* et *bouse*, tous termes d'origine inconnue ; ce dernier, toutefois, pourrait bien se rattacher, avec *baoz*, au même radical que fr. *bœuf*. V. sous *bù* et *buc'h*.

Bâr, s. m. (aussi *barr*), sommet, comble, branche haute, branche, corn. et cymr. *bar* « sommet », vir. *barr*, ir. *bárr*, gael. *bàrr*, gaul. *Barros* conservé dans le n. pr. « Bar » (lieux situés sur une hauteur) : d'un celt. *barso-, sk. *barsá* « bout », *bhṛṣṭi* « pointe[2] », lat. *fastīgium* (= *farst-īgio-), vhal. *parrēn* « faire saillie », etc.

---

1. Il y a un mot br. *baô* « bave » (empr. fr., aujourd'hui remplacé par *babous*) et un mot cymr. *baw* « malpropre » : rapprochements condamnés d'emblée par le sens. En l'état on ne peut guère recourir qu'à une de ces onomatopées par *bab-* (cf. fr. ancien *bab-iller* « bégayer »), qui expriment un peu partout l'idée de claquer des dents (de froid), de bredouiller (par timidité), etc.

2. Ces deux mots ne relèvent pas régulièrement l'un de l'autre ; mais celt. *barso-* est indifférent entre rac. BERS et BHERS ; et à la grande rigueur sk.

Bara, s. m., pain, corn. et cymr. *bara*, cf. vir. *barg-en*, ir. *bairghean*, gael. *bairghin*, « pain, gâteau » : ces derniers d'un celt. **barg-o-*, cf. lat. *ferc-tu-m* « gâteau d'offrande », ags. *byrg-an*, « goûter, manger » ; soit une rac. BHERGH sans répondant sûr ailleurs.

Barad, s. m., perfidie, trahison (d'où emprunté fr. *barat-erie*), corn. *bras*, cymr. *brat*, vbr. *brat*, ir. et gael. *brath*, vir. *brath* et *mrath* (forme primitive) ; cf. gr. ἁ-μαρτ-άνω, « je me trompe, je pèche », ἁμαρτωλή « méfait », sans équivalent connu ailleurs.

Baraz, s. f., baquet à anses. Empr. bas-lat. **baratta* « baratte ».

Barbaou, s. m., bête noire (dont on fait peur aux enfants) : mot forgé par onomatopée, ou corrompu du fr. *Barbebleue*, ou plus simplement du fr. ancien *baboue* « épouvantail », fr. *baboue* « moue » Hatzf., d'où *babouin*.

Bark, s. m., barque. Empr. fr. avec changement de genre[1].

Bardel, s. f., barrière, margelle. Empr. fr. *mardelle*. Cf. *bagol*.

Baré, s. m., séneçon, mbr. *bazre* pour **mazre*, corn. *madere* id., ir. *madra* « garance ». Empr. fr. ancien *maderé* > *madré* « veiné, bigarré ». Cf. *marellu* et *bagol* (m devenu b).

Barf, s. m., variante de *barô*. V. ce mot.

Barged, s. m., buse, imbécile, musard, corn. *barges*, cymr. *barcud*, cf. cymr. *cud* « milan » : soit donc un composé **bar-cud* « milan de branche[2] ». Empr. ags. *cyta* (ag. *kite*). V. sous *bâr*. — Conj.

Bargéden, s. f., nuage devant le soleil : dér. de *barged*[3].

Bargédi, vb., muser, baguenauder, badauder. V. sous *barged*.

1 Barlen, s. f., giron, la partie du tablier qui est au-dessus des genoux, cymr. *barlen* id. : soit « la couverture d'en haut[4] » pour « le haut du tablier, du pagne », etc. V. sous *bâr* et *2 lenn*.

2 Barlen, s. f., verveine : pour *varlen*, cf. gael. *bearbhain*. Empr. fr. *verveine* < lat. *verbēna*, altéré par dissimilation et imitation du précédent.

Barn, s. f., jugement, cymr. *barn*, corn. *barne* « juger », ir. *barn* « juge » :

---

barsâ pourrait être dû à une déaspiration accidentelle. De même *parrēn*, s'il n'est pour **barrēn*.

1. La raison de ces changements fréquents est indiquée une fois pour toutes sous *2 baj*. On n'y reviendra plus.

2. La buse doit ses apparences et son renom de stupidité à l'immobilité qu'elle garde, perchée pendant des heures sur la même branche, à attendre qu'une proie passe à sa portée.

3. Métaphore tirée de l'oiseau de proie qui plane.

4. En d'autres termes, un celt. **barro-plinnā*. — Conj.

d'un celt. *bar-no-, *bar-nā, qui se rattache par métathèse à la même rac. que *breut*. V. ce mot.

Barô (**barf, barv**), s. m., barbe, corn. et cymr. *barf*. Empr. lat. *barba* avec changement de genre.

Barr, s. m., variante primitive de *bâr*. V. ce mot.

1 Barrad, s. m., astuce : simple prononciation divergente, avec sens légèrement modifié en conséquence. V. sous *barad*.

2 Barrad, s. m., dans des locutions telles que *barrad glaô* « grosse averse » (coup violent de pluie) : dér. de *bâr*, qui a le même sens dans des locutions analogues, soit « comble de l'ondée ». V. sous *barr*.

Barren, s. f., barre. Empr. fr. bretonisé *barre*. Cf. *barr*.

Barrez, s. f., danse de théâtre. Empr. fr. corrompu *ballet*[1].

Barz, s. m., chanteur public, aussi *barh* (V.), corn. *barth* « joueur [d'instrument] », cymr. *bardd*, « poète, prêtre », vir. *bard*, ir. *bárd*, gael. *bàrd*, gaul. *bardos* « barde » : d'une rac. qui se retrouve sûrement dans gr. φραδ-ής « sage », φράζω « je parle », et peut-être dans germ. (vieux saxon) *grōtian* « interpeller »; cf. ag. *to greet* « saluer », al. *grüssen*.

Barzennen, s. f., verrou. Empr. fr. *targette*, avec initiale contaminée de *barr* « tige » ou *barren* « barre ». — Conj.

Bâs, s. m., bât. Empr. bas-lat. *bastum* ou fr. ancien *bast*.

Baskik, s. m., (petite) scrofulaire : dimin. de *bask*. Empr. lat. écourté (*ver*)*bascum* « bouillon-blanc ». — Conj.[2]

Basta, bastout, vb., suffire, satisfaire. Empr. fr. ancien *baster* (conservé dans *baste!* « il suffit, n'en parlons plus »), cf. ital. *bastare*.

Bastroulein (V.), vb., barbouiller, embrouiller, cf. br. *bastroulh* « souillon », fr. *trouille* id., provençal *mastroui* ou *mastroulha* « manier malproprement », termes d'argot. Empr. fr., et cf. *stroul*.

Batalm, s. f., fronde : exactement « bâton-fronde », l'arme dont le nom technique est en fr. « fustibale ». V. sous *bâz* et *talm*.

Bataraz, s. f., massue, gourdin : pour *mataraz, sous l'influence de *bâz*. Empr. fr. ancien *matras* « grosse flèche ».

Bâv, s. m. (d'où *bava* « stupéfier »). V. sous *baô*.

1 Bâz, s. f., bâton, aussi *bac'h* (V.) : d'un celt. *battā, auquel se rattachent

---

1. Pour le genre et la finale, cf. *berjez* et autres. L'*rr* analogique de *barz*?

2. Les verbascées et les scrofularinées sont deux familles très voisines, qu'on fait parfois rentrer l'une dans l'autre. — Le lat. *verbascum* eût donné *gourbask > *gourvask. La syllabe *gour-* a disparu, prise pour le préfixe augmentatif, qui n'avait pas de raison d'être en présence de la finale diminutive.

cymr. *bathu* « battre [monnaie] », *bath* « monnaie », ir. *bás* et gael. *bàs* « mort », vir. *bathach* « moribond », gallo-lat. populaire *batuere, battuere* (d'où fr. *battre*) et *anda-bata* (nom d'un genre de gladiateur); cf. ags. *beadu* « combat »[1].

2 Bâz, adj., peu profond, corn. et cymr. *bas* : abstrait d'une locution telle que « les eaux sont basses » (*bâz eo ann dour*). Empr. lat. *bassus*.

Bazoulen, s. f., battant de cloche : formé sur un type de dimin. *baz-oul- (bahoul V.), soit un celt. *batt-ul-innā. V. sous *bâz*.

Bé, s. m., bêlement. Cf. *bégia*. Onomatopée.

Béach, s. m., voyage. Empr. fr. ancien *veiage, veage*, id.

Béac'h, s. m., fardeau, mbr. *bech*, cymr. *baich* id. : soit un celt. *baksi-, forme de métathèse par rapport au lat. *fasci-s* « faisceau », auquel on ne connaît pas d'autre équivalent [2].

Bék, s. m., bec, pointe : gaul. *beccos* (d'où le surnom lat. *Beccō*), qui a passé au fr. (*bec*), à l'ital. (*becco*) et à l'ag. (*beak*), mais qui ne se retrouve avec certitude nulle part ailleurs [3].

Békéd, s. m., brochet : dér. de *bék* (museau pointu).

Béd, s. m., monde, corn. *en-bit* « au monde », cymr. *byd*, ir. et gael. *bith*, gaul. *bitu-* dans le n. pr. *Bitu-rix* « roi du monde », etc. : d'un celt. *bitu-*, dér. de rac. celt. BEI « vivre ». V. sous *béó*.

Bég, s. m., variante de *bék*. V. ce mot et les suivants.

Bégar, s. m., mélisse : dér. de *bég* [4], cf. *békéd* et *bégek*.

Bégek, s. m., saumon (fr. *bécard*) : dér. de *bég*.

Bégel, s. m., nombril, zeste de noix (le second sens est dérivé), corn. *begel*, cymr. *bogail*. Empr. lat. *buccella* « petite boucle ».

Bégia, vb., bêler, chevroter, mbr. *baeguel* « bêlement », corn. *begy* « braire », cymr. *beichio* « mugir », ir. *béccim* « je beugle », etc. : d'un celt. *baik-iō, ou *baikk-iō, et cf. *bé*.

Bégin, s. f., soufflet : dér. de *bég* (instrument à bec). Cf. pourtant lat. *būcina* « trompette » et lat. *māchina*, toutes formes qui ont pu se contaminer et se confondre en *bégin* et *mégin*. V. ce dernier mot.

1. Sans relation avec ag. *to beat*, dont la racine est tout autre.
2. Ou bien celt. *bakki-* procédant d'un i.-e. *bhad-ki-*; et dans ce cas le lat. *fascis* équivaudrait à *bhad-ski-*; mais la racine reste incertaine.
3. Peut-on y rattacher les quasi-synonymes qui commencent par p,l at. *picus*, fr. *pic*, etc., cf. espagnol *pico* « bec »? Noter que le br. suppose *oekos tout court, car *bekkos eût donné *bec'h.
4. La mélisse est une « labiée ».

Bec'h, s. m., variante primitive de *béac'h*.

Bélek, s. m., prêtre, mbr. *baelec*, équivaut à un dér. **bac(u)l-āco-s* « qui porte un bâton »; cf. cymr. *bagl* « bâton » et plus spécialement « la houlette pastorale ». Empr. lat. *baculus*[1].

Béler, s. m., cresson d'eau, corn. *beler*, cymr. *berwr*, vir. *biror* > *bilor*, ir. *biolar*, gael. *biolaire*, gallo-lat. *berula* (d'où fr. *berle* et esp. *berro*), etc.: d'un celt. **ber-uro-*, dér. d'un radical **ber-* signifiant « source », qui paraît se retrouver dans gr. φρέ-αρ « puits », ag. *bourn*, al. *born* et *brunnen* « fontaine », etc.

Belc'h, s. m., graine de lin, baie: originairement forme de pl. de *bolc'h* « cosse de lin », qui existe aussi et dépend du type gaul. *bolga* ou *bulga* « sac ». V. sous *baouik*.

Béli, s. f., puissance, autorité. Empr. fr. ancien *bailie* = *baillie*.

Bélôst, s. m., croupion: préf. **gw-* > **be-* et *lôst*. V. ces mots.

Bemdez, bemdiz, adv., adj., chaque jour, quotidien, ouvrable; cf. *pemdéziek*, à initiale restée pure. V. sous *pep* et *deiz*[2].

Bén, s. m., dans *méan bén* « pierre de taille »: abstrait de *béna*.

Béna, vb., tailler, mbr. *benaff*, ir. *be-n-im* « je frappe »: dér. d'une rac. BHEI (état réduit BHI), « frapper, couper » (cf. vir. *ro-bi* « il frappa », *bi-the* « frappé »), laquelle apparaît le plus souvent sous la forme BHID, sk. *bhinát-ti* « il fend », gr. φιτρός « copeau[3] », lat. *find-ere*, got. *beit-an* « mordre » (ag. *to bite*, al. *beissen*), etc., etc. Cf. *bom, bouhal, kéméner* et *dispenna*.

Bendel, s. m., moyeu: pour **bedel*[4], cf. cymr. *both, bothell*, « rotondité, bouteille, moyeu », etc. Empr. bas-latin *botellus*.

Bendem (V.), s. f., vendange. Empr. lat. *vindēmia*.

---

1. Cf. pourtant Loth, *Mots latins*, s. v. *bagl*. — Donné comme sobriquet à la bergeronnette (lat. *motacilla*), ce nom désigne l'oiseau qui donne constamment la bénédiction (en remuant la queue). C'est probablement pour une raison analogue qu'il désigne une sorte d'éperlan (al. *spierling* « frétillant »).

2. La particularité curieuse de ce mot, c'est qu'il conserve, fixée à la faveur de la juxtaposition, une finale casuelle, dans une langue qui les a depuis longtemps toutes perdues: l'*m* médial y représente la fusion du *p* et de l'*n* dans une locution celt. **popon diyesen* « chaque jour », où l'*m* est l'indice de l'accusatif, comme le ν en grec, l'*m* en latin et en sanscrit.

3. Observer que gr. φιτρός peut se ramener à volonté à **bhit-tró-* ou **bhi-tró-*, et que le sk. nous offre, comme le celt., un spécimen de la rac. BHI suivie d'un suff. qui commence par un *n*. Rapprocher en outre vsl. *bi-ti* « battre ».

4. L'insertion d'une nasale dans les mots empruntés est un fait très commun en breton, cf. *bens, bentonik, danson, puns, ronsé*, etc.

Béni, s. f., bobine, cf. mbr. *benny* « bobine, corne, cornemuse » : dér. de *bann*. V. ce mot, et cf. *biniou*.

Bennak, bennâg, quelconque : pour **pep-nâg*. V. ces mots (la négation au sens simplement explétif ou indéfini qu'elle revêt aussi dans les phrases exclamatives).

Bennaz, bennoz, s. f., bénédiction, mbr. *bennoez*, corn. *bennath*, cymr. *bendith*. Empr. lat. altéré *benedictio*. Cf. *binnizien*.

Beñs, s. f., vesce (aussi *bes*). Empr. fr., cf. *beñdel*.

Beñt, s. f., menthe. Empr. lat. *mentha*, et cf. *bagol*.

Beñtonik, s. f., bétoine. Empr. lat. *betonica*, et cf. *beñs*.

Benvek, s. m., outil, mbr. *benhuec*, corn. ancien *binfic* « beneficium », cymr. *benffyg* « prêt [1] ». Empr. lat. *beneficium*.

Béô, adj., vif, vivant, corn. et cymr. *byw*, ir. *biu* > *beò*, gael. *beò*, d'un celt. **biwo-*, rac. GwI « vivre » : sk. *jīvá* « vivant », gr. βίος « vie », lat. *vivus*, *vita*, lit. *gyvas* et vsl. *živŭ* « vivant », got. *qius* auquel se rattachent ag. *quick* « vif » et al. *queck* > *keck* « emporté », etc., etc. Cf. *béd*, *bivik*, *boed*, *buan*, *buez*, etc.

Béol, s. f., cuve, mbr. *beaul*, corn. et cymr. *baiol*. Empr. bas-lat. *bajula*. V. sous 2 *bal* [2].

Béon, s. m., étrape : peut se rattacher à la rac. de *béna*.

Béôtez, s. m., bette. Empr. lat. *bēta* ou fr. *bette* [3].

Bépred, adv., toujours : pour **pep-pred*. V. ces mots.

Bér, s. m., broche. corn. et cymr. *ber*, vir. *bir*, ir. et gael. *bior* « aiguillon » : soit un celt. **gweru-* > **beru-*, lat. *veru* « broche », qui n'a point d'équivalent certain ailleurs (βαρύες· δίνδρα Hesych.).

Béra, vb., couler, br. *bérad* « goutte », cymr. *beru* et *dy-feru* « couler ». — Étym. inc. [4].

Berboell, s. m., inconstance, légèreté. V. sous *berr* et *poell*.

Béred, s. f., cimetière, mbr. *bezret*, cymr. *beddrod* = *beddrawd* « chemin de tombes » (?) : composé, dont le premier terme est *béz*, et le second un

---

1. La filière complète des sens est : « bienfait — prêt — objet prêté — objet susceptible de prêt — meuble — outil ».

2. En d'autres termes, le breton a emprunté deux fois de suite le même mot : d'abord au bas-latin ; puis au français.

3. Bretonisé par l'addition d'un suff. de nom féminin. Quant à *eo* pour *e*, c'est peut-être par vague influence de *béô*.

4. On pourrait songer à la racine BHER. V. sous *aber*, *gouer*, etc., et cf. gr. φέρ-εσθαι « être emporté ». Mais le mot est trop isolé et la nuance de sens trop distincte.

mot de même nature que *1 réd*, ou bien identique à vir. *ráith*, que M. Stokes rapproche de gaul. *Argento-ratum* et de lat. *prātum*, soit donc « pré » ou « terrassement de tombes ».

Berjez, s. f., verger. Empr. fr. bretonisé par l'initiale et la finale [1].

Bern, s. m., monceau, corn. *bern*, soit *berg-en-* dér. d'une rac. BHERGH : cymr. *ber-a* « monceau », *brynn* « colline », gaul. n. pr. *Berg-omum* « Bergame », sk. *bṛh-ánt-* « élevé », visl. *bjarg* « rocher », al. *berg* « montagne », vsl. *brĕgŭ* « berge » (empr. germ. ?), etc.

Bernout, vb., importer, corn. *bern* « souci », peut-être apparenté à cymr. *brwyn*, ir. *brón* « tristesse » : soit *mr- > *br-*, et cf. got. *maúr-n-an* « se soucier », ag. *to mourn* « s'affliger », gr. μέρ-ιμνα « souci ».

Bérô, s. m., bouillon, ébullition (aussi *berv*), cymr. *berwi* « bouillir », ir. *berb-aim* « je bous » : rac. BHERw, lat. *fervere* « bouillonner », cf. sk. *bhur-áti* « il tressaille », gr. φύρ-ειν « tremper ».

Berr, adj., court, corn. *ber*, cymr. *byr*, ir. *ber* > gael. *beàrr* (et *beàrr-aim* « je tonds ») : suppose un celt. **ber-so-* « court » (cf. gr. φάρσος « fragment »), dont le radical plus simple apparaît peut-être dans φάρω « diviser », lat. *for-āre* « percer », ag. *to bore* et al. *bohren* id. [2].

Berv, s. m. (d'où *bervi* « bouillir »). V. sous *bérô*.

Berz, s. m., défense. Empr. bas-lat. *bersa* « clôture » [3].

Bes, s. f., vesce. Empr. fr. Cf. *bens*.

Bes-, préf. péjoratif (aussi *bis-*), emprunté au fr., dans *bes-aigre, bé-vue, bis-cornu*, etc., indiquant la privation ou le mauvais état de l'objet dont le nom forme le second terme du composé. Cf. quelques-uns des mots suivants.

Besk, adj., écoué, mutilé : ce mot bizarre paraît abstrait de composés, indiquant une infirmité, où le préf. *bes-* était suivi de mots commençant par un *k*, tels que *bes-kourn* « écorné », bas-lat. **bis-cōdus* « sans queue », à moins qu'il ne soit lui-même violemment écourté de ce dernier [4].

---

1. La triple corruption est très logique : *ar*cerjé* a fait croire à une mutation douce de *b* en *c*, laquelle ne pouvait se produire que dans un mot féminin ; d'où, le *b* initial, le changement de genre, et la terminaison féminine *-ez*.

2. Gr. φάρω n'est donné que dans les lexiques. D'autre part, le radical **bers-* est sans doute le même qui apparaît avec métathèse (**bres*) dans fr. *bris-er* et br. *1 bréz-el*.

3. Mais *berc'h* (V.) fait difficulté phonétique. Il est probable qu'il y a ici confusion de deux homophones : *berz* « défense », et mbr. *berz* « prospérité », sur lequel on peut voir Ern. s. v.

4. Le dér. *beskel* « sillon plus court dans un champ qui n'est pas exactement

Beskel, s. f., biais, guingois. V. le précédent.
Besken. s. f., dé à coudre : pour *bis-gwain* « gaine de doigt ». V. sous *1 biz* et *gouhin*.
Beskoul, s. f., variante de *biskoul*. V. ce mot.
Bestéod, adj., sans langue, bègue. V. sous *bes-* et *téod*.
Bestl, s. f., fiel, bile, corn. *bistel*, cymr. *bustl* id : l'équivalent ne se retrouve qu'en lat. *bislis* > *bīlis*.
Bété, béteg, prép., jusque : dér. par un suff. adjectivo-adverbial (cf. *adalek*) de mbr. *bet*, cymr. *bet*, vbr. *beheit* < *pe-heit*, « combien long, aussi longtemps que ». V. sous *pe* et *héd*.
Beuf, beufik, s. m., bouvreuil : on dirait une confusion du nom de l'oiseau (« petit bouv-ier ») avec le nom de l'animal dont il suit assidûment les pas (« bœuf » à la charrue). Empr. fr.
Beulké, adj., hébété, ahuri, imbécile : dér. avec métathèse du fr. ancien *beugle* « bœuf » (lat. *buculus*), cf. fr. *beugler*. — Conj.
Beûré, s. m., matin, corn. *a-var* « tôt » et *a-corou* « demain », cymr. *a-vory* « demain », *y-bore* et *yn-vore* « au matin », *boreu* « matin », vir. *im-bárach*, ir. *márach* et gael. *maireach* « demain » : suppose un celt. *bārego-*, sans équivalent ailleurs [1].
1 Beûz, s. m., buis. Empr. lat. *buxum* ou fr. *bouis* (?).
2 Beûz, s. m., grimaud, petit écolier : comme qui dirait « bousilleur » (dimin. *beûzik*). Cf. le suivant.
Beûzel, s. m., bouse, cf. ir. et gael. *buachar*. Origine obscure. V. sous *baoz*.
Beûzi, vb., noyer, inonder, mbr. *beuziff*, corn. *bedhy*, cymr. *boddi*, « noyer, se noyer », ir. *báidim* « je plonge » : soit un celt. *bād-iō*, rac. GwĀDH, sk. *gáh-ati* « il plonge », *gādhá* « gué », etc., et cf. gr. βαθ-ύ-ς « profond », βένθ-ος « gouffre », βῆσσα « cavité ».
Bév, adj., variante de *béō*. V. ce mot.
Béva : vb., vivre ; s. m., vivres, nourriture. Cf. *béō*.
Béven, s. f., lisière, bord : dissimilé pour *gwéb-en*, soit un celt. *web-innā*, « tissu, bord du tissu », qui contiendrait rac. WEi avec le même élément amplificatif que al. *web-en*. Cf. *gwéa* [2].

carré » rappelle aussi le fr. *biseau* ; mais il se pourrait que le sens « biais » fût le plus primitif. Au reste, la plupart des mots qui commencent par ce préfixe sont, même en français, difficiles à expliquer d'une façon satisfaisante.

1. Le *b* irlandais ne permet guère le rapprochement avec got. *maúrg-in-s*, ag. *morrow*, al. *morgen*.
2. Le groupe *gw* ne se change pas directement en *b*. Mais, en mutation douce,

Bévérez, s. f. : vive (poisson mince et allongé) ; orpin, vermiculaire (plante à tige grêle et rampante). Empr. lat. *vipera* (d'où aussi fr. *guivre*, *vouivre*, *vive*), mais sans doute contaminé du vb. *béva* sous l'influence du fr. *vive* rapporté par fausse étymologie à *vif* et *vivre*.

Bévez, s. m., bienfait, aubaine : pour **benfaéz*. Empr. lat. *benefactum*, et cf. *benvek*. — Conj. Ern.

Bévézi, vb., dépenser, dissiper : dér. de *bévez*.

Bévin, s. m., viande de bœuf. Empr. lat. adj. *bov-īnum*[1].

Béz, s. m., fosse, tombe, corn. *bedh*, cymr. *bedd*, d'un celt. **bed-o-* « fosse » : rac. BHEDH « creuser », d'où gr. βόθ-ρο-ς « fosse » (pour **ποθ-ρο-ς* < **φοθ-ρο-ς*?), lat. *fod-iō* « je creuse », lett. *bed-re* « fosse », lit. *bed-u* « je creuse », etc., etc., ag. *bed* et al. *bett* « lit »[2].

Béza, vb., être. Le détail de la conjugaison compliquée de ce verbe n'appartient qu'à la grammaire : il suffit de constater ici que ses formes se ramènent en général, celles qui commencent par voyelle, à la rac. ES (sk. *ás-ti* « il est », gr. ἐσ-τί, lat. *es-t*, ag. *is*, al. *is-t*, etc., etc.), et celles qui commencent par *b* (> *v*), à la rac. BHŪ. V. sous *bout*.

Bézel, s. f., variante de *1 pézel*. V. ce mot.

Bézin, s. m., algue, varech : correspond à une forme ancienne **gw-ethin*, soit « sorte commune de brousse », vbr. *ethin* « plante broussailleuse », corn. *eythinen*, cymr. *eithin*, vir. *aitenn*, ir. *aiteann*, gael. *aitionn* « genièvre »[3]. V. sous **gw-*, mais cf. les notes sous *baizik* et *béven*.

1 Bézô, s. m., bouleau (singul. *bezven*), corn. *bedewen* « peuplier », cymr. *bedw* et *bedwen* « bouleau », ir. *bethe* « buis », gaul. *betu-lla* (d'où fr. *boul-eau*), lat. *betula* « bouleau » : soit un radical celto-lat. **betu-* et **betwo-*, qu'on ne rencontre point ailleurs.

2 Bézô, adv., si fait : exactement « cela sera », futur de *béza*.

Bézou, s. m., variante de *bizou*. V. ce mot.

Bézvoud, s. m., liseron : le premier terme parait dér. de la rac. BHENDH, qu'on trouvera sous *boaz* ; cf. le nom ag. *bind-weed* « plante qui enlace ». V. le second terme sous *gwivoud*. — Ern.

---

b devient *v*, et *gw* devient *w*, et la différence de prononciation du *v* et du *w* n'est pas assez grande pour qu'il ne s'établisse pas entre eux quelque confusion. Cf. *baizic*, *bézin* et autres transformations du préf. **gw-*, puis *bestl* qui a une variante *gwestl*, *biouil*, *bugélen*, etc. Mais cette concordance demeure suspecte, soit en elle-même, soit à raison des mutations protéiformes qu'elle semblerait autoriser.

1. Le sens « maigre de lard » procède d'une extension.
2. Primitivement « couche creusée dans le sol de la hutte ».
3. Ce mot peut se rattacher à rac. AK « piquant » (lat. *ac-ūtus*).

Bian, adj., variante de *bihan*. V. ce mot.
Biken, adv., jamais (au futur) : abrégé de *bireikenn*. V. ce mot.
Bid, s. m., as : identique au suivant par métaphore obscène. — Conj.
Biden, s. f., variante de *piden*. V. ce mot.
Bidéô, bidev, s. m., gaffe. Empr. fr. altéré[1] *bident*.
Biel, s. f., vieille. Empr. fr. (*v* > *b*, cf. *berjez*).
Bigôfek, adj., pansu : préf. *bi-*[2] et *kôf*. V. ce mot.
Bigornen, s. f., bigorneau. Empr. fr. *bigorne*.
Bigria, vb., braconner : pour **pigria*, originairement sans doute « gueuser. vagabonder ». Empr. fr. *pègre* « gueuserie » (argot)[3].
Bihan, adj., petit, corn. *bechan, byhan*, cymr. *bychan* id. : dér. d'un celt. **bekko-* (cymr. *bach*, vir. *becc*, ir. et gael. *beag*), qui n'a point d'équivalent ailleurs[4], mais dont le radical semble se retrouver dans l'ital. *piccolo* et l'esp. *pequ-eño*.
Bilen, adj., s. m., roturier. Empr. fr. *vilain*.
Bili, s. m., galet. Empr. fr. *bille*, d'où le singul. *bilienn*[5].
Bilôst, s. m., variante de *belôst*. V. ce mot.
Binim, s. m., venin. Empr. fr. ancien **venim*, d'où *venim-eux*.
Biniou, s. m. pl., cornemuse : pl. de *béni*. V. ce mot.
Binnizien, vb., bénir. Empr. lat. *benedictionem [dare]*.
Bloc'h, s. f., variante de *buc'h* et *buoc'h*. V. ces mots,
Bionen, s. f., tire-lire : dér. de l'empr. fr. *billon*[6].
Biorc'h, s. m., petite bière. Empr. fr. *bière*[7].
Biouil (V.), s. m., variante de *gwil* = *goell*. V. ces mots.
Bir, s. f., flèche : pourrait se rattacher à la rac. de *béna* ou à celle de *bér*. V. ces mots. Cf. aussi cymr. *berw* « jeter », et lit. *bir-ti* dans *kriuszà byra* « il grêle ». — Étym. inc.
Birc'houidik (V.), s. m., pépie : altération bizarre, avec addition de suff.

---

1. Peut-être par jeu de mots sur *bidéô* « collecteur », qui vient du bas-lat. *bidellus*, d'où aussi fr. *bedeau*. Mais tenir compte du bas-lat. *bitellus* « fibula ».
2. Ce préfixe tout à fait isolé ici ne saurait être ni breton ni emprunté au latin : il a été abstrait, par emprunt plaisant et demi-savant, d'un mot fr. tel que *bi-pède*, en sorte que le mot signifie « qui a un double ventre » (suff. d'adj. *-ek*).
3. Cf. aussi Bas-Maine *bigr* « mauvais garnement » Dn.
4. Tous rapprochements avec lat. *cescus* « chétif », lat. *vix* « à peine », gr. μικκός (< σμικρός), sont de pure hypothèse.
5. Où le groupe *li* représente l'*l* mouillé.
6. Parce qu'on n'y serre que de petite monnaie. — Ici, au contraire, l'articulation de l'*l* mouillé s'est fondue dans l'*i* précédent.
7. La gutturale finale n'est que le prolongement de l'articulation de l'*r*.

dimin., du lat. *pituita* > *pipita*, d'où viennent aussi fr. *pépie* et al. *pfiffz* > *pfipfs* > *pips*. Empr. lat. V. sous *pibit*.

Birvi, vb., bouillonner : dér. de *berv*. V. ce mot.

Birvikenn, adv., jamais (au futur), mbr. *bizhuyquen*, corn. *bys rycken*, etc. : exactement « à jamais, toujours, désormais »; le premier terme est *bet* (sous *bété*), le second une forme du vb. *béza*, et le troisième *ken*¹, soit donc « autant tant que sera »².

Biskoaz, adv., jamais (au passé) : soit *bet-c'hoaz* « aussi longtemps encore », d'où « jusqu'à présent ». Cf. le précédent.

Biskoul, s. f., panaris, chenille : le premier sens est le primitif, cf. cymr. *bystum* « panaris ». Empr. fr. *apostume*³.

Bitrak, s. m., petite grive (aussi *gwitrak*). Le fr. a les noms d'oiseaux *traquet* et *ritrec* (Littré, God.). Étym. inc., empr. fr. probable.

Bivik-Doué, s. m., coccinelle (bête à Bon Dieu⁴).

1 Biz, s. m., doigt, corn. *bys*, cymr. *bis, bys, bes*, cf. vir. *biss* « cheville » : soit un celt. *bissi-*, sans équivalent ailleurs⁵.

2 Biz, s. m., N.-E., vent de N.-E. Empr. fr. *bise*.

Bizou, s. m., bague (fr. *bijou* est empr. br.), mbr. *besou*, corn. *bisou*, cymr. *byson* id. : dér. de *1 biz*.

Bizourc'h, s. f., chevrette : contamination du fr. ancien *bisse* « biche » avec le br. *iourc'h*. V. ce mot et cf. *ében*.

Blâ (T.), s. m., variante de *bloa* et *bloaz*. V. ces mots.

Blank, adj., délicat, faible : exactement « pâle ». Empr. fr. *blanc*.

Blâz, s. m., goût⁶, cymr. *blâs*, ir. et gael. *blas*, mais vir. *mlas* id. : soit un celt. *ml-asto-*, cf. tchèque *mlsati* « lécher » et russe *molsati* « sucer », peut-être apparenté à *mél*. V. ce mot.

Blazc'hoarc'h (V.), s. m., sourire : soit « goût (avant-goût) de rire ». V. sous *blâz* et *c'hoarz*⁷.

---

1. C'est en réalité la négation surajoutée qui donne à *birviken* et similaires le sens négatif, ainsi qu'à *ken* lui-même. V. ce mot, et se souvenir que fr. *aucun, rien, jamais*, etc., sont aussi de par leur origine des mots affirmatifs.
2. Selon M. Rhys, l'élément *bis-* de ce mot et des similaires (cf. *biskoaz*, etc.) serait empr. ir. *bith* « ever ».
3. Voir dans le Gloss. Ern. s. v. *bescul* (p. 60) les curieuses transformations de sens et de forme qu'aurait subies ce mot.
4. Le premier terme est un dimin. de la souche de *béza*.
5. On en a rapproché visl. *kvistr* « rameau » (suédois *qvist*), d'où *il-kvistir*, « les ramifications du pied, les orteils ».
6. Il est probable que fr. *blasé* est empr. br. et qu'il faut dès lors renverser l'ordre des sens indiqués par le Dict. Hatzf.
7. Mais ce peut être une altération d'étymologie populaire pour *glâz c'hoarz* « rire vert » (jaune), cf. cymr. *glas-chwerthin*.

1 **Blé** (T.), adj., faible, mou, cymr. *blydd* « tendre, délicat » : soit un celt. *bli-yo-*, qui paraît se rattacher à la même rac. que cymr. *blin* « fatigué », vbr. pl. *blin-ion* « inertes », gael. *blian* « insipide », cf. sk. *glã-ná s* « épuisé ». V. aussi sous *blôd*, et Mcb. s. v. *blian*.

2 **Blé** (V.), s. m. variante de *bloa* et *bloaz*.

Blein (V.), s. m., bout, mbr. *blein* « sommet », cymr. *blaen* : pour **brein* (gaul. *brennos* « chef »), qui paraît se rattacher en définitive à la même rac. que *bern*. V. ce mot et *bléña*.

Bleiz, s. m., loup, corn. *bleit* > *bleidh*, cymr. *blaidd*, etc., vir. *bled*, « loup, cerf, baleine », ce dernier gardant encore le sens vague du lat. *bēlua* ou *bellua* (= **beld-va?* Stokes) « bête sauvage », sans équivalent connu ailleurs (la forme celt. est **bled-yo-*).

Bléja, vb., beugler : dér. du précédent « cri de bête fauve »; ou cf. cymr. *bloedd* « cri », gr. φλοῦ-άω « je bruis » ou φλοῖσβ-ο-; « tumulte »; ou tout simplement empr. fr. avec métathèse.

Bléña, **blénia**, vb., conduire, gouverner : dér. de mbr. *blein* « sommet », et cf. vbr. *breni* « proue ». V. sous *blein*.

Beñchou, s. m. pl., extrémités. Cf. *blinchen*.

Bléô, s. m., cheveu, poil, corn. et cymr. *blew* et *bleu*, d'un celt. **blowi-*, sans équivalent ailleurs (gr. φλοιός « pelure »).

Blérim, s. f., métathèse pour *bréolim*. V. ce mot.

Bleûd, s. m., farine, corn. *blot*, cymr. *blawt* > *blawd*, vbr. *un-blot* « d'une seule farine » : soit un ppe passé celt. **mlā-to-* « moulu », lit. *miltai*, lett. *milti* « farine ». V. sous *mala*, et cf. *blôd*.

Bleuñ, s. m., fleur, mbr. singul. *bleuzuen*, corn. *blôdon* > *blez*, cymr. *blodon* > *blawd*, vir. *bláth*, gael. *blàth*, soit un ppe passé celt. **blā-to-* « fleuri » : rac. BHLÔ, lat. *flō-s*, got. *blō-ma* et al. *blume* « fleur », ag. *bloom* « floraison », etc.

Blim, blin (T.), adj., vif, dispos. Étym. très incertaine [1].

Bliñgein (V.), vb., cligner, loucher : paraît une contamination bizarre de *bigler* et *cligner*. Cf. pourtant ag. *to blink*, al. *blinken*.

Blinchen, s. m., sommet : dér. de *blin*.

Blizen, s. f., année : dér. de *bloaz*. V. ce mot.

Blizik, adj., difficile en fait de nourriture : cf. cymr. *blysig* « friand », dér. de *blys* « concupiscence ». — Étym. inc. [2].

---

1. Cf. le Gloss. Ern. s. v. *bleuin*, et Stokes, s. v. *blibos*.
2. Le mbr. *blizic* (lat. *blaesus*) ne paraît rien avoir à faire ici.

Bloa, bloaz, s. m., an (aussi *bloé* V., etc.), cymr. *blwydd*, ir. *bliadhain* gael. *bliadhna*, vir. *bliadain* id. : soit un celt. **bleido-*, sans aucun équivalent ailleurs[1]. Cf. *blougorn, hévléné, warléné*, etc.

Blôd, adj., tendre, mou, mbr. *blot*, ir. *bláith* < *mláith*, soit respectivement celt. **mlo-ti-* et **mlă-ti-* « moulu ou susceptible de l'être ». V. sous *bleud*, et cf. *blé*[2] et *blougorn*.

Bloc'h (V.), adv., totalement. Empr. fr. (en) *bloc*.

Blonek, s. m., saindoux, cymr. *bloneg*, mir. *blonac*, ir. *blonog, bluinic*, gael. *blonag* « graisse ». — Étym. inc.[3].

Blońsa, vb., meurtrir: le br. fr. a un vb. *blosser*, qui pourrait être une contamination de *blesser* et *crosser*. Cf. *blosein*.

Blońtek, s. m., variante corrompue de 2 *lońtek*.

Blosein (V.), vb., variante de *blońsa*. V. ce mot.

Bloué, s. m., peloton: pour *ploué* (attesté par Grégoire). Empr. fr. ancien *ploi*, « ploiement, objet sur lequel on ploie ».

Blougorn, s. m., bouvillon: pour ** blód-gorn*, soit un celt. **mloto-korno-* « aux cornes tendres ». V. sous *blôd* et *korn*, et cf. *bloa*[4].

Blouc'h, adj., glabre, net: pour **plouc'h* < **pelouc'h*. Abstrait de l'empr. bas-latin *pĭluccāre* « épiler ». — Conj.

Bloui, vb., blâmer, mbr. *blouhi*, cf. cymr. *blyngu* « irriter », dér. de *blwng* = celt. **blungo-* « irrité ». — Conj. Ern.

Boar (T., V.), adj., variante de *bouzar*. V. ce mot.

Boaz, s. m., coutume, cymr. *moes*, ir. et gael. *beus*, vir. *bés*, gaul. *bĕssus* « habitude »: soit **beid-tu-*, dér. de rac. BHEIDH « croire » (gr. πείθ-ο-μαι, lat. *fīd-ēs*, etc.); ou **bend-tu-*, dér. de rac. BHENDH « lier » (sk. *badh-nă-ti*, al. *bind-en*, ag. *to bind*, etc.)[5].

Boku (C.), s. m., sorte de cormoran. Onomatopée (?).

Bôd, s. m., buisson, corn. *bos*: le mot est sûrement celt., bien qu'on ne lui

---

1. Le rapprochement du germ. **glĭdan* « glisser » (ag. *to glide*, al. *gleiten*) ne serait possible qu'en admettant i.-e. *gh* > celt. *b*.
2. Si *blé* vaut **bles* = cymr. *blydd* « mou », et si, malgré gr. βραδύς « lent », sk. *mṛdú* « tendre » contient un *l* comme lat. *mollis* = **mḷd-vi-*, c'est à cette souche qu'il faut le ramener.
3. L'extrême similitude de tous ces mots les rend suspects d'emprunt d'un dialecte celtique à un autre.
4. Suivant une élégante conjecture que me suggère M. Loth : **bloc(d)-gorn* « dont les cornes sont de l'année, d'un an », cf. *gwiz*.
5. Le rapprochement avec got. *banst-s* « grange », mhal. *banso* « étable » (Wind., par une filière sémantique semblable à celle qu'accuse l'al. mod. *Wohn*-ung et *Gewohn*-heit), est extrêmement ingénieux, mais semble forcé.

connaisse pas de répondant certain ailleurs; cf. ag. *bush*, al. *busch*, roman *bosco*, etc., d'étymologie également indécise. V. sous *bouch*.

Bôdréou, s. m. pl., guêtres: pluralisation bretonne de l'empr. fr. **baudrei*, qui est à la base du fr. ancien *baudroyeur* « ouvrier en cuir ».

Boed, s. m., aliment, appât, corn. *buit*, cymr. *bwyd*, vbr. pl. *boit-ol-ion* « nourrissants », cf. vir. *biad*, ir. et gael. *biadh* id. : suppose un celt. **bei-to-* (cf. lat. *vī-ta*), dont on trouvera la rac. sous *béô*.

Boéden, s. f., moelle (des plantes): dér. du précédent[1].

Boest, boestl, s. m., boîte. Empr. fr. ancien *boëste*.

Bôc'h, s. f., joue, corn. et cymr. *boch*. Empr. lat. *bucca*.

Bolc'h, s. m., cosse de lin, cymr. *bul*, vir. *bolg* « outre »: d'un celt. **bolg-o-* « sac », dont on verra les équivalents sous *baonik*.

Bolod, s. m., variante de *poulout*. V. ce mot.

Bolz, s. f., voûte (aussi *volz*). Empr. bas-lat. **volsa* pour *volta*, ou fr. ancien **volse*, d'où *voussure*. Cf. *baol*.

Bolzen, s. f., lézarde: dér. du précédent[2].

Bom, s. m., rehaut entre deux sillons: étymologiquement « coup, coupée » [du soc de la charrue], corn. *bom* « coup », vir. *béim*, d'un celt. **bei-smen-* ou **ben-smen-* « action de frapper ou de couper ». V. la rac. sous *béna*.

Bombard, s. f., hautbois. Empr. fr. *bombarde*.

Boñdil, s. m., tremble, de *gwén* « souple » et *délien*. — Conj.

Boñgors, s. f., butor, cf. cymr. *bwmp y gors* « butor de roseaux » (oiseau de marais). V. sous *kors*, et onomatopée[3].

Bonn (V.), s. m. borne. Empr. bas-lat. *bodina*, lui-même d'origine celtique (cf. Thurneysen, *Keltorom.*, p. 91), ou simplement fr. altéré *borne*.

Born, adj., borgne. Empr. fr.

Borod (C.), s. m., rêverie, radotage, niaiserie, cf. ir. *buaidhirt* « trouble », *buaidhrim* « je dérange » (d'où paraît emprunté ag. *to bother* « vexer » Skeat), gael. *buaidheam* « caprices ». — Étym. inc.

Borzévellek[4], s. m., grosse grive: dér. de l'empr. bas-lat. **borticello* (pour **vorticello* « volteur »), d'où aussi fr. *bartavelle*.

Bos, s. m., et **Bosen**, s. f., peste, mbr. *boçen* « tumeur », d'où « pustule caractéristique de la peste ». Empr. fr. *bosse*.

---

1. Comme qui dirait « suc nourricier ».
2. La filière des sens est « voussure — ventre que fait un mur qui s'affaisse — crevasse qui en résulte ».
3. Le cymr. *aderyn y bwm* signifie « oiseau qui fait boum ».
4. La variante *borzavellek* est due à l'étymologie populaire par *meûr-savellek*, V. ces deux mots.

Bôtel, s. m., botte, faisceau : abstrait du vb. *bôtella*. Empr. fr. *botteler*.

Botez, s. f., chaussure, pl. *botou*. Empr. fr. *botte*.

Bouk, adj., mou, tendre, vbr. *buc* « pourri », vir. *bocc*, ir. et gael. *bog* « tendre » : suppose un celt. **buggo-* pour **bugno-*, sk. *bhug-ná-*, « courbé, flexible », ppe passé de la rac. BHUG, got. *biug-an* (ag. *to bow*, al. *biegen* « courber », ces trois de rac. BHUGH), gr. φεύγ-ω « je fuis » (exactement « je dévie »), lat. *fug-iō*, *fug-a*, etc.

Boud, s. m., bourdonnement. Onomatopée.

Boudédeô, s. m., le Juif errant. Empr. bas-lat. n. pr. *Buttadeus* (= qui *buttat Deum* « le frappe-Dieu »).

Boued, s. m., variante de *boed*. V. ce mot.

Boueô'h, s. f. (V.), variante de *mouez*. V. ce mot.

Bouch, s. m., touffe, bouquet. Empr. fr. ancien *bouche* « touffe », dont la variante dialectale *bouque* a donné le dér. *bouquet*[1].

Bouc'h, s. m., bouc, corn. *boch*, cymr. *bwch*, vir. *bocc*, etc. : suppose un celt. **bukko-*, cf. ag. *buck* « daim », al. *bock*[2] et zd *būza* « bouc ».

Bouc'hal, s. f., cognée, mbr. *bouhazl*, vcorn. *buhell*, cymr. *bwyell*, vir. *biail* id. : soit un celt. **bei-ali-*, cf. vhal. *bī-hal* > al. *beil* « cognée ». V. la rac. sous *béna*.

Boul, s. f., boule. Empr. fr.

Boulas, s. f., bourgeon : semble une variante de *bolos* = *polos*. V. ce dernier mot[3].

Boulc'h, s. m., entamure, brèche, cymr. *bwlch*, vir. *balg*, cf. ir. et gael. *bil* « bord », *bealach* « défilé », sk. *bila* « trou ». — Étym. inc.[4]

Boulien, s. f., taon, variante probable de *mouien*. — Conj. Ern.

Boull, adj., transparent : pour *gw-wel « dessous [quoi] on voit ». V. sous **gw-* et *gwél*. — Conj. très hasardée.

Boullen, s. f., prostituée : terme d'injure dér. de *poull*. — Conj.

Boulskaô, s. m., hièble (sureau en boule) ; cf. *skaô*.

Bounta, vb., pousser, heurter. Empr. bas-lat. *buttāre* ou fr. *bouter*[5] (cf. *boutoir* « heurtoir »). V. aussi *Boudédeô*.

Bouras, s. m., cartilage (corrompu en *bourlas* et *bourlañs*). Empr. fr. *bourras* (en tant que bourre insérée dans les interstices des os).

---

1. Du bas-lat. *buscum* (ag. *bush*, al. *busch*). Cf. *bôd*.
2. D'où est emprunté (ou du celtique lui-même) le fr. *bouc*. — Peut-être le mot signifie-t-il « le fuyard ». V. la rac. sous *bouk*.
3. Le lien sémantique est « [excroissance] en forme de boule ».
4. Pourrait à la grande rigueur rentrer dans la souche de *béna*.
5. Avec nasalisation épenthétique, cf. *bens* et le suivant.

Bourbell, adj., qui a de gros yeux à fleur de tête. — Étym. inc.[1].

Bourboulla, vb., fouir du groin. Onomatopée, et cf. fr. *bourbe*, *barboter*, etc., et br. *bourbouten*.

Bourbounen, s. f., pustule. Empr. fr. altéré *bubon*.

Bourbouten, s. f., blaireau. V. sous *bourboulla*.

Bourd, s. m., tromperie, farce. Empr. fr. *bourde*.

Bourc'h, s. f., bourg. Empr. fr. *bourg*[2] (de l'al. *burg*).

Bourr, bourré (V.), adj., mal cuit. Empr. fr. *bourru* « grossier ».

Bourra (C.), vb., s'accoutumer : variante de *boaza*.

Bout (V.), vb., être, corn. *bos*, cymr. *bot*, ir. *buith*, etc. : d'un celt. *bu-ti-* « le fait d'être », sk. *bhū-tí-* « prospérité », gr. φύσις « nature » (lat. *fuit* « il fut »), lit. *būti* et vsl. *byti* « être », nom verbal dér. de rac. BHŪ[3]. Cf. *béza*.

Bouta, vb., pourrir, rancir : dér. d'une variante altérée[4] de *put*.

Boutek, s. m., hotte. Empr. fr. *boutique* (de colporteur).

Boutin, adj., banal, mbr. *butin* « profit »[5]. Empr. fr. *butin*.

Bouzar, adj., sourd, corn. *bodhar*, cymr. *byddar*, gael. *bodhar*, vir. *bodar* id. : d'un celt. *bodaro-*, dont l'unique corrélatif connu est sk. *badhirá* id.

Bouzellen, s. f., boyau : dér. de *bouzel* (pl. *bouzellou*). Empr. fr. tr. ancien *bodel*, du bas-lat. *botellus*, « boudin, saucisse ».

Bôz, s. f., creux de la main, gael. *bas* « paume », vir. *bass* et *boss*, d'un celt. *bost-ā*, cf. gr. ἄ-γοστ-ό-ς (et βαστ-άζω?).

Bôzen, s. f., œil-de-bœuf (fausse camomille) : dér. de *bōs*, et cf. vir. *bós* « bœuf » = celt. *bou-sso-*. V. sous *buc'h*.

Brabraô, s. m., jouet : terme enfantin formé par réduplication de *braô*.

Braé, s. f., broie à teiller : se rattache, directement ou par emprunt à la nombreuse famille des mots en *bhr-* qui signifient « briser », tels que lat. *frang-ere* (*frāc-tu-s*) et got. *brik-an* (ag. *to break*, al. *brechen*), cf. fr. *broyer* et *briser*, cymr. *brau* « fragile », ir. *com-brug-ad* « briser ». V. aussi *berr* et *1 brézel*.

---

1. Cf. le Gloss. Ern. s. vv. *bourbell* et *dispourbellet*.
2. Mais cymr. *bwrch* « rempart » vient de l'ags. *burg*.
3. C'est ce même *bout* > *cout* > *out* qui forme le suff. apparent de tous les infinitifs en -*out*. Cf. *anaout* et *anaoudek*. — Observer qu'en letto-slave le suff. n'est pas exactement -*ti*-, mais -*t*- suivi d'une finale de datif primitif (Saussure).
4. Peut-être par euphémisme, d'après mbr. *boutaff* empr. fr. « bouter » > *bouita*.
5. Par la filière « profit — profit commun — commun » [à toute la bourgade ou la population].

Braga, vb., s'amuser, s'émanciper, se pavaner : exactement « mettre des culottes, entrer dans l'âge viril[1] ». V. le suivant.

1 Bragez, s. m., culotte (pl. *brag-ou*) : de **brag*. Empr. bas-lat. *braga* (cf. provençal *brague*, d'où *braguette*, et fr. *braie*), et celui-ci latinisé du gaul. *brāca*, nom du vêtement traditionnel et bien connu des Gaulois[2], qui a produit aussi l'ag. *breech-es*.

2 Bragez, s. m., germe de blé, cymr. *bragad* « rejeton » ; cf. corn et cymr. *brag* et ir. *braich* « malt », vir. *mraich*, gaul. *brace* (nom d'une céréale), sans équivalent en dehors du celt. Cf. pourtant Mcb. s. v. et *brein*.

Bramm, s. m., pet bruyant, corn. et cymr. *bram*, gael. *braim*, vir. *braigim* « je pète » : soit un celt. **brag-smen-* « éclat », dér. de la même rac. que *braé*[2]. V. ce mot.

Brân, s. f., corbeau, cymr. *brân*, corn., ir. et gael. *bran*, soit un celt. **gwranâ* dont les éléments se retrouvent, mais sans aucune précision, dans le vsl. *gavranŭ*. V. la rac. probable sous *garan*.

Brank, s. m., rameau. Empr. bas-lat. *branca* ou fr. normand *branque*.

Branel, s. f., béquille, loquet, tourniquet, etc. : dér. de *bran-*, avec le sens du fr. « bec-de-corbin ». V. sous *brân*.

Branzel, s. f., berceau. Empr. fr. *balancelle*[4].

Braô, adj., beau. Empr. fr. *brave* « beau » (en patois).

Braok, s. m., bar. — Aucune étymologie sûre[5].

Braoued, s. m., boisson. Empr. fr. *brouet* « bouillon ».

Brâz, adj., grand, corn., cymr. et vir. *bras*, d'un celt. **brassos* = lat. *grossus* (d'où fr. *gros*), sans autre équivalent connu[6].

Brazéd, s. m., méteil (gros blé). V. sous *brâz* et *éd*.

Brazez, adj., [femme] enceinte : dér. de *brâz*.

1 Bré (C., dans *oar ar bré* « en haut » Ern.), autrefois s. m., colline, corn. *bry*, cymr. *bre*, vir. *bri* (acc. *brigh*), gael. *braighe* (en tête de n. pr. comme *aid-albainn*), gaul. **brig-* dans *Brigantia* « Bregenz » et autres ; cf. al. *berg* « montagne », etc. V. la racine sous *bern*.

1. Comme espagnol *bragar* « faire le fanfaron ».
2. Suet. *Caes.* 80. — Faut-il le rattacher à la même rac. que *braé* (en tant que vêtement fendu ou formant deux branches)?
3. Bien plutôt qu'apparenté au lat. *fragrāre*, à cause du sens.
4. Cf. *brańsigel* « escarpolette ». La dissimilation du premier *l* a pu être favorisée par le fr. *branler* > br. *bralla*.
5. On songe au gr. latinisé *labrax* « bar », au lat. *perca* « perche » (même famille), au radical « pointu » d'où procèdent fr. *broch-et* et br. *broc'h*, enfin et surtout à celui de l'al. *barsch* « perche » < vhal. *bersich* (poisson hérissé de piquants).
6. Aucun rapport, bien entendu, avec la souche de l'al. *gross* = ag. *great*.

2 Bré, s. m., peine, travail : soit « brisure¹ », de la même rac. que
3 Bré, s. f., variante de *brae*. V. ce mot.
1 Bréac'h, s. f., bras, corn. *brech*, cymr. *braich*. Empr. bas-lat. *braccia* (pl. nt. de *bracchium* pris pour un fm. sg.).
2 Bréac'h, s. f., variole, vaccin, cymr. *brech* id., et cf. *brych* « tacheté », d'un celt. *mrk-ko-. V. sous *briz* et *2 brézel*.
Brégas (V.), s. m., rot : se rattache au même radical que *breŭgeŭd*.
Bréchen, s. f., brin de bois long et mince : pour *brochen*². Empr. fr. *broche*.
Bréc'han, adj. f., stérile. Empr. fr. ancien *brehaigne* id.
Brein, adj., pourri, mbr. *breyn*, vbr. pl. *arci-bren-ou*, cymr. *braen*, vir. *brén*, ir. et gael. *breun* id. : suppose un celt. *mrak-no-, cf. lat. *marcidu-s* « rance », *marc-ēre* « se faner », qui paraît se rattacher à la même souche que *2 brages*.
Breiz, s. f., Bretagne : d'un celt. *Brittiā* (Procope), d'où l'ethnique *Brittones*, corn. *Brethon*, cymr. *Brython*, vir. *Bretan*, et le dér. br. *brézŏnek* = *brittonicus*. Cf. d'Arb., *R. Celt.*, XIII, p. 398.
Brell, s. m., brème, perche : formation diminutive sur le même radical que *braok*. V. ce mot. — Conj. Ern.
Brellé (V.), s. m., jachère. Empr. fr. *brelée*³.
Bréma, bréman, adv., maintenant : pour *pred-man* « en ce temps-ci ». V. sous *aman* et *préd*.
Brenk, s. m., nageoire, aileron. Empr. lat. *branchia*⁴.
Brenn, s. m., son, cf. cymr. *brann* et fr. ancien *bran* « son », gallo-lat. *brannum* et celt. *branno-*, sans autre équivalent⁵.
Brennik, s. m. (aussi *brinnik*), bernache, pinne-marine, cymr. *brennigen*, ir. *bairnech*, gael. *bàirneach*, cf. le fr., et ag. *bernekke* > *barnacle*. Empr. bas-lat. *bernacula*⁶, dimin. de *perna* id.

---

1. Le cymr. *braidd* « à peine » (Ern.) ne peut se séparer de *braidd* « tout proche », qui n'a rien à faire ici.
2. Qui existe aussi. L'é vient du pl. *brĕch-in*.
3. La terre semée en « brelée » (Dict. Hatzf.) n'est pas destinée à la culture, mais à la nourriture des bestiaux.
4. En admettant que ce mot ne désigne pas les ouïes (Dict. Le Gon.), il a bien pu les désigner autrefois.
5. Peut-être de la rac. qui signifie « couler, sauter, bouillonner » [dans le crible]. Cf. *berô* et *birvi*.
6. En fait, il est difficile de savoir si le mot est latin, celtique ou germanique d'origine. Mais la dérivation par *bronn-ik* « petite mamelle » est exclue par les formes gaéliques. Le mot a dû beaucoup voyager. Cf. encore le Dict. Stokes, s. v. *barennika*.

Brennid, s. m., sein : dér. de *bronn*. V. ce mot.

Bréô, s. f., meule, corn. *brou*, cymr. *breuan*, gaël. *brà*, vir. *bró* (gén. *broon*), etc. : soit un celt. **brewon-*, cf. sk. *grávan* « pierre à pressurer », got. *qairnus* et ag. *quern* « meule », lit. *gìrnos* et vsl. *žrŭny* id.

Bréôlim, s. f., meule à aiguiser : pour **bréd-lemm*. V. ces mots.

Bréou, s. m. pl., sortilèges : pl. de *brev-* (fr. *bref*) = br. *brevet* (« brevets » au sens de « formules secrètes »). Empr. fr.

Brésa, vb., froisser, chiffonner, cf. vir. *briss-im* « je brise » et germ. **berst-an* « crever » (ag. *to burst*, al. *bersten*, etc.), peut-être aussi gr. πέρθ-ω « je ravage », s'il est pour **φέρθ-ω*. V. la rac. (ici sous la forme **bres*) sous *braé* et *1 brézel*.

Bresk, adj., fragile : soit un celt. **bres-ko-*. V. le précédent.

Breskenna, vb., folâtrer : dér. d'un radical **bresk*, cymr. *brysg*, ir. *brisc*, gael. *brisg* « agile », cf. ag. *brisk*. Emprunt scandinave.

Breûgeûd, s. m., rot : soit un celt. **brāk-āto-* qui se rattache, soit à la racine de *braé* (cf. al. *sich er-brech-en* « vomir »), soit au mot suivant (en tant que bruit rauque).

Breûgi, vb., braire : d'un radical **brāk-*, cf. gaul. latinisé *bracillāre* et *bragillāre* (d'où fr. *brailler*). Onomatopée.

Breûr, s. m., frère, mbr. *breuzr*, corn. *broder*, cymr. *brawd* (pl. *brodyr*), gael. *bráthair*, ir. *bráthair*, vir. *bráthir*, d'un celt. **brāter*, sk. *bhrāta*, gr. φράτωρ « confrère », lat. *frāter*, got. *brōthar* (ag. *brother*, al. *bruder*), lit. *broter-ēli-s*, vsl. *bratŭ*, etc.

Breût, s. m., plaidoyer, corn. *breuth* et *breus* « sentence », cymr. *braut* et *brawd*, ir. *bráth*, gael. *bráth* id. : d'un celt. **brā-to-*, ppe passé d'une rac. celt. BERA BRÂ [1]. Cf. *barn*.

Bréva, **brévi**, vb., écraser : dér. de *bréô*. V. ce mot.

1 Brézel, s. m., guerre, mbr. et corn. *bresel*, ir. *Bresal* n. pr. d'homme, cymr. *Con-bresal* id. : suppose un celt. **bres-telo-* « briseur, écrasement », dér. de la même rac. que *brésa*.

2 Brézel, s. m., maquereau, corn. *brithel* id., cymr. *brithyll* « truite » : suppose un celt. **brik-tilo-*, pour **mrk-tilo-*, « marbré, tacheté », cf. vir. *brecc* « truite ». V. sous *briz* et *2 bréac'h*.

Briad, s. f., brassée : altéré pour *brec'had* (V.), dér. de *1 bréac'h*.

Briken, s. f., brique. Empr. fr.

---

1. Qui ne se retrouve avec certitude nulle part ailleurs (φρήν signifie « le phragme »). Cf. gaul. latinisé *vergo-bret-u-s* « magistrat ».

Brîd, s. m., bride. Empr. fr. (changement de genre).

Briénen, s. f., miette, cymr. *briw*, corn. *brew* « brisé » : supposent un plus ancien **brivénen*¹. Cf. *bréca* et *brae*.

Brifa, vb., manger goulument. Empr. fr. *briffer* (argot)².

Briñen, s. m., gruau, mbr. *brignhon*, corn. *brynnian* id. : semble de formation analogue à celle de *briénen*. V. ce mot.

Briz, adj., moucheté, corn. *bruit*, cymr. *braith* et *brith*, vir. *mrecht* id. : soit un celt. **mrik-to-* < **mṛk-to-* de rac. MERĀG, lit. *márg-a-s* « bigarré », gr. μαρ-μαρυγ-ή « chatoiement », etc. Cf. *2 bréac'h* et *2 brézel*.

Brizen, s. f., tache de rousseur : dér. du précédent.

Brizi, s. m., motte de tanneur (aussi *brézi*). Cf. fr. ancien : *braise* « drêche »; *bresille* « orge à faire du malt »; *bresil* « brasier », et aussi « bois de teinture et de tannerie » (God.), à cause de sa provenance. Empr. fr. sûr, mais source indécise.

Brô, s. f., pays, corn. et cymr. *bro*, cymr. *Cym-mro* « compatriote » pl. *Cymmry*, gaul. **brog-* dans *Allo-brog-es* « les gens de l'autre pays », vir. *mrug* > *brug* « pays », ir. et gael. *brugh* « habitation » : suppose un celt. **mrog-i-*, qui paraît apparenté au lat. *margō* « bord » et surtout au germ. *mark* « frontière »³, persan *marz* id.

Broenn, s. m., jonc, cymr. *brwyn*, cf. vir. *broth* « épi » : paraissent se rattacher à un radical qui signifie « pointu ». Cf. *broc'h*.

Broez, s. f., colère : dér. de la même rac. que *2 broud*.

Brogonen (V.), s. f., éclair : exactement « éclat ». — Conj.⁴.

Broc'h, s. m., blaireau, corn. et cymr. *broch*, vir. *brocc*, ir. et gael. *broc* id. : d'un celt. **brokko-*, gaul. latinisé *broccus* (d'où fr. *broc* « vase à bec », *broche*, *brochet*, etc.) impliquant l'idée de « pointu, museau pointu », etc.; cf. gr. βρύκ-ω « je mords », et russe *barsúkŭ* « blaireau », s'il n'est empr. ouralo-altaïque (Miklosich). V. encore *barr* et *broenn*.

Brôn, s. m., saignée du porc, cf. (non sans une altération inexplicable), vbr. *brehant* « gorge », cymr. *breuant*, vir. *bráge* (gén. *brágat*), ir. *bráighid*, gael. *brághad* id. : d'un celt. **brāg-n-(t-)*, gr. βρόγχ-ο-ς « larynx », ag. *craw* « jabot » et al. *kragen* « col ».

Bronn, s. f., mamelle, sein, pis, cymr., corn. et vbr. *bron*, vir. et gael.

---

1. Faut-il y rapporter fr. *bribe*, d'origine inconnue?
2. Cf. *Briffaut* (en vénerie, n. pr. de chien), *briffauder* et *brifferie* (God.).
3. D'où fr. *Marche* (de Bretagne, etc.) et *marquis*.
4. En d'autres termes, de même souche que *brégas*, *bramm*, etc.

bruinne, id. : soit un celt. **brond-ā*, dér. de la même rac. que gr. βρενθ-ύο-μαι « je me gonfle », lat. *grand-i-s* « élevé » et vsl. *grǫd-ĭ* « poitrine »¹. Cf. *ufern*.

Broñs, s. m., variante nasalisée de *brous*. V. ce mot.

Bronzu, s. f., contusion, meurtrissure (d'où *bronzua* vb. « meurtrir », cf. *blońsa*) : soit « mamelon noir ». V. sous *bronn* et *du*.

1 Broud, s. m., aiguillon, mbr. *brout*, corn. *bros*, vir. *brot* id., cf. cymr. *brwyd* « broche » et *brwyd* « percé de trous » : soit un celt. **brot-o-*, « piquant » (cf. *broenn* et *broc'h*), « aiguille », d'où procède aussi le fr. *broder*, mais dont la rac. est inconnue par ailleurs.

2 Broud, adj., ardent, en fermentation, vbr. *brot*, « chaleur, zèle », corn. *bred-ion* « cuire », cymr. *brwd* « très chaud », vir. *bruth* « chaleur brûlante » (gael. *bruith* « cuire », *bruth-ainn* « chaleur », *broth* « prurit ») : celt. **bru-tu-*, de rac. BHERw, cf. thrace βρῦ-το-ν « bière », lat. *dē-fru-tu-m* « moût cuit », ag. *to brew* et al. *brauen* « brasser », ag. *broth* « bouillon ». V. sous *béro*.

Broued, s. m., lissoir. Empr. fr. *brouette*². — Conj.

Brous, s. m., bourgeon : peut se ramener à un gallo-latin **brocium* « objet pointu » (cf. *broc'h* et fr. ancien *broisson* « bourgeon »³), ou bien au même primitif que fr. *broussin*, du lat. *bruscum*, « loupe, excroissance végétale ». V. les suivants.

Brouskaol, s. m., brocoli. Empr. fr. (d'origine italienne)⁴.

Brouskoad, s. m., bocage. V. sous *broust* et *koat*.

Broust, s. m., hallier : pour **brous*. Empr. fr. *brousse*⁵.

Brousta, vb., brouter. Empr. fr. ancien *brouster*. Cf. *brous*.

Broutac'h, s. m., chaleur étouffante. V. sous *2 broud*.

Brôz, s. f., jupe, vbr. *broth-rac* « robe » (vêtement brodé? cf. *1 broud*),

1. Le rapprochement avec ag. *breast* et al. *brust* n'est sans doute qu'apparent. Quant à celui du fr. *broigne* « cotte de mailles », qui lui-même est germanique d'origine (mhal. *brünne*), il serait plus séduisant, si l'on était sûr que les Germains n'eussent pas emprunté le mot aux Celtes en un lointain passé.

2. Certains lissoirs sont des cylindres qu'on fait rouler, comme la roue d'une brouette, sur l'objet à lisser. — Avec son sens conservé le même mot a donné br. *brôeō* ou *brôeo*.

3. Et il est probable que *bourgeon* lui-même, dont l'origine est inconnue, se rattache à la même souche. Cf. encore fr. ancien *brost* « rejeton », qui a donné *brouter*. V. sous *broust* et *brousta*.

4. Altéré par étymologie populaire. V. sous *brous* et *kaol*.

5. Contaminé par *brost*, cf. *brous* et la note ; la forme pure dans *brous-koad* et *brous-gwézen* « arbuste ». Il est visible que tous ces quasi-homonymes ont joué les uns avec les autres.

cymr. *breth-yn* « drap », vir. *bratt*, ir. et gael. *brat* « manteau » : soit un celt. *brattā* ou *brottā*, sans autre équivalent certain.

Brŭk, brûg, s. m., bruyère. Empr. bas-lat. *brūca*[1], mais celui-ci à son tour gaul. latinisé, cf. corn. *grig*, cymr. *grŭg*, vir. *froech* id. : soit un celt. *wroik-ā* = gr. *ἐ-Ϝρείκ-ᾱ* (?) > ἐρείκη. — Très douteux.

Brûd, s. f., rumeur, renommée. Empr. fr. *bruit*.

Bruched, s. f., sein, jabot. Empr. fr. popul. *bruchet* < *bréchet*.

Bruc'hellein (V.), vb., rugir, mugir. Onomatopée.

Brula, vb., vomir (des petits enfants) : pour *bruglia. Cf. *breūgeud*.

Brulu, s. m., digitale : soit un mot fr. ancien *broellu > *breullu*, etc., « qui pousse dans les *broils*, fourrés, lieux sauvages » (God.) ; ce dernier d'origine celt. probable, gallo-lat. *brogilum* « lande », cf. *brō*.

Brumen, s. f., brouillard épais. Empr. fr. bretonisé *brume*.

Brusk, adj., variante de *bresk* (et fr. *brusque* par contamination?).

Brusken, s. f., fente de la croûte avant mise au four. Empr. fr. dialectal *brèque* « brèche », contaminé du précédent. — Conj.

Bruzun, s. m., miette. Cf. *briénen* et *brésa* (et fr. *briser*).

Bû, s. f., variante de *buc'h*. V. ce mot et cf. *bugel*.

Bual, s. m., buffle : pour *bural. Empr. lat. *bubalus*.

Buan : adj., prompt, rapide ; s. m., belette : formation celt. qui correspond à ce que serait en lat. *vīv-anus. Cf. *buez*, *buhan* et *béō*.

Bŭk (C.), s. m., petit houx : écourté de *bugélen*.

Buez, s. f., vie, vbr. *buhez*, cymr. *buchedd* : dér. de *buc'h*, en tant que la vache, dans les civilisations primitives, est le moyen de subsistance par excellence ; sans aucun rapport avec *béō*. V. ces mots. — Loth.

Buga, vb., fouler, lessiver. Empr. bas-lat. *būcāre* (d'où fr. *buer*, *buée*, *buanderie*), le même que l'al. *bauchen* « lessiver »[2].

1 Bugad, s. m., petite lessive : dér. du précédent.

2 Bugad, s. m., ostentation, cf. cymr. *bugad* « grand bruit », d'un celt. *bouk-ato- « bourdonnement », de même souche que lat. *fūcus* « frelon »[3].

Bugel, s. m., enfant[4], corn. *bugel*, cymr. *bugail*, ir. et gael. *buachaill* « berger », cf. gr. βου-κόλ-ο-ς « bouvier » : le premier terme est *bou-

---

1. D'où un dér. *brūcāria > fr. *bruyère*. — Sur le mot celtique pur, voir sous *grégon*.
2. Gael. *buaic* « lessive » est pris à l'ag. moyen *bouken*. Mcb.
3. Pour le changement de sens, cf. fr. *fanfare* et *fanfaron*.
4. La filière sémantique est « bouvier — pâtre — petit pâtre — petit garçon — enfant ». La garde des bestiaux est dévolue aux enfants.

qu'on trouvera sous *buc'h*; le second, un dér. de rac. QEL « garder », lat. *col-ere*, got. *hal-d-an* (ag. *to hold*, al. *halten*).

Bugélen, s. m., petit houx : préf. *bu-* = *gw-*, et *kélen* (bien douteux); ou bien **buk-kélen* (cf. *bùk*, mais ce mot ne s'explique pas davantage).

Bugenn, s. m., cuir de bœuf. V. sous *bù* et *kenn*.

Buhan, buhez, variantes graphiques (celle-ci normale) de *buan* et *buez*.

Buc'h[1], s. f., vache, vbr., corn. et cymr. *buch* > *bu*, soit celt. **bou-kkā* (= lat. **gwak-kā* > *vacca*) : dér. d'un radical **bou-* « bœuf », ir. *bou*, cymr. *buw*, vbr. **bou* (dans *bou-tig* « étable à vaches », cf. *ti*), br. *bù*, etc.; lequel n'est autre que l'i.-e. **gōw-*, « bœuf, vache », sk. *gāus*, gr. βοῦς, lat. *bōs*, germ. **kō-* (ag. *cow*, al. *kuh*), lett. *gūws*, etc., etc[2].

Bulzun, s. f., navette. Empr. fr. ancien *bolzon* ou *bulzon*, « grosse flèche à tête en verrou, (dans le Morvan) traverse ». — Conj. Loth.

Buñs, s. m., muid : mbr. *bunçe*, pour **muñs*, nasalisé de **mus*. Empr. fr. *muid*, cf. ital. *moggio*, du lat. *modius*.

Buoc'h, s. f., variante de *buc'h*. V. ce mot.

Burlu, s. m., variante métathétique de *brulu*. V. ce mot.

Burtugen, s. f., tas de fumier (aussi *bretugen*) : métathèse pour **butr-ugen*, dér. secondaire. Empr. lat. *putris* « pourri »[3].

Burutel, s. f., blutoir. Empr. fr. ancien *blutel* « bluteau ».

Burzud, s. m., miracle (aussi *burc'hud* V.). Empr. fr. ancien *vertut*[4] pris dans le sens ecclésiastique de « vertu divine ou magique ».

Busella, vb., mugir. Onomatopée, et cf. *buc'h*.

Butun, s. m., tabac. Empr. fr. ancien *pétun*[5].

Buzugen, s. f., ver de terre (aussi *buc'hugen* V.) : suppose un radical **butt*, qui se ramène sans doute à un emprunt pareil à celui de *burtugen*, cf. lat. *pūtēre* « sentir mauvais ».

K

Kab, s. m., bout : autrefois « tête ». Empr. bas-lat. **capum*[6].

Kabel, s. m., coiffure. Empr. bas-lat. *cappa* > dim. *capello*.

---

1. Avec un *o* épenthétique, *buoc'h*, puis par dissimilation *bioc'h*.
2. V. sous *bōzen* un autre dérivé du même radical.
3. Cf. ir. *otrach* et gael. *otrach* id., dér. celt. régulier, comme le montre la disparition du *p* initial, de la même rac. que *putris*.
4. Pour l'assimilation vocalique de la première syllabe à la seconde, on comparera *bolod, poulout, butun, munud, lugustr, lagad*, etc.
5. La forme *butum* vient-elle de *bitume* par contamination ?
6. Altéré de *caput*. D'où ital. *capo*, prov. *cap*, fr. *chef*, etc.

Kabel-dousek, s. m., champignon : exactement « chapeau à crapaud », sobriquet. V. sous *kabel* et *tousek*.

Kabellek, s. m., alouette (huppée) : dér. de *kabel*.

Kabestr, s. m., licou, cymr. *cebystr*, vbr. *cepister*. Empr. lat. *capistrum*[1].

Kabluz, adj., coupable, corn. *cably*, « incriminer, calomnier », cymr. *cablu* id., vbr. *ceple* « de façon blâmable » : dér. de l'empr. lat. *cavilla* (corn. *cabal* « calomnie ») > *cavla* « chicane ». — Loth.

Kakouz, s. m., cordier, tonnelier (terme injurieux). Empr. fr. ancien *cacou*, *caqueux* « lépreux », aujourd'hui *cagot*.

Kadarn, adj., brave, cymr. *cadarn*, celt. *kat-arno-*, cf. ir. *cath-ach* » belliqueux », br. *Catoc* > *Cadoc* n. pr. : adj. dér. du même radical que celt. *kat-u-* « combat », gaul. *Catu-* dans *Catu-vellauni* et autres n. pr., gaul. latinisé n. pr. *Catullus*; la rac. KAT se retrouve dans sk. *çát-ru* « ennemi », gr. κότ-ος « haine », al. *had-er* id.[1]; cf. vsl. *kotora* « combat », peut-être thrace Κότυς (déesse de la guerre), sauf toutefois ici le défaut d'accord des gutturales.

Kador, s. f., chaise, mbr. *cadoer*, cymr. *cadeir*. Empr. lat. *cathedra* venu du gr. (d'où aussi fr. *chaire* > *chaise*).

Kaé, s. m., haie, clôture, quai[3], cymr. *cae*, vbr. pl. *caiou* « enclos » : suppose un celt. *kago-*, identique au germ. *haga-* (al. *hag* « haie[4] », et subsidiairement al. *hecke*, ag. *hedge*[5]).

Kael, s. f., balustrade, grille : dér. du précédent.

1 Kaer, s. f., forme ancienne de *kéar*. V. ce mot.

2 Kaer, adj., beau, mbr. *caer*, cymr. et vbr. *cadr*, gaul. *cadros* dans *Beletucadrus* (surnom du dieu Mars) : soit un celt. *kad-ro-*, dér. de rac. KAD « se distinguer », pf. sk. *ça-çád-a*, ppe pf. gr. κε-καδ-μένο-ς « éminent[6] ».

3 Kaer, s. m., bon gré : sens abstrait du précédent.

Kaérel, s. f., belette : dér. de *2 kaer*[7].

---

1. D'où fr. *chevestre* « corde », *enchevêtré*, et prov. *cabestan*.
2. Premier terme des n. pr. *Hadubrand* et *Hedwige*.
3. Cette dernière extension vient de l'homophonie avec fr. *quai*, lequel au surplus paraît empr. br. : il y a eu réaction réciproque des deux mots.
4. Le fr. *haie* est emprunté au germanique.
5. Il n'y a pas d'autre équivalent sûr; cf. pourtant sk. *kak-ṣā* « ceinture », dont la rac. peut être KAGH.
6. De la même rac., gaul. *cassi-*, dans *Tricasses* « Troyes », *Bodiocasses* « Bayeux », et autres ethniques. Cf. aussi *kazek*.
7. A l'exacte imitation de fr. *bel-ette* dér. de *bel* > *beau*. V. le Dict. Hatzf., s. v. et cf. *dalif*.

Kaézour, s. m., ordure, puberté, vbr. *caitoir*, et cf. cymr. *cedor* « parties génitales » : se ramène à un celt. **katt-io-*, d'où procèdent aussi ital. *cazzo*, et fr. ancien *caiche* « membre viril ». Étym. inc.

Kafout, vb., avoir, mbr. *caffout*, « trouver, acquérir, avoir », corn. *cavel*, cymr. *caffael* id. : se ramènent à une variante KÄB de la rac. KÄP qu'on trouvera sous *kaout* et *kavout*[1].

Kafuni, vb., couvrir le feu de cendre, cf. mbr. *caffun* « couvrefeu ». Empr. bas-lat. *camināre* « entretenir le feu du foyer ».

Kagal, s. m., crotte : dimin. dér. du suivant.

Kac'h, s. m., excrément, mbr. *cauch*, corn. *caugh*, cymr. *cach*, ir. *cacc*, etc. : d'un celt. **kakko-*[2], gr. κάκκη, lat. *cacāre*, etc. (aucun rapport avec al. *koth*, ni même peut-être avec sk. *çák-ṛt* « excrément » et lit. *szik-ti* « cacare »).

Kâl, kala, s. m., premier jour du mois, corn. et cymr. *calan*, vbr. *kalan*, ir. *calláin*[3], vir. *callaind*. Empr. lat. *kalendae* « calendes ».

Kaladur, s. m., dévidoir. Empr. bas-lat. **calatórium*, dér. du vb. *calāre*, « détendre, desserrer », lui-même empr. gr. χαλάω.

Kalannad, s. m., étrennes : dér. de **kalann*. V. sous *kal*.

Kalar, s. m., boue, ordure, corn. *caillar* id. : pour **kag-eli-ar*, dér. secondaire du même radical que *kagal*. V. ce mot.

Kalken-éjenn, s. f., nerf de bœuf. V. sous *kalc'h*.

Kalet, adj., dur, cymr. *caled*, vbr. *calat*, ir. *calath*, gaul. *Calet-es* « le pays de Caux » (pierreux et en falaises) : d'un radical qui se trouve dans lat. *callum* « durillon » et sans doute dans fr. *caillou*[4].

Kalc'h, kall, s. m., testicules (peut-être aussi autrefois « pénis », cf. *kalken-*), cymr. *caill* id. : d'un celt. **kal-ko-*[5] et **kal-lo-*, qui se rattache à la même rac. que *kalet*. V. ce mot et le suivant.

Kalloc'h, adj., non châtré, vir. *callach*, etc., gael. *cullach* « verrat » : dér. de la seconde forme du précédent. Cf. 2 *kell*.

Kalon, kaloun, s. f., cœur, corn. *colon*, cymr. *calon* id. : suppose un celt. **kal-onā*, qui contient, soit le radical du lat. *cal-idu-s* (viscère chaud

---

1. Sur ce genre d'alternances, cf. 1 *aven*.
2. Et aussi **kako-*, comme en témoigne le précédent.
3. Cf. gael. *Calluin* « la fête du jour de l'an ».
4. Au moins en contamination de lat. *calculus*. Car on observera que sur toute la côte *caillou* signifie « rocher ».
5. Dont lat. *calc-ulu-s* est précisément le diminutif.

par excellence), soit celui du lat. *call-idu-s*, le cœur ayant souvent passé pour l'organe de l'intelligence[1]. — Conj.

Kalvé, kalvez, s. m., charpentier: pour *karo-ez, cf. ir. *cairb-re*, tous deux dér. d'un radical **carb-* « chariot », d'où gaul. latinisé *carp-ent-um* « chariot », *carpentārius* « charron », *Carpentoracte* « Carpentras[2] », vbr. pl. *cerpit* « chariots » et cymr. *cerbyd* (empr. vir.), vir. *carpat*, ir. et gael. *carbad*, et peut-être aussi ir. *corb*, gael. *cairb* id. : apparentés au lat. *corbis* « panier » et au visl. *hrip* « bât ». — Mcb.

Kalz, adj., adv., beaucoup : soit **kal-es-*, dér. de la même rac. que *kal-et*, et signifiant « amas, monceau », cf. *kalza*[3]. — Conj.

Kalza, vb., entasser, amonceler : dér. du précédent.

Kambon, s. m., varangue : celt. **kamb-ono-*, dér. de **kamb-o-* (pièce de charpente courbe). V. sous *2 kamm*.

Kamboull (C.), s. m., vallon. V. sous *2 kamm* et *poull*.

1 Kamm, s. m., pas, corn. et cymr. *cam*, vbr. pl. *cemm-ein* « gradins », vir. *ceimm*, ir. *céim*, gael. *ceum* « pas » : soit un celt. **keng-men-*, dér. de *keng-ō « je vais » (ir. *cing-im*, gaul. *Cingeto-rix* n. pr. « chef des marcheurs »[4], gaul. **keng-mino-* « chemin »[5]).

2 Kamm, adj., courbe, corn., cymr. et vbr. *cam*, vir. *camm*, etc., gaul. *cambo-* dans *Cambo-dūnum* « le côteau courbe » et autres n. pr. : rac. KEMB, cf. gr. κόμβ-ο-ς « lien », σκαμβ-ό-ς « tortu », κάμπ-τω « je courbe »; sans autre équivalent sûr. Voir plusieurs des mots suivants.

1 Kammed, s. f., pas, allure : dér. de *1 kamm*.

2 Kammed, s. f., jante de roue : dér. de *2 kamm*. Cf. *2 kant*, auquel on rattache aussi fr. *jante*.

---

1. Celui-ci aurait sur l'autre l'avantage d'exister en celt., corn. *cal*, cymr. *call* « habile » : ce qui, en passant, réduit à néant le trop ingénieux rapport qu'on avait établi entre lat. *callēre* « être fort en » et *callēre* « avoir des durillons » (cf. *kalet*). Mais ni l'un et l'autre ne se retrouvent en dehors du celto-latin. Quant à la rac. KAL « chaud », elle est latine, sanscrite et lituanienne, mais n'est représentée en celtique que par deux mots (Stokes, p. 331).
2. Donc nom de lieu signifiant « le Chantier ».
3. La filière est « dur — serré — dru — monceau ». De même lat. *multi* signifie étymologiquement « moulus, serrés, drus », Henry, *Mém. Soc. Ling.*, VIII, p. 171.
4. Deux radicaux s'en laissent rapprocher en dehors du celtique : phonétiquement, KHENG « boiter », sk. *khâñj-ati* « il boite », gr. σκάζω,, al. *hink-en*, etc. ; sémantiquement GHENGH « marcher », sk. *jángh-ā* « jambe », al. *gang* « marche », etc. Il a pu se produire une confusion entre eux, ou bien ils n'en faisaient qu'un seul à l'origine. Ces doublets de racines ne sont pas rares.
5. Latinisé en *camminus*, fr. *chemin*, ital. *camminare*, etc.

3 Kammed (T.), adv., jamais: identique à *1 kammed*[1].

Kemmel, s. f., crosse pastorale: dér. de *2 kamm*.

Kampi, s. m., intérêt, usure. Empr. ital. *cambio*, « change, banque », lui-même du gaul. latinisé *cambium*. V. sous *kemm*.

Kampoulen (T.), s. f., boue: dér. du suivant[2].

Kampoull (C.), s. m., variante primitive de *kamboull*.

Kamps, s. f., aube du prêtre. Empr. lat. *cámisia* « chemise », et cf. *hiviz*.

1 Kân, s. m., chant: abstrait de *kana*. V. ce mot.

2 Kân, s. m., canal, tuyau, gouttière, cf. cymr. *cawn* « tuyau de paille » (vocalisme différent), ir. *conn-all* et gael. *conn-l-ach* id., gr. κάννα, « roseau, tuyau », lat. *canna*, d'où *canālis* « tuyau ».

Kañ, s. f., charogne, prostituée. Empr. fr. *cagne* « chienne » (injure)[3].

Kana, vb., chanter, cymr. *canu*, vir. *canim* « je chante », celt. **kan-ō*, lat. *can-ere*, *can-tu-s*, etc., got. *han-a* « coq » (al. *hahn*, d'où *henne* « poule » = ag. *hen*) : rac. KAN exclusivement celto-italo-germanique.

Kanab, s. m., chanvre. Empr. bas-lat. **canapis* < *cannabis*, lui-même empr. gr. κάνναβις, cf. ag. *hemp*, al. *hanf*, vsl. *konoplja* empr. roman.

Kanaber, s. m., chardonneret: dér. du précédent.

Kanastel, s. f., buffet, armoire. Empr. fr. ancien *canestel*, de **canistellum*, dimin. du lat. *canistrum*[4], lui-même empr. gr. κάναστρον.

Kanastr, s. m., tuyau de chanvre ou de lin: dér. de *2 kân*.

Kander, s. m., blancheur éclatante. V. sous *1 kann*.

Kanel, s. f., bobine. Empr. fr. *cannelle* « petit tuyau ». Cf. *2 kân*.

Kanévéden, s. m., arc-en-ciel: les deux premières syllabes équivalant à **kamb-nenv-* suivi d'un suff., soit donc « courbe céleste », d'où « météore en forme d'arc ». V. sous *2 kamm* et *env*.

Kañfard, adj., s. m., galant, débauché, polisson. Empr. fr. *cafard*, avec nasalisation épenthétique et forte altération de sens.

Kaniblen (V.), s. f., nuage: exactement « ce qui se forme au ciel, couvre le ciel »; préf. **ka-* ou **kan-*. V. sous **ke-* et *oabl*, et cf. *koabr*.

---

1. De même que *pas* négatif fr. est identique au substantif *pas*, abstrait de locutions telles que *il ne marche pas* « il ne fait pas un pas »; en d'autres termes, un mot qui ne servait qu'à renforcer la négation est devenu la négation elle-même. Cf. *két*, etc.

2. Ce qui se trouve au fond d'un vallon ou d'une fosse.

3. Contrairement à ce que ferait supposer la sémantique, l'étymologie indique que le premier sens est postérieur: il y a eu peut-être confusion des deux mots *cagne* et *carogne*, peut-être influence sémantique de *goann* qui étymologiquement n'a, bien entendu, aucune relation à *kañ*. V. ce mot et cf. *gañ*.

4. « Corbeille », d'où « panier à vaisselle, égouttoir », etc., etc.

Kanien, s. f., vallée resserrée. Empr. espagnol *cañon* id.

Kanived (V.), s. m., toile d'araignée : variante de *kefnid(en)*.

1 Kann, adj., blanc, brillant[1], corn. et cymr. *can*, gael. *cann-ach*, « joli, aimable », gaul. *canto-* dans le n. pr. *Canto-benn-īnu-s* « à la pointe blanche » (montagne du Cant-al) : soit un celt. **kand-o-*, cf. sk. *cand-rá-* « brillant », lat. **cand-ō* « j'enflamme » (dans le dér. *incendō*), *cand-idu-s* « blanc éclatant », *candēre* « resplendir ». Cf. *keuneud*.

2 Kann, s. m., querelle, combat : abstrait du suivant.

Kanna, vb., blanchir, battre[2] : dér. de *1 kann*.

Kannad, s. m., messager, corn. *cannas*, vbr. *cannat* « caution » : soit un celt. **ko-gna-to-*[3]. V. sous **ke-* et *anat*.

1 Kanol, s. f., canal, chenal. Empr. lat. *canālis*. Cf. *2 kân*.

2 Kanol, s. m., canon. Empr. fr. altéré par dissimilation.

1 Kant, cent, corn. *cans*, cymr. *cant*, vir. *cét*, gaul. *canton* id. : suppose un celt. **kn̥-to-* = i.-e. **km̥-tó-*, sk. *çatám*, gr. ἑκατόν, lat. *centum*, lit. *szimtas*, vsl. *sŭto*, got. *hund*, ag. *hund-red*, al. *hund-ert*, etc.

2 Kant, s. m., cercle, van, tamis, etc., cymr. *cant* id. : soit un celt. **kanto-*[4] = **kamb-to-* = gr. καμπ-τό-ς, « courbé, infléchi ». V. sous *2 kamm*.

Kanten, s. f., fond du crible : dér. de *2 kant*.

Kantol, s. f., chandelle, mbr. *cantoell*, corn. *cantuil*, cymr. *canwyll*. Empr. lat. *candēla* (dont la rac. est sous *1 kann*).

Kantréa, vb., rôder, vagabonder : cf. mbr. *quantren* « fureur », *cantreet* « couru çà et là », cymr. *canrhe* « poursuite », *cethreu* « pousser » : paraît contenir les deux éléments *gant* et *rén*, soit le sens vague de « diriger ensemble ». V. ces mots et cf. *ambren*.

Kanttoul, s. m., millepertuis. V. sous *kant* et *toul*[5].

Kantved, s. m., siècle : ordinal de *kant*.

Kañv, s. m., deuil, mbr. *caffon*, corn. *cavow*, vir. *cuma*, gael. *cumha* id. : d'un celt. **kama-wo-*, dér. de rac. KEMA, sk. *çam-ya-ti* « il se donne de la peine », gr. κάμ-νειν « se fatiguer ».

1. Cf. *loar-gann* = *kann-loar* « pleine lune ».
2. La filière est « blanchir — blanchir le linge — battre le linge pour le blanchir — frapper à tour de bras — se cogner ».
3. Impliquant l'idée de la *connaissance* d'un objet ou d'un fait *commune* à deux personnes. — Douteux : on eût dû avoir un cymr. **cygnat* (Loth).
4. C'est du gaul. latinisé **cantus* « cercle » que vient l'ital. *cantone* > fr. *canton* « division territoriale », fr. *de champ* = *de chant* « de côté », etc.
5. La plante à « cent trous », cf. le nom français.

Kañval, s. m., chameau. Empr. lat. *camēlus* > *camellus*.

Kaô, s. m., cave, grotte. Empr. fr. *cave*. Cf. *kéô*.

Kaoc'h, s. m., variante de *kac'h*. V. ce mot.

Kaol, s. m., chou. corn. *caul*, cymr. *cawl*. Empr. lat. *caulis*.

Kaoñ, s. m., variante de *kañv*. V. ce mot.

Kaot, s. m., bouillie de gruau ou de mil. Empr. bas-lat. *caldum* pour *calidum* « chaud » (cf. esp. *caldo* « sauce »).

Kaoter, s. f., chaudron, corn. *caltor*, cymr. *callawr*. Empr. lat. **caldaria* « chaudière », mais refait sur le type de *kaot*.

Kaouad, s. f., accès subit, ondée, dans vbr. *couhat glau* « averse », corn. *cowes*, cymr. *cawad* et *cafod* « pluie violente », vir. *cúa* « hiver », celt. **kaw-at-* « coup subit » : rac. KU et SKU « frapper », al. *hau-en* id., got. *skūra windis* « coup de vent », visl. *skūr*, ag. *shower* et al. *schauer* « averse », lit. *kaũ-ti* « frapper », vsl. *kov-ati* « forger ».

Kaoued, s. f., cage. Empr. lat. *cavitās* au sens de *cavea*.

Kaouen, s. f., hibou (aussi *kaouan*), cymr. *cuan*, vbr. *couann*. Empr. bas-lat. *cavannus* [1].

Kaouled, adj., caillé : dér. de **kaoul*, cymr. *caul* « présure ». Empr. bas-lat. **coagulum* > **coaglo*.

Kaouñ, s. m., variante de *kaoñ*. V. ce mot.

Kaout, vb., trouver, acquérir, avoir : infinitif en *-out* (cf. *bout*) du radical *kab-*, variante primitive de la rac. KĒP KĂP « saisir » : gr. κώπ-η « poignée », lat. *cap-iō*, got. *haf-jan*, ag. *to heave* et al. *heben* « soulever », got. *hab-an*, ag. *to have* et al. *haben* « avoir ». Cf. *kafout* et *kavout* [2].

Kâp, s. m., cape. Empr. bas-lat. *cappa*. Cf. *kabel*.

Kâr, s. m. : amour, amitié ; parent, ami (sens vieilli, cf. lat. *cārus*) : abstrait de *karout*. V. ce mot [3].

Karaval, s. f., brancard. Empr. fr. *caravelle* [4].

Karden, s. f., litière qu'on met à pourrir sur les chemins : altéré de mbr. *kar-del* [5] « fumier à charrier ». V. sous *karr* et *teil*.

---

1. D'où fr. *chouan*, altéré par étymologie populaire en *chat-huant*.
2. Les formes de conjugaison de ce verbe ne dépendent point de sa racine, et il n'appartient qu'à la grammaire de les analyser. Il suffira de dire ici qu'en réalité la conjugaison du vb. « avoir » en breton se rattache étroitement à celle du vb. « être », en sorte que « j'ai » se dit « à moi est » ; Loth, *Mém. Soc. Ling.*, IV, p. 38. V. sous *béza*.
3. Le pl. *kèrent* « parents » se rapporte à une forme **karant-* (cf. le dér. *karantez* « amitié »), qui est l'ancien ppe présent du même vb. *kar-out*.
4. Cf. fr. *carabe* (vieilli) « chaise à porteurs ».
5. Conservé dans *kardélat* (V.) « épandre du fumier ».

Kardi, s. m., remise. V. sous *karr* et *tî*.

Karg, s. f., charge. Empr. bas-lat. *cárrica*, d'où fr. *charge*.

Karitel, s. f., étui à aiguilles : pour **garitel* « guérite, réduit, boîte », dimin. Empr. fr. ancien *garite* « guérite ».

Karn, s. m., sabot des solipèdes, corn. et cymr. *carn*, cf. galate κάρνον « trompette » [de corne] : soit un celt. **karno-* « corne » de même souche que lat. *cornu*, etc. V. sous *korn*.

Karnel, s. f., ossuaire, charnier. Empr. lat. (avec dissimilation de *r* en *l*) *carnāria*, pl. nt. pris pour un fm. sg.

Karô, s. m., cerf (aussi *karù*), corn. *carow*, cymr. *carw* id. : soit un celt. **kar-wo-*, lat. *cervus*, lit. *kárvė* « vache », al. *hiruz > hirsch* « cerf », exactement « le cornu ». V. sous *korn* et *karn*.

Karout, vb., aimer, cymr. *caraf*, ir. *caraim* « j'aime » : rac. KAR, cf. lat. *cār-u-s* « cher », al. *hure* « courtisane », sk. *cãr-u* « aimable ».

Karr, s. m., charrette, cymr. *car*, vbr. et vir. *carr*, gaul. latinisé *carrus* (d'où fr. *char*), celt. **kars-o-* id. : cf. lat. *curr-u-s* « char », *curr-ō* « je cours », germ. **hors-a-* « cheval » (ag. *horse*, al. **hros > ross*, etc.).

Karrek, s. f., écueil, rocher, corn. *carrag*, cymr. *carrecc > careg*, vir. *carric*, ir. et gael. *carraig* id. (fr. *garrigue* venu du gaul.) : d'un celt. **kars-ekki-*, dér. de rac. KARS « dur »[1] ; cf. ag. *harsh* et al. *harsch*.

Karv, s. m., variante de *karô*. V. ce mot.

Karvan, s. f., mâchoire, ensouple de tisserand. — Étym. inc.[2]

Karvek, s. m., sauterelle : dér. de *karv*, et cf. l'autre sobriquet du même insecte, *karv-raden* « cerf de fougère ».

Karz, s. m., râclure, ordure : abstrait du suivant, et cf. *skarz*.

Karza, vb., râcler, nettoyer, cymr. *carthu*, vir. *cartaim*, gael. *cairt* id. : dér. d'une rac. KER et SKER, « séparer, trier », etc., sk. *apa-skar-a* « excrément », gr. σκώρ id., κρί-νω « je juge », lat. *cer-nō* « je discerne », *crī-bru-m* « crible », vsl. *skvrĭna* « ordure », etc. V. sous *krouer* et *skarz*.

1 Kas, s. m. ; haine, cymr. *câs*, ir. *cais* id. : d'un celt. **kassi- = *kad-ti-*, cf. ag. *to hate*, etc. V. la rac. sous *keüz*.

2 Kas, s. m., mouvement, fougue : abstrait du suivant.

---

1. Un doublet de cette racine est KERT ou KART, got. *hard-u-s*, ag. *hard*, al. *hart*. Cf. en outre cymr. *carn* « monument consistant en un amas de pierres » (br. *Carn-ac*), ir. *carn*, gael. *càrn* (naturalisé en ag. sous la forme *cairn*).

2. Le second de ces sens paraît procéder de celui de « chariot », qui serait pour l'ensouple une appellation assez appropriée. V. sous *kalcez*. — Subsidiairement, le jeu de la mâchoire a-t-il été comparé à celui des deux ensouples?

3 Kas, vb., envoyer, porter, conduire. Empr. fr. (normand) *casser* = fr. *chasser* « pousser devant soi », du bas-lat. *captiāre*.

Kastiza, vb., punir. Empr. lat. savant *castigāre*.

Kastréjenn, s. m., nerf de bœuf (aussi *kastr* tout court) : contient un radical gallo-lat. **castrum* « pénis », qu'il faut sans doute reconnaître à la base du lat. *castrāre* « châtrer ». Cf. *kalken-* et *éjenn*.

Kava, vb., creuser : dér. de *kav* variante de *kad*.

Kavaden, s. f., trouvaille : dér. de *kaout*. V. ce mot.

Kavala, vb., insulter (traiter de rosse?) : dér. de mbr. *cavall*, « roussin, bidet », cymr. *cafall*. Empr. lat. *caballus*. — Conj.

Kavan, s. f., corneille, chouette : variante de *kaouan*.

Kavas, s. m., fourchon d'un arbre (endroit où l'on peut s'y asseoir) : abstrait de *kavazet* = *koazez*. V. ce dernier mot.

Kavel, s. m., berceau, corbeille, nasse, vbr. *cauell*; cf. gael. *cabhuil* « nasse ». Empr. bas-lat. *cavellum* « petit creux », dimin. de *cavum*.

Kavout, vb., prononciation lente de *kaout*. V. ce mot.

Kaz, s. m., chat, corn. et cymr. *cath*, ir. et gael. *cat*, gaul. *Cattos* n. pr.; cf. lat. *cattus* > fr. *chat*, probablement emprunté au celtique [1].

Kazarc'h, s. m., grêle, corn. *ceser*, cymr. *cesair*, ir. *casair* id., et gael. *casair* « tempête » : soit un celt. **kassri-* [2], pour **kad-tri-* « chute », de même rac. que lat. *cad-ere*; sans autre équivalent.

Kazek, s. f., jument, corn. *casec*, cymr. *caseg* id. : peut-être originairement « [cheval] de prix » (celt. **kassi-ko-*). V. la note sous *2 kaer*.

Kazel, s. f., aisselle, corn. *casal*, cymr. *cesail* id. : soit un celt. **koks-ali-*, dér. du mot correspondant à sk. *kákṣa* « aisselle », zd *kaṣa* « aisselle », lat. *coxa*, « cuisse, hanche »[3], ir. *coss* « pied », cymr. *coes* « jambe », etc.

*Ke-, préfixe impliquant originairement conjonction, groupement, accession, parfois avec un sens très effacé : l'une des nombreuses formes que peut revêtir en breton, le préf. celt. **ko-* et **kom-*, corn. *co-*, *ce-* et *cev-*, cymr. *cy-* et *cyf-*, ir. *co-* et *cóm-*, gaul. et lat. *co-* et *com-* (*con-*), cf. la prép. lat. *cum* « avec ». Les autres formes, suivant la liaison qu'elles commandent, sont *ka-*, *kan-*, *kav-*, *kef-*, *kem-*, *kenv-*, *kev-*, *ko-*[4], etc.

---

1. Ag. *cat* et al. *katze* sont empruntés au latin.
2. La finale bretonne, complètement isolée, procède de la contamination avec *erc'h* « neige ». — Ern.
3. On sait combien les noms de parties du corps sont sujets à être pris l'un pour l'autre.
4. V. la plupart des mots commençant par ces syllabes. — Le préf. copulatif got. *ga-* = al. *ge-* est peut-être de même famille.

Kéar, s. f., logis, village, bourg, mbr. *caer*, corn. et cymr. *caer* (cf. ir. et gael. *cathair*). Empr. lat. *castra*, nt. pl. > fm. sg.

Kéaz, adj., malheureux, pauvre, cher[1], mbr. *quaez* « captif », corn. *cait-es* « servante », cymr. *caeth* « esclave », vir. *cacht* id., d'où gael. *cachd-an* « affliction », gaul. latinisé *-captos* à la fin d'un n. pr., lat. *cap-tu-s* ppe passé de rac. KĀP, cf. al. *haf-t* « prise », *-haft* (suff.) « doué de » (étymologiquement « pris de > susceptible »), etc. V. sous *kaout*[2].

Kébr, s. m., chevron (aussi *quibr* V.), corn. *keber*, cymr. *ceibr*, vbr. pl. *cepriou*. Empr. bas-lat. *caprio*, dér. de *capra* « chèvre ».

Kéded, kédez[3], s. f., équinoxe : exactement « égale durée » [du jour et de la nuit] : dér. de *1 keit*. V. ce mot.

Kééla, vb., rechercher ardemment, adorer : dér. de *kéél*, forme ancienne de *1 kél*[4]. V. ce mot, mais cf. Gloss. Ern., p. 531.

Kéf, s. m., tronc, mbr. *queff*, cymr. *cyff*. Empr. lat. *cippus*.

Kéfalen, s. f., soupe, ragoût : exactement « contenant du sel, assaisonné ». V. sous **ke-* et *holen* ou *c'hoalen*.

Kéfélek, s. m., bécasse : dér. de **kéfél*[5]. V. sous **ke-* et *ell*.

1 Kéfer, s. m., arpent[6], bois du soc de la charrue : composé du préf. **ke-* et du radical de *arat*. V. ces mots.

2 Kéfer, s. m., opposition, comparaison, proportion, cymr. *cyfer* id., vir. *comair*, « pour, contre » : soit donc un celt. **com-are* prép. impliquant juxtaposition conjointe. V. sous **ke-* et *ar-*.

Kéfilin, s. m. (aussi *kéfélin*), partie du bras attenante au coude (du coude à l'épaule ou du coude au poignet) : préf. **ke-* et *ilin*.

Kéfiniañt, s. m., cousin au 4ᵉ degré : dér. de mbr. *queffin* = cymr. *cyffin* « contiguïté ». Empr. lat. *confinium* « contiguïté ».

Kéfleñé, adj. f., [vache] pleine. V. sous **ke-* et *leùé*, et cf. *kénep*.

Kéflusk, s. m., agitation, trouble. V. sous **ke-* et *luska*.

Kefn, s. m., dos, cymr. *cefn* id., gaul. *Cebenna* n. pr. « les Cévennes » : aucun équivalent sûr en dehors du celtique.

---

1. Ce dernier sens provenu de commisération affectueuse.
2. Pour le sens comparer lat. *captīous* > fr. *chétif*.
3. L'étymologie populaire a naturellement préféré cette seconde finale, où elle a eu l'illusion de retrouver le mot *deiz*.
4. Exactement « s'engouer de... comme d'une nouveauté ». ± Selon Gloss. Ern. ce serait **ko-selg-*, soit « poursuivre ensemble, avec effort ». V. le préf. sous **ke-* et la rac. sous *émolc'hi*.
5. Le long bec de l'oiseau étant comparé à un ergot.
6. Cymr. *cyf-air* « ce qu'on laboure » [en un jour].

Kefni (vieilli), s. m., mousse : soit un composé celt. *kom-măkn-io-* « moussu ». V. sous *ke-*, *1 munn* et *kinvi*.

Kefniden, s. f., araignée (aussi *kañoniden* V.), cymr. *cyffiniden* id. : soit « la fileuse », dérivation secondaire appliquée sur le radical *kom-spen-*. V. sous *ke-*, et pour la rac. comparer ag. *to spin*, al. *spinnen* « filer », gr. σπάω « je tire ».

Kéfrann, s. f., portion, cymr. *cyfran*. V. sous *ke-* et *rann*.

Kéfré, s. m., lien, vir. *cuimrech* id. : soit un celt. *kom-rigo-*, cf. lat. *corrigia* « courroie » et mhal. *ric* « lien ». V. sous *ke-* et *rumm*.

Kéfréder, s. m., homme pensif, réfléchi : dér. du suivant[1].

Kéfret, adv., ensemble, mbr. *queffret*, vbr. *-cofrit*, cf. cymr. *frit* et vir. *sreth* « série » : soit donc un celt. *ko-sr-to-*, équivalant à lat. *consertum* « arrangé ensemble », rac. SER dans lat. *ser-iēs* « rangée », gr. συν-είρ-ω « je lie ensemble », sk. *sar-at* « cordon », etc.

Kéfridi, s. f., message : soit « com-mission », V. sous *ke-* et *1 réd*.

Kégel, kégil, s. f., quenouille. Empr. vir. *cuicel*, lui-même empr. bas-lat. *conucula*, d'où fr. *quenouille* et al. *kunkel*.

1 Kégin, s. f., geai, cymr. ancien *cegin*[2], dér. secondaire par rapport à cymr. *ceg* « bouche » (souvent employé péjorativement), *ceg-u*, « dévorer avidement, crier », d'étymologie d'ailleurs inconnue : soit donc « le [gros] bec, le goulu, le braillard », etc. Cf. *gégin*.

2 Kégin, s. f., cuisine, corn. et cymr. *cegin*. Empr. lat. *coquīna* > *cocina*.

Kégit, s. f., ciguë, cymr. *cegid*, corn. *ceges*, vbr. *cocit-ou* pl. « endive ». Empr. lat. *cicūta* corrompu en *cucīta*.

Keida, vb., égaliser : dér. de *1 keit*. V. ce mot.

Kein, s. m., mbr. *queyn*, variante usuelle de *kefn*. V. ce mot.

Keini, vb., gémir, mbr. *queiniff*, cymr. *cuin* « plainte » (en justice), corn. *chen* « procès »[3], vir. *cóinim* « je déplore », ir. *caonim*, etc. : soit une base celt. *koi-n-*, dér. d'une rac. KEI[4], sans autre équivalent.

---

1. « Qui lie les idées ensemble, en fait des séries ». — Ou bien à rattacher, avec cymr. *cy-fryd* « unanime », *dy-fryd-u* « songer », *dy-fryd-ol* « pensif », à cymr. *bryd* « pensée » = corn. *brys* = vir. *breth* « jugement », dont on trouvera la rac. sous *barn* et *breût*. — Ern.

2. Dans un texte que me signale M. Loth, *chweddl y gegin* « la leçon du geai ». Du même, relevé dans la Méthode (récente) de Landivisiau, le pl. *kégined* « geais ». — Si le sens de *ceg* était originairement « bec », on en trouvera quelques similaires sous *kenkiz*.

3. Pour le sens, cf. lat. *querēla* « plainte » > fr. *querelle*. La plus ancienne forme connue est vbr. *cuinhaunt* « ils pleureront ».

4. Peut-être KEIP, cf. lit. *szėp-ti* « faire la grimace ». — Conj. Bzb. — Ou emprunt très ancien au germanique (got. *qainōn* « gémir », etc.)?

Keinvan, s. m., gémissement : dér. du précédent.

1 Keit, s. f., durée, égalité, mbr. *quehit*, cymr. *cyhyd* « aussi long », etc. (de **hit > het*). V. sous *ke-* et *1 héd*.

2 Keit, s. f., filipendule : identique à *1 keit* (oscillations isochrones).

3 Keit, prép., pendant : identique à *1 keit* « aussi longtemps que ».

Keiza, vb., dégrossir, cf. ir. *caith-im*. « je consume, use, dissipe », et surtout sk. *çi-çā-ti* « il aiguise »; sans autre répondant sûr.

Kéjein (V.), vb., mêler, brouiller, cf. cymr. *cyd-io* « unir » : dér. de *ket-*. Cf. aussi *kijout* et *digeiza*.

1 Kel, s. m., nouvelle, conte, mbr. *quehezl* (cf. *kééla*), cf. corn. *whethl*, cymr. *chweddl*, ir. *scél* = celt. **sq-etlo-* id. : soit donc un celt. **ko-sqetlo-*, dont le second terme est dér. de rac. SEQ « dire », gr. ἔνι-σπε « il dit », lat. ancien *in-sequ-e* « dis », vhal. *sag-ēn* (al. *sagen*, ag. *to say*), lit. *sak-yti* « dire »; le 1er terme sous **ke-*.

2 Kel, s. m., cloison, cymr. *cell*. Empr. lat. *cella* « cellule ».

3 Kel, adv., forme assimilée de *ken* devant *l*.

Kéladur, s. m., doloire. Empr. lat. *caelatorium* « ciseau ».

Kélaoui, vb., publier : dér. de *1 kel*.

Kélastren, s. f., houssine : dér. d'une composition de **ke-* et *lâz*, avec rattachement artificiel à *1 kélen*. V. ces mots.

1 Kélen, s. m., houx, corn. *celin*, cymr. *celyn*, vir. *cuilenn*, ir. et gael. *cuilionn* id. : soit un celt. **kol-enno-*, cf. sk. *çal-à*, « baguette, aiguillon », gr. κῆλ-ο-ν « flèche », et surtout ag. *holly* et al. *huls > hulst* « houx » (le mot fr. est emprunté au germanique).

2 Kélen, s. m., leçon : préf. **ke-* et *3 lenn* (comme lat. *lectiō > fr. leçon* procède de *legere*). V. ces mots.

Kéler, s. m., noix de terre, mbr. *coloren* (pl. *kéler*), cymr. *cylor*, ir. et gael. *cularan* « concombre » : soit un celt. **kaluro-*, pour **karu-lo-*, apparenté au gr. κάρυ-ο-ν « noix », isolé par ailleurs[1].

Kéléren, s. f., feu follet, lutin. Empr. lat. *celer* « rapide ».

Kelf (C.), s. m., souche (cf. *kef*), cymr. *celff* « pilier », vir. *colba*, ir. et gael. *colbh* id. : cf. lat. *colu-men* « appui », *colu-mna* « colonne », *cul-men* « comble », *cel-su-s* « haut », et gaul. *cel-icno-n* « construction »; la souche est commune aux deux langues, mais il se peut que le mot soit emprunté au latin.

---

1. Sans rapport avec *kraoñ* « noix », ni sans doute avec **kos-ulo-*, base de *kelvez* » noisetier ». V. ces mots.

Kelc'h, s. m., cercle, cymr. *cyrch*. Empr. lat. *circulus* > *circlus*.

Kelc'hen, s. f., collier : dér. du précédent[1].

Kéliénen, s. f., mouche, corn. *kelionen*, cymr. pl. *cylion*, vir. *cuil*, gael. *cuileag* id. : soit un dérivé celt. d'une base *kuli-*, qui ne paraît se retrouver que dans le lat. *culex* « moucheron ».

Kélina, vb., mettre bas : dér. de *kolen* (pl. *kélin*). V. ce mot.

1 Kell, s. m., variante de *2 kel*. V. ce mot.

2 Kell, s. m., testicule, cymr. *caill* id. : d'un celt. *kall-yo-*, de même origine que *kalc'h*. V. ce mot.

Kelléaz, s. m., premier lait d'une vache qui vient de véler, cymr. *cynllaeth* = celt. *kinto-lakt-*. V. sous *kent* et *léaz*.

Kellid, s. m., germe : dér. de *kell* ou *kall*[2].

Kélorn, s. m., baquet couvert, cymr. *cilurnn* > *celwrn*, vir. *cilornn*, gaul. *Cilurnum* (nom de lieu) : soit un celt. *kelurno-* pour *kelp-urno-*[3], cf. sk. *karp-ara* « pot », gr. κάλπ-η « urne », lat. *calpar* « vase à vin ».

Kelvez, s. m., coudrier : serait en celt. *koslo-widu-*, cf. corn. *col-widen* > *colwidhen*. Le premier terme est cymr. *coll-en* « noisette », vbr. *coll*, ir. *coll*, gael. *call-tuinn*, d'un celt. *koslo-* = *kosulo-*, lat. *corylus*, ag. *hazel*, al. *hasel(-nuss)*. Le second est *gwéz(-en)*.

Kember, s. f., confluent (Quimper). Cf. *aber*, *gouer* et *kémérout*.

Kembot, s. m., variante de *kombot*. V. ce mot.

Kéméner, s. m., tailleur : soit *kem-ben-er* « celui qui coupe pour assembler ensuite ». V. sous *ke-* et *béna*.

Kémenn, s. m., mandement, ordonnance, cymr. *cymmyn* id. : abstrait de l'empr. lat. *commendāre*. Cf. *mennout*.

Kément, adv., autant : exactement « conjointe (pareille) quantité ». V. sous *ke-* et *ment*.

Kémérout, vb., prendre, recevoir, accepter, mbr. *quempret* < *compret*, cymr. *cymmeraff* id. : dér. d'un celt. *kom-ber-o-* « compréhension ». La rac. est BHER, sk. *bhár-a-ti* « il porte », gr. φέρ-ω, lat. *fer-ō*, vir. *ber-im* et *do-biur* « je porte », got. *bair-an* (ag. *to bear*, al. *ge-bär-en* « enfanter »), vsl. *ber-ą* « je prends ». Le préfixe sous *ke-*. Cf. en outre *kember*, *argourou*, etc.

---

1. Cf. *kichen*, qui lui est un véritable mot celtique.
2. Plutôt au sens de « pénis » qu'à celui de « testicule ». V. ces mots, et la discussion détaillée, Gloss. Ern. s. v. *quellidaff*.
3. Il est difficile de ne pas songer à une influence, sur la finale, du lat. *urna*.

Kemm, s. m., change, échange, troc. Empr. bas-lat. *cambium*¹ (d'où fr. *change*). V. sous *kampi* et *eskemm*.

Kemmesk, s. m., mélange, cymr. *cymmysg*, vir. *cúmmasg*, cf. lat. *commiscĕre*. V. sous **ke-* et *meski*.

Kempenni, vb., arranger. Empr. lat. savant *compōnere*².

Kempréd, adj., contemporain. V. sous **ké-* et *préd*.

1 Ken, adv., autant, cymr. *cyn* id. : identique au préf. *ken-*, qui répond dans plusieurs mots au préf. fr. *com-*, *con-*, et par conséquent au celt. **kom-*, redevenu mot indépendant comme indice du comparatif d'égalité. V. sous **ke-*, *kément* et *ket-*.

2 Ken, adv., ne... plus : le même, devenu négatif en proposition négative, comme fr. *pas, point, mie, goutte*, etc. Cf. *ket*.

Ken-, particule dont on verra le sens et l'origine sous *1 ken*. Exemple : *kén-levénez* (con-jouissance) « félicitations ».

Kenavézô, *kenavô* : formule pour prendre congé ; le sens originaire est « autant que sera », c'est-à-dire « jusqu'à ce que soit »³.

Keṅkiz, s. m., maison de plaisance, mbr. *quenquis*, cf. cymr. *caingc* et ir. *géc* « branche »⁴, gael. *geug* id., sk. *çaṅk-ú* « pal ». — Conj. Ern.

Kenklaô, s. m., étrape, V. sous *kamm* et *klaô*.

Kendalc'h, s. m., maintien. V. sous **ke-* et *dalc'h*.

Kendamouez, s. f., émulation : répond à un celt. **kom-to-amb-(d)uk-ti-*, qui signifierait « le fait de se tourner vers [un but] en concurrence », et contiendrait une rac. suivie d'un suff. et précédée de trois préf. V. sous **ke-*, *1 da-*, *1 am-*, et la rac. sous *dougen*.

Kenderf, s. m., cousin, cymr. *cenfder*⁵, vbr. *comnidder*, c'est-à-dire celt. **kom-nit-tero-*, formation équivalente à ce que serait en lat. *cum-nept-iu-s « petit-fils d'un même [aïeul] » ; cf. gr. ἀ-νεψ-ιό-ς « cousin », qui a exactement ce sens ; sk. *nápat* « fils, petit-fils », lat. *nepōs* (fm. *nept-i-s*). « petit-fils, neveu », al. *neffe* « neveu », etc. Cf. *kévenderf* et *1 niz*.

Kenderc'hel, vb., maintenir. V. sous **ke-* et *derc'hel*.

Kendrec'hi, vb., convaincre. V. sous **ke-* et *trec'hi*.

---

1. Ce mot paraît d'ailleurs emprunté par le latin au celtique, où il se rattacherait à la rac. de *kamm*.
2. Ou *kem-penn-*, comme fr. *a-chec-er* (Ernault).
3. Sous-entendu « le plaisir de se revoir ».
4. Ce serait donc une maison « de branchages », ou « bâtie sous les branches », ou mieux « ornée de rinceaux » (???).
5. On voit que le br. a opéré une forte métathèse.

Kéned, s. f., beauté: dér. du mbr. *quen* « beau », cymr. *cain*, vbr. *cein*, vir. *cáin*, ir. et gael. *caoin* id.: soit peut-être une base celt. **koi-ni-*, état fléchi de la rac. SKI > KI, « briller, reluire », qui se retrouve dans le got. *skei-n-an* (ag. *to shine*, al. *scheinen*, etc.).

Kénep, adj. f., (jument) pleine: préf. **ken-* et **ep* = celt. **epos* « cheval ». V. sous **ke-*, *ebeul* et *kéfleué*.

Kéniterv, s. f., cousine. V. sous *kenderf*.

Kenn, s. m., peau, cuir, crasse de la tête[1], corn. et vbr. *cennen*, cymr. *cenn*, ir. *ceinn* id.: d'un celt. **kenni-*, qu'on peut rapprocher du visl. *hinna* « membrane » ou du visl. *skinn* = ag. *skin*[2] « peau ».

Kent, prép., avant, corn. *kyns*, cymr. *kynn* > *cyn*, ir. *cét-amus* « d'abord », etc., gaul. *Cintu-gnato-s* n. pr. « aîné », etc. Le même radical paraît signifier « nouveau » ou « dernier », selon qu'on l'envisage dans diverses langues: sk. *kan-iṣthá* « cadet », gr. καινός « récent », lat. *re-cens*, al. *hint-er* « derrière » et ag. *be-hind*, etc.: le sens primitif est donc « extrême »[3].

Kenta, adj., premier: superlatif du précédent.

1 Kentel, s. f., leçon, cymr. *cathl* et *cathl-edd* « chant », ir. *cétal* id.: soit un celt. **kan-tlā* ou **kan-tlo-*[4]. V. sous *kana*.

2 Kentel, s. f., temps, heure (*e kentel* « à point »): le même que le précédent, au sens de « mesure de chant », d'où « temps marqué, temps précis », etc.

Kentiz, adv., d'abord, aussitôt: contamination de *kent* et de **hastis* « hâtivement ». V. sous *hast*, *atiz* et *astizein*.

Kentr, s. f., éperon, ergot, cymr. *cethr* « clou », corn. *center*, vir. *cinteir* « éperon »: d'un celt. **ken-tri-*, gr. κέντ-ρο-ν « aiguillon »[5], κεντέω « je pique »; cf. gr. καίνω « je tue », sk. (ɡnáth-a-ti) ɡnath-áya-ti « il perce », indiquant une base primitive KEN.

---

1. Ainsi nommée en tant que « peau » morte.
2. Suivant que tombe ou demeure l'initiale mobile.
3. D'où « dernier » ou « premier », suivant qu'on envisage l'une ou l'autre extrémité de la série. Le vsl. cumule les deux sens: *konĭcĭ* « fin », et *is-koni* « depuis le commencement ».
4. Soit donc primitivement « leçon de chant », mot propagé sans doute par les maîtrises des paroisses. Cf. pourtant lat. *carmen* « poésie », mot appliqué dès le temps de Cicéron à tous les morceaux à apprendre par cœur.
5. D'où lat. *centrum* > fr. *centre*, le point où l'on *pique* le compas, pour tracer la circonférence.

Keñtrad, adv., aussitôt : exactement « coup d'éperon » (sens conservé), influencé par la métaphore et la ressemblance de *keñtiz*[1].

Keñver, s. m., variante usuelle de *kéfer*. V. ce mot.

Kéô, s. m., grotte : d'un celt. **kow-io-*, qui est de même souche que le lat. *cav-u-s* « creux » (lat. vulg. *covus* > espagnol *cueva*).

Kéôniden, s. f., variante de *kefniden*. V. ce mot.

Kéouez, s. m., variante de *kévez*. V. ce mot.

1 Ker, s. f., contraction de *kéar*. V. ce mot.

2 Ker, s. f., arête (d'un angle), cymr. *cer* « angulaire » : cf. provençal *caire* « coin ». Empr. fr. ancien **querre* < bas-lat. *quâdrum*.

3 Ker, adj., cher (dans les deux sens du fr.), mbr. *quer*. Empr. fr. (normand) *quer* = *cher*. Cf. *kâr* et *karout*.

4 Ker, adv., aussi, autant : variante régulière de *ken*, comme *ar* de *ann* et *eur* de *eunn*. V. ces mots.

Kerkeñt, adv., aussitôt. V. sous *4 ker* et *keñt*.

Kerkouls, adv., au reste, toutefois : exactement « en même temps » (cf. le sens du fr. *ce-pendant*). V. sous *4 ker* et *1 kouls*.

Kerdu, s. m., variante de *kerzu*. V. ce mot.

Kéré, s. m., cordonnier (aussi *kéréour* dér.), corn. *chereor*, cymr. *crydd*, ir. *cairem* id. : tous dérivés, par divers suffixes, d'un radical celt. **kar-* pour **karp-* « chaussure »; cf. gr. κρηπ-ίς, lat. *carp-isculus*, lit. *kùrp-e*, etc.

Kéreñtiez, s. f., parenté : dér. de **karant-*. V. sous *kâr*.

Kérez, s. m., cerise (cymr. *ceiros*). Empr. bas-lat. *cerasia*.

Kerc'h, s. m., avoine, cymr. *ceirch*, d'un celt. **kork-yo-*, cf. mir. *corca*, ir. *coirce*, gael. *corc* id. : soit un celt. **kor-ko-*, dont la première syllabe rappelle celle du gr. κόρ-ο-ς « satiété », du lit. *szér-ti* « nourrir » (se dit des animaux) et du lat. *Cer-ēs*. — Conj. Mcb.

Kerc'heiz, s. f., héron, corn. *cherhit*, cymr. *crychydd*, vbr. *corcid* « grue », ir. et gael. *corr* id. : supposent un radical celt. **korg-*, cf. gr. κέρχ-νω « je suis enroué », κερχ-νη-ίς « crécerelle », vsl. *kraguji* « épervier », vhal. *hreigir* > al. *reiher* « héron ». Onomatopée primitive[2].

1 Kerc'hen, s. m., tour de cou, poitrine : le sens étymologique est simplement « contour ». Empr. lat. *circinus*. Cf. *kelc'hen*.

---

[1]. *Keñtré* est le même mot, mais avec finale imitée des adverbes et amenée par le sens adverbial. Cf. *adâlek*. — Voir une étymologie plus archaïque au Gloss. Ern., p. 537.

[2]. Cymr. moderne *cregyr* « héron » se rattache de même à *cregu* « être enroué ».

2 Kerc'hen (V.), s. f., mystification, conte plaisant : dér. de *kerc'h*, comme qui dirait « donner de l'avoine à qqun » pour « lui en donner à garder ». — Conj. Ern. (très plausible).

Kerc'hout, vb., chercher, corn. *cerches*, cymr. *cyrchu*. Empr. lat. *circāre* > fr. *chercher*, « faire le tour de > explorer ».

Kerluz, s. m., loche de mer : soit *ker-lus* « brochet géant ». Le premier terme est cymr. *cawr* « géant » (cf. *keùreuk*), ir. *caur* « héros », gaul. n. pr. Κάυχρος, sk. *çūra* « héros », gr. κύρος et κύριος, etc. Le second est empr. fr. ancien *lus* « brochet » (lat. *lūcius*).

Kern, s. f., trémie, tonsure[1]; sommet de la tête. Empr. bas-lat. *cerna* « crible », de *cernere*. V. sous *krouer* et *karz*.

Kerné, Kernéô, s. m., la Cornouaille, cymr. *Cernyw*, du nom de la peuplade brittonique dite en latin *Cornovii*[2].

Kernigel, s. f., vanneau, cymr. *cornicell* « pluvier ». Empr. bas-lat. *cornicilla* « petite corneille ». Ou simple variante de *kornigel*, à cause des allures du vol du vanneau. V. ce mot. — Conj. Ern.

Kerreiz (C.), adj., paisible, modeste. V. sous *ke-* et *reiz*[3].

Kers, s. f., possession, jouissance, vir. *cert* « droit » (adj. et subst.); cf. lat. *cer-tu-s* (mbr. *querz* « certes »), qui est le ppe passé primitif de *cern-ere* « juger ». V. la rac. sous *karz*.

Kersé, adj., étrange : exactement « possédé en propre, privé, particulier » (euphémisme); dér. du précédent.

Kerz, kerzed, s. m., marche, allure, corn. *kerd* « route », cymr. *cerdded* « marche », vbr. *credam* « je marche », vir. *ceird* « voyage » : soit un celt. **krid-i-* > **kerd-i-*, qui paraît se rattacher à la rac. KRID et SKRID de l'al. *schreit-en* « marcher ».

Kerzin, s. m., alise : abstrait de *ker-zin-en*, s. f., « alisier, alise », cf. corn. *cerden*, cymr. *cerddinen* et ir. *caorthain*[4], ir. *cair* « baies » et gael. *caor* « alise »; la base celt. **kar-* équivaut à **karp-*, soit gr. καρπ-ό-ς « fruit », καρπ-ιο-ν « baie », lat. *carp-ere* « cueillir », ag. *harv-est* « moisson », al. *herb-st*, « vendange, automne ». — Conj. Ern.

Kerzu, s. m., décembre (aussi *kéverdu* V.), mbr. *qeverdu* id. : équivaut à

---

1. Par passage naturel du sens de « crible » à celui de « couronne ». Cf. pourtant les deux articles *cern* dans Loth, *Mots latins*.
2. Qui a colonisé les deux péninsules de ce nom.
3. Et cf. pour le sens et la formation lat. *correctus* « correct ».
4. La seconde partie du mot identique à *tann*, « arbre, chêne ». V. ce mot.

un cymr. *cyfor-ddu « tout noir », ainsi nommé par contraste à *mis du* « le mois noir » qui est « novembre ». V. sous *du* et *2 kéfer*[1].

1 Kést, s. f., corbeille, ruche, cymr. et vbr. *cest* « panier », d'où « ventre, panse » (cf. ag. *chest* « buste »). Empr. lat. *cista*.

2 Kést, s. f., quête. Empr. fr. ancien *queste*.

3 Kést, s. m. pl., vers intestinaux: le même que *1 kést*[2].

Két, particule négative: étymologiquement, le même que le suivant, devenu comme *1 ken* un mot isolé avec le sens de « autant »; au point de vue du sens, cf. également *2 ken*[3].

Két-, préf. au sens de fr. *com-*, *con-*. V. sous *gant*[4].

Keû, s. m., variante de *kéô*. V. ce mot.

1 Keûlé, s. m., variante de *kaouled*. V. ce mot.

2 Keûlé, adj. f., variante de *kefleué*. V. ce mot.

Keûneûd, s. m., bois à brûler, corn. *kunys*, cymr. *cynnud* (et *cynnen* « allumer »), gael. *connadh*, vir. *condud* id.: soit un celt. *kond-uto- « combustible », dér. de la même rac. que *1 kann*. V. ce mot.

Keûnujen, s. f., imprécation: de même formation que *kunuda*.

Keûreûk, s. m., saumon-coureur: correspond à ce que serait en cymr. *cawr-eog « saumon géant ». V. sous *kerluz* et *éok*.

Keûruz, s. m., petite anguille. V. sous *ke-* et *ruza* (reptile).

Keûsteûren, s. f., mauvais ragoût. Empr. esp. *cocedura* « cuisson[5] ».

Keûz, s. m., regret, chagrin, corn. *cueth* id., cymr. *cawdd* « colère », *coddi* « offenser »: d'un celt. *kâd-os, gr. κῆδος > κῆδος « chagrin », got. *hatis* « haine » (ag. *to hate*, al. *hass*). Cf. *1 kas*.

Kévalen, s. f., variante de *kéfalen*. V. ce mot[6].

Kévatal, adj., proportionné, équivalent, mbr. *attal* id. et préf. *ke-*. V. ce mot, et *talvout* (ici précédé du préf. *ad-*), soit donc une formation celt. *kom-at-tal-o- (serait en fr. « *co-re-val-ant »).

Kéved (V.), s. m., quenouillée. Empr. fr. ancien *eschevete* « échevette », en prononciation normande.

---

1. Cymr. *cyfor* « tout contre », d'où « complètement ».
2. Abstrait de locutions telles que *tersien kést* « fièvre de ventre », comprise comme « fièvre de vers » (euphémisme).
3. Soit *né két brâz* « pas si grand » pour « pas grand ».
4. La nasale disparue à cause de l'atonie constante du préfixe.
5. On sait que, dans toutes les langues, les mots empruntés prennent aisément une acception péjorative.
6. D'une manière générale, on cherchera sous l'initiale *kef-* tous les mots qu'on ne trouvera pas sous l'initiale *kev-*.

Kévenderf, s. m., cousin issu de germain, cymr. *cyfyrder* = celt. **ko-wir-* avec un suff. commun dans les noms de parenté, soit donc « arrière-petit-fils du même [aïeul] » ; cf. cymr. *wyr* « petit-fils »[1].

Kévez, s. m., jeune bois pliant : soit un celt. **ko-widu-* « [bois] qui fait [encore] partie de l'arbre ». V. sous **ke-* et *gwézen*.

Kévia, vb., creuser : dér. de *kéo* (*kev*). V. ce mot.

Kéviniterv, s. f., cousine : fém. de *kévenderf*.

Kéz, adj., variante moderne par contraction de *kéaz*.

Ki, s. m., chien (pl. *koun*), corn. *ki*, cymr. *ci*, ir. *cú* (gén. vir. *con*), gael. *cù*, etc. : d'un celt. **kū* (pl. *kun-es*) ; cf. sk. *çvā* (gén. *çun-ās*), gr. κυών (pl. κύν-ες), lit. *szů* (gén. *szuñ-s*) ; lat. et germ. amplifiés, lat. *canis*, ag. *houn-d*, al. *hun-d*.

Kia, vb., supporter, résister : dér. récent du précédent[2].

Kib, s. m., cercle de moyeu, coque, pot, cymr. *cib*. Empr. lat. *cūpa*.

Kibel, s. f., cuve, baignoire. Empr. bas-lat. **cūpella*.

Kik, s. m. (aussi *kig*), chair, viande, mbr. *quic*, corn. *chic*, cymr. *cig*, vir. *cich* « mamelle ». — Étym. inc.

Kidel, s. f., filet qu'on tend [comme une chaîne] entre deux pieux, cymr. *cidell* id. Empr. bas-lat. **catilla*[3], altéré de **catēlla*, dimin. de *catēna* « chaîne » ; cf. cymr. *cadwyn* « chaîne » empr. lat.

Kigen, s. f., muscle : dér. de *kik*.

Kichen, prép. dans la locution *é kichen* « auprès », équivalant à ce que serait lat. *in circinō*, « dans le contour, aux environs », cymr. *cyrchyn* « environnant », vir. *cercenn* id. ; d'un celt. **kerk-inno-*, cf. gr. κρίκ-ο-ς « cercle », lat. *circus*, *circum*, *circā*, etc., sk. *cakrá* « roue », gr. κύκλος, ags. *hwéol* > ag. *wheel*[4]. Cf. *kelc'h* et *kerc'hen*.

Kijout, vb., rencontrer : dér. de **ket* « avec ». V. sous *két* et cf. *kéjein* (ce que serait un mot fr. « **ensembler* »).

---

1. Voir ce mot sous *douaren*. Le mot breton a été altéré sous l'influence analogique de *kenderf*. V. ce mot et *kénitero*.

2. Une dérivation ancienne eût donné **kouna*. — Au point de vue du sens, « faire le chien » peut signifier l'un et l'autre.

3. Le fr. *guideau* et l'ag. *kiddle* sont empruntés respectivement au breton et au cymrique.

4. Ces derniers mots ont un *l* au lieu d'un *r*, et cependant il est difficile de ne pas supposer une affinité préhistorique. — Récemment (*Mém. Soc. Ling.*, X, p. 340) M. Ernault a séparé *kichen* de cette souche et l'a rattaché à la même formation que *kéjein* et *kijout*.

Kîl, s. m., dos, mbr. *quil*, corn. *chil* « nuque », cymr. *cil*, ir. *cúl*, gael. *cùl* « dos » : soit un celt. **kūlo-* = lat. *cūlus*[1].

Kildrô, adj., inconstant, volage : le sens est celui d'un composé fr. qui serait « tourne-dos ». V. sous *kil* et *trô*.

Kiḷek, s. m., coq (aussi *kiḷok*), corn. *chelioc*, cymr. *ceiliog*, vir. *cailech*, gaul. *Caliācos* n. pr. (?) : d'un celt. **kal-yāko-*, dont la rac. est celle de gr. καλ-έω « j'appelle », lat. *cal-āre*[2], etc.

Kiḷéri, s. m., ortolan. Empr. fr. ancien *guilleri* « chant du moineau »[3].

Kiḷévardon, s. m., porc frais, mbr. *quillevarden* (aussi injure) : le premier terme doit être *kik*, soit donc « viande de Leeuwarden », sobriquet qui peut se rattacher à quelque particularité d'approvisionnement des Bretons pêcheurs dans la mer du Nord. — Conj.[4]

Kilc'ha, vb., cligner, bigler : contamination inverse de *blińgein*.

Kiḷok, s. m., variante de *kiḷek*. V. ce mot.

Kiḷorou, s. m. pl., avant-train de la charrue [où se trouvent les roues], mbr. *quilhorou*, etc. : pour **kilc'h-ior-ou*, pl. d'un dér. collectif de *kelc'h*. V. ce mot et cf. *kichen*. — Ern.

Kilvid (C.), s. f., coudraie. V. sous *kelvez*.

Kilvizia, vb., charpenter : dér. de *kalvez*. V. ce mot.

Kimiad, s. m., congé, adieu. Empr. bas-lat. *commeátus* « approvisionnement de voyage », d'où vient aussi le fr. *congé*.

Kiñ, s. m., écorchure, portion écorcée : abstrait du suivant.

Kiña, vb., écorcher, écorcer : dér. de *kenn*. V. ce mot.

Kińkla, vb., parer : originairement « orner de bijoux » (cf. *kińklérézou* « affiquets »), dér. de l'empr. fr. altéré *clinquant* ou *quincaille*.

---

1. Sans équivalent connu ailleurs. — Dans le composé *kildant* « molaire » (dent de derrière), le second terme régit le premier, conformément à la loi générale indo-européenne ; au contraire, dans *kildourn* « revers de la main », le premier terme régit le second, à la façon d'une juxtaposition bretonne moderne. Cette observation, qui est faite ici une fois pour toutes, s'applique à un nombre considérable de compositions bretonnes, de structure et, d'époque toutes différentes. Il en est qui opposent l'un à l'autre les deux types : *dourgi* et *ki dour* « loutre » (chien d'eau).

2. Bien entendu sans aucun rapport avec ag. *to call*, qu'on trouvera sous *galcaden*.

3. Onomatopée du même genre que *flip*. V. ce mot.

4. Non pas que la Frise soit spécialement célèbre pour ses porcs, ni que Leeuwarden fût jamais un port qui en trafiquât ; mais simplement parce que les marins, après avoir longtemps vécu de salaisons, étaient heureux, en prenant terre, de s'y ruer en cuisine et d'y manger de la viande fraîche. — Au point de vue phonétique du moins, cette étymologie bizarre est irréprochable : la gutturale finale a dû disparaître comme dans *drou-licet* « mauvais teint » ; et l'initiale frisonne du nom de L. est un *l* suivi de *y* semi-voyelle, qui a sonné aux oreilles bretonnes exactement comme un *l* mouillé.

Kiñen, s. m., ail, corn. *kennin* « oignon », cymr. *cenin* et vir. *cainnenn* id. : d'un celt. **ka-niēn-*, dér. d'un radical **kap-* accusé par gr. κάπ-ια « ail » et lat. *caep-a* « oignon ».

Kiñez, s. m., guigne. Empr. fr. bretonisé.

Kiniad, s. m., chantre d'église : dér. de *kana*. V. ce mot.

Kiniden, s. f., variante de *kefniden*. V. ce mot.

Kinnig, s. m., offre (aussi *kennig*), cymr. *cynnyg* = **cyn-dwg*, soit fr. « il com-porte, con-duit » : abstrait du vb. *kinniga*, qui est une juxtaposition équivalente à **ken-douga*. V. sous **ke-* et *dougen*.

Kinvi, s. m. (*kivini* V.), variante usuelle de *kefni*.

Kioc'h, s. f., bécassine, cymr. *giach*. Onomatopée.

Kiriek, s. m., fauteur, complice : soit un adj. celt. **karyă-ko-* « blâmable », dér. de **kar-yă* « blâme » > vir. *caire* id. ; cf. mbr. *carez* « blâme », br. *karé* (V., et *karéein* « blâmer »), corn. *cara*, cymr. *caredd* et *cerydd*, lat. *car-inăre*, lett. *karinát*, « agacer, exciter », lit. *isz-ker-nóti* « médire de », vsl. *kar-ati* « punir », etc. Cf. *digarez*.

Kirin, s. f., pot à crème pour le beurre. Empr. scandinave, visl. *kirna* « vase à baratter », d'où aussi anglais *churn*. — Conj.

Kistin, s. m., châtaigne. Empr. bas-lat. *castánia* (< *castanea*).

Kivioh, *kivij*, s. m., tan, cymr. *cyffaeth* id. : soit un dér. **confectium* « apprêt » de l'empr. lat. *confectus*, « apprêté, confit ».

Kivioul, adj., bourru, fantasque : le sens primitif est simplement « volontaire », soit **kev-ioul*. V. sous **ke-* et *ioul*.

1 Kiz, s. m., recul : originairement « le fait d'aller »[1] : dér. de la rac. signifiant « aller », cf. *kae* « va », *kit* « allez », corn. *ke*, vir. *ro-chi-m* « j'atteins », gr. κί-ω « je vais », κι-νέ-ω « je meus », lat. *ci-eo* « j'excite », *con-ci-tu-s* « fougueux », etc. Cf. la conjugaison de *mont*.

2 Kiz, s. f., variante de *giz* (le *g* pris pour une mutation).

Kizel, s. f., ciseau. Empr. bas-lat. *cisellus* (de *caedō* > *cīdō*).

Kizidik, adj., sensible, susceptible : exactement « qui recule ou se rebiffe, se replie » [comme la sensitive] ; dér. de 1 *kiz*.

1 Klañ, s. m., variante masculine de *klann* = *glann*.

2 Klañ, < *klañv*, adj., malade, mbr. *claff*, corn. et cymr. *claf*, vir. *clam* « lépreux », ir. *clamh*, gaël. *cloimh* « gale » : d'un celt. **klam-o-* « malade »,

---

1. Le sens « retour, recul » a été abstrait de locutions telles que *dont war hé giz* « venir à son aller », c'est-à-dire « retourner d'où l'on était venu ».

rac. KLĔM et KLÄM, sk. *klăm-ya-ti* « il est épuisé », gr. χλαμ-αρό-ς « faible » (Hesych.), lat. *clēm-ens*¹. — Mcb.

Klaô, s. m., ferrement, outil en fer (cf. *kenklaô*), nœud². Empr. bas-lat. **clovus* < lat. *clăvus* « clou ».

Klaouein (V.), vb., creuser, cymr. *claddu* id., vir. *claidim* « je creuse » : d'une rac. à sens vague, « frapper, endommager, briser, creuser »³, qu'on retrouvera sous *klâz*, *kleûz*, *klézé*, *koll*, etc. V. ces mots.

Klaouier, s. m., étui à aiguilles : dér. de *klaô*.

Klaoustré, s. f., gageure : altéré de mbr. *coustelé*, cf. cymr. *cywystl* (avec un suff. en plus). V. sous **ke-*, *gwestl* et *gloestr*.

Klask, s. m., recherche : abstrait de *klask-out*, cymr. *clasgu* < *casglu* « chercher ». Empr. bas-lat. **quaesiculăre*, fréquentatif de *quaerere*. — Ern.

Klav, s. m., variante de *klaô*. V. ce mot.

Klâz, s. m., tranchée, cymr. *cladd* « fosse », vir. *clad* et ir. *cladh*, gael. *cladh* « cimetière » et *cladhaich* « fouir » : d'un celt. **klado-* avec *a* bref (cf. gaul. n. pr. *Vindo-clad-ia* « la tranchée blanche »); rac. KLAD. V. sous *klaouein* et *kleûz*.

1 Kleiz, adj., gauche, corn. *gledh*, cymr. *kled* > *cledd*, vbr. *cléd*, vir. *clé* > *cli*, ir. et gael. *cli* id. : d'un celt. **kli-yó-*, dér. de rac. KLI, « s'incliner, obliquer », sk. *çráy-a-ti* « il s'appuie », gr. κλί-νω « je m'appuie », lat. *clī-vu-s* « pente », *clīvius*, « escarpé, [augure] défavorable », *in-clī-nāre*, etc., vir. *clóin* et gael. *claon* « gauchi », lit. *szlë-ti* « pencher », ags. *hlĕn-an* > ag. *to lean* « s'appuyer », al. *(sich) lehnen* id., got. *hleid-uma* « gauche », etc.

2 Kleiz, s. m., craie : altéré pour **kreiz*. Empr. lat. *crēta*⁴.

3 Kleiz, s. m., mouron, cf. cymr. *clais* « scabieuse sauvage »⁵.

1 Kleizen, s. f., pêne : dér. de *1 kleiz*⁶.

2 Kleizen, s. f., cicatrice, cymr. *creithen*, cf. gr. χαραχ-τό-ς, « gravé, entaillé ». Origine indécise; mais en tout cas paraît contaminé de *2 kleiz*⁷.

---

1. Sens primitif « mou » (?), d'où « indulgent, affable ».
2. Ce dernier sens procède de celui de « ferrement ».
3. Mais influencée, dans sa dérivation, par la souche du celto-lat. **covăre cavăre* « creuser »; cf. *kaô* et *kéô*.
4. Pour la finale, cf. *moneiz*. Pour le mot même, cf. *prt*.
5. Les autres sens du cymr. pourraient indiquer un rapport avec *glâz*. V. ce mot.
6. La pièce qui est « à gauche » de la gâche.
7. A cause de l'aspect blanc et crayeux d'une plaie qui s'est cicatrisée normalement. — Conj.

Klemm, s. f., plainte, reproche : abstrait de *klemma*. Empr. fr. *clamer* [sg. 3 *il claimet* « il réclame »], du lat. *clāmāre*.

Kleñved, s. m., maladie (et *klenvel* vb.) : dér. de *klañv*.

1 Kléô, s. m., l'attirail de la charrue : exactement « les ferrements », collectif auquel correspondrait un lat. **clāvium*. V. sous *klaô*.

2 Kléô, s. m., ouïe : abstrait de *klévout*. V. ce mot.

1 Kléren, s. f., pièce principale de la claie, mbr. *clezren*, cymr. *cledr*, « barrière, grille ». Empr. bas-lat. **clātria*, dér. de *clātrī* pl.[1]

2 Kléren, s. f., glace légère à la surface de l'eau, mbr. *clezrenn* « glace » : pour **glezr-*, qui suppose une base celtique **glid- = *gḷ-d-*, très voisine, sous cette forme, de ag. *cold* et al. *kalt* « froid » ; cf. lat. *gel-u* et *gl-ac-iē-s* montrant les deux états de la rac. GEL[2].

Klét, adj., à l'abri, cymr. *clyd* « lieu abrité », vir. et gael. *cleith* « cachette » : soit un celt. **klito- < kḷ-to-*, ppe passé de la rac. KEL « cacher », lat. *oc-cul-tu-s* de forme identique ; cf. cymr. *cel-u* « cacher », vir. *cel-im* « je cache », lat. *cēl-āre*, al. *ver-hehl-en*, etc.

Kleûr, s. m., limon de charrette, cymr. *claur > clawr* « planche », vir. *clár* id. : soit un celt. **klāro-*[3], sans autre équivalent.

1 Kleûz, s. m., fossé, haie[4], corn. *claud* et cymr. *clawdd* « fosse » : d'un celt. **klādo-*, rac. KLAD. V. sous *klâz* et *klézé*.

2 Kleûz, adj., creux, vide. Empr. fr. altéré, et cf. *klaouein*.

Kleûzen, s. f., arbre creux : dér. de *2 kleûz*.

Kleûzeur, s. m., métathèse de *kreuzeul*. V. ce mot.

Klévout, vb., entendre (aussi *klévet*), corn. *clewas*, cymr. *clywed* et *clyw*, ir. *cluinim* et gael. *cluinn* id., vir. *clú* « renommée », etc. : d'une rac. KLEW, réduite KLU, largement représentée partout, sk. *á-çrav-a-t* « il entendit » et *çráv-as* « gloire », gr. κλύ-ω « j'entends » et κλυ-τό-ς « illustre », lat. *in-clu-tu-s* id. et *glōria* (pour **clo-ves-ia = sk. çrav-as-yā*), vir. *clo-th* et vbr. *clot* « renommée », ags. *hlūd > ag. loud* « à haute voix », et cf. ag. *to listen* « écouter », al. *laut* « son », etc.

---

1. « L'ensemble des barreaux ou la pièce maîtresse qui les relie entre eux ».

2. L'*s* initial de *skér* (V.) n'est pas clair ; mais il ne le devient pas davantage en tirant *2 kléren* de *1 kléren* au sens de « ratissoire », d'où « ratissure ». Au contraire, le changement de *g* initial en *k* n'est pas un fait isolé.

3. Le rapprochement phonétique est irréprochable ; mais le changement de sens est bien surprenant.

4. Le second sens est sûrement postérieur : il procède du rapprochement avec fr. *clôture* (destination commune aux fossés et aux haies).

Klézé, s. m., épée, mbr. *cleseff*, corn. *cledhe*, cymr. *cleddyf*, vir. *claideb* (> ir. *cláidheamh* et gael. *claidheamh*)¹, id. : d'un celt. **klad-ebo-*, cf. sk. *khadga* « épée » pour **kald-ga-* (?), tous deux de rac. KLAD « frapper »; gr. κλαδαρός « fragile » et κλαδεύειν « émonder », lat. *clād-ēs* « désastre » et *gladius* pour **clad-io-* « glaive », russe *klad-u* « je mutile », etc. Cf. *klaouein*.

Kliked, s. m., loquet. Empr. fr. ancien *cliquette*.

Klin (V.), s. m., pli du genou ou du coude. V. sous *glin*.

Klipen (C., V.), s. f., crête, huppe, sommet : semble une contamination de *kribel* et *kriben*, avec influence de *penn*.

Klisia, vb., effleurer, s'écorcher. Empr. fr. *glisser*.

Kloarek, s. m., clerc, corn. *cloirec*, vir. *clérech*, ir. et gael. *cléireach*. Empr. lat. *clēricus* (de *clērus* « clergé » > ir. et gael. *cléir*).

Klôk, adj., complet : comme qui dirait « [dur comme] pierre > inséparable », corn. et cymr. *clog* « rocher », vir. *cloch* « pierre », dér. de la même rac. que *kalet*. V. ce mot et cf. *klôpenn*.

Klogé, s. f., métathèse pour **koglé*. V. sous *koklé*.

Klôgôren, s. f., ampoule : dér. de **klog* « cloche ». Empr. bas-lat. **cloca*, pour *clocca*. V. le mot suivant.

Klôc'h, s. m., cloche, corn. et cymr. *cloch*, vir. *clocc* id. : d'un celt. **klokko-*, qui a donné par emprunt bas-lat. *clocca* > fr. *cloche*, ag. *clock* « horloge », al. *glocke* « cloche ». — Étym. inc.

1 Kloc'ha, vb., agacer [les dents] : dér. de *klôc'h*. V. les précédents¹.

2 Kloc'ha, vb., glousser; cf. gael. *cloch* « petite toux » et *cloch-ranaich* « respirer bruyamment », lat. *clōcīre* « glousser », fr. *kloké* « glousser » (Bas-Maine Dn) et ag. *to cluck*. Onomatopées, et cf. *sklôka*.

Klôpenn, s. m., crâne : pour *klok-penn* « rocher de la tête », cf. cymr. *penglog*, ir. *cloigionn* et gael. *claigionn* (= **cloc-cenn*). V. sous *klôk*.

Kloren, (V.) s. f., boîte : jadis « cosse, pellicule », variante dialectale³ de

Klosen, s. f., gousse, cosse, enveloppe, boîte. Empr. fr. *cosse*, contaminé de *klôz* « fermé ». V. ce mot et cf. *kos*.

---

1. D'où le composé *claidheamh mór* « grande épée » > ag. *claymore*.
2. Comme qui dirait « y faire venir des ampoules », expression pittoresque et énergique.
3. Sans doute influencée par le vb. fr. *clore*.

Klouar, adj., tiède, doux; cf. gr. χλι-αρό-ς et al. *lau* (pour **hlau*, visl. *hlǽr*) id.; sans autre équivalent appréciable¹.

Klouéden, s. f., claie, corn. *cluit*, cymr. *clwyd* id. Empr. bas-lat. *cleta*, d'où vient aussi fr. *claie*.

Kloz, adj., clos; s. m., enclos. Empr. fr.; cf. *klosen*.

Klozennek, adj., dissimulé, sournois: dér. du précédent.

Klud, s. m., juchoir: soit originairement « construction », cf. cymr. *cludo* « amonceler », *cludedig* « entassé », vbr. *clut-gued* « amas », *clut-am* « je construis », d'un celt. **klout-ŏ* id., qui montre les mêmes consonnes que got. *hlath-an* « charger » (ag. *to lade*, al. *laden*), sans autre équivalent connu.

Kludel, s. f., corps de la charrette: dér. du précédent au sens de « chargé » (la partie du véhicule que l'on charge).

Klucha, vb., s'accroupir: variante de *kluja* « se jucher », dér. de *klud*.

Klujar, s. f., perdrix, mbr. *gouriar*, cymr. *cor-iar* id.: proprement « poule naine », mais contaminé de *kluja*. V. sous *iar* et *korr*.

Klun, s. f., fesse, cymr. *clun* id.: d'un celt. **klouni-*, sk. *çróni*, « hanche, fesse », lat. *clūnis*, lit. *szlaŭnys*, et cf. gr. χλόνις.

Koabr, s. m., nuage, mbr. *couffabrenn*. V. sous **ke-* et *oabl* (la liquide finale altérée), et cf. *kaniblen*.

Koaden, s. f., pièce de bois: dér. de *koad* = *koat*.

1 **Koaga**. vb., croasser. Onomatopée. Cf. *gwac'ha*.

2 **Koaga**, vb., bossuer [la vaisselle]: variante de *konvoka*².

Koal, s. m., caille. Empr. fr. ancien *quaille* (ital. *quaglia*).

Koan, s. f., souper, corn. *cón*, cymr. *cwyn-os*. Empr. lat. *cēna*.

Koant, adj., joli (d'où *koantik* « écureuil » et *koantiz* « maîtresse »). Empr. fr. ancien *coint* (lat. *cŏgnitus* « familier »).

Koar, s. m., cire, corn. *cor*, cymr. *cwyr*. Empr. lat. *cēra*.

Koarel, s. f., semelle, mbr. *coazrell*. Empr. bas-lat. *quadrellum* « pièce [de cuir] quadrangulaire³ ».

Koarc'h (V.), s. m., chanvre, cymr. *cywarch* « chanvre, lin »: soit un celt. **ko-werg-o-* « matière à travailler ». La rac. est WERG, gr. ἔργον = Ϝέργ-ο-ν « ouvrage » et ῥέζω « je fais », gaul. *vergo-* « efficace »

---

1. Le second de ces rapprochements est rigoureux; le premier ne le serait que si l'on pouvait restituer un plus ancien *χλιαρός*, à moins que l'initiale i.-e. ne fût *kh*.
2. V. ce mot et cf. *kouga*. L'une et l'autre opération résultent de choc.
3. D'où aussi fr. ancien *carreau* « semelle ».

dans *vergo-breto-s* (titre d'un magistrat, cf. *breüt*), gaul. cisalpin *Vergilio-s* n. pr., got. *waúrk-jan* « travailler », cf. ag. *work* « œuvre », al. *werk*[1], etc. V. le préf. sous **ke-*.

Koat, s. m., bois, forêt, corn. *cuit*, cymr. *coit* > *coed*, gaul. *cēto-* comme premier ou second terme de plusieurs noms géographiques : soit un celt. **keito-* (sk. *kṣé-tra* « champ »?), lat. *cēto-* (empr. celt. s'il se laisse rapprocher) dans *quer(c)cētum* « chênaie », etc., got. *háithi* (< **koiti*) « champ », ag. *heath* et al. *heide* « lande ».

Koaven, s. m., variante de *koéven*. V. ce mot.

Koaza, vb., dépérir : exactement « se réduire par évaporation » (aussi *coahein* V.). Empr. bas-lat. *coctāre*, fréquentatif de *coquere*.

Koazez, s. m., séant. V. sous **ke-* et *azéza*, et cf. *kavas*.

Kôb, s. m., variante de *kôp*. V. ce mot.

1 Kok (C., V., T., pl. *kégi*), s. m., coq. Empr. fr. (onomatopée).

2 Kok, s. m., baie de houx, cf. cymr. *coch* « rouge vif ». Empr. lat. **cocum* < *coccum*, nom de la baie qui donne la couleur écarlate.

Koklé, koklôa, s. f., grande cuiller. Empr. lat. *cochlea* ou *cochleāre* « cuiller », mais influencé par l'étymologie populaire qui y a vu « cuiller de cuisinier », cf. corn. *coc*, cymr. *cog* (empr. lat. *coquus*) et br. *lôa*. V. ce dernier mot, et rapprocher *klogé*.

Kodioc'h (V.), s. m., alouette. — Étym. inc. Cf. *alc'houeder*.

Koéf, s. m., coiffe. Empr. fr. *coëffe* (orthographe du XVIIe siècle).

Koenv, s. m., enflure, tumeur, mbr. *coezff*, dont le second terme est mbr. *huezaff* « enfler ». V. sous **ke-* et *c'houéza*.

Koéred (V.), s. m., charrée (cendre de lessive) : contamination des deux empr. bas-lat. **carrāta* (d'où fr. *charrée*, cf. *karr*), et *quadrāta*, pièce de toile carrée dont on recouvre cette cendre. — Ern.

Koéven (T., V.), s. m., crème : serait en cymr. **cy-hyfen* (préf. **ke-*), le cymr. *hyfen* « crème » pouvant représenter une forme celt. **sai-men-* « substance mucilagineuse », qui se retrouve dans gr. αἷ-μα « sang » et al. *seim* « mucilage ». — Étym. inc.

Kôf, s. m., ventre, cymr. *cof* « corps creux ». Empr. bas-lat. **cofus*, abstrait de bas-lat. *cóphinus* (d'où fr. *coffre*).

Kofiñon, s. m., chausson. Empr. fr. ancien *escafignon* id.

Kogénan (V.), s. m., huppe : dér. de *1 kok* (la huppe assimilée à la crête).

---

1. Pour le sens, cf. aussi l'al. *werg* « étoupe ».

Kogennek (V.), s. m., alouette : dér. de *1 kok*. Cf. *kogénan*.
Kohan (V.), s. f., hibou : variante de *kaouan*.
Koc'hen, s. f., écorce, pellicule. Empr. bas-lat. *cocca* (d'où aussi fr. *coque*), corrompu de *concha* « coquille ». Cf. *kouc'h*.
Koc'hien, s. f., crasse, lie : dér. de *kôc'h*, variante de *kaoc'h*.
Koc'hu, koc'hui, s. m., halle (aussi *koc'hi*), mbr. *cochuy* « réunion tumultueuse »[1], cymr. *cy-chwyf* « agitation, tumulte », de *chwyf* « mouvement ». V. sous **ke-* et *finval*.
Kojen, s. m., bouvillon pour **gw-ejen*. V. ces mots. — Conj.
Kôlé, s. m., jeune taureau (aussi *kozlé = kôz-leúé*). V. ces mots.
Kolen, s. m. f., petit d'un quadrupède, corn. *coloin*, cymr. *colwyn*, vir. *culén*, ir. *cuileann*, gael. *cuilean* id. : soit un celt. **kul-eino-*, cf. gr. (éléen) κύλλα glosé par σκύλαξ « jeune chien ». — Étym. inc.[2]
Koll, s. m., perte, dommage, corn. *collet*, cymr. *coll* et *colled*, vbr. *col* « coupable », vir. *coll*, ir. *caill*, gael. *call* id. : d'un celt. **kold-o-*, qui se rattache à la même rac. que lat. *clādēs* « désastre ». V. sous *klaouein* et *klézé*.

Kôlô, s. m., paille, cymr. *calaf*, vbr. *calam-enn* ou pl. d'un celt. **kalam-on-*, cf. gr. κάλαμ-ο-ς « roseau », lat. *calamus* (empr. gr.) et *culmus* « chaume », al. *halm* id., etc.
Koloren, s. m., singul. de *kéler*. V. ce mot.
Komb, kombañt, s. m., vallon, cymr. *cwmm*, gaul. *Cumba* n. pr. (d'où fr. *combe*[3] id.) : soit un celt. **kumb-o-*, cf. lat. *cub-āre* et *-cumb-ere* « être couché, être en contrebas ». V. sous *komm*.
Kombot, s. m., étage, terrasse, cymr. *cwmmwd* « province », vbr. *compot* « division territoriale », vir. *commaid* « camaraderie » : soit un celt. **kom-buti-* « ce qui tient ensemble », dont la rac. est BHÛ « être ». V. sous **ke-*, *béza* et *bout*.
1 Komm, s. m., auge : le même que *komb* (objet creux).
2 Komm, s. m., foulerie : le même que *1 komm* (auge à fouler).
Kommoul, s. m., nuage épais, cymr. *cymmwl* et *cwmwl* id. : paraît dér. de *1 komm = komb*, ou de *koumm*[4], ce qui revient au même.

---

1. Le fr. *cohue* est donc emprunté au breton.
2. On pourrait le rattacher à la même racine que *ki*.
3. C'est sûrement à l'imitation du français qu'a été rétabli en breton le groupe *mb > mm*.
4. A cause de la ressemblance des gros nuages, soit avec des montagnes coupées de combes profondes, soit avec les flots de la mer.

Kompez, kompoez, adj., uni, lisse, mbr. *compoes* « égal », corn. *compos* « droit », cymr. *cymmhwys*, « de même poids, de même taille, convenable », soit donc « en équilibre ». V. sous *ke-* et *poez*[1].

Kompз, koms, s. f., parole : soit une base celt. **kon-wep-s-*, où la rac. est WEQ, sk. *vác-as*, gr. ϝέπ-ος et εἰπεῖν, lat. *vōx*, etc.[2]

Koñ, s. m., coin. Empr. roman, cf. provençal *conh*, wallon *coine*, esp. *cuño*, ital. *conio*, etc.; tandis que cymr. *cyn* vient directement du lat. *cuneus* > *cunius*.

Koñkoez, s. m., gourme : soit « rétrécissement ». V. sous **ke-* et *eñk*[3].

Koñchenn, s. f., récit : dér. de *konta*. Empr. fr. *conter*.

Koñchéza, vb., salir, tacher. Empr. fr. *conchier*[4].

Konikl, s. m., lapin (aussi *kounikl*, et altéré en *konifl* et en *koulin* V.). Empr. lat. *cuniculus*, d'où fr. ancien *connil*.

Koñtamm, s. m., poison, venin : abstrait de *koñtammi* qui a signifié d'abord « gâter, corrompre ». Empr. lat. *contāmināre*.

Koñtel, s. m., couteau, vbr. *cultell*. Empr. bas-lat. *cuntellus* < *cultellus*.

Koñtron, s. m., ver de charogne, corn. *contronen* « punaise », cymr. *cynrhonyn* « termite » : soit une base celt. **kon-tr-on-*, où la rac. est TER > TR comme dans gr. τερ-ηδών « ver de bois » et lat. *ter-mes* (*tarmes*) « fourmi blanche ». V. sous **ke-* et *tarar*.

Koñvoka, vb., repiquer [une meule], cymr. *cyfhogi* « aiguiser » : soit une base celt. **kom-ak-*. V. sous **ke-* et *ék*. Cf. *kouga*.

Kōp, s. m., tasse, gobelet. Empr. fr. ancien *coppe* > *coupe*.

Korka, vb., quêter, mendier, gueuser. Cf. fr. ancien *cerchier* « quêter » et *courquaille* « mauvais lieu ». Empr. fr. probable.

Korden, s. f., corde. Empr. fr. (malgré corn. et cymr. *cord*)[5].

Korf, s. m., corps, buste, corn. *corf*, cymr. *corff*. Empr. lat. *corpus*.

1 Korn, s. m., corne, cornet, pipe[6], corn. et cymr. *corn*, vir. *corn*, gael.

---

1. Le sens de « [cousin] germain » se déduit sans difficulté de celui de « de plain pied », donc « sans intermédiaire ».

2. Ce qui, outre sa complication, rend la conjecture extrêmement douteuse, c'est que la fameuse rac. WEQ « parler », si répandue partout ailleurs, n'a point de représentant en brittonique. — On pourrait aussi songer à un celt. **kommed-tu-* > **kommessu-*, contenant la même rac. obscure qui se trouve dans *émé*. V. ce mot.

3. Rapprocher cymr. *cyf-yng* « étroit », mais non br. *añkoé*.

4. C'est le *y* intermédiaire entre *i* et *e* qui s'est ici changé en *z*, comme dans br. *fazi* de fr. *faillir* (prononcé *fayir*). V. ce mot.

5. Qui, ainsi que gael. *còrd*, sont empruntés à l'anglais.

6. Le sens « coin » dérive de celui de « corne »; mais le fr. *carne* « coin » n'y a sans doute pas nui. Cf. *koñ*.

còrn « corne à boire ». soit un celt. *korno- ou empr. lat. cornu[1].

2 **Korn**, s. m., grondin, cf. hollandais *knorhaan*, anglais *gurnard* et le nom fr. lui-même : poisson qui « corne », qui « gronde », qui émet un son ronflant au moment où on le retire de l'eau. V. sous *1 korn* et *kornaouek*.

Kornalen, s. f., trachée-artère : dér. de *1 korn*[2]. Cf. *korsalen*.

Kornañdoun, s. m., génie nain, nabot : exactement « nain de ruisseau », dér. de *korr-nañt*. V. sous *korr* et *añt*.

Kornaouek, s. m., vent d'ouest, ouest : exactement « le cornant, le vent qui joue de la trompe », dér. de *1 korn*.

Kornel, s. m., hausse de soulier : dér. de *1 korn* au sens de « coin ».

Kornigel, s. f., toupie : exactement « en forme de [bout de] corne », ou mieux « la cornante, la ronfleuse », dér. de *1 korn*.

Koroll (C., V.), s. m., danse : abstrait du fr. ancien *coroller* = *caroler* « danser en rond », d'où aussi ag. *carol* « chanson ».

Koroller, s. m., marchand de cuir, tanneur : contamination de *coazreller* par fr. *corroyeur*, et peut-être par calembour sur *koroller* « danseur ». V. le précédent et *koarel*.

Korr, s. m., nain, corn. *cor*, cymr. *corr* id. : soit un celt. *kor-so-*, cf. vir. *cer-t* « petit », gr. κɑρ-τό-ς « tondu » (de κείρω), lat. *cur-tu-s* « écourté, court », vsl. *kratŭkŭ* id. (dont la rac. est KERT, cf. lit. *kert-ù* « je coupe »).

Korréen, s. f., courroie. Empr. fr. ancien *coreie*, et cf. *kéfré*.

Korroñka, vb., se baigner : pour *gorroñka*, mbr. *gou-zroncquet* « baigné », cf. cymr. *trochi* et *ym-drochi* « immerger », vir. *fo-thrucud* « bain » : préf. *gw-*. et une base celt. *tronk*, sans équivalent connu[3].

Kors, s. m., roseau, chalumeau, cymr. et vbr. *cors*, corn. *cors* « marais » : pour *korks*, vir. *curchas* et gael. *curcais*, cf. vir. *currech* « marais » et lat. *cárex* « roseau » ; sans autre équivalent appréciable.

Korsalen, s. f., gosier ; dér. de *kors*[4], mais cf. *kornalen*.

---

1. La racine était KERĀ, dont l'état normal est représenté par gr. κέρα-ς et al. *hir-sch* (sous *karô*), l'état réduit par sk. *çṛ-ṅga*, got. *haúrn* (ag. et al. *horn*) et peut-être lat. *cor-nu*, l'état fléchi peut-être par lat. *cornu* et sûrement par celt. *korno-*. Le celt. *karno-* (sous *karn*) montre un vocalisme modifié.

2. Au sens de « pipe » (forme du larynx), de « trompette » ou simplement de « tuyau » ? La dernière syllabe contiendrait-elle l'élément *all* ou *eil*, comme qui dirait « l'autre tuyau » (le faux gosier) par rapport à l'œsophage ?

3. On a rapproché lit. *trink-ti* « laver ». Il est fâcheux que germ *drink-* « boire » (got. *driggkan*, ag. to *drink*, al. *trinken*) ne s'y puisse absolument raccorder.

4. A cause de sa forme tubulaire, sans difficulté.

Korveṅten, s. f., tourbillon de vent, mbr. *cor-uent*, cymr. *cor-wynt*, soit un composé celt. **kuro-wento-* « vent en cercle » ; cf. vir. *cor* « circuit », gr. κυρ-τό-ς et lat. *cur-vu-s* « recourbé », gr. κορ-ώνη, « objet recourbé, arc, encorbellement » (d'où lat. *corōna*), etc. V. sous *gweṅt* et *kichen*.

Korvigella, vb., s'emmêler [à force de se contourner] : soit un composé **kor-mi(s)g-ella*. V. sous *korceṅten* et *meski*. — Conj.

Kos, s. m., cosse, vermine qui s'y loge. Empr. fr. Cf. *klosen*.

Kostez, s. m., côté (et *kostézen*, s. f., côte). Empr. fr. ancien **costéd* qui reproduit normalement le bas-lat. **costātum*.

Kouabr, s. m., variante de *koabr*. V. ce mot[1].

Koukoug, s. f., coucou. Onomatopée. Cf. *1 kok*.

Kouer, s. m., paysan. Empr. fr. ancien *coillier* « cueilleur » au sens de « qui récolte ». — Conj., cf. pourtant cymr. *gwaer*, « lourdaud, rustique ».

Kouers (V.), adv., variante de *gouers*. V. ce mot.

Kouévr, s. m., cuivre. Empr. fr.

Kouéz, s. m., chute: abstrait de *kouéza* « tomber »; mbr. *coezaff*, corn. *codhe*, cymr. *cwyddo* id. : soit un celt. **keidō* « je tombe », i.-e. **kei-dhō* amplifié de la rac. KEI « aller ». V. sous *1 kiz*.

Kouëz, s. m., lessive : syncopé peut-être pour **gwelc'hez* ou **golc'hez*, avec *g* durci par l'aspiration. V. sous *gwalc'hi*.

Kouga, vb., variante de *koṅvoka*, et cf. *2 koaga*.

Kougoul, s. m., capuchon. Empr. lat. *cucullus*.

Kouc'h, s. m., couverture de ruche (en cône), cf. cymr. *cwch* « canot, vase rond ». Empr. bas-lat. *cocca*, et cf. *koc'hen*.

Kouiltron (V.), s. m., goudron. Empr. fr. altéré[2].

Kouiñ, s. f., tourte. Empr. fr. ancien et dialectal : *cugneul* « brioche », *coignel, cuignet, cuignot, cuignole*, « sorte de gâteau », tous dans God.

Kouldri, s. m., colombier, mbr. *koulm-ti*. V. ces mots[3].

1 Koulm, s. m., nœud, cymr. *cwlm* « lien », vir. *colmm-ene* « cordon » : soit une base **kolmbo-*, sans affinité connue.

2 Koulm, s. f., colombe, corn. *colom*, cymr. *colommen*, vir. *colomb*, gael. *colman, calaman, calmun*, etc. Empr. lat. *columba*.

---

1. D'une manière générale on cherchera sous les initiales *ko-* les mots qu'on ne trouverait pas sous les initiales *kou-*.
2. On a de même *pouiltron* « poltron », et cf. une insertion analogue dans *foeltr*, etc.
3. Les intermédiaires peuvent être **koulnti* (assimilation), **koultni* (métathèse), et enfin *n* changé en *r* dans le groupe *tn* comme dans le groupe *kn*, cf. *kraouṅ*.

1 Kouls, s. m., temps (aussi *kours* V.). Empr. lat. *cursus*.

2 Kouls, adv., autant : abrégé de *kerkouls*. V. ce mot.

Koulskoudé (> *kouskoudé*), adv., cependant : exactement « aussi bien après cela » [que sans cela]. V. sous *2 kouls* et *goudé*.

Koumm, s. m., vague : variante de *1 komm*¹.

Koun, kouṅ, s. m., mémoire, mbr. *couff*, corn. *côf*, cymr. *cof*, vir. *cuman* (dér. *cuimnech* et gael. *cuimhne*), cf. lat. *com-min-īsco-r* « j'imagine » : composé de préf. *kom- (sous *ke-) et de rac. MEN « penser », sk. *mán-as* « esprit » et *mán-ye* « je pense », gr. μένος et μέμον-α, lat. *men-s* et *me-min-ī*, got. *mun-an* « penser », lit. *menu* « je me souviens » et -*manaū* « je pense », vsl. *mĭnêti* « penser ».

Kounnar, s. f., rage, cymr. *cynddaredd* « folie », vbr. *cunnaret* « rage » : soit donc un composé *koun-dar, dont le second terme est corn. *dar* « abattement » ou cymr. *dar* « tumulte ». — Étym. inc. pour ce terme. V. le premier sous *ki*.

Koural, s. m., fressure. Empr. fr. ancien *couraille*, dér. de *cœur*.

Kouricher, s. m., coiffe de deuil, mbr. *coufforcher*, où apparaît nettement l'altération de l'empr. fr. *couvrechef*, d'où aussi ag. *kerchief* « fichu ».

Kouroul (V.), s. m., verrou. Empr. fr. ancien *verrouil*².

Kourrez, s. m., corroi : abstrait du vb. *kourreza*. Empr. bas-lat. *corredāre. d'où fr. *conreer correier corroyer*.

Kousk, kousked, s. m., sommeil (et *kousket* « dormir »), corn. *cusc* et *cusc-e*, cymr. *cwsg* et *cysc-u*. Empr. lat. *quiesc-ere*.

Kouskoudé, adv., variante de *koulskoudé*. V. ce mot.

Koust, s. m., dépense. Empr. fr. ancien *coust*.

Kouzoumen, s. f., sacrement de confirmation : abstrait du verbe correspondant *kouzoum-enni*. Empr. lat. *consumm-āre*³.

Kôv, s. m., variante de *kôf*. V. ce mot.

Kôz, adj., vieux, corn. *coth*, gaul. *Cottos* n. pr. et ses dérivés (Alpes Cottiennes) : ne se retrouve nulle part ailleurs⁴.

---

1. Avec sens diversifié. A cause des vallonnements que présente l'aspect des vagues. V. ce mot et *komb*.

2. Par les intermédiaires *gwerouḷ > *gourouḷ, d'autant que *digourouillein* « déverrouiller » a pu subir l'influence de *digor*. V. sous *digéri*, mais cf. aussi fr. *crouyet* « verrou » (Mayenne Dn).

3. Qui, dans la langue ecclésiastique, désigne ce sacrement, parce qu'il est la consommation définitive de la vocation de chrétien.

4. N'étant pas irlandais ni même cymrique, on doit supposer qu'il a été emprunté à des aborigènes par les immigrants celtes de Gaule.

Krab, s. m., crabe (d'où *kraban* « griffe » et *krabisa* « égratigner »). Empr. fr.; cf. pourtant *krâf* pour les dérivés.

Krak, adj., court, corn. *crak* « bientôt », cymr. *cra.h* « petit », vir. *croc* id.: suppose une base celt. *kr-ako-*, dont la rac. paraît être la même que celle de *korr*. V. ce mot.

Kraé, s. m., variante de *graé*. V. ce mot.

1 Krâf, s. m., prise: exactement « action d'agripper, de saisir [comme] avec des griffes », et conséquemment « de gratter » cf. *kravel*, cymr. *craf-u* « gratter, râcler », cf. gr. γράφ-ω, « je grave, j'écris », al. *grab-en* « creuser »[1] (lat. *scab-ere* « gratter », ag. *to shave* « raser », al. *schaben* « râcler »), lett. *kribināt* « ronger ». Rapprocher *krapa* et cf. *krampinel*.

2 Krâf, s. m., couture: abrégé de *krâf nadoz*. V. ces mots.

Krâg, s. m., grès, cymr. *craig* « rocher »: se rattache à la souche de *karrek*, s'il n'en est une variante très ancienne. Cf. aussi *graé*.

Krampinel, s. f., attrait, amorce: exactement « croc pour attirer ». Empr. fr. *grappin, crampon*, et cf. *krapa* et *krâf*.

Krampoez, s. m., crêpe, galette, cymr. *cramm-wyth*, c'est-à-dire *cramm-poeth*[2] « pâte cuite ». Le premier terme est un mot perdu *kramm*, qui a dû désigner tout corps gras et pâteux, mais a passé dans l'usage à un sens péjoratif (cf. *krémen*): il paraît identique au fr. *crème* et *chrême* et semble remonter de même au bas-lat. *chrisma*[3], empr. gr. χρῖσμα « oignement ». V. le second terme sous *poaz*.

1 Kran, s. m., entaille. Empr. fr. *cran*, et cf. *kranel*.

2 Kran, s. m., rouleau broyeur: variante probable de *krenn*.

Krañk, s. m., crabe. Empr. fr. *cancre* (métathèse et cf. cymr. *crange*).

Kranel, s. m., créneau. Empr. fr., et cf. *kran*.

Kraoñ, s. m., variante de *kraouñ*. V. ce mot.

Kraost, s. m., pituite. Onomatopée. Cf. fr. *cracher*[4].

Kraou, s. m., étable, mbr. *crou*, cymr. *craw*, ir. *cró*, gael. *crò* id.: d'une

---

1. Les conditions consonnantiques ne sont pas concordantes, mais ce détail est secondaire dans une famille de mots qui sont visiblement des onomatopées. Le sk. a *ģrbh-nā-ti* « il saisit ».
2. D'où l'ag. a tiré le mot *crumpet* « sorte de pâtisserie ».
3. Fr. *crème* ne vient pas directement de *chrisma*, puisqu'on a lat. *cremor* « crème »; mais il en a sûrement subi l'influence, car *chrisma* seul a pu donner *cresme*.
4. Qui passe pour emprunté au scandinave. Le br. peut l'être de même, soit *kraost* pour *krao'h-ost*.

base celt. *krāo- pour *krăp-o- « toit »; cf. visl. hrōf, ags. hrōf > ag. roof sans autre équivalent connu.

Kraouaden (V.), s. f., gratin. Empr. fr. bizarrement altéré.

Kraouen, s. f., chas d'aiguille, cymr. crai, ir. cró, gael. cró[1] id. : soit donc peut-être « le toit de l'aiguille », cf. kraou.

Kraouñ, s. m., noix, mbr. knoenn, corn. cnyfan, cymr. cneuen, vir. cnú, ir. cno, gael. cnò id.: d'un celt. *kno-wo-, cf. ags. hnu-tu > ag. nut, visl. hnot, al. nuss[2].

Krapa, vb., accrocher. Empr. fr. grappe, grappin, gripper, agrafer, et autres de même souche; cf. krâf et krampinel.

Kravaz, s. m., brancard. Empr. lat. grabātus > graballus.

Kravel, s. m., grattoir, sarcloir: dér. de krâf. V. ce mot.

Kraz, adj., sec, aride, rôti, cymr. cras id. : d'un celt. *kraso-, dont la rac. est la même que celle de sk. çrā́-ya-ti « il cuit », çrā-tá et çr-tá « cuit », gr. κερά-ννῡ-μι[3] « je mêle », et cf. krin.

Kré, adj., variante usuelle de kréñv. V. ce mot.

Kréao'h, s. m., tertre, mbr. knech (cf. kraouñ), vbr. cnoch, vir. cnocc, ir. et gael. cnoc id.: d'un celt. *knokko-, cf. visl. hnakke « nuque », ags. hneccu > ag. neck, al. nacken, sans autre équivalent.

Krédi, vb., croire, mbr. cridiff, corn. cresy, cymr. credu, vir. cret-im « je crois »: soit un celt. *kred-dō « je place dans mon cœur », comme lat. crēdō et sk. çrad-dádhāmi (= gr. -τίθημι) id. Cf. kreiz.

Kréfen, s. f., couture : dér. de 2 krâf. V. ce mot.

Krégi, vb., mordre, accrocher: dér. de krôk.

Krec'hen, s. f., colline: dér. de kréac'h.

Kreiz, s. m., milieu: étymologiquement « cœur », cymr. craidd, vir. cride, ir. croidhe, gael. cridhe, celt. *kridyo- pour *kṛdyo-, gr. καρδ-ία κραδ-ίη, lat. cor (cord-is), lit. szird-i-s, cf. got. hairt-ō, ag. heart, al. herz. Pour le sens, cf. vsl. srêda et russe seredá « milieu ».

Krémen, s. f., crasse : dér. de *kramm. V. sous krampoez.

Krén, s. m., tremblement: pour *krezn, dérivé d'une base celt. *krid- « trembler » qu'on trouvera sous kridien[4].

---

1. En d'autres termes, partout à peu près identique à kraou.
2. Sans équivalent connu (lat. nux est isolé), mais commun à tout le celto-germanique. Sur n > r après explosive, cf. kréac'h et kouldri.
3. Qui prend aussi la forme κρᾰ dans ἄκρατος, etc.
4. D'où koat krén et krén tout court « tremble ».

Kréña, vb., se rouler, se vautrer : aussi *krénia* = **krenn-ia* dér. de *krenn* « se mettre en boule ».

Krenn, adj., rond, vbr. *cron*, cymr. *crwn*, vir. *cruind*, gael. *cruinn* id. : soit un celt. **kr-undi-*, formé comme le lat. *rot-undu-s*, sur une base signifiant « courbe », qu'on trouvera sous *korventen*.

Kréñv, adj., fort, mbr. *creff*, corn. *crif*, cymr. *craff* id. : soit un celt. **krem-o-*, cf. sk. *krăm-a* « marche », *krăm-ati* « il marche », *vikramă* « exploit » : sans autre équivalent. — Conj.

Kréoñ, s. m., toison, mbr. *kneau* (cf. *kraouñ*), corn. *cnêu*, cymr. *cnaif*, vir. *cnae* id. : d'un celt. **knaw-ī-*, cf. gr. κνάω « je gratte », κνάφ-αλο-ν « flocon », et br. *krévia*.

Krés, s. m., chemise, vêtement, cymr. *crys*, « ceinture, chemise », vir. *criss* et gael. *crios* « ceinture » : d'un celt. **krisso-* qui paraît avoir signifié « [vêtement] du milieu ». V. sous *kreiz*.

Kreski, vb., croître. Empr. lat. *crēsc-ere* > **crēscere*.

Kresteiz, s. m., midi, sud : altéré pour *kreiz deiz*[1]. V. ces mots.

Kresténen, s. f., variante de *kristinen*. V. ce mot.

Krét, s. m., caution : pour *kréd*, abstrait de *krédi*.

Kreñen, kreñn, kreunn, s. m., croûte du pain, corn. *crevan*, cymr. *crawen* id. : soit un celt. **kreuenno-* pour **kreup-enno-*, dont la base se retrouve en lettique et germanique[2].

Kreüzeul, s. m., lampe, mbr. *creuseul*. Emp. fr. ancien *croissel*[3].

Krévia, vb., tondre : dér. de la forme mbr. de *kréoñ*.

Kréz, s. m., variante de *krés*. V. ce mot.

Kri, s. m., clameur. Empr. fr. *cri* (cymr. *cri* aussi, par l'ag. *cry*).

Krib, s. f., peigne, vbr. *crip*, cymr. *crip* > *crib* id., mais vir. *crich* « limite » : d'un celt. **kriqā* dont les conditions originaires sont inconnues[4].

Kribel, kriben, s. f., crête, huppe : dér. de *krib*[5].

---

1. Mot demi-savant calqué sur *meridiēs* qu'on s'est faussement expliqué par *media diēs*.

2. Exemples : lit. *kraup-ŭ-s* « rude au toucher », lett. *kraup-e* « escarre d'une plaie », vhal. *hruf* id., etc. Donc sans aucun rapport avec fr. *croûte* < lat. *crusta*.

3. En partie germanique ; cf. ag. *cruse* « petit pot », dont le dimin. a donné fr. *creusequin*, ir. *crùisgin* et gael. *crùisgein*. Le type *croissel* vient de la forme latinisée. Il est encore largement représenté dans les patois : M. Rod l'écrit *croûjet* en valaisan (*Là-Haut*, Perrin 1897, p. 321).

4. Les deux sens pourraient se concilier par celui de « séparation, séparateur » (crible, etc.), si l'on rattachait le mot à la rac. de *krouer* et *kraz*.

5. Comme en ag. *cock's comb* et en al. *hahnen-kamm*.

Kribin, s. f., carde : dér. de *krib*.

Kridi, vb., variante de *krédi*. V. ce mot.

Kridien, s. f., frisson, cymr. *crit* > *cryd*, vir. et gael. *crith* id. : d'un celt. **krit-u-*, ags. *hritha* et vhal. *hritto > *ritto* « fièvre »; cf. en outre vbr. *crihot* « il brandit », gael. *crath* « secouer », lit. *kratyti* id., gr. κραδάω « je brandis », etc. V. sous *krén* et *skrija*.

Krien, **kriénen**, s. m., gratin : dér. de *kri*[1].

Krin : adj., sec, avare ; s. m., bois mort ; cymr. et vbr. *crin*, vir. *crin*, ir. *crion* et gael. *crion*, « décharné, petit » : soit un celt. **krĕ-no-*, qui équivaut au sk. *çrā-ṇá*, « cuit », d'où « épuisé par coction, desséché, flétri », etc. V. la rac. sous *kraz*.

Kriña, vb., ronger, miner. Empr. fr. *grigner* (d'où *grignoter*).

Kriski, vb., variante de *kreski*. V. ce mot.

Kristen, s. m., chrétien. Empr. lat. *christiānus*.

Kristila, vb., hennir : peut-être « sacrer, jurer » en disant « sacristi ! », traduction plaisante du hennissement. Empr. fr.

Kristinen, s. f., peau qui se forme sur le lait qui bout : dér. d'une base **krūst-*. Empr. lat. *crusta* « croûte » > *crūsta.

1 Kriz, s. m., ride, froncis : abstrait du vb. mbr. *crissaff* > br. *kriza*, « retrousser, froncer ». Empr. lat. *crissāre* « se tortiller »[2].

2 Kriz, adj., cru, cruel, [fruit] vert. Empr. lat. *crūdus*.

Kroa, s. m., variante de *groa*, et cf. *graé*.

Kroaz, s. f., croix, mbr. *croes* > *croas*, corn. *crois* > *crows*. Empr. lat. *crux* (nominatif). Cf. *kroug*.

Kroazel, s. f., les reins : dér. du précédent[3].

Krôk, **krôg**, s. m., croc, agrafe, prise. Empr. fr.

Krogen, s. f., coquille, anse (pl. *krégin*), corn. *crogen*, cymr. *crogen* et *cragen* (pl. *cregyn*) id. : soit une forme celt. *krok-enā, sensiblement altérée par rapport à i.-e. *koṅkhā que supposent sk. *çaṅkh-á* et gr. κόγχ-η.

Kroc'hen, s. m., peau, cuir, corn. *crohen*, cymr. *croen*, vir. *crocenn*, ir. *croiceann*, gael. *craicionn* id. : d'un celt. **krok-kenno-*, « dos, peau du dos, peau », dont le premier terme se retrouve dans visl. *hrygg-r*, ag.

---

1. Nous disons aussi « la friture *crie* dans la poêle ».
2. Conj. Loth : plus satisfaisante, en tout cas, que celle d'un rapprochement avec *krés* (Stokes). Mais cf. pourtant cymr. *crych* « ride ».
3. La croix que dessine la rencontre de la colonne vertébrale et de l'ossature lombaire.

ridge et al. *rücken* « dos », cf. sk. *kruñc-ati* « il se courbe » (?). V. le second terme sous *kenn*.

Kroc'henen, s. f., membrane: dér. du précédent.

Kropa, vb., engourdir, s'engourdir. Empr. fr. *cropir* > *croupir*.

Kros, s. m., tête d'épingle. Empr. fr. *gros* (*bout*). — Conj.

Krouadur, s. m., créature, enfant, corn. *croadur*, cymr. *creadur*. Empr. lat. *creātūra* (pour le genre, cf. *kaladur*, *kéladur*, etc.).

Krouer, s. m., crible, mbr. *croezr*, corn. *croider*, vbr. *cruitr*, ir. et gael. *criathar*, celt. **krei-tro-* « instrument à cribler », cf. ags. *hridder* > ag. *riddle*, al. *reiter*, lat. *crī-bru-m* id.: tous dér. identiques et parfaitement réguliers de la rac. qu'on trouvera sous *karz*.

Kroug, s. m., gibet, corn. et cymr. *crog*. Empr. lat. *cruc-em*[1].

Kroul, s. m., variante syncopée de *kouroul*. V. ce mot.

Kroumm, adj., courbe, cymr. *crwm*, vbr. *crum*, ir. *cromb*. Empr. ags. très ancien *crumb*, cf. al. *krumm* « de travers ».

Kroummel, s. f., anse de vase: dér. du précédent.

Krouzel, s. f., croupe, cime: variante probable de *kroazel*.

Kroz, s. m., murmure, querelle. Onomatopée probable, comme sûrement dans *kroza* « croasser », cf. fr. *croasser*, br. *klôc'ha*, etc.[2]

Krubul, s. f., estomac, jabot, cymr. *cromil* pour *crombil*. Paraît dér. d'empr. ags. *cropp* > ag. *crop*, cf. al. *kropf* « jabot ».

Krûk, **krûg**, s. f., petit scorpion, cf. cymr. *crugo* « tourmenter »: d'une base celt. **krouk-*, étroitement alliée à la base **krok-* qui a donné bas-lat. **croc-cu-m* > fr. *croc*. Cf. *krôk* et *krégi*.

Krugel, s. f., monceau, butte, vbr. et corn. *cruc*, cymr. *crûg*, vir. *crúach*, ir. et gael. *cruach* id.: dér. d'un celt. **krou-kā*, visl. *hrú-ga*, cf. visl. *hrauk-r* « tas », ags. *hrēac* > ag. *rick* « meule » [de foin]; la rac. à nu dans lit. *kraú-ti* « entasser », *krúv à* « tas ».

Kuden, s. f., écheveau, cymr. *cudyn*, « boucle de cheveux, flocon », vbr. *cutinniou* pl. « articulations ». Empr. lat. très altéré *condylus*, lui-même empr. gr. κόνδυλος, « nœud d'articulation, bourrelet ».

Kudon, s. f., ramier, cf. cymr. *cuddon* id.: paraît se rattacher à la même

---

1. Cf. *kroaz*. L'un des deux mots est sorti de l'accusatif latin, et l'autre du nominatif, comme en fr. *chanteur* < lat. *cantōrem* et *chantre* < lat. *cántor*.
2. Cf. pourtant cymr. *crwgs-edd* « dispute », et l'ingénieuse conj. Ern. qui tire le tout de l'idée de « se croiser », d'où « se traverser, être en désaccord », comme en anglais *to cross*, « contrarier, chagriner ». — Br. *krôsmôla* est l'empr. fr. *grommeler* influencé par br. *kros* > *krôz*.

souche obscure que *kud-en-nek* « sournois » = mbr. *cud-en-nec* « farouche ».[1] V. sous *argud*, et pourtant tenir compte du nom de l'oiseau en vir. qui est *ciad-colum* « colombe de forêt ».[2]

Kudou, s. m. pl., basses caresses, flatteries. — Étym. inc.[3]

Kudurun, s. f., tonnerre : semble un composé de *tarann* avec préfixe (*ke- ou *gw-*), mais influencé par *1 kurun*. V. ces mots.

Kuchen, s. f., parcelle, touffe : variante possible de *koc'hen*.[4]

Kuit, adj., quitte, libre. Empr. fr. ancien.[5]

Kujen (T.), s. m., petit-lait. Cf. *kaouled* et *keulé* (?).

Kûl, adj., potelé, grassouillet : soit un celt. *koul-yo-*, qui aurait le même sens qu'un adj. lat. *cālius*. V. sous *kil*. — Conj.

Kûn, adj., doux, affable, mbr. *cuff*, cymr. *cum* > *cu*, vir. *cóim* > *coem*, ir. et gael. *caomh* id. : soit un celt. *koimo-*, cf. gr. κοι-μά-ω « faire dormir »[6], état fléchi de rac. KEI « être couché » (sk. *çé-te* = gr. χεῖ-ται « il gît »), exactement reproduit par got. *háim-s* « demeure », ags. *hām* > ag. *home*, al. *heim*[7].

Kunia, vb., gambader : semble dér. de la souche de *ki*. V. ce mot.

Kunuda, vb., caqueter, se plaindre : exactement « crier ensemble », préf. *ke-* et *iuda* (*udein*). V. ces mots et *keûnujen*.

Kunuc'ha, vb., gémir, cymr. et ir. *uch* « soupir » (cf. got. *aúh-jōn* « bruire », ag. *owl* « hibou », etc.), précédé du préf. *ke-*.

1 Kurun, s. f., tonnerre. Cf. gr. κεραυνός « foudre ». — Étym. inc.

2 Kurun, s. f., couronne. Empr. lat. *corōna*.

Kusiadel, s. f., cachette : dér. de *kûz*. V. ce mot.

Kustum, s. m., usage. Empr. fr. ancien *coustume*.

Kutula, vb., cueillir, mbr. *cuntuill*, corn. *cuntell* « réunir » et *cuntellet*

---

1. Le ramier est un oiseau extrêmement timide et méfiant partout ailleurs qu'au jardin du Luxembourg.
2. Celt. *kĕto-kolumbā*. V. sous *koat* et *2 koulm*. Les deux appellations ont pu s'influencer l'une l'autre.
3. Si le mot signifiait ou avait pu signifier « menées secrètes », on le rattacherait au radical *kud-* de *argud*. Mais on songe plutôt à un pl. d'un radical *kud-*, abstrait du fr. ancien *cudoire* (God.) < *cuidoire* « ce qu'on fait accroire », dér. de *cuider* « croire » < lat. *cōgitāre*.
4. Influencée dans le dernier sens par *kuden*.
5. Dans l'expression *mont kuit* « s'en aller », le sens du mot est abstrait du vb. *kuitaat* = empr. fr. *quitter*.
6. D'où κοιμητήριον « dortoir », lat. *coemeterium*, fr. *cimetière*.
7. En d'autres termes, le mot *koimos*, en tant qu'adjectif, signifie « paisible », et, en tant que substantif, « lieu où l'on vit en paix ».

« réunion », cymr. *cynnull* id., vbr. *contulet* « réunion » : tous dér. d'une base celt. **kont-oul-* « beaucoup ensemble ». V. le premier terme sous *ket-* et *gant*, le second sous *lies*[1].

Kûz, s. m., cachette, corn. *cudhe* « cacher », cymr. *cudd* « dissimulation » et *cuddio* « cacher » : soit un celt. **koud-o-*, dér. de rac. KHEUDH ou KUDH, sk. *kuh-î* « brouillard » (?) et *kuh-aka* « trompeur », gr. κεύθω « je cache », lat. *cus-tōs* « gardien », ags. *hŷd-an* > ag. *to hide*, al. *hütte* « cabane »; cf. encore zd *khaodh-a* « casque »(?).

Kuzul, s. m., conseil, cymr. *cusyl*, vbr. *cusil*. Empr. lat. *consilium*.

D

1 Da, prép., à, pour, sur le point de, corn. *dhe*, cf. les préfixes verbaux cymr. *du-* et *dy-*, ir. *to-*, *do-* et *du-*, gael. *do-*, br. **da-*, etc. : d'un préf. celt. **to-* devenu **do-* en position proclitique, et dont l'unique correspondant possible est got. *du-*[2].

2 Da, indice du subjonctif : le même que **da-* infra.

3 Da, ton. V. sous *té* (initiale proclitique adoucie).

Dâ, s. m., joie, corn. et cymr. *da* « bon », vir. *dag*, gaul. **dagos* dans *Dago-vassos* n. pr. « Bon-varlet » et autres : soit un celt. **dag-o-* « bon », d'une rac. DĔG (réd. DĂG), « toucher, palper, estimer », cf. gr. δάκ-τυλο-ς « doigt », lat. *dig-itu-s*, got. *tēk-an* « toucher », visl. *tak-a* et ag. *to take* « prendre », visl. *toek-r* « convenable »; joindre gr. δέκ-εσθαι > δέχεσθαι « accepter ».

*Da-, préf. verbal de direction, qui sert d'indice de subjonctif, entre dans la composition des préfixes *dam-*, *dar-*, *das-*, etc., et forme le premier terme d'un grand nombre de verbes anciens, mais sans plus créer de composition nouvelle. V. sous *1 da*.

Daé, s. m., défi : préf. **da-* et *hék*. V. ces mots. — Conj.

Dael, s. f., dispute, mbr. **dazl*, cymr. *datl* > *dadl*, « assemblée, discours », vbr. pl. *dadl-ou* id., vir. *dál* et gael. *dàil* id.[3] : soit un celt. **da-tlā*,

---

1. Dans cymr. *cyfall*, ir. *comhailtim* « je joins », gael. *comhailteachd* « convoi », le premier terme est **kom-*. — La longue radicale est confirmée par le vir. *com-th-in-ôl* « congregatio »; mais il faut convenir qu'on a quelque peine à concilier ce vocalisme celtique avec celui de la rac. qui a donné gr. πολύ, etc.

2. On peut en rapprocher, mais non pas y identifier, la particule de direction i.-e. **de*, **dō*, gr. οἰκόν-δε « à la maison » (illatif), germ. **tō* (ag. *to* « vers », al. *zuo* > *zu*, etc.).

3. Détourné au sens péjoratif en breton seulement.

équivalent à ce que serait gr. *θέ-τλη « institution », dér. de la rac. DHÊ de τί-θη-μι [1]. Cf. *krédi*.

Daélaoui, vb., variante de *daéraoui*, dér. de *daérou*.

Daéré, s. m., marée basse, mbr. *dazré* id. : soit une expression telle que fr. « la ramenée ». V. sous *das-* et *rén*.

Daérou, s. m. pl., larmes, mbr. *dazrou*, corn. *dagr*, cymr. *daigr*, vbr. *dacr-lon* « plein de larmes », vir. *dér*, ir. *déar* et *deór*, gael. *deur* et *diar* id., et vir. *daer* « larmes »[2] : d'un celt. *dakru*, gr. δάκρυ, lat. *dacruma* > *lacruma*, got. *tagr* (ag. *tear*, al. *zähre*, etc.).

Daez, s. m., degré. Empr. fr. ancien *dais*, « table, estrade ».

Daf, s. m., variante de *deuf*. V. ce mot.

Daffarer, s. m., aide-maçon : dér. de *daffari* « apporter des matériaux », pour *dad-pari* > *dap-pari* > *daffari* (préf. *da-* et *ad-*)[3]. Cf. *darbarer*.

Dåg, s. m., poignard. Empr. fr. *dague*.

Daik, s. m., caresse : dimin. de *dá*. V. ce mot.

Dalé, s. m., retard, délai : abstrait de *daléa* « tarder ». Empr. fr. ancien *délaier*, « retarder, allonger », du lat. *dīlātāre*.

Dalc'h, s. m., tenue, maintien, possession, corn. *dalhen-ne* et cymr. *daly* > *dal* id. : abstrait du type verbal qui est en breton *delc'her*, variante par conséquent fort ancienne de *derc'hel*. V. ces mots.

Dalif, adj., posthume : soit « tardif », dér. de *dalé*. — Conj.[4]

Dall, adj., aveugle, corn. *dal*, cymr., vir., ir. et gael. *dall* id. : soit un celt. *dal-no-*, de rac. DHwEL, « troubler, aveugler », gr. θολ-ερό-ς « trouble », got. *dwal-s* « sot » (cf. ag. *dull* « obtus »), etc.[5]

---

1. Cette racine, si répandue dans toutes les langues indo-européennes, était sûrement celtique aussi : cf. gaul. δέδε « il a posé » (inscription de statue) et n. pr. *Con-da-te*, « Condat, Condé », etc. (con-fluent).

2. Celui-ci d'un pl. nt. i.-e. *dakrū*, comme l'enseigne M. Strachan, *Idg. Forsch.*, X, p. 76.

3. Sur la délicate évolution phonétique de cymr., corn. et br. *daffar*, cf. récemment Loth, *R. Celt.*, XX, p. 205.

4. La dérivation serait plausible, mais le procédé peu satisfaisant ; car on attendrait *dalé-if*, et d'ailleurs *-if* n'est point un suffixe breton. Il faut supposer une dérivation opérée sur une base imaginaire *dal-*, et au moyen d'un suffixe emprunté au fr., en imitation du rapport fr. *tard : tard-if*. — Une étymologie celtique ne satisferait guère davantage : la rac. LEIQ « abandonner » (gr. λείπ-ω, lat. *linqu-ō*, etc.), qui a donné vir. *di-lech-tu* « orphelin » > gael. *dilleachdan*, exigerait en breton *dalip* > *dalib*. Faut-il restituer i.-e. *liq-nó-* « laissé » > celt. *lipno-* > *lippo-* > *liffo-*? La rac. LEIQ n'a de représentant direct en celtique que vir. *léicc-im* « je laisse ».

5. Il est rare que les noms des infirmités corporelles aient exactement le même sens dans les langues apparentées : ils procèdent la plupart du temps d'une racine à

Dalout, vb., tenir, prendre : pour *dalc'hout, dér. de dalc'h.

Dam-, préf., presque, à demi : exactement « environnant dans la direction de », soit celt. *to-ambi- V. sous *da- et 1 *am-.

Damant, s. m., souci, compassion : abstrait d'un vb. empr. lat. (sē) dēmentāre « perdre l'esprit » [à force de soucis]. — Conj.[1]

Dambrézein (V.), vb., divulguer, contrefaire. — Étym. inc.[2]

Damouchein (V.), vb., froisser, chiffonner, cf. mbr. dameuhein « refléter »[3], cymr. gwth « poussée » et ym-wth « poussée mutuelle » : soit donc une formation signifiant « pousser légèrement », dont le premier terme est dam- (en cymr. ym- = *ambi- tout court) et le second une racine inconnue (gr. ὠθέω « je pousse »?). — Conj. Ern., très douteuse.

Dañ, s. m., variante de daf = deuf. V. ces mots.

Dañevella, vb., réciter, raconter : variante de dasrévella[4], qui au surplus s'est restreint à un autre sens.

Dañs, s. m., danse, bal. Empr. fr. danse.

Dañson, s. m., fracas de porte, mbr. daczon « écho », dazzonaff et dasonein (V.) « résonner ». Empr. fr. son > sonner refait au moyen d'un préf. breton, avec une nasalisation imitée peut-être de dañs.

Dañt, s. m., dent, corn. dans, cymr. dant, vir. dět, etc. : soit un celt. *dant- < *dṇt-, dont les équivalents exacts sont lat. dēns et got. tunth-u-s, auxquels il faut joindre subsidiairement sk. dánt-, gr. ὀδούς, ags. *tonth > tōth > ag. tooth, al. zand > zahn, etc.

Dañten, s. f., pierre d'attente : exactement « dent » (disposée en saillie), mais avec jeu de mots probable sur le nom français.

Dañvad, s. m., bête ovine (fm. dañvadez, pl. deñved), corn. dauat > davas, cymr. dafad, correspondant à un celt. *dama-tó-, « apprivoisé,

---

acception vague de « trouble » ou de « malaise », cf. gr. τυρ-λό-ς « aveugle », ag. dumb « muet », al. dumm « imbécile », etc. — On peut rattacher à la même souche lat. fall-ere « tromper », mais non pas aussi sûrement.

1. Si l'étymologie a le moindre fondement, il faut que le mot soit venu très tard, et sans doute par l'intermédiaire du fr. savant; car autrement l'm médial serait devenu v. Cf. anéval.

2. Le premier sens est celui de dañécella, et le second, celui de dencésa et difrésa. De ces deux derniers, dambrézein cumule la nasale de l'un avec l'r de l'autre. C'est tout ce qu'on aperçoit de plus clair. Cf. le Gloss. Ern., p. 154-155.

3. La métaphore viendrait de l'aspect « froissé, chiffonné » des rayons et des objets reflétés dans l'eau.

4. Le changement de r en n favorisé sans doute par l'analogie de névez et le sens « conter des nouvelles ».

doux », par suite « mouton », lequel est identique au ppe gr. δαματός, cf. lat. *domitus*. V. la rac. sous *doñ*.

Dañvez, s. m., matière, moyen, mbr. *daffnez*, cymr. *defnydd*, vir. *damnae* id. : soit un celt. **dam-nyo-*, de rac. DEMĂ « bâtir », dont les nombreux dérivés sont sk. *dam-á* « maison », gr. δέμ-ω « je bâtis » et δόμ-ο-ς « maison », lat. *dom-u-s*, vsl. *dom-ŭ*, got. *tim-r-jan* « charpenter », ag. *timber* « bois de charpente », al. *zimmer* « chambre ».

Daou m., **diou** f.[1], deux, corn. *dou* (*diu*), cymr. *dau* (*dwy*), vbr. *dou* (*dui*), vir. *dá* (*di*), etc. ; cf. sk. *dvaú*, gr. δύω > δύο, lat. *duo*, got. *tuái* (ag. *two*, al. *zwei*), lit. *du*, vsl. *dŭva*, etc., etc.

Daougan, s. m., mari trompé : exactement « deux chants, deux notes », euphémisme pour désigner le coucou[2]. V. sous *daou* et *1 kân*.

Daouc'hement, adj., double : exactement « deux autant » (*kément*).

Daoulina, vb., s'agenouiller. V. sous *daou* et *glin*.

Daoust (interrogation indirecte), à savoir[3] : exactement « à toi de savoir »; le premier terme est *3 da*; le second est un infinitif (supin) i.-e. *wid-tu-m, rac. WID. V. sous *ac'houéz* et *gouzout*.

Dar, s. f., dalle, évier. Empr. fr. *dalle* altéré sous l'influence de *darn*.

Dar-, préf. verbal : composé des préfixes **da-* et *ar-*. Cf. plusieurs des mots suivants.

Darbarer, s. m., aide-maçon : abstrait de *darbari*, cymr. *darparu* « préparer ». Empr. lat. *parâre* précédé du préf. *dar-*. V. ce mot et cf. *daffarer*.

Darbôd, s. m., tesson : pour *darn-pôd*. V. ces mots.

Darbout, vb., faillir, être sur le point de, cf. cymr. *darbod* « préparer » : préf. *dar-* et *bout*. V. ce mot et cf. *darvezout*.

1 Daré, adj., variante de *darev*. V. ce mot.

2 Daré, s. m., variante de *dadré*. V. ce mot.

Dared, s. m., javelot. Empr. fr. *dard* (*dard-er*). Cf. *darz*.

Daréden, s. f., éclair de chaleur : dér. du précédent[4].

---

1. Métathèse, ainsi qu'en corn., pour *doui (cf. *piou*), qui répond au fm. conservé en sk. (*dvê*) et en lat. (*duae*).
2. Pour la formation, cf. *peder-lagad* (surnom d'un homme qui porte des lunettes) « quatre-yeux ». — Ern.
3. Le sens « nonobstant » s'en déduit naturellement : *daoust d'ann avel* « à savoir pour le vent > par rapport au vent > malgré le vent ».
4. Au moins au sens d' « étoile filante » (Le Gon.).

Daremprédi, vb., fréquenter, visiter, cymr. *darymred* « courir de côté et d'autre »: préf. *dar-*, *1 am-*, et *1 réd*. V. ces mots.

Darev, adj., prêt, en danger de, mûr, cuit: pour *dar-eo*, 3e pers. du sg. du présent du vb. *darbout*. V. ce mot.

Darévella, vb., variante de *dasrévella*, et cf. *danévella*.

Darévi, vb., préparer, mûrir, cuire: dér. de *darev*.

Dargreiz, s. m., ceinture, taille: exactement une locution « pour le milieu », *1 da*, article *ar* et *kreiz*. V. ces mots.

Dargud, s. m., le même que *ar-gud*, mais avec préf. *dar-*.

Darc'haout, vb., frapper: peut procéder d'une formation celt. **to-are-gab-*, soit deux préfixes (cf. *dar-*) précédant une racine qui apparaît en irlandais et en germanique, mais avec un sens tout différent, « donner, prendre ».

Darn, s. f., pièce, fragment, corn. et cymr. *darn*[1], celt. **dar-nā* ppe passé d'une rac. DERĀ, « fendre, déchirer », sk. *dīr-ṇá* « fendu »: sk. *dár-ṣi* « tu brises », gr. δέρω « j'écorche », lit. *dìr-ti* « écorcher », vsl. *der-ą* « je déchire », got. *dis-tair-an* « déchirer », ag. *to tear*, al. *zerr-en* et *ver-zehr-en* « dévorer », etc. Cf. aussi *dourn*.

Darnija, vb., voler bas (près). V. sous *dar-* et *nich*.

Darvézout, vb., advenir. V. sous *dar-* et *béza*, et cf. *darbout*.

Darvoéden, s. f., dartre, mbr. *daroueden*, cymr. *tarwyden* > *taroden* id.: soit un celt. **der-dw-eitā*, qui se rattache à la même souche de réduplication que lat. **der-dvi-ōsu-s* > *derbiōsus* « teigneux », sk. *dar-dū-* > *dadru*, ags. *teter*, vhal. *zittar-oh*, lit. *dedervinė* « affection cutanée ».

Darvoud, s. m., accident, variante de *darbout*, et cf. *darvézout*.

Darz, s. m., dard (poisson). Empr. fr. ancien, et cf. *dared*.

Das-, préf. itératif[2]: préf. *1 da-* et *as-*. V. ces mots.

Daskiria, vb., ruminer, mbr. *dazquilyat* id.: préf. *das-*, et cf. cymr. *cil*, vir. *cír*, gael. *cir* (dans l'île de Man *keeil*) « la bouchée que remâche un animal qui rumine ». — Étym. inc.

Daskori, vb., rendre, vomir, cf. les composés cymr. *ad-gori* « rendre », vir. *ath-chuir-im* « je rapporte », et le simple vir. *cuir-im* « je place »: soit donc une base celt. **to-at-kor-* (vir. *taidchur* « retour »); rac. inconnue par ailleurs; le double préf. sous *dus-*.

Daskréna, vb., trembloter, chevroter. V. sous *das-* et *krén*.

---

1. Ag. *to darn* « ravauder » et fr. *darne* « grosse tranche de poisson » sont empruntés respectivement au cymr. et au br.
2. On en trouvera à la suite plusieurs exemples.

Daspréna, vb., racheter, délivrer. V. sous *das-* et *préna*.

Daspuñ, s. m., amas. cymr. *pwng* « groupe », *pyngu* « grouper »[1].

Dasrévella, vb. : raconter; parler tous ensemble confusément. Dans le premier sens (éteint, cf. *danévella* et *dambrézein*), la base est *to-at-rīm-*, « compter », d'où « conter », cf. cymr. *dyrifo* « énumérer », vir. *torīmu* « j'énumère », etc. V. sous *rumm*. Dans le second sens, la base est *to-at-r-hével-*, c'est-à-dire que le premier double préf. *das-* est encore suivi du préf. *ra-*, et le sens est « d'ensemble réitéré ». V. tous ces mots[2].

Dastaz, tout doux (terme de charretier). Le préf. sous *da-*. La rac. est STÂ (cf. *saó*), et conséquemment la seconde partie du mot équivaut au lat. *status*, « station, arrêt ».

Dastum, s. m., amas : soit un celt. *toumb-o-* « tertre », ir. *tomm*, gr. τύμβος, cf. lat. *tum-ulu-s*[3]. Préf. *das-*.

Davad, s. m., variante de *dañvad*. V. ce mot.

Davéein (V.), vb., tarder : comme qui dirait « tâtonner », préf. *da-* et *méein* (V.) « pétrir ». Dér. de l'empr. fr. *maie* « pétrin ».

Daz-, préf., variante de *das-*.

Dazorc'hi, vb., revenir à la vie, ranimer, rallumer, mbr. *daczorch*, corn. *dasserchy* id. : préf. *daz-* et empr. lat. *surgere*[4].

Dé, s. m., variante de *deiz* (hors de Léon).

***Dé-**, particule, variante occasionnelle de *da-*[5].

Déac'h, adv., hier, cymr. *y ddoe*, vir. *in-dhé*, ir. *ané*, gael. *an dé* ou *dé* id. : d'un celt. *ges-i*, sk. *hyás*, gr. χθές, lat. *her-ī* et adj. *hes-ternu-s*, got. *gis-tra-(dagis)*, ag. *yesterday*, al. *gestern*, etc., rac. i.-e. GHdhES.[6]

Déañ, s. m., doyen. Empr. fr. ancien *deiien* (cf. ag. *dean*).

---

1. Le rapport avec πυγ-ή « fesse » (Ern.) est bien douteux, mais possible, à cause des mots slaves qui présentent le même radical, d'une part avec une gutturale initiale (donc une vélaire primitive), de l'autre avec le sens de « bosse ».

2. Le cymr. *rhif* montre partout *i*; mais rien n'empêche d'admettre que la dérivation bretonne est partie d'une variante radicale à *i* bref, d'autant qu'il y a eu confusion entre deux verbes issus de radicaux différents.

3. Ce dernier sort directement de la rac. de *tum-ēre* « se gonfler »; mais *toumbo-* doit s'y rattacher aussi par amplification.

4. En d'autres termes, identique au lat. *re-surgere*, avec un préfixe breton substitué à son synonyme latin. Évidemment venu par la langue ecclésiastique.

5. Ainsi mbr. *dezreuell*, aujourd'hui *dasrévella*, etc.

6. Le *dh* représente la dentale indécise qui apparaît en certaines langues, notamment en gr. sous la forme θ. Le celt. ici la reproduit par un *d*, devant lequel le *g* est tombé, de même que le *k* dans le groupe similaire médial de gr. ἄρκτος = vir. *art*, etc. V. sous 2 *harz*. — Meillet.

Déaz, s. m., dais, corniche de cheminée, mbr. *daes*. Empr. fr. *dais*, et cf. le sens actuel de *daez*.

Debron, s. m., démangeaison, mbr. *debruan* « prurit » : abstrait du radical br. *debr-*, qui est aussi celui de *dibri*. V. ce mot.

Dék, dég, dix, corn. et cymr. *dec* > *deg*, vir. *deich* (*n*-)[1], etc. : d'un celt. *dekn < i.-e. **dékm̥*, sk. *dáça*, gr. δέκα, lat. *decem*, got. *taihun* (ag. *ten*, al. *zehn*), etc., etc.

Déhou, adj., droit (opposé à « gauche »), corn. *dyghow* > *dyow*, cymr. *dehau* et *deheu* id. : d'un celt. **deks-owo-*[2] (vir. *dess* < **deks-o-*), dér. de la rac. DEKS, comme sk. *dákṣ-iṇa*, gr. δεξ-ιό-ς, lat. *dex-ter*, lit. *desz-iné*, vsl. *desĭnŭ*, got. *taíhs-wa*, etc.

Dec'h, adv., variante de *déac'h* (hors de Léon).

Deiz, s. m., jour, corn. *det*, cymr. *dydd* id. : d'un celt. **diyes-*, vir. et ir. *die* et *dia*, gael. *di-* (initiale des noms des jours de la semaine) ; dér. de la rac. i.-e. DIw « briller », sk. *dyau-s*, « ciel, jour », gr. Ζεύς (dieu du ciel), lat. *diēs*, etc. Cf. *Doué*.

Déjandein, déjanein (V.), vb., railler. Empr. fr. ancien *déchanter*, « chanter en déchant, chanter dans une autre partie le même chant que qqun », d'où « contrefaire ». — Conj.

Délez, s. f., vergue, mbr. *delé*, vbr. pl. *deleiou*, corn. *dele*, vir., ir. et gael. *deil* « verge » : soit originairement « jeune branche » (métaphore), dér. du même radical que *délien*[3].

Delc'her, vb., tenir. V. sous *dalc'h* et *derc'hel*.

Délien, s. f., feuille (pl. *déliou*), corn. *delen*, cymr. *dalen* et *deilen*, ir. et gael. *duille*, gaul. *-dula* dans le composé πεμπε-δουλα « la quintefeuille » : soit donc un celt. *dullā, dér. d'une rac. DHwEL, cf. gr. θύλλα· κλάδους ἢ φύλλα Hesych. « feuilles », θάλος et θάλλος « jeune rameau », θάλλειν « verdoyer », sans autre équivalent que l'arménien *dal-ar* « vert ».

Dellézout, vb., mériter, mbr. *delezaff* id. = cymr. *dyr-llyddu*, et *dellit* = cymr. *dyr-llid* « mérite » : se ramènent respectivement à **do-sli-yo-* et **do-sli-tu-*, c'est-à-dire à deux dér., précédés de préf. (V. sous *da-*), d'une rac. celt. SLÎ, vir. *do-sli* « il mérite », à laquelle on ne connaît point d'équivalent en dehors du celtique. — Loth.

---

1. C'est-à-dire que, si le mot suivant commence par voyelle, l'ancien *n* final du mot sonne en liaison.
2. Cf. *Dexsiva*, n. pr. d'une déesse gauloise.
3. *Délez* s. m. « degré » n'est qu'une corruption de *dérez*.

Delt, adj., humide, ir. et gael. *dealt* « rosée »: soit un celt. **del-to-*, qui n'a pas d'autre représentant, même en brittonique[1].

Dem-, particule, variante de *dam-*. V. ce mot.

Demm, s. m., daim. Empr. bas-lat. *damum* < lat. *dāma*, ou fr. *daim*.

Démorañt, s. m., reste, surplus. Empr. fr. ancien *demourant*.

Dén, s. m. f., homme (pl. *túd* s. v.), corn. *den*, cymr. *dyn*, vir., ir. et gael. *duine* id.: d'un celt. **dun-yo-* « mortel », dér. de l'état réduit de la rac. DHwENĀ (sk. *á-dhvan-ī-t*, « il se voila, il disparut »?), dont les seuls représentants sûrs se trouvent en grec, soit θάνα-το-ς « mort », θνη-τό-ς « mortel », θνήσκειν « mourir ».

Déna, vb., téter, vir. *dinim* » je tète »: soit un vb. celt. **de-n-ō*, rac. DHÉi, sk. *dháy-a-ti* « il tète », *dhē-nú* « vache qui allaite », gr. θή-λη « mamelle », θῆ-λυ-ς « femelle », lat. *fē-lāre* « sucer », *fē-mina* (« l'allaitante », ppe. présent moyen), *fī-liu-s* (originairement « nourrisson »), got. *daddjan* « allaiter », etc. Cf. *1 téz*.

Deñta, vb., denteler: dér. de *dañt*. V. ce mot (pl. *deñt*).

Denvéza, vb., contrefaire: paraît altéré de *difréza*[2].

Deñviad, s. m., glouton: soit *den-viad* « homme de nourriture », le second terme étant l'empr. fr. ancien *viande*[3].

Déok, déog, s. m., dîme, mbr. *deaoc*, avec métathèse pour **dékao*. Empr. lat. barbare **decavum* « dixième ». — Conj.[4].

Déol, adj., pieux. Empr. fr. altéré *dévot*.

Déou, adj., variante de *déhou*. V. ce mot.

Déouiein (V.), vb., dépêcher, hâter: dér. de *déou* (diriger).

Déporda, déporta, vb., attendre, espérer. Empr. fr. ancien *(se) déporter*, « se récuser, se réserver », d'où « attendre ».

Déraoui, vb., commencer: dér. de *dérou*. V. ce mot.

Déré, déréad, adj., bienséant: exactement « [bien] amené, opportun », abstrait d'un vb. mbr. *deren* (*dere* « amène » = cymr. *dyre* « viens »), composé de **dé-* et *rén*. V. ces deux mots.

---

1. On en pourrait rapprocher vsl. *dol-ŭ*, ag. *dale* et al. *thal* « vallée », si ces mots devaient se ramener à un radical qui eût signifié « humide ». Mais il n'y a aucun lien pour y concilier ag. *dew* = al. *tau* « rosée ».

2. Peut-être par la vague association d'idées suggérée par le calembour « être [l'] homme = jouer un rôle ». Le cymr. a *dyn-weddu* « personnifier ».

3. Qui a désigné, comme on sait, toute espèce d'aliments.

4. Le mot serait forgé d'après *octāvum* « huitième »; on ne voit pas d'autre moyen d'expliquer le vocalisme breton; car **demca* (d'Arb.) n'eût pu donner *deaoc*. Le régulier lat. *decima* a produit vbr. *decmint* « il décimera » et cymr. *degwm* « dîme ».

Dérez, s. m., degré, marche, mbr. *degres*. Empr. fr., et cf. *dergé*.

Derf, s. m., variante de *déró*. V. ce mot.

Dergé, s. m., variante de *dérez*. Empr. fr. avec métathèse.

Dergwéner, s. m. (= *deiz-gwéner*), variante de *digwéner*.

Deroʻh, s. m., la partie la plus dure du bois : se rattache au même radical que *darc'haout* ou *derc'hel*. V. ces deux mots.

Derc'hel, vb., tenir, arrêter : dér. d'un celt. *derg-elo-* « ferme », d'une rac. DERGH, sk. *dŕh-ya-ti* et *dŕmh-a-ti* « il affermit », *dṛḍhá* « solide », zd *darez-ayeiti* « il attache », lit. *diržas* « courroie », gr. δράσσομαι « je saisis », ags. *targe* « bouclier » (d'où fr. ancien *targe*), etc. Cf. *delc'her*.

Derc'hent, s. m., la veille, mbr. *dez-quent* id. : équivaut à ce que serait aujourd'hui *deiz-kent*. V. ces deux mots.

Déró, s. m., chêne (aussi *dero* et *derf*), cymr. *derw-en*, cf. corn. *dar*, vir. *dair* (gén. *dar-ach*), gael. *darach* id. : soit un radical celt. *der(w)-*, i.-e. *deru-*, *doru-*, *drū-*, sk. *dắru* « bois », gr. δόρυ, « tige, lance, », et δρῦς « chêne », got. *triu* « arbre », ags. *trēo* > ag. *tree*, etc.

Dérou, s. m., début, mbr. *dezrou*, cymr. *dechreu*. — Étym. inc.

Dervez, s. m., journée (aussi *deüéh* V.), pour *deiz-vez* = corn. *deth-wyth* = cymr. *dydd-waith* « en un certain jour » : soit un celt. *diyes-wekto-*, « le charriage d'un jour », ou plus simplement « la fois d'un jour », dont on trouvera le premier terme sous *deiz* et le second sous *gwéach*. — Loth.

Désadorn, s. m., variante de *disadorn*, et cf. *dergwéner*.

Deski, vb. (d'où *deskadurez* « instruction »), variante de *diski*.

Despal, s. m., hâte : sens provenu de celui de « détresse », à en juger par mbr. *dyspayllet* « [provision] épuisée ». Empr. lat. *despoliátus* (?).

Deu (V.), variante de *daou*. V. ce mot.

Deuf, s. m., gendre, mbr. *deuff*, corn. *dof*, cymr. *dauu* > *daw* id., vbr. *dauu*, vir. *dám*, ir. *dámh* et gael. *dáimh* « relation de famille » : d'un celt. *dăm-o-*, qui rappelle, d'une part, gr. δᾶμος > δῆμος, « clan, tribu, peuple », et, de l'autre, δάμ-αρ « épouse ». Cf. *deuñ*.

Deüi, vb., autre infinitif du vb. *doñt*. V. ce mot.

Deûn (V.), s. m., fond : variante dialectale de *doun*. V. ce mot.

Deuñ, s. m., variante de *deuf* et *dañ*. V. ces mots.

Deurvézout, deurvout, vb., daigner, cf. cymr. *dawr* « s'intéresser à » : soit donc un radical celt. *dăro-* « égard ». — Étym. inc. Cf. pourtant sk. *dr-iyá-te* « il considère », *a-dar-a* « égard », à peu près isolé.

Deûst (V.), adv., variante de *daoust*. V. ce mot.

Dévez, s. m., variante de *derves*, et cf. *dé*.

Dévi, vb., brûler, se consumer, mbr. *deuiff*, cymr. *deifio* « brûler » : soit une rac. celt. DEB, identique à la rac. i-e. DHEGH, « briller, brûler », sk. *dáh-a-ti* « il brûle » et *ni-dāgh-á* « chaleur », gr. τέφ-ρα « cendre », got. *dag-s* (< *dhogh-ó-*) « jour », ag. *day* et al. *tag* id., lit. *dèg-ti* brûler » et *dagà* « temps de la moisson > moisson », etc.

Déviad, s. m., variante de *deñviad* (nasalisation disparue).

1 Déz, s. m., variante de *deiz*. V. ce mot.

2 Déz, s. m., variante de *déaz*. V. ce mot.

Di, particule, là, cf. ir. *-d-* (pronom démonstratif infixe), zd. accus. *dim* « lui » et *diş* « eux », gr. -δε (dans ὅ-δε etc.), lat. *-dem* et *-dam* (dans *idem*, *quidam*, etc.) : d'un celt. *dē, dont le représentant le plus exact au point de vue de la forme est la particule gr. δή « précisément ».

1 Di-, préfixe inversif ou privatif, dont le sens est identique à celui du fr. *dé-* (dans *dé-faire*, *dé-lier*, etc.), corn. *di-*, cymr. *di-*, ir. *di-*, celt. *dē-*, préposition lat. *dē* « de haut en bas > en sens inverse »[1].

2 *Di-, préf., variante occasionnelle de *dé-* < *da-*[2].

Diadavi, vb., perdre haleine : le second terme est dér. d'un celt. *at-amo-* « haleine »; cf. gr. ἀτμός, « vapeur, exhalaison », al. *atem* et *odem* « haleine », perdu partout ailleurs. V. sous *1 di-*.

Diagent, adv., auparavant : préf. *2 *di-*, *a-*, et *kent*.

Diana, **dianañ**, adv., au moins : prononciation rapide pour *di-vihanañ (aussi *da viana*), superl. de *bikan*.

Diañk, adj., égaré : exactement « échappé, détaché, décroché ». V. sous *1 di-* et *añkoé*. — Conj.

Dianéost, s. m., automne : exactement « à la suite de l'été ». V. sous *1 di-* ou *2 *di-*, *an-* (2º), et *éost*.

Diañtek, adj., innocent : préf. *1 di-*, et *añtek* « tache », abstrait d'un ppe *añteket*. Empr. fr. (normand) *entaqué* « entaché ». Cf. *tech*.

Diañvéaz, s. m. (préf. *di-* et *an-*). V. sous *diavéaz*.

Diaoul, s. m., diable. Empr. bas-lat. *diabolum* > *diavolo*.

---

1. Les composés par ce préfixe sont fort nombreux, et l'on peut même en former presque à volonté. On ne trouvera ici que ceux qui offrent quelque particularité intéressante. Ne pas le confondre avec le suivant qui s'en distingue par l'astérisque.

2. On rapportera à ce préf. la plupart des cas où l'initiale *di-*, bien loin d'avoir une valeur inversive ou négative, ne change rien à la signification du mot auquel elle s'adapte. — Quand ce préf. *di-* est suivi d'une voyelle, il représente la forme non élidée du préf. *to-* devant un autre préfixe : ainsi *dambrézein*, par exemple, s'expliquera par *t-am-*, et *diambrézein* par *to-am-*, et ainsi des autres.

Diaraogen, s. f., devantier, tablier : dér. de *diaraok* s. m. « le devant ». V. sous *2 *di-* et *araok*, et cf. *tavancher*.

Diarbenna, vb., rencontrer, affronter, obvier à : **di-*, *ar-*, et *penn*, et cf. mbr. *arbenn*, « rencontre, aventure ».

Diaskréña, vb., demeurer renversé : vb. *kréña*, précédé du préf. itératif et de l'indifférent **di-*, soit donc « continuer à se vautrer ».

Diavéaz, s. m., le dehors (d'où *diavésiad* « étranger ») : préf. *2 *di-*, *a-*, et *méaz*. V. ces mots et cf. *diañvéaz*.

Diaz, s. m., le bas : abstrait par apocope de *diazez*, « assise, fondation », et celui-ci de *di-azéza* « asseoir » (préf. **di-*).

Dibab, s. m., élection, tri, choix : originairement « le fait d'élire pape », ne fût-ce que comme abstrait d'une locution telle que *dilenn da bab*, etc.; puis confondu par quasi-homonymie avec mbr. *dibarz*, « trier, choisir », aujourd'hui disparu[1]. — Conj.

Dibalva, vb., desserrer les mains. V. sous *1 di-* et *palf*[2].

Dibenn-éost, s. m., automne : exactement « fin de l'été », mbr. *diben* et cymr. *dyben* « fin » ; préf. *2 *di-* et *penn*, comme fr. *a-chev-er* « terminer ». Cf. *dianéôst*.

Diboufa, vb. : débusquer, chasser; débûcher, s'esquiver : exactement « faire sortir du coin » ou « tourner le coin », pour *di-ouf-a*.

Dibr, s. m., selle, cymr. *dibr*, mbr. *dipr*, vbr. *diprou* pl. « harnachement » : exactement « accessoires, ce qu'on adapte », préf. *2 *di-* devant le radical brittonique **per-* « faire », corn. *per-y* « tu feras », cymr. *par* « fais », etc. La rac. i.-e. est QER : sk. *kar-ó-ti* « il fait », *kár-ma* « action », gr. χρα-αίνω « j'opère », lat. *cre-āre*, lit. *kur-iù* « je construis », etc., etc.

Dibri, vb., manger, mbr. *dibriff*, vbr. *diprim* « nourriture » : préf. *2 *di-* (**de-*) devant un radical brittonique **prim*, ir. **crim* dans *crim-óg* « morceau », gael. *criom-ag* et *criom* id., soit donc un radical celt. **qrim*[3] ou **qnim*, vir. *cnám* « ronger » et gael. *cnámh* « mâcher », gr. χνάω « gratter » et χνώδων « dent », lit. *kánd-u* « je mords », sk. *khád-a-ti* « il mâche ». — Douteux pour ir. *crimóg*, qui a *m* dur.

---

1. Naturellement parce que, au moyen âge et dans un pays catholique, l'élection au pontificat était le prototype de toute opération électorale. V. sous *dilenn*, *pap* et *abarz*.

2. On cherchera de même sous l'initiale *p* ou *t* le second terme des composés qui commencent par *dib-* ou *did-*.

3. Sous cette forme, et avec le sens « ronger », il serait possible de rapprocher sk. *kr'mi* « ver », etc. V. sous *préñv*.

Dibuna, vb., dévider. Empr. bas-lat. *dĕpănāre*, de *pănus* « fil du tisserand »; mais contaminé par un composé de *di-* et *puno* (C.) « pelotonner », lequel peut se rattacher au radical de *daspuñ* [1].

Didân, adv., prép., variante de *dindân* (préf. **di-*).

Diduel, s. f., divertissement. Empr. fr. *déduit* « plaisir », surchargé d'un suff. secondaire breton [2]. Cf. *dudi* (et *didù* C.).

Diek, adj. (et dér. *diégus*), paresseux, oisif : exactement « émoussé », cf. *ek* « pointe »; ou bien « lent », corn. *dioc*, cymr. *diog*, vbr. *diauc*, préf. *1 di-*, et sk. *āç-ú*, gr. ὠκ-ύ-ς « rapide », lat. *ac-er* « fougueux », *ōc-ius* « plus vite », etc.

Diel, s. m., titre, charte. Empr. fr. altéré *title* [3]. Cf. *teul*.

Diélc'ha, vb., perdre haleine, mbr. *dihelchat* : exactement « perdre la poursuite, s'arrêter de chasser ». V. sous *emolc'h*.

Diénez, s. f., indigence (aussi *dianec'h* V.), mbr. *dieznes* « misère », *dianness* (V.) id. et *diañnes* (T.) « regret » : soit donc un mot auquel correspondrait un cymr. **di-adnes* « absence de secours », cymr. *adnes* « secours » perdu en breton; préf. **ad-* et *nés*. V. ces mots.

Dienn, s. m., crème (aussi *dihen* V.), corn. *dehen* id. : soit « pâte », dér. lointain de la rac. DHIGH, « pétrir, façonner, enduire », etc., sk. *á-dih-an* « ils enduisirent », gr. θιγγ-άνω « je touche » et τεῖχ-ος « muraille », lat. *fĭng-ō*, *fĭg-ūra*, *ef-fĭg-iēs*, etc., ags. *dāh* > ag. *dough*, et al. *teig* « pâte », etc. — Conj.

Dieskern, adj., variante de *di-askourn*, et cf. *askourn*.

Diez, adj., difficile : *1 di-* et *aez* (*éaz*). V. ces mots.

Diéza, vb., s'évaporer : *1 di-* et *aézen*. V. ces mots.

Difenn, s. m., défense, interdiction : abstrait de *difenni*, « défendre, interdire » (ce dernier sens empr. fr.). Empr. lat. *dēfendere*.

Difézuz, adj., invincible, impossible. V. sous *1 di-* et *faez*.

Difloskein (V.), vb., éclater en morceaux. Empr. fr. ancien *fruschier* > *froissier* « briser », avec *r* > *l* et préf. *2 *di-*. — Conj.

1 Diforc'h, s. m., avortement : exactement « défourchement, violent écartement des jambes », euphémisme grossier. V. sous *forc'h*.

---

1. Douteux : s'il en était ainsi, on devrait trouver quelque part un **dibenna*. qui n'existe pas (Loth).

2. Mais il se peut fort bien que l'étymologie populaire ait vu dans ce mot « le fait de changer de côté » (sens étymologique de *se di-certir*). V. sous *tû*.

3. La filière serait **titel* > **tihel* (dissimilation?) > *dihel* (mutation du pl. transportée au sg.) > *diel*.

2 Diforc'h, adj., difforme, mbr. *difurm*. Empr. fr. *difforme*, contaminé du précédent au sens d' « avorton ».

Difourka, vb., débusquer, cf. *diboufa*. Empr. fr. ancien *fourc* « bifurcation » [d'un bois, d'un chemin, etc.], précédé du préf. *1 di-*.

Difraé, s. m., hâte, promptitude : abstrait de *difraéa* > *difréa*, « délivrer, débarrasser, hâter ». Empr. fr. *défrayer* « tirer de peine ».

Difréta, vb., étirer, mbr. *diffraetaff* « harceler » : paraît contenir le même radical que fr. *frétiller*, d'origine inconnue.

Difréza, vb., contrefaire : peut-être originairement « divulguer », cf. *denvéza* et *dambrézein*. V. sous *di-* et *fruez* > *fréaz*.

Difronk, s. m., sanglot : abstrait du vb. mbr. *difroncqa* « s'ébrouer ». Empr. fr. ancien *froncquier fronchier* « ronfler ».

Digabal, adj., sans défaut. Empr. fr. *cabale* « médisance »[1].

Digarez, s. m., excuse, prétexte : exactement « ce qui supprime le blâme », préf. *1 di-* et mbr. *carez*. V. sous *kiriek*.

Digeiza, vb., épeler : exactement « décomposer », cf. (V.) *digueigein* « démêler », préf. *1 di-* et *kéjein*. V. ce mot et *digouéga*.

Digéri, vb., ouvrir, corn. *y-gery* : dér. de *di-gor* « ouvert », le radical étant le même que dans *das-kor-i*. V. ce mot (préf. *1 di-*).

Digouéga, vb., épeler : variante de *digeiza*, contaminée par l'ancien nom de l'alphabet, cymr. *egwyddor* < lat. *abecedárium*. Ou simplement empr. fr. altéré *dégoiser*, surtout si la prononciation vraie est *digouéja*.

Digwéner, s. m., vendredi. Empr. lat. *dies Veneris*.

Digwéz, s. m., accident : abstrait de *digwézout* = cymr. *digwyddo* = corn. *digwydha*. Empr. lat. *décédere* altéré pour *décidere*.

Dihila (C.), vb., s'égrener, mbr. *dis-hil-ya*, dér. de **hil* « graine »; cf. cymr. *dihil* « sans enfants », de *hil* = vir. *sil* « race », soit un celt. **sē-lo-* de la même rac. que lat. *sē-men*. V. sous *hâd*. — Conj. Ern.[2]

Dihompra, vb., disloquer : cf. *diamprein* (V.) = *divambrein* « démembrer », etc.; variante d'un dér. de *1 di-* et empr. fr. *membre*.

Dihou, adj., variante de *déhou*. V. ce mot.

Dichafranta, vb., déchirer. Empr. fr. *déchiré*, contaminé du br. *diframmel* id., en dérivation verbale. V. sous *1 di-* et *framm*.

---

1. Préf. *1 di-*. Chercher de même sous *k* le second terme des composés qui commencent par *dig-*, et sous *g* (parfois sous *c'h*) celui des composés qui commencent par *dich-*.

2. S. v. *dishilya*. Mais ce verbe n'a en vannetais que le sens « effiloquer, dégueuiller », qui rend douteuse l'étymologie par *hil* (Loth).

Dichek, adj., fier, brusque : pour *tech-ek*, cf. le sens du fr. *entiché* [de soi-même]. Empr. fr. en dérivation bretonne. Cf. *tech*.

Dichentil, s. m., gentilhomme (aussi *dijentil*, et *dénjentil* C.) : altéré de *duchentil* (V.), lequel est abstrait de la locution pl. *ann dud jentil* « les gentilshommes » transportée purement et simplement au sg., comme en fr. *gens d'arme* > *gendarme*. V. sous *den* et *tud*.

Dic'héned, adj., laid : pour *di-géned*. V. sous *kéned*.

Dic'hiz, adj., difforme : exactement « sans façon » (*gis*).

Dic'houigein (V.), vb., déchoir : exactement *di-huig-ein*, identique au vb. cymr. *diffygio* id., qui est empr. lat. *dēficere* « manquer ».

Dilad, s. m., hardes, vêtement, mbr. *dillat*, cymr. *dillad*, vir. *dillat* > *diallait* id., ir. et gael. *diallaid* « selle » : dér. d'un radical celt. *dili- « séant » (vir. *dil* « agréable »), cf. got. *til-s* et *ga-til-s* « qui va bien », visl. *til* > ag. *till* « jusqu'à », al. *ziel* « but », c'est-à-dire « qui atteint » ou « ce qu'on veut atteindre », etc. — Rapprochements très peu sûrs.

Dilambrek, adj., indolent, imbécile : exactement « qui se laisse glisser sans faire un effort ». V. sous *lampr*.

Dilenn, s. m., élection, choix : mot savant formé à l'instar du lat. *dē-ligere* sur le vb. simple *lenn*[1]. V. ce mot et cf. *dibab*.

Dilez, s. m., abandon : abstrait de *diléxi*. Empr. fr. *délaisser*.

Diloc'h (V.), s. m., dégel, mbr. *diloh*, cf. cymr. *dadlaith* « dégel » ou vir. *ladg* « neige ». V. sous *leiz* (= *leic'h* V.).

Diloc'ha, vb., déplacer, partir : contamination du régulier br. *dilec'hi* « déplacer » avec le fr. *déloger*[2]. V. sous *léac'h*.

Diloc'huz, adj., immuable : préf. *1 di-* et *loc'ha* (sous *loc'h*).

Dilóst-hañ, s. m., automne : exactement « fin (queue) de l'été ». V. sous *2 *di-*, *lóst* et *hañv*, et cf. *dibenn-éost*.

Dilûn, s. m., lundi. Empr. lat. *dies lunae*.

Dimerc'her, s. m., mercredi. Empr. lat. *dies Mercurii*.

Dimeurs, s. m., mardi. Empr. lat. *dies Mártis* (> *martis*).

Dimézel, s. f., pour *démézel*. Empr. fr. *demoiselle*[3].

Dimizi, s. m., mariage, mbr. *dimiziff* « se marier », corn. *demedhy* id. :

---

1. Comme si le br. *lenn* avait les deux sens du lat. *legere* « lire » et « choisir », tandis qu'il n'a que le premier.
2. L'influence de *loc'ha* « soulever au moyen d'un levier » ne doit être que fort lointaine. Cf. le suivant.
3. Altéré par rapprochement de *dimézi* > *dimizi*.

soit un radical celt. *to-am-wed-*[1], où la rac. est WEDH, celt. *wed-ō, « je conduis, j'amène » (lat. *uxōrem dūcō*), cymr. *dy-wedd-io* « se marier », *ym-ar-wedd* « se conduire », *ar-wedd* « porter », vir. *fed-im* « je conduis », ag. *to wed*, lit. *ved-ù*, « je mène, j'épouse », vsl. *ved-ą* « je conduis », etc. Cf. aussi *gouhez*.

Dindân, adv., prép., dessous, sous (cf. *didan* V., C.), cymr. *tan* id. : mot d'origine obscure[2], perdu en br. et partout ailleurs, précédé du préf. *di-* avec nasalisation par assimilation des deux syllabes.

Diner, s. m., denier, argent, corn. *dinair*. Empr. lat. *dēnárius*.

Dins (V.), s. m., variante nasalisée de *dis*.

Dinsa, vb., tinter, cf. vbr. *din-iam* « je fais sonner ». Onomatopée ancienne (compliquée d'empr. fr. ?). Cf. aussi ag. *to tink*.

Diod, adj., niais. Empr. fr. populaire *diot* < *idiot*.

Dioda, vb., monter en épi, mbr. *dihodein* (V.), cymr. *hodi* id., cf. cymr. *hedeg*, « monter en épi, voler » : soit un radical celt. *ot-*, « voler, s'élever », pour *pot-*, identique à celui du gr. πoτ-άo-μαι. V. la rac. sous *éon*. — Conj. Ern.

Dionenni, dioni, vb., écumer (enlever l'écume), cymr. *diewynu*. V. sous *1 di-* et *éon*.

Diorblein (V.), vb., émonder : pour *diverblein* ou *divelbrein* « démeubler », formes diverses de la composition de *1 di-* et *meulbr* empr. fr.

Diorren, vb., cultiver, élever [un enfant] : avec perte de l'aspiration, pour *di-c'horren*. V. sous *gorré*.

Diouer, s. m., privation, abstinence (aussi *diover* V.) : abstrait du mbr. *dioueret* « privé de », lequel paraît dér., avec préf. *2 di-*, de mbr. *euver* « fade » (br. *ooer* V.), cymr. *ofer* « vain » ; ce dernier susceptible d'être rapproché du lat. *am-ārus* « amer », et subsidiairement des sk. *am-lá* « aigre », *ām-á* et gr. ὠμός « cru »[3]. — Ern.

Diougan, s. m., prédiction : soit un celt. *to-wo-kan-o-* « pré-cantation » littéralement. V. sous *2 di-*, *gw-* et *kàn*.

Dir, s. m., acier, cymr. *dur*. Empr. lat. *dūrum* « [métal] dur ».

Diranva, vb., égrener. V. sous *ranvel*.

---

1. V. sous *2 di-* = *da-*, et sous *1 *am-*.
2. On peut le rattacher au lat. *ten-us* « jusqu'à », qui lui-même se rattache à la rac. du lat. *ten-ēre* et du br. *tenaō*.
3. Le sens primitif de *dioueret* aurait donc été, soit « dégoûté », soit « déçu » : d'où celui de *diouer*.

Diren, s. f., lame, tranchant, briquet: dér. de *dir*.

Dirèza, vb., atteindre ou transporter de haut en bas, mbr. *dirhaes*, corn. *drehedhy* id.: soit un composé celt. **to-ro-sid-* « réussir » (cf. cymr. *haedd-u*, *dy-haedd-u* et *cy-r-haedd-u* « atteindre »², d'une rac. SÂDH que montrent surtout les mots sk. *sādh-ú* « propice », *sādh-a-ti*, *sādh-ya-ti* et *sídh-ya-ti* « il réussit », gr. εὐθύς et ἰθύς³.

Diribin, adj., en pente, cf. mbr. *diri-bign* « escalier »: *diri*, faux singulier abstrait de *diriou*, pl. de *dérez*. V. ce mot et *piña*.

Diroestla, vb., débrouiller, cymr. *dirwystro*. V. sous *reüstla*.

Diroll, adj., débauché: semble altéré pour *di-réol* « déréglé ».

Dis, s. m., dé à jouer, mbr. *diçc*. Empr. fr. ancien *dez* (nominatif).

Dis-, préf., même sens que 1 *di-* dont il est d'ailleurs la contamination par l'empr. lat. savant *dis-* > fr. *des-* > *dé-*⁴.

Disadorn, s. m., samedi. Empr. lat. *dies *Sātūrnī*.

Disk, s. m., plat, vbr. *discl* et pl. *discou*. Empr. lat. *discus* (> ag. *dish*).

Diskar, s., m., chute, abattis, décours: le radical, perdu en br., se retrouve dans cymr. *y-sgar*, « séparer, dissoudre », vir. *scaraim* « je sépare », lit. *skir-ti* « séparer », ag. *to shear* et al. *scher-en* « tondre »; et de plus on le reconnaît à la base du br. *skar-za*. V. ce mot.

Diskenn, s. m., pente. Empr. lat. *descend-ere*.

Diski, vb., apprendre, mbr. *desquiff* > *disquiff*, corn. *desca*, cymr. *dyscu* > *dysgu*. Empr. lat. *disc-ere*.

Diskogella (C.), vb., secouer, cf. cymr. *dy-sgog-i* id. (en dérivation fréquentative) et *y-sgog-i* « bouger »: préf. **di-* précédant une rac. SKAG, « secouer, branler, sauter, se séparer », vir. *scáich* « il s'est écarté » *fo-scaich-im* « je m'éloigne » et *der-scaig-im* « je me distingue », visl. *skok-a* et ag. *to shake* « secouer », lit. *szok-ti* « sauter » et vsl. *skok-ŭ* « saut »⁵.

1 Diskolpa, vb., mettre en pièces. V. sous *skolp*.

---

1. Aussi dans *diren goar* « lame de cire > rayon de miel ».
2. Ces deux derniers sont respectivement **to-sid-* et **ko-ro-sid-*. V. tous ces préfixes sous **da-*, **ra-* et **ke-*.
3. Ces dernières dérivations font bien le sens, « droit, exact, promptement », mais le vocalisme en est des plus obscurs.
4. On prendra garde que, parmi les mots qui commencent par *dis-*, les uns ont le préf. *dis-*, comme *dis-kan*, « refrain, rétractation », les autres le préf. *di-*, comme *di-skant-a* « écailler ».
5. A cause de l'al. *hink-en*, on n'ose ajouter gr. σκάζειν « boiter », dont l'α peut receler une nasale; mais en tout cas les deux racines sont apparentées. Cf. *1 kamm*.

2 **Diskolpa**, vb., s'amuser. Empr. fr. altéré [se] *découpler*[1].

Diskouéza, vb., montrer: préf. *dis-* et mbr. *goez* « vue »[2].

Diskula, vb., dénoncer: soit « faire sortir de l'ombre »[3], préf. *1 di-* devant une base *ska-li* « ombre » (vir. *scáil*, gael. *sgàil*, vbr. *esceilenn* « voile ») dér. de la même rac. que *skeüd*. — Conj. Ern.

Disléber, adj., défiguré, vil: préf. *dis-* devant un dér. brittonique *lip-ero-* < celt. *liq-ero-*, contenant la rac. LIQ, « corps, forme », la même que dans *hévélep*. V. ce mot.

Dislévi (gen), vb., bâiller, cymr. *dylyfu gèn* id.: exactement « écarter les mâchoires », rac. SLIB « glisser ». Cf. *libonik*[4].

Dismañta, dismantra, vb., détruire: contamination de l'empr. fr. *démonter* et du vb. br. *mañtra*. V. ce mot.

Dismégañs, s. f., injure, corn. *dis-mig-o* « se méfier », cymr. *dir-myg-u* « mépriser » et cf. *myg* « honoré », vir. *di-mic-in*, « mépris, déshonneur ». — Étym. inc.[5]

Disnévella, vb., contrefaire: cf. *denvéza* et *danévella*.

Dispac'ha, vb., gratter, remuer, etc.: exactement « tirailler en tous sens [comme] avec un croc ». V. sous *dis-* et *bac'h*.

Dispar, adj., impair, sans égal. V. sous *dis-* et *par*.

Dispenna, vb., déchirer: préf. *dis-* et *béna* « couper », contaminé de l'empr. bas-lat. *dis-pannāre* (de *pannus* « lambeau d'étoffe »), ou bien plutôt de l'empr. fr. ancien *despenner*, qui est le même mot et a donné le moderne *dépenaillé*.

Dispil, dans la locution *a zispil* « suspendu »: préf. *dis-* et mbr. *bilh* « billot ». Empr. fr. *bille* « bois d'attache »[6].

Dispiñ, s. m., dépense. Empr. bas-lat. *dispendium*.

Displég, s. m., parole facile, éloquence: exactement « déploiement », cf. *displéga* « déplier » et ag. *to display*. V. sous *plék*.

Disrévella, vb., divulguer: cf. *danévella*, *dasrévella*, etc., et joindre l'influence possible du sens du quasi-homophone fr. *révéler*.

---

1. Faire cent folies comme les chiens qu'on découple.
2. V. sous *ac'houez*. Le préf. seul est différent.
3. Donc sans aucun rapport avec *skula*.
4. Mais en breton l'étymologie populaire a évidemment traduit « ouvrir la bouche d'une *lieue* de large ». V. sous *léô*.
5. Est-il permis de rapprocher lat. *mic-āre*, « scintiller, briller » (d'où « se distinguer »), qui est, lui aussi, un mot tout à fait isolé?
6. Cf. *bili* et *distribil*, et ne pas confondre avec *pill*.

Disronnein (V.), vb., dépaqueter: (pour *dis-gronnein*) cf. *grounn*.

Distaouein (V.), vb., apaiser, s'apaiser, cymr. *dys-tew-i* id.: préf. *dis-*, et dérivation causative de *tév-el* « se taire » (sous *taó*).

Distef, adj., débouché: variante de *distouf*.

Dister, adj., chétif, sans valeur: préf. *1 di-*, et mbr. *ster*, « signification, valeur », cymr. *ystyr* « signification ». Empr. lat. *historia* « récit > sens d'un récit > sens en général ».

Distol, s. m., rebut. V. sous *dis-* et *1 taol*.

Distrémen, s. m., cloison: exactement « empêchement de dépasser > barrière », etc. V. sous *dis-* et *tréménout*[1].

Distribil, dans la locution *a zistribil* « suspendu »: contaminé de *dispil* et d'une onomatopée de brandillement.

Distrouñka, vb., décolorer, pâlir: exactement « essanger » [le linge], d'où « dégraisser, déteindre », etc. Empr. lat. très altéré *distorquĕre*. — Conj.

Disûl, s. m., dimanche. Empr. lat. *dies sólis*.

Divalô[2], adj., rude, laid: exactement « non tendre », préf. *di-*, et un adj. perdu *malo* < celt. *mal-awo-* « mou », cf. gr. μαλ-α-κό-ς, ἀ-μαλ-ό-ς, μῶλ-υ-ς, et lat. *mollis*. V. sous *mala* et *melc'houéden*.

Divarra, vb., ébrancher, ôter le comble, raser (un bâtiment): cf. les diverses acceptions de *barr* > *bár*.

Divéga, vb., épointer: préf. *1 di-* et *bék*.

Diveûrei (V., T.), vb., se lever tard: préf. *1 di-* et *beûré*.

1 Dives, s. m., fin, corn. *dewedh*, cymr. *diwedd*, vir. *dead* > *dlad* id.: soit un celt. *dě-wed-o-* « action d'ôter le joug » (métaphore rustique), cymr. *gwedd* « joug », vir. *fed-an* « attelage », d'une rac. WEDH, qui se retrouve dans got. *ga-wid-an* « lier » et sk. *vi-vadh-á* « joug ». Cf. aussi *gouzouk*.

2 Dives, adj., impudent. V. sous *1 di-* et *2 méz*.

Diviridigez, s. f., inobservation. V. sous *1 di-* et *mirout*.

Divuz, s. m., amusement: suppose, après le préf. *2 *di-*, un vb. simple plus ancien *muza*. Empr. fr. *muser*, « amuser, s'amuser ».

Diwal, s. m., défense, préservation: préf. *1 di-* et *gwall*.

Diwana, vb., grandir (des plantes): préf. *1 di-* et *gwán*.

---

1. Au contraire, dans le vb. *distréménout* « transgresser », le préf. n'a pas le sens inversif. Cf. *dé-* et **di-*.

2. Les composés qui commencent par *div-* doivent être cherchés, soit sous *b*, soit sous *m*, *divabous* sous *babous*, *divag* sous *maga*, et ainsi de suite.

Diwar, prép., de dessus, de : préf. *1 di-* et *wâr*.

Diwesker, du., les deux jambes : pour *diou esker*[1], vbr. pl. *esceir* « les jambes ». V. sous *gâr* et la note ; mais cf. en outre *skarr* et *skara*.

Diz-, préf., variante occasionnelle de *dis-*[2].

Dizalbadein, (V.), vb., ravager, cf. provençal *sabatar* « vexer » et poitevin *en-salbat-ai* « ensorceler ». Empr. fr. *sabbat*, venu par les patois, en dérivation verbale, et préf. *2 *di-*[3]. — Conj. Ern.

Dizéria, vb., dépérir. — Étym. inc.

Diziaou, diziou, s. m., jeudi. Empr. lat. *dies Jóvis*.

Dizôlei, vb., découvrir : pour **dis-gôlei*. V. ces mots.

Dizoñ, adj., sauvage. V. sous *doñ*, et cf. le suivant.

Dizouna, vb., sevrer, mbr. *dizonaff*, cymr. *diddyfnu* id. : exactement « déshabituer », cf. cymr. *dyfnu* « être habitué » et *dyfnad*, « habitude, habitué » ; soit donc un vb. brittonique **dom-na-* (vir. *dam-na-im* = gr. δάμ-νη-μι) « je dompte »[4]. V. *1 di-* et la rac. sous *doñ*.

Dizrein, adj., sans épines, sans arêtes. V. sous *dreinek*.

Dle, s. m., (aussi *délé* V.), dette, corn. *dylly*, cymr. *dleu* et *dylu* « devoir », vir. *dlig-i-m* « je dois » : soit un celt. **dlig-ō* < **dlg-ō*, cf. got. *dulg-s* et vsl. *dlŭg-ŭ* « dette », inconnu par ailleurs. V. le suivant.

Dléad, s. m., devoir, cymr. *dyled* et *dlèd* « dette », vir. *dliged* (ir. *dlighead*, gael. *dligheadh* id.) : d'un celt. **dlig-eto-*, dér. du précédent.

Dleizen, s. f., pêne, cf. corn. (ancien) *dele-hid* « crampon » : se rattache en dérivation à *dele* (> br. *déles*) au sens de « pièce traversière, barre transversale ».

Dluza, vb., se tacheter (cf. fr. *truité*). V. le suivant.

Dluzen, s. f., truite. Empr. bas-lat. *tructa* (> fr. *truite*), avec *r > l*, initiale muée et finale bretonisée.

Doan, s. f., chagrin. — Étym. inc.

Doaré, s. f., forme, apparence extérieure, semblant, cymr. *dwyre*, « apparaître, se lever, se montrer » : soit un celt. **to-wer-owiā* s. f., dér. de

---

1. Ce composé est donné comme le type général des duels qui commencent par *diou* prononcé rapidement *diw-*.
2. On cherchera les composés qui commencent par *dis-*, soit sous *d* (*di-zélia* « effeuiller » sous *délien*), soit sous *s* (*di-sac'ha* « désacher »), soit enfin sous la voyelle qui suit le *z* (*dis-anaout* « méconnaître »). Voir la note sous *dis-*.
3. La filière des sens est « assemblée des juifs — assemblée de sorciers — tumulte indécent et malfaisant » — etc.
4. Sens étendu, car la domestication est une accoutumance.

*to-wer- « par-dessus », qui serait en br. *do wâr, « le dessus, la surface ». V. sous *da- et wâr, et cf. gorré.

Dogan, s. m., variante contractée de dapagan.

Doí, vb., variante écourtée de dözvi. V. ce mot.

Doñ, adj., apprivoisé, doux, docile, mbr. doff, cymr. dóf, vbr. dom-etic id. : soit un celt. *dom-o-, visl. tam-r, ag. tame, al. zahm « apprivoisé », qui se rattache à la même rac. que lat. dom-âre, etc. Cf. dañvad, dizoñ, dizouna et gousañv.

Doñjer, s. m., dégoût, mbr. doanger « danger ». Empr. fr. avec sens altéré (ce qui répugne est souvent dangereux).

Doñt, vb., venir, mbr. donet, corn. dons > dós, mot influencé par l'analogie de l'opposé monet > mont, pour mbr. deu-aff = vir. taig « viens », exactement « amène ici » : soit un celt. *to-ag-ō « j'amène », sk. áj-ā-mi, gr. ἄγ-ω, lat. ag-ō, etc[1]. V. le préf. sous *da-.

Dôr, s. f., porte, corn. dar-at et dar-as, cymr. dôr et drws, vbr. dor et drus, vir., ir. et gael. dor-us[2], sk. dvár, gr. θύρ-α, lat. for-ēs pl., got. daúr, ag. door, al. tor et tür, vsl. dvor-ŭ, etc.

Dorc'hel (V.), s. f., loupe, tumeur : variante de dôrzel[3].

Dorlôi (T.), vb., pétrir, caresser[4] : exactement « se servir de la main comme d'une cuiller ». V. sous dorn et loa.

Dorn, s. m., variante de dourn. V. ce mot.

Dôrzel, s. f., serrure (aussi dorc'hel V.) : dér. de tors au sens de « loupe, excroissance » [faisant saillie sur la porte]. — Ern.

Douar, s. m., terre, corn. doar > dôr, cymr. daiar id. : soit peut-être un celt. *di-aro- ou *di-saro-, signifiant « ce qu'on partage » ou « ce qui est susceptible de partage, d'appropriation », la syllabe radicale représentant l'état réduit de la rac. DAY « partager », sk. dáy-a-te et gr. δαί-ε-ται « il partage », δαι-τύ-ς et δαι-τρό-ν « portion », etc., vsl. dě-lŭ « portion », cf. got. dáil-s, ag. deal et al. teil « partie ». — Conj.

Douaren, s. m., petit-fils : soit un celt. *t-owero- dont le second terme, perdu en br., équivaut au cymr. wyr « petit-fils » < celt. *owero- = lat. *povero- > puer[5]. V. le préf. sous *da-.

---

1. V. le préf. sous *da-, et cf. deùi et mont.
2. Le br. est formation primaire; mais le pl. mbr. dor-oj-ou se rapporte aux dérivations secondaires des autres langues.
3. La serrure fait bourrelet sur la porte.
4. Ce sens vient en partie de la contamination de dorlota, qui est empr. fr. dorloter.
5. La racine se retrouve dans sk. pu-trá « fils », etc.

Doubier (T.), s. f., nappe. Empr. fr. ancien *doublier*[1].

Doué, s. m.. Dieu, mbr. *doe*, corn. *duy*, cymr. *diuiu-* > *duw*, vir. *dia*, gaul. *divos dans *Divo-durum* (Metz) et autres n. pr. : soit donc un celt. **deiw-o-*, dér. d'une rac. DIw « briller », sk. *dev-á*, « dieu, divin », gr. δῖος = δῖϝ-ο-ς « divin », lat. *deiv-o-s* > *deus* (cf. *divus* venu du gén. *divi*), lit. *děv-a-s*, visl. *tiv-ar* « les dieux », etc. Cf. *deiz*.

Douez, s. f., variante de *douvez*. V. ce mot.

Dougen, vb., porter, mbr. *douc* « il porte », corn. *duk*, cymr. *dug*, vir. *tuc*, ir. et gael. *thug*, cf. vir. *do-uicc*, *ro-uicc*, etc. : soit donc le préf. **to-* (sous **da-*), précédant une forme aoristique de la rac. GES (*é-gēs-s-t « il porta », cf. mbr. *dougas*), laquelle se retrouve dans lat. *ges-si-t* « il porta » et *ges-ō > *gerō*[2]; cf. aussi visl. *kas-t-a* « jeter » > ag. *to cast*.

Douja, vb., craindre, mbr. *dougiaff* id. : phonétiquement régulier pour *doud-iaff, dér. d'un radical **doud-* < **dout-*, abstrait de l'empr. fr. ancien *doubter* > *douter* « craindre » (aujourd'hui *re-douter*).

Doulzil, s. m., clepsydre, arrosoir. Empr. fr. ancien *douzil*[3] « bonde de tonneau », plus anciennement « conduit d'eau » (bas-lat. *duciculum*).

Doun, adj., profond, mbr. *don*, cymr. *dwfn*, vir. *dom-ain*, ir. et gael. *domh-ain* id. : d'un celt. **dub-no-*, rac. DHUB, d'où lit. *dub-ù-s* « profond », got. *diup-s* (= i.-e. *dheub-o-s), visl. *diúp-r*, ags. *dēop* > ag. *deep*, vhal. *tiof* > al. *tief* « profond », etc. Cf. *dour*.

Dour, s. m., eau, corn. *dofer* > *dour*, cymr. *dubr* > *dwfr*, vir. *dobur*, ir. et gael. *dobhar*, gaul. *dubron* (d'Arb.) dans les noms de lieux qui sont aujourd'hui *Douvres*, etc. : d'un celt. **dub-ro-*, dér. par suff. *-ro-* de la même rac. que **dub-no-* > br. *doun*. V. ce mot.

Douren, s. f., suc, jus, humeur : dér. du précédent.

Dourgen, s. f., anse : pour *dourngen, mbr. *dornguenn*, qui correspond à un celt. *durn-ăk-inā, « main [du vase] » ou « ce qu'on tient à la main», dér. de **durn-ăko-*. V. sous *dourn*.

Dourgi, s. m., loutre (chien d'eau). V. sous *dour* et *ki*.

Dourn, s. m., main, corn. *dorn*, cymr. *dwrn* « poing » et *dyrn-aid*

---

1. Conservé, entre autres, en patois normand.
2. Zimmer, Stokes, Macbain. — Mais aujourd'hui M. Loth préférerait ramener simplement ce verbe à la forme réduite de la rac. DUK (lat. *dŭc-* « chef » et *dūc-ō* « je conduis », got. *tiuh-an* et al. *zieh-en* « tirer »), et expliquer cymr. *duch* « qu'il mène » par un celt. *douc-s-et subjonctif d'aoriste sigmatique : *R. Celt.* XX, p. 80.
3. Le mot a été altéré par l'étymologie populaire, qui l'a décomposé en *dour-zil* « passoire à eau ». V. ces mots (sous *sil*).

« poignée », vir. *dorn, dorn-ach*, « poing, main », gael. *dòrn* « poing », gaul. *Durnacos* n. pr. : soit deux mots celt. **dur-no-* et **dur-nāko-*, qu'on ne rencontre guère ailleurs (gr. δῶρον et δάρις, « palme, la mesure formée par la main étendue »), mais qu'on rattache à la rac. de *darn*[1].

Dourna, vb., battre, vbr. *dorn* « il bat », dér. du précédent.

Douvez, s. f., fossé plein d'eau. Empr. fr. bretonisé *douve*.

Dozvi, vb., pondre, mbr. *dezvyff*, cymr. *dodwy*, vir. *doithim* « j'enfante » : par dérivation secondaire d'un radical celt. *tosw-* < **to-sū-*, préf. **to-* (sous **da-*), et rac. SÛ, cf. vir. *su-th* « descendant » et gael. *su-th* « objet quelconque », sk. *sû-te* < « elle enfante » et *sū-nú* « fils », gr. υἱός < **συ-ιό-ς* « géniture », got. *su-nu-s*, ag. *son*, al. *sohn*, etc.

Drâf, s. m., claie, guichet, mbr. *draffl*. Empr. fr. ancien *travelle* « petite poutre » ou *trave* « pièce de bois », ou contaminé des deux.

Dral, s. m., fragment. hachure (d'où *drala* « hacher »), mbr. *druilla* « briser », cymr. *dryll* « morceau » : d'un celt. **drus-lo-* < i.-e. **dhrus-lo-*, cf. gr. **θραύσ-ω* > θραύ-ω, « je brise, je broie », sans autre équivalent connu (fr. *drille* « chiffon » paraît empr. br.).

Dramm, s. m., javelle, fagot, vir. *dremm* « poignée » [de gens], ir. et gael. *dream* id. : d'un celt. **dreg-smo-* « ce qu'on tient ou peut tenir en main », cf. gr. δράγ-μα « poignée », etc. V. la rac. sous *derc'hel*.

Drammen, s. f., médicament : dér. de l'empr. bas-lat. **dragma* ou fr. technique *dragme*, lui-même emprunté au gr. δράχμη[2].

Drant, adj., vif, gai : syncopé en prononciation rapide pour **driant*[3], et celui-ci pour mbr. *drilhant*. Empr. fr. ancien *drillant* « sautillant », d'où l'on a abstrait la locution [*joyeux*] *drille*. — Ern.

Draok, s. m., variante de *dréok*. V. ce mot.

Drask, s. m., grive, mbr. *drasgl*, vbr. *trascl*, cymr. *tresglen* id. : soit un celt. **tresklo-* pour **tred-sklo-*, formé par application d'un suff. secondaire sur le radical de *tréd*. V. ce mot, et cf. la formation de l'ag. *thros-tle* (par rapport à *thrush*) et de l'al. *drossel*.

Draska, vb., frétiller, pétiller : dér. du précédent.

Dráv, s. m., variante de *dráf*. V. ce mot.

Dré, prép., à travers, par : pour **tré* (conservé dans *tré-ménout*), corn. *dre*,

---

1. La main serait dès lors, soit « la déchireuse », soit plutôt « la fendue », à cause de l'écartement des cinq doigts.
2. « Ce qui se vend à la drachme » (petit poids de pharmacie).
3. Cf. aujourd'hui *Driant*, nom de famille français.

cymr. *troi* > *trwy* > *drwy*, vir. *tria* (> ir. *triall* et gael. *triall* « voyage »), d'un celt. **trei*, qui se rattache à une rac. TERĀ « traverser », cf. sk. *tir-á-s* et lat. *tr-ans*[1] « au delà ».

Dréan, s. m., épine, arête (pl. *drein*), corn. *drain* > *draen*, cymr. *draen*, vir. *draigen*, ir. et gael. *droigheann* « ronce » : soit un celt. **drag-ino-*, qu'on peut rapprocher du gr. τρᾱχ-ύ-ς « rude » ; mais cf. aussi τέρχ-νο-ς « rameau » et lit. *drìg-nė-s* « ronces ».

Dréd, s. m., variante de *tréd*, et cf. *drask*.

Dreinek, s. m., bar : dér. du pl. de *dréan* (plein d'arêtes).

Dreist, prép., au delà : dér. secondaire de *dré*.

Dreizen, s. f., variante de *drézen* sous l'influence du pl. de *dréan*.

Dremm, s. f., visage, cymr. *drem*, cf. gr. δεργ-μό-ς « regard » et δέργ-μα « aspect » : soit un celt. **driksmā* < **dṛk-smā*, dér. de la très commune rac. DERK « voir »[2], vir. *derc* « voir », *con-derc-ar* « on voit », *drech* « visage », etc., gr. δέρκ-ε-ται « il voit » et δέ-δορκ-ε = sk. *da-dárç-a* « il vit », got. *ga-tarh-jan* « rendre remarquable », vhal. *zorah-t* « clair », etc.

Dremvél, dremwél, s. m., horizon : exactement « ce qu'on voit (embrasse) d'un regard ». V. sous *dremm* et *1 gwél*.

Drén, s. m., variante de *dréan*. V. ce mot.

1 Dréô, adj., gai, un peu ivre, cymr. *dryw* « roitelet », cf. ir. *dreán* et gael. *dreathan-donn* « roitelet » : d'un celt. **driwo-* < **dṛ-wo-*, dér. d'une rac. DHERĀ « bondir », cf. gr. θορ-εῖν θρώ-σκω ἔ-θορ-ε.

2 Dréô, s. m., coqueluche, mbr. *dreau*, cymr. *trew* « éternuement », ir. *trioch* > *triugh*, gael. *triuthach* « coqueluche » : se rattache, par chute de *s* initial, à la même rac. que *stréfia*. V. ce mot.

Dréok, s. m., ivraie, mbr. *dréaucq*, cymr. *drewg* « pavot blanc » : dér. de *1 dréô* (herbe folle ou enivrante), tout comme fr. *ivr-aie* de *ivre*.

1 Drézen, s. f., ronce, crémaillère, corn. *dreis*, cymr. *drysien*, vbr. *drissi* pl., vir. *driss*, ir. et gael. *dris* « ronce » : soit un celt. **dresso-* ou **dressi-*, pour **drep-s-*, qui coïncide par métathèse avec l'al. *tref-s* > *trespe* « ivraie », mais n'a point d'autre équivalent connu.

2 Drézen, s. f., variante de *trézen*. V. ce mot.

Driked, s. m., loquet : contamination possible de *kliked* et de *dorikel* « guichet » diminutif de *dor*. V. ces deux mots.

Drouk, droug: adj., mauvais ; s. m., mal ; corn. *drog*, cymr. *drwg*, ir.

---

1. D'où aussi en fr. *tres-* > *très* et *tré-* (*tré-passer*).
2. Mieux reconnaissable dans le composé vbr. *er-derh* « évident ».

et gael. *droch* id.: soit un celt. **druk-o-* (et **drukko-*) < i.-e. * *dhruk-o-*, cf. ags. *dryg-e* > ag. *dry*, al. *trock-en* « desséché »¹.

Drouzivez, s. m., déroute: syncopé avec mutation douce pour *droug-divez* « mauvaise issue ». V. sous *drouk* et *1 divez*.

Drujal, vb., badiner: dér. d'empr. fr. ancien *druge*, « jeu, risée, moquerie » (en Poitou, Basse-Normandie et Haute-Bretagne).

Drûz, adj., onctueux: exactement « épais ». Empr. fr. ancien (nominatif) *drus* « dru ». — Loth.

Dû, adj., noir, mbr. *duff*, corn. *duw* > *du*, cymr. *dub* > *du*, vbr. *du-glas* « bleu foncé » (sous *1 glâz*), vir. *dub*, ir. et gael. *dubh*, gaul. n. pr. *Dub-i-s* « le Doubs »² : soit un celt. **doub-o-* < i.-e. **dhoubh-o-*, de même rac. que gr. τυφ-λό-ς « aveugle », ag. *dumb* « muet », al. *dumm* « imbécile », ags. *dëaf* > ag. *deaf* = al. *taub* « sourd »³.

Dûbé, s. m., pigeon domestique. Emprunt germanique d'époque et d'origine inconnues (ags. *dûfe* > ag. *dove*, hollandais *duif*)⁴.

Dudi, s. m., plaisir. Empr. fr. ancien altéré *déduit* (cf. *diduel*).

Duhont, adv., là-bas: exactement « [de] ce côté là » (*tù-hont*).

Dûl, s. m., poignée, poupée de filasse, vir. *dúal*, « boucle de cheveux, tressage »: soit un celt. **dok-lo-* (altéré en br.), apparenté au got. *tag-l* « poil » et au sk. *daç-â* « frange », sans autre équivalent⁵.

Duman, adv., par ici. V. sous *tù* et *man*, et cf. *duhont*.

E

1 É, variante, devant voyelle, de la particule verbale *ec'h* ou *ez*.

2 É, prép., variante de *1 en* avec perte de la nasale⁶.

1 Éal, s. m., ange, mbr. *ael*, corn. *ail* (voc.) > *eal* > *èl* (mais cymr. *angel* id.). Empr. bas-lat. altéré *agelus, pour *angelus* empr. gr. ἄγγελος.

1. Le sk. *druh* « être malfaisant » = al. *trug* « tromperie » est plus voisin comme sens, mais ne concorde pas pour les consonnes, sauf toutefois la possibilité de l'alternance *gh : kh* étudiée par M. Meillet, *Mém. Soc. Ling.*, X, p. 277.
2. Le « fleuve noir »; cf. le Dourdu, près Morlaix.
3. Cf. la note sous *dall*.
4. Le plus voisin serait mhal. *tûbe* > al. *taube*. Mais on ne voit pas trop comment le mot aurait voyagé si loin.
5. M. Whitley Stokes donne en outre un cymr. *dull* « pli », *dull-io* « plier », qui n'existe plus dans ce sens.
6. On ne donnera les composés par *é* initial qu'autant qu'ils ne sont pas décomposables à première vue. Il est bien entendu qu'il faut parfois les chercher sous l'initiale muée, quoique la mutation ne soit pas régulière: ainsi *éberr* « bientôt », sous *berr*, etc.

2 **Éal** (T.), s. m., poulain, cymr. *ael* et vir. *ál*, « couvée, portée » : d'un celt. **aglo-* pour **pag-lo-*, cf. lat. *pro-pāg-ō* « postérité », sans autre équivalent connu. V. aussi sous *ala*.

Éan, s. m., variante de *éhan*. V. ce mot.

Éar, s. m., air (aussi *ér*). Empr. fr. *air*.

Éaz, adj., variante de *aes*. Empr. fr. *aise*.

Ébarz, adv., prép., dedans, dans. V. sous *2 é* et *abarz*.

Ébat, s. m., divertissement. Empr. fr. *ébat*.

Ébén, l'autre (en parlant d'une femme, cf. *égilé*), corn. *yben* (des deux genres) : exactement **he ben* « la femme (la compagne) d'elle »¹, d'un mot perdu en br., corn. *ben-en* « femme », cymr. *bun* et *ben-yw*, vir. *ben*, ir. et gael. *bean* « épouse », celt. **ben-ā*, sk. *gnā́*, gr. γυνή (béot. βανά), vsl. *žena*, got. *qinō* et *qēn-s*, ag. *queen* « reine », etc.

Ébeùl, s. m., poulain, corn. et cymr. *ebol* id. : soit un britton. **ep-ālo-* dér. de **ep-o-* « cheval », gaul. **epos* dans *Epo-redia*, *Epona* (déesse des charretiers), *Us-ip-etes* et autres n. pr.; celui-ci à son tour représentant un celt. **ek-wo-* > vir. *ech* « cheval », identique à sk. *áç-va*, gr. **ἔκ-ϝο-* > ἵππος, lat. *equu-s*, got. *aíhwa-*, lit. *aszva* « jument ».

Ébiou, prép., auprès de, au dessus de, mbr. *hebiou*, cymr. *heibio* « outre », vir. *sceo* « et » : soit « à la suite de », dér. celt. du même radical que *hep*. V. ce mot.

Ebr (V.), s. m., ciel, corn. *ebron* id. : variante dialectale de *oabren*. V. sous *oabl* et *koabr*.

Ébrel, s. m., avril, corn. *ebral*, cymr. *ebrill*. Empr. lat. *Aprīlis Aprĭlis*.

Ék, s. m., pointe : mot rare, mais d'origine fort ancienne, formé comme le lat. *ac-iē-s* « pointe » sur l'universelle rac. AK « aigu », cf. sk. *aç-rá* « coin », gr. ἄκ-ρο-ς « pointu », lat. *ac-u-s* « aiguille », *ac-ūtu-s*, *āc-er*, vsl. *ostrŭ* « aigu », etc., etc. V. aussi *akr*, *diék*, *ibil*, *higolen*, etc.

Ékañ, **ékañt**, s. m., encan. Empr. fr. ancien, avec chute de la nasalisation, *encant* < lat. *in quantum*.

Ékeñver, **ékéver**, prép., envers : exactement « en opposition à, en regard de ». V. sous *2 é* et *2 kéfer*.

---

1. L'explication par **he penn* « une tête de lui » ou « d'elle » (son ou sa pareille) se heurte à l'objection que, dans le second sens, qui justement est le sens breton, on devrait avoir **he fenn*. D'autre part, l'extension de sens en cornique est bien plus aisément concevable que la restriction de sens en breton. — Le radical de ce mot se retrouve en outre dans l'initiale, à fonction féminine, du br. *bizourc'h* et du fr. *biche*.

Eks-, prép., hors de, de[1] : correspond à l'i.-e. *ek-s* > gr. ἐx et ἐξ, lat. ec- et ex, lit. iz, vsl. izŭ et is- id.; apparaît en br. sous les formes ac'h-, ec'h-, ez-[2], eûz, etc.

Éd, s. m., blé, mbr. it > id, corn. yd, cymr. ith > yd, vir. ith, et cf. vbr. it-lánn = gael. iodh-lann « champ de blé » : d'un celt. *itu- pour *pi-tu-, dér. de rac. PEI « nourrir », sk. pi-tú et zd pi-tu « aliment », lit. pëtŭs « repas de midi », vir. i-th-im « je mange » et gael. ith « manger » (sans rapport avec ag. to eat, etc.), vsl. pi-t-ati « nourrir ».

Édrô, adj., volage, étourdi : semble, malgré mbr. hedro, une traduction par calembour de fr. étour(di), compris comme « en tour », c'est-à-dire « faisant des tours ». V. sous 2 é et trô, et cf. kildrô.

Eeûn, adj., droit, juste, mbr. eûn, vbr. eunt[3], cymr. iawn, vir. fír-ián id. : d'un celt. *iäno- pour *ip-äno-, qui ne se retrouve avec certitude qu'en germanique (got. ib-n-s « plane », ag. even, al. eben).

Efreiz, s. m., effroi. Empr. fr. ancien esfreis.

Égét, que, corn. eges id. : paraît une dérivation déaspirée de hag[4].

Égilé, l'autre (en parlant d'un homme, cf. ébén), cymr. y gilydd > gilydd, vir. a chéle id. : exactement *he kile « le compagnon de lui », locution formée d'un mot perdu en br. (cymr. cilydd, vir. céle « compagnon »), soit un celt. *kei-lyó-, rac. KEI « aller ». V. sous 1 kiz.

Égin, s. m., germe, bourgeon, cymr. egin id. et egino « germer » : d'un celt. *ak-īno- « pointe », rac. AK. V. sous ék.

Éginad, s. m., étrenne : soit « commencement, prémices », cf. cymr. eginad « germination », dér. du précédent[5].

Égiz, comme. V. sous 2 é et 2 kiz (en guise de).

Égras, s. m., sauvageon, verjus : cf. cymr. egroes « églantier » (bas-lat. *ăcr-estius), fr. ancien egresse et br. amgroaz.

Éhan, s. m., repos, pause (aussi éan), mbr. ehanaff « s'arrêter » : soit un radical celt. *eks-san- (cf. vir. cum-san-ad « repos », de la même rac. avec un autre préf.), rac. SAN, « accomplir, achever », sk. san-ó-ti « il acquiert », gr. ἀνύω « j'accomplis ». Cf. *eks- et *ke-.

---

1. Cymr. ch-, vir. ess- et as-, gaul. ex- (cf. aoun).
2. Phonétiquement et en principe, le groupe ks donne h entre voyelles et s > z devant consonne. V. ces préfixes.
3. Le t surajouté sous une influence inconnue.
4. Comme cymr. nogyt « que ne » de nog. Mais, à raison de l'homophome partielle et de leur sens vague de conjonction, les deux mots égét et évit (mbr. éguit) se sont parfois confondus. — Loth.
5. L'expression remonte-t-elle à l'époque où l'année commençait avec le printemps?

Ec'h, particule verbale, variante de *ez*.

Ec'h-, préf., une des formes bretonnes de **eks-*.

Ec'hoaz, s. m., sieste du bétail, cymr. *echwydd* « repos » : soit un celt. **eks-sed-o-* id. V. sous **eks-* et cf. *aé*.

Ec'hon, adj., vaste, cymr. *ehang* id. : soit « exempt d'étroitesse ». V. sous **eks-* (négatif par exclusion) et **eng > eñk*.

Eil, autre, cymr. *aill*, vir. *aile*, celt. **al-yó-* (cf., pour la forme, sk. *an-yá*), gr. ἄλ-λο-ς, lat. *al-iu-s*, got. *al-ji-s*, etc. V. sous *all*[1].

Eil-, particule verbale qui indique la répétition de l'action (*eil-zimizi* « se remarier ») : identique au précédent.

Eiz, huit, corn. *eath*, cymr. *wyth*, vir. *ocht n-*, ir. et gael. *ochd* : d'un celt. **oktō(n)*[2], sk. *aṣṭáu*, gr. ὀκτώ, lat. *octō*, got. *ahtau*, ags. *eaht* > ag. *eight*, al. *acht*, lit. *asztůni*, etc.

Ejenn, s. m., bœuf, mbr. *eugenn*, corn. *odion*, cymr. *eidion* « bête bovine » : exactement « richesse » [mobilière][3], dér. brittonique d'un emprunt ags. *ēad* « richesse » (vhal. *ōd*). — Conj.

El, dans le, variante de *enn* devant *l*. Cf. *al*.

Él, s. m., contracté de *1 éal*. V. ce mot.

Élaz, s. m., foie, gésier, cf. corn. *glas* « estomac » et vir. *eclas* « jabot » : très obscur; semble en tout cas contenir le mot *glass*, visible dans la juxtaposition cymr. *afu glas* « foie vert » (la vésicule du fiel). V. sous *añ* et *1 glâz*.

Elbik, s. m., émulation : abstrait de l'empr. fr. ancien (argot ou patois) *alebiqueux*, « pointilleux, querelleur ». — Ern.

Élestr, s. m., iris, glaïeul, cymr. et vbr. *elestr*, ir. *elestar > elcastar* id. : abstrait de l'empr. bas-lat. *alestrāre* « humecter ». — Conj. Ern. et Stokes[4].

Elf, s. m., palette de moulin, planche : abstrait de mbr. *alvéen > elven* id. Empr. bas-lat. *aloennus > fr. auvent*. — Conj. Loth. V. sous *éló*.

Elfen, s. f., élément, cymr. *elfen*. Empr. lat. *elementum*.

---

1. La différence entre *all* et *eil* tient à deux types d'accentuation divergents, respectivement **ál-yo-* et *al-yó-*.
2. Le cymr. et le br. supposent une forme brittonique **okti*. Le corn. a subi l'influence de l'ags.
3. Le bétail est naturellement la richesse par excellence. — Le vocalisme brittonique suppose que l'emprunt a eu lieu à un moment où l'ags. ne prononçait pas encore *ēad*, mais à peu près **aud*, soit au début même de l'invasion des Saxons en Grande-Bretagne.
4. La plante se plaît dans les lieux bien arrosés. Mais les formes ir. et gael. *soilkastar* et *seilisdeir* sont embarrassantes.

Elgez, s. f., menton, corn. *elgeht*, cymr. *aelgeth* > *elgeth*. — Étym. inc.

Eli, s. m., membre, ergot : malgré ir. et gael. *alt* « jointure », paraît identique à *ézel*, avec chute dialectale du *z* intervocalique, contraction, et doublement de l'*l* en prononciation rapide, cf. l'*l* simple de *kéfélek*[1].

Élô, s. m., tremble, mbr. *ezlen*, corn. *aidl-en* « sapin », vir. *aidle* « planche », altération de *ezl-* en *eol* > *elv*, sous l'influence de *elf*. V. ce mot, et cf. l'altération similaire de *eon*[2]. — Étym. inc.

Elven, s. f., étincelle, mbr. *elven tan*, exactement « élément, atome de feu » : le même mot que *elfen*, mais contaminé de *uflen* « étincelle ». V. sous *eufl* et *fulen*.

Elvézen, s. m., raifort : contamination possible de *irvin* et de *gwrizienn* > *grisien*. V. ces mots et *alouein*.

Em, syncopé pour *en em*. V. cette locution.

Éma, il est, voici : exactement « ici » [est], etc., soit *é-ma*, composé de *1 en* et du même élément local qui se trouve dans *ama* ou *amañ*. V. ce mot, et cf. *3 ma* et *mañ*.

Embann, s. m., ban, proclamation. Empr. fr. [*proclamer*] *en ban*.

Embouda, vb., greffer : dér. d'empr. lat. vulgaire *emputa* > fr. *ente* « scion de greffe », lui-même empr. gr. ἔμ-φυτον « qui pousse dans ».

Embréga, vb , manier. Empr. bas-lat. *imbrachiāre* « embrasser ».

Émé, émez, vb., dit[-il] : seule forme conservée (*1 é+mez*) d'un vb. qui est en cymr. *medd* « il dit ». — Étym. inc.[3]

Émesk, adv., parmi, cymr. *ym mysg*, ir. et gael. *am measg* > *measg* id. : soit un celt. *in med-skō* « au milieu », dont le second terme est une dérivation de la rac. MEDH « milieu », cf. sk. *mádh-ya-*, gr. *μεθ-yo-* > μέσσος > μέσος, lat. *med-iu-s*, got. *mid-ji-s*, ag. *(a-)mid*, al. *mit, mitte*, etc.[4]

Emgann, s. m., combat : exactement « batterie réciproque ». V. sous *em* et *2 kann*.

---

1. La désuétude de *ézel* lui-même peut avoir favorisé l'altération phonétique et la légère déviation sémantique.

2. Le type *ez-len* pourrait remonter à un celt. *pat-ilion-* « qui s'étend », cf. lat. *patēre* « s'étendre » et *pat-ulu-s* « touffu », gr. πετά-ννῡμι « j'étends », etc. Quant au type *elo-*, M. Ernault l'en a récemment séparé, en expliquant *élô* « tremble » et *elf* « palette », respectivement par empr. lat. *albus* « blanc » et *alba* « aube » [de moulin] : *Mém. Soc. Ling.*, X, p. 325.

3. Cf. gr. μῦθ-ο-ς dont l'origine n'est pas plus claire.

4. Les équivalents celtiques directs sont mbr. (irrégulier) *y metou* « au milieu », cymr. *ymeun* > *mewn* « dans », vir. *im-medón* et adj. *mide* « milieu », gaul. *med-io-s* dans *Medio-lānum* « Milan » (milieu de la plaine), « Meilhan », et autres n. pr. : se garder donc de confondre avec *mesk* » mélange ». V. ce mot et cf. *métou*.

Émolc'h, s. m., chasse, mbr. *emolch* pour *em-holch, cf. corn. *helh-ia* « chasser » et *helh-wur* « chasseur », cymr. *in-helch-a* > *hela* « chasser », vir. *selg* « chasse », ir. et gael. *sealg* id.: soit un celt. *selg-a, rac. SELG, sans équivalent connu ailleurs ; le préf. est *1* **am-*. V. aussi *dielc'ha*.

Empenn, s. m , cerveau. V. sous *1 en* et *penn*[1].

Empren, s. f., rayon de roue, cf. cymr. *mymryn* « fragment » : dér. de **mempr-* > *cempr-* > *empr-*. Empr. lat. *membrum* au sens de « partie d'un tout ». V. sous *ab*, *azé*, etc., pour la chute de l'initiale.

Emwél, s. m., entrevue. V. sous *gwél*, et cf. *emgann*.

Emzivad, s. m., orphelin, mbr. *emdyval* « abandonné » : exactement *am-di-mat (préf. *1* **am-* et *1 di-*), c'est à dire « en-non-bon, en mauvaise posture, dans la détresse ». V. ces trois mots.

1 En, prép. (et *en-* préf., cf. quelques-uns des mots suivants), dans corn. *en*, cymr. *in* > *yn*, vir. *i n-*, gaul. *en-*, *in-*, gr. ἐν, lat. *in*, got.. ag. et al. *in* (*ein-* préf.), etc. ; commune à toute la famille, sauf peut-être le sk.

2 En, s. m., variante de *enr*. V. ce mot.

Énaoui, vb., animer. V. sous *éné* et cf. *anaoun*.

Eñk, adj., étroit, mbr. *encq*, cymr. *ang (cf. *éc'hon*) et *cyf-yng*, vir. *cum-ang* id. : rac. ANGH, « serrer, presser », gr. ἄγχω, lat. *ang-ere* « serrer », *ang-ustu-s* « étroit », got. *aggw-u-s* et al. *eng* « étroit », etc.[2]

Eñkrez, s. m., chagrin, mbr. *encres*, corn. *ancres*, vir. *an-cride* « tort » : soit un celtique signifiant « absence de droit » (cf. lat. *in-cer-tu-s*), par **an-* privatif et le radical de *kers*. V. ces mots.

Eñderf, eñderv, s. m., soir, cf. cymr. *anterth* « matin ». Empr. lat. altéré *intra tertiam* « pendant la 3ᵉ heure » (de 8 à 9 heures du matin)[3].

Eñdra, tant que : décomposer en *en-dré-hag*, exactement « en travers que, tandis que ». V. ces mots.

Éné, s. m., âme, mbr. *eneff*, corn. *enef* > *ene*, vir. *anim*, ir. et gael. *anam* id. : c'est le sg. dont *anaoun* est le pluriel. V. ce mot.

Énébarz, s. m., douaire : pour *enep-gwerz, exactement « prix d'achat du visage[4] ». V. sous *énep* et *gwerz*.

---

1. Comparer la formation du gr. ἐγ-κέφαλον « encéphale ».
2. Le *k* breton est étrange, en regard du *gh* > *g* indiqué par toutes les autres langues. L'altération est inexpliquée.
3. Le mot breton est corrompu. De plus, il a prodigieusement changé de sens ; mais rien n'est plus commun que ces sortes de confusions d'heures, cf. lat. *nōna* « 3 h. après midi » > ag. *noon* « midi ».
4. C'est-à-dire « somme que l'époux donne » ou plus tard « avantages qu'il reconnaît à l'épousée comme prix de sa beauté ».

Éneb-botez, s. m., empeigne : exactement « face de la chaussure », le premier terme gardant le sens étymologique de *énep*.

Énébi, vb., contrarier, contredire : dér. de *énep*.

En em, particule qui transforme un vb. actif en vb. réciproque ou réfléchi, corn. *em, om, ym*, et cymr. *ym* avec même fonction : variante de *1 *am-*, répétée deux fois en br., équivalant à ce que serait en gr. *ἀμφι-ἀμφι*.

Énep, prép., contre, malgré : exactement « [en] face [de] », mbr. *enep* et *enebenn* « visage », corn. *enep* « page », cymr. *enep* > *gwyneb* et vir. *enech* « visage », sk. *án-īka*, zd *ain-ika* et gr. ἐν-ώπια id. ; la rac. est OQ « voir », gr. ὄπ-ωπ-α « j'ai vu » et ὄψομαι « je verrai », lat. *oc-ulu-s*, vir. *ugail*, lit. *ak-i-s*, vsl. *ok-o* « œil », cf. got. *áug-ō* id.

Énet, s. m., carnaval, corn. *enes*, cymr. *ynyd* id. : exactement « entrée dans [le carême] ». Empr. lat. *initium*.

1 Énez, s. f., île (pl. *inizi*), corn. *enys*, cymr. *ynys*, vir. et ir. *inis*, gael. *innis* id. : soit un celt. **iniss-ī* f., apparenté au lat. *insula*[1] et au gr. νᾶσος.

2 Énez, s. f., poulette, mbr. *eenez* < *eznez* id. : fém. dér. de *ezn* « oiseau ». V. sous *evn*, et pour le sens cf. ag. *fowl* (sous *falaouéta*).

Engéhenta, vb., engendrer, s'unir : soit un vb. *hentaff* « hanter » précédé des préf. *en-* et **ke-* (*co-ire*), mais contaminé sans doute par le sens et la forme du fr. *engendrer*.

Engroez, s. m., foule, presse : serait en cymr. **yng-rwydd*, dér. de la même rac. que br. *eñk*. V. ce mot, et cf. lat. *ang-ī* « être serré ».

Enn, dans le : combinaison de *en* et de l'article défini, cf. *2 é, el* et *er*.

Éno, adv., là : dér. advb. du même type que *ano*.

Énoé, s. m., ennui, chagrin. Empr. fr. ancien *enui*.

Énor, s. m., honneur, respect. Empr. fr. *honor-er*.

Entân, s. m., incendie. V. sous *1 en* et *tân*.

Entré, prép., parmi, entre, corn. *ynter*, vbr. *ithr*, vir. *iter* > *etar*, ir. *eidir*, gael. *eadar*, gaul. et lat. *inter*, sk. *antár* id. : forme comparative de la prép. **en* « dans »[2]. Cf. *1 en*.

Env, s. m., ciel : pour **nenv*[3], mbr. *neff*, corn. et cymr. *nef*, vir. *nem*, ir. *neamh* et gael. *nèamh* id. : soit un celt. **nem-os*, dér. de rac. NEM,

---

1. Ce mot, en effet, a l'air du diminutif d'un plus ancien **inssa*. Quant à la signification intime, on a suggéré un primitif **eni-sti* avec le sens du lat. *in-stā-re* « se tenir dans » [l'eau].

2. La voyelle finale br. est imitée de *dré* < *tré*, ce qui revient à dire que *entré* équivaut à ce que serait un lat. **in-trans*.

3. Sur la chute de *n* initial, cf. *1 aer*.

« courber, fléchir, distribuer », sk. *nám-as* « courbure » (> voûte), gr. νέμ-ω « je distribue » et νομ-ό-ς « terrain de pâture », lat. *nem-us* « bois », gaul. νεμ-ητο-ν « enclos sacré » et vir. *nemed* « chapelle », got. *nim-an* « prendre » et al. *nehm-en* (vsl. *im-ą* « je prends » [1]), etc. Cf. *lémel.*

Envez, s. m., virole, anneau : exactement *en-bes* « [ce qui entre] dans le doigt ». V. sous *1 en* et *1 biz.*

Eñvor, s. f., mémoire : pour *meñvor* > *ceñvor*, cf. cymr. *myfyr* « réfléchi ». Empr. lat. savant *memoria*. V. sous *ab.*

Eô, si fait : exactement « [cela] est », sg. 3 du vb. *béza.*

1 Éok, éog, s. m., saumon, corn. *ehoc*, cymr. *eawg* > *eog*, vir. *eó* (gén. *iach*), gael. *iach*, lat. *esox*, lui-même d'ailleurs emprunté à un dialecte celtique, ainsi que le basque *izokin.*

2 Éok, éog, adj., mûr, roui, mbr. *eaug* pour *ehaug*, gaul. *exacon* « petite centaurée [2] » : soit un celt. *eks-āk-o-* « qui a perdu son *âcreté* », et cf. lat. *āc-er*. V. sous *eks-* et la rac. sous *êk.*

Eôl, s. f., huile. Empr. fr. ancien *oile* avec métathèse. Cf. *oléou.*

Éon, éonen, s. f., écume, cymr. *ewyn* id., vbr. *euon-oc* « écumeux », vir. *úan* « écume » : soit un celt. *ow-eno-* pour *pow-eno-*, rac. SPU dans lit. *pu-tà* et peut-être dans lat. *spu-ma* [3].

Eoñtr, s. m., oncle, corn. *eviter* > *ewiter*, cymr. *ewythr*, d'un celt. *awon-tro-*, qui n'a d'équivalent approché que lat. *avun-culu-s* [4].

Eôr, s. m., ancre, cymr. *angor*, vbr. *aior*, etc. Empr. lat. *ancora*. Cf. *1 eal.*

Eost, s. m., août, moisson. Empr. lat. *Augustus* > *agustus.*

Eostik, s. m., rossignol : dér. du précédent.

1 Er, s. m., aigle, mbr. *erer*, cymr. *eryr*, soit un brittonique *or-iro-*, cf. vsl. *or-ĭlŭ*, al. *aar* et *adel-aar* « noble-aigle » > *adler*, gr. ὄρ-νι-ς « grand oiseau », etc. [5].

2 Er, dans le : combinaison de *en* et *ar*, et cf. *enn.*

Er, s. m., variante contractée de *ear*. V. ce mot.

---

1. D'où aussi lat. *em-ō* « j'achète » (sens étymologique dans *dē-emō* > *dēmō* « j'enlève »). Le sens de la racine était évidemment assez fuyant, ce qui justifie les déviations sémantiques.
2. Plante qu'on faisait macérer dans l'eau.
3. L's initiale est mobile, comme dans beaucoup de racines de ce type, cf. aussi sk. *phé-na* et ags. *fām* > ag. *foam* (= lat. *spoi-mā* > *spūma*)?
4. Peut-être bien « petit aïeul », terme de caresse pour désigner un « oncle maternel » (fils de l'aïeul maternel).
5. Peut-on conjecturer quelque rapport avec la rac. de lat. *or-io-r*, gr. ὄρ-νυ-ται et sk. *r-ṇu-té* « il s'élève » ? De part et d'autre le vocalisme est peu clair.

Erbéd, s. m., recommandation : abstrait du vb. *erbédi*, composé d'une forme du préf. **ar-* et de *pédi*. V. ces mots.

Éré, s. m., lien : soit un radical celt. **en-rig-*. V. la rac. sous *rumm*, et cf. *1 en*, *2 é* et *kéfré*.

Érez, s. f., envie, dégoût, mbr. *eres*, « jalousie, malice », cymr. *eres* « étrange » et *erysi* « étonnement ». — Étym. inc. et cf. *gwarizi*.

Ergerz, s. m., voyage à pied, promenade : préf. *ar-* et *kerz*[1].

Erc'h, s. m., neige, corn. *irch* > *er*, cymr. *eir-a* id., vir. *arg* « goutte » : d'un celt. **argo-* (pour **parg-o-*?), d'étym. inc.[2].

Erméaz, adv., hors, dehors (d'où *ermésiad* « étranger ») : à traduire littéralement « dans la campagne ». V. sous *2 er* et *méaz*.

Éró, s. m., sillon, mbr. *eru* id., vbr. *eru-* « fonds de terre », corn. *eru* et cymr. *erw* « champ », vir. *arbe* et *arbar* « blé », ir. et gael. *arbhar* « blé », lat. *ar-ou-m* « terre de labour », etc. : tous dérivés anciens, formés sur la rac. ARÄ. V. sous *arar* et *arat*.

Err, s. m., élan, fougue, hâte. Empr. fr. ancien *erre* (< lat. *iter*) « marche », surtout dans la locution très usuelle *grant erre* « vite »[3].

Errez, s. m., variante de *arrez*. V. ce mot.

Erruout, vb., variante de *arruout*. V. ce mot.

Erv, s. m. (pl. *irvi*), variante de *éró*. V. ce mot.

Ervâd, adv., bien, mbr. *en mat*. V. sous *1 en* et *mâd*.

Es, particule, variante de *ez* dans tous les sens.

Ésa, ésaé, s. m., essai, épreuve. Empr. fr. *essai*.

Eskammed, s. m., billot : contamination du bas-lat. *scamellum* « escabeau »[4] et du fr. dialectal **escaffaud* « échafaud ». — Conj.

Eskemm, s. m., échange (*ex-cambium*). Cf. *kemm*.

Eskenn, s. m., morceau, pour **hesk-enn* avec suff. masc., soit donc « sciure », de même formation que *heskenn* « scie ».

Eskoaz, prép., en comparaison de : exactement « à l'épaule de », parce qu'on se mesure épaule contre épaule. V. sous *2 é* et *skoaz*.

---

1. Ne pas comprendre *er kerz* « dans la marche » ; car, *kerz* étant masculin, *er* n'y peut produire mutation douce ; mais il se peut que le type *er* ait agi sur le vocalisme de **ar-gerz*.
2. Si le brittonique est à séparer de l'ir., on peut tout simplement l'interpréter par **arg-io-* « blanc », gaul. **argios* (dans *Argio-talos* n. pr.), gr. ἀργ-ό-ς, etc. V. sous *arc'hant*.
3. Conservé aussi dans le fr. moderne *erre-ments*.
4. Attesté surtout par l'al. *schemel*.

Eskop, s. m., évêque (pl. *eskep*). Empr. lat. *episcŏpus*[1].

Eskuit, adj., agile, cymr. *esgud*, vir. *escid*, ir. *easguidh*, gael. *easgaidh* « dispos » (exempt de fatigue)[2]. V. sous **eks-* et *skuis*.

Espern, s. m., épargne. Empr. fr. ancien *espargne*.

Estel, s. m., dévidoir : jadis pl. de *astel*[3], pris pour un sg.

Estlamm, s. m., étonnement : contamination d'un mbr. **ech-lamm* « bondir hors de [soi] » par le mbr. *eston* empr. fr. V. sous *lamm*.

Estr, estré, adv., prép., outre, en outre : le mot est avec *eñtré* exactement dans le même rapport que lat. *extrā* avec lat. *intrā*, soit donc un type de comparatif ou d'adv. local dér. de **eks*.

Éta, donc, mbr. *enta*, cymr. *ynte* (particule adversative de liaison), cf. ag. *and*, vhal. *unti* > al. *und*, sk. *átha* « et ».

Étéô, étev, s. m., tison, brandon, corn. *itheu*, cymr. *etewyn*, cf. vir. *itharnae* « torche » : soit un celt. **itu-* < **pitu-* et **pitaw-i-*, cf. gr. πί-τυ-ς « pin », sk. *pitu-dāru* (nom d'un arbre très riche en résine), lat. *pi-nu-s*, etc. — Conj. Stokes[4].

Étré, prép., variante de *eñtré*. V. ce mot.

Étrézé, prép., vers, mbr. *entresea* et *entrézec* id. : soit **en-tres-* = lat. **intrans* « dans-à-travers », surchargé d'un suffixe de dérivation adverbiale ; pour le suff., cf. *bété, goudé, adálek*, etc. ; pour le corps du mot, *étré*.

Eûb, s. m., embarras : abstrait de *eübi*, mbr. *eübi* « embarrasser », et celui-ci pour mbr. *ac'hubi*. Empr. lat. *occupāre* « s'emparer de > tenir ferme > faire obstacle ».

Eûbeûl, s. m., variante de *ebeûl*. V. ce mot.

Eufl, s. m., atome, fétu, duvet volant, cymr. *eflyn* et *yfflyn* id. : peut-être simple variante à métathèse de *elfen* et *elven*. V. ces mots ; mais cf. aussi cymr. *ulwyn* « cendre », br. *fulen* et *ulven*.

Eul, article indéfini devant *l*, cf. *eunn* et *al*.

Eûn, adj., variante contractée de *eeün*. V. ce mot.

Eunn, article indéfini, corn. *un*, cymr. *un*, vir. *oin*, etc. : d'un celt. **oino-s* « un » (nom de nombre), lat. *oinos* > *ūnus*, gr. οἰνή « le point de l'as au jeu de dés », got. *áin-s* « un », ags. *ān* > ag. *one* et *an*, al.

---

1. A la différence du fr., qui suppose *opiscopus*.
2. Mais sans doute contaminé, en br., de *kuit* « libre ».
3. Au sens de « menue pièce de bois ». V. ce mot.
4. La phonétique rigoureuse exigerait **edéô*, mais la dentale peut être restée sourde ou s'être réassourdie par contamination de *tān*.

ein, etc.[1]; les principales autres dérivations de cette racine universelle sont sk. *éka* (< i.-e. **oi-qo-*), zd *aeva* « un » et gr. οἶος « seul » = οἰ-ϝό-, peut-être lat. *ae-quu-s*, etc. Cf. *unan, iñtañv, itron*.

Eur, variante du précédent. V. sous *ar*.

Eûr, s. f., chance, bonheur. Empr. fr. *heur*.

Eûré, il fit (et formes similaires), mbr. *gueure*. V. sous *gra*.

Eûred, eûreûd, s. m., noce, mbr. *euret*. Empr. lat. *ōrātus* « prière » (*ōrātio*), restreint au sens de « prière prononcée sur les futurs époux > célébration du mariage ». — Conj. Loth.

Eûz, prép., de : forme moderne de **eks*.

2 **Eûz**, s. m., horreur, terreur : paraît contenir, à l'état long, la même rac. que le lat. *pav-or*, également reproduite par le vir. *úath* id., sans autre répondant sûr ni possibilité de préciser la dérivation.

Éva, vb., boire, mbr. *evaff*, corn. *eve*, cymr. *ib-en* (ancien) « nous buvons », vir. *ib-im* « je bois », gael. *ibh*, etc. : d'un vb. celt. **ib-ō* pour **pib-ō*, sk. *pib-a-mi*, lat. *bib-ō*[2].

Ével, comme, cymr *efel* > *fel* : forme déaspirée de *hével* à sens adverbial.

Éven, s. m., juin : écourté de *mézéven* par suite d'une confusion qui l'a rattaché au lat. *jūnius*; *méz-* a été pris pour *miz*. V. ces mots.

Évez, s. m., attention (aussi *évec'h* et *éouec'h* V.), peut-être pour **he-wez* = celt. **su-wik-to-* « bonne garde » (cf. *hé-* et *az-aouez*), dér. de la même rac. qui a donné lat. *vig-il* « qui veille », got. *wak-jan*, ag. *to wake*, al. *wach-en* « veiller », *wack-er* « diligent », *weck-en* « éveiller », etc., etc. (corn. *gwethe* et *gwithe* « veiller »).

Évit, prép., pour, mbr. *eguit*, corn. *awos* id. : ce dernier supposerait une forme plus ancienne **awoet*. — Étym. inc. Cf. *égét*.

Évl, s. m., bourdaine. Empr. lat. *ebulum*, et cf. 2 *evor*.

Évlec'h, s. m., orme : dér. d'un radical **ecl-*, métathèse pour **elv-* (contaminé du précédent). Empr. ags. *elm* ou lat. *ulmus*[3].

Evn, s. m., oiseau (aussi *ein* V.) : altéré pour *én* (cf. 2 *énez*), et celui-ci pour mbr. *ezn*, corn. *heth-en* > *edhen*, vbr. *etn-*, cymr. *edn*, vir. *én* id. : d'un celt. **etno-* pour **pet-no-* « volatile », dér. de la rac. PET « voler ».

---

1. Le doublement de l'n final vient en br. de l'analogie de *ann*, une fois le nom de nombre devenu article.

2. Subsidiairement apparenté à la rac. PÔ « boire », sk. *pā-hi* « bois », gr. πώ-νω et πί-νω, lat. *pō-tu-s*, *pōtāre*, etc.

3. Le nom celt. est vir. *lem*, ir. *leamh*, gael. *leamhan*, cymr. *llwyf*.

et identique à lat. *pet-nā* > *penna* « aile »; sk. *pát-a-ti* et gr. πέτ-ε-ται « il vole », πτε-ρό-ν « aile », ag. *feather* et al. *feder* « plume », lat. *pet-ere* « se diriger vers », etc.

Évodi (C.), vb., monter en épis. Cf. *dioda*[1].

1 Évor, s. m., ellébore : soit un plus ancien *ellevor* > *annevor* où *ann* a été pris pour l'article. Empr. lat. *helleborus*.

2 Évor, s. m., bourdaine, vir. *ibar*, ir. et gael. *iubhar* « if », gaul. *Eburos* n. pr., et cf. cymr. *efwr*, « berce, blanche-ursine » : d'un celt. *eb-uro-*, presque identique au lat. *eb-ulu-m* « hièble ». Cf. *evl*.

3 Évor, s. f., variante dénasalisée de *envor*.

Evr (V.), s. m., variante de *ebr*. V. ce mot.

1 Éz, particule verbale (cf. *1 é*), corn. *ydh* et *y*, cymr. *yd* et *y*, vbr. *it*, identique au suivant : en d'autres termes, une phrase telle que *aliez ô kanann* doit se traduire littéralement « [c'est] souvent *que* je chante ». V. sous *1 a*.

2 Éz, que : relatif d'origine obscure. Cf. le précédent.

Ez-, préf., l'une des formes de *eks-*.

Ézel, s. m., membre (pl. *izili*), corn. *esel*, vir. *asil* id. : d'un celt. *ass-ēli-*, lui-même dér. d'un celt. *ass-ā*, « poutre, côte », d'où corn. et cymr. *as-en*, vir. *as-na*, cf. lat. *ass-er* et got. *ans* « poutre »; sans autre équivalent.

Ézéô, s. m., boucle d'attelage. Empr. fr. *essieu*. — Conj.[2].

Ézomm, s. m., besoin (aussi *éhomm* V.), cf. corn. *ethom* id., vbr. *edem-n-etic* « qui a besoin » et vir. *adam-na* « faim » : contamination d'un composé du vb. « être » et du préf. *eks-*, au sens du lat. *de-esse* « manquer », avec un dér. celt. d'origine indéterminable impliquant l'idée de besoin ». — Conj. — Cf. le suivant.

Ezvésañd, adj., absent : préf. *ez-* et *béza*, soit le lat. *ex-sens* s'il existait avec le sens de *ab-sens*. V. le précédent.

F

Fâ, s. m., variante de *fav*. V. ce mot.

Faé, s. m., dédain, mbr. *fae* et *foi*, cymr. *ffei* « fi ! », cf. fr. *fi*, ag. *fie*, al. *pfui*, etc. Onomatopée du mépris. Cf. *fec'h*.

---

1. Le préf. paraît être ici *eks-*, soit donc *ec'hodi* > *évodi* > *évodi* (l'o développant une labiale).

2. Peu vraisemblable, à raison de l'énorme changement de sens.

Faez, adj., vaincu, las, corn. *feth-e* « vaincre » : soit un celt. (ppe passé), **spak-to-* « vaincu », sans apparentation claire.

Falaouéta, vb., dénicher des oiseaux : pour **faoul-aéta*, dér. d'un radical **faoul*. Empr. ags. *fugol* « oiseau » > ag. *fowl* « volaille ».

Falc'h, s. f., faux. Empr. lat. *falcem*. Cf. *1 fals*.

Falc'han (etc.), s. m., faucon. Empr. lat. *falcônem*.

Fall, adj., mauvais. Empr. fr. ancien *fel*, « félon, pervers ».

Fallakr, s. m., scélérat : combinaison de *fall* et *akr*.

Fallout, vb., manquer, falloir, faillir. Empr. fr. *falloir*[1].

1 Fals, s. f., faucille. Empr. fr. ancien *fals* « faux ». Cf. *falc'h*.

2 Fals, adj., faux. Empr. fr. ancien *fals* id. Cf. *faoz*.

Fañk, s. m., boue. Empr. normand *fanque* « fange ».

Fañken, s. f., sole : dér. du précédent[2].

1 Faô, s. m., fève, mbr. *faff*, corn. *fav*. Empr. lat. *faba*.

2 Faô, s. m., hêtre. Empr. lat. *fágus* > fr. ancien *fou*.

Faout, s. m., fente, cf. *faouta* « fendre » et vir. *scoilt-im* « je fends » : dér. d'une double rac. SPEL et SQEL, sk. *sphát-a-ti* « il éclate », gr. σχίζ-λω « je hache », lit. *skél-ti* « fendre », etc. Cf. *aoten*.

Faoz, adj., faux. Empr. fr. moderne. Cf. *2 fals*.

Fard, s. f., charge, tonnage. Empr. fr. (cf. *fard-eau*).

Farien, s. f., bagatelle : variante de *c'hoariel*. Cf. *c'hoari*.

Farlota, vb., s'amuser : dér. de l'empr. fr. altéré *falot* « bouffon ».

Farouel, farvel, adj., étourdi, bouffon : pour **frav-el*, dér. de *frav = fraô*[3]. V. ce mot. — Conj.

Fata, vb., s'évanouir, mbr. *falaff*, « être ébahi, hébété ». Dér. d'empr. fr. *fat* (ou provençal *fat*), « sot, stupide, ahuri » < lat. *fatuus* id.

Fav, s. m., variante de *1 faô* (d'où aussi *fav-az* s. m. « tige de fève ») et de *2 faô*. V. ces mots.

Fazi, s. m., erreur (aussi *faï* V.) : abstrait du vb mbr. *faziaff* « se tromper ». pour **faï-yaff*. Empr. fr. *faillir*. Cf. la note sous *koñchéza*.

Féal, adj., fidèle, loyal. Empr. fr. ancien *féal*.

---

1. Là où ce vb. se traduit en apparence par « vouloir », il n'est en réalité que l'exact équivalent de « falloir » : *pétra a fell d'éhoc'h ?* « que vous faut-il ? » > que voulez-vous ? »

2. Ce poisson s'enfouit dans le sable ou la vase.

3. Cf. l'expression française « comme une corneille qui abat des noix ». Au sens de « bouffon » la métathèse a été peut-être favorisée par l'existence du mot *fars* « plaisanterie » (empr. fr. *farce*), lequel a aussi agi sur **falota* > *farlota*.

Féaz : adj., variante de *faez* ; s. m., battant du métier de tisserand (« le fatigué », parce qu'il est sans cesse en mouvement).

Fec'h ! fi ! Cf. *fué*. Onomatopée de l'action de cracher.

Feiz, s. m., foi, probité, corn. *fedh*, cymr. *ffydd*. Empr. lat. *fĭdēs*.

Felc'h, s. f., rate, vir. *selg*, ir. et gael. *sealg* id. : soit un celt. *selgā < *spelg-ā, cf. sk. plīh-án et gr. σπλή,-ν « rate », gr. σπλάγχ-νο-ν « viscère », lat. liēn « rate » < *spli-ēn, etc. — Rapprochements très obscurs.

Feller, s. m., défaillant, délinquant : dér. de

Fellout, vb., variante de *fallout*. V. ce mot.

Felpenn, s. m., lopin, gros morceau, mbr. *falpen*. Empr. fr. ancien (argot) *felpe*, *flipe*, *fripe*, etc. (sens analogues).

Feltra, vb., éparpiller : primitivement « filtrer » (tamiser). Dér. de l'empr. fr. *feltre* « tamis » > fr. moderne *feutre*.

Félu, s. m., goémon. Empr. lat. *ulva* « algue », avec métathèse ; ou bien dér. d'un celt. inconnu apparenté au lat. *ulva*. — Ern.

Fenna, vb., répandre, couler, cymr. *ffynnu*, « produire, prospérer », *ffynnus* « productif ». Empr. lat. *fund-ere* « verser ». Cf. *founn*.

Fénôz, adv., cette nuit : forme imitée de *féteiz*.

Férô, ferv, adj., sévère, farouche, mbr. *ferf*, cymr. *ffyrf*. Empr. lat. *firmus* « ferme », mais contaminé du sens du lat. *ferus* « farouche ».

Feskad, s. m., gerbe : dér. d'un simple *fesk* (mbr. *fesq-en*), cymr. *ffasg* « paquet ». Empr. lat. *fascis* « faisceau », et cf. *béac'h*.

Fesken, s. f., fesse. Empr. fr. altéré [1] *fesse*.

Fest, s. f., festin. Empr. fr. ancien *feste*.

Féteiz, adv., aujourd'hui : pour *cet-deiz*, où *cet est le même élément que *bet* dans *bété*, soit « tout le long du jour ». Cf. *bété*, *biroiken*, *biskoaz*, etc., et *deiz*, *fénôz*. — V. le Gloss. Ern., p. 61 sq.

Fétiz, adj., épais, massif. Empr. fr. ancien (nominatif) *faitis* (accus. *faitif*), du bas-lat. *factīcius* « fabriqué »[2].

Feûk, s. m., variante usuelle (muée?) de *peuk*.

Feûl, adj., fringant, alerte. Empr. fr. ancien *fol*[3].

Feûnteun, s. f., fontaine. Empr. bas-lat. *fontāna*.

1 Feûr, s. m., prix, taux, cours. Empr. lat. *forum* « marché » ou fr. ancien

---

1. Sous l'influence de l'homophonie du précédent ?
2. Le sens de « bien fabriqué » s'en déduit naturellement.
3. Cf. les locutions « faire le *fol*, *fol-âtrer* », etc. Toutefois *foll* existe aussi.

fuer, conservé dans la locution « au *fur* et à mesure » (en proportion du prix et de la quantité). V. aussi *afeur*.

2 Feûr, s. f., fourreau. Empr. fr. ancien *feurre* s. m.

Fibla (C.), vb., rosser d'importance. Empr. fr. ancien *afibler* « affubler » [de coups]. Ou empr. ags. **flappan* et **flippan* « battre »? cf. ag. moyen *flapp-en* « battre », ag. *to flap* « battre des ailes » et *flippant* [*tongue*] « langue battante > bavarde »; avec métathèse.

Fibu, s. m., variante dissimilée de *fubu*. V. ce mot.

Figuz, adj., délicat, difficile : dér. d'un radical **fig*. Empr. fr. *figue*[1].

Fichel, s. f., épieu, fourgon. Empr. fr. *fiche*, etc. « tout ce qui sert à *ficher* » (sens ancien); d'où aussi br. *ficha* vb., « fourgonner, vétiller », et l'onomatopée br. *fich-fich* « frétillant ».

Fic'h, s. m., fistule, ulcère. Empr. fr. *fic* < lat. *ficus*.

Filip, s. m., moineau. Empr. fr. *Philippe*, sobriquet[2].

Fillidigez, s. f., faiblesse : dér. du radical de *fell-out*.

Filor, s. m., filleul. Empr. fr. *filleul* dissimilé.

Finich, finij, s. m., faîne : pour **fic'hin*, par métathèse et peut-être contamination de *kivich*. Empr. lat. *faginus* > **fāgīnus*. Cf. *fion*.

Finouc'hella, vb., fouir à la manière des porcs : contamination de *finval* et de *houc'hella*, « remuer, cochonner ». Cf. *houc'h*.

Finval, vb., bouger, mbr. *fifual*, cymr. *chwyf-io* (de *chwyf* « agitation »), ir. **siumal* > *siubal* et gael. *siubhal* « marche » : dér. d'un celt. **swem-o-* « mouvement », rac. SWEM, cf. ag. *to swim* et al. *schwimm-en* « nager ». V. aussi *koc'hu* et *gwinval*.

Fion, s. m., faîne : métathèse pour **foin*. Empr. fr. **fouine*, dér. de fr. ancien *fou* « hêtre ». Cf. *finich*. — Conj.

Firboucha, vb., fureter : contamination possible d'empr. fr. ancien *fourgier* « fouiller » et *forbouter* « chasser ». — Conj.

Fisiout, vb., fier, se fier, mbr. *fizyaff*. Empr. fr. *fier* (< lat. *fidere*), mais peut-être contaminé de *feiz*. V. ce mot, et cf. *fazi*.

Fistil, s. m., babil : soit « frétiller de la langue », cf. fr. (argot) *la festillante*, « la frétillante, la queue », du vb. fr. ancien *festier* « fêtoyer qqun comme le chien son maître » (en remuant la queue). Empr. fr. — Ern.

---

1. Par l'intermédiaire de la locution « moitié *figue* moitié raisin = bon gré mal gré »? — Conj. désespérée.

2. Par onomatopée du pépiement; cf. d'une part ag. *to chirrup* et *chirp*, et de l'autre le fr. *pierrot*. V. aussi br. *liléri*.

Flak, adj., faible, fade. Empr. fr. (argot) *flac* « flasque ».

Flacha, vb., bouger. Empr. fr. ancien *fleschier*, « fléchir, dévier ». — Conj.

1 Flac'h, s. f., le creux de la main. Empr. ags. *flasce*, « bouteille, récipient » (> ag. *flask*, empr. lat. *vasculum*).

2 Flac'h, s. f., béquille. Empr. fr. ancien *flaque* ou *flasque* « madrier d'appui » (Hatzf. s. v. *3 flasque*). — Conj.

1 Flamm, s. m., flamme, corn. *flam*, cymr. *fflam*. Empr. lat. *flamma*.

2 Flamm, adv., parfaitement : identique au précédent, abstrait de locutions telles que *névez flamm* « flambant neuf », puis transporté à d'autres avec sens généralisé.

Flamoad, s. m., tithymale, épurge (euphorbiacée), cymr. *fflam-goed* « aiguille de bois ». V. sous *flemm* et *koat*.

Flastra, vb., écraser. Empr. fr. ancien *flastrer* « aplatir ».

Flatra, vb., moucharder, dénoncer : contamination de *flatter*[1] et de *flatrer* ou *flétrir* « marquer d'infamie ». Empr. fr.

Fléar, s. m., puanteur, corn. *flair* « odeur », cymr. *fflair* « pet » et *ffleir-io* « puer », vbr. *fler-iot* « odorant » et *flair-maur* « d'odeur forte ». Empr. lat. *fragr-āre* « avoir bonne odeur » (euphémisme) > *flayrāre* (> fr. *flairer*).

Fléd, s. m., lit, grabat, mbr. *flet*. Empr. ags. *flett*, « chambre, demeure », mais primitivement « lit »[2].

Flemm, s. m., aiguillon, injure, cymr. *fflaim* « lancette ». Empr. fr. ancien *flieme*[3], aujourd'hui *flamme*, ag. *fleam*, etc.

Fléria, vb., puer : dér. de *fléar*. V. ce mot.

Flistra, vb., jaillir : altéré pour *fistla*, cf. cymr. *chwistrell* « tuyau » et *chwistrellu* « asperger ». Empr. bas-lat. *fistulāre* id.

Flôda, vb., cajoler, caresser : dér. de l'empr. picard *flaud*, « mou, flasque » (confondu en fr. avec *flou*). — Conj. Ern.

Floc'h, s. m., écuyer, page (pl. *flec'h*), corn. *flogh* et *floch* « enfant », cf. gael. *fleasg-ach* « célibataire »[4]. — Étym. inc.

Flondren (V.), s. f., vallée. Empr. fr. ancien altéré *fondoire* id. — Conj.

1 Flour, s. m., fleur (de farine), élite, lustre, éclat, cymr. *fflur*, et cf. *fflwrdylis* « fleur-de-lis ». Empr. fr. ancien *flor* et *flour* « fleur ».

---

1. On se fait souvent dénonciateur par flatterie.
2. Pour le sens, cf. le lat. *cubiculum*.
3. Du bas-lat. *phlébotomum* « lancette ».
4. Rapprochement presque impossible. Autrement on serait fixé sur l'étymologie du mot, qu'on trouvera dans Mcb.

2 Flour, adj., frais, doux, bon, doux au toucher : identique au précédent, mais influencé dans la dernière acception par le fr. *velours*.

Fô, s. m., ardeur, chaleur. Empr. fr. ancien *fou* « feu ».

Foar, s. f., grand marché. Empr. fr. *foire*.

Foas, s. m., sorte de gâteau. Empr. fr. *fouace*.

Foeltr, s. m., foudre : contamination de *foultr* par *foët*.

Foenn, s. m., foin, corn. *foen*, cymr. *ffwyn*. Empr. lat. *fēnum*.

Foesk, foest (V.), adj. mou, faible. V. sous *iouat*.

Foët, s. m., fouet. Empr. fr. (aussi *fouët*).

Folligen-vaé, s. f., bécassine de mer (oiseau dont le passage s'opère au mois de mai). Empr. lat. *fulica* « poule d'eau », et cf. *Maé*.

Forc'h, s. f., fourche, corn. *forh*, cymr. *forch*. Empr. lat. *furca*.

Forc'hein (V.), vb., priver, sevrer : exactement « contraindre » [à se passer de], dér. de *forh*, forme dialectale de *fors*. V. ce mot.

Forlok, s. m., anse du gouvernail : exactement « très mobile », altéré de *furluok*. V. ce mot. — Conj.

Forn, s. m., four, corn. *forn*, cymr. *ffwrn*. Empr. lat. *furnus*.

Fors, s. m., cas, estime, mbr. et corn. *fors*, « force, estime¹ ». Empr. fr.

Fouanv (V.), s. m., enflure, hydropisie : forme dialectale dont la dérivation se rattache à *c'houéza*. V. ce mot et *koeñv*².

Fougé, s. f., vanité, ostentation : dér. d'empr. fr. *fougue*³.

Fouin, s. m., fauvette mâle. Empr. fr. *fauvin, qui est, au même titre que *fauvette*, un dér. naturel de l'adj. *fauve*.

Foultr, s. m., foudre. Empr. fr. ancien *fouldre*.

Founil, s. m., entonnoir. Empr. bas-lat. *fundiculum pour *in-fundi-bulu-m* « instrument à verser ». Ou peut-être empr. fr., cf. gascon *hounilh* id.

Founn, founnuz, adj., abondant : abstrait ou dér. de l'empr. lat. *fund-ere* « répandre ». V. sous *fenna*.

Fourgas, s. m., agitation : contaminé de plusieurs sources, cf. mbr. *fregaff* « s'agiter », fr. ancien *fourbot* « tumulte » et fr. ancien *furgier* (> br. *furgein* V.) « fourgonner » (sous *firboucha*).

Foutoula, vb., barboter. Onomatopée.

---

1. Conservé seulement dans la locution *né rann fors*, qui équivaut au fr. ancien *je n'en fais pas force* « je ne m'en soucie pas » : d'où le changement de sens.

2. A partir d'ici, chercher sous l'initiale *fo-* les mots qu'on ne trouverait pas sous l'initiale *fou-*.

3. La transition de ce sens, tant soit peu étrange, a dû se faire par l'intermédiaire de celui de « fanfaronnade ».

1 **Fraez**, s. m., anus : exactement « la brèche ». Empr. lat. *fractum* « brisé », cf. fr. *fesse* < lat. *fissa* « fendue »[1].

2 **Fraez**, adj., adv., variante primitive de *fréaz*.

Fraj, s. m., fente, crevasse : abstrait de l'empr. fr. ancien *fraill-er* « briser », qui remonte à un bas-lat. *fragillāre*.

Framm, s. m., jointure, charpente, cymr. *ffràm* id. : abstrait d'empr. ags. *fremman* « ajuster », cf. ag. *frame* « cadre ».

Frañk, adj., franc, loyal. Empr. fr. ancien *franc*.

Fraô, s. m., corneille grise, corn. *frau*, d'un celt. *sraw-o-* < *spraw-o-*, qui rappelle tout à la fois lat. *parra* « orfraie » et ag. *sparrow* « moineau ». Cf. aussi fr. *freux*[2].

Fraost, adj., inculte. Empr. fr. ancien *frost*, « en ruine, en friche », et cf. le fr. moderne *fruste* refait sur l'ital. *frusto*.

Fréalzi, vb., soulager, consoler : exactement « affranchir » [de peine], mbr. *freals* « libre ». Empr. ags. *frēols* « liberté » et *frēols-ian* « affranchir »[3] ; cf. got. *frei-hals* « qui a le cou libre », al. *freihals*.

Fréaz : adj., clair ; adv., clairement ; cymr. *ffraeth* « éloquent » < celt. *srak-to-* < *sprak-to-*, cf. cymr. *ffrec* « abondance de paroles » et *ffreg-od* « bavardage » : tous dér. de la même rac. qui a donné ags. *sprec-an* et al. *sprech-en* « parler ».

Frej, s. f., fléau, mbr. *fraeill*, cymr. *ffrewyll* id. Empr. lat. *flagellum*, ou (pour le br.) fr. ancien *flael*, avec *l* dissimilé en *r*[4].

Frenn (V.), s. m., odorat : soit un dér. celt. *srok-n-yo-*, à rattacher à la même rac. que *fri* et *fron*. V. ces mots.

Frésk, adj. frais. Empr. fr. ancien *fresc*, cf. ital. *fresco*.

Frét, s. m., cercle de moyeu. Empr. fr. *frette* « virole », etc.

Freûza, vb., défaire, briser. Empr. bas-lat. *frāctāre* (fréquentatif de *frangere*), mais confondu avec mbr. *froesaff* (empr. fr. *froissier*).

Freûzel, s. f., herse : dér. du précédent.

Frî, s. m., nez, corn. *fruc* (voc.) > *frig* « narine », pl. *frig-ow*, qu'on ne retrouve ni en ir. ni même en cymr. : soit un celt. *srī-n-*, sans autre équivalent connu que gr. ῥί-ς (< *σρί-ν-ς), mais apparenté à *fron*.

1. Ou simplement empr. fr. *fraise*, euphémisme facétieux (Loth).
2. Issu sans doute d'un mot gaulois de même origine.
3. C'est un des premiers mots qu'ont dû apprendre les Bretons insulaires réduits en esclavage. Cf. ag. *free*, etc.
4. La jolie métaphore *frej al lagad* « coin de l'œil » se comprend mieux qu'elle ne se peut définir : regarder quelqu'un qui cligne de l'œil.

Frika, vb., écraser, froisser, mbr. *fricaff*. Empr. fr. ancien *friquer*.

Prigas, s. f., boue. Empr. fr. probable *fricass(ée)*, et pour le transport de sens cf. br. *souberc'h*. — Conj.

Primm, s. m., frimas, verglas : abstrait de l'empr. fr. *frimas*.

Fringa, vb., sauter, s'amuser (d'où aussi *fringot*, « fredon, roulade »). Empr. fr. ancien *fringuer* « gambader », dont le ppe présent *fringant* est resté en usage. V. aussi *grigoñsa*.

Friol, adj., prodigue, dissipateur, mbr. *frivoll*. Empr. fr.

Frita, vb., frire : dér. de l'empr. fr. *frit frite*.

Fromm, s. m., plénitude, cf. mbr. *from-et* « enflé », cymr. *ffrom* « colère » : soit un celt. **srei-smen- < *sprei-smen* « extension > gonflement », qu'on peut rapporter à une rac. SPER > SPREI à sens assez variés, vir. *ser-n-im* « j'étends », gr. σπείρ-ω « je sème », al. *sprei-t-en* « étendre », *spross* « rejeton », etc. — Rapprochements hasardés.

Fron, s. f., narine, mbr. *froan*, cymr. *ffroen*, vir. *srón*, gael. *sròn* « nez » : soit un celt. **sroknā*, sans équivalent clair ; cf. gr. ῥύγχ-ω « je ronfle », vir. *sren-im*. V. aussi sous *fri*.

Froñden, s. f., cravate : pour **front-en*, dér. d'empr. fr. *front*[1].

Frota, vb., frotter, mbr. *frotaff*. Empr. fr.

Froud, s. f., torrent, corn. *frot*, cymr. *ffrwd*, vbr. *frut*, vir. *sruth*, etc. : soit un celt. **sru-tu-* « courant », dér. de la rac. SRU SREW, sk. *sráv-a-ti* « il coule » et gr. ῥεῖ = **σρέϝ-ει*, sk. *sru-ti* et gr. ῥύ-σι-ς « courant », lat. *rīvus* = **sric-o-s* (pour **srēw-o-* avec rac. allongée?), ags. *strēam* (< germ. **srau-ma-s*) > ag. *stream* et al. *strom*, russe *o-strov-ŭ* « île » (autour de quoi il y a courant), etc.

Frouden, s. f., fougue, caprice : dér. du précédent.

Frouez, s. m., fruit, cymr. *ffrwyth*. Empr. lat. *fructus*.

Frougadel, s. f., urine (cf. *froñgein* V. « uriner »), mbr. *froucq* « urine » et cymr. *ffrwg* « tumulte » : peut se rattacher par amplification à la même rac. que *frou-d*. V. ce mot[2].

Froun, s. f., variante de *fron*. V. ce mot.

---

1. Soit donc « fronteau », cf. l'évolution de sens de l'ag. *kerchief* = fr. *couvre-chef*. Ou fr. *fronde* « sorte de bandage » ?

2. C'est le plus probable ; car ce terme, devenu très grossier, fut sûrement, à l'origine, un euphémisme, comme la plupart des similaires ; mais il est absolument impossible d'en suivre de plus près l'histoire.

Fubu, s. m., moucheron. Empr. ags. *wibba* « scarabée », dont le dat. pl. est *wibbum*[1]. Cf. *c'houibu* et *c'houil*. — Conj. Thomas.

Fui, vb., se répandre subtilement. Empr. lat. *fūm-āre*[2].

Ful, adj., brouillé, crépu, crépi : abstrait de *fulu*, qui semble une métathèse de *luia* prononcé **luria* « brouiller »; ou empr. ags. **full-ian* > *fyllan* « remplir » (cf. cymr. *ffyll* « couvert touffu »), influencé dans son sens par *luia*. Cf. aussi fr. *fouillis*[3].

Fulen, s. f., étincelle : métathèse pour **uflen*, cymr. *ufel-yn* « étincelle », *ufel* et *uwel* « feu », vir. *óibel*, « étincelle, feu », sans autre équivalent connu. Cf. aussi *eloen*. — Conj. Ern.

Fun, s. f., longue corde, corn. *funen*, cymr. *ffun* « gerbe » et *ffun-en* « lien », vbr. pl. *funiou* « bandelettes ». Empr. lat. *fūnis* « corde ».

Fûr, adj., sage, prudent, corn. *fur*, cymr. *ffur* « rusé ». Empr. lat. *fur* « voleur » (le cymr. fournit à souhait la transition sémantique).

Furlukin, s. m., bouffon, charlatan. Empr. fr. *arlequin* (aussi *harlequin*), plus ou moins contaminé du suivant.

Furluok, adj., volage, vagabond; cf. fr. *breloque, freloche, fanfreluche, freluque, freluquet*, etc. Empr. fr. populaire.

Fust, s. m., manche de fléau, futaille, corn. *fust* et cymr. *ffust*. Empr. lat. *fŭstis*, « gros bâton, fût de colonne », etc.

G

Gâk, adj., bègue; cf. gael. *gagach* id., ag. *to cackle* « caqueter », al. *gackern* « caqueter », *gacksen* « bégayer », etc., etc. Onomatopée.

Gâd, s. f., lièvre, corn. *gad*, mbr. *gat*. — Étym. inc.[4].

Gadal, adj., débauché. Empr. bas-lat. **gatālis* > *gadālis* « prostituée », c'est-à-dire « femme de rue », du germ. (visl.) *gata* (al. *gasse*).

---

1. Le pl. de ces sortes d'appellatifs est naturellement beaucoup plus courant dans la langue que le sg.

2. On attendrait **fun̄c-i*, mais la labiale s'est résorbée dans la voyelle labiale précédente, et la nasalisation avec elle. Toutefois cette explication est douteuse.

3. Très obscur. En tout cas, dans le passage de sens de « crépu » à « crépi », il doit y avoir la même évolution qu'en fr., et peut-être une contamination française. V. le Dict. Hatzf.

4. D'après sk. *çaçá*, ag. *hare* et al. *hase*, on attendrait un br. **kas*, et il n'y a pas de transition imaginable de l'un à l'autre. De son côté l'espagnol *gato* signifie « chat », et l'ags. *gāt* (> ag. *goat*) « chèvre ».

Gadan (C.), s. f., lien d'osier: contamination de mbr. *cadoen* « chaîne » (empr. lat. *catēna*) et de *gwéden*. V. ce mot.

Gaé, adj., gai, joyeux. Empr. fr. *gai*.

Gâl, s. f., maladie cutanée. Empr. fr. *gale*.

Galdu (V.), s. m., macreuse : pour **galc-du* « le crieur noir ». V. sous *galc-aden*, et cf. lat. *gal-lu-s* « coq ». — Conj.

Gall, s. m., Français (d'où *Gallô* « habitant de la Bretagne française »), cf. ir. et gael. *Gall* « Anglais », vir. *gall* « étranger », cymr. *gal* « ennemi » : soit un celt. **gallo-*, i.-e. **ghos-lo-* (ou **ghăs-ló-*), dér. de la même rac. que lat. *hos-ti-s* « ennemi », got. *gast-s*, ag. *guest*, al. *gast*, vsl. *gostĭ*, « étranger, hôte »[1].

Galloud, s. m., puissance (et *gall-out* vb. « pouvoir »), cymr. *gall-u* « pouvoir », corn. *gall-os* « puissance », etc. : tous dér. divers d'une rac. assez rare ailleurs, mais fort répandue en celt., qui se retrouve notamment dans vir. *gal* « vaillance », gaul. Γαλ-άτη-ς et *Gal-lo-s* ethnique[2], puis dans lit. *gal-ė* « puissance », *gal-ė-ti* « pouvoir », vsl. *gol-ĕmŭ* « robuste », sans autre équivalent connu.

Galvaden, s. f., cri d'appel : dér. du mbr. *gal-u* « appel », cymr. *gal-w* « appeler », vir. *gall* « cygne » (crieur) et *gall* « renommé » < celt. **galno-* ppe passé; soit donc un vb. celt. **gal-ō* « je crie, j'appelle », dont la rac. GAL se retrouve en germ. et en sl., visl. *kalla* « appeler » et ag. *to call*, vsl. *gla-sŭ* « voix » (russe *golosŭ*) et *gla-gol-ati* « parler ».

Gamblid (Iaou), s. m., le Jeudi saint, mbr. *dizyou camblit*. Empr. bas-lat. *complētus* > *complĭtus* « achevé »[3].

Gañ, s. f., variante de *kañ*. L'orthographe mbr. *gaign* ramènerait à un sens « gain, butin » [des oiseaux de proie]. — Conj. Ern.[4].

Ganaz, adj., fourbe, mbr. *ganes*: dér. d'empr. bas-lat. *gannum*, « jeu, moquerie », et cf. ital. *ingannare* « tromper », etc.

Ganédigez, s. f., naissance: dér. de *ganet* « né ». V. sous *génel*.

Gañt, prép., avec, par : pour **kant*, corn. *cans*, vbr. *cant*, vir. *cét*, gaul.

---

1. Le seul fait que, chez les Irlandais, le mot *Gall* a désigné autrefois les Norvégiens et désigne aujourd'hui les Anglais, montre que ce terme n'a rien de commun avec l'appellation bien connue des « Gaulois ». V. le mot suivant.

2. « Les vaillants, les puissants », nom que ces peuples se donnent à eux-mêmes, donc appellation flatteuse. Cf. *Gall*.

3. Comme on dit en liturgie française « le Jeudi absolu ». Cf. aussi le nom de l'office de *Complies*.

4. Toutefois cette origine est bien détournée. Il est bien plus probable qu'il ne s'agit ici que d'un calembour sur *goann*.

canta- (et *cala-* dans les n. pr. du type de *Cata-launi* « Châlons »), celt.
*kŋ-ta, qui est une amplification de la prép. *kom, comme en gr. κα-τά,
et en lat. *con-trā* par rapport à *cum*. V. sous **ke-*, *ken*, *ket*, etc.

Gaô, adj., faux : variante de *gaou*. V. ce mot.

Gaol, s. f., enfourchure (aussi *gael*), mbr. *gafl* et *gaul*, cymr. *gafl*, vbr. pl. *gabl-au* « fourche », vir. *gabul* « fourchette », ir. *gabhal*, gael. *gobhal*, gaul. latinisé *gab-alu-s* « fourche de gibet » (d'où fr. *gâble* « fronton triangulaire allongé »), al. *gab-el* « fourchette », et cf. sk. *gābh-asti* « l'envergure des bras » et lat. *hab-ēre* « tenir »[1].

Gaonac'hen, s. f., femelle stérile, mbr. *gaunach* id. : d'un celt. *gaun-akka, dér. du même type que gr. χαῦ-ναξ, « vain, menteur », par rapport à χαῦ-νο-ς. V. la rac. conjecturale sous *gaou*.

Gaou, s. m., tort, mensonge, mbr. *gou*, corn. *gow*, cymr. *gau*, vir. *gáu* > *gáo* > *gó*, etc. : soit un celt. **gow-o-*, dér. d'une rac. peu claire que paraît reproduire le gr. χαῦ-νο-ς, « mensonger, stérile » ; cf. aussi gr. γαυ-σό-ς « crochu » et lit. *pri-gáu-ti* « tromper »[2].

Gaour, s. f., chèvre (aussi *gavr*), mbr. *gaffr*, cymr. *gafr*, vbr. *mel-gabr* « troène » (plante-à-chèvre), corn. *gauar*, vir. *gabor*, ir. *gabhar*, gael. *gobhar*, gaul. *gabros s. m. dans *Gabro-magus* « le champ de la chèvre » et autres n. pr. : se retrouve donc dans toutes les langues celtiques, mais nulle part ailleurs[3].

Gaozan, s. f., mite, mbr. *gausan*, corn. *goudhan*, cymr. *gwyddon* pl., cf. ir. *fineóg* et gael. *fionag* (concordances irrégulières). — Étym. inc.

Gâr, s. f., jambe, mbr. et cymr. *garr*, corn. *gar*, vir. *gairri* pl. : d'un celt. **garri-* « jarret[4] », sans équivalent ailleurs.

***Gar-**, préf. rare et de sens très indécis, peut-être péjoratif à l'origine : peut se ramener à cymr. (ancien) *gerr-an* « nain », vir. *gerr*, ir. *geárr*

---

1. La phonétique ne permet pas de décider dans quelle mesure la similitude des mots celtiques et germaniques procède d'emprunt ou d'affinité préhistorique. En tout cas, le got. *gibla* et le vhal. *gebal* « sommet » paraissent hors de cause.
2. Ces divers rapprochements ne se laissent pas concilier entre eux : le premier est le plus vraisemblable ; le dernier n'est cité que pour mémoire.
3. Le lat. *caper* a deux sourdes contre deux sonores en celtique ; à *caper* répondent gr. κάπρος « sanglier » et ags. *haefer* « bouc » : il faudrait supposer une corruption préceltique. Ou serait-ce un emprunt des Celtes aux Germains, à l'époque lointaine où ceux-ci prononçaient encore quelque chose comme *haeraz, avec *c* bilabial?
4. Fr. *jarret* est emprunt celtique. — Le pl. vbr. *esceir* (cf. *diwesker*) et le cymr. *esgair* « jambe » pourraient être le même mot précédé du préf. **eks-*, soit « [ce qui commence] au jarret ». Le gr. σκέλ-ο; « cuisse » est également isolé.

et gael. *geàrr* « court », soit un celt. **gers-o-*, sk. *hras-vá* « court » et *hrás-a-ti* « il dépérit », gr. χέρ-ης « sans valeur » et χείρων « pire ».

Garan, s. f., grue [1], corn. et cymr. id., gaul. **garanos* (dans *tri-garanus* inscr. de Cluny), cf. gr. γέρανος, ag. *crane*, al. *kranich* (lat. *gr-ū-s*), etc. : tous ces mots paraissent se rattacher à la rac. « crier ». V. sous *garm*.

Gardiz, adj., rude, vif : contamination des deux mots br. *hardiz* « hardi » et br. *garo*. V. ce mot; mais cf. Ernault, *Mém. Soc. Ling.*, X, p. 328.

1 Gargaden, s. f., gosier. Empr. fr. ancien et dialectal *gargate* id.

2 Gargaden, s. f., gardon, goujon. Empr. fr. *gardon*, altéré par contamination du précédent (poisson goulu? ou qui bée?).

Gargel, s. m., houx : préf. **gar-* et *kél-en*.

Garlantez, s. f., guirlande: dér. de l'empr. fr. ancien *garlande*.

Garlizen, s. f., sole : préf. **gar-* et *lizen*. Ou **garv-lizen* « plie rugueuse »? Cf. *fanken*, *lizen*, *garo* et *garv*.

Garlôsten, s. f., perce-oreille : préf. **gar-* et *lòst*.

Garm, s. m., cri, corn. et cymr. id., ir. et gael. *gairm*, soit celt. **gar-smen-*, dér. d'une rac. GER ou GAR, d'où celt. **gar-ō* « je crie »: vir. *gair-i-m*, gael. *goir*, cymr. *gawr* « clameur », etc.; cf. sk. *jár-a-te* et *gr-ṇá-ti*, « il bruit, il chante », gr. γῆρ-υ-ς « voix » et γηρύειν « crier », lat. *garrīre*, lit. *gar-sa-s* « bruit », etc. V. aussi sous *garan*, *gèr*, *gervel* et *galvaden*.

Garmélod, s. f., fresaie : dér. de *garm*. Pour la finale cf. fr. *hulotte*.

Garô, adj., rude, dur (aussi *garo*), mbr. *garu*, cymr. *garw*, vir. *gar* ir et gael. *garbh* id. : soit un celt. **garwo-* pour **gars-wo-*, dér. de rac. GHERS « se hérisser », sk. *hárṣ-a-ti* « il est raide », lat. *hirs-ūtu-s*, *horridu-s*, *horr-ēre*, etc., gr. χήρ « hérisson », lit. *žer-iù* « je gratte » (concordances peu claires); mais sans rapport avec lat. *gravis*.

Garr, s. f., variante primitive de *gâr*. V. ce mot.

Garv, s. m., ver d'appât: le même que *gard* (ce ver est ridé).

1 Garz, s. m., jars : cf. fr. (picard) *gars* « jars ». Empr. fr. très probable, mais de toute manière étym. très indécise.

2 Garz, s. f., haie, jardin, cymr. *garth*, vir. *gort* « moisson » : d'un celt. **garto-* et **gorto-*; ce dernier reproduit l'i.-e. **ghorto-*, « champ, enclos, culture », etc., gr. χόρτος « gazon », lat. *hortus*, got. *gard-s* « maisonnée », ag. *yard* « cour » (et *garden*), al. *garten* « jardin ».

---

[1]. Le sens « jable » en tonnellerie est secondaire : rainure pratiquée à l'aide d'un outil en forme de bec de grue.

Garzel, s. f., râtelier : dér. de *2 gars* « haie ».

Garzou, s. m., aiguillon, corn. et cymr. *garthou*, vbr. pl. *gerthi*. Empr. germanique probable[1] : ags. *gierd* ; vhal. *gartea* > al. *gerte* « baguette ».

Gast, s. f., femme publique, cymr. *gast* « chienne ». — Étym. inc.

Gavlin, s. m., javeline. Empr. fr. Cf. le suivant.

Gavlod, s. m., javelot. Empr. fr. ancien *gavelot*, lequel, à son tour, est celt. d'origine et paraît se rattacher au type *gavl* > *gaol*.

Gavr, s. f., variante de *gaour*. V. ce mot.

Géd, s. m., attente, garde, cf. mbr. *guedaff* « guetter ». Empr. fr. *guet*.

Gédik, s. m., guérite. Empr. fr. *guérite*, probablement contaminé d'un diminutif de *géd* par étymologie populaire. — Conj.

Gégin, s. m.[2], geai, variante muée de *2 kégin*. V. ce mot.

Geid, geiz, s. f., ramage. Onomatopée? Cf. fr. *jaser* et *gazouiller*.

Gélaouen, s. f., sangsue, corn. *ghel*, ir. *gel*, gael. *geal*, sk. *jal-ūkā* (aquatique », cf. *jala* « eau », al. *quell-en* « jaillir »), gr. βδέλλα et βλέτυες pl. : mot obscur, qu'on rattache parfois à une rac. GwEL, « dévorer, sucer », sk. *gir-á-ti* et *gil-a-ti* « il dévore », lat. *gul-a*, al. *kehle* « gorge ».

Gell, adj., bai, brun, fauve, cymr. *gell* id.[3] : soit un celt. **gel-so-*, dér. d'une rac. GHEL « jaune », sk. *hár-i* « jaune » (gr. χλω-ρό-ς), lat. *hel-ou-s*, ags. *geol-o* > ag. *yell-ow*, al. *gel-b*, lit. *gel-ta-s* « jaune-clair », etc.

Geltren, s. f., guêtre. Empr. fr. altéré.

Génel, vb., enfanter, naître, cymr. *gen-i* « naître », vir. *gein* « naissance », *ro-gén-ar* « je suis né », etc. : d'un vb. celt. **gen-ō*, dér. de l'universelle rac. GENĀ, sk. *ján-as* « naissance » et *ján-a-ti* « il engendre », gr. γέν-ος, γεν-έ-σθαι, -γνη-το-ς « né », lat. *gen-us, gi-gn-ere, gnātus* > *nātus, gen-s* « race » (gén. *gen-t-is*), *indi-gen-a*, etc., ag. *kin* « race » et *kind* « espèce », al. *kind* « enfant », gaul. *Cintu-genus* n. pr. (premier-né, cf. *keñta*) et similaires, etc., etc.

Genn, s. m., coin à enfoncer, mbr. *guenn*, vbr. *gen*, cymr. *gaing*, vir. *geind*, gael. *geinn* id. : soit un celt. **gendi-*, dont on croit retrouver un équivalent en letto-slave[4] ; sans aucun rapport avec *koñ*.

Génou, s. m., bouche, corn. et cymr. *genau*, gaul. n. pr. *Gen-ava* (em-

---

1. Toutefois le mot pourrait à la rigueur être celto-germanique, si l'on n'admettait pas l'identification courante et séduisante de l'al. *gerte* avec le lat. *hasta*.
2. La méconnaissance de la mutation a causé l'erreur sur le genre.
3. Mais vir. *gel*, ir. et gael. *geal* signifient « blanc ». Les noms des couleurs sont sujets à ces sortes d'accidents. Cf. *gliz, géot, glazaour, mélen*, etc.
4. Fr. *gond* pourrait procéder partiellement d'un mot gaul. de même souche.

bouchure), « Genève, Gênes », etc. : d'un celt. *gen-ow-, sk. hán-u « mâchoire », gr. γέν-υ-ς « menton », got. kinn-u-s id., ag. chin et al. kinn, etc.; cf., avec un suff. plus court, les types lat. gen-a « joue », vir. gin « bouche », cymr. gên, « joue, menton », mbr. guen « joue ».

Genver, s. m., janvier. Empr. lat. Januárius.

Géô, s. f., variante de iéô. V. ce mot.

Géoren, s. f., écrevisse d'eau douce : curieux singulatif refait sur le pl. géor « chèvres », qui se rattache à gaour[1].

Géot, s. m., herbe, corn. gwels, vbr. pl. guelt-ioc-ion « herbeux », et même br. actuel guell « herbe » (Ouessant), vir. *gelt dans gelt-both « pâturage » : d'un celt. *gwel-to- « vert », cf. cymr. gl-edd « gazon », gr. χλό-ο-ς « vert-clair » et χλο-ή « verdure », lit. žél-ti « verdoyer », vsl. zel-ije « légumes » et zel-enŭ « vert ». V. la rac. sous gell, et cf. 1 glâz.

Gér, s. m., mot, cymr. geir > gair, vir. gáir (« cri » : d'un celt. *gār-i- et *gar-i-, dont la rac. très féconde est sous garm.

Gervel, vb., appeler : pour galva (conservé dans la conjugaison et dans l'infinitif galouein V.), par confusion des deux radicaux celt. synonymes *gal- et *gar-. V. sous galvaden et garm.

Geûn, s. f., marécage : pour *gweùn, mbr. gueun « vallée », cymr. gwaun « prairie », vir. fán « pente », fr. (ardennais) fagne « plateau tourbeux », d'un celt. *wāg-nā, cf. lat. vag-u-s « [lieu] vague »?

1 Gével, s. m., pinces, tenailles, corn. gevel, cymr. gefail, vbr. gebell id. : de la famille de gaol, mais probablement contaminé du suivant.

2 Gével, adj., jumeau, cymr. gefell. Empr. lat. gemellus.

Géver (T), s. m., gendre: seul représentant subsistant du celt. *gem-ero-, lat. *gem-er > gener, gr. γαμ6-ρό-ς, cf. γάμ-ο-ς « mariage », sk. jāmātā.

Gévred, s. m., vent de sud-est, mbr. avel gueffret « vent d'ensemble », pour queffret. V. sous kéfret. — Conj. Ern.

Giber, s. m., esse, goupille : mbr. guyber « couleuvre » par métaphore (c'est une pièce en forme d'S). Empr. lat. vīpera.

Gin, adj., l'envers: variante muée de kein[2]. — Conj. très douteuse.

Ginidik, adj., natif. V. sous ganédigez.

Gîz, s. f., manière, mbr. guis. Empr. fr. guise.

---

1. Sobriquet : cf. gaour-vôr « chèvre de mer », nom de l'écrevisse marine et de la crevette.
2. Cf. pourtant cymr. gin « peau brute ». — Le sens « chagrin » (contrariété), d'où gina « se chagriner » est probablement secondaire.

Glâd, s. m., fortune, mbr. *gloat* « royaume > fortune », corn. *gulat* « patrie », cymr. *gwlàd* « pays », vir. *flaith* et gael. *flath* « chef »: soit un celt. **ula-to-* et **ula-ti-*, dér. de la rac. qui se retrouve dans lat. *val-ēre* « pouvoir », got. *wal-d-an* et al. *walten* « gouverner », ag. *to wield* « manier », vsl. *vladą* « je règne », et cf. le n. pr. *Vladi-mirŭ* « qui règne sur le monde », lit. *vald-yti* « régner », etc., etc.

Glac'har, s. f., affliction, cymr. et vir. *galar*, gael. *galar* « maladie » : suppose un celt. **gal-ro-*, d'apparentation indécise[1].

Glan, glañ, adj., pur, parfait, cymr., ir. et gael. *glan* (cf. cymr. *glain* « gemme »), gaul. *Glana* (rivière) : soit un celt. **gla-no-*, à rac. réduite par rapport au gr. γλῆ-νος « bijou », γλή-νη « prunelle de l'œil », γελ-εῖν « briller » (Hesych.), sans autre équivalent[2].

Glandour, s. m., conferves : exactement « laine d'eau ». V. sous *gloan*.

1 Glann, s. f., rive, cymr. *glan* id.; cf. mbr. *glenn* « pays », cymr. *glynn* « vallon », vir. *glenn*, ir. et gael. *gleann* « vallée » : respectivement celt. **glanno-* et **glinno-*, peut-être sans lien entre eux, et d'étym. inc.

2 Glann, particule négative. Empr. fr. *glane* « brin ». Cf. *2 ken* et *morsé*.

Glaô, s. m., pluie, mbr. *glau*, corn. *glau* (voc.) > *ylaw*, cymr. *glaw* id. : pour **gw-law*, qui serait en celt. **wo-law-o-*, « petite lavasse », rac. LOW « laver », gr. λού-ω, lat. *lav-ere lav-āre lu-ere*, cf. visl. *lau-g* « bain chaud » et al. *lau-ge* « lessive ». V. aussi *laouer*.

Glaou, s. m., charbon (ardent), mbr. *glou*, corn. *glow*, cymr. *glo* id. : d'un celt. **glo-wo-*, dér. de rac. GHLÔ qu'accusent essentiellement l'ag. *to glow* « briller » et l'al. *glühen* « brûler », isolé par ailleurs.

Glaouren, s. f., glaire, bave, mbr. *glawren*, cymr. *glafoer* et *glyfoer* id. : se rattachent directement ou avec altération à une rac. GLIbh « visqueux », cf. al. *kleb-en* « se coller » et ag. *to cleave* « s'attacher », gr. γλοι-ό-ς « glu, graisse visqueuse », lat. **gloi-s > glūs* « glu » », *glū-ten*.

Glasten, s. m., yeuse : pour *glaz-tann*. V. ces mots.

Glavia, vb., pleuvoir, bruiner : dér. de *glaô*.

1 Glâz, adj., vert, bleu, gris, pâle, mbr. et cymr. *glas*, vbr. *glas* et

---

1. De *galar* la métathèse a fait d'abord br. **glaar*. Puis, selon que la contraction s'est faite, ou qu'un *h* s'est introduit pour pallier l'hiatus, on a eu *glar* mbr., ou **glahar* > *glac'har*. — Le rapprochement avec al. *qual* « tourment » (Mcb.) exigerait rigoureusement un *b* celtique.

2. Ag. *clean* « propre » = al. *klein* « mignon » < i.-e. **gloi-ni-* ne procède pas de la même origine, mais tout au moins d'une racine très voisine.

du-glas (sous *dù*), vir. *glass*, gael. *glas* « gris » : soit un celt. **gl-asto-*, qui semble tout à fait isolé, mais peut se rattacher à la rac. de *gell*[1].

2 Glâz, s. f., goutte, crampe. Cf. *gloaz* et *2 glizien*. — Étym. inc.

3 Glâz, s. f., glas. Empr. fr. *glas* avec changement de genre.

Glazaour, s. m., loriot. V. sous *1 glâz*[2].

Glazard, s. m., lézard. Empr. fr. contaminé de *1 glâz*.

Gléb, adj., mouillé, humide, mbr. *gloeb*, cymr. *gulip* > *gwlyb*, et *gwlybwr* « humidité » = corn. *glibor*, ir. et gael. *fliuch* « humide » : soit donc **wlip-u-* et **wlik-u-*, qui indiquent un i.-e. **wlq-u-*, rac. WELQ, d'où aussi lat. *liqu-idu-s*, *liqu-or*[3], lett. *walk-s* « humide ». Cf. *gwalc'hi*.

Glec'h, s. m., action de détremper, cymr. *gwlych* « humidité » et *gwlychu* « détremper » : soit un celt. **wlik-ko-* issu de la même rac. que *gléb*[4].

Glesker (T.), s. m., grenouille de haie, mbr. *gluesquer*, cf. corn. *gwilskin* et *guilschin* (métathèse en br.). — Étym. inc.[5]

Gléz, adv., tout à fait : variante de *kleiz* au sens de « suivant la pente > tout naturellement ». V. ce mot. — Conj.

Glin, s. m., genou, corn. et cymr. *glin*, vir. *glún*, gael. *glùn*, celt. **glū-no-*, pour **gnū-lo-* dér. (reconnaissable dans ag. to *kneel* « s'agenouiller ») d'un i.-e. **genu* et **gnu*, sk. *jănu* et *-jñu*, gr. γόνυ, γνυ-πετεῖν « s'agenouiller » et γνύ-ξ « à genoux », lat. *genu*, got. *kniu*, ag. *knee*, al. *knie*.

Gliz, s. m., rosée, cymr. *gwlith*, d'un celt. **wlīk-to-*, qui serait le ppe passé de la même rac. d'où est dér. *gléb*. Cf. *glec'h*[6].

Glizik, s. m., petit saumon, anchois, cymr. *gleisiad* « saumon » : soit un dér. diminutif de *1 glâz* (bleu-vert, écailles chatoyantes).

1 Glizien, s. f., serein : dér. de *gliz*. V. ce mot.

2 Glizien, s. f., goutte, crampe. Cf. *2 glâz*. — Étym. inc.

Glô, s. m., variante contractée de *glaô*. V. ce mot.

Gloan, s. m., laine, corn. *gluan*, cymr. *gulan* et *gwlân*, vir. *oland*, ir. et gael. *olann* id. : d'un i.-e. **wlnā* (*l* long) et **wlānā* > celt. **wlano-* et

---

1. A condition que *-asto-* soit suffixe. V. ce mot et cf. les diverses acceptions de la racine. Le rapprochement avec ag. *glass* = al. *glas* « verre » (Mcb.) est extrêmement hasardé.

2. L'oiseau est *jaune* tirant sur le *vert*.

3. Cet équivalent, presque le seul connu, est lui-même bien difficile à maintenir, à moins d'empr. celt. peu probable. Cf. Persson, *Wurzelerweit.*, p. 5.

4. Le suff. étant *-ko-*, le *k* final de la racine vient d'assimilation. Cf. *gliz*.

5. Tous les noms indo-européens de la grenouille sont de physionomie capricieuse et d'identification difficile.

6. Sur ce dernier rapport, comparer *briz* et *2 bréac'h*.

*wlanā*¹, identique à sk. *ûrṇā*, gr. λῆνος nt., lat. *lāna* (pour **olānā*), got. *wulla* (pour **wulnā*), ag. *wool*, al. *wolle*, lit. *vilna*, vsl. *vlŭna*, etc.

Gloar, s. f., gloire, honneur. Empr. fr. *gloire*.

Gloaz, s. f., souffrance, blessure, cymr. *gloes*. — Étym. inc.

Gloestr (V.), s. m., gage, vœu : variante à métathèse de *gwéstl*.

Glouac'h (V.), s. m., variante à métathèse de *goulaz*. V. ce mot.

Glouec'h, s. m., serein : variante à métathèse du mot br. correspondant au cymr. *gwlych*. V. sous *glec'h*, et cf. *gliz* et *gléb*.

Glout, adj., goulu : abstrait de l'empr. fr. *glout-on*².

Glôzard, s. m., fauvette mâle : dér. de *1 glâz* « gris ».

Glŭd, s. m., glu, corn. *glut*, cymr. *glud*. Empr. lat. *glūten*, et cf. *glaouren*.

Gluic'h (V.), s. m., variante dialectale de *gliz*. V. ce mot.

Gô, adj., fermenté : abstrait de *gōi* vb. « fermenter » ou de *gŏell* « levain » ; et celui-ci d'un radical celt. **wo-yes-lo-*, rac. YES, cymr. *iâs* « chaleur », sk. *yás-a-ti* « il bout », gr. **ζέσει* > ζέει id., vhal. *jës-an* > al. *gähren* « fermenter ». Cf. *goéden*, etc. V. le préf. sous **gw-*.

Goakol, s. m., collier de cheval : variante altérée de *kougoul* avec contamination probable du fr. *col*. — Conj.

Goaf, s. m., lance, gaffe. Empr. fr. ancien *guaffe*.

Goañ, goañv, s. m., hiver, mbr. *gouaff*, corn. *goyf*, cymr. *gaem* et *gauaf*, vir. *gaim-red* composé³ : soit un celt. **gi-amo-* et **gi-mo-*, dér. (par suff. *-em-* > *-ăm-* > *-m-*) de rac. GHI, sk. *hi-má* « froid » et *hé-man* « hiver », gr. χι-ών « neige » et χει-μών « hiver », lat. *hi-em-s*, lit. *žĭmà*, vsl. *zima*.

Goann⁴ (V.), s. f., charogne : on soupçonne un type de dérivation tel que **goat-n-* « sanglant ». V. sous *gwann* et *gwâd*.

Goañven, s. f., engelure : dér. de *goañv*. Cf. *goañ*.

Goap, s. m., moquerie. Empr. fr. populaire (normand) *gouap-er*, et cf. fr. ancien *guaber gaber* « conter des bourdes ».

Goar, s. m., facilité, lenteur : variante de *1 gwâr*⁵.

Gôb, s. m., contamination de *kôp* par fr. *gober* et *gobelet*.

Gôbédi, vb., tinter. Empr. fr. ancien *copeter* « copter ».

---

1. De cette base celtique **clan-* est issu l'empr. roman **flan-ella* > fr. *flanelle*.
2. Cymr. *gloth* ou *glwth* est empr. lat. *glutt-īre*. Si le br. est de même source, il a été du moins influencé par le fr.
3. Devenu *gemred* > *geimhreadh*, gael. *gcamhradh*. Cf. le gaul. *giamon*, nom d'un des mois du calendrier de Coligny, R. Celt., XIX, p. 218.
4. Le Gon. — Mais la vraie orthographe serait *gwañ* (Loth).
5. Évolution de sens : « courbe — humble — doux — lent ».

Gôber, vb., faire : mutation syntactique pour *ôber*. V. ce mot.
Gobilin, s. m., feu-follet, lutin. Empr. fr. *gobelin*.
Gôd, s. m., sein, poche (aussi *kôd*, et le dér. *gôdel* s. f. « poche »), cymr *cod* « sac ». Empr. ags. *codd* > ag *cod* « bougette ».
Godal, vb., caqueter. Onomatopée.
Gôdisa, vb., se moquer. Empr. fr. *(se) gaudir*.
Gôdôer, s. m., cabane, couchette : préf. **gw-* devant un thème dér. de la même rac. que *tei* et *tôen*, et cf. lat. *tug-uriu-m*.
Goéden, s. f., levain, présure : dér. de *gô*. V. ce mot.
Goél, s. m., fête, corn. *goil* > *gol*, cymr. *gwyl*, vir. *féil*. Empr. lat. *vigilia* « veille [de fête] ». On n'a que faire d'une soi-disant rac. WIL : *Bzzbg. Btr.*, XXIII, p. 56.
Goell, s. m., levain : dér. du même radical que *gô*.
Goérô, vb., traire, mbr. *gozro*, cymr. *go-dro*, vbr. *guo-troit* « vous trayez » : d'un celt. **wo-trāg-ō* « je tire en dessous », sens et formation homologues du lat. *sub-trah-ere* > fr. *-traire*. V. sous **gw-* et *1 trô*.
Gôf, s. m., forgeron, corn. *gof*, cymr. *gob* > *gôf*, vir. *goba* (gén. *gobann*), ir. et gael. *gobha*, gaul. *Gobann-io* n. pr. « la forge »[1] : d'un celt. **gob-an*, qu'on rattache hypothétiquement au gr. γόμφ-ο-ς « ferrure »[2].
Gôgé, s. m., raillerie, fourberie : dér. d'empr. fr. ancien *gogue* id.
Gôgez, s. f., grondin : dér. du précédent (poisson rusé)?
Gôlei, **gôlôi**, vb., couvrir, dissimuler, mbr. *gueleiff*, cymr. *goloi*, vir. *follugaïm* « je cache », ir. *folach* et gael. *falach* « cachette » : contamination très probable des celt. **wo-lug-ō* « je dissimule en dessous » (got. *liug-an*, ag. *to lie*, al. *lüg-en*, vsl. *lŭg-ati* « mentir ») et **wo-leg-ō* « je place en dessous »[3]. V. sous **gw-*, *léac'h* et *gwélé*.
Golf, adj. sans queue : soit originairement « mutilé » ou « infirme »; cf. br. *gol* (T.) « essorillé » et vir. *goll* « aveugle », sk. *kāṇá* = i. e. **kol-nó-* « borgne », et surtout gr. κολοβό-ς « mutilé », κολούω « je mutile ». — Rapprochements très obscurs. — Étym. inc.
Golc'hed, s. f., couette, cymr. *cylched*, vbr. *colcet*. Empr. lat. *culcita*.
Golc'hein (V.), vb., variante dialectale de *gwalc'hi*.
Gôlô, s. m., couverture (aussi *gôlôen*). V. sous *gôlei*.

---
1. Aujourd'hui *Aber-gavenny* dans le pays de Galles.
2. Subsidiairement ag. *comb* et al. *kamm* « peigne ».
3. Le *g* final de la racine subsiste dans *goulc'her*. V. ce mot.

Golvan, s. m., moineau, corn. *golvan*, cymr. *golfan*, mir. *gelbund*, ir. et gael *gealbhonn* id. ; cf. gr. χελ-ιδών « hirondelle¹ ».

Golvaz, s. f., battoir à lessive : syncopé pour **golc'h-odz*. V. sous *gwalc'hi*, *golc'hein* et *bâz*.

Gonid, s. m., variante de *gounid*. V. ce mot.

Goñvor, s. m., mesure, bord du vase. Empr. bas-lat. *gomor*, nom de mesure hébraïque venu de la traduction de la Bible.

Gôpr, s. m., salaire, prix, cymr. *gwobr* id. : d'un celt. **wo-pr-o-*, qui unit le préf. **gwo-* à la rac. du vb. *pr-éna*. V. ces mots, et cf. *gôpraer* « mercenaire » et vbr. (avec un autre préf.) *com-pri* « aura acheté ».

1 Gôr, s. m., chaleur étouffante, cymr. *gôr* « qui couve », *gor-i* « couver » et *gwor-ès* « chaleur », vir. *gor* id. et *gor-i-m* > *guirim* « je chauffe » : soit un celt. **gor-o-* « chaleur », issu de rac. GHwER, sk. *ghar-má* « chaud » et *hár-as* « ardeur », gr. θέρ-ος « été » et θερ-μό-ς « chaud », lat. *for-mu-s* « chaud » et *fur-nu-s* « four », ag. et al. *war-m* « chaud », vsl. *gor-éti* « brûler » et russe *gor-nŭ* « foyer », etc. Cf. le suivant.

2 Gôr, s. m., abcès, furoncle, cymr. *gôr* « pus » et *gor-yn* « pustule », vir. *gor*, « chaleur, pus » : identique au précédent. Cf. *gôrou*.

3 Gôr, s. m., cordon, mbr. *gour*, ir. *gúaire* « cheveu », gael. *guair-sgeach* « bouclé », cf. gr. γυ-ρό-ς « circulaire » (originairement « flexible » ?), γῦ-ρο-ς « cercle » : rapports étymologiques très obscurs.

4 Gôr, s. m., variante contractée de *govor* = *goñvor*.

Gôrad, s. m., couvée : dér. de *1 gôr*. V. ce mot.

Gorlanô, s. m., variante de *gourlanô*.

Gorlouñka, vb., variante de *gourloñka*. V. ce mot.

Gôrô, vb., variante contractée de *goérô*. V. ce mot.

Gôrou, s. m. pl., amygdalite : pl. de *2 gôr*.

Gorré : s. m., superficie (d'où *gorréa*, « élever, serrer ») ; prép., adv., sur, dessus : dér. de *1 gour-*. V. ce mot, et cf. *doaré*.

Gorrek, adj., lent (aussi *goarek* V.) : dér. de *goar*².

---

1. Étym. inc. ; peut-on supposer quelque rapport avec la rac. de *gell* « fauve » ? Mais cf. aussi vbr. *gilb*, *gilbin*, « bec », vir. *gulban* « aiguillon », corn. *geloin* et vir. *gulba* « bec », vbr. *golb-inoc* « qui a un bec », vhal. *cholb-o* > al. *kolb-en* « massue » (objet à bec) : *Idg. Forsch.*, IV, p. 105. — Malgré son apparence toute romane, fr. *en-goulevent* devrait-il par hasard quelque chose au breton ?

2. La voyelle simple et le double *rr* sont-ils dus à une contamination du précédent soit « qui s'arrête à la surface » ?

Gortoz, s. m., attente, corn. *gortos* « attendre »; cf. cymr. *gwardu* « garder », ags. *weard-ian* > ag. *to ward*, al. *wart-eñ* « attendre »[1].

Goudé, adv., prép., ensuite, après, cymr. *gwedi* < (ancien) *guotig*, qui équivaut à un celt. **wo-eti-k*, soit sk. *áti* « en outre », gr. ἔτι « encore », lat. *et*, précédé de **gw-* et suivi d'un suff. adverbial.

Gouél, s. m., variante de *goél*. V. ce mot[2].

Gouer, s. f., ruisseau. mbr. *gouher* (pour **gouver*), cymr. *gofer* id.: soit un celt. **wo-ber-o-*, équivalant au gr. ὑπο-φέρ-ο-μαι, « je me transporte, je coule », rac. BHER. V. sous **gw-* et *kémérout*, et cf. *aber, kemper*.

Gouers (V.), adv., longtemps. Empr. lat. *versus* au sens de « ligne, rangée, [longue] traînée ». Cf. aussi *gwerz*.

Gouhéré, s. m., juillet: exactement « au commencement de l'automne », comme en lat. *sub autumnum*[3]. V. sous **gw-* et *héré*.

Gouhez, s. f., bru, corn. *guhit*, cymr. *gwaudd*, d'un celt. **vadū-* « épousée », sk. *vadh-ū̃*. V. d'autres formes de la rac. sous *dimizi*.

Gouhin, s. m., fourreau, corn. *guein* > *goyn*, cymr. *gwain*, ir. *faigen*. Empr. lat. *vāgīna* (> fr. *gaîne*).

Gouiender, s. f., fraîcheur. V. sous **gw-* et *ién*.

Goulaoui, vb., éclairer: dér. de *goulou*.

Goular, adj., fade: variante à métathèse de *klouar*.

Goularz, s. m., ambre jaune: métathèse probable pour **gou-lazr*, cf. cymr. *llathr* « poli » (Loth, *R. Celt.*, XX, p. 78), d'apparentation indécise.

Goulaz, s. m., latte. V. sous **gw-* et *lâz*.

Goulaza, vb., rebattre (un outil): préf. **gw-*, et *laza* au sens de « frapper ».

Goulenn, s. m., demande, question : soit préf. **wo-* (**gw-*) devant une forme à nasale de la rac. LI, cf. vir. *len-im* et ir. *leanaim* « je suis », gael. *lean*, cymr. *can-lyn* et *dy-lyn* « suivre », sk. *li-nă-ti* « il s'attache à », gr. ἀ-λί-νω et lat. *li-nō* « j'enduis », etc.; la transition de sens serait dès lors « s'attacher à > presser > solliciter », etc.

Goulerc'hi, vb., tarder: préf. **gw-* et *lerc'h*.

---

1. Relations inextricables : le *t*, que reproduit gael. *feart* « attention », ne permet pas de présumer une apparentation primitive au germanique, ni un emprunt à l'ags.; d'autre part, un emprunt à l'al. n'est pas vraisemblable ; quant au cymr., il est d'emprunt récent (ag. *to guard*, fr. *garder*).

2. D'une manière générale, chercher sous l'initiale *go-* ou *gw-* les mots qu'on ne trouverait pas sous l'initiale *gou-*.

3. Cf. vir. *fo-gamur* > ir. *föghmhar* > gael. *foghar* « automne », qui équivaut au lat. *sub hiemem*. V. sous *goañ*.

Goulc'her, s. f., couvercle : dér. de la rac. de *gôlei*. V. ce mot.

Gouli, s. m., plaie, corn. *goly*, cymr. *gweli* id. : formé sur un radical celt. **wel-ī-* ou **wol-ī-*, cf. sk. *vr-aṇá*, gr. οὐλή, lat. *vol-nus*.

Goullô, adj., vide, cymr. *guo-llung* > *gollwng* et (avec un autre préf. *di-llwng*) « lâcher », vir. *folomm* > *folum*, ir. *folamh* et gael. *falamh* « vide » : soit le préf. celt. **wo-* (**gw-*) devant une variante nasalisée de la même rac., d'ailleurs mal connue, qui a donné al. *lück-e* « lacune » et *lock-er* « lâche ». — Conj.

Goulou, s. m., lumière, corn. *golow*, cymr. *go-leu*, d'un celt. **wo-lou-*, cf. lat. *lou-c-s > *lūx* « lumière » (le br. a primitivement un sens atténué). V. le préf. sous **gw-* et la rac. amplifiée sous *luc'ha*.

Goulten, s. f., fanon de bœuf : pour *kollen < *kolleten*, dér. de *kollet* (V.) « fanon ». Empr. fr. *collet*.

Goumon (vieilli), s. f., goémon (empr. br.), cymr. *gwymon*, ir. *feamuin*, gael. *feamainn* id. : peut se rattacher, par l'intermédiaire du sens de « tordu, entrelacé », à la rac. qu'on trouvera sous *gwdd*. — Conj. Mcb.

Gounid, s. m., gain, mbr. *gounit* « gagner », cymr. *gweini* « servir », vir. *fo-gniu* « je sers » et *fo-gna-m* « service » : exactement « action en sous-ordre », le préf. étant celt. **wo-*, et le radical proche parent de l'adj. lat. *gnā-vu-s* « actif » (cf. ag. *to know* « savoir »), qui dépend de la rac. GNÔ ; sans rapport avec fr. *gagner*. V. sous **gw-* et *anat*.

1 Gour-, préf. local au sens de « sur », et par suite augmentatif, corn. *gur-* > *wur-*, cymr. *guor-*, *gur-*, *gor-*, etc., vir. *for-*, gaul. *ver-* dans *ver-tragus* « lévrier », *Ver-cingeto-rix*, etc. (cf. *1 trô* et *1 kamm*) : forme préfixée de la prép. celt. qui a donné br. *gwâr* > *wâr*. V. ces mots et qquns des suivants ; mais cf. *2 gour-*.

2 Gour-, préf., péjoratif et diminutif : variante de **gar-* peut-être influencé par le préf. précédent (*gour-glézé* « courte épée > poignard », etc.). V. sous **gar-*, et cf. qquns des mots suivants.

Gouraoui, vb., s'enrouer. V. sous **gw-* et *raoula*.

Gourd, adj., raide, rude. Empr. fr. *gourd*.

Gourdrouz, s. m., menace : exactement « bruit mené sur » ou « bruit violent ». V. sous *1 gour-* et *trouz*.

Gouréd, s. m., brasse, mbr. *gour-het*, cymr. *gwr-hyd* : exactement « longueur d'homme ». Le premier terme est mbr. *gour* « homme »[1], corn.

---

[1]. Conservé dans les locutions du type *n'eús-gour*, « il n'y a homme, pas une âme, il n'y a personne ».

gur, cymr. *gur* > *gwr*, vir. *fer*, lat. *vir*, got. *wair* (cf. ag. *wer-wolf* « loup-garou »), sk. *vīrá*, lit. *výras*, etc. V. le second sous *1 héd*.

Gourel (V.), s. m., variante de *gröel*. V. ce mot.

Gourélin (V.), s. m., juillet : la variante *gour-hen-en* semble indiquer un dér. de *hañ* (mais la régularité exigerait *-heño-en*), soit un sens analogue à celui du lat. *sub aestatem*. Cf. *gouhéré*.

Gourem, s. m., ourlet, cymr. *gwrym* id. : suppose un celt. *wo-rem-no-* « épais par dessous », dont la rac. se retrouve dans cymr. *rhêf* « fort » (cf. *réor*), et vir. *rem-or* « épais » ; la rac. i.-e. probable est PREM, gr. πρέμ-νο-ν « souche » (partie épaisse de l'arbre), al. *fromm* « pieux », autrefois « vaillant, solide », etc. V. le préf. sous *gwo-*.

Gourenn, s. m., lutte; cf. cymr. *gworth-ryn*, dont le premier élément est *gwrth* « contre », le second peu clair. V. sous *ouz*.

Gouréouein (V.), vb., variante de *gouraoui*. V. ce mot.

Gourc'hed (V.), s. f., variante dialectale de *gwerzid*. V. ce mot.

Gourc'hémenn, s. m., commandement : préf. *1 gour-* et *kémenn* (le préf. implique naturellement la supériorité de celui qui commande).

Gourin, s. m., linteau, mbr. *gourrin*, cymr. *gor-hin-iog* id., dér. de *gor-hin-*, exactement « limite supérieure »: préf. *1 gour-*, et vbr. *hin* « limite », vir. *ind* « bout », celt. *end-i-*, qui semble une très ancienne corruption pour *ent-i-*, si l'on en juge sur sk. *ánta* « limite », ag. *end*, al. *ende*. Le britt. est au moins contaminé de lat. *finis*.

Gouriz, s. m., ceinture, mbr. *gouris*, corn. *guris*, cf. corn. *grugis* et cymr. *gwregys* : soit un celt. *wer-isti-*, dér. d'une rac. WER, « enclore, ceindre » (sk. *var-aṇá* « rempart », gr. Ϝέρυ-σθαι « protéger », etc.)[1].

Gourlañchen, s. f., œsophage : semble contamination fantaisiste de *gourloñka*, *lañchen* « langue » (?) et fr. *gorge*. Cf. *gargaden*.

Gourlanô, s. m., pleine mer (aussi *gourleün*), cymr. *gor-llanw*. V. sous *1 gour-* et *lanô*.

Gourloñka, vb., avaler trop à la fois, se gargariser : respectivement préf. *1 gour-* ou *2 gour-*, et vb. *loñka*.

Gourner, s. m., gros crible : comme cymr. *gogr-yn-u* « cribler » sur *gogr* « crible », c'est une dérivation secondaire sur une base celt. *wo-kr-n-* « je crible », cf. gr. κρίνω, lat. *cernō*, etc. V. le préf. sous *gwo-*, et la rac. sous *karza* et *krouer*.

---

[1]. Racine assez répandue partout, et même en celt., mais sans représentants sûrs ou importants en breton.

Gourrenn, s. m., sourcil : soit **gour-grenn* « cil supérieur » ou « au dessus de la paupière », préf. *1 gour-*, et cymr. *grann*, « cil, paupière », vir. *grend* « barbe » (> gael. *greann*), d'un celt. **grendā* dont l'équivalent ne se retrouve qu'en très vieux germanique.

Gourrisia, vb., hennir, mbr. *gourhiziat*, vbr. *guirgiriam* « je hennis ». Onomatopée probable et cf. *gristila*.

Gourven, s. m., envie, jalousie, cf. cymr. *gorfyn* id., d'ailleurs identique à *gorfynt* : soit un celt. **wer-men-o-*, équivalant comme formation et sens au gr. ὑπερμενής. V. sous *1 gour-* et le suivant.

Gourvent, s. m., dédain, cymr. *gorfynt* « envie », vir. *format* et gael. *farmad* id. : soit un celt. **wer-men-to-*, dér. de rac. MEN et signifiant qqch. comme « haussement, gonflement de pensée » ou « regard jeté de haut ». V. sous *1 gour-*, *koun* et *gourven*.

Gourvéza, vb., se coucher, cymr. *gorfedd* et *gorwedd* : préf. *gour-*[1].

Gourzaot, adj., ruiné : exactement « qui est à court de gros bétail ». V. sous *2 gour-* et *saoud*.

Gourzéz, s. m., retard, lenteur, cf. cymr. *gor-sedd*, « siège, trône », c'est-à-dire « [ce] sur [quoi] on s'assied » : préf. *1 gour-* et rac. SED, cf. le sens du fr. *sur-seoir*. V. sous *aé, azésa, gouziza*, etc.

Gousiaden (T.), s. f., litière pour fumier. Cf. *gouzer*[2].

Gousoni (C.), s. f., ordure : pour *gwas-oni* (qui existe également) « chose de rebut ». V. sous *gwasa*.

Gouspérou, s. m. pl., vêpres, cf. *gousper* « veille de fête », corn. *gwesper*, cymr. *gosper*, vir. *fescor*. Empr. lat. *vesperum*.

Goustad, adv., tout doucement, mbr. *goustadic* « modéré », cymr. *gwastad* « constant », vir. *fossad* « ferme » : soit un celt. **wo-sta-to-* « qui se tient ». V. le préf. sous **gwo-*, et la rac. sous *saō*.

Gouzañv, gouzav, vb., souffrir, mbr. *gouzaff*, corn. *godhaf* et *godhevel*, cymr. *goddef*, vir. *fo-dam-im* « je souffre » (ir. *foighid* et gael. *foidhidinn* « patience ») : soit un radical celt. **wo-dam-*, « être dompté, se résigner ». V. le préf. sous **gwo-* et la rac. sous *doñ*, et cf. *dañvad*.

Gouzer, s. m., litière, cf. vir. *fo-sair* « couverture de chaume » et (avec un autre préf.) *cossair* « lit » : formations du même type que sk. *upa-stár-*

---

1. Est-ce *1 gour-* ou *2 gour-*, et quel est au juste le sens ? Cf. *béza*.
2. On ne saisit pas le rapport qui peut unir ces deux synonymes. Il se peut que *gousiaden* se rattache à la même dérivation que *gousoni* et ait pris par ressemblance le sens de *gouzer*.

aṇa « jonchée », gr. ὑπό-στρω-μα « litière », lat. sub-ster-n-ere, cymr. gwa-sarn « litière », etc. : préf. *wo- (*gw-) et rac. STER « joncher », sk. stṛṇó-ti, gr. στόρ-νῡ-μι et στρώ-ννῡ-μι, lat. ster-nō.

Gouzien, s. f., serein : contamination de glizien par gouziza (rosée du coucher du soleil). — Conj.

Gouzifiad, s. m., épieu : dér. secondaire par rapport à cymr. gwyddif « serpe », vbr. guedom, vir. fidba « faucille », gaul. latinisé vidu-bi-um (d'où fr. vouge), etc., composé très ancien de celt. *widu- « arbre » et de la rac. BHI. V. sous gwêsen et bouc'hal.

Gouziza, vb., baisser, diminuer : équivaut à un lat. subsīdere, où le préf. sub- serait remplacé par son synonyme celt. *wo-. V. sous *gw- et azéza.

Gouzouk, gouzoug, s. m., cou, gorge, cymr. gwddwf et gwddwg id. : dér. d'un radical signifiant « joug », soit celt. *ko-wed- ou *wo-wed-, le sens étant « endroit où se place le joug ». V. sous *ke-, *gw-, et 1 divez.

Gouzoumen, s. f., variante de kouzoumen.

Gouzout, vb., savoir, corn. goth-vyth « tu sauras », cymr. (ancien) *guid-bit > guibit > gwybydd « il saura », vir. ro-fet-ar « je sais » : soit donc un radical brittonique *gwid- et préirlandais *fid-, qui équivalent à la rac. i.-e. WID, « voir, savoir », sk. véd-a « je sais » et véd-a « science », gr. Ϝοῖδ-α > οἶδα « je sais », Ϝιδ-εῖν > ἰδ-εῖν « voir », Ϝεῖδ-ος > εἶδος « apparence », etc., lat. vid-ēre « voir », got. wáit « je sais », ags. wát > ag. wot, al. (ich) weiss, vsl. vid-ěti « voir » et věd-ě « je sais », etc.[1].

Gôz, s. f., taupe, corn. god, cymr. gwadd, ir. fadh. — Étym. inc.

Gra, s. m., affaire : abstrait des formes de conjugaison du vb. ober qui commencent par gr-, lesquelles toutes remontent à un vb. celt. *wer-ag-ō « je fais »; cf. corn. gwra « fais » et gwrey « faire »[2]. V. le préf. sous 1 gour- et la rac. sous dont.

Graka, vb., râcler, coasser, caqueter. Onomatopée.

Grad, s. m., gré, bon vouloir. Empr. bas-lat. grátum.

Graé, s. m., grève. V. sous grôa et grouan[3].

---

1. Sur la finale -out, voir sous bout et la note.
2. Au contraire, le cymr. gwna « faire » parait se rattacher à gwn « je sais », et par suite au lat. gnāvus. V. sous gounid et cf. grt. Au surplus il a pu y avoir contamination de plusieurs synonymes.
3. Le celt. possédait plusieurs radicaux à gr- initial avec le sens de « gravier ; mais il n'est pas aisé d'entrevoir comment ils se comportaient entre eux. Ce qu'il y a de sûr, c'est que fr. gravier et similaires doivent procéder du gaulois.

Gragala. vb., piailler [1]. Onomatopée à finale française.

Grac'h, s. f., vieille femme, mbr. *groach* (pour **gwrach*), cymr. *gwrach*, vir. *fracc*, d'un celt. **wrakkā* sans autre équivalent [2].

Grac'hel, s. f., monceau, mbr. *groachell*, dér. secondaire par rapport à cymr. *gwrych* « haie » et vir. *fraic* « bouclier ». — Étym. inc.

Gré, s. m., troupe (de gros bétail), corn. et cymr. *gre* « haras », vir. *graig* > *groigh*, ir. et gael. *greigh* « haras » : d'un celt. **grag-i-*, qui n'a point d'équivalent sûr en dehors du lat. *grex* (*greg-is*).

Grék, grég, s. f., épouse, mbr. *grucc* (pour **gwrek*), corn. *gurehic* « de femme » > *gurêg* > *gwrec*, cymr. *gwraig* « femme » : soit les dérivés d'un celt. **wrakī*, qui rappelle de très loin le lat. *virgō*. Cf. *grac'h*.

Grégon, s. m., prune sauvage : métathèse de *gw* initial en mbr. *groegonn*, lequel parait se rattacher à un radical celt. voisin de celui qui sans doute désignait autrefois, non seulement la bruyère (cf. *brük*), mais diverses autres espèces de la flore des landes, vir. *froech* et gael. *fraoch* « bruyère », ir. *frach-án* « airelles », etc.

Greo'h, s. m., ciron, mbr. *gruech* (pour **gwrech*), cymr. pl. *gwraint*, vir. *frigit* > *frigde*, gael. *fride*, etc. : dér. d'un radical **wrig-* < i.-e. **wṛgh-*, qui est largement représenté en germanique, ag. *to wrigg-le* « tordre », al. *ringen* (< **wringan*), et cf. ag. *wrong*, exactement « tordu » ppe passé, d'où « faux », etc.

Grémil, s. m., saxifrage. Empr. fr. *grémil* [3].

Grén, adj., vif, dispos, mbr. *grezn*, et cf. vir. *greimm* et cymr. *grym* « vigueur » : supposent respectivement **gred-no-* et **gred-smen-*, dér. celt. d'une rac. qui est peut-être la même que celle de sk. *gṛdh-ya-ti* « il s'efforce » (? cf. plutôt Uhlenbeck s. v.), lat. *grad-ior* « je marche », *grad-u-s* et *gres-su-s* « pas », got. *grid-s* id., etc. [4].

Greûn, s. m., grain, graine, corn. *gron-en*, cymr. *grawn*, vir. *grán*, gael. *gràinne*, etc. : identique au lat. *grā-nu-m*, soit par emprunt, soit parce que le celt. **grā-no-* est comme lui le ppe passé d'une rac. signifiant « broyer, triturer », cf. sk. *jīr-ṇá* « fragile », got. *kaúrn*, ag. *corn*, al. *korn*, etc.

Gréüz, adj., faisable. V. le radical sous *gra*.

---

1. On ne peut s'empêcher de songer au lat. *graculus* « geai ».
2. Faut-il couper **wr-akkā*, syncopé de **wir-akkā*, et celui-ci dér. de **wir-* (qu'on trouvera sous *gouréd*) comme lat. *vir-āgō* parait dépendre de *vir* « homme » ? Cf. aussi *grék*.
3. Ce n'est pas la même plante, mais l'emprunt n'en est pas moins évident.
4. Au point de vue de l'évolution sémantique on peut comparer *kreñv*.

Grî, s. m., couture (et *gria* vb. « coudre »), mbr. *gruy* et *gruyat*, vbr. *gruiam* « je couds » : originairement, sans doute, « je fais, je fabrique », se rattachant au même radical que *gra*[1]. V. ce mot.

1 Grigoñs, s. m., pomme sauvage : contaminé de *grégon* et de *grigoñsa*[2].

2 Grigoñs, s. m., cartilage : abstrait de *grigoñsa*[3].

Grigoñsa, vb., grincer des dents. Empr. fr. avec onomatopées et contaminations multiples : *grigner* (des dents), *grincer*, *grignoter*, *gringotter* « fredonner », etc.

Griñol, s. f., grenier, coffre à grains. Empr. bas-lat. *graniária*, altéré par dissimilation, et le pl. nt. pris pour un fm. sg.

Grisiaz, adj., grave, atroce, violent, fougueux : dér. de l'empr. fr. ancien *gries* pour *griefs*, cas-sujet de *grief* « grave » $<$ lat. *gravis*.

Grisien, s. f., racine, mbr. *gruizyenn* (pour *$gwriz$-), corn. *grueiten*, cymr. *gwreiddyn* id. : soit un celt. *$wrid$-yo-, dér. de même rac. qu'un autre celt. *$wrid$-$m\bar{a}$ (vir. *frém* « racine », ir. *fréamh*, gael. *freumh*), gr. *Ϝριδ-yα $>$ ῥίζα, lat. *rādīx* ($=$ cymr. *gwraidd*), got. *waúrt-s*, ag. *wort* (dont ag. *root* est la métathèse), al. *wurz* « plante » et *wurz-el* « racine », etc.

Gristila, vb., variante de *kristila*, et cf. *gourrisia*. — Si ce type est le plus ancien, on y reconnaîtra une simple onomatopée; cf. fr. « le *grésillement* du feu » et lat. *gracillare* « glousser ».

Grizil, s. m., grésil. Empr. fr. Cf. aussi *grizilon*, « grelot, menotte » (objet qui grésille, cliquète, fr. ancien *gresillons* « menottes », etc.).

Grôa, s. m., grève, cf. cymr. *gro* « cailloux ». V. sous *graé* et *grouan*.

Groac'hen (V.), s. f., ride: dér. de *groac'h*. V. sous *grac'h*.

Grôel (V.), s. m., gruau. Empr. fr. ancien *gruel*.

Groéz, s. f., variante de *grouez*. V. ce mot.

Groc'h (V.), s. m., grotte. Empr. bas-lat. *crŭpta* (*crypta*), d'où aussi fr. *grotte*. Le br. hors de Vannes serait *$groz$.

Gromm, s. f., gourmette. Empr. fr. à métathèse *gourme*.

Groñch (C.), s. m., menton, groin. Empr. fr. popul. ou argot.

Groñoni, vb., friser, crépeler: dér. d'empr. fr. ancien *grenon* et *gregnon*, « moustache, favoris ». — Conj. Thomas.

---

1. Comme le fait présumer, de son côté, l'*n* du cymr. *gwni* « couture » et *gwnio* « coudre ».
2. Fruit âcre qui *agace* les dents.
3. Viande qu'on ronge, qu'on *grignote* autour des os?

Groñs, adj., arrogant, hardi[1]. Empr. lat. nasalisé *grossus* « gros ».

Grouan, s. m., gravier, cymr. *graian* « sable », *greienyn* « grain de gravier », vir. *grían*, etc. ; d'un celt. *gri-ano-*, dér. de rac. GHRĪ, d'où gr. χρί-ειν « frotter » et lat. *fri-āre* « broyer ». Cf. en outre corn. *grow*, cymr. *gro*, ir. et gael. *grothlach* « sablonnière », fr. *grès*, etc., ags. *grēot* > ag. *grit* « gravier », lit. *grú-s-ti*, « fouler, broyer », etc. ; ces derniers indiqueraient une rac. GHRU, synonyme et quasi-homophone de GHRI. V. aussi *graé* et *gróa*.

Grouéz, s. f., chaleur, ardeur: pour *gwrez*, cymr. *gwres*, qui suppose un radical celt. *gor-es-* et *gwr-es-*, à peine différent de celui du gr. θέρ-ος = sk. *hár-as*[2]. V. la rac. sous *gór*. — Conj. Ern.

Grougousa, vb., roucouler. Onomatopée.

Grounn, s. f., assemblage, paquet, mbr. *gronn* id. : soit un celt. *grond-o-*, que reproduit le gael. *grunn* « poignée »[3] et, en dérivation (*grend-io-*), le vir. *grinne* « paquet » ; sk. *granth-a* « nœud », et *grath-ná-ti* « il lie », gr. γρόνθ-ο-ς « poing fermé », lit. *grand-i-s* « anneau », al. *kranz* « guirlande » (toutes idées dominées par celle d'assemblage).

Grullu, s. m., blé charbonné. Empr. fr. (terme d'argot) *grelu* « blé » probablement dér. de *grêle* « menu »), au sens péjoratif. — Ern.

Gultan, s. m., pincettes : exactement « pinces à feu », forme de prononciation rapide. V. sous *1 gével* et *tân* ; mais cf. *gweltré*.

Gûp, s. m., vautour. Cf. gr. γύψ (emprunt savant?), et ags. *gīw gīow*[4].

Gurlaz (V.), s. m., lézard, cymr. *gwyrddlas*, pour *gwyrdd-glas* « bleu-vert », vbr. *guirdglas* « mer ». V. sous *gwér*, *glâz* et *glazard*.

Gurzun (V.), s. f., variante de *burzun* = *bulzun*.

***Gw-**, forme théorique et générale d'un préf. prodigieusement répandu dans toute la famille celtique, avec sens primitivement local « au dessous », et par conséquent atténuatif, péjoratif, etc. (cf. *1 gour-*), apparaissant en br. avec les variantes principales *gou-*, *gwe-*, *gw-*, et *b-* ou *g-* tout court[5], corn. *gou-*, *go-*, *gu-*, cymr. *guo-*, *go-*, *gwe-*, vbr. *guo-* et *uuo-*,

---

1. D'où le sens adverbial « résolument » > absolument ».
2. Le genre féminin aurait dès lors été suggéré au breton par la finale *-ez* jointe au fait que le mot est un nom abstrait.
3. Le Gon. donne même un mot *groumm* s. m. « le poing fermé », qui a tout l'air d'être corrompu de *grounn*.
4. D'origine également inconnue : *Journ. of Germ. Philol.*, II, p. 164.
5. V. la plupart des mots commençant par ces groupes.

vir. *fo-*, *fu-*, etc. : d'un celt. **wo* < **uo* < **upo*, i.-e. **úpo* « sous », sk. *úpa*, gr. ὑπό (lat. *sub*), got. *uf-*. Cf. aussi ag. *up* et al. *auf* « sur ».

Gwâ! malheur à...! cymr. *gwae*, vir. *fé*, d'un celt. **wai*, gr. οὐαί, lat. *vae*, ag. *woe*, al. *weh*, ital. *guai*.

Gwâk, adj., mou, faible, vain, vide, corn. *guac* « faux » > *gwag* « vide », cymr. *gwag*. Empr. lat. *vacuus* > bas-lat. **vacus*, cf. lat. *vacāre*.

Gwâd, s. m., sang, corn. *guit* > *goys* > *gudzh*, cymr. *gwaed* id. : soit un celt. **wei-to-* et **wi-to-* « tordu », qui a pu primitivement signifier « veine », au même titre que celt. **wei-ti-* > vir. et gael. *féith*, « fibre, nerf, veine », cf. lat. *vĕ-na* dont le vocalisme est irrégulier ; le tout dér. de la rac. WEI WI, « tordre, tresser, entrelacer, serpenter », dont on trouvera les principaux répondants sous *gwéa*. V. aussi 2 *gwâz* et *gwéden*.

Gwaé, ouais, oui-dà: variante de *gwâ*.

Gwagen, s. f., onde, flot. Empr. fr. *vague*.

Gwagren, s. f., glande, fondrière : les deux sens se concilieraient assez aisément par une dérivation de *gwâk*. V. ce mot[1].

Gwac'ha, vb., croasser. Onomatopée.

Gwalarn, gwalern, gwalorn, s. m., nord-ouest. Empr. fr. *galerne*, lui-même peut-être d'origine celtique. — Loth.

Gwalen, s. f., verge, mbr. *goalenn*[2], suppose un celt. **wal-ennā*, dér. de la rac. WEL, « fléchir, tresser » : vir. *fál* « haie » et *fillim* « je courbe », gr. ἕλιξ « hélice » et εἰλύω « j'enroule », lat. *volv-ere*, got. *walw-jan*, etc.

Gwalc'ha, vb., rassasier : dér. de *gwalc'h*, mbr. *gwalch* « abondance » (cf. *awalc'h*), cymr. *gwala* « satiété », vir. *folc*, d'un celt. **wolg-o-* « grande quantité » ; cf. sk. *várg-a* « groupe », lat. *volg-u-s* « le grand nombre », ags. *folc* > ag. *folk* « les gens », al. *volk* « peuple », etc.

Gwalc'hi, vb., laver, pardonner, mbr. *guelchi* et ppe *golchet* « lavé », corn. *golchy*, cymr. *golchi*, vir. *folc-ai-m*, gael. *failc* « laver » : soit un celt. **wolk-ō* « je lave », rac. WELK avec alternance de gutturale et vélaire, dont on trouvera d'autres dérivés sous *gléb*, *glec'h*, *gliz*, etc.

Gwall, adj., mauvais, corn. *gal*, cymr. *gwall* « défaut », vir. *fell*, ir. et gael. *feall* « fourberie » : le germanique (got. *ubil-s*, ag. *evil*, al. *übel* « mau-

---

1. Mais d'où vient l'*r* inséré ? *Gwagren* « glande » serait-il une métaphore, soit mbr. *goagronenn* < *groégon* « prunelle » ? V. sous *grégon*. D'autre part, *gwagren* « fondrière » signifierait-il, au moins par étymologie populaire, « qui tremble ou vacille sous [le pied] » ? V. sous **gw-* et *kréna*.

2. Le fr. *gaule* paraît emprunté au br. — *Gwalen* au sens de « bague sans chaton » est le même mot, peut-être par imitation du fr. qui appelle une bague unie « un jonc ».

vais ») indique un radical primitif *upel- > celt. *uel- > *wel-, sur lequel s'est construit un dér. *wel-no- altéré en brittonique.

Gwallek, adj., négligent : dér. du précédent.

Gwamm, s. f., femme (terme de mépris). Empr. ags. très ancien *wamb « matrice » > womb > ag. womb, cf. al. wamme.

Gwân, adj., faible, vain, mbr. gwan, corn. guan, cymr. gwan, ir. et gael. fann id. : d'un celt. *wanno-, exactement « blessé », cf. got. wunn-s « douleur », winn-an « souffrir », et subsidiairement sk. á-vā-ta « invulnérable », gr. ἄτη « fléau », got. wun-d-s, ag. woun-d et al. wun-d, « blessé, blessure », cymr. gwân « piqûre », corn. gwane « percer », toutes formes dér. de racines WEN WÂ. Cf. gwenanen.

Gwann, s. f., variante de goann. V. ce mot.

1 Gwâr, adj., courbe, cymr. gwyr, vir. fiar, ir. et gael. fiar id. : d'un celt. *wei-ro-, dér. de la même rac. que 2 gwâz, gwéden et gwéa. V. ce mot, et cf. ags. wīr « fil de métal » > ag. wire (exactement « tressé »).

2 Gwâr, prép., variante primitive de wâr, et cf. 1 gour-.

Gward, s. m., garde. Empr. fr. ancien guarde, et cf. gortoz.

Gwarek, s. f., arc, arche : dér. de 1 gwâr.

Gwaremm, s. f., garenne. Empr. fr. altéré guarene.

Gwarigel, s. f., biais : dér. de gwar > 1 gwâr.

Gwarizi, s. f., jalousie, envie : difficile à ramener à gwâr. — Étym. inc.

Gwasâ, adj., le pire (superl.). V. sous 4 gwâz.

Gwaska, vb., presser, opprimer, mbr. goascaff, cymr. gwasgu, vbr. guescim, vir. faiscim, ir. fáisg, gael. fàisg id. : soit un celt. *wak-s-ō, lat. vexāre, tous deux amplifiés de la forme de rac. plus simple que montrent sk. váh-a-te « il presse », visl. vegg-r, ag. wedge « coin à enfoncer » et al. wecke « pain en forme de coin », lit. vag-i-s « coin », etc.

Gwasked, s. m., abri contre le vent, vbr. pl. gua-scot-ou « abri contre le soleil » d'où « fraîcheur, ombre » : soit un celt. *wo-skāt-, dont on trouvera le préf. sous *gw- et la rac. sous skeûd.

Gwasta, vb., gâter, cymr. gwastio. Empr. lat. vastāre.

Gwastaven, s. f., pellicule de crème : soit un celt. *wo-sta-men-, exactement « substance un peu ferme ». Cf. gwestad.

1 Gwâz, s. m., homme, corn. et vbr. guas, vir. foss « serviteur » gaul. vassos id.[1] : indiquent un celt. *wasso- pour *was-to- ou *was-tw-o- « ha-

---

1. D'où gaul. latinisé vassus, puis fr. cassal. Le cymr. a gwas « page ».

bitant la maison », dér. secondaire par rapport à sk. *vás-tu* « maison »[1], comme gr. ἀστός « bourgeois » par rapport à Ϝάσ-τυ > ἄστυ « ville ».

2 Gwâz, s. f., ruisseau : primitivement « veine » (cf. *gwazen*), corn. *gwyth* « veine », cymr. *gwyth-en* et *gwyth-ien*, vbr. *guith-enn-ou* pl. « les veines » : d'un celt. **wi-ttā* « veine » altéré en br. (cf. lat. *vitta* « bandelette ») dont la rac. est sous *gwâd*, *gwéden* et *gwéa*.

3 Gwâz, s. f., oie, corn. *guit* > *guidh* > *goydh*, cymr. *gwydd*, vir. *géd*, ir. *géadh*, gael. *gèadh* id. : soit un celt. **geg-dā*, dont la première syllabe paraît contenir une onomatopée assez répandue ; cf. br. *gàk*, *kégin*[2], vjsl. *gag-l* « oie sauvage », mhal. *gigzen* « caqueter », lit. *gag-óna-s*.

4 Gwâz, adj., pire : primitivement « mauvais »[3] (cf. *gwell*), corn. *gweth*, cymr. *gwaeth*, vbr. *guoheth-e* dér. « infamie : d'un celt. **wak-to-*, ppe passé d'une rac. à sens péjoratif accusée notamment par sk. *vak-rá* « de travers », *váñc-a-ti* « il gauchit », lat. *vac-ill-āre*, etc.

Gwazen, s. f., veine (d'eau, de métal). V. sous *2 gwâz* et

1 Gwazien, s. f., veine (du corps). V. sous *2 gwâz*.

2 Gwazien, s. f., oie : singul. de *3 gwâz*.

Gwé, s. m., gué. Empr. fr.

Gwéa, vb., tisser, tresser, tordre, mbr. *gueaff*, cymr. *gweu*, corn. *guiat* « toile », vbr. *gueig* « qui tisse » (cf. vir. *figim*, gael. *figh* « tisser »[4]) : soit un celt. **wegy-ō*, cf. sk. *váy-a-ti* « il tisse », lat. *vi-ēre* « être flexible ». V. sous *gwéden* d'autres dér. de la rac. i.-e. WEI WI très répandue dans tout l'ensemble de la famille.

Gwéach, s. f., fois (aussi *gwéz*[5]), corn. *gweth* et *gwyth*, cymr. *gwaith*, vir. *fecht* « fois » et « voyage »[6] : d'un celt. **wek-tā* « charroi », ppe passé

---

1. Pour l'évolution du sens, comparer le fr. *domestique* qui a pris l'acception de « serviteur ». — La rac. WES « habiter » a de nombreux autres rejetons, mais non pas en celtique.

2. Et les mots cités sous ces articles. — Aucun rapport, par conséquent, avec ag. *goose*, al. *gans*, etc.

3. Que ce comparatif ait été jadis un simple positif, c'est ce qu'atteste encore nettement l'existence du superlatif *gwasa* et du vrai comparatif *gwasoc'h*.

4. Il faut tenir compte de l'existence, à côté de la rac. simple à finale vocalique, d'un certain nombre de formes d'amplification consonnantique dénoncées surtout par le germanique : al. *wick-eln* « tortiller », *web-en* « tisser » (aussi en sk. dans *ūrṇā-vábhi* « araignée ») et ag. *to weave*, al. *wind-en* « tresser », etc.

5. D'un pl. régulier **gwéjou* > **gwéchou* a été abstrait un sg. *gwech*, qui a remplacé la forme régulière *gwez*, partout ailleurs qu'en vannetais où l'on a la corrélation attendue *gueh*. Cf. aussi *dervez*. Mais voir Ernault, *Mém. Soc. Ling.*, X, p. 332.

6. Le second sens est le primitif : « deux fois » signifie « en deux venues, à deux reprises », et ainsi de suite.

fm. de la rac. WEGH, sk. *váh-a-ti* « il charrie », gr. Ϝόχ-ο-ς > ὄχος « chariot », lat. *veh-ere* et *vec-tu-m* « charrier », got. *wig-s*, ag. *way* et al. *weg* « chemin », lit. *vèsz-ti* et vsl. *ves-ti* « charrier », etc.

Gwéden, s. f., corde, lien d'osier, corn. *guiden* « cercle », cymr. *gwden* « lien », vir. *féith* « fibre » (cf. *gwdd*), etc. : soit un celt. *wei-ti-* « objet tordu », dér. de la rac. pure de *gwéa*, et cf. zd *vaè-ti* « saule », gr. Ϝῐ-τέα > ἰτέα id., lat. *vī-ti-s* « vigne » (et *vī-men* « osier »), lit. *vў-ti-s* « verge » et *vў-ti* « tresser », vsl. *vi-tĭ* « objet tordu » et *vi-ti* « tresser », al. *wei-de* « saule », etc. V. sous *gwéa* et les similaires.

Gwéga (C.), vb., mugir. Onomatopée peu distincte.

Gwégélen, s. f., petit houx : préf. *gw-* et *kélen*.

1 Gwél, s. m., aspect : abstrait de *gwélout*. V. ce mot.

2 Gwél, s. f., voile, corn. *guil*, cymr. *hwyl*, vbr. *huil*. Empr. lat. *vela* pl.

Gwéla, vb., pleurer, mbr. *goelaff*, corn. *wole* > *ole*, cymr. *gwylo* > *wylo* id. Empr. germ., cf. visl. *vaela*, ag. *weilen* > *to wail*. — Conj.

Gwéladen, s. f., visite, examen : dér. de *1 gwél*.

Gwélan, s. m., mouette, mbr. *goelann* (> fr. *goéland*), corn. *guilan*, cymr. *gwylan*, vbr. pl. *guilann-ou*, vir. *foilenn*, qui supposent un celt. *wail-anno-* d'étym. entièrement inconnue[1].

Gwélaouen, s. f., variante corrompue de *gélaouen*[2].

Gwélé, s. m., lit, corn. et vbr. *gueli*, cymr. *gwely*, d'un celt. *wo-leg-os* « couche » : cf. le simple vir. *lig-e* « lit », gr. λέχ-ος, lat. (avec un autre suff.) *lec-tu-s*. V. le préf. sous *gw-*, et la rac. sous *1 léac'h*[3].

1 Gwéled, s. m., aspect : dér. de *1 gwél*.

2 Gwéled, s. m., fond, mbr. *goelet*, cymr. *gwaelod* id. : dér. secondaire par rapport à cymr. *gwael* « vil », celt. *wei-li-*, cf. lat. *vī-li-s* « sans valeur », sans autre équivalent connu. Cf. aussi *gwélézen*.

Gwéléden (T.), s. f., jupe : dér. de *2 gwéled*[4].

Gwéléoud, s. m., accouchement, cymr. *gwely-fod-i* « être en couche »:

---

1. Il y a eu toutefois contact, au moins d'étymologie populaire, entre *gwéla* et *gwélan* (cri plaintif). Comparer en outre argot fr. *goualer*, « crier, chanter ».
2. L'étymologie populaire, ayant isolé *laouen* « pou » et ne voyant aucun sens dans l'élément *gé-*, y a substitué *gwé-*, qui est du moins une initiale fort commune.
3. Il semble toutefois bien difficile de séparer cymr. *gwely* de cymr. *gwal* « tanière » (Loth) : dans ces conditions, ce mot et ses similaires corn. et br. se rattacheraient à la même rac. que br. *gwalen*, par les sens de « tressage, couche faite de rameaux plus ou moins entrelacés, litière ». V. ce mot.
4. « Vêtement de fond » ou « de dessous ».

soit les composés, cymr. *gwely-bot*, br. *gwélé-bout* > *-vout* > *-oud* « être au lit ». Cf. *bout* et *gwélé*.

Gwélévi (C.), vb., briller : dér. de *goulou*[1].

Gwélézen, s. f., lie, cf. cymr. *gwaelod* id. : dér. de *2 gwéled*, mais phonétiquement identique au cymr. *gwelyddyn*, « dépôt, couche, tombe », qui se rattache à *gwely* = br. *gwélé* ; contamination probable de deux quasi-homophones dont le sens s'est confondu.

Gwélien, s. m., relavure : pour *gwelc'hien*, dér. de *gwalc'hi*.

Gwell, adj., meilleur : exactement « désirable, préférable », cymr. *gwell*, vbr. *guell*, celt. *wello-* pour *wel-no-* dér. de rac. WEL, « choisir, agréer, vouloir », sk. *vr-ņā-ti*, « il désire, il agrée », lat. *vel-le, vel-i-m, vol-ō*, etc. (gr. βόλ-ε-ται « il veut », βούλ-ο-μαι, βουλή, etc.), got. *walla*, ag. *well* et al. *wohl* « bien », got. *wil-jau* « je veux », ag. et al. *will*, etc. ; lit. *vél-yti* et vsl. *vel-ěti* « vouloir » ; ajouter sk. *vár-a* « choix », etc.

Gwélout, vb., voir : contient, avant la finale d'infinitif, la même rac. que *gwell*, et signifie étymologiquement « choisir »[2].

Gweltré, s. f., grands ciseaux, mbr. *guelteff*, composé dont le premier terme est *1 gével*[3]. V. ce mot et cf. *gultan*. L'initiale, toutefois, paraît contaminée de lat. *vell-ere* « arracher » ou d'un mot celt. de même souche.

Gwén, adj., souple, insinuant, mbr. *guezn* id., cymr. *gwydn* « tenace » : soit un dér. celt. *wi-t-no-*, dont on trouvera la rac. sous *gwéa*.

Gwénaer, s. m., chasseur. Empr. lat. *vēnātor*.

Gwénanen, s. f., abeille, corn. *guénenen*, cymr. *gwen-yn-en* et *gwen-yn* (« la perceuse »). V. la rac. sous *gwân*.

Gwendré, s. m., goutte : dér. et altéré de *gwentr* > *gwentl*[4].

Gwéned, s. m., Vannes, gaul. latinisé *Veneti* « les Vénètes » : nom ethnique qui paraît contenir la rac. WEN (sk. *van-ō-ti* « il aime », *vắn-a* « charme », lat. *ven-us* et *Venus*, al. *wonne* « joie », etc.), et signifier « les amis, les compatriotes ». Cf. *1 gwenn*.

Gwéner, s. m., vendredi. Empr. lat. *Veneris (diēs)*.

Gwengoad, s. m., aubier. V. sous *2 gwenn* et *koat*.

Gwengôlô, s. m., septembre, mbr. *guenn-goloff*, parce qu'après la mois-

---

1. Comparer le mbr. *gueleuiff* au cymr. *goleu*.
2. Pour « choisir » il faut « examiner », et un examen n'est qu'une « vue » plus prolongée. Le sens s'est simplement atténué.
3. Le second est le mot *treff* qu'on trouvera sous *adré*. Le mot a désigné tout d'abord une sorte de charpente fourchue, soit donc « pince de construction ».
4. En tant qu'étendu à toutes douleurs cuisantes.

son les toits de chaume nouvellement réparés ont des taches blanches sur leur fond sombre. V. sous *2 gwenn* et *kôlô*.

1 Gwenn, s. f., race, germe, mbr. *gouen*, vir. *fine*, gael. *fine*, « tribu, parenté », et cf. vbr. *co-guen-ou* « indigène » : dér. possible de la même rac. que *Gwéned*, cf. visl. *vin-r* et ags. *wine* « ami », etc.

2 Gwenn, adj., blanc, corn. *guyn*, cymr. *gwyn*, vir. *find*, ir. et gael. *fionn*, gaul. **vindos* dans *Vindo-magus* n. pr. « le champ blanc » et autres : soit un celt. **wind-o-* qui aurait signifié « visible > brillant > blanc », et se rattacherait à la rac. WID. V. sous *gouzout*.

Gwennaen, s. f., verrue, mbr. *guennhaenn*, corn. et cymr. *gwenan*, ir. *faine* et *faithne*, gael. *foinne* id. : se rattache peut-être, avec ags. *wenn* > ag. *wen*, à la rac. de *gwân*. V. ce mot.

Gwennek, s. m., merlan, sou : dér. de *2 gwenn*. V. ce mot.

Gwennéli, s. f., hirondelle, corn. *guennol*, cymr. *gwennol*, vir. *fannall*, ir. *áinl-eóg*, gael. *fainl-eag* et *ainleag* id. : d'un celt. **wann-ello-* (d'où gaul. latinisé *vannellus* > fr. *vanneau*), qui semble un diminutif par rapport au lat. *vannus*, « van, éventail » (forme de la queue).

Gwennen (V.), s. f., taie sur l'œil : dér. de *2 gwenn*.

Gwennik, s. m., saumon blanc : dér. de *2 gwenn*.

Gwénôden, s. f., sentier : dér. probable de *gwén*[1].

Gwent, s. m., vent, odeur, corn. *guins* > *gwyns*, cymr. *gwynt*. Empr. lat. *ventus*. De là aussi le vb. *gwenta* « vanner ».

Gwenterc'hen, s. f., grand millepertuis. V. sous *gwent* et *derc'hel* (l'administrait-on d'aventure pour faire passer les vents ?).

Gwentl, s. m., variante de *gwentr*. V. ce mot.

Gwentlé, s. f., variante de *gweltré*. V. ce mot.

Gwentr, s. m., coliques, maux de nerfs, douleurs de l'enfantement. Empr. lat. *venter* (par extension et euphémisme).

Gwénvi, vb., se faner, se rechigner : dérivation, en prononciation rapide, de mbr. *goua(n)ff* « hiver ». V. sous *goan*, mais cf. *gwévi*.

Gwenvidik, adj., heureux, mbr. *guennuidic*, syncopé pour **guenn-ved-edic* = cymr. *gwyn-fyd-edig* dér. de *gwyn-fyd* « bonheur », exactement « univers blanc, brillant », métaphore pour « vie prospère, destinée heureuse »; cf. cymr. *gwyn ei fyd* (littéralement « heureux son monde ») « heureux celui » [qui]. V. sous *2 gwenn* et *béd*.

---

1. Chemin « souple, tortueux, qui s'insinue », etc. Mot difficile : cf. *minôten*.

1 Gwér, s. m., du verre, mbr. *guezr*, corn. *gweder*, cymr. *gwydr*. Empr. lat. *vitrum*, et cf. le singulatif *gwéren*.

2 Gwér, adj., vert-clair, mbr. *guezr*, corn. *guirt* > *gwyrdh*, cymr. *guird* > *gwyrdd*. Empr. bas-lat. *viridis* > *virdis*[1] > fr. *verd*.

Gwerbl, s. f., bubon. Empr. bas-lat. *verbera* « coups et les enflures qui en résultent », pl. nt. pris pour un sg. fm. — Conj.

Gwéré, s. f., échauguette, guérite : dér. du même radical empr. germ. *war-* « garder » d'où nous vient aussi fr. *guérite*. Cf. *gortoz*.

Gwérélaouen, s. f., l'étoile du matin, mbr. *guerelouann* (aussi *berleuenn* V.), corn. *byrluan* : composé de deux termes, dont le premier est le même que cymr. *gwawr*, vir. *fâir* et gael. *fàir* « aurore » : soit un celt. *wās-ri-*, de rac. WAS(?) « briller », sk. *uṣ-ás* « aurore », gr. *ἄυσ-ός-* > ἠώς > ἕως, lat. *aur-ōr-a*, lit. *aŭsz-ta* « le jour point », aî. *Os-t* « l'Orient », etc.; le second n'est guère identifiable, cf. pourtant *2 laouen*.

Gwéren, s. f., verre à boire : dér. de *1 gwér*.

Gwerc'h, gwerc'hez, s. f., vierge, jeune fille, cf. cymr. *gwyryf*. Empr. lat. et dér. d'empr. lat. *virgō*.

Gwern, s. f., aune[2], aunaie, corn. *gwernen*, cymr. *gwern*, vir. *fern* et *fern-og*, ir. *fearn* et *fearn-óg*, gael. *feàrn-a*, gaul. *vernos* dans *Vernodubrum* « Verdouble »[3] et autres n. pr. : soit un celt. *werno-*, isolé.

Gwers, gwerz, s. f., vers, poème, légende versifiée ; cf. cymr. *gwers*, « tour, leçon ». Empr. lat. *versus*. V. sous *gouers*.

Gwerz, s. f., vente (et vb. *gwerz-a* « vendre »), corn. *gwerth* « valeur », d'où *gwerth-e* « vendre » et *gordh-y* « estimer », cymr. *gwerth* « prix » et *gwerth-u* « vendre » : soit un celt. *werto-* « valeur, qui a de la valeur », lequel se retrouve dans toute la famille germanique (got. *wairth-s*, ag. *worth*, al. *wert*), mais manque de répondants ailleurs.

Gwerzid, s. f., fuseau, mbr. *guerzit*, corn. *gurthit*, cymr. *gwerthydd*, vbr. *guirt-it-ou* pl. : soit un celt. *wert-ito-*, ppe passé de la rac. WERT « tourner », sk. *várt-a-te* « il se tourne » et *vart-ulā* « fuseau », lat. *vert-ere*, *vert-ī* « se tourner > se changer », *vert-ex*, *vort-ex*, etc., got. *wairth-an* « devenir » (cf. lat. *vertī*) et al. *werd-en*, lit. *vèrs-ti* et vsl. *vrŭt-ėti* « faire tourner », vsl. *vrêt-eno* « fuseau », etc., etc.

---

1. La métathèse exclusivement propre au breton y résulte évidemment de l'analogie du précédent.
2. Le sens « mât » est naturellement secondaire.
3. « L'Aunaie » (cf. *dour*). De là un gaul. latinisé *vernus*, qu'accuse le fr. *verne* « aune ».

Gwesken, s. f., mors : soit « qui scie en dessous » ou « légèrement » [la bouche du cheval]. V. sous *gw-* et *heskenn*. — Conj.

Gwesklé, s. f., grenouille. V. sous *glesker*. — Étym. inc.

Gwespéden, s. f., guêpe : formation fort complexe, singulatif en *-en* d'un pl. en *-et* tiré d'un sg. *gwesp*. Empr. lat. *vespa*.

Gwestad, adv., variante de *goustad*. V. ce mot.

Gwéstl, s. m., gage, mbr. *goestl*, corn. *guistel* « otage » et *gustl-e* « promettre », cymr. *gwystl*, « gage, otage », vir. *giall*, ir. et gael. *giall* id., gaul. *geistlos* dans *Cogestlus* n. pr. : d'un celt. *geis-tlo-*, dont la rac. n'est pas connue, mais qui se retrouve dans tout le germanique (vhal. *gīsal* > al. *geisel*), empr. probable de celui-ci au celtique.

Gwév, s. m., variante de *gwé*, à cause du pl. *gwéou* prononcé aussi *gwévou*.

Gwévi, vb., variante dénasalisée de *gwéñvi*. V. ce mot. Toutefois le cymr. *gwyw* « fané » impliquerait que les deux formes sont primitivement distinctes ou que la nasale de *gwéñvi* est épenthétique.

Gwéz, adj., sauvage, mbr. *guez* ou *goez*, corn. *guit*, cymr. *gwydd*, vir. *fiad* « gibier » et *fiad-ach* « chasse », ir. et gael. *fiadh* « gibier » : d'un celt. *weid-o-*, que reproduit identiquement le germanique (al. *weid-e* « terrain de chasse > pâturage ») et qui sans doute se rattache à la même rac. que le suivant.

Gwézen, s. f., arbre, mbr. *guez-enn* (singul. de *guez*), corn. *guid-en*, cymr. *guid* > *gwydd* et *gwydd-en*, vir. *fid*, ir. et gael. *fiodh*, gaul. *vidu-s* dans *vidubium* (cf. *gouzifiad*), *Vidu-casses* « Vieux » et autres n. pr. : d'un celt. *wid-u-* « bois », qui ne se retrouve qu'en germanique, notamment ags. *wud-u* > ag. *wood*, vhal. *wit-u*. Cf. le précédent.

Gwézout, vb., variante de *gouzout*. V. ce mot.

Gwiaden, s. f., pièce de toile, corn. *guiat* : dér. de *gwéa*. V. ce mot.

Gwialen, s. f., verge, gaule, cymr. *gwialen* id. : contamination de *gwalen* et d'une dérivation de *gwéa* « fléchir ». V. ces mots.

Gwiber, s. m., écureuil (aussi *gwiñver* V.), mbr. *guinfher*, cymr. *gwiwer*, ir. *feor-óg*, gael. *feòr-ag* id. : ne se retrouve qu'en baltique (lit. *voveré*) et en lat. (*viverra* « furet »). Cf. Ernault, *Mém. Soc. Ling.*, XI, p. 103.

Gwiblen, s. f., girouette. — Empr. certain, provenance inc. [1]

Gwik, s. f., bourg, corn. *gwic*, cymr. *gwig*. Empr. lat. *vīcus*.

---

[1]. On peut songer à fr. *guivre* (motif décoratif), fr. *guibre* « charpente d'avant du navire », et surtout lat. *cibr-āre*. Aucun de ces rapprochements n'est sûr, tant s'en faut. Cf. aussi *gwifl*.

Gwidila, vb., serpenter : dér. secondaire. Cf. *gwéden*.

Gwidoroc'h, adj., cadet : semble une dérivation de comparatif, d'ailleurs irrégulière, par rapport à *goudé*. V. ce mot.

Gwidré, s. m., ruse : dér. secondaire. Cf. *gwidila*.

Gwifl, s. m., chevron, solive (aussi *gwior-ujen* V.). Emprunt très probable, mais difficile à préciser : cf. *gwiblen* et *kébr*.

Gwigour, s. f., bruit de gond ou d'essieu : se rattache à

Gwio'h, s. m., vagissement, cymr. *gwich* « cri », *gwichio* « crier ». Onomatopée du même type que ag. *to squeak* « piailler ».

1 Gwil (V.), s. m., variante dialectale de *goell*, et cf. *biouil*.

2 Gwil (V.), s. m., variante dialectale de *goél*. V. ce mot.

Gwil, s. m., larron de nuit, cf. mbr. *gouilh*, cymr. *gwill* « vagabond », corn. *gwilleiw* « mendiant ». — Étym. inc.[1].

Gwiler, s. f., place publique. Empr. bas-lat. *villáre*.

1 Gwilc'ha, vb., faucher, mbr. *guilchat* (avec *ch* et non *c'h*); cf. vbr. *guiltiat* « tonsure » (d'où changement régulier de $t + y$ en *ch*), dont la syllabe radicale paraît être la même que celle du lat. *vellō* < *$*velnō$* « j'arrache », également isolé. V. sous *gweltré*.

2 Gwilc'ha, vb., cligner, bigler : dérivation péjorative[2] sur le radical de *gwél-out*. V. ce mot.

Gwilioudi, vb., accoucher : dér. de *gwéléoud*.

Gwiméled, s. f., vrille. Empr. fr. ancien *gimbelet*.

Gwimm, s. m., regain. Empr. fr. ancien *guaïm*, qui est le second terme de *re-gain*, et cf. fr. *pré guimaud* « pré à regain ».

Gwin, s. m., vin, corn. et cymr. *gwin*, vir. *fin*, ir. *fion*, gael. *fion*. Empr. lat. *vīnum*, qui a passé aussi en germanique.

Gwińka, vb., ruer, cf. ag. *to wince*. Empr. fr. ancien *guenchir*, etc., qui lui-même est d'origine germanique.

Gwiñed, s. f., sarcloir : dér. de *gwini-en* (serpette à vigne?).

Gwiñen, s. f., aubier : dér. de *2 gwenn*. Cf. *gwengoad*.

Gwinien, s. f., vigne. Empr. lat. *vīnea*, ou fr. *vigne*.

Gwiniz, s. m., froment (aussi *guinic'h* et *guneh* V., qui montrent que la finale n'a rien de commun avec *éd*) : le cymr. *gwen-ith* « froment » paraît

---

1. Probablement simple sobriquet (*William*, *Guillaume*, etc.). Cf. *Guillou* « Guillaume » et *guillous* « ménétrier » (ou fr. *vielleux*?).

2. Dans vbr. *guel-ch* « aspect », cymr. *gwyl-ch*, et *gwyl-ch-u* « sembler », le sens péjoratif est encore latent.

signifier étymologiquement « beau grain », mais la provenance du second terme est obscure; pour le premier, cf. *Gwéned.*

Gwinta, vb., lever, s'élever. Empr. fr. *guinder*[1].

Gwiñval, vb., bouger: variante de *fiñval.* V. ce mot[2].

Gwiou, adj., gai, mbr. *guyou*, corn. *gwyw*, cymr. *gwiw*, « digne, capable, bon », etc., vbr. *uuiu* (?), ir. *fiú*, gael. *fiú*, gaul. *°visu-s* dans *Visu-rix* n. pr. « bon roi » : soit un celt. *°wis-u-* « bon », cf. gr. *ϝισ-ϝο-ς* > ἴσσος > ἴσος « égal », cf. sk. *vásu* et zd *vohu*, etc. — Rapprochements inconciliables[3].

Gwipad (C.), s. m., petit-lait, mbr. *guypat*, cf. cymr. *chwig* et ags. *hwaeg* (*ae* long) > ag. *whey* id. Empr. ags.?[4]

Gwir, adj., vrai, cymr. *gwir*, vbr. *guir*, vir. *fír*, ir. *fíor*, gael. *fíor*, gaul. *°co-vēro-s* « fidèle » dans *Dumno-coveros* n. pr.: d'un celt. *°wēr-o-* « vrai » (rac. douteuse), lat. *vērus*, got. *tuz-wēr-jan* « douter » et al. *wahr* « vrai », vsl. *věra* « foi », etc.

Gwiri, vb., chauffer, ppe *góret.* V. sous *1 gór* et *gwiridik.*

Gwiridik, adj., sensible, douillet : dér. de *góri* > *gwiri*, « former abcès » et par suite « devenir douloureux ». V. sous *2 gór* et *gwiri.*

Gwisk, s. m., vêtement, corn. *guisc*, cymr. *gwisg* (et *gwisg-o* « vêtir »): d'un celt. *°wēs-ki-*, presque identique à lat. *ves-ti-s*, tous deux dér. de rac. WES, sk. *vás-te* « il se vêt » et *vás-tra* « vêtement », gr. *ϝέσ-νυ-μι* > ἕννυμι « je revêts » et ἐσ-θής « habit », got. *was-jan* et *was-ti* id., etc.

Gwispér (V.), s. m., variante altérée[5] de *mespér.*

Gwitibunan, tous tant qu'ils sont, corn. *cetep-onon* id.: semble profondément altéré pour une locution *ket-heb-unan*, soit « ensemble y compris un ». V. ces trois mots et observer le sens archaïque de *hép.*

Gwitod (V.), s. m., petit-lait. V. sous *gwipad.*

Gwivoud, s. m., chèvrefeuille: variante usuelle de *gwéz-voud*, mbr. *guezuout*, cymr. *gwydd-fid* id. ; le mot paraît signifier « buisson sauvage ». V. sous *gwéz* et *bód*, et cf. *bézvoud.*

Gwîz, s. f., truie (aussi *gwéz*, pl. *gwizi*), mbr. *gues*, corn. *guis*, vir. *feis* id.: d'un celt. *°wessi-* « âgé d'un an », cf. sk. *vat-sá* et lat. *vit-ulu-s* « veau »,

---

1. Cf. le terme technique *gwindask* s. m., « levier, cric, cabestan », où le *d* régulier s'est conservé.
2. Même rac., avec chute ancienne de l's initial.
3. Observer toutefois que le corrélatif phonétique exact d'un i.-e. *°wisuo-* est le cymr. *gwych*, qui sémantiquement répond bien au br. *gwiou.*
4. Mais la dernière syllabe reste en tous cas inexplicable. Cf. *gwitod.*
5. Par étymologie populaire « poire sauvage » (*gwéz-pér*).

got. *with-ru-s* « agneau », ag. *wether* et al. *widder* « bélier », tous issus d'un i.-e. **wet-es-*, « temps, année », cf. gr. Ϝἔτος > ἔτος « an », lat. *vetus* « vieux »[1]. Cf. aussi *blougorn*.

H

Ha, et, variante de *hag* devant consonne.

Habask, adj., doux, d'humeur accommodante : pour *he-bask « facile à nourrir » (un animal). V. sous *hé-* et *paska*, et cf. *burzud*.

Hak, s. m., hoquet, cf. gael. *agadh* « bégaiement ». Onomatopée.

Hakr, adj., variante de *akr*. V. ce mot[2].

Hâd, s. m., semence (et *hada* vb.), mbr. *hat* et *had-aff* » semer », cymr. *had* et *had-u*, corn. *has* id. : d'un celt. **sa-to-* « semé » = lat. *sa-tu-s* ppe passé de rac. SÊ, sk. *sa-syá* et zd *hahya* « blé », lat. *sē-men*, etc., got. *sai-an* « semer », ag. *to sow* et al. *sä-en*, ag. *see-d* et al. *saa-t* « semence », vir. *sí-l* « semence » et cymr. *hí-l* « postérité », vsl. *sê-ti* « semer », etc. Cf. aussi *hoal, 2 héd, heiz* et *dihila*.

Hag, et, corn. *hag* et *ha*, cymr. *ac* et *a*, cf. vir. *ac, acus, ocus*, etc. : exactement « en outre, en ajoutant », d'une rac. qui signifie « proche, approchant, s'ajoutant à », corn. *ogos* « près », cymr. *agos* « voisin », vir. *acus* et *ocus* id., *uc* et *oc* « près » cf. gr. ἀγχ-ί et ἐγγ-ύ-ς « proche », sk. (rac.) *aç* et *naç* « atteindre ». Cf. *ha, hôgen, hôgoz* et *eñk*. — Rapports indécis.

Hal, s. m., pour *halo*, variante de *halô*.

Halébod, halévod, s. m., gueux, vagabond, mbr. *hailhebod*. Empr. fr. ancien *hallebot-eur*, « grappilleur, vagabond ».

Halek, s. m., saule (sg. *haleg-en*), corn. *heligen*, cymr. *helygen*, vir. *sail* (gén. *sailech*), ir. *saileóg*, gael. *seileach* id : d'un celt. **sal-ik-* identique au lat. *salix*, gr. ἑλίκη (arcad.), ag. *sall-ow*, al. *sal-weide*.

---

1. La filière sémantique est « âgé d'un an — pièce de bétail âgée d'un an — truie âgée d'un an — truie ». Ainsi le mot n'avait rien en lui-même qui signifiât « race porcine » plutôt qu'une autre ; et inversement il a perdu, en celtique, jusqu'au souvenir de sa signification essentielle.

2. Comme l'*h* br. ne se prononce plus guère, il est arrivé fréquemment qu'on l'a supprimé là où il était étymologique, ou au contraire qu'on l'a suppléé où il n'avait que faire. On cherchera donc sous la voyelle suivante les mots qu'on ne trouverait pas sous *h*, et réciproquement. — Toutefois, si *hakr* procède en effet de *akr*, il a, par un effet d'emphase, reçu l'*h* dès l'époque brittonique ; corn. *hac-ter* « laideur » et *hager* « laid », cymr. *hagr* « laid » et *hacr-u* « enlaidir ». — De toute manière, il reste dans cette hypothèse une énigme insoluble : la conservation du *k*, qui aurait dû devenir *g*, puis diphtonguer la voyelle ; et la difficulté ne disparaît pas, si l'on explique l'*h* initial par un emprunt ou une forme celt. apparentée au lat. *sacer* « exécrable ».

Halô, s. m., salive, cymr. *haliw*, vir. *saile*, ir. *seile*, gael. *sile* id.: supposent un celt. *sal-iwo-*, presque identique au lat. *salīva*, sans autre équivalent connu, mais très probablement dér. du même radical que *holen* (en tant que liquide salé). V. ce mot.

Hań, s. m., variante de *hańv*. V. ce mot.

Hanaf, s. f., coupe, jatte, etc. Empr. fr. ancien *hanap*.

1 Hanô, adv., variante aspirée de *anô*.

2 Hanô, s. m., nom (aussi *hanv*), mbr. *hanff* et *hanu*, cymr. *enw*, vbr. *anu*, vir., ir. et gael. *ainm* id.: d'un celt. *an-men-*, gr. ὄνο-μα, vsl. *imę*, et cf. sk. *nā-ma*, lat. *nō-men*, got. *na-mō*, ag. *name* et al. *name* « nom »[1].

Hańter, s. m., moitié, corn. *hanter*, cymr. *hanther* > *hanner* id.: soit un celt. *san-tero-* < i.-e. *sm-tero-* « l'autre » (en ne parlant que de deux), gr. dialectal ἄ-τερο-ς > ἕτερος[2]; le celt. probablement influencé dans sa signification par un autre celt. *sēmi-tero-* « demi », dér. de l'i.-e. *sēmi-*, sk. *sămi-*, gr. ἡμι- et ἥμισυς, lat. *sēmi-* « demi », etc.

Hańv, s. m., été, mbr. *haff*, corn. et cymr. *haf*, vir. *sam* (d'où le composé *sam-rad* > ir. et gael. *samhradh* « été »): d'un celt. *sam-o-*, sk. *sắm-ā* « année », zd *ham-a* « en été », visl. *sum-ar*, ags. *sum-or* > ag. *summer*, vhal. *sum-ar* > al. *sommer*[3]. Cf. gr. ἡμ-έρᾱ « jour ».

Hanv, s. m., nom. V. sous *2 hanô*.

Hańvesken, s. f., vache stérile : exactement « [vache] qui n'a pas produit de l'année »[4]. V. sous *hańv* et *2 hesk*.

Haô, adj., variante de *aô*. V. ce mot.

Hardiz, adj., hardi, violent. Empr. fr. ancien *hardiz* (cas-sujet).

Harlua, vb., bannir, chasser, mbr. *harluaff*, avec fausse aspiration pour vbr. *ar-lu* « il a empêché », cymr. *arluw* « arrêter »: dér. de préf. *ar-*, et d'un mot *lu* « force armée » conservé partout ailleurs qu'en br.; corn. *lu* et cymr. *llu*, vir. *slúag* « armée », ir. et gael. *sluagh* « gens », celt. *sloug-o-* attesté en outre par le gaul. *Catu-slōgi* n. pr. (les gens de guerre) et le n. pr. br. *Ker-lu*. Cf. aussi vsl. *slug-a* « serviteur ».

Harnez, s. m., ferraille, harnais : contamination de l'empr. fr. *harnais* (venu du celt.) avec une dérivation de *houarn*. V. ce mot.

---

1. Les conditions phonétiques indo-européennes ne sont pas pleinement éclaircies; mais on voit que le br. seul présente une aspiration prothétique, relativement récente.
2. Comparatif de l'i.-e. *sém-s* « un » > gr. *ἕμ-ς* > εἷς.
3. Le nom d'une saison pris pour celui de l'année, ou inversement, est partout une métonymie courante. Cf. aussi *hańvesken*.
4. Ou qui a porté toute l'année pour n'aboutir qu'à avorter.

Harp, s. m., appui, soutien. Empr. fr. ancien *harper* « empoigner », avec contamination possible du sens du mot suivant.

1 Harz, s. m., arrêt, obstacle, borne, et cf. *harz* (V.) : dans l'hypothèse, d'ailleurs peu probable, où ce dernier serait emprunté à un autre dialecte breton, on pourrait songer à un type de ppe passé celt. **sar-to-*, de même origine que le vb. lat. *ser-ō* « j'entrelace », qu'on trouvera sous *kéfret*.

2 Harz, aboiement (et *harzal* « aboyer »), mbr. *harzaff*, avec une fausse aspiration pour vbr. *arton* et cymr. *arthal* id. : plus anciennement sans doute « grogner à la façon d'un ours », cf. cymr. *arth* et vir. *art* « ours », sk. *ṛkṣa*, gr. ἄρκτος, lat. *ursus*. V. la note sous *déac'h*.

3 Harz, adv., proche (cf. s. m. pl. *harzou* « limites ») : identique à *1 harz* « faisant obstacle > heurtant contre > jouxtant ».

Hast, s. m., empressement. Empr. fr. ancien *haste*.

Havrek, s. m., guéret. Le mot ressemble, mais de bien loin, au bas-lat. **warectum* (du germanique), d'où vient aussi fr. *guéret*.

1 Hé, pronom de 3ᵉ pers. du sg., sujet ou complément (aussi *heñ* et *hen*)[1], mbr. *eff*, corn. *ef > e*, cymr. *em > ef*, d'un démonstratif celt. **emo-* identique au sk. *áma* « celui-ci »; aspiration surajoutée en br.

2 Hé, son, sa : correspond à deux anciens génitifs du thème indiqué sous *1 a*, l'un msc. (sk. *asya* « de lui »), l'autre fm. (sk. *asyās* « d'elle »), ce qui explique que *hé* « de lui » exige mutation douce et *hé* « d'elle » mutation forte; cf. cymr. *clust* « oreille », *ei glust* « l'oreille de lui » et *ei chlust* « l'oreille d'elle »; avec aspiration surajoutée en br.

Hé-, particule préfixée avec le sens du gr. εὐ- « bien », corn. *he-*, cymr. *hy-*, vir. *su-*, gaul. *su-*[2], sk. *su-* (et isolément *sú* « bien »), zd. *hu-*. Cf. *habask* et qquns des mots suivants.

1 Héal, adj., cordial, généreux, mbr. et cymr. *hael*, vbr. *hael-* (dans un n. pr.) : suppose un celt. **sag-lo-*, homologue de **sag-ro-* « fort » qu'on trouvera sous *téar*, et dér. comme lui de la rac. SEGH qu'on trouvera sous le suivant : cf. sk. *sáh-a-te* « il est victorieux » et *sáh-as* « force triomphante », celt. **seg-o-*, « fort, vainqueur », attesté par le gaul. *Sego-* en tête de divers noms propres, got. *sig-is*, visl. *sigr* et al. *sieg* « victoire », etc. V. d'autres répondants sous *2 héal*.

---

1. La nasale primitive nettement conservée dans *heñ-hoñt*, *hen-nez*, mais perdue dans *hé-mañ* (démonstratifs).

2. Par exemple dans SV-CELLOS, surnom du dieu qui a « un bon frappeur, un bon marteau », dans le monument qu'a commenté M. d'A. de J. — Cf. V. Henry, *Journ. As.*, 9ᵉ sér., XI, p. 329.

2 **Héal**, s. f., fourche de la charrue (par où on la tient), mbr. *haezl*, cymr. *haeddel*, d'un celt. **sag-e-dlā* = gr. ἐχ-έ-τλη, « manche, poignée » : tous deux dér. de rac. SEGH « tenir ferme », gr. *ἔχ-ω > ἔχω « j'ai », cf. l'esprit rude de ἕξω et le σ de ἔ-σχ-ε « il eut »; autres dérivés sous *1 héal*.

Hék, s. m., irritation, chicane, mbr. *hec* « odieux ». — Étym. inc., mais les mots fr. *chicane*, *agacer*, etc., ne sont pas plus clairs[1].

1 **Héd**, s. m., longueur, mbr. *het*, corn. *hês*, cymr. *hyd* « longueur » et « jusqu'à » (cf. *bété*), vir. *sith* « long » (préf. intensif), ir. et gael. *sith*, « marche vers, assaut » : d'un celt. **se-ti-* de même rac. que br. *htr*.

2 **Héd**, s. m., essaim, mbr. *het*, cymr. *haid*, vir. *saithe* id. : d'un celt. **sa-tyā* « génération » (cf. lat. *sa-tiō* « ensemencement »), dont on trouvera la rac. sous *hâd*; mais avec changement de genre en br.

Hégar, *hégarad*, adj., affable, affectueux, corn. *hegar*, cymr. *hygar*, gaul. n. pr. *Su-car-ios*. V. sous *hé-* et *kâr*.

Hégin, s. m., variante aspirée de *égin*, V. ce mot.

Hégléô : adj., sonore, clair; s. m., écho[2] : cymr. *hy-glyw* (adj.) < celt. **su-klew-o-*, « qu'on entend bien, facile à entendre ». V. le préf. sous *hé-* et la rac. sous *klévout*.

Heiz, s. m., orge, cymr. *haidd*, gaul. probable *sasia* « seigle » (*asia* après un *s* dans Pline) : d'un celt. **sa-syo-*, sk. *sasyá* et zd *hahya* « céréale », qui peut-être se rattache à la même rac. que *hâd*. V. ce mot.

Heizez, s. f., biche, cymr. *hydd-es* fm. de *hydd* « cerf ». Empr. germanique probable, et vraisemblablement très ancien : cf. ags. *hind* > ag. *hind*, al. *hinde* > *hind-in* « biche ».

Héja, vb., secouer, mbr. *hegaff*[3]. Empr. fr. *hocher*.

Hélavar, adj., éloquent, affable, vbr. *helabar* : préf. *hé-* et *lavar*.

Hélédan, s. m., grand plantain, corn. *enlidan*, cymr. *henllydan* (*y ffordd*) id. : pour *héd-lédan*[4]. V. ces mots.

Helluz, adj., possible : dér. de *gall-oud*. V. ce mot[5].

---

1. Cf. encore *hakr* et *akr*, *heûg*, fr. *Héquet* n. pr. etc.
2. Il est difficile de croire que le nom de la « joubarbe » ne soit pas le même mot; mais on n'en aperçoit pas la raison.
3. Tout indique qu'ici le *g* est à prononcer comme *j*.
4. « Longueur large » : les épis sont longs et les feuilles larges. Ou bien *hédlédan* serait-il dû à l'étymologie populaire? Dans ce cas, le corn. et le cymr. auraient la vraie forme, mais leur syllabe initiale résiste à l'analyse.
5. Le changement de *g* en *h*, ici et dans diverses formes de conjugaison de ce vb., tient, d'une part, à la chute de *g* initial dans certains auxiliaires très usités (cf. *gôber* : *ôber*, *gra* : *ra*, *gouzout* : *ouzout*), de l'autre, à la mutation douce de *g* en *c'h*.

Helmoi, vb., s'accouder: dér. et altéré d'un emprunt germanique (ags. ?) au moins très probable, cf. ag. *elbow* « coude ».

Hémolc'hi, vb., chasser. V. sous *émolc'h*.

Hen, adj., vieux[1], corn. et cymr. *hen* > *hên*, vir. *sen*, ir. et gael. *sean*, gaul. *Seno-* en tête de divers noms propres: d'un celt. *sen-o-* dont le comparatif est lat. *sen-ior*, cf. sk. *sána* « âgé » et *sanåd* « depuis longtemps », gr. ἕνος, lat. *sen-ex*, got. *sin-ista* superlatif, germ. latinisé *sini-scalcus* « le doyen des domestiques » (> fr. *sénéchal*), lit. *sénas*, etc.

Héna, adj., aîné, mbr. *henaff*, superlatif de *hen*.

Hénôz, adv., ce soir. V. sous *1 hé* et *nôz*.

Heñt, s. m., chemin, mbr. *hent*, corn. *hins*, cymr. *hynt*, vbr. *hint* « chemin », vir. *sét*, ir. *saod* et *seud*, gael. *saod* « voyage »: d'un celt. *sento-*[2], qui ne se retrouve qu'en germanique, got. *sinth-s* « chemin », vhal. *sind* (disparu, mais cf. al. *ge-sin-de* « cortège » et *sen-den* « envoyer », etc.).

Heñted, s. m., allonge: pour *hêt-ed*, avec nasalisation illégitime, peut-être empruntée à *astenn*. V. ce mot et *1 hêd*.

Heñtez, s. m., le prochain : comme qui dirait collectivement « ce qu'on rencontre sur son chemin » ou mieux encore « l'ensemble des compagnons de route », dér. de *heñt*; mais cf. *heñti*.

Heñti, vb., fréquenter; contamination de l'empr. fr. *hanter* par le br. *heñt*.

Henvel, vb., nommer: dér. de *hano* > *hanô*.

Héol, s. m., soleil, mbr. *heaul*, corn. *heuul* > *houl*, cymr. *haul* > *heul-*, vir. *suil* « œil », gael. *suil* id. : d'un celt. *sāwali-* et *sūli-* « soleil », cf. sk. *sùrya*, gr. *σαϝελιος* > ἡέλιος > ἥλιος, lat. *sōl*, got. *sauil* (ag. *sun*, al. *sonne* dérivés secondaires), lit. *saúlé*, etc.

Héôr, s. m., variante aspirée de *éôr*. V. ce mot.

Hép, prép., sans, corn. *heb*, cymr. *heb*, « sans, outre », *heib-io*, « outre, excepté », vbr. *hep* « sans », vir. *sech*, ir. et gael. *seach* « outre » : d'un celt. *seg-os*, à peu près identique au lat. *sec-us* « en moins » et au sk. *sác-ā* « avec »[3]; la rac. est SEQ « suivre », sk. *sác-a-te*, gr. ἕπ-ε-ται et lat. *sequ-i-tur* « il suit », got. *saihw-an*, ag. *to see* et al. *seh-en* « voir ».

L'initiale *h* est comme une forme de compromis entre l'initiale vocalique simple et l'initiale *c'h*.

1. Le mot est tombé comme tel en désuétude; mais ses dérivés subsistent. Cf. le suivant. Le vbr. a *hendat* « grand-père » et *henmam* « grand-mère ».

2. Gaul. *-sentum* à la fin de divers noms de lieux.

3. Le contraste constant de signification s'éclaire par le lat. *praeter*, qui lui aussi signifie tout à la fois « outre » et « hormis ». Cf. aussi *ébiou*.

1 Her, s. m., héritier. V. sous *2 aer*.

2 Her, adj., hardi, insolent, mbr. *hezr*, cymr. *hydr*, vbr. *hitr*, vir. *sethar* « fort » : d'un celt. **set-ro-*, qui n'a nulle part d'équivalent certain (vsl. *chot-ěti* « vouloir » peut à peine s'y rattacher).

Herberc'h, s. f., hospitalité, abri. Empr. fr. ancien *herberge* (lui-même empr. germ.), d'où fr. *héberger* et *auberge*.

Héré, s. m., octobre, mbr. *miz hezreff*, corn. *mis hedra*, cymr. *mis hydref*, exactement « mois [de fin] de l'automne » ? : le nom de l'automne serait dér. de *hezr = hydr* (sous *2 her*), comme qui dirait « la saison puissante de la fécondité », ainsi qu'en lat. *au(c)tumnus* par rapport à *aug-ěre*.

1 Hérez, s. f., héritière: dér. de *1 her*.

2 Hérez, s. f., variante de *érez*. V. ce mot.

Herlégon, s. m., aigrette (héron blanc). Empr. bas-lat. altéré **hagirónem* (d'origine germanique), d'où viennent aussi les deux mots français.

Herr, s. m. (d'où *herruz* « fougueux »), variante de *err*.

Hervez, prép., selon (aussi *erves*), cymr. *herwydd*, « à cause de, selon, parmi », corn. *yn aga herwydh* « en leur compagnie » : pour **ar-wez* « en la forme, la manière, la présence de », cf. mbr. *goez* « forme » et cymr. *gwydd* « présence ». V. sous *ar-* et *ac'houéz*.

1 Hesk, s. m., glaïeul ou roseau à feuilles coupantes, corn. *heschen*, cymr. *hesg* « jonc », vir. **sesc* dans le dér. *sesc-enn* « marécage » (roselière, cf. ir. *seisgeann* et gael. *seasgann*), ir. *seisg* « jonc » : soit un celt. **seskā*, qui peut être une forme de réduplication tirée de la même rac. que lat. *sec-āre* « couper » ; cf. aussi ag. *sedge* « jonc ». V. sous *heskenn*.

2 Hesk, adj., stérile, tari : contamination, par le fr. *sec*, du br. régulier *hesp*. V. ce mot. Ou alternance de gutturale et vélaire dans le suff. (-*ko-* : -*qo-*)?

Hesked, s. m., abcès qui ne suppure pas : dér. de *2 hesk*.

Heskémen, s. f., chantier. Empr. fr. ancien *eschamel* « billot », du lat. *scamellum*. Cf. *eskammed* et aussi cymr. *esgemydd* « banc ».

Heskenn, s. f., scie : soit un celt. **se-sk-innā* ou **sek-sk-innā*, dér. d'un type pareil à *1 hesk*. V. ce mot et surtout lat. *sec-āre*.

Heskina, vb., agacer, mbr. *hersquinaff* « railler ». Empr. fr. ancien *eschiner* (en prononciation normande) « échiner »[1].

Hesp, adj., stérile, cymr. *hysp*, vir. *sesc*, ir. et gael. *seasg* id. : d'un celt.

---

[1]. Peu sûr : ni le sens du mbr., ni l'*r* qu'il insère, ne s'expliquent par cet emprunt.

*sisqo- « sec », zd *hisku*, gr. ἰσχ-νό-ς « maigre », lat. *siccus* (< *sit-qo-s*, cf. *sit-i-s* « soif »), etc. ; équivalences approximatives.

Héta, vb., souhaiter, plaire. Empr. fr. ancien *haitier* « plaire », qui est le second terme de *sou-haiter*, et cf. la locution *de bon hait* « de bon cœur » encore usitée dans la langue de la Bretagne française.

Heûd (C.), s. m., entrave, embarras (aussi *hod* V.) : abstrait d'empr. fr. ancien *heuder* « fixer », qui est d'origine germanique.

Heûg, s. m., répugnance, aversion ; cf. mbr. *heugui* et *heugal* « roter », cymr. *cyf-ogi* « vomir ». Onomatopée.

Heûl, s. m., action de suivre, suite, trace, corn., cymr. et vbr. *ol* id. : avec chute ou métathèse d'une aspiration devenue finale, pour *olch* < celt. *olg-o- < *poly-o-*, qui n'a de répondant possible qu'en germanique[1], ag. *to foll-ow*, al. *folg-en* « suivre ».

Heut (V.), adj., maladroit: paraît abstrait et altéré du mbr. *heurtaff* « s'aheurter ». Empr. fr. *heurter* et cf. *horz*.

1 Heûz, s. m., botte, guêtre. Empr. fr. ancien *heuse*.

2 Heûz, s. m., variante de *2 eûz*. V. ce mot.

Hével, adj., semblable (dénasalisé pour *henvel*), mbr. et corn. *haval*, cymr. *hafal*, vbr. *-hemel* et *amal*, vir. *samail* « image » et *samlith* « ensemble », ir. et gael. *samhail* « pareil », etc. : d'un celt. *sam-ali-*, à peu près identique à gr. ὁμ-αλό-ς « égal » et lat. *sim-ili-s*, tous dér. d'une rac. SEM « un » (cf. *hañter*), sk. *sam-á* « égal. », gr. ἅμ-α et ὁμ-οῦ « ensemble », lat. *sim-ul*, ag. *same* « même », al. *sam-t* « ensemble », etc.

Hévélep, adj., pareil, conforme: pour *kévélep*[2], que semble attester cymr. *cyffelyb* « semblable » à décomposer en *kev-he-lep* « [faisant] bonne figure avec » ; la rac. est LIQ, « forme, corps, apparence » (cf. *disléber*), surtout développée en germanique, al. *leich-e* « cadavre », got. *ga-leik-s* « de même forme > égal > semblable »; ags. *gelīc* > ag. *alike* > *like* et al. *gleich*. V. les préf. sous *ke-* et *hé-*.

Hévléné, adv., cette année (aussi *héléné* C.), cymr. *eleni* id. : pour *en-vléné* « dans l'annuel », le premier terme étant *1 en*, et le second une sorte

---

1. Mais dans tout le germanique. La décomposition de *folgen* en *voll-gehen* (Kluge s. v.) rendrait ce rapprochement fort douteux; mais elle-même est assez douteuse. — Cf. d'autre part cymr. *hawl* « poursuite judiciaire » et *hol-i* « réclamer »: phonétiquement, br. *heûl* semble le même mot; deux quasi-homophones se sont évidemment contaminés; mais d'où vient le second?

2. L'initiale, à raison de la synonymie, s'est assimilée à celle de *hével*. — Conj. Ern. (la plus plausible de quatre).

d'adj. (soit celt. *bleinyo- pour *bleid-n-yo-) dér. du radical d'où est issu *bloaz*. V. ces mots, et cf. *léné* et *warléné*.

Hi, elle : soit une forme primitive *sī, fm. du démonstratif *syo-, sk. *syá*, etc., auquel se rattachent également les formes féminines ag. *she* et al. *sie*. (Ici l'aspirée est étymologique ; cf. *hé*.)

Hibil, s. m., variante de *ibil*. V. ce mot.

Hiboud, s. m., murmure, délation : pour *ibout* < *imbout*, abstrait de l'empr. fr. *imputer* « dénoncer »[1]. — Ern.

Hik, s. m., hoquet, cf. ag. *hiccough*. Onomatopée.

Higen, s. f., hameçon, mbr. *iguenn*, corn. *hyc*, cymr. *hig* et *hig-ell* id. : paraît emprunté (avec *ē* devenu régulièrement celt. *ī*) à un germ. très ancien *hēga > vhal. *hāgo > al. *haken* « croc », cf. ag. *hook*.

Higolen, s. f., pierre à aiguiser, mbr. *hygoulen*, corn. ancien *ocoluin*, cymr. *ogalen* et *hogalen* id. : soit un celt. *ak-ulēnā dér. de rac. AK, cf. gaul. *ac-aunu-m* « pierre » et cymr. *hog-i* « aiguiser ». V. sous *ek*.

Hili, s. m., saumure (aussi *héli*), cymr. *heli* id. : soit un celt. dér. *sal-īn-, issu de la même rac. que *holen*; cf. le dér. lat. *sal-īnae* pl.

Hiliber, s. m., corme, sorbe : composé de *pér*, et de mbr. *illy* « sorbier », d'origine inconnue, mais qui se laisse vaguement rapprocher de *hirin* et *iliô* (ce sont tous noms de plantes à baies).

Hillik, s. m., chatouillement : abstrait d'un empr. bas-lat. (avec chute de l'initiale comme dans *inam* et autres) *tillicāre*, écourté de *titillicāre*, fréquentatif de *titillāre* « chatouiller ». — Conj. Ern.

Hinkané, s. m. f., cheval ou jument qui va l'amble. Empr. fr. ancien altéré *haquenée*, qui a le même sens.

Hinkin, s. m., pointe du fuseau, chandelle de glace : dér. de *enk* avec fausse aspiration (extrémités effilées et longues). V. ce mot.

Hincha, vb., montrer le chemin : dér. de *hent*[2].

Hini, celui, celle, cymr. *hyny*, démonstratif secondairement dér. du même radical que *ann*. V. ce mot et cf. *hont*.

Hinnôa, vb., braire. Empr. lat. *hinnīre* « hennir ».

Hinviz, s. f., variante plus ancienne de *hiviz*.

Hîr, adj., long, corn. et vbr. *hir*, cymr. *hir*, vir. *sir*, ir. *stor*, gael. *sior* id. :

---

1. C'est donc le second sens qui est le primitif. Le premier vient de la contamination de *boud*. V. ce mot et *hircoud*.

2. Très régulièrement, pour *hent-ya, par métaphonie de *e* en *i* devant un suffixe contenant la semi-voyelle d'*i*, et changement normal du groupe *t + y* en *ch*.

d'un celt. *sĕ-ro- identique au lat. sē-ru-s « tardif » (cf. sk. sā-yá « soir ») et dér. comme lui d'une rac. SÊ, « étendre, allonger », vir. si-n-im et gael. sin « étendre », vir. is-sius « en longueur », mbal. seine « tout doucement », ag. sith, sin et since « depuis ». V. aussi *1 héd*.

Hirin, s. m., prunelle, mbr. *irin*, cymr. *eirinen*, vir. *airne* : soit un celt. **arinio-*, cf. sk. *aráṇi* « le tourniquet à faire du feu »[1].

Hirió, adv., aujourd'hui, mbr. *hi-siu*, cymr. *heddyw*, d'un celt. **se-diw-os* = sk. *sa-dio-as* « aussitôt » : le premier terme est le démonstratif qu'on trouvera sous *ann*, et le second la rac. du mot *deiz*. V. ces mots[2].

Hiron, adj., métis. Empr. fr. *Huron*[3]. — Conj.

Hirr, adj., variante de *hir* (d'où *hirraat*, *hirruz*, etc.).

Hirvin, s. m., variante de *irvin*. V. ce mot.

Hirvoud, s. m., sanglot. V. sous *hir* et *boud*.

Histr, s. m., huître, mbr. et corn. *estren*, vir. *ostrin*. Empr. lat. altéré *ostreum* > *ostrea* > **ostria* (cf. le fr.).

Hiviz, s. f., chemise de femme, mbr. *hinois*, corn. *hevis*, cymr. *hefys*. Empr. germ. très ancien **hamīthya-* « chemise » (> al. *hemd*), d'où vient aussi bas-lat. *camīsia*. Cf. la variante *kamis*.

Hiviziken, adv., désormais : exactement « d'ici à jamais », cf. *1 hé* et *birviken* (et similaires).

1 Hô, votre : procède d'une ancienne forme de génitif de *c'houi*.

2 Hô, leur : procède d'une ancienne forme de génitif pl. du démonstratif indiqué sous *2 hé* (sk. gén. *eṣām* « d'eux »).

Hoal, s. m., âge, mbr. *hoazl*, cymr. *hoedl*, vbr. *hoetl-* (dans un n. pr.) d'un celt. **sai-tlo-*, de formation parallèle à celle du lat. *sae-clo-m* > *saeculum* « génération », et relevant comme lui de rac. SÊ « semer », qui devait avoir une forme secondaire SÊi SÄi. V. sous *hád*.

Hoala, vb., attirer, capter, mbr. *hoalat*, dér. d'un mot perdu **c'hoel* « tour », cymr. *chwel* et *chwyl*, vir. *sel* et *bel* « action de faire tourner » : supposent une rac. SWEL, « tourner, agiter », gr. σάλ-ο-ς « houle », lat. *sal-u-m* « mer », ag. *to swell* et al. *schwellen* « se gonfler », etc.

---

1. En bois très dur, comme l'est aussi celui du prunellier. Le rapprochement avec cymr. *aren* « rein » (pl. *eirin*) = vir. *āru* (al. *niere* « rognon », corps dur et ovale) est intéressant, mais bien problématique.

2. Pour la formation, cf. vir. *in-diu* > ir. *andiu* > gael. *diu* « aujourd'hui », et lat. *ho-dië*.

3. Nom d'un peuple de race américaine; puis, par extension, sobriquet d'un métis de race européenne et américaine; enfin « métis » en général.

Hôgan, s. m., fruit de l'aubépine ou de l'églantier : soit un celt. *ak-auno-* « épineux », corrompu en *aukano-*. V. la rac. sous *higolen*.

1 Hôgen, s. f., ramas : exactement « fait de rapprocher, addition ». V. sous *hag* la racine et les autres répondants celtiques.

2 Hôgen, mais, vbr. *hacen* « et cependant », etc. : identique au précédent et, comme sens, à la locution française « au surplus ».

Hôgoz, adv., presque : exactement « en approchant de », dér. du même radical que *hôgen* et *hag*. V. ces mots.

Hoc'ha, vb., grogner : dér. de *houc'h*. V. ce mot.

Holen, s. m., sel, corn. *haloin*, cymr. *halen*, vir., ir. et gael. *salann* id. : d'un celt. *sal-ēno-* ou *sal-anno-*, dér. de l'i.-e. *sal-*, gr. ἅλ-ς, lat. *sâl*, ag. *sal-t*, al. *sal-z*, vsl. *sol-ĭ*. V. aussi *c'hoalen*.

Holl, adj., tout, corn. et vbr. *hol*, cymr. *holl* et *oll* id. V. sous *oll*.

Hon, notre, corn. *agan*, cymr. *ein*, etc. : paraît contenir le même radical i.-e. que gr. ἀμμές (ἡμεῖς) < *ἀ-σμε = *n̥-sme*, cf. got. et al. *uns*, ags. *uns* > *ūs* > ag. *us*, subsidiairement sk. *nas* et lat. *nōs*, etc. Cf. *ni*.

Hont, adv., là, cymr. *hwnt*, vir. *sunt* > *sŭt* « cela » : soit un dér. d'un radical démonstratif pareil à celui qui a produit *ann*. Cf. *hini*.

Hopa, vb., crier pour appeler : dér. de l'exclamation *hop!*

Horden, s. f., paquet, charge : abstrait d'un empr. fr. ancien *se hourder* « se charger » ; cf. *hourd*, terme d'architecture. — Conj.

Horella, vb., vaciller : aussi *horjella*, qui accuse la dér. irrégulière et corrompue de l'empr. fr. *horloge* (à cause de l'oscillation du pendule) > br. *horolach*, etc.[1]

Horz, s. f., maillet, pilon (aussi *ors*), vbr. *ord*, cymr. *gordd*, vir. *ordd*, ir. et gael. *ord* id. : d'un celt. *urd-o-*, « puissant, dressé », etc.? auquel il est difficile de trouver un équivalent sûr ; cf. sk. *várdh-a-te* « il s'accroît », gr. ὀρθ-ό-ς « droit », lat. *ard-uu-s*[2]. — Mcb.

Houad, s. m., canard (pl. *houidi*), mbr. *houat*, corn. *hoed*, cymr. *hwyad*. — Étym. inc. Cf. Uhlenbeck, *Aind. Wb.*, s. v. *sipras*.

Houarn, s. m., fer, corn. *hoern*, cymr. *haiarn* > *hearn*, vbr. *hoiarn*, vir. *iarn*, ir. *iarann*, gael. *iarunn* id., gaul. *isarnon* dans *Isarno-dorī*

---

[1]. Quant à *horella* « jouer à la crosse », il est bien difficile de se prononcer ; car l'ag. *to hurl* (conj. Ern.) ne pourrait être qu'un emprunt récent : au moyen âge encore, la forme correcte est *hurtle* et le mot n'est pas anglo-saxon.

[2]. Le plus probable, c'est qu'on a affaire à un radical exclusivement celtique (cf. *tourta*), qui lui-même a servi de souche au fr. *heurter*.

« les Portes de fer » et autres noms de lieux : d'un celt. *eis-arno-, adj. de matière dér. de l'i.-e. *ais-, « airain, fer », sk. áyas, lat. aes, etc.[1].

Houé (V.), s. m., poussière, poudre. — Étym. inc.

Houc'h, s. m., porc. corn. hoch, cymr. hwch, vir. *socc > ir. suig id. : supposent un celt. *su-kku-, dér. de rac. *sū-, qui est le nom générique du pourceau en i.-e., sk. sū-karń « sanglier », gr. ὗ-ς, lat. sū-s, ag. sow[2], al. sau, etc. Cf. la rac. SŪ sous dozvi (femelle très féconde).

Houja, vb., reculer (se dit surtout des bêtes de trait) : dér. de quelque onomatopée employée pour les faire reculer. — Conj.

Houlier, s. m., proxénète. Empr. fr. ancien holier et houlier, « débauché, courtier de débauche », d'origine très obscure.

Houpérik, s. m., huppe (oiseau) : dimin. d'un mot *houper « porteur de huppe », dér. d'empr. fr. houppe = huppe[3].

Houpez, s. m., houblon : dér. de hop emprunté au hollandais.

Houpi, vb., se hérisser (former des houppes) : dér. d'empr. fr.

1 Hû, vous : forme atone de c'houi. V. ce mot.

2 Hû, s. m., huée. Empr. fr. ancien hu id.

Hual, s. m., entrave, obstacle, corn. fual > hual, cymr. hual, qu'on a ramené avec doute à un empr. lat. fibula « agrafe ».

Huanad, s. m., soupir, mbr. huanat pour *uh-anat, cymr. uch-enaid, vir. osnad, ir. et gael. osnadh id. : soit « haute inspiration », composé du radical de huel et d'un dér. de la rac. ANÄ « respirer ». V. sous alan, anaoun et huel[4]. Pour la formation, cf. lat. an-hēlu-s « haletant ».

Hubot (C.), s. m., fripon, gueux : paraît altéré et écourté de halébot. V. ce mot. — Conj. Ern., et cf. Thurneysen, Keltorom, p. 24.

Hudur, adj., malpropre, obscène : corrompu de loudour[5].

Huel, adj., haut (pour uc'hel), mbr. uhel, corn. huhel, cymr. uchel, vir. uasal, ir. et gael. uasal, gaul. *ux-ello-s « haut » dans Uxello-dūnum

---

1. Le germanique *eisarn (d'où ag. iron et al. eisen) est directement emprunté au celtique très ancien.

2. Ag. hog est emprunté au cymr. ou au corn.

3. Le sens fr. dér. « dupe » a aussi passé au breton.

4. Conj. Zimmer. — Ou bien un radical *ouk-s-, dér. d'un type uch (vir.) « soupir », qui se retrouve en germanique et letto-slave et peut procéder d'onomatopée (Stokes, Mcb.).

5. Abstrait, par exemple, d'un groupe eul loudouren « une souillon », comparé à eun toul loudour « un sale trou » qu'on peut couper toull *oudour, etc. : de là donc aussi eunn *oudouren, et subsidiairement ou > u, puis h prothétique. Mais, avec tout cela, l'u pour ou fait grande difficulté.

n. pr.: d'un celt. *ouk-s-elo- pour *oup-s-elo-, gr. ὑψ-ηλό-ς, et cf. ὑπ-ὲρ, ὑπ-ὸ, ag. *up*, vhal. *ūf* > *auf*, etc.[1]

Huélen, s. f., absinthe, armoise, mbr. *huffelen* et *huzelen*, corn. *fuelein* id.: peut-être dér. d'empr. lat. *fibula*[2]. Cf. *hual*.

Huerni, vb., quereller. Empr. fr. ancien *hergner* « hargner ».

Hugen, s. f., luette: dér. br. du genre de *dourgen*, refait sur l'empr. lat. *ūva* « grain de raisin »[3]. — Conj. Ern.

Hugéolen (V.), s. f., ampoule (aussi *ugéolen*): paraît dér. du même radical que *hugen*, cf. ital. *ugola* « luette ».

Huler (V.), s. m., suie: pour *huc'hl-er*, dér. de *huc'hel*, qui est une variante dialectale de *huzel*; ou pour *huzel*, par changement de *z* en *r*, soit *hurel*, et métathèse (Loth). V. ce mot.

Hûn, s. m., sommeil (pour *hùnv*, cf. *huñv-ré*)[4], mbr. et corn. *hun*, cymr. *hûn*, vir. *sūan*, ir. *suan*, gael. *suain* id.: soit un celt. *swow-no-* pour *swop-no-*, dér. de la rac. SWEP « dormir », sk. *svāp-i-ti* « il dort » et *svāp-na* « sommeil », gr. ὕπ-νο-ς, lat. *sop-no-s* > *somnus* et *sōp-īre*, ags. *swef-n* « songe », lit. *sāp-nas* « songe », vsl. *sŭnŭ* « sommeil ».

Hunégan, s. m., loir, marmotte: dér. du précédent.

Huñvré, s. f., songe: dér. de *hûn*. V. ce mot.

Hurliñk, s. m., cauchemar, cf. cymr. *hun-llef* id.: ce dernier paraît signifier « cri de sommeil ». V. sous *hûn* le premier terme; le second (éventuellement sous *leñv*) a subi une corruption en cymr. ou en br.

Hurlou, s. m. pl., goutte, crampe: le nom complet est *drouk Sant Ourlaou*, appellation plaisante construite sur le radical *hurl-*, à cause des cris que la douleur arrache au malade. Empr. fr. *hurler*.

Huvré, s. f., variante usuelle de *huñvré*. V. ce mot.

Huzel, *huzil*, s. f., suie, cymr. *hudd-ygl* (et cf. *hudd* « sombre »), vir. *suid-i*, mir. *suithe*, ir. *súithche*, gael. *sùith* id.: soit un celt. *soidyā* ou *soudyā*, altération inexplicable pour *sod-yā* « [substance] qui s'assied », c'est-à-dire « s'agglutine, se dépose », dér. de rac. SED, ags. *sót* > ag. *soot* (le fr. *suie* est empr. germ.), al. *russ* (pour *suss*?). V. sous *azéza*.

---

1. Cf. Duvau, *Mém. Soc. Ling.*, VIII, p. 256.
2. A cause de la forme des corymbes; en tout cas, contaminé en br. de *huzel* (amertume de la suie) et de *huel* (plante de montagne). V. ces mots.
3. Cf. lat. *ūvula* dimin. « luette » et fr. *luette* corrompu pour *l'uvette* (forme de cet appendice). Ou empr. fr. *hugue* (Go.l.), mais que signifie ce mot?
4. Tombé en désuétude en tant que mot simple.

CH

Chaga, vb., s'arrêter, s'amasser : variante obscure de *sac'ha*.
Chajel (V.), s. f., mâchoire : dér. du même radical que *chaoka*.
Chal (V.), s. m., flux. — Étym. inc.
Chala, vb., chagriner, s'affliger. Empr. fr. ancien *chaloir* (« que m'en chaut-il ? ») devenu par corruption vb. personnel [1].
Chaoka, vb., mâcher (aussi *chakein* V.). Empr. germanique probable (ags. cĕowan > ag. *to chew*, et al. *kauen*), mais peut-être contaminé de *chik*. Cf. *chajel* et ag. *jaw* « mâchoire » (sous *javed*).
Charons, s. m., espèce de vesce. Empr. fr. *jarosse*.
Chatal, s. m., bétail. Empr. fr. ancien *chatel* « cheptel ».
Chédé, **chétu**, adv., variante de *sétu*. V. ce mot.
Chévech (V.), s. f., fresaie. Empr. fr. *chevêche*.
Chik, s. f., menton. Empr. fr. *chique* « bille ».
Chika, vb., frapper avec un outil à gros bout (et *chikein* V. « meurtrir ») : dér. du précédent au sens de « bille ».
Chif, s. m., chagrin. Emprunt probable, mais d'où ? [2]
Chilpa, vb., japper, glapir. Empr. germanique probable, cf. visl. *gjálpa*, ags. *gilpan* et *gielpan* > ag. *to yelp*.
Chilpion, s. m., pluvier de mer : dér. du précédent.
Chipôd (T.), s. m., petite huche : peut-être « récipient où l'on *chipote*, où l'on prend par menues portions » [3]. Empr. fr.
Chita, vb., piauler. Onomatopée.
Choanen, s. f., miche. Empr. fr. ancien *choine* « [pain] blanc ».
Choka, vb., variante contractée de *chaoka*.
Chomm, vb., rester : autrefois « chômer ». Empr. fr.
1 Chouk, s. m., nuque, mbr. *scouc* ; cf. fr. ancien *suc*, provençal *suc*, ital. *zucca* « courge », d'où « tête ». — Conj. Ern.
2 Chouk (V.), s. m., le séant : identique à *1 chouk* [4].

1. Comme on dit en fr. même « je me souviens », au lieu de « il me souvient », seul historiquement correct.
2. Le fr. dit « cela me chiffonne = me chagrine », et le mbr. a *mechif*, empr. fr. *meschief* « malheur ». C'est tout ce qu'on entrevoit de plus clair.
3. Car par quelle voie serait venu le gr. κιβωτός ?
4. Par extension et euphémisme ? En tout cas, l'étymologie de l'un et de l'autre est inconnue, probablement compliquée d'argot.

Choum (L.), vb., variante de *chomm*.

Chourik (V., C.). s. f., bruit de frottement. Onomatopée ?

Chugein (V.), vb., sucer : dér. d'un mot *chug = mbr. sug, « suc, jus », corn. syg-an, cymr. sug. Empr. lat. sūcus « suc », et cf. fr. sucer et br. sùn (= cheunein V.). Le tout compliqué d'onomatopée.

Chuchuer, s. m., musard, tâtillon. Empr. fr. ancien *chuchilleur, « chuchotant, balbutiant » ? Ou onomatopée plaisante ?

Chupen, s. f., veste (aussi *jupen*). Empr. fr. ancien *jupe* (en tant que vêtement masculin).

C'H

C'hoalen, s. m., sel : pour *hoalen, variante métathétique de *haloen*. V. sous *holen* et cf. l'évolution de *mòger*.

C'hoanen, s. f., puce, cymr. *chwain* pl.: paraît dér. d'une rac. SWI « disparaître » (cf. al. *schwinden*, etc.), de même que ag. *flea* et al. *floh* « puce » se rattachent à la rac. germ. qui signifie « s'enfuir ».

C'hoant, s. m., désir, mbr. *hoant*, corn. *whans*, cymr. *chwant*, vir. *sant*, gael. *sannt* id. : d'un celt. *swand-ito-* ppe passé de rac. SWAD « être agréable », sk. *scād-ú* « doux », gr. *σϜᾱδ-ύ-ς > ἀδύς > ἡδύς* id. et *σϜᾱδ-ιν-ω > ἀνδάνω* « je plais », lat. *suāvis* (< *suād ui-s*, cf. *suādēre* « persuader »), germ. *swōt-i-* « doux », d'où ag. *sweet* et al. *süss*, etc. [1]

C'hoar, s. f., sœur, mbr. *hoar*, corn. *huir*, cymr. *chwaer*, vir. *siur* et *fiur* id. : d'un celt. *swesor-* identique au sk. *svásā* et au lat. *soror*, et cf. ag. *sister*, al. *schwester*, vsl. *sestra*, etc. (ne manque qu'au grec).

C'hoari, s. m., jeu, cymr. *chwar-au* « jouer » et cf. vir. *fuir-ec* « festin » : supposent un vb. celt. *swer-ō*, « je chante, je fais du bruit, je m'amuse », etc., dér. d'une rac. SWER « bruire », sk. *svár-a-ti* « il bruit », lat. *su-surr-u-s* « murmure », got. *swar-an* « bruire »[2], secondairement al. *schwirr-en* « bruire » et *schwar-m* « essaim » = ag. *swarm*. Cf. *c'hoarz*.

C'hoarvézout, vb., arriver, survenir, corn. *wharfos* id. : avec aspiration prothétique[3]. V. sous *war* et *béza*, et cf. cymr. *cy-far-fod* « assemblée ».

---

1. Aucun rapport dès lors avec *koant*, mais il serait surprenant que l'étymologie populaire n'en eût pas établi.

2. Passé au sens de « parler » ou similaire, dans ag. *to an-swer* « répondre » et *to swear* = al. *schwör-en* « jurer ». — Cf. toutefois cymr. *gwarae* « jeu ».

3. On trouvera dans quelques-uns des mots suivants d'autres exemples du même phénomène; cf. Ernault, *Mém. Soc. Ling.*, X, p. 334. — Quant à la formation, on peut comparer le fr. *sur-venir*.

C'hoarz, s. m., rire, mbr. *huerzin*, corn. *hwerthin*, cymr. *chwarddu*, vb. « rire » et cf. cymr. *chwyr-nu* « ronfler » : soit un celt. *swer-d-ō « je ris », dér. de la même rac. que *c'hoari*.

C'hoaz, adv., encore, mbr. *hoaz*, corn. *whâth* et *whéth*, cymr. *chwaith* id. : paraît le même mot que br. *gwéz* > *gwéach*, soit « [encore] une fois », avec aspiration prothétique. V. sous *gwéach*.

C'houéac'h, six, mbr. *chouech*, corn. *wheh*, cymr. *chwech*, vir. *sé, ses* et *fes* id. : d'un celt. *sweks, sk. *ṣáṣ*, gr. *ϝϝέξ > *ϝέξ* > *ἕξ*, lat. *sex*, got. *salhs* (ag. *six*, al. *sechs*), lit. *szeszi*, etc.

C'houék, adj., doux, aimable, corn. *whec*, cymr. *chwég* id. : soit un celt. **swek-o-*, dér. d'une rac. SWEK « avoir de la saveur ou de l'odeur » qui ne se retrouve que dans les vieux dialectes germaniques (ags. *swaec*, « goût, odeur », vhal. *swehh-an* « avoir de l'odeur », etc.).

C'houéda, vb., vomir, mbr. *huedaff*, corn. *hweda* (*hwedzha*), cymr. *chwydu*, et cf. cymr. *chwyd*, vir. *sceith*, gael. *sgeith* « vomissement » : d'un celt. **sqeti-*, dont il n'existe nulle part d'équivalent sûr.

C'houénia, vb., jeter sur le dos, se jeter sur le dos : dér. de *c'houen* (vieilli) « couché sur le dos » = ir. *fóen*, lequel équivaut à un celt. **swino-* pour **sup-ino-*, ayant le sens du lat. *sup-īnu-s* et du gr. ὕπ-τιο-ς ; la rac. est SWEP, cf. lat. *sup-ō « je jette » et *dis-sup-āre* « disséminer » > *dissipāre*, vsl. *sŭp-ą* « je répands » et *sŭti* « répandre », etc.

C'houenna, vb., sarcler, mbr. *huennat*, issu d'un mot *huenn = cymr. *chwyn* « mauvaise herbe » : cf. cymr. *cy-chwyn*, « bouger, marcher », dont l'élément radical se rattache au vir. *scend-i-m* « je saute » et, par lui, au lat. *scand-ere*, « monter, s'élever »[1].

C'houéro, adj., amer (aussi *c'houero*), mbr. *hueru*, corn. *wherow*, cymr. *chwerw*, vir. *serb*, ir. et gael. *searbh* id. : d'un celt. **swer-wo-*, dont la rac. se retrouve dans lit. *soar-ù-s* « salé », *sùras* id., ags. *sūr* > ag. *sour* et vhal. *sū-r* > al. *sauer* « aigre », etc.

C'houervizon, s. m., pissenlit : dér. du précédent.

C'houés, s. f., odeur : forme féminine de 1 *c'houéz*, et cf. 3 *c'houés*.

C'houévrer, s. m., février, corn. *hwevral*, cymr. *chwefrawr* > *chwefror* > *chwefrol*. Empr. lat. *februārius* > *febrārius*[2].

---

1. Conj. Ern. — Se rappeler le proverbe « mauvaise herbe croit toujours ». — L'ag. *whynne* > *whin* « mauvaise herbe » est sûrement emprunté au cymrique.

2. L'*f* n'est pas devenu *c'hu* ; mais, dans la liaison *mis *fæbror*, le groupe médial *sf* a été traité comme *sw*.

1 C'houéz, s. m., souffle, mbr. *huéz*, corn. *whyth-e* et cymr. *chwyth-u* « souffler », vir. *sét-i-m* « je souffle », ir. *séidim* et gael. *séid* id : soit un celt. *swiddə-*, qui s'analyse en *swiz-dho-* (i.-e.), « souffler, siffler », cf. vsl. *svist-ati* « siffler » (avec sourde au lieu de sonore) et lat. *sifilus* et *sībilus*, tous deux pour *swīz-dhlo-*, onomatopée primitive probable. Cf. aussi *c'houibana* et *c'houitel*.

2 C'houéz, s. m., sueur, mbr. *choues*, corn. *whys*, cymr. *chwys* id.: soit un celt. *swit-so-*, dér. de la rac. SWID « transpirer », sk. *svid-ya-ti* « il sue », gr. *σϜιδι-ω > ἰδίω, lat. *svoid-āre > sūdāre, ag. *sweat* « sueur », et *to sweat*, al. *schweiss*, et *schwitz-en* vb., etc.

3 C'houéz, s. f. : le même que *c'houés*, soit « exhalaison ».

C'houéza, vb., souffler, se gonfler, mbr. *huezaff*, etc. : dér. de *1 c'houéz* (de *2 c'houéz* on a *c'houézi* « être en sueur »).

C'houézégel, s. f., vessie, ampoule, mbr. *huysiguenn*, corn. *gusigan*, cymr. *gwysigen* > *chwysigen*. Empr. lat. *vēsīca*, contaminé par étymologie populaire d'une dérivation de *c'houéza*.

C'houi, vous, corn. *why*, cymr. *chwi*, vbr. *hui*, vir. *si*, etc. : d'un celt. *swēs*, à peu près identique au sk. *vas* et au lat. *vōs*, mais compliqué de la prothèse qu'accuse le duel gr. σφῶ-ι. Cf. *1 hò*, *ni* et *hon*.

C'houibana, vb., siffler des lèvres, cymr. *chwib* « pipeau » et *chwiban* « sifflement » : se rattache visiblement au même radical que *1 c'houéz*, le *b* venant peut-être de contamination du lat. *sībilus*.

C'houibu, s. m., variante de *fubu*. V. ce mot.

C'houil, s. m., hanneton, scarabée, mbr. *huyl*, cymr. *chwilen* id. : ou abstrait du suivant (br. *c'houil-cac'h* « fouille-merde », mais alors l'étymologie de ce dernier nous échappe); ou empr. ags. *wifel* > ag. *weevil* id. Cf. *c'houibu* qui militerait en faveur de l'emprunt.

C'houilia, vb., fouiller, cymr. *chwilio* : dér. de *c'houil* dans la seconde hypothèse. Ou empr. fr. ancien *foeillier* > *fouiller* (?).

C'houiliorez, s. f., frelon : dér. de *c'houil* ou de *c'houilia*.

C'houirina, vb., hennir, mbr. *c'huirinnat*, cymr. *gweryru* id, et cf. cymr. *chwyr-nu*, « ronfler, s'ébrouer » : paraît se rattacher au même radical que *c'hoari* et *c'hoarz*. V. ces mots.

C'houita, vb., être mal à son aise, mbr. *huytout*. — Étym. inc.

C'houitel, s. f., sifflet, mbr. *czutell* (mais cf. *sula*), cymr. *chwythell*, vir. *fet* et *fetán*, ir. et gael. *fead* id. V. la rac. sous *1 c'houéz*.

I

Ia, oui, cymr. *ie*, cf. gr. ἦ « en vérité », got. *ja*, ag. *yea* (> *yes*) et al. *ja*, lit. *jè* et *ja*, particule affirmative. Cf. aussi *iéz*.

Iac'h, adj., bien portant, corn. et cymr. *iach*, vbr. *iac* id. : d'un celt. **yakko-*, cf. sk. *yáç-as* « prospérité » et *yaç-ás* « prospère », gr. ἄκ-ος « remède » et Ἰά-ο-μαι « je guéris »[1].

Ialc'h, s. m., bourse : soit une dérivation de forme indéterminable sur un radical **pell-* qu'on trouvera sous *2 lenn* (objet en cuir). — Conj.

Iaou, s. m., jeudi. Empr. lat. *Iovis* [*diēs*].

Iaouank, adj., jeune, mbr. *youanc*, corn. *iouenc*, cymr. *ieuangc*. gaul. *Iovincillo-s* n. pr., vir. *óac*, etc. : d'un celt. **yowŋkos*, cf. sk. *yuván* et *yuvaçá* « jeune », gr. Ὑάκινθος n. pr., lat. *juven-i-s* « jeune » et *juven-cu-s* « jeune taureau », got. *jugg-s*, ag. *young* et al. *jung* (tous contractés d'un germ. **yuwuṅga-* identique au lat. *juvencus*), lit. *jaúnas*, etc.

Iaouher, adj., puîné, cadet, mbr. *youaer* « jouvenceau » : dér. du radical **yuv-* du mot précédent.

Iâr, s. f., poule, mbr. et corn. *yar*, cymr. *iâr*, vbr. *iár*, mir. *eirin*, ir. *eireog*, gael. *eireag* id. : soit un celt. **yar-o-* ou **yar-ā*, qui n'a nulle part d'équivalent sûr, sauf peut-être en balto-slave.

Iaren, s. f., quenouillée : métaphore tirée du précédent ?

Ibil, s. m., cheville, goupille, mbr. *ebil*, cymr. *ebill*, vbr. *epill* id. : d'un celt. **ak-willo-*, à peu près identique au lat. *aculeus* « aiguillon » et à l'ags. *awul* > ag. *awl* « alène », et dér. comme eux de rac. AK « pointu ». V. sous *ek*.

Iéc'hed, s. m., santé : dér. de *iac'h*. V. ce mot.

Ién, adj., froid, mbr. *yen*, exactement « glacial », cf. corn. *iey*, cymr. *iâ* et *iden*, vir. *aig* et *aig-red* « glace », gael. *oigh-re* et *d-eigh*, etc. : dér. d'un celt. **yagi-* « glace », qui ne se retrouve qu'en germanique, visl. *jaki* « glace » et *jökull* « glacier », ags. *gicel* « glaçon », d'où ag. (*ic-*)*icle*.

Iéô, s. f., joug, mbr. *yeu*, corn. *ieu* et *iou*, cymr. *iau*, ir. *ugh-aim* « attelage » : d'un celt. **yug-o-*, dér. de rac. YUG, « joindre, atteler », sk. *yug-á* « joug » et *yu-ná-k-ti yuṅk-té* « il attelle », gr. ζυγ-ό-ς et ζεύγ-νῡ-μι, lat.

---

[1]. Rapports très obscurs, et l'*i* long du gael. et de l'ir. (vir. *tocaim*, gael. *ioc*) complique encore la question.

jug-u-m et *jung-ere*, got. *juk*, ag. *yoke* et al. *joch*, lit. *jùngas* et vsl. *igo* « joug »; commun à toute la famille.

Iéot, s. m., variante de *géot*. V. ce mot.

Iéz, s. m., langage, mbr. *yes*, cymr. *iaith* « dialecte » : soit celt. **yek-ti-*, d'une rac. YEK qui ne se retrouve avec certitude qu'en germanique, vhal. *jeh-an* « dire », *jiht* et *bi-jih-t* « aveu »[1].

Ifern, s. m., enfer (aussi *ivern*, *ihuern* V.), corn. *ifarn* > *yffarn*, cymr. *uffern*, vir. *ifurnn*, ir. *ifrionn*, gael. *ifrinn*. Empr. lat. *infernum*.

Iforn, s. m., pelle à enfourner : abstrait du mbr. *yffornaff* « enfourner ». Empr. bas-lat. **infornare*. V. sous *1 en* et *forn*.

Ijin, s. m., adresse, ruse, industrie (aussi *iñjin*). Empr. fr. ancien *engin* < lat. *ingenium*.

Ilboéd, s. m., disette, mbr. *elboet*, cymr. *ellbwyd* id. : le premier terme est inintelligible[2]. V. le second sous *boéd*.

Ilin, s. m., coude (aussi *élin*), corn. et cymr. *elin*, vir *uil-in*, ir. *uille*, gael. *uil-eann* id. : d'un celt. **ol-ĕno-*, gr. ὠλένη, lat. *ulna* « l'étendue des bras », ags. *eln*, d'où ag. *el-bow* (exactement « pli du coude »), cf. al. *elle* « aune » et *ellen-bogen* « coude ».

Iliô, s. m., lierre, mbr. *ilyeauen*, corn. *idhio*, cymr. *eiddew*, ir. *edenn* > *eidhean*, gael. *eidheann*[3] id : d'un celt. **edenno-* pour **ped-enno-*, dér. de rac. PED, « saisir, lier » (plante grimpante); cf. gr. πέδ-η « lien », lat. *ped-ica* et *com-ped-ĕs*, ag. *fett-er* « lien », al. *fass-en* et *fess-el*, etc.

Iliz, s. f., église, mbr. *ilis*, corn. *eglos* et cymr. *egluys*, etc. Empr. lat. *ecclēsia*, mais contaminé en br. du fr. *église*.

Inam, s. m., bouillon blanc : altéré pour *di-nam* « l'innocent, le salutaire », sobriquet[4]. V. sous *1 di-* et *nam*.

Inkruzun, adj., mal bâti : exactement « affligeant, désagréable [à voir] », dér. de *eñkrez*. V. ce mot et *burzud*. — Conj.

Ingéd, s. m., pluvier de mer. — Étym. inc.[5]

---

1. D'où al. *beichte* « confession ». — Un rapport lointain avec la particule *ia* est au moins probable. V. ce mot.

2. Vir. *il-*, ir. et gael. *iol-*, cymr. *ell-* (préfixes) signifie « beaucoup » (sk. *purú*, gr. πολύ, got. *filu*, al. *viel* id.) : c'est exactement l'inverse du sens du composé. Le second terme était-il un mot apparenté au lat. *famēs*, que l'étymologie populaire a transformé du tout au tout quand l'ensemble n'a plus été compris? L'absence de mutation le rend en tout cas suspect. Le problème semble inextricable.

3. L'*l* br. entièrement isolé (ou attendrait **iziô*) est dû à la contamination de quelque autre nom d'arbre, par exemple *illy*. V. sous *hilibér*. — Conj. Ern.

4. Abstrait de la locution *ann dinam* > *ann ninam* > *ann inam*. Cf. *1 aer*, etc.

5. La seconde syllabe doit être la même que dans *bargéd*.

Iṅgroez, s. m., variante de *eṅgroez*. V. ce mot.

Inodein (V.), vb., monter en épis : le même que *di-oda*, mais avec le préf. *in-* = *1 en*. V. ces mots et cf. *nodi*.

Inrok (V., C.), s. m., avance. V. sous *a-raok*.

Intaṅv, iṅtaoṅ, iṅtav, adj., veuf, mbr. *eintaff*, vir. *ein-tam* « célibataire » : d'un celt. **oino-tamo-* « tout à fait seul », superlatif de **oino-*, « un, seul »[1]. V. sous *eunn, unan, itrón*, etc.

Iṅtr, s. m., tache, etc. : abstrait de *intret*, « sali, imbibé ». Empr. bas-lat. *intràtus* au sens de « pénétré, imbibé », ou simplement fr. *entré*.

Iôd, s. m., bouillie, mbr. *yot*, corn. et vbr. *iot*, cymr. *uwd*, vir. *ith* id. : d'un celt. **yu-to-*, rac. YU, dont les autres dérivés connus sont sk. *yūs* et *yūṣa* « bouillon », gr. ζύ-μη « pâte aigrie », lat. *jūs* et vsl. *jucha* « jus ».

Ioo'h (V.), s. f. (aussi *iuc'h* V.), monceau, mbr. *yoh* « meule » : contamination du radical de *1 hôgen* et du fr. *jucher*. — Ern.

Iouc'ha, vb., crier : cf. mhal. *jùch-ezen* > al. *jauchzen*, bien que les deux mots s'expliquent isolément par onomatopée. Cf. le cri br. *you you yoù-où*.

Ioul, s. f., volonté, projet, mbr. *eoull*, corn. *awell*, cymr. *ewyll* (et cf. vbr. *aiul* « de plein gré »), vir. *àil*, gael. *àill* « désir » : soit un celt. **aw-illā* « désir » et **aw-illo-* adj., dér. de rac. AW, « souhaiter, être favorable », sk. *àv-a-ti* « il seconde », lat. *av-ēre* « désirer », *avidus*, etc.

Iour (V.), s. m., variante dialectale de *eôr*.

Iourc'h, s. m., chevreuil, mbr. *yourch*, corn. *yorch*, cymr. *iwrch*, vbr. *iurg-chell* id. : d'un celt. **yorko-*, auquel on ne voit de répondant que le gr. ζόρξ et ζορκός « daim », aussi δόρκος, δορκάς, ἴορκος.

Ioust, adj., mou, délicat : peut-être d'un celt. **aisto-* « brûlé > amolli », cf. lat. *aestus* « chaleur » V. la rac. sous *oaz*[2].

Irien (C.), s. f., trame, mbr. *iryenn*, et *ilyanenn* « pièce de toile » : l'un et l'autre pour **ir-lien-* < **ar-lien-* « à travers la toile ». V. sous *ar-* et *lien*. — Conj. Ern. — Ou simplement *éré lien* « lien de la toile ». V. ces mots.

Irin, s. m., variante plus ancienne de *hirin*.

Irvin, s. m., navet, cymr. *erfin* « grosse betterave » : soit un celt. **arbīno-*, métathèse pour **rab-īno-*, et cf. gr. ῥαφ-άνη « rave », lat. *râp-a*. al. *rüb-e* (le mot a voyagé sans qu'on en puisse tracer la route).

---

1. Serait en lat. **oino-tumo-* > **ūnitimus*, cf. *finitimus* « limitrophe », et *-tama-* suff. superlatif sk.

2. Sur ce mot difficile et ses variantes bizarres, voir le Gloss. Ern. p. 338, et cf. *foesk*, mais sous toutes réserves phonétiques.

Is, adj., bas, cymr. *is*, vir. *iss* « en bas », ir. *s-ios* « vers le bas », etc., gael. *ios* « en bas » : tous d'un adv. celt. **end-sō*, dér. d'un radical i.-e. **ṇdh-s-*, sk. *adh-ás* « au-dessous », lat. *inf-rā*, *infimu-s*, et *īmus* (<**ind-s-mo-*), got. *und-ar*, ag. *under*, al. *unter* « sous », *unten* « en bas ».

Isa, vb., exciter (un chien), exciter. Onomatopée (*hiss!*).

Iskiz, adj., vil, laid. V. sous *is* et *2 kiz*.

Itrôn, itroun, s. f., dame, mbr. *ytron* id. : pour **in-tron*, qui suppose un celt. **oino-trawon-* « [épouse] unique > maîtresse de maison »[1] par opposition aux concubines. — Loth.

Iûd, adj., traître. Empr. lat. *Jūdās*, contaminé du fr.[2]

Iuda, vb., crier, hurler, mbr. *iudal*, cymr. *udo* (aussi br. *udein* V.) : rapprochements douteux, étymologie très peu claire[3].

Iûn, s. m., jeûne. Empr. lat. *jējūnium*.

Iuzéô, s. m., juif, corn. *yudhow* > *yedhow* > *edhow*, cymr. *iuddew*. Empr. lat. *Jūdaeus*, venu du nom de la tribu de Juda.

Ivé, ivéz, adv., aussi, de même (aussi *éc'hué* > *éhué* V.) : pour **in-goez* « en [même] aspect », cf. *1 en* et *hervez*.

Ividik, s. m., tempe : exactement « [endroit] sensible », dér. d'un mbr. **iou*, « mou, coi, bon », qui jusqu'à présent n'est pas identifié[4].

1 Ivin, s. m., ongle, corn. *ewin*, cymr. *eguin* > *ewin*, vir. *inga* (gén. *ingen*), ir. et gael. *ionga* (gén. *iongan* et *ing-ne*) id. : d'un celt. **eng-īnā*, dont le radical i.-e. est **ṇgh-*, cf. sk. *nakh-á*[5], gr. ὄνυξ (ὄνυχ-ος), lat. *ungu-i-s*, ags. *naeg-el* > ag. *nail*, al. *nag-el*, lit. *nág-a-s* « ongle » et *nag-à* « sabot », vsl. *nog-a* « pied » et *nog-ŭtĭ* « ongle ».

2 Ivin, s. m., if, corn. *hiuin*, cymr. *yw*, vir. *eo* id. : pour **iw-in*[6], dér. d'un celt. **iwo-* > gaul. **ivos*, d'où procède aussi le fr. *if* et peut-être l'al. *eibe*.

Izar, s. m., lierre terrestre, cymr. *eidr-al*. Empr. lat. *hedera*[7].

---

1. Le suff. est le même que dans *aotrou*, mais féminisé. Quant au radical, voir sous *eunn* et *intañv*.

2. Car la forme régulière serait **iûs*. Cf. *iuzéô*.

3. On peut songer à la rac. YUDH « combattre » (sk. *yúdh* et gr. ὑσ-μίνη « bataille »), qui a formé plusieurs noms propres anciens bretons commençant par *Jud-*. Le mot signifierait alors « se battre > pousser le cri de guerre > crier ». Mais le *d* breton fait difficulté.

4. Il n'existe plus comme mot isolé, mais sert de suffixe dans la formation *tád-you* « grand-père » (fr. *bon-papa*), etc.

5. Le *kh* asiatique au lieu de *gh* procède d'alternance indo-européenne.

6. Le *w* devenu *v* en br. sous l'influence du fr. *if*.

7. Ou dérivation de l'ancien radical br. **is-* « lierre » que le mot *ilió* a perdu par corruption?

1 **Izel**, adj., bas. corn. *yssel* > *ysel*, cymr. et vbr. *isel*, etc. : soit un dér. celt. **end-s-ello-*. V. le radical sous *is*.
2 **Izel**, s. m., variante altérée de *ézel*¹.

J

Jakudi, jagudi (C.), vb., monter en graine (comme la ciguë, le persil, etc.): pour **chagudi*, dér. de *chagud*, autre nom d'emprunt de la ciguë (lat. *cicūta*), mais venu de l'ancien fr. Cf. *kégit* empr. lat.

Jalod, jalord, s. m., chaudronnier: pour **chalord*, qui serait métathèse de **chaldro*. Empr. fr. ancien *chaldron* « chaudron » ?

Jaô, s. m. f., monture. Empr. fr. ancien *jou* « attelage », du lat. *jugum*. Cf. *iéô*, qui est le mot celt. authentique.

Jaodel, s. f., soupe à l'oignon ou au gruau : confusion de l'empr. fr. *chaudel* « chaudeau » > br. *chaodel*, et d'un mot **chavoled* qui équivaudrait comme formation à l'italien *cipollata* « chipolata, ragoût d'oignon ».

Jaodré (C.), s. m., rêverie, radotage : dér. de **jaod* pour **chaod*, qui serait empr. fr. [*fièvre*] *chaude* « délire ». — Conj.

Jaritel, s. f., jarret : dér. d'empr. fr. Cf. *gàr*.

Javed, s. f., mâchoire, joue : la graphie mbr. *gavet* doit se prononcer *javet*. Empr. fr. ancien *joette* < lat. *gábata*, « écuelle, jatte > mâchoire » (argot) et cf. ag. *jaw* « mâchoire » et br. *jôd*. — Loth.

Jéd, s. m., calcul : abstrait de *jéder* « calculateur », exactement « jeteur » [de sorts]². Empr. fr., et cf. fr. *jeton* [à calculer].

Jelken, s. f., rouelle, tranche mince. Empr. germanique probable, cf. ag. *sleek* et *slick* « poli », hollandais *slecht* et al. *schlicht* « plane », etc.

Joa, s. f., plaisir, mbr. *yoaff*, etc. Empr. fr. *joie*.

Jobélinen, s. f., voile, fichu; cf. *mouchour jubile* « fichu de jour de fête » : dér. d'empr. fr. *jubilé*. V. aussi *moucha*.

Jôd, s. f., joue (aussi *jôt*), mbr. *chot*. Empr. fr. ancien *jode* et *jotte*, du lat. *gábata*. V. sous *javed*.

Jodouin, s. m., feu nocturne, lutin. Empr. biblique *Gedeon* > **jedoen* (à cause de l'histoire des lampes cachées dans les cruches en vue d'une surprise nocturne, *Juges*, vii, 15 sq.). — Conj.

1. Faux singulier abstrait du pluriel *izili*.
2. Aux illettrés les deux opérations paraissent également magiques et compliquées de procédés analogues.

Jolori, s. m., joie, clameur de joie : aussi *cholori* et *chalvari* (T.), qui marquent les étapes de la transformation de l'empr. fr. *charivari*.

Joser, s. m., sébile à écrémer : comme qui dirait « un *chausseur », dér. de l'empr. fr. *chausse* (à filtrer les liquides).

Jôt, s. f. (et dérivés), variante usuelle de *jôd*.

Jôtôrel, s. f., goître : pourrait signifier par dérivation « ventrée de mâchoire » ou « gorge en ventre ». V. sous *jôt* et *tôrad*.

Jualen, s. f., judelle (oiseau) : paraît une contamination d'empr. fr. et de br. *duunen* id. (oiseau noir). V. sous *du*.

Juben, s. m., entremetteur de mariage, interprète : peut-être empr. fr. ancien **droujemen* « truchement », dont la 1re syllabe a été supprimée comme impolie, en tant qu'elle paraissait contenir le mot *drouk* « mauvais »[1] ; puis l'*m* a pu devenir *b* par dissimilation.

L

Lâb, s. m., hangar, mbr. *lap* id. : exactement « pan, appentis ». Empr. ags. *laeppa* > ag. *lap*, « pan, lambeau », al. *lapp-en*.

Labasken, s. f., guenille : dér. péjoratif du précédent.

Labenna, vb., babiller, médire : par dissimilation pour **blabenna*, et celui-ci par emprunt d'une onomatopée très répandue, ag. *to babble*, hollandais *babbelen*, al. *pappeln*, fr. *babiller*. Cf. *lañchenna*.

Labéza, vb., lapider. Empr. lat. *lapidāre*.

Labistr, s. m., congre, cf. cymr. *llabwst* « grand flandrin ». Empr. ag. ancien *lopystre*, « sauterelle, homard »[2].

Labour, s. m., travail, corn. *lafur*. Empr. fr. ancien.

Labouz, s. m., oiseau, mbr. *lapous*. Empr. lat. *locusta* > bas-lat. **loquusta* ou ags. *lopust* « sauterelle ». Cf. *labistr*.

Lakaat, vb., mettre, poser. Empr. lat. *locāre*.

Lakébod, s. m., estafier, ⎫ cf. aussi *aklépod* « polisson » : contamination
Laképod, s. m., brigand, ⎭ de *halébod* par le mbr. *lakés* « laquais » ; tous empr. fr. plus ou moins étrangement corrompus.

---

1. Il va de soi que cette conjecture est très hasardée et fort peu vraisemblable. M. Loth a appelé mon attention sur fr. *juper* « appeler en criant » (cf. br. *oujen*) et *jupin* « tuteur » (???). Mais qu'est-ce au juste que le premier de ces mots, et surtout le second ? De toute façon l'étymologie est désespérée.

2. Qui a donné l'ag. actuel *lobster* « homard » et qui procède du lat. *locusta*. Cf. aussi *labouz* et *legestr*.

Laer, s. m., voleur (pl. *laéroun*), mbr. *laezr*, corn. *lader* (pl. *ladron*), cymr. *lleidr* (pl. *lladron*), etc. Empr. lat. *latrō* (pl. *latrōnĕs*).

Laérez, s. f., mal de côté, bonde (latérale) d'un étang : représente une dérivation bretonne sur une base *lazr-* équivalente à une base latine *later-* > *latr-*. Empr. lat. *latus* « côté ». Cf. *2 léz*.

1 Laez, s. m., le haut. Empr. fr. ancien *lais* (*laiens*), « léans, là, là-haut »[1].

2 Laez, s. m., legs. Empr. fr. ancien *lais*.

3 Laez, s. m., lait : variante ancienne de *léaz*.

Lagad, s. m., œil, mbr. et corn. *lagat*, cymr. *llygad* id. : d'un celt. *lukato-*, qui n'a d'équivalents, encore très approximatifs, qu'en germanique, ags. *lōc-ian* > ag. *to look* « regarder » et al. (dialectal) *lug-en* id. ; cf. sk. *lak-ṣ-a-te* « il considère ». V. la note sous *burzud*.

Lagaden, s. f., cercle : dér. du précédent.

Lagen, s. f., lac, mare, corn. *lagen*. Empr. lat. *lacus*.

Lamm, s. m., bond, chute, cymr. *llam*, vbr. *lamm-am* « je saute », vir. *léimm* > *léim* et gael. *leum* « saut » : d'un celt. *leng-men-* dér. nt. de rac. LENGH, sk. *langh-a-ti* « il saute », al. *ling-en* « aller de l'avant » d'où *ge-ling-en* « réussir », ags. *līh-t* > ag. *light* « léger », al. *leicht* id.[2]

1 Lammen (C.), s. f., épi : paraît signifier « pointe » et dépendre de la même dérivation que *lemm*. V. ce mot.

2 Lammen, s. f., contamination de *laonen* par le fr. *lame*.

Lampr, adj., poli, glissant. Empr. fr. (ancien et dialectal) *lamper* « glisser », *lambre* « revêtement poli », etc., eux-mêmes d'origine peu claire.

Lamprez, s. m., lamproie. Empr. bas-lat. *lampréda*.

Landar, adj., paresseux, lâche ; cf. gael. *lunndair* id. Empr. fr. ancien *landore* « lourdaud », lui-même empr. germ. probable.

Landourc'hen, s. f., femme publique (terme très grossier) : exactement « pâture à verrats ». V. sous *lann* et *tourc'h*. — Conj.

Lanfaz, s. m., étoupe, mbr. *lanfacc*. Empr. fr. (normand) *lanfais* < lat. *lānificium*. Cf. aussi Bas-Maine *lăfey* Dn.

Langouinek, s. m., efflanqué, grand flandrin. Empr. fr. probable (patois ou argot), cf. fr. *berlingouin* id. — Conj. Ern.

Lanchenna, vb., médire : contamination de *labenna* et d'une dérivation du br. *langach*. Empr. fr. *langage* avec sens péjoratif.

---

1. Mais cette étymologie n'explique pas la forme *lué* du vannetais.
2. V. sous *lémel* d'autres dérivés de la même racine.

Lann, s. f., monastère, lieu saint, endroit plan, corn. *lan*, cymr. *llan*, vbr. *lann* « région » (et cf. *ed*), vir. *land*, ir. et gael. *lann* « enclos » : d'un celt. **landā* « étendue de sol », qui représente un i.-e. **landhā*, cf. ag. *land* et al. *land* « pays », vsl. *lęd-ina* « lande » et russe *ljad-ina* [1].

Lanô, lañv, s. m., flux, cymr. *llanw* id., cf. corn. *lan-w-es*, « plénitude, abondance » : dér. secondaire du même radical que *leün*. V. ce mot.

Laon, s. f., variante de *laon-en*. V. ce mot.

Laosk, adj., lâche, desserré, mbr. *lausq*, etc. : abstrait du vb. mbr. *laoscat*, « lâcher, desserrer ». V. sous *leüskel*.

1 Laouen, s. f., pou, mbr. *louen*, corn. *louen* et *lewen*, cymr. *lleuen*, vbr. *leu-* id. : soit un celt. **low-es-*, dont le radical se retrouve en germanique, ags. *lū-s* > ag. *louse*, vhal. *lū-s* > al. *laus*.

2 Laouen, adj., joyeux, mbr. et corn. *louen*, cymr. *llawen*, et cf. vir. *láine*, ir. et gael. *loinn* « joie » : d'un celt. **law-eno-* > gaul. *-launos* dans *Catalauni* [2] « Châlons » et autres noms de lieux, rac. LAW « jouir » attestée par sk. *ló-ta* et *ló-tra* « butin », gr. ἀπο-λαύ-ειν « jouir de », lat. *lu-cru-m* « gain », got. *láu-n* et al. *lohn* « salaire », vsl. *lov-ŭ* « prise de chasse », etc.

Laouénan, s. m., roitelet : dér. du précédent.

Laouer, s. m., auge, mbr. *louazr*, vir. *lóathar*, gaul. **lautron* « bain » : d'un celt. **lowo-tro-*, cf. gr. λου-τρό-ν « bain », tous deux dér. de rac. LOW. V. sous *glad*. — Aucun rapport avec le suivant.

Laour, s. f., cercueil : cf. mbr. *laur*, « douleur, peine », empr. fr. *labour* altéré ; mais bien plutôt empr. fr. ancien *laor* s. f., « largeur, étendue », d'où « mesure du corps étendu » (par euphémisme). — Conj.

Lapa, vb., laper. Empr. fr. d'origine germanique.

Lapas, s. m., lavette : dér. de mbr. *lap*. V. sous *lab*.

1 Lark, adj., libéral, généreux, mbr. *larg*, cymr. *llary* « aimable ». Empr. lat. *largus*, et cf. fr. *larg-esse* (mais le *k* fait difficulté).

2 Lark, adv., loin, profondément : identique au précédent [3].

Lard, s. m., graisse animale non fondue. Empr. fr. ancien *lard*, ou abstrait du vb. *larda* (empr. fr. *larder*), avec extension de sens.

Larein (V.), **laret** (T.), vb., parler, dire : pour *lavarout* (L.), par contraction du radical de *lavar*.

---

1. Fr. *lande* vient du celtique plutôt que du germanique ; mais, à en juger par le vocalisme slave, le celt. pourrait être empr. germ. très ancien.
2. « Qui prennent plaisir au combat ». V. sous *kadarn*.
3. Cf. le fr. *ample-ment*.

Larjez, s. f., graisse de cuisson : pour *lard-yez*, dér. de *lard*.

Las, s. m., lacs, lacet, mbr. *lacc*. Empr. fr.

Lastézen, s. f., ordure, souillure matérielle ou morale, corn. *last* id. : paraît dér. d'un emprunt à un dialecte germanique qu'on ne saurait préciser, cf. ag. (ancien) *last*, visl. *lost-r*, al. *laster* « vice ».

Lastr, s. m., lest : emprunté, comme le fr. *lest*, au bas-al. (hollandais) *last* « charge » avec finale altérée d'après *lestr*.

Latar, s. m., brouillard, humidité, cf. corn. *lad* « liquide », vir. *lath-ach* « boue » : tous dér. d'une rac. LAT, d'ailleurs peu répandue en dehors du celtique, gr. λάτ-αξ « goutte », lat. *lat-ex* « source » (peut-être empr. gr.), mhal. *lette* « boue » et al. dialectal *lettern* « patauger ».

Lavar, s. m., parole, corn. *lauar*, cymr. *llafar* « sonore », vir. *labar* « éloquent », ir. et gael. *labhar* « sonore », vir. *labr-ur* « il parle », etc. : soit un celt. *lab-ro-*, très difficile à identifier ; cf. lat. *lab-ru-m-* « lèvre », gr. λαβρ-εύ-ο-μαι « je parle avec volubilité » ; ou encore bas-allemand *flappen*, « bruire, bavarder », qui ramènerait à *plabro-*. Cf. *leno*.

Lavnen, s. f., lame (aussi *laon*, *laoun*), cymr. *llafn*. Empr. lat. *lamina* > *lamna*.

Lavrek, s. m., culotte, mbr. *laurec*, corn. *lafroc* (voc.) et cymr. *llafrog* id. ; cf. cymr. *llafru*, « s'étendre, se répandre ». — Etym. inc.

Lâz, s. m., perche, gaule, cymr. *llath* et *yslath*, ir. et gael. *slat* id. : soit un celt. *slat-to-* ou *slat-tā*[1], pour *splat-to-* ppe passé de la rac. qui suit. V. aussi *goulas*. Cf. pourtant Kluge, s. v. *Latte*.

Laza, vb., tuer, mbr. *lazaff*, corn. *ladhe*, cymr. *lladd*, vbr. *lad-a-m* et vir. *slaid-i-m* « je frappe » : soit un celt. *slad-ō* « je frappe » (d'une gaule, etc., cf. *lâz*), d'une rac. SPLAD qui ne se retrouve que dans les plus anciens dialectes germaniques.

Lazout, vb., importer : faux verbe, abstrait d'un substantif vieilli pris pour une 3ᵉ pers. du sg. dans des phrases telles que *pé lâz d'inn ?* exactement « quel intérêt à moi ? » corn. *les*, cymr. *lles*, vir. *less*, ir. et gael. *leas* « avantage », d'un celt. *lesso-* pour *ples-so-*, ppe passé d'une rac. PLED, cf. vsl. *plod-ŭ* « profit », sans autre équivalent connu.

Lé, s. m., serment, cymr. *llw*, vir. *luige*, gael. *lugh* « jurer » : soit un celt. *lug-io-* « engagement », de rac. LUGH « lier », cf. got. *liug-an* « se marier »,

---

1. D'où aussi le fr. *latte*, passé en allemand.

ags. *or-lege* et hollandais *oor-log* « guerre » (rupture d'alliance), lit. *lug-na-s* « flexible », lat. *lig-āre* « lier »[1], etc. — Douteux.

1 **Léac'h**, s. m., lieu, mbr. *lech*, d'un celt. *lek-s-o-*[2], dér. secondaire de *leg-os*, « situation, lit » (cf. *gwélé*), et celui-ci de rac. LEGH « être couché »; cf. vir. *laig-i-m* « je me couche », gaul. *leg-as-it* « il a placé », gr. λέχ-ε-ται « il gît », ag. *to lie* et *to lay*, al. *lieg-en* et *leg-en*, etc.

2 **Léac'h**, s. m., rachitisme, corn. *leauh* « fièvre maligne » : peut-être identique ou apparenté au précédent (*drouk-léac'h*[3]).

Léal, adj., loyal. Empr. fr. ancien *leial*.

Léanez, s. f., religieuse : dér. de mbr. *lean*, cymr. *lleian* id. : fm. pléonastique refait sur un ancien fm. (cf. *maërounez*), lequel est dér du nom de couleur dont témoigne cymr. *llai*, « gris, brun, sombre ». — Étym. inc.

Léaz, s. m., lait (aussi *léac'h* V.), mbr. *laez*, corn. *lait > leyth*, cymr. *llaeth*. Empr. bas-lat. *lact-em* accusatif de *lac*.

Léd, s. m., largeur, mbr. *lehet*, et cf. *lec'hed* « lé » : contamination d'un empr. fr. ancien *lé-esse* « largeur » et d'un substantif abstrait du suivant.

Lédan, adj., large, cymr. *llydan*, vbr. *litan*, vir. *lethan*, ir. et gael. *leathan*, gaul. * *lit-ano-s* dans divers n. pr. : d'un celt. *lit-ano-*, pour *plit-ano-*, de rac. PLT, sk. *pṛth-ú* « vaste » et *pṛth-iv-î* « la terre »[4], gr. πλατ-ύ-ς, « large, plat », πλάτ-ανο-ς « platane » (arbre qui s'étale) et πλάθ-ανο-ς « planche à gâteau », lat. *plant-a* « plante (partie plate) du pied », ag. *flat* « plat » et al. *flad-en* « tartine », etc.

Léenn, s. m., variante plus ancienne de *3 lenn*.

Légestr, s. m., homard, cymr. *llegest* id. : corrompu d'un bas-lat. *lecista*, lui-même corrompu de lat. *locusta* « sauterelle » (> fr. *langouste*). Cf. *labouz* et *labistr*. Altérations en partie inexplicables.

Lech, s. m., variante de *lich*. V. ce mot.

Lec'h, s. f., grosse pierre plate[5], cymr. *llech*, vir. *lecc*, gaul. *licca* probable : d'un précelt. *plk-nā*, cf. gr. πλάξ « surface plate » et πλακ-οῦς

---

1. Le lat. a un vocalisme différent ; le gr. λύγ-ο-ς « osier », etc., une non aspirée au lieu de l'aspirée.
2. Mais corn. *le* et cymr. *lle* id. feraient plutôt supposer un nominatif *legos* avec s conservé, identique au gr. λέχος.
3. Mal qui force à garder le lit.
4. Cf. gaul. latinisé *Litavia* « terre ferme » (absolument identique à sk. *pṛthivî*), d'où cymr. *Litau > Llydaw* « la Bretagne continentale ». — Thurn.
5. Mot vieilli, mais conservé dans br. francisé « cromlech ». V. sous *kroumm*.

« gâteau », bas-lat. *planc-a* « planche » (fr. *planche* et *plaque*), al. *flach* « plat ». V. aussi *lédan*.

Lec'hed, s. m., lé d'étoffe, mbr. *lehet*. V. sous *léd*.

Lec'hid, s. m., vase, lie, mbr. *lechit* id. : proprement « dépôt, ce qui gît » [au fond], dér. de *1 léac'h* « lit »[1]. V. aussi *gwélézen*.

Lelen, s. m., serpillière, grosse toile : légère variante de *lien*, avec différenciation accidentelle de sens. V. ce mot.

1 Lein, s. m., sommet : pour mbr. *blein* > *olein*, puis chute du *v* initial. V. sous *bléña*, et sous *ab*, etc., pour la chute du *v*.

2 Lein, s. f., dîner, mbr. *leiff* et *leynff*, corn. *li* « déjeuner », sans autre répondant même celtique. — Étym. inc.[2].

3 Lein (V.), adj., variante dialectale de *leün*.

1 Leiz, adj., adv., plein, pleinement (aussi *lei* V.) : identique au suivant, par la filière « humide — mouillé — plein d'eau — plein » (tout court), et par influence accessoire du sens de *3 lein*.

2 Leiz, adj., humide (aussi *lei* V.), cymr. *llaith* « humide » et *dad-leith-io* « se fondre », vir. *leg-ai-m*, ir. et gael. *leagh* id. : soit un radical celt. *leg-ō*, d'où procède aussi fr. *dé-lay-er*, et qui a deux ou trois répondants germaniques (cf. ags. *leccan* « mouiller » et ag. *leak* « voie d'eau »).

Lémel, vb., ôter, retrancher, : le ppe *lam-et* semble dénoncer une parenté ancienne avec *lamm*[3]. V. ce mot, et cf. le sens de la rac. LENGH dans sk. *laṅgh-áya-ti* « il endommage », gr. ἔλεγχος « blâme » et ἐλαχύς « petit », lat. *leh-ui-s* > *levis*, lit. *lèng-va-s* et vsl. *ĺg-ŭ-kŭ* « léger ».

Lemm, adj., aigu, tranchant, cymr. *llym*, vbr. *lim* id. : soit un celt. *slib-mo-*, à peu près identique en formation au celt. *slib-no-*, qui a donné cymr. *llyfn* « poli » < vbr. *limn* « flexible », vir. *slemon*, ir. *sleamhuin* et gael. *sleamhuinn* « glissant » ; dérivations diverses de la rac. SLIB « glisser » qu'on trouvera sous *libonik*.

Leṅkernen, s. f., ver intestinal, mbr. *lencquernenn*, cymr. *llyngyr* pl. :

---

1. Cf. al. *lag-er*, « couche, dépôt, terrain vaseux ». Le fr. *lie* est sûrement dérivé d'un radical celtique.
2. Peut-on rapprocher gr. λαιμός « gorge » (oesophage), λιμός « faim », etc., tous termes d'origine également obscure ?
3. Les deux sens se concilieraient ainsi : « sauter », c'est être léger ; « enlever » quelque partie d'un objet, c'est le rendre plus léger, plus petit. — Mais néanmoins cette parenté apparaît plutôt comme le résultat d'une confusion postérieure, en tant que la vraie forme du mot non dissimilé (cf. *linad*) serait *ném-el*, de la rac. NEM « prendre, ôter », qu'on trouvera sous *ene*. V. aussi *nam* et *német*. — Loth.

d'un celt. *lengro-*, qui, si le *g* représente un *gh* vélaire, est aussi à la base du lat. *lumbr-īcu-s* id. > fr. *lombric*.

Léné, s. m., année : fausse forme abstraite par étymologie populaire des locutions *hévléné* et *warléné*. V. ces deux mots.

Léned, s. m., les Quatre-Temps : empr. ag. *Lent* « Carême »; ou abstrait de la locution *ar zul ened* « le dimanche gras ». V. sous *sùl* et *énet* [1].

1 Lenn, s. f., étang, corn. *lin*, cymr. *llynn*, vir. *lind*, ir. *linn*, gael. *linne* id. : soit un celt. *li-nnos* nt., dér. d'une rac. LI à sens général de « liquide », sk. *ri-ya-te* « il coule », gr. λί-μνη « étang », lat. *lī-mu-s* « vase », lit. *ly-jù* et vsl. *li-jǫ* « je verse », etc.

2 Lenn, s. f., couverture, corn. *len*, cymr. *llen*, vbr. et vir. *lenn*, gaul. *lenna* et *linna* « manteau » : d'un celt. *linnā*, pour *pl-innā* « pel-isse », dont la syllabe radicale est la même que celle de gr. πέλλ-α (et πέ-πλ-ο-ς), lat. *pell-i-s*, ag. *fell* et al. *fell* « fourrure ».

3 Lenn. s. m., lecture : contracté de *léenn*, corn. *lenn* « lire », cymr. *lleen* > *llên* « instruction ». Empr. lat. *legendum* « ce qu'on doit lire ».

Lent, adj., timide, abasourdi. Empr. fr. *lent*.

Lenv, s. m., gémissement, mbr. *leff*, cymr. *llèf* et dérivés : soit un celt. *lemo-*, pour *lep-mo-*, issu d'une rac. LEP (d'ailleurs fort rare); sk. *lap-a-ti* « il murmure », qui à la grande rigueur pourrait être apparenté à *lavar*, en admettant une alternance indo-européenne de *b* et *p*.

Léo, s. f., lieue, mbr. *leau*. Empr. bas-lat. *legua* pour *leuca*, nom de mesure itinéraire venu d'ailleurs du gaulois.

1 Léon, s. m., lion : contamination de l'empr. lat. *leō* > *levō* > cymr. *llew* et corn. *leu* (voc.) et du fr. *lion*.

2 Léon, s. m., le pays de Léon. Empr. lat. *Legiōnes* (toponymique fréquent en pays conquis par les Romains), brittonisé en *Legiŏněs*.

Léor, s. m., variante de *leor*. V. ce mot.

Ler, s. m., cuir, mbr. *lezr*, cymr. *lledr*, vir. *lethar*, gael. *leathar* id. : soit un celt. *letro-* [2], pour *pl-etro-*, dont la rac. semble la même que celle de *pl-innā*. V. sous *2 lenn*.

Lerc'h, s. m., suite, trace, corn. *lerch* et *lyrch*, cymr. *llwrw* et *llyry* « direction », vir. *lorc*, ir. et gael. *lorg* « trace » : d'un celt. *lorgo-*, sans apparentation bien définie (bas-al. *lurken* « traîner les pieds » Bzzbg.)

---

1. Conj. Ern. — Mais cela supposerait la confusion invraisemblable des Quatre-Temps, non pas même avec le Carême, mais avec le carnaval. L'ags. est *lencten* « printemps ».
2. Emprunté par les Germains, ag. *leather*, al. *leder*.

Les-, particule (dans *les-hanó* « sobriquet », *les-cáb* « beau-fils », etc.), cymr. *llys-*, vir. *less-*, ir. et gael. *leas-* id. : d'un celt. **lis-so-* « blâme », dér. de rac. LEID « blâmer »; cf. mir. *láidh-i-m* « je réprimande », gr. λοιδ-ορέω « j'injurie » et λοιδ-ρό-ς « insolent », sans autre répondant.

Leski, vb., brûler, mbr. *lesquiff*, corn. *losc* « brûlure », cymr. *llosg* « incendie » et *llosgi* « brûler », vir. *losc-ud*, ir. *losc-adh* et gael. *losg-adh* « combustion » : soit un celt. **loskō* « je brûle », pour **lop-skō*, dont la rac. se retrouve avec vraisemblance dans le groupe baltique (lett. *lapa* « torche », etc.) et dans le gr. λάμπ-ειν « étinceler ».

Léspòz, adj., déhanché, cf. *pózlést* (T.) id.: exactement « à qui la hanche pèse ». V. sous *2 léz* et *poéz* (ce dernier contracté).

Lestr, s. m., navire, vaisselle (pl. *listri*), corn. *lester* (pl. *listri*), cymr. *llestr*, vbr. *lestir*, vir. *lestar* « écuelle » : soit un celt. **lestro-* auquel on ne connaît pas ombre d'équivalent ailleurs.

Léton, létoun, s. m., jachère, gazon, cf. mbr. *leter* « litière », qui naturellement est empr. fr. [1] — Étym. inc.

Leúé, s. m., veau, mbr. *lue*, corn. *loch*, cymr. *llo*, vbr. *lo*, vir. *lóeg*, ir. et gael. *laogh* id.: d'un celt. **loig-o-*(?), qui peut signifier « sauteur » (sk. *réj-*, got. *láik-an*, lit. *laig-yti* « bondir ») ou « lécheur » (sk. *rih-* et *lih-*, gr. λείχ-ω, ag. *to lick*, al. *lecken* « lécher »), etc. Cf. *loa*.

Leûn, adj., plein, corn. *leun* et *len*, cymr. *llawn*, vbr. *laun*, vir. *lán*, ir. *lán*, gael. *làn* id.: d'un celt. **lāno-*, pour **plā-no-*, qui est, comme sk. *pūr-ṇá* et lat. *plē-nu-s*, un ppe passé de rac. PELĀ « remplir »; sk. *pi-par-ti* « il emplit », etc.; gr. πίμ-πλη-μι « j'emplis », πλή-ρης « plein »; got. *full-s* (pour **ful-n-s < *pḷ-nó-s*), ag. *full* et al. *voll* « plein », etc.

Leûr, s. f., sol, aire, corn. *lor* (voc.) > *luer*, cymr. *llawr*, vbr. *laur*, vir. *lár*, ir. *lár*, gael. *làr* « sol » : d'un celt. **lāro- *lārā*, pour **plā-rā*, à peu près identique à ag. *floo-r* et al. *flu-r* « sol », tous dér. de rac. PLĀ « étendre »; cf., avec un autre suff., lat. *plā-nu-s* et gaul. **lā-no-s*, « uni, plane »[2], etc. V. sous *lédan* une amplification de la même racine.

Leûri, vb., envoyer, mbr. *leuzriff* id.: paraît être une dér. secondaire à rattacher au celt. **loudiō* « je meus » (pour **ploud-iō*, cf. vir. *im-luad*

---

1. Le rapport est peu concevable. On songerait plutôt à l'emprunt d'une forme de moyen anglais possible **lei-toun* (cf. ags. *tūn* « enclos » > ag. *town* « ville »), qui aurait eu le même sens que l'ag. actuel *lay-land* « jachère ».

2. Dans *Mediolānum* « Milan », (la ville du) milieu de la plaine (lombarde): nom fort répandu. V. sous *émesk*.

(« agitation »), et dépendre, par cet intermédiaire, de la rac. PLU au sens général et vague de « mouvement », dont les principales amplifications sont sk. *pláv-a-te* « il nage », gr. *πλέϝ-ω* > πλέω « je navigue », lat. *plu-i-t* « il pleut », ag. *to fly* et al. *fliegen* « voler », ag. *to flee* et al. *fliehen* « s'enfuir » (cf. *lôgôden*), al. *fliessen* « couler », etc.

Leûskel, vb., lâcher, mbr. *lauscaff*, et cf. adj. *laosk*. Empr. bas-lat. *laxicāre*, fréquentatif de *laxāre*. — Loth.

1 Lév, s. m., variante de *lenv*. V. ce mot.

2 Lév, s. f., variante de *léd*. V. ce mot.

Lévé, s. m., rente, revenu. Empr. fr. ancien *levée* id.

Lévénez, s. f., gaieté : dér. de *2 laouen*. V. ce mot.

Lévier, s. m., pilote, mbr. *leuyaff* « gouverner », corn. *leu*, cymr. *llyw* et vir. *lúi* « gouvernail » : soit un celt. *lowyo-* « gouvernail », pour *lop-uyo-*, dont le correspondant, existant dans les langues germaniques, a produit par emprunt le terme de marine fr. *lof-er*.

Levr, s. m., livre, corn. *liver*, *levar* et *lyvyr*, cymr. *llyfr*, vir. *lebor*, ir. et gael. *leabhar*. Empr. lat. *liber*.

Levriad, s. m., chalumeau (où les doigts glissent) : dér. d'une base *levr-* < celt. *slib-ro-* « glissant », cf. cymr. *llyfr* « la partie (du véhicule) qui traîne à terre », vbr. *libir-iou* pl. « traîneaux », lat. *lūbr-icu-s* « glissant ». V. la rac. sous *lemm* et *libonik*.

1 Léz, s. m., cour, mbr. *les*, cymr. *llys*, vbr. *lis*, vir. *liss* et *less*, ir. et gael. *lios* « jardin » (aucun rapport avec le br. *liorz*) : d'un celt. *lisso-*, pour *plisso-* < i.-e. *plt-so-* « enclos », dont on trouvera la rac. sous *lédan*.

2 Léz, s. f., hanche, cymr. *lled*, « côté, moitié », vbr. *let*, vir., ir. et gael. *leth* id. : soit un celt. *let-s-o-*, dér. secondaire par rapport à celt. *let-os* « côté », qui répond au lat. *lat-us*, sans autre équivalent connu.

3 Léz, s. m., lisière, bord. Empr. fr. ancien *lez* « côté » (< lat. *latus*), d'où aujourd'hui l'adv. fr. *lez* « près ».

4 Léz, prép., près de. V. le précédent.

Léza, vb., allaiter : dér. de *léaz*. V. ce mot.

Lézel, vb., quitter, mbr. *lesell*. Empr. fr. *laisser*.

1 Lézen, s. f., loi : dér. d'empr. fr. ancien *leis* id.

2 Lézen, s. f., lisière : dér. de *3 léz*. V. ce mot.

3 Lézen, s. f., laitance : dér. de *léaz*. V. ce mot.

Lézirek, adj., oisif : dér. de mbr. *lesir*. Empr. fr. *loisir*. Cf. *lure*.

Lézou, s. m. pl., glas : pour *c'hlézou*, pl. de *3 gláz*. V. ce mot.

Liac'h, s. f., pierre, vir. et gael. *lia* id., cf. gael. *leug* « gemme » : contamination du celt. **lēwink-* (cf. gr. λᾶας « pierre » et λᾶιγξ « caillou », ital. *lavagna* et al. *leic* « ardoise ») avec le br. *lec'h*. V. ce mot.

Liamm, s. m., lien. Empr. fr. ancien (< lat. *ligāmen*).

Libistr, s. m., boue, mbr. *libostren* (douteux) : pour **c'hlib-istr*, même radical que dans *glêb*. — Conj.

Libonik (V.), s. m., rémouleur, aussi *limonik*, et cf. vbr. *lemhaam* « j'aiguise » : dér. d'un radical **lib-¹* qui représente une rac. SLEIB (et SLEUB), dont le sens s'accuse par le lat. *lūb-ricu-s* « glissant », ag. *to slip* « glisser », al. *schleif-en* (ppe *ge-schliff-en*) « aiguiser » et *schleif-en* (ppe *ge-schleif-t*) « traîner ». Cf. *arléc'houein, bréolim, lemm, leoriad, luban*, et les mots cités sous *jelken*.

Libourc'hen, s. f., souillon : dér. du radical de *libistr*.

Lik, adj., laïque, lascif², corn. *leic*. Empr. lat. *lăicus*.

Likaoui, vb., cajoler : dér. probable du précédent.

Likéta, vb., placarder. Empr. ags *licettan* et *liccettan* « simuler »³.

Lid, s. m., fête, mbr. *lit*, vir. *lith*, gaul. *Litu-* dans plusieurs noms propres : soit un celt. **līto-* < **lēto-*, le même que gr. **λητο-* dans λητουργία⁴, etc.; sans autre équivalent connu.

Lien, s. m., toile, corn. (ancien) *liein* et cymr. *lliain* « linge » : d'un celt. **lesanyo-* peut-être apparenté à **plinnā > 2 lenn*.

Lies, adj., plusieurs, beaucoup, cymr. *liaus > lliaw*, vir. *lia*, gael. *liuth* id. : d'un celt. pl. **leises*, pour **pleis-es*, comparatif du mot signifiant « beaucoup » ; cf. gr. πλείων comparatif de πολ-ύ-ς, lat. *pleor-es > plūr-ēs*, visl. *fleir-i* « plus »⁵. (Le vocalisme manque partout de netteté.)

Lich, s. m., liège. Empr. fr., et cf. *sich* pour le vocalisme.

Lilien, s. f., lis, corn. *lilie*, etc. Empr. lat. *līlium*.

Lîm, s. m., lime. Empr. fr. Cf. cymr. *llif* « scie », empr. lat. *līma*.

---

1. Difficilement ; car le phonétique exigerait impérieusement **livonik*. Mais le Gloss. Ern. s. v. admet que l'alternance de *b* et *m* équivaut à l'indication d'un *v* plus ancien. Ce point n'étant pas éclairci, la dérivation de *libonik*, ainsi que celle de *luban*, n'est consignée ici que pour mémoire.

2. En tant qu'opposé à la chasteté ecclésiastique. Mais M. Ernault sépare les deux sens et rattache le second à *link*. V. ce mot, et cf. le double sens du lat. *lūbricus*.

3. Cf. le double sens du fr. *afficher*. Mais ici la métonymie serait inverse.

4. Aussi λειτουργία, d'où le fr. *liturgie*.

5. Se rattache à la rac. PELƏ qu'on trouvera sous *leûn*. Cf. aussi *alies* et la note sous *ilboéd*.

Limestra, adj., violet, pourpre : cf. fr. *limestre* « sorte de serge » ; mais il n'est pas dit qu'elle fût nécessairement violette (lat. *limbus ostreus* ?).

1 Lin, s. m., lin, corn. *lin*, cymr. *llin*. Empr. lat. *linum*.

2 Lin, s. m., pus, cf. cymr. *lliant* « flot » : soit un dér. celt. de la rac. LI « couler », qu'on trouvera sous *1 lenn* et *livaden*.

Linad, s. m., ortie, corn. *linhaden* (voc.) et *linas* : pour *nenad¹, vir. *nenaid*, celt. *ne-nad-i*, soit une forme redoublée du même radical primitif *nad-* qui a produit ag. *nettle* et al. *nessel* « ortie » ; cf. aussi gr. ἀδ-ίκη < *ṇd-ika*, qui a la rac. à l'état réduit.

Link, linkr, adj., glissant : contamination de mbr. *lencr* et de *lintr*. V. ce mot, et cf. (pour le sens) *lenkernen*, *2 lin*, *lemm*, etc.

Lindag, s. m., lacet : exactement « lin à étrangler ». V. sous *taga*.

Linen, s. f., ligne, cymr. *llin*. Empr. lat. *linea*.

Lintr, adj., luisant, corn. *ter-lentr-y* « scintiller », cymr. *llithr-o* « glisser » (cf. *link*), *lleth-r* « pente » et *llath-r* « poli », vir. et gael. *leit-ir* « pente » : il y a eu corruption par mélange de formes de diverses quantités et issues de racines différentes ; mais celle qui paraît prépondérante est SLIDH du gr. ὀλισθάνειν « glisser », ag. *to slide*, al. *schlitten* « traîneau ».

Liors, s. f., jardin. corn. *luworth* (voc.) > *lowarth*, cymr. *lluarth*, vir. *lub-gort* id. : d'un celt. *lubi-gorto- (-gortā)*, exactement « enclos à plantes ». V. le premier terme sous *louzou* et le second sous *2 garz*.

Liou, s. m., couleur, corn. *liu*, cymr. *lliw*, vbr. *liou*, vir. *lii* > *li*, gael. *li* id. : d'un celt. *liw-es-*, cf. le surnom gaul. latinisé *Liv-iu-s* « coloré » et le lat. *liv-or* « pâleur » ; les deux sens se conciliant par la valeur initiale de la rac. LI, « s'attacher, se superposer à », gr. ἀ-λί-ν-ειν « enduire », lat. *li-n-ere*, vir. *le-n-im* « je m'attache », sk. *li-ya-te* « il se colle contre »², etc. V. un autre dér. sous *goulenn*.

Lipa, vb., lécher : dér. d'empr. fr. *lippe*, *lippée*, etc.

Lipouz, adj., friand : dér. du précédent.

Lireū, s. m., lilas. Empr. fr. altéré par une cause inconnue.

Liser, s. f., drap de lit, mbr. *licel* (pour *lincel*, cf. la variante actuelle *ninsel* T.). Empr. fr. *linceul* (aujourd'hui spécialisé).

Lisiou, s. m., lessive, cymr. *leisw*, vbr. *lissiu* et *lisiu*. Empr. lat. *lixīvum*.

Listrier, s. m., buffet : dér. de *lestr*. V. ce mot.

---

1. A preuve la forme parallèle *lénad*. La contamination vient de *1 lin*, parce que l'ortie est aussi une plante textile. Pour la dissimilation, cf. *lémel*.
2. La couleur est comme l'épiderme d'un objet.

Liva, vb., peindre : dér. de *lic*. V. sous *liou*.

Livaden, s. f., inondation, cf. cymr. *llif* « flot », vir. *lie*, ir. *lia*, gael. *lighe* « inondation » : amplifié sur la rac. d'où sont issus *1 lenn* et *2 lin*.

Livastred, s. m. pl., canaille. — Étym. inc. [1].

Livrin (C.), adj., bien portant, dispos, mbr. *liffrin*. Empr. ags. *liflic* (> ag. *lively*) avec nouveau suffixe de type breton. — Conj. [2].

Livriz, adj., frais, doux (lait), mbr. *liufriz*, vbr. *leverid*, cymr. *llefrith*, cf. vir. *lemnacht* (< *lem-lacht* ?). — Étym. obscure.

Lizen, s. f., plie (aussi *pleizen* V., contaminé du fr.), mbr. *leizen*, cymr. *llythien*, et cf. adj. *llyth*, « plat, mou » : contamination ancienne d'un dér. du radical de *lédan* et d'un dér. du radical de *leiz*. V. ces mots.

Lizer, s. m., lettre missive, corn. *lither*, cymr. *llythyr*. Empr. lat. *litterae* pl. (Au singul. *lizéren* « caractère d'écriture »).

Loa, s. f., cuiller, corn. *lo*, cymr. *llwy*, vir. *liag*, ir. *liach*, gael. *liagh* id. : d'un celt. *leig-ā*, dont l'équivalent lat. a produit le diminutif *līg-ula* « cuiller »; le tout de rac. LEIGH « lécher », mbr. *leat*, cymr. *llyf-u* > *llyo*, vir. *lig-i-m* « je lèche », sk. *rih-á-ti* et *lih-a-ti* « il lèche », gr. λείχ-ω, lat. *ling-ere* (qui explique le *g* irrégulier de *līgula*), ag. *to lick* et al. *leck-en*, vsl. *liz-ati* et lit. *lësz-ti* « lécher ». Cf. *leué*.

Loakr (T.), adj., louche, mbr. *loes* pour *loesk*, etc. : altérations diverses et peu claires de l'empr. lat. *luscus* par le radical de *lagad*.

Loar, s. f., lune, corn. *luir*, cymr. *lloer*. — Étym. inc. [3].

Lôd, s. m., portion, mbr. *lot*. Empr. fr. *lot*.

Loen, s. m. f., animal, mbr. *lozn* > *loezn*, corn. *lodn* et cymr. *llwdn* « petit d'animal », cf. vir. et gael. *loth* « poulain » : soit un celt. *lutno-*, isolé [4].

Loer, s. f., bas, cf. cymr. *llawdr* « culotte », corn. *loder* « bottine », mbr. *louzr* « chausse » : soit un celt. *lātro-*, sans répondant sûr ailleurs (al. *lode* « lambeau » ??? Bzzbg.).

Lôgôden, s. f., souris, corn. *logoden*, cymr. *llyg* et *llyg-oden*, vir. *luch* (gén. *loch-at*), gael. *luch* id. : soit un celt. *luk-oto-*, peut-être de rac. PLUK « s'enfuir ». V. sous *leùri*, et cf. *lus* et *c'hoanen*.

---

1. Peut-on rattacher à *libostren* (sous *libistr*) et *libourc'hen* ?
2. Les formes mbr. *lizrin* et *lirzin* (T.) ne sont pas de même provenance, ou bien elles sont corrompues.
3. On ne voit pas comment rattacher à rac. LUK, d'où lat. *lūna*. V. sous *luc'ha*. Ir. et gael. *luan* « lune » est véhémentement suspect d'empr. lat.
4. Peut-être pour *pl-ut-no-*, dont on rapprocherait vaguement le lat. *pullus*, al. *füllen* « poulain ». Le sens s'est étendu en breton et spécialisé en irlandais. — Mcb.

Loc'h, s. f., levier. Empr. germanique probable : cf. visl. *lág* « arbre abattu », d'où ag. *log*, « bloc, souche, loch ».

Lomber, s. m., lucarne, soupirail. Le fr. ancien a *lombre* « nombril » : dans la supposition d'un emprunt bien invraisemblable, l'identité de forme (enfoncement circulaire) justifierait le sens breton. — Conj.

Lomm, s. m., goutte, cymr. *llym-aid* « gorgée », vir. *loimm* id. : soit un celt. *lommen*, pour *lop-men*, qu'on rapproche de gr. λάπ-τειν et lit. *lãk-ti*, « lécher, siroter ». — Aucune donnée ferme.

Lonk, s. m., gouffre : abstrait du suivant.

Lonka, vb. engloutir, avaler, cymr. *llyngc-u*, vbr. *ro-lunc-as* « il avala », cf. vir. *slucc-i-m* « j'avale » : soit un celt. *slunkō* et *slukkō*, dér. de rac. SLUG > LUG, gr. λύζ-ειν et al. *schluck-en* « avaler », gr. λυγγ-άνειν et al. *schluch-zen*, « sangloter, avoir le hoquet ».

Lonec'h, s. f., rognon : dér. d'empr. fr. ancien *logne* « longe »[1].

Lontek, s. m., gourmand : dissimilé pour *lonkek*. Cf. *lonka*.

Lorbein (V.), vb., ensorceler : plus anciennement, « corrompre, séduire », et *lorbour* « trompeur » ; cf. fr. ancien *lorberie* pour *loberie* « séduction », de *lobber* et *lober* « cajoler » (God.). — Empr. fr. probable.

Loré, s. m., laurier. Empr. fr. altéré *laurel*. Cf. *morsé*.

1 Lorc'h, s. m., flatterie : identique au suivant[2]. — Conj.

2 Lorc'h (V.), s. m., effroi : comme qui dirait « [coup de] massue », d'un celt. *largo-* « gourdin », attesté par mbr. *lorchen* « timon », corn. *lorch* « bâton », vir. *lorg* et *lorc* « massue »[3].

Losk, s. m., brûlure. V. la formation sous *leski*.

Lôst, s. m., queue, mbr. *lost*, cymr. *llost*, vir. *los* id. : d'un celt. *losto-* ou *lostā* sans autre équivalent connu ; tout à fait isolé.

Lôsten, s. f., jupe : dér. du précédent.

Louad, adj., benêt, paresseux. — Aucune donnée ferme.

Louan, s. f., courroie, mbr. *louffan*, corn. *louan*, cymr. *llyfan*, vir. *loman*, ir. *lomna* « corde », gael. *lomhainn* « laisse » : d'un celt. *lomanā*, dont aucun équivalent ne se rencontre nulle part.

Louarn, s. m., renard, corn. et vbr. *louuern*, cymr. *llywern-og* (dans un

---

1. Ag. *loin* (et *sirloin* « surlonge ») est aussi empr. fr.
2. Comme on dit « louer à tour de bras », etc.
3. On rapproche, sans plus, visl. *lurk-r* « gourdin ».

nom de lieu), vir. *Loarn* id., gaul. dér. Λουέρν-ιο-ς : d'un celt. **luerno-*, pour **lup-erno-*, dont l'équivalent le plus approché[1] est sk. *lop-áçá* « chacal », et gr. ἀ-λώπ-ηξ emprunté sans doute à une langue asiatique.

Loudour, adj., malpropre : dér. d'une base **loud-* qui signifierait « ordure », cf. vir. *loth* « marais », ir. *lod-an*, gael. *lod* et *lod-an* « motte de terre », celt. **lut-*, lat. *lut-u-m* « boue », lit. *lut-yna-s* « fondrière ».

Loued, adj., moisi, gris[2], mbr. *loet*, corn. *luit*, cymr. *llwyd* et vbr. *loit* « chenu », vir. *liath*, ir. et gael. *liath* « gris » : d'un celt. **leito-*, pour **pl-eito-*, de même dérivation que sk. *pal-itá* « gris », gr. πελ-ιτνό-ς id. et πολ-ιό-ς « chenu », lat. *pul-lu-s* « noirâtre » et *pall-idu-s* « pâle », ag. *fallow* et al. *falb* « fauve », lit. *pàl-va-s* « pâle », vsl. *pla-vŭ* « blanchâtre ».

Loufa, vb., vesser : dér. de mbr. *louff* « vesse ». Empr. fr. populaire et dialectal, cf. provençal *loufa* et picard *loufée*.

Loui (C.), puer[3] : dér. du précédent (**loufi* > **louvi* > *loui*).

Lounez, s. f., variante de *lonec'h*[4]. V. ce mot.

1 Louz, adj., malpropre, obscène. Empr. fr. ancien *lous* « misérable » ; mais cf. aussi *loufa*, *loui* et *2 louz*.

2 Louz (C.), s. m., blaireau : identique au précédent (puant).

Louzaou, louzou, s. m., herbe, légume, mbr. *lousouenn*, corn. *losow* pl., cymr. *llys* (pl. *llysiau*), vir. *luss*, ir. et gael. *lus* id. : d'un celt. **lussu-*, pour **lup-su-*, et celui-ci dér. du même radical que celt. **lub-i-* « herbe », attesté par vir. *luib*, ir. et gael. *luibh* « herbe » et br. *liorz*[5]. V. ce mot

Lovr, adj., ladre, lépreux, mbr. *loffr*, cymr. *llwfr* « souffreteux », vbr. *lobur* « faible », vir. *lobur* id., ir. et gael. *lobhar* « lèpre » ; d'un celt. **lob-ro-*, cf. vir. *lobat* « qu'ils pourrissent », ir. *lobhaim* « je me corromps », gael. *lobh* id., lat. *lāb-ī* « s'écrouler », *lāb-ēs* « ruine », sans autre équivalent connu ; on songe aussi à got. *thlaq-u-s* « mou ».

Lû, adj., ridicule : paraît abstrait de *luia*. V. ce mot.

Luban, adj., insinuant : soit un celt. **sloib-ano-* « qui se glisse ». V. la rac. sous *libonik*, mais avec les mêmes réserves. — Conj. Ern.

---

1. Aucun rapport avec lat. *lupus*, dont le *p* vient d'un *q* primitif ; quant à lat. *vulpēs*, on n'aperçoit pas le lien.
2. D'après l'étymologie, le second sens est le primitif.
3. D'où sans doute aussi *louésaé* s. m. « punaise des bois » ; mais le mot est difficile à analyser.
4. Chercher de même sous *lo-* les mots qui manquent sous *lou-*.
5. Le mot se retrouve dans les vieux dialectes germaniques, mais s'y distingue nettement de ag. *leaf* « feuille » et al. *laub* « feuillage ».

Ludu, s. m., cendre, corn. *lusow*, cymr. *lludw*, vir. *lúaith*, ir. *luaith*, gael. *luath* id. : d'un celt. **loutwi-*, auquel on ne connaît pas d'équivalent; cf. pourtant al. *lod-ern* « couver sous la cendre ».

Lufr, s. m., éclat, lustre, cymr. *lleufer*, vbr. *louber* id. ; d'un celt. **lou-bro-* « luminaire », cf. lat. *lūc-ubrāre* « travailler à la lumière ». V. la rac. nue sous *goulou* et amplifiée sous *luc'ha*.

Lûg, adj., lourd (temps) : exactement « blanc »[1], d'un celt. fléchi **louk-o-*, cf. gr. (normal) λευκ-ό-ς « blanc », dont la rac. est sous *luc'ha*.

Lugern, s. m., éclat, corn. *lugarn* « lampe », cymr. *llugorn*, vir. *lócharn*, ir. *lóchrann* et gael. *lòchran* « flambeau » : d'un celt. **louk-orno-*, cf. lat. *luc-erna* « lampe », tous dér. de la rac. LUK. V. sous *luc'ha*.

Lugud, s. m., lenteur, paresse : dér. de *lùg*[2].

Lugustr, s. m., troène, nénufar. Empr. lat. *ligustrum*. Cf. *burzud*.

Luc'ha, vb., luire : soit un celt. **louk-s-ō* « je brille », dér. de rac. LEUK LUK, universellement répandue ; sk. *róc-a-ti* « il brille », *ruc-á* « brillant », *rok-á* « éclat », etc. ; gr. λευκ-ό ς « blanc », ἀμφι-λύκ-η « crépuscule », λύχ-νο-ς « lampe », etc. ; lat. **louk-s* > *lūx*, *lūc-ēre*, **louk-s-nā* > *lūna*, *lūmen*, etc., etc. : cymr. *llûg* « lumière » et vir. *luach* « blanc », etc.(cf. les précédents à partir de *lufr*) ; got. *liuh-ath* « lumière », ag. *light*, al. *licht*, et *leuchten* « éclairer » ; lit. *laúk-a-s* « φάλιος » (sous *1 bal*).

Luc'héden, s. f., éclair, corn. *luhet*, cymr *lluched* (singul. *lluch-ed-en*), cf. vir. *lóche* (gén. *lóchet*) et gaul. *Leuc-etio-s* (surnom du dieu Mars) : d'un celt. ** louk-s-etā*. V. la rac. sous *luc'ha*.

Luia, vb., brouiller : variante possible de *luzia*.

Lûn, s. m., lundi. Empr. lat. *lūnae (diēs)*.

Lupr, adj., en rut. Empr. fr. ancien *lubre*, abstrait de l'empr. lat. savant *lūbricus* > fr. *lubrique*.

Luré (V., C.), s. m., paresse, négligence : contraction dialectale de **lizouré*. V. sous *lézirek* et cf. ag. *leisure*. — Conj.

Lurel, s. f., bande, ligature : contraction de **lezurel*, dér. et altéré de l'empr. fr. *lisière*. Cf. *3 léz* et *2 lézen*. — Conj.

Lus, s. m., airelle, cymr. *llus* id. (singul. *llusen*) : se rattache à un celt. **luk-o-* « noir » qu'attestent cymr. *llwg* « pâle » et vir. *loch* « noir »[3].

---

1. « Blanchâtre » sous un soleil voilé par les vapeurs.
2. Effet produit par une chaleur étouffante.
3. On y peut rattacher aussi *lùg* et *lógóden*, dont il a été donné d'autres explications. Et même, à la grande rigueur, le sens « noir » se concilie avec celui de la rac.

Luska, luskella, vb., agiter, bercer, mbr. *queu-lusq* « mouvement », vbr. pl. *lusc-ou* « berceaux », ir. *luasg-aim* « je secoue » et gael. *luaisg* « agiter », etc., etc. : soit un celt. **louk-skō* « j'agite », pour **ploug-skō*, qui se rattache aux racines qu'on trouvera sous *leùri*.

1 Lusen, s. f., brouillard : dér. du même radical que *lus* ou que *lùg*, et probablement de l'un et de l'autre, vu la variante *luzen*.

2 Lusen, s. f., le premier lait d'une vache qui vient de vêler : pour *usen*[1] qui s'est partiellement maintenu, et celui-ci d'une base celt. **ous-* pour **pous-*, cf. sk. *pīyús-a* et gr. *πύσ-ο ς > πύος* qui ont le même sens.

Luzen, s. f., vaciet : pourrait signifier « lampe, lanterne » ; cf. le nom de la *luzerne* (« ver-luisant » en provençal), le fr. *veilleuse*, nom populaire du colchique d'automne, etc.

Luzia, vb., brouiller, confondre, mbr. *luz* « embarras », cymr. *lludd* « obstacle » : soit un celt. **loud-o-*, qui peut se rattacher à la rac. LUDH, sk. *runád-dhi* et *rodh-a-ti*, « il arrête, encombre », etc.

M

1 Ma, mon : le radical *m-* pour le sg. du pronom et du possessif de 1re personne est commun à toute la famille et ne requiert pas d'exemple.

2 Ma, si, corn. *ma*, vir. *má > ma*, gael. *ma* id. : le sk. a une particule *sma* ou *smā*, bien connue, qu'il possède en outre, en commun avec le germanique, à titre d'élément de déclinaison des pronoms et démonstratifs, et qu'on reconnaît aussi dans l'emphatique lat. -*met*[2].

3 Ma, particule correspondant au fr. *-ci*. V. sous *man*, et cf. *ama* et *éma*.

4 Ma, où (interrogatif) : cf. les deux précédents et le suivant.

5 Ma, que : paraît identique au précédent[3].

LUK dont il est l'opposé, par le fait que *le noir* est la couleur de ce qui *a brûlé*. C'est ainsi que ag. *black* « noir » se rattache à gr. φλέγω « brûler ».

1. L'*l* vient d'une sorte d'allitération par écho dans la liaison *léaz usen > léaz lusen*. — Conj. Ern.

2. Ces petits mots n'ont en aucune façon le sens conditionnel ; mais ils peuvent figurer dans une proposition conditionnelle, tout comme dans une autre, pour en renforcer le sens, et dès lors prendre dans telle ou telle langue le sens conditionnel par contamination. C'est ce qui paraît être arrivé en celtique. Au reste l'étymologie des particules est rarement claire, et l'on perd son temps à la vouloir serrer de près. Cf. les mots suivants.

3. Le dédale est inextricable. A la rigueur, tous ces sens pourraient s'être attachés artificiellement à la particule de renforcement qu'on a vue sous 2 *ma*. Mais cela n'est point probable. D'autre part, le sens de « où ? » pourrait se déduire de celui de « ici »

Mâb, s. m., fils, corn. *mab*, cymr. *mâb*, vbr. *map*, vir. *macc*, ir. et gael. *mac* « fils » bien connu par les patronymiques : d'un celt. **mak-wo-*, soit « nourrisson », dont on trouvera la rac. sous *maga*[1].

Mâd : adj., bon; adv., bien; s. m., richesse; mbr. *mat*, corn. *mas*, cymr. *mad*, vir. et gael. *maith* > *math* id. : d'un celt. **ma-ti-* (gaul. *Matidomnus* n. pr.), dont le sens originaire est « mesuré, bien composé »; dér. de rac. MĒ « mesurer », qu'on trouvera sous *amzer*, ou peut-être de celle plus obscure du lat. *mā-tūru-s*, « mûr, à point ».

Madré, s. m., séneçon. Empr. fr. *madré*. V. sous *baré*.

Maé, s. m., mai, corn. *mè*, cymr. *mai*. Empr. lat. *maius*.

Maérounez, s. f., marraine : féminin pléonastique refait sur le mbr. *mazron* id., qui est empr. lat. *matróna*. Cf. aussi *niz* et *léanez*.

Maga, vb., nourrir, élever, mbr. *maguaff*, corn. *maga*, cymr. *mag-u* id. : d'un celt. **mak-ō*, « je nourris, je fais grandir », qui se rattache à la rac. MAK « grand », zd *maç-aṅh* « grandeur », gr. μακρ-ό-ς « large » et μῆκ-ος « largeur », lat. *mag-nu-s*, etc. V. aussi *mâb* et *bagol*.

Mac'ha, vb., fouler (aussi *mahein* V.). Empr. bas-lat. **maccāre*, attesté notamment par l'espagnol *macar* « meurtrir ».

Mac'haña, vb., mutiler. Empr. fr. ancien *mehaingnier*.

Mac'homer, s. m., usurpateur : dér. d'un type **mac'hom* « oppression », qui est à *mac'ha* ce que fr. *pression* est à fr. *presser*, c'est-à-dire dér. d'un vb. br. par un procédé emprunté au français. Cf. *dalif*, etc.

1 Mal, s. m., béquille, mbr. *mall*, cf. cymr. *bagl* « bâton » : contamination de l'empr. lat. *baculus* et du représentant de l'empr. lat. *malleus* (à cause du gros bout de la béquille). Cf. *1 mal* et *bélek*.

2 Mal, s. f., coffre. Empr. fr. *malle*.

1 Mal, s. m., maillet. Empr. fr. ancien *mail* < lat. *malleus*.

2 Mal, s. m., maille. Empr. fr. *maille* < lat. *macula*.

3 Mal, adj., expert, savant : paraît abstrait d'une locution telle que *eunn den mal*, « un homme de maléfice, un sorcier », etc. Empr. fr. ancien *malie* « sortilège ». — Conj.

(*ma oud?* « ici es-tu ? » > où es-tu ? »[1], ou du sens de « que » (*ma oud?* «[où est-ce] que tu es? »). Inversement le sens de « que » se déduirait très naturellement de celui de « où » relatif. Mais à peine entrevoit-on des raisons de préférence.

1. La curieuse expression *mâb lagad* « la prunelle » a son pendant en sk., *kanīnikā* « la petite fille », et en lat., *pūp-illa* « la petite figure » qu'on voit reflétée dans l'œil d'autrui. — Ce qui rend difficile l'étymologie par **mak-wo*, c'est que l'ir. devrait en ce cas répondre par **mach* (cf. ir. *ech* sous *ébeûl*). V. sous *merc'h* des formations par addition d'un suff. *-ko-*, qui peut-être est aussi en jeu ici.

Mala, vb., moudre, mbr. *malaff*, cymr. *malu*, vir. *mel-i-m* « je mouds », ir. *meilim*, gael. *meil* id. : d'un celt. **mel-ō*, rac. MELĀ, cf. sk. *mr-ná-ti* « il broie », gr. μύλ-η « meule » et ἀλεῖν « moudre », lat. *mol-a* et *mol-ere*, al. *mahl-en* « moudre » et *mehl* « farine », lit. *mál-ti*, vsl. *mel-ja*, etc.

Malan, s. f., gerbe, mbr. *malazn* pour **manasl*, cf. br. *alan* et corn. *manal* id. : d'un celt. **man-atlā*, qui correspond comme racine et sens au lat. *man-ipulu-s* « poignée »[1], lequel signifie aussi « gerbe ».

Malard, s. m., canard mâle. Empr. fr. ancien *maillart* id.

Mall, s. m., hâte, corn. *mal* « désir », cymr. *malio* « soigner » et *go-fal* « souci » : on rapproche le gr. μέλει μοι « il m'est à soin », qui a en grec de nombreux dérivés, mais point d'équivalent sûr ailleurs.

Mallc'héot, s. m., jusquiame : exactement « herbe molle », le premier terme étant le même que cymr. *mall* « mou » et ir. *mall* « lent », soit celt. **mallo-*, pour **mal-wo-*, à peu près pareil à lat. *mollis* et ag. *mellow*.

Malloz, s. f., malédiction, mbr. *malloez*, corn. *molleth* (pour **malloeth*), cymr. *melldith*, etc. Empr. lat. *maledictiō* et cf. *millisien*.

Malô, s. m., mauve. Empr. lat. *malva*.

Malok (V., aussi *balok*), s. m., menton. Empr. fr. ancien *mailloque* « surface arrondie de l'extrémité du maillet », etc. (métaphore).

Malur, s. m., maillot, mbr. *mailluraou* pl. : soit un empr. fr. **maill-ure*, dér. de *maille* comme l'est aussi *maill-ot*.

Malven, s. f., cil, mbr. *maluenn* « paupière », vir. *mala* (gén. *malach*) et gael. *mala* « sourcil » : d'un celt. **malw-* et **malaks-*, dont on ne trouve d'équivalent (douteux) que dans les langues lettiques.

Malzen, s. f., flocon : pourrait se rattacher, par le sens « tendre, délicat » (cf. vir. *meled* « agréable »), au même radical que la syllabe initiale de *mallc'héot*. V. ce mot. — Rien de précis.

Mamm, s. f., mère, corn., cymr. et ir. *mam*. Cette réduplication enfantine et caressante de l'i.-e. **mātēr* (cf. *moéreb*) se retrouve dans presque toutes les langues de la famille. Cf. aussi *tâd*.

Mammen, s. f., source, origine : dér. du précédent.

Mañ, adv., ici, ci : pour *amañ*, et cf. *3 ma* et *éma*.

Mân, s. f., mine, apparence : peut-être altéré de *2 mîn* sous l'influence de l'empr. fr. *manière* > mbr. *manier*. Cf. *3 mann*.

---

1. Le radical **man-* « main » a à peu près disparu en celtique, mais est assez commun ailleurs : il est latin, grec et germanique.

Manac'h, s. m., moine. Empr. lat. *monachus*.

Mañk, adj., manchot, mbr. *manc*. Empr. lat. *mancus*.

Mañdok, s. m., goujon, gardon (poisson à grosse mâchoire) : pour *mantok*, dér. de *mant* = cymr. et vir. *mant* « mâchoire », et celui-ci d'un celt. *mand-eto-* dér. de la rac. peu répandue qui a donné lat. *mand-ere* « mâcher », *mand-ucāre* > fr. *manger*, et *mund-iōula*.

Manek, s. f., gant. Empr. lat. *manica*.

Maner, s. m., manoir. Empr. fr. ancien *maneir*.

1 **Mann**, s. m., mousse terrestre (la vraie graphie serait *mañ* Loth), cf. cymr. *mawn* et ir. *móin* « tourbe » : soit un celt. *mak-ni-* ou *māk-ni-* « marais », etc., dont on peut à peine rapprocher lat. *muscus*, ag. *moss*.

2 **Mann**, s. m., corbeille. Empr. fr. *manne*.

3 **Mann**, rien, corn. *mon* : identique à *mān*, au sens de «[pas]... apparence », devenu négatif par le contact avec une négation ; ou bien à cymr. *man*, qu'on trouvera sous *marbléō*. V. sous *3 kammed*.

Mannou, s. m. pl., menu fumier : pl. de *1 mann*.

Mannouz (V.), adj., nasillard. — Étym. inc., mais cf. *moñkluz*.

Mañouner, s. m., chaudronnier : dér. d'empr. fr. ancien *maignan* (conservé comme n. pr.) = ital. *magnano* < bas-lat. *machinānus*.

Mañtra, vb., accabler, navrer ; cf. cymr. *mathru* « fouler aux pieds » : dérivation secondaire du même radical primitif d'où est issu le vb. *moñt*.

Maô, adj., bien portant, gai, mbr. *mau*, corn. *maw* « garçon », cymr. *mau-* « serviteur », gaul. *mag-u-s* dans le n. pr. *Magu-rix*, cf. got. *mag-u-s* « garçon »[1] : soit un celt. *mag-u-*, dér. de rac. MEGH « grandeur », sk. *mah-ánt* « grand » (gr. μέγ-ας, lat. *ing-ens*), got *mag-an* vb. « pouvoir », ag. *I may* et al. *ich mag*, got. *mah-t-s* « puissance », ag. *might* et al. *macht*, vsl. *mog-ą* « je puis », etc., etc.

Maouez, s. f., femme, mbr. *moues*, corn. *mowes* id. : fm. du précédent.

Maout, s. m., mouton, corn. *mols*, cymr. *mollt*, ir. *molt*, gael. *mult* id. : d'un celt. *mol-to-*, ppe passé de la rac. de *mala*, cf. lat. *mul-tu-s*, « moulu, écrasé, châtré » (d'où le dér. fr. *mout-on*), et russe *mol-itĭ* « châtrer ». V. les mots cités sous *mala* et la note sous *kalz*.

Mar, si. V. sous la forme plus simple *2 ma*[2].

---

1. Le sens originaire est « beau gars bien portant », d'où « garçon », puis « serviteur ». Cf. aussi *maouez*, *mevel*, *matez*, et une foule de noms propres gaul. dérivés.

2. L'addition de l'*r* est très obscure : ou *mar* est un mot différent de *ma* et inexpliqué ; ou bien *ma* a été influencé par le mot suivant (valeur dubitative de « si »). C'est le plus probable, puisque le corn. et le br. ont en commun les deux mots.

Mâr, s. m., doute, corn. *mar* id. : soit un celt. **mar-o-s* « inquiétude »; cf. gr. μέρ-ιμνα « souci », sans autre équivalent connu.

Marbigel, s. f., étrape. V. sous *marr* et *pigel*[1].

Marbléô, s. m., poil follet : le premier terme, *mar-* pour **man*, équivaut au cymr. *man* « petit », cf. vir. *min* et *menb* id., gr. μείων, lat. *minor*, etc.; ou bien **marv-bléô* « poil mort ». V. ces mots[2].

Maré, s. m., marée. Empr. fr. (d'où *maréad* « foule »).

Marella, vb., bigarrer. Empr. fr. (*marelle, méreau*, etc.).

Marc'h, s. m., cheval, corn. et cymr. *march*, vir., ir. et gael. *marc*, gaul. **marc-o-s* et fm. μάρκ-α : d'un celt. **mark-o-s*, qui ne se retrouve qu'en germanique, vhal. *marah* « cheval » (d'où *marah-scalc*, « valet de cheval, palefrenier », latinisé *mariscalcus* > fr. *maréchal*), al. *mähre* et ag. *mare* « jument »; tout à fait isolé, si le germ. est empr. celt.

Marc'had, s. m., marché. Empr. lat. *mercátus*.

Maritel, s. m., inquiétude, jalousie : dér. de *mar* > *mâr*, mais peut-être contaminé, quant au sens et à la forme, de fr. ancien *marri*.

Marlouan, s. m., merlan. Empr. fr. altéré.

Marmouz, s. m., singe. Empr. fr. ancien *marmotte* id. et cf. *marmouset*.

Marô, s. m. et adj., mort, mbr. *maru* et *marf*, corn. *marow*, cymr. *marw*, vir. *marb*, ir. et gael. *marbh* « défunt » : d'un celt. **mar-wo-*, dér. de rac. MER « mourir », sk. *mr-iyá-te* « il meurt » et *mr̥-tá* « mort » (*már-ta* « mortel »), gr. βρότος (pour **μρο-το-ς*) « mortel », lat. *mor-io-r, mor-s, mor-tuu-s*, etc., lit. *mir̃-ti* « mourir », vsl. *mrè-ti*, etc.

Marr, s. f., grande houe. Empr. fr. ancien *marre* id.

Martézé, adv., peut-être, mbr. *martese*, corn. *martesen* id. : les variantes *matrézé* et *matrézen* indiquent une locution du même type que cymr. *o thry hyn* « si cela tourne > en admettant que cela arrive », dont on trouvera les éléments sous *2 ma, trei* et *sé* (le démonstratif qui est contenu dans *azé*); la métathèse vient de la variante **mar-tré-sé* (sous *mar*).

Martôlod, s. m., matelot. Empr. fr. peut-être contaminé de *merdéad*.

Marvel, adj., mortel : dér. de *marv* > *marô*.

1 Marz, s. m., merveille, miracle, corn. *marth*, mais cymr. *gwyrth* indiquant la forme inaltérée. Empr. lat. *virtūs*, et cf. *burzud*.

---

1. Mais le sens ne concorde pas. Cf. *marbléô*, soit « petite houe ».
2. Cf. cymr. *mar-ddanadl* (ortie morte) « marrube ». — Mais, dans la première hypothèse, on attendrait **manoléô*; dans la seconde, **maroléô*.

2 **Marz**, s. m., frontière, mbr. *marz*. Empr. fr. ancien *marche*, lui-même empr. germanique, et cf. *brô*.

Mastara, vb., salir. Empr. fr. ancien *matrasser* « ébaucher ». — Conj.

Mastin, s. m., mâtin. Empr. fr. ancien *mastin*.

Mastokin, s. m., coquin : contamination de *mastin* et *coquin*.

Matez, s. f., servante, corn. *maghteth* > *mahteid*, cymr. *machteith* id., vir. *-macdacht* « adulte » : d'un celt. *mag-wa-taktā*, dér. secondaire par rapport à got. *mag-ath-s* « jeune fille », ag. *maid*, al. *magd* « servante », cf. *mädchen* « jeune fille ». V. la rac. sous *mâo* et cf. *mével*.

1 Mé, je, moi : accusatif devenu nominatif. V. sous *1 ma*.

2 Mé (V.), s. m., pétrin. Empr. fr. ancien *mait* > *maie*.

Méan, s. m., pierre, corn. *men*, cymr. *maen*, vbr. *main* id. : d'une forme celtique, qu'on peut rapprocher de lat. *moen-ia* « murailles », isolé.

Méar, s. m., maire, mbr. *maer*, cymr. *maer*, « intendant, administrateur », vbr. *mair*, etc. Empr. lat. *májor* (d'où vient aussi fr. *maire*, dont l'influence sémantique a amené la restriction de sens en breton).

Méaz, s. m., campagne, mbr. *maes*, corn. *mês*, cymr. *maes* « champ » : d'un celt. *mag-es-tu-*, dér. d'un celt. nt. *mag-es-* « champ », corn. et cymr. *ma*, vir. *mag*, ir. et gael. *magh*, gaul. *-magos* dans un grand nombre de noms propres; cf. sk. *mah-í* « la terre », exactement « la grande », dér. de la rac. qu'on verra sous *maô*. V. aussi *amañ*.

Médi, vb., moissonner, mbr. *midiff*, vbr. *met-etic* « moissonné » : soit un celt. *met-ō* « je moissonne », lat. *met-ere*, cf. gr. ἀ-μά-ω, ag. *to mow* et al. *mäh-en* id., *mat-te* « prairie », *ohmet* « regain », etc.

Mégel, s. f., tique : pour *bégel*. V. ce mot[1].

Mégin, s. f., soufflet : variante de *bégin*, non sans influence possible d'empr. lat. *māchina* qui est à la base de *mañouner*.

Mécher, s. f., métier. Empr. fr. ($t + y$ > br. *ch*).

Méc'hi, s. m., morve : pour *moc'h-i*, dér. du même radical que *môc'h*. V. ce mot, et cf. *moñklus* et la variante *mic'hi*.

1 Mél, s. m., miel, corn. et cymr. *mel*, vbr. *mél*, vir., ir. et gael. *mil* id. : d'un celt. *mel-i-*, cf. gr. μέλ-ι (-ιτ-ος), lat. *mel* (*mell-is*), got. *mil-ith*.

2 Mél, s. m., moelle, sève : peut-être empr. lat. *medulla*[2], mais altéré

---

1. A cause de la petite « boucle » que fait la piqûre. — Dans ce mot et le suivant, le changement *b* > *m* est inverse de celui de *bagol*, etc., mais procède de la même cause.
2. Le cymr. *mér* indiquerait plutôt un empr. germanique : ags. *mearh* > ag. *marrow*.

par contamination du précédent ou contact du roman (prov. *melha*).

1 Mel, s. m., mulet (poisson), mbr. *meill*. Empr. lat. *mugil*, ou plutôt empr. fr. ancien *meuil* (du même). Cf. *moullek* (tout différent).

2 Mel, s. m., poing, mbr. *meilh* et (plus complet) *meilh an dorn*, vir. *mul-dorn*, exactement « tête [formée par] la main »; cf. mbr. *melle* « sommet de la tête », vir. et gael. *mull-ach* « sommet », ags. *mold-a* « suture du crâne » et sk. *mūrdh-án* « tête ». V. aussi *mellez*.

Mélaouen, s. f., mélilot : dér. de *1 mél*.

Mélen, adj., jaune, corn. *milin*, cymr. *melyn* id. : d'un celt. **mel-ino-* (couleur de miel?), cf. sk. *mal-iná* « sombre », gr. μέλας « noir », lit. *mêl-yna-s* « bleu »[1] (dont le radical est **mēl-*).

Mélének, s. m., verdier : dér. du précédent.

Melchen, s. m., trèfle, mbr. *melchonenn*, cymr. *meillion* id. : dér. de *1 mél* avec évolution normale du *y* brittonique en *ch* breton.

Melc'houéden, s. f., colimaçon, mbr. *melfeden*, etc., et cf. *melhuenn* (V.) « morve », cymr. *maluc-od-en* « limaçon » : dér. du radical **mall-*[2] « mou », mais cf. ir. et gael. *mall* « lent ». V. sous *mallc'héot*.

1 Mell, s. m., articulation, vertèbre, corn. *mal* (pl. *mell-ow*), cymr. *cym-mal* « jointure » : d'un radical celt. **mel-s-*, qui est le même que celui du gr. μέλ-ος « membre », cf. sk. *mār-ma* « organe » et lit. *mel-mů* « dos ».

2 Mell, s. f., gros ballon; le même que mbr. *melle* (sous *2 mel*).

3 Mell, s. m., millet : soit un celt. **millo-* pour **mil-yo-*, de même formation que lat. *mil-iu-m* (> fr. *mil*), isolé par ailleurs.

Mellez, s. f., suture de la tête : dér. de *melle* (sous *2 mel*).

Mellézour, s. m., miroir : dissimilé pour *merezour. Empr. lat. romanisé *miradório < bas-lat. *mīrātōrium*. Cf. aussi *mirout*.

Mellou, s. m. pl., renouée : pl. de *1 mell* « nœud ».

Melré (C.), s. m., souci. — Étym. inc. Cf. *mall*.

Melv (V.), s. m., morve. V. sous *melc'houéden*.

Melven, s. f., variante de *balafen*, et cf. *mégel*.

Men, s. m., variante de *méan*. V. ce mot.

Ménaoued, s. m., alêne, mbr. *menauet*, cymr. *mynawyd*, vir. *menad* id. : soit un celt. **minaw-eto-*, cf. gr. σμινύ-η « pioche » (objet pointu).

---

1. Sur le caractère fuyant des désignations de couleur, on comparera *glás*, *glasaour*, *géot* et *gell*.
2. L'aspiration bretonne n'est donc pas primitive.

Mének, s. m., mention, souvenir : cf. cymr. *mynag* « rapport », vir. *muinig-in* « confiance », etc. V. la rac. sous *koun* et cf. *menna*.

Ménéo'hi, s. m., asile, franchise, mbr. *menehy*, etc. Empr. bas-lat. *monachia*, « enclos de moines, terre ecclésiastique ».

Menez, s. m., montagne, corn. *menedh*, cymr. *mynydd*, vbr. *-monid*, gael. *monadh*, gaul. *-menios* dans *Herminius mons*, etc. : d'un celt. *men-iyo-*, dér. d'une rac. MEN « être élevé », cf. lat. ē-*min-ēre*, etc., et *mons* < *mon-t-s*, dont le radical se retrouve dans le gr. μοῦσα¹ (< *μον-τ-yα).

Meñgleūz, s. f., mine, carrière, cymr. *mwyn-glawdd* id. Le premier terme, que le br. a confondu par étymologie populaire avec *men*, est en réalité cymr. *mwyn* « métal brut », vir. *méinn* « métal », qui ne se trouve avec certitude que dans le domaine celtique (soit *meinni-* < *smei-n-ni-*, et cf. ag. *smith*, al. *schmid* « forgeron ») et a donné par emprunt le fr. *mine*. V. le second terme sous *kleūz*, et cf. *men* = *méan* et *miñter*.

Menna, vb., penser, estimer, désirer, cf. cymr. *myn* « désir », vir. *miun* et gael. *miann* « désir », ag. *to mean* et al. *mein-en* « avoir l'intention de » : se rattachent à la rac. qu'on trouvera sous *koun*. Cf. *mének*.

Mennout, vb., demander, offrir. Empr. lat. *mandare*.

Ment, s. f., grandeur, taille, corn. *myns*, cymr. *maint*, vbr. *-mint*, vir. *mét* > *méit*, gael. *meud* id. : d'un celt. *mn-ti*, auquel on ne connaît pas d'équivalent précis (cf. pourtant *ménez*), mais dont relève le fr. *maint*.

Méra, vb., manier, administrer, mbr. *maerat* id. : dér. de mbr. *maer* > br. *méar*. V. ce mot et *méreur*.

Merk, s. m., marque : contamination de l'empr. fr. ancien *marque* et de l'empr. fr. ancien *merchier* « remarquer », tous deux au surplus venus du germanique. Cf. *2 marz* et *merzout*.

Merdéad, s. m., marin, cf. mbr. *mordeiff* et cymr. *mordwy* « naviguer », cymr. *mordwyad* « matelot ». V. le premier terme sous *môr*; le second est peut-être une des formes originaires de *doñt*. V. ce mot.

Méren, s. f., goûter. Empr. lat. *merenda*.

Méreur, s. m., fermier : dér. de *méra*².

Mergl, s. m., rouille, vir. et gael. *meirg* (les deux mots ne sont pas identiques) : soit une base celt. *merg-*, dont le sens étymologique pourrait être « sombre » (cf. ag. *murk*) ou « émoussé » (cf. gr. μέργ-ο-ς ?).

1. Le sens primitif était « nymphe des montagnes ».
2. On observera que l'al. *meyer* « fermier » vient aussi, et plus directement, du lat. *major*. Au contraire fr. *mehier, meyer*, etc., est le lat. *mediarius* « métayer ».

Merc'h, s. f., fille, corn. *myrch*, cymr. *merch*, etc. : d'un celt. *merg-eka, qui est comme un diminutif par rapport au lit. *merg-a* « jeune fille »; cf. aussi sk. *már-ya* et *mar-ya-ká* « jeune garçon », gr. μεῖραξ et gael. *smarach* id. (et br. *mâb* venu d'un celt. **mago-qo-* ???).

Merc'her, s. m., mercredi. Empr. lat. *Mercurii* (*dies*).

Merc'hoden, s. f., poupée : dér. de *merc'h*.

Mériénen, s. f., fourmi, mbr. *merien*, cymr. *myr-ion* et *myr* (singul. *myr-ion-en*), cf. vir. *moirb* id. : d'un celt. **mor-yon-*, cf. vsl. *mra-vija*, gr. μύρ-μηξ (lat. *for-mīca*, sk. *vamrá*, ags. *mȳre* et *mīre*, etc.[1]).

Merl, s. m., engrais de rivage, cf. cymr. *marl* (empr. ag.). Empr. fr. (picard *merle*) < bas-lat. *margila*[2], lui-même d'un gaul. *marga*.

Mern (V., C.), s. f., dîner : variante de *méren*.

Merrad, adv., apparemment : la variante *merc'had* (V.) semble indiquer un rapport avec *merzout* (cf. *armerc'h*); mais, d'autre part, la forme *mohad* (V.) pour *morhad* est difficile à séparer de la locution *moarvad* (L., C.), abrégée de *mé oar vâd* « je sais bien ». Série de confusions peu claires dues à l'étymologie populaire. — Loth.

Mervel, vb., mourir : dér. de *marv* > *marō*.

Mervent, s. m., vent de sud-ouest : exactement « le grand vent » (d'Arb.), ou « le vent de mer » (Loth). V. sous *meür*, *mòr* et *gwent*.

Merzout, vb., apercevoir, cf. cymr. *ar-merth-u* et *dar-merth-u* « pourvoir ». — Aucune étymologie bien satisfaisante.

Mésa (C., T.), faire paître les bestiaux : pour *maesa, dér. de mbr. *maes*, soit « mener aux champs »; ou de *1 méz* « pâture ». V. sous *1* et *4 méz*.

Meski, vb., mêler, cymr. *mysg-u*, vir. *mesc-aim* « je mêle »; cf. sk. *mi-miks-a-ti* « il mêle », gr. μίσγ-ειν, lat. *misc-ēre*, al. *misch-en*, etc. (rac. à amplifications variées MIK MIKS MISK).

Meskl, s. m., moule (coquillage). Empr. lat. altéré *musculus*.

Mesper, s. m., nèfle. Empr. lat. *mespilum*.

Métou, s. m., milieu : aucun rapport possible avec la rac. MEDH, qu'on trouvera sous *émesk*, sauf peut-être une contamination de sens; mais la locution *é métou* « au milieu » pourrait être à *ment* ce que la locution *akétaou* = *égétaou* est à *kent*. V. tous ces mots. — Loth.

Meûd, s. m., pouce, mbr. *meut*, cymr. *mawd* > *bawd* id. : suppose un celt.

---

1. Tous ces noms ont subi autant de déviations inexplicables que ceux de la grenouille. Cf. Uhlenbeck, *Altind. Wb.*, p. 271 b.
2. D'où al. *mergel*, ag. *marl*, fr. *marle* > *marne*.

*măt-o-, qui se rattacherait à une rac. MAT « tâter », cf. gr. ματ-εύω « je cherche », lett. *mat-it* « sentir », lit. *mat-yti* « voir », vsl. *-mot-riti* « regarder », et surtout arménien *mat-n* « doigt » (Meillet).

Meûli, vb., louer, honorer, mbr. *meuliff*, cymr. *moli* (et *mawl* « louange »), vir. *molid* « il loue », ir. *mol-aim* « je loue » et gael. *mol* « louer » : rac. indécise, mais cf. gr. μάλα « beaucoup », lat. *mel-ior*, vsl. *iz-mol-ěti* « prédominer ». Ou de même rac. que le suivant ?

Meûr, adj., grand, corn. *maur*, vbr. *máur*, cymr. *mawr*, vir. *mór* et *már*, ir. et gael. *mór*, gaul. *-măros* et *-măra* dans beaucoup de noms propres : d'un celt. *măr-o-* « grand », dont les corrélatifs ne se retrouvent en général aussi que comme derniers termes de composés, savoir gr. -μωρ-ο-ς (ἐγχεσί-μωρος « fameux par les coups de lance »), got. *-mēr-s* (n. pr. al. *Waldemar*), vsl. *-měrŭ* (mais celui-ci empr. germ. probable).

Meurbed, adv., très, mbr. *meurbet*, exactement « grandement combien ». V. sous *meur* et *pet*.

Meurs, s. m., mars, mardi, cymr. *mawrth*, etc. Empr. lat. *martis* (gén.), et *martius*, mais prononcé *mărtis*, *mărtius*.

Mével, s. m., valet : soit un celt. *mogw-illo-* dimin. de celt. *mog-u-* « serviteur » (attesté par vir. *mug* « esclave »), et celui-ci se rattachant directement à la rac. qu'on trouvera sous *maó*. Cf. *matez*.

1 Méz, s. m., gland, mbr. *mesenn*, corn. *mesen*, cymr. *mes*, vir. *mess* « fruit », ir. *meas*, « fruit, gland », gael. *meas* « fruit » : d'un celt. *messu-* « nourriture », cf. ag. *buck-mast* « faîne », al. *eichel-mast* « gland » et *mästen* « engraisser », dont on rapproche sk. *méd-as* « graisse ».

2 Méz, s. f., honte, pudeur (aussi *méc'h* V.), mbr. *mezz*, cymr. *methu* « manquer de cœur », vir. *met-acht* « lâcheté » : soit un vb. celt. *met-tō* « je suis en défaut », cf. vir. *mad-ach* « vain », gr. μάτ-ην « en vain », ματ-ά-ω « j'hésite », d'une rac. MAT (?) qui ne se rencontre pas ailleurs [1].

3 Méz, s. m., hydromel, corn. *med*, cymr. *medd*, vir. *mid* id. : d'un celt. *med-u*, sk. *mádh-u*, « miel, liqueur douce et enivrante », gr. μέθ-υ « vin », ag. *mead* et al. *met* « hydromel », lit. *mid-ùs* id., vsl. *med-ŭ*, « miel, vin » ; ne manque qu'au lat. Cf. *mézó*.

4 Méz, s. m., variante contractée de *méaz*. V. ce mot.

Mézec, s. m., médecin, cymr. *meddyg*. Empr. lat. *medicus*.

Mézer, s. m., étoffe. Empr. lat. *mătēria* > roman *madéria*.

---

1. La base serait-elle d'aventure la particule prohibitive i.-e. *mé, sk. *má*, gr. μή, etc.?

Mézéren, s. f., lange : dér. du précédent.

Mézévelli, vb., éblouir, fasciner (aussi *méz-éven-ein* V., etc.) : dérivation compliquée de *2 méz*, soit « faire baisser les yeux »[1].

Mézéven, s. m., juin, cymr. *mehefin*, et cf. br. *méhéüen* (V.) : serait en vbr. *med-ham-in-*, soit « [mois] du milieu de l'été ». V. sous *émesk* et *haño*, et cf. *éven, gouhéré, gourélin* et le suivant.

Mézévennik, s. m., juillet : diminutif du précédent.

Mézô, adj., ivre, cymr. *meddw*, etc. : soit un celt. *med-wo-* dér. de celt. *med-u-*. V. sous *3 méz*, et cf. gael. *misg* « ivresse » = ir. *meisge* < vir. *mesce* < celt. *med-skyo-* (gr. vb. μεθ-ύ-σκειν « enivrer »).

Miaoua, vb., miauler. Onomatopée.

Mibiliez, s. f., enfantillage : dér. de *mâb*. Cf. le suivant.

Mibin, adv., vite, mbr. *mibin* « agile », cymr. *mabin* « juvénile », *mabinogi* « enfance » : dér. de *mab* > *mâb*, dont le pl. est *mipien* > *mibien*.

Mik, adv., entièrement, mbr. *mic* et *mouc* id. : formé sur un radical apparenté à celui de *mouga*, soit « d'une manière serrée, étouffante », etc.[2].

Midi, vb., variante de *médi*. V. ce mot.

Migourn, s. m., cartilage, cymr. *migwrn*, etc. Empr. ags. *micgern* « graisse », et cf. *askourn* et *mudurun*. — Conj.

Micher, s. f., variante de *mécher*. V. ce mot.

Mic'hi, s. m., variante de *méc'hi*. V. ce mot.

1 Mil, s. m., animal, corn. *mil*, cymr. *mil*, vir. *mîl* et ir. *miol*, « animal, pou, baleine », gael. *mial* « pou, animal » : soit un celt. *mēlo-* « bétail », le même que gr. μῆλον « petit bétail, brebis », cf. visl. *smale* id., ag. *small* et al. *schmal* « menu ».

2 Mil, mille, cymr. *mil*. Emp. lat. *mille*.

Milfid, s. m., mauvis (aussi *miloid*, et *milc'houid* V.), mbr. *milhuyt*. Emprunt du breton au roman, ou réciproquement, on ne sait.

Milgin, s. f., manche d'habit : dissimilé pour *min-g-in*, et celui-ci dér. d'empr. lat. *man-ica*. Cf. *manek*, mais peut-être rapprocher *gin*.

Milin, s. f., moulin. Empr. bas.-lat. *molīna*. Cf. *mala*.

Millisien, vb., maudire, cymr. *melldith* « malédiction » et *melldithio*

---

1. Procédant d'une locution du genre de *mez m'eus deus an dé* (T.), exactement « le jour me fait honte ». — Ern.

2. Par exemple dans la locution *maru micq* « raide mort »; puis extension à d'autres cas. — Ern.

« maudire ». Empr. lat. *maledīctio* (cf. *binnizien*), tandis que mbr. *milliga* = cymr. *melldigo* sort directement de *maledīcere*.

Milzin (C.), adj., délicat, difficile en fait de nourriture : pour *mlizin*, et celui-ci de *bliz-in*, dér. de même base que *bliz-ik*. — Conj.

1 Mîn, s. f., museau, corn. *meyn* > *min*, cymr. *mîn*, vir. *mén* (> gael. *mèanan* « bâillement ») : d'un celt. *mīknā* < *mēk-nā* « bouche », qu'on a rapproché de l'ag. *maw* « jabot » et de l'al. *magen* « estomac ».

2 Mîn, s. f., mine : le même influencé par le fr. *mine*, qui d'ailleurs paraît être empr. br. et avoir d'abord signifié « visage ».

3 Mîn, s. m., cap : le même, ou celt. *mīkno-* m.

Minel, s. f., fer à talon, etc. : dér. de *1 mîn*¹.

Mingl, adj., tiède (aussi *mig* V.), cymr. *mwygl*. — Étym. inc.

Minoc'h, s. m., musaraigne : dér. de *1 min*.

Miñon, s. m., ami. Empr. fr. *mignon*.

Minôten (V.), s. f., sentier : variante dialectale de *gwénóden*.

Minter, s. m., chaudronnier : paraît dér. du radical qui se dissimule sous la syllabe initiale de *mengleuz*. V. ce mot.

Mintin, s. m., matin (aussi *mitin* V.), corn. *metin*, *mettin* et *myttyn*. Empr. bas-lat. *mattīnus* < lat. *mātūtīnus*. Cf. *bendel*.

Mintrad, s. m., peu, un peu : dér. secondaire d'un type celt. inconnu, mais assez voisin du lat. *minūtus*. Cf. *munud* et le suivant.

Minvik, s. m., mie, mbr. *mynhuiguenn*, cf. corn. *minow* « menu », etc. : originairement « miette », dér. d'un celt. *min-wo-* « petit », cf. ir. *menb-* > *meanbh* « petit », lat. *min-or*, *min-u-ō* « je diminue », *min-ū-tu-s*, etc., sk. *min-ó-ti* « il diminue », got. *min-s* et al. *min-der* « moins », vsl. *mĭnijĭ* « petit », etc. Cf. aussi *moan*, peut-être *moal*, et *marbléó*.

Mirout, vb., regarder, observer, corn. *miras*. Empr. lat. *mīrārī*.

Mistr, adj. propre, coquet. Empr. fr. ancien *miste*. « joli, élégant, adroit ».

Mitouik, s. m., patelin. Empr. fr. ancien *mitouin* id. Cf. Bas-Maine *mit* « chatte » Dn, et le fr. vieilli *chatte-mite*.

1 Miz, s. m., mois, mbr. et corn. *mis*, cymr. *mis*, vir. *mí* id. : d'un celt. *mēns-* > *mīns-*, cf. sk. *mā́s* « lune » et *mā́s-a* « mois », gr. μήν et μήν-η, (lat. *mēns-i-s*), ag. *moon* et *mon-th*, al. *mond* et *mon-at*, etc.

2 Miz, s. m., frais, cf. cymr. *mwys* « panier à provisions » et corn. *moys*

---

1. C'est un fer en forme de croissant, et par conséquent de *lèore*, et aussi l'anneau qu'on passe dans le *groin* du pourceau.

« table » : donc originairement « table, frais de table », puis « dépense » en général[1]. Empr. lat. *mēnsa* « table » > lat. populaire *mēsa*.

Moal, adj., chauve, cymr. *moel*, vbr. *mail* « mutilé », vir. *máel*, ir. et gael. *maol* id. : d'un celt. **mai-lo-* sans équivalent sûr[2].

Moan, adj., mince, corn. *muin* (voc.) > *mǒn*, cymr. *main* « mince » et *mwyn* « doux », vbr. pl. *mein*, vir. *mīn* et gael. *min* « délicat » : d'un celt. **mei-no-*, dér. de rac. MEI MI « petit ». V. sous *minvik* et *mintrad*.

Moell, s. m., moyeu. Empr. fr. ancien *moiuel* id.

Moeltr, adj., humide. Empr. fr. altéré *moite*.

Moéreb, s. f., tante, mbr. *mozrep*, corn. *modereb*, cymr. *modryb* « matrone », vbr. *motrep* « tante » : d'un celt. *mātr-qā, dér. de *mātēr « mère »; cf. sk. *mātṛkā* « grand-mère » et lat. *mātertera* « tante maternelle ».

Môg, s. m., feu[3], exactement « fumée », corn. *moc*, cymr. *mwg* et vir. *múch* « fumée » (cf. le suivant et *mouga*) : d'un celt. **muko-* et **mūko-* apparenté par emprunt ou autrement à l'ag. *smoke*.

Môged, s. m., fumée : dér. du précédent.

Môgéden, s. f., vapeur, exhalaison : dér. de *môged*.

Môger, s. m., mur : pour *moager, métathèse de vbr. *macoer*, et cf. cymr. *magwyr*. Empr. lat. *mācéria* « maçonnerie ». Cf. *c'hoalen*.

Môc'h, s. m., pourceau, corn. et cymr. *moch*, vir. *mucc*, ir. et gael. *muc* id. : d'un celt. **muk-ku-*, dont la rac. paraît la même que celle de lat. *muccus* et *mūcus* « morve » *mung-ere* « moucher » (nasalisée), gr. μύξα « morve » et μυκτήρ « groin », ἀπομύσσω « je me mouche », sk. *muñc-á-ti* « il lâche » (sens général spécialisé partout ailleurs).

Môc'hik, s. m., cloporte : diminutif du précédent.

Môjen (C.), s. f., conte : dér. et corrompu de mbr. *bauche* « pièce pour rire ». Empr. fr. (argot) *se baucher* « se gausser », etc.[4] — Ern.

Mon, s. m., excrément humain. Empr. fr. ancien *moun* « jaune d'œuf » où telle autre métaphore d'argot. Cf. pourtant cymr. *monoch* « intestins ».

Moñ, adj., manchot. Empr. fr. ancien *moign* « mutilé »[5].

---

1. Procédé sémantique inverse de celui de l'allemand, dans bas-lat. *spēsa « dépense » > al. *speise*, « frais de table, repas ». — Le vocalisme br. a dû être altéré par contamination d'un mot *miz* « mensualité », identique au précédent.

2. On l'a rattaché, sans grande vraisemblance, à la base MI du suivant, soit « diminué ». Comme vbr. *mail* signifie « mutilé », on peut aussi songer au lat. *mutilus*, mais on n'aperçoit pas de lien phonétique entre le celtique et le latin.

3. Dans la phrase « ce bourg est de cent feux », etc.

4. Conservé dans le composé *se débaucher*, etc.

5. Abstrait d'un vb. lat. *mundiāre (cf. *mundus* « propre ») « nettoyer » [la viande, à la façon des bouchers, en coupant les appendices, les *moignons* inutiles].

Moñk, adj., manchot: contamination de *mañk* et *moñ*.

Moñkluz (C.), adj., nasillard: doit se rattacher au même radical que *môc'h* (soit « qui a de la morve » ou « qui grogne en parlant »).

Moneiz, s. m., monnaie. Empr. lat. *monēta* > roman *monēda*.

Moñt, vb., aller, devenir, mbr. *monet*, corn. *mones*, cymr. *myned* id. : dér. d'une rac. MEN, « aller, marcher », d'ailleurs fort peu répandue, gr. (éolien) μά-τη-μι « je marche », lit. *minti* et russe *po-mjati* « marcher »[1].

Môr, s. m., mer, corn. et cymr. *mor*, vir., ir. et gael. *muir* id. : d'un celt. *mor-i-*, à peu près identique à lat. *mar-e*, got. *mar-ei*, ag. *mere* « pièce d'eau », al. *meer* et vsl. *mor-je* « mer »[2], lit. *márės* « lagune ».

Moral, s. m., verrou. Empr. fr. ancien *moraille* « verrou de la visière du casque ».

Môred, s. m., variante déaspirée de *morc'hed*.

Moren, s. f., vapeur, surtout au pl. *morennou* « les vapeurs » (accidents nerveux) : dér. de *môr*, soit « flux et reflux, caprices ». — Conj.

Morgaden, s. f., sèche (lièvre de mer ?). V. sous *môr* et *gad*.

Morgô, s. m., collier de cheval, cf. cymr. *myngci* id. : soit donc pour *mon-go*, dont le premier terme est cymr. *mwn* « cou », et le second cymr. *caw* « lien », tous deux perdus en breton.

Morgousk, s. m., assoupissement : contamination de *mor-ed* (cf. *môred*) et de *kousk*. V. ces mots.

Morc'hed, s. m., assoupissement, mbr. *morchet* « souci », corn. *moreth* (pour *morheth*, cf. *môred*) « chagrin », et cf. ir. et gael. *murc-ach* « triste » : soit un celt. *murk-eto-* « fait de se flétrir », lat. *Murc-ia* « déesse de la paresse », *murc-idu-s* « lâche », *marc-ēre* « se flétrir »[3], lit. *mark-atnu-s* « chagrinant » (douteux); isolé par ailleurs.

Môrian, s. m., nègre : dér. d'empr. fr. *More*[4].

Môrlargez, s. m., carnaval, mbr. *marlarjez*, *meurzlargiez*, etc. : dér. de *meurs-lard* « mardi-gras » (par $d + y > j$). V. ces deux mots.

Môrlivet, adj., pâle : soit « grisâtre, verdâtre ». V. sour *môr* et *liou*, et cf. *môrlivid* s. m., « biset, chevalier » (plumage ardoisé).

1. Cf. aussi *mantra* et *trémenout*. — Les formes de la conjugaison de ce vb. qui commencent par voyelle, viennent de la rac. EI de lat. *i-re*, gr. εἶ-μι « j'irai », sk. *e-ti* « il va », etc.; pour celles qui commencent par *k*, voir sous *1 kîs*.
2. Cf. gaul. *Morini* (peuple habitant le littoral du Boulonnais actuel), *Are-morica*, etc. V. sous *ar-*.
3. *Marcidus somnō* signifie « accablé de sommeil ».
4. Les Maures ont passé au moyen âge pour le type de la race noire : cf. fr. *moricaud*, espagnol *mor-eno* « noir » et gr. moderne μαῦρος id.

Mormouz, s. m., morve du cheval: assimilé, pour *morbouz, formé sur l'empr. fr. *morve*, comme br. *babouz* sur fr. *bave*.

Mors, adj., engourdi, lent: d'un celt. * *murso-*, pour *murk-so-*, dér. probable de la même rac. que *morc'hed*. V. ce mot.

Morsé, adv., jamais (au présent), mbr. *morcé*. Empr. fr. *morsel* « morceau », employé comme *mie* pour renforcer la négation. Cf. *3 kammed*.

Morsen, s. f., mulot: dér. de *mors*[1].

Morser (V.), s. m., gourmand: dér. d'empr. fr. (*morceau*, etc.).

Moruklen, s. f., morille. Empr. fr. ou germanique[2].

Môrvran, s. f., cormoran. V. sous *môr* et *brân*.

Morzed, s. f., cuisse, cymr. *morddwyd*, corn. *mordoit* (voc.) > *mordhos* et vbr. *morduit* id.: soit un celt. *mār-yeito-*, construit sur la même base que gr. μηρ-ό-ς « cuisse », μηρ-ία « fémur ». — Très douteux.

Morzil, s. m., vent de sud-ouest, mbr. *morzuill*. V. sous *môr* et *sûla* (vent qui vient de *mer* et pourtant *brûle* les plantes).

Morzol, s. m., marteau, corn. et vbr. *morthol*, cymr. *morthwyl* et *mwrthwyl*. Empr. lat. *martéllus* > *martélus*.

Moualc'h, s. f., merle, corn. *moelh*, cymr. *mwyalch* (cf. gael. *smèor-ach* « grive »): d'un celt. *meis-alkā*, dont le radical se retrouve altéré dans le lat. *mer-ula* « merle » et intact dans l'al. *meis-e* « mésange ».

Mouar, s. m., mûre, corn. *moyar*, cymr. *mwyar*, vir. *smér*, ir. et gael. *smeur*, gael. *smiar* id.: cf. lat. *mōr-u-m* et gr. μόρ-ο-ν[3].

Mouk, s. m., coquillage à pourpre: écourté de l'empr. lat. *bucinum* id., peut-être par contamination de *fucus* « teinture ». — Conj.

Mouden, s. f., motte, mbr. *moten*. Empr. fr.

Moué, s. f., crinière, mbr. *moe*, vbr. pl. *mong-ou*, cymr. *mwng*, vir. *mong*, ir. et gael. *muing* id.: soit un celt. *mong-ā*, auquel se rattachent aussi sk. *mán-yā* « nuque », ag. *mane*, al. *mähne* « crinière »[4].

Moués, adj., humide (aussi *mouëst* V.). Empr. fr. ancien *moiste*. Cf. aussi *moeltr*, et rattacher peut-être à *2 mouez*, *mours*, etc.

---

1. S'appelle aussi *lôgôden cors* « souris lente ».
2. En tout cas, montrant encore la gutturale du vhal. *morhila* > al. *morchel*, auquel le fr. a emprunté le mot *morille*.
3. La forme primitive est difficilement restituable: le mot a dû passer par emprunts successifs et réciproques. L's initial ir. vient de contamination de *sméar-* « enduire »: *sanguineis frontem moris et tempora pingit*.
4. Cf. encore illyrien (péonien) μόν-απο-ς « bison » (ruminant à crinière): Kretschmer, *Einleit. in die Gesch. d. Gr. Spr.*, p. 249.

1 **Mouéz**, s. f., voix (aussi *mouec'h* V.), mbr. *moez*, pour *coez (le *v* pris pour une mutation douce). Empr. fr. ancien *vois*, mais emprunté vraisemblablement à une époque où la gutturale latine de *cōx* y sonnait vaguement encore; fait de chronologie indéterminable.

2 **Mouéz**, s. m., puanteur : abstrait d'empr. fr. ancien *moiseure* « moisissure » ; ou empr. fr. *moise* « caque ». — Conj.

Mouga, vb., étouffer : dér. de *mog*. V. ce mot.

Mougéô, s. m., caverne, cymr. *gogof* (< celt. **wo-kow-yo-*) : pour *gwogeo contaminé de *mouga*. V. sous **gw-* et *kéô*.

Moucha, vb., couvrir le visage. Empr. fr. ancien *se musser* « se cacher », contaminé de *mouchouer* « fichu », autre empr. fr.

Moulbenni, vb., rechigner (aussi *mouspenni*). Empr. germanique probable: cf. al. actuel *maulen* et *schmollen* « bouder »[1].

Moullek, s. m., pluvier, cf. mbr. *moullecg* « mulet » (poisson) : dér. d'empr. lat. *mullus*, mais le changement de sens est bien bizarre.

Mouña, vb., manger comme les gens qui n'ont plus de dents, remuer les lèvres sans bruit : paraît une onomatopée assez expressive; cf. pourtant fr. *marmonner* et br. *munzun* (peu clair lui-même).

Mouren, s. f., sourcil, moustache : variante de *gourrenn*[2].

Mours (V.), s. m., excrément humain : altéré pour mbr. *mous* (cf. aussi *mouzenn* V. « souillon »), cymr. *mws* « excrément », ir. *mos-ach* et gael. *mus-ach* « malpropre », qui supposent un celt. **musso-* < **mud-so-*, gr. μύσος < *μυδ-σος « souillure », μύδ-ο-ς, « humidité, moisissure », lit. *mud-a-s* « algue »(?) ; cf. aussi ag. *mud* « boue » (avec une autre dentale) et br. *moués*, car fr. *moite* relève peut-être de cette souche.

Mousc'hoarz, s. m., sourire : exactement « rire qui se dissimule », composé hybride de fr. et de br. Cf. *moucha* et *c'hoarz*.

Moustra, vb., accabler, fouler. Empr. fr. ancien *mousser* « froisser » (cf. *mousse* « émoussé »), contaminé de *mañtra*. V. ce mot.

Mouza, vb., bouder. Empr. fr. ancien et dialectal (picard) *mousse* « moue » d'origine inconnue comme *moue* lui-même.

Mûd, adj., muet, cymr. *mud*. Empr. lat. *mūtus*.

---

1. Mais la dernière partie du mot est bien obscure. — La variante *mouspenni* paraît contaminée de *mouza*. V. ce mot.

2. G et *m*, en mutation douce, devenant occasionnellement *v*, une forme de mutation douce à *v* initial procédant de *g* a pu parfois suggérer une forme faussement primitive, commençant par *m*. Cf. le Gloss. Ern. p., 428 sq.

Mudurun, s. f., gond, cf. cymr. *migwrn*[1] et ir. *mudharn*, « la cheville du pied » : dér. d'empr. lat. *mōtōrium* « servant à faire mouvoir ».

Mui, muioc'h, adv., plus (comparatif de *meû-r* comme lat. *máj-or* l'est de *mag-nu-s*), corn. *moy*, cymr. *mwy*, vbr. *mui*, vir. *máa, móa, mó*, ir. *mó*, gael. *mò* « plus grand » : d'un celt. *mây-os-*, cf. got. *máis*, ag. *more*, al. *mehr*, etc.

Munud, adj., petit, fin. Empr. lat. *minūtus*. V. sous *burzud*.

Munudik, s. m., serpolet : dér. du précédent.

Munzun, s. f., gencive sans dents. Cf. *mouña*.

Musa, vb., flâner, flairer, écornifler. Empr. fr. *muser*, mais évidemment contaminé par *muzel* dans les deux derniers sens.

Muturnia, vb., estropier : contamination de deux empr. fr., soit *mut-iler*, et *bes-tourner*, « tordre, faire biaiser », etc.

Muzel, s. f., lèvre, museau. Empr. fr. ancien *musel*.

Muzul, s. f., mesure. Empr. fr. altéré. Cf. *munud*.

N

Na, ne, ni : pour *nag* devant consonne. Cf. *hag* et *ha*.

Naka, vb., dissimuler : dér. de *nak > nag*. V. ce mot et cf. *nac'ha*.

Nadoz, s. f., aiguille, mbr. *nadoes*, cymr. *nodwydd*, vbr. *notuid*, et cf. vir. *snáthat*, ir. *snáthad*, gael. *snàthat* id. ; cf. encore got. *nē-thla*, ag. *nee-dle*, et al. *na-del*, tous dér. de rac. SNĒ, « filer, coudre ». V. sous *néza*.

Nag, ni : juxtaposition de *né* et *hag*. V. ces mots.

Nagen, s. f., querelle. — Étym. inc.[2]

Nahen (V., C.), s. f., tresse, ruban : variante dialectale de *naz-en*, d'un celt. *na-t-to-*. V. la rac. probable sous *nadoz*.

Nac'ha, vb., nier, corn. *nacha*, cymr. *nacau* : dér. de *nag*. Cf. *naka* et *nagen*, présentant les trois variétés de gutturale.

Nâm, namm, s. m., tache, vice : peut-être exactement, « défaut, chose [qui manque parce qu'elle a été] enlevée », en tant que dér. de la rac. NEM qu'on verra dans la note sous *lémel*. Cf. *német*.

---

1. Le même que *migwrn* « cartilage », mais ayant pris le sens de « cheville » par confusion avec un mot du genre du br. *mudurun*. La métaphore entre « gond » et « cheville » se conçoit d'elle-même.

2. Doit se rattacher d'une manière quelconque au radical de *naka* et *nac'ha*, par le sens « cacher, contester, nier ». Sur le rapport de ces deux mots, cf. le Gloss. Ern. p. 108.

Nann, non : sorte de redoublement de la négation ; cf. aussi lat. *nōn*, al. *nein* « pas un », fr. *nenni*, etc.

Naô, neuf, corn. et cymr. *naw*, vir. *nói n-*, gael. *naoi*, etc. : d'un celt. **nawan*, à vocalisme un peu différent de celui de l'i.-e. **newn̥*, sk. *náva*, gr. ἐννέα, lat. *novem*, got. *niun*, ag. *nine* et al. *neun*, lit. *devyni*, vsl. *deveţĭ*, ces derniers avec initiale altérée.

Naon, s. f., faim, mbr. *naffn*, cymr. *newyn*, vir. *nóine* id. : d'un celt. **nawenyā*, dont le type radical paraît se retrouver dans les langues lettiques (pruss. *nau-ti-* « besoin ») et germaniques (got. *náu-th s* et *náu-di-*, ag. *nēa-d* > ag. *need*, al. *not* id.).

Naou, s. m., pente : pour **tnaou*, devenu en mutation douce **dnaou* > **nnaou*. V. la forme primitive sous *traoñ*.

Naouac'h (V.), néanmoins : correspond au cymr. *na chwaith* « pas encore, pas plus, non davantage », etc. V. sous *gwéach* et *c'hoaz*.

Naoz, s. f., lit de rivière, canal. V. sous *2 aoz*[1].

Napléz, s. m., syphilis. Empr. fr. [*mal de*] *Naples*.

Nask, s. m., lien, vir. *nasc* et gael. *nasy*, « collier, lien », et cf. peut-être sk. *niṣká* « collier » : le tout se rattachant à la rac. du sk. *náh-ya-ti* « il lie », vir. *fo-nasc-ar* « on le lie » et *ro-ne-nasc* « je liai », peu répandue hors de ces domaines. Cf. un de ses dér. italiques sous *nés*.

Né, particule négative, cymr. *ni*, vir. *nī*, etc. : d'un celt. **ne*, **nē* ou **nei*, cf. sk. *ná*, lat. *nē*, got. *ni*, vsl. *ne* et *ni*, etc., etc. Cf. *2 am*.

Néannérez (V.), s. f., nageoire V. sous *neùi*.

Néat, adj., propre, pur. Empr. fr. diphtongué *net*.

Nébeûd, adv., peu : pourrait, à la rigueur, en br., être composé de *né* et *paot* (cf. les variantes vocaliques *kaouled* et *keùlé*, *daoust* et *deùst*, *diroestla* et *reùstla*, *pénaoz* et *neùz*, etc.); mais le cymr., qui répond par *nebawd*, ne vocalise jamais *l* devant *t*. — Étym. inc.

Nédélek, s. m., Noël, corn. *Nadelic*, cymr. *Nadolyg*, vir. *Notlaic*, ir. *Nodlog*, gael. *Nollaig*. Empr. lat. **Nātālicium*.

Nec'h, s. m., chagrin, cymr. *nych* « langueur » : exactement « suffocation », d'un celt **nekso-*, pour **pnekso-*, métathèse pour **pnesg-o-*, de même dérivation que gr. πνῖγος « suffocation » et πνίγω « j'étouffe ».

Neiz, s. m., nid, corn. *neith* (voc.) > *neid*, cymr. *nyth*, vir. *nett*, etc. : d'un

---

1. Le régulier *ann aoz* est devenu *ann naoz*, par le procédé inverse de celui de *1 aer*, *1 aoz*, etc.

celt. *nisdo-¹, dont les équivalents sont sk. *nĭḍá*, lat. *nīdus* (pour *nizdus*), ag. *nest*, al. *nest*, vsl. *gnĕzdo*, lit. *lizdas*, arménien *nist* « siège ».

Neizer, adv., hier au soir, mbr. *neyzor*, corn. *neihur* et *nehuer*, cymr. *neithiwyr*, *neithwyr* et *neithiwr* id. : soit un composé celt. *nokti-gestro-²*, dont on trouvera les deux éléments sous *nôs* et *déac'h*.

Némét, adv., excepté (aussi *nameit* V.) : exactement « enlevé », ppe passé de la rac. qu'on trouvera dans la note sous *lémel*. Cf. *nâm*.

Némeûr, adv., peu. V. sous *né* et *meûr*.

Néô, s. f., auge, mbr. *néau*, cymr. *noe*, vir. *nau* « vaisseau » : d'un celt. *nau-*, commun à presque toute la famille, sk. *naú-s* « vaisseau », gr. ναῦ-ς, lat. *nāv-i-s*, visl. *nó-r*, al. dér. *nachen* « barque », etc.

Nép, quiconque (aussi *néb*), corn. *nep* et *neb*, cymr. *neb*, vir. *nech*, ir. et gael. *neach* « quelqu'un » : soit un celt. *ne-qo-* « n'[importe] qui », composé de la négation et du radical des pronoms commençant par *p-*. V. sous **p-*, et pour la formation et le sens cf. *bennâk*.

Népréd, adv., jamais (au présent). V. sous *né* et *préd*.

Ners, s. f., force, corn. et cymr. *nerth*, vir. *nert*, ir. et gael. *neart*, gaul. **nerto-* dans divers noms propres, et n. pr. *Nertacus* > cymr. *nerthog* « fort », vbr. *nerth-i* « tu fortifieras » : soit un celt. **ner-tā* « force », dont la rac. est NER, « mâle, fort, héros », sk. *nár* et *nár-a* « homme vigoureux », gr. ἀ-νήρ, lat. *Ner-ō* n. pr. dér. d'origine sabine, ombrien accus. pl. *ner-f* « les principaux citoyens », etc.

Nerven, s. f., nerf. Empr. fr.

Nés, adj., adv., proche, près (superl. *nésa* < mbr. *nessaff*), corn. *nes* et *nessa*, cymr. *nês* et *nesaf*, vir. *nessu* et *nessam*, etc. : d'un celt. **ned-so-* et **ned-samo-*, dér. de rac. NEDH « lier »³, cf. sk. *náh-us* « voisin », osque accus. sg. *nesimum* et ombrien advb. *nesimei*. V. sous *nask*.

Nétra, rien (comme ag. *nothing*). V. sous *né* et *trâ*.

Neûd, s. m., fil, mbr. *neut*, corn. *snod*, cymr. *nod-en* et *y-snod-en*, vir. *snáthe*, ir. *snáth*, gael. *snàth* id. : d'un celt. **snā-to-*, forme fléchie ou altérée du ppe passé de la rac. de *néza*. V. ce mot.

Neûi, vb., nager (aussi *neuñvi* > *neuñi*, et *néannein* V.), mbr. *neuff*, cymr.

---

1. Qu'on analyse en **ni-sd-ó-* « [lieu] où on se repose », la rac. étant SED et le préf. sk. *ni* = gr. ἐνί = lat. *in*. V. sous *1 en* et *aséza*.
2. « Hier de nuit », formation inverse du got. *gistra-dag-is* (ag. *yesterday*) « le jour d'hier ».
3. Aucun rapport dès lors avec al. *nah* et ag. *next*.

nawf « natation », vir. *snám* id. et *snh-im* « je nage », ir. *snámhain* et gael. *snàmh* id. : soit un celt. **snā-ō*, de rac. SNÂ, sk. *snā́-ti* « il se baigne », gr. νά-ειν « couler » et νή-χ-ειν « nager », lat. *nā-re*.

Neûz, s. f., façon, forme, mbr. *neuz* (et **naoz* dans *1 aoz* et *pénaoz*, cf. *nébeut*). cymr. *naws*, ir. *nōs* et gael. *nòs* « coutume » : déviations diverses, soit d'un dér. de la rac. GNÔ « connaître » (sous *anat*), soit d'un celt. **nom-so-* à peu près identique au lat. *num-eru-s* et apparenté au gr. νόμ-ο-ς « loi » ; deux dérivés distincts ont pu se confondre.

Neûzé, adv., alors, ensuite, mbr. *neuse* id. : paraît abrégé de *enn eur se* « à cette heure » (*eur* empr. fr., et cf. *azé*, *sé*, *zé*).

Névez, adj., nouveau, cymr. *newydd*, vbr. *nouuid*, vir. *núe*, gaul. *novio-* dans *Novio-dunum*, etc. : d'un celt. **now-iŏ-*, dont les équivalents exacts sont sk. *náv-ya*, gr. (ion.) νειός (< **νεϝ-ιό-ς*), lat. n. pr. *Nov-iu-s*, got. *niu-ji-s* (ag. *new*, al. *neu*), lit. *náu-ja-s* id. ; un dér. plus simple est sk. *náv-a*, gr. νέϝ-ο-ς > νέος, lat. *nov-u-s*, vsl. *nov-ŭ* id. ; le tout issu de la rac. et particule **nu* « maintenant », allongée **nū*, sk. *nú* et *nū́*, gr. νύ « or » et νῦ-ν « maintenant », lat. amplifié *nu-m* et *nu-nc*, ags. *nū* > ag. *now*, « maintenant, or », al. *nu-n*, vsl. *ny-nĕ*, etc.

1 Néz, s. m., lentes (sg. *nèzen*), corn. *nedhan*, cymr. *nedden* (pl. *nedd*), vir. *sned*, ir *sneagh*, gael. *sneadh* id. : d'un celt. **snidā* (pour **sknidā*), cf. gr. κονίδ-ες pl., ags. *hnitu* > ag. *nit*, al. *niss*.

2 Néz, adj., variante de *nes*. V. ce mot.

Néza, vb., filer, tordre, tresser, mbr. *nezaff*, corn. *nedhe*, cymr. *nyddu*, vir. *snī-im* « je tresse », gael. *sniomh* « filer » : soit un celt. **snē-yō* « je file », dér. de rac. SNÊ, sk. *snā́-ya-ti* « il enveloppe » (douteux), *snā́-yu* « ligament », etc., vbal. *snuo-r* > al. *schnur* « cordon » ; plus répandue est la variante radicale NÊ, gr. νέ-ω et νή-θω « je file », νῆ-μα « tissu », lat. *nē-re* « filer », al. *näh-en* « coudre ». Cf. *neud* et *nadoz*.

Nézé, s. m., doloire, cf. mbr. *ezeff*[1] « besaiguë », vbr. *nedim* « hache », cymr. *nadd-u* « hacher » et *nedd-yf* « hache », vir. *snaid-i-m* « je coupe » et *snass* « coup », ir. *snaidhim* et *snoighim*, gael. *snaidh* « hacher » : soit un celt. **snad-ō* « je coupe », sans équivalent sûr ailleurs[2].

Ni, nous, corn. *ny*, cymr. et ir. *ni*, etc. : d'un celt. **nēs*, contenant le même radical que sk. *nas* (accus.), gr. νώ (duel), lat. *nōs*, vsl. *ny* (gén. *nasŭ*), etc.

1. Avec chute de l'*n* comme dans *1 aer*, etc.
2. L'al. *schneiden* est bien voisin, mais non identique.

Nikun, aucun : singulier hybride, semble contaminé de l'empr. fr. *aucun* et de l'empr. espagnol *ninguno* avec mbr. *negun* = lat. *nec ūnus*.

Nich, **nij**, s. m., vol des oiseaux (d'où *nija* « voler »), mbr. *nigal* (prononcer *nijal*), corn. *nyge* « voler » et *nygethys* « oiseau » : exactement « quitter le nid », dér. ancien du radical *nizdo-. V. sous *neiz*.

Niñv, s. m., chagrin, mbr. *niff*, vir. *snim* « détresse » : semble un dér. très ancien de rac. SNÊ qu'on trouvera sous *néza*[1].

Niver, s. m., nombre, corn. *niver* et *never*, cymr. *nifer*, vbr. *nimer*. Empr. lat. *numerus* qui a dû être altéré en *nŭmerus*.

1 Niz, s. m., neveu, mbr. *ni* « neveu » et *niz*[2] « nièce » : le msc. *ni*, corn. *noi* (voc.), cymr. *nai*, vbr. pl. *nion*, ir. *niae*, est le celt. *neōt-, pour *nepōt-, sk. *nápāt-, « fils, petit-fils », gr. νέποδ-ες « descendants », lat. *nepōs*, « petit-fils, neveu », lit. *nep-oti-s* id. ; le fm. *niz*, corn. *noith* (voc.), cymr. et vbr. *nith*, ir. *necht*, est le celt. *neptī, sk. *naptī*, lat. *neptis* « nièce », lit. *neptis*, vhal. *nift* (aujourd'hui *nichte*), etc. Cf. *kenderf*.

2 Niz, s. m., variante de *1 néz*. V. ce mot.

Niza, vb., vanner, cymr. *nith-io* id. : dér. d'un celt. *nikto- « nettoyé », qu'accusent vir. *necht* « propre », sk. *nik-tá* « lavé » et gr. ἄ-νιπ-το-ς « non lavé »; la rac. est NIGw, sk. *né-nej-mi* « je lave », gr. νίζω, vir. *do-fo-nug* id. et *nig-ther* « on lave », al. *nixe* « nymphe aquatique », etc.

1 Noaz, s. m., tort, querelle. Empr. fr. *noise*.

2 Noaz, adj., nu, corn. *noeth*, *noyth* et *noth*, cymr. *noeth*, vir. *nocht*, gael. *nochd* id. : d'un celt. *nok-to-, ppe passé à peu près identique à got. *naq-ath-s*, ag. *nak-ed* et al. *nack-t*, et dér. du même radical que sk. *nag-ná*, lat. *nogv-edo-s* > *nūdus* et vsl. *nag-ŭ*.

Nodi, vb., éclore (et *nodein* V. « mettre bas »), mbr. *nodas* « il produisit » : peut-être pour *en-odi*, avec un préf. différent de ceux de *di-oda* et *év-odi*. V. ces mots, mais cf. surtout *inodein*.

Noed, s. m., gouttière. Empr. fr. ancien *noete* f., dimin. de *noe*, « canal, chéneau, gouttière », mais avec changement de genre.

Nouen, s. m., extrême-onction, mbr. *ouenn*, d'où avec l'article *ann ouenn* > *an nouen*[3]. Empr. lat. *unguentum*[4]. Mais cf. Ernault, *R. Celt.*, XIX, p. 320.

---

1. Signifierait donc « estortillement, embarras ».
2. Remplacé aujourd'hui par un fm. pléonastique *niz-ez*. Cf. *léanez*.
3. Cf. *naoz*, etc. : phénomène inverse de celui de *1 aer*, etc.
4. Ou *unguendum* gérondif; cf. *méren*, *oféren*, *3 lenn*, *péden*, etc.

Nôz, s. f., nuit, corn. et cymr. *nos*, ir. *in-nocht* et gael. *nochd* « cette nuit »: d'un celt. **nok-ti-*, sk. *nákti*, gr. νύξ (νυκτ-ός), lat. *nox* (*noct-is*), got. *naht-s*, ags. *neaht* > ag. *night*, al. *nacht*, lit. *nak-ti-s*, vsl. *nošti*, etc.

Nozélen, s. f., glande, bouton. Empr. bas-lat. *nōdellus* « petit nœud ».

O

O, particule verbale, variante de *oc'h* devant consonne.

Oabl, s. m., ciel, mbr. *oabren* et *noabrenn* (cf. *koabr* et *naoz*), corn. *huibren* « nuage » et *ebron* « ciel », cymr. *gwybr* > *wybr* (ou plutôt l'inverse, Ern.) : soit un brittonique *oepr, qui peut répondre au lat. *aequor*, « plaine, vaste étendue » ; cf. l'expression *aequora caeli*.

Oad, s. m., âge, cymr. *oed*, mbr. et vbr. *oet* id. : d'un celt. **aiw-ito-*, dér. du radical qui se retrouve dans sk. *ǻy-us*, « vie, âge », gr. *αἰϝ-ών > αἰών « siècle », αἰεί et αἰέν « toujours », lat. *aeo-u-m*, *aetās* (< *aiv-itāt-s), corn. *huis* et *oys*, cymr. *oes* et vir. *áes* (< celt. **aiw-estu-*) « siècle », got. *áiw-s*, « temps, siècle », al. *ew-ig* « éternel », etc. — Stokes.

Oaled, s. f., foyer, corn. *oilet* (voc.) > *olas*, cymr. *aelwyd* id. : soit un celt. *āgileitā, dont la syllabe radicale paraît la même (à l'état allongé) que celle du sk. *ag·ni* « feu », lat. *ig-ni-s*, vir. *án*, lit. *ug-ni-s*, vsl. *og-njĭ*. (Ags. *āeled* « feu » serait dès lors empr. celt.)

Oan, s. m., agneau, corn. *oin* (voc.), *oan*, *on*, cymr. *oen*, vir. *úan*, ir. et gael. *uan* id. : d'un celt. **og-no-*, cf. gr. *ἀϜ-νό-ς > ἀμνός, lat. *ag-nu-s*, vsl. *jagnę*, ags. vb. *ēanian* > ag. *to yean* « agneler ».

Oaz, s. m., jalousie, zèle, cymr. *aidd* « ardeur », vir. *aed* « feu », gaul. n. pr. *Aedu-ī* (« les ardents » ?) : d'un celt. **aid-u-*, rac. AIDH « brûler » ; cf. sk. *édha* « combustible » et *aidhá* « flamme », gr. αἶθος « feu » et αἴθω « brûler », lat. *aed-ēs*[1], *aes-tu-s*, etc. — Stokes.

Ober, vb., faire : identique au mbr., corn. et cymr. *ober* « œuvre ». Empr. lat. *opera*. (Pour la conjugaison, cf. *gra* et *helluz*.)

Od, s. m., variante contractée de *aod*. V. ce mot.

Odé, s. f., brèche, mbr. *aode*, cymr. *adwy*, cf. vir. *áth* « gué ». — Étym. inc., sauf empr. possible du brittonique à l'irlandais.

Of (V.), s. m., auge, mbr. *nof*[2] « crèche » : variante de *néo*.

---

1. « Foyer », d'où « appartement, temple, maison ».
2. Chute de l'initiale comme dans *1 aer*.

Oféren, s. f., messe, mbr., corn. et cymr. *offeren*, ir. *oifrend*, gael. *aifrionn*. Empr. lat. *offerenda*, « chose à offrir, offrande ».

Oged, s. f., herse, corn. (ancien) *ocet*, cymr. *oyed*, etc. : d'un celt. *ok-etā*, identique à ags. *eg-ethe* et à vhal. *eg-ida* > al. *egge* « herse » ; cf. lat. *occa* et *occ-āre* « herser », lit. *ak-ēti* id. et *ak-ētes* « herse », tous dérivés dont on trouvera sous *ék* la racine au moins probable.

Oglen, s. f., saline. Empr. lat. *oculus* « œil » > *oclus*, d'où vient aussi le dimin. fr. *œillet* [de marais salants] ; métaphore.

Oc'h, particule : variante atone de *ouc'h*, dans la formation des gérondifs[1], et aussi dans la locution *oc'h-penn*, « de plus, en outre », exactement « en tête » ou « au bout » [de cela].

Oléou, s. f. pl., les saintes huiles[2], cymr. *olew* et vbr. *oleu* « huile ». Empr. lat. savant *oleum*, prononcé *oléum*, ou *oliva*. Cf. *éol*.

Oll, tout (cf. *holl* dont l'aspiration est illégitime), corn. *hol*, cymr. *oll*, vir. *huile* > *uile*, ir. et gael. *uile* : d'un celt. *ol-yo-*, dont la rac. ne se retrouve qu'en germanique, got. *al-l-s*, ags. *all*, al. *all*.

Or, s. m., bord, mbr. *eur-yen*, corn. *urr-ian*, « bord, limite », cymr. *or*, vbr. *or-ion* : soit un dér. d'une base celt. *ār-* pour *ōr-*, qui n'a aucun autre répondant que le lat. *ōr-a* f. « rivage ».

Orbid, s. m., grimace, minauderie : peut-être « cécité > grimace provenant de la cécité », dér. d'empr. fr. ancien *orb* « aveugle » < lat. *orbus*, « privé de, infirme ».

Orged, s. f., amourette, mbr. *orguet*. — Étym. inc.

Ormel, s. m., ormeau (coquillage) : empr. fr. *ormel* dissimilé pour *ormer = lat. *auris maris* « oreille de mer » (à cause de sa forme).

Orsel, s. m., burette, fiole. Empr. fr. ancien *orçuel* > *orseul*[3].

Ouf (V.), s. m., coin, détour, golfe. Empr. fr. *golfe* > *gwolf* > *wolf* > *wouf* > *ouf* (le dernier sens serait le primitif). — Conj.

Ouc'h, prép., variante de *ous*. V. ce mot.

Oujen (V.), s. m., entremetteur : abstrait d'empr. fr. ancien *vochier* > *vougier*, « appeler, sommer, dénoncer, assigner ». Cf. *juben*.

Ounézer, s. m., crasse de la peau : semble altéré pour *annézer* (Le Pell.) ;

---

1. Ainsi *oc'h éva* signifie « vers boire, à boire », et par conséquent « en buvant », comme en lat. *bibendō*.
2. La forme a fait prendre le mot pour un pluriel.
3. Venu de lat. *urceolus*. Le Bas-Maine a encore *orsoel* Dn.

ce dernier serait dér. d'un type privatif de même sens et de même formation que gr. ἄνιπτος « non lavé ». Cf. *2 am-* et *niza*.

Ounn, s. m., frêne (sg. *ounnen*), corn. *onnen*, cymr. *onn, on* et *onen*, ir. *uin-seann*, etc. : d'un celt. **onno-*, pour **os-no-*, identique au lat. *or-nu-s* et (à la longue radicale près) au russe *jas-enĭ* id. ; pour la syllabe radicale, cf. ag. *ash*, al. *esche*, lit. *ŭs-i-s*.

Ounner, s. f., génisse (aussi *annewer* V.), mbr. *unnoer*, cymr. *anner*, vbr. *ender-ic* « jeune taureau », vir. *ainder* « jeune fille »[1] : d'un celt. *and-ērā et *and-erā, cf. gr. ἀνθ-ηρό-ς « florissant » ou ἀθ-αρής « lascif ».

Ouz, prép., vers, contre, corn. *orth*, vbr. *gurt*, cymr. *gwrth*, vir. *frith-, fri* et *ri*, ir. *re*, gael. *ri*, « vers, contre » : d'un celt. *wr-ti, cf. lat. *versus* (pour *vort-to-s), ag. *-war-d-s* (*towards*, etc.) et al. *-wär-t-s* « dans la direction de » (*vorwärts* « en avant », etc.). V. la rac. sous *gwerzid*.

Ozac'h, s. m., mari (aussi *oac'h* T., *oec'h* V.), mbr. *ozech*, vir. *aithech* « maître de maison » : soit un celt. **otiko-*[2], pour **poti-ko-*, celui-ci dér. de l'i.-e. **poti-*, « chef, maître, époux », sk. *páti*; gr. πόσις[3], lat. *potis* « qui est à la tête de » (d'où *pot-io-r* « je dispose »), *com-pos, im-pos, possum* « je puis » < *potis sum*, etc.

P

*P-[4] : les pronoms relatifs et conjonctions, très nombreux, qui commencent par cette lettre, correspondent à ceux qui en latin commencent par *qu-* et en germanique par *hw-*. Cf. *pa, 2 pé, pep, pet, piou*, etc.

Pa, quand, puisque, mbr. *pan*, cymr. *pan*, ir. *can*, etc. ; cf. lat. *quan-dō*, sk. *ka-dá*, got. *hwan*, ag. *when*, al. *wann* « quand » et *wenn* « si » : radical celto-latin **qu-*. V. sous **p-*.

Pâb, s. m., pape, mbr. *pab*. Empr. fr.

Pabaour, s. m., chardonneret: sobriquet, cf. *pâb* et *aour*.

Pak, s. m., paquet : cf. ag. *pack*. — Étym. indécise[5].

---

1. Pour le rapport de sens, cf. lat. *juvencus* = br. *iaouank*.
2. Le br. est inexplicablement altéré: on attendrait **odec'h*.
3. Et cf. gr. δεσ-πότης « maître de maison ».
4. Ces mots sont presque les seuls à *p* initial qui soient d'origine celtique : à raison de la chute celtique du *p* et de la rareté de l'initiale indo-européenne *q*, la plupart des mots de cette partie du dictionnaire viennent d'emprunt.
5. Le radical *pak-* se retrouve identique en roman, celtique et germanique, et l'on ne peut savoir auquel de ces trois domaines il a originairement appartenu.

Pâd, s. m., durée : abstrait de *padout*, « durer, persister », cf. cymr. *peidio*, « céder, cesser ». Empr. lat. *patī* « souffrir »[1].

Padal, cependant : dér. de *pâd* < *épâd* « pendant »[2].

Paéa, vb., payer, mbr. *paeaff*. Empr. fr. *payer*.

Paéroun, s. m., parrain. Empr. lat. ecclésiastique *patrinus*, influencé par *patrŏnus* en imitation de *mātrōna*. Cf. *maérounez*.

Pafala, vb., tâtonner, cymr. *palfu* et *palfalu* id. : métathèse d'une dérivation de *palf*, contaminée sans doute d'empr. lat. *palpāre*.

1 Pâl, s. m., palet. Empr. fr. ancien *pale* ou *pal* id.

2 Pâl, s. f., pelle, bêche, corn. *pal* et cymr. *pâl* id., corn. *pal-as* et cymr. *pal-u* « fouir », vir. *to-chl-ai-m* « je fouis », etc. : soit un celt. *qal-ō* « je creuse », cf. russe *kolótĭ*, « fouir, fendre », et lat. (gaul. latinisé?) *pāla* > fr. *pelle*. Cf. Bas-Maine *pal* Dn, « pelle, vanne ».

3 Pâl, s. f., vanne d'écluse : identique au précédent.

Palaren, s. f., poêle à frire. Empr. fr. ancien *paelle d'arain* « poêle d'airain ». V. les deux termes sous *pézel* et *aren*.

Palastr, s. m., emplâtre. Empr. fr. altéré (*em*)*plastre*.

Palévars, s. m., quarteron, mbr. *parefarth*, etc. : abrégé de *pevare farz* « quatrième partie », celui-ci avec mutation forte d'après *pevar farz* « quatre parties », cf. *pévar* et *parz* (Ern.) ; ou plutôt le premier terme équivalant au cymr. *pedry*- qu'on trouvera sous *péran* (Loth).

Palf, s. m., paume de la main, mbr., cymr. et corn. *palf*. Empr. lat. *palma*. Cf. *pafala* et *ampafal*. Le br. seul a changé le genre.

Paliked, s. f., pelle à feu, mbr. *palliquet* : dér. de *pal* > *2 pâl*.

1 Palier, s. m., buffet. Empr. fr. altéré *panier*, au sens du lat. *pānārium* (endroit où l'on serre le pain). — Conj. — Cf. *paner*.

2 Palier, s. m., galerie, corridor. Empr. fr. *palier*.

Pallen, s. f., couverture, housse, cymr. *pall* « baldaquin ». Empr. lat. *palla* « robe », ou fr. ancien *palle* « dais » > fr. *poêle*.

Palouer, s. m., brosse : soit avec dissimilation un fr. *paroir* « objet destiné à parer, à nettoyer ». Empr. fr. probable, mais indécis[3].

Paltôk, s. m., surtout. Empr. fr. ancien *paltoke* > *paletot*.

---

1. Pour le changement de sens, cf. le passage inverse en fr. du sens de « durer » à celui de « endurer ». Au sens de « cesser », il signifie « admettre [cessation] ».

2. A l'instar du fr. « ce-pendant » ; ou bien, avec aspiration finale disparue, pour une locution *pa dalc'h* « quand [cela] tient > incontinent ». V. sous *pa* et *dalc'her*.

3. Cf. encore fr. ancien *palué* « souillé », *parouere* « broussaille » (?) ; ou bien « objet destiné à enlever les *pailles* » ou « les menus brins *pelucheux* ».

Paluc'ha, vb., échalasser, paisseler [le lin] : pour *pac'hula*. Empr. bas-lat. *paxillāre*, dér. de *paxillus* (> fr. *paisseau*). — Conj. Ern.

Pan, s. m., pays : n'existe pas, mais seulement la locution *peban* « d'où », où *pan* pris au sens local est le même que *pan* au sens temporel. V. sous *pa*, et cf. inversement lat. *ubi* « où > quand » [1].

Panen, adj., azyme : dér. de l'empr. lat. savant *pānis* [2], venu par la langue ecclésiastique et exclusivement appliqué au pain liturgique.

Paner, s. f., panier. Empr. fr. Cf. *1 palier*.

Panévéd, prép., sans : dér. de la liaison *pa n'efe* [*ma*], exactement « quand [cela] n'était, si ce n'était, ne fût-ce ».

Panez, s. m., panais. Empr. fr.

Pañvrek, adj., mûr : dér. d'un radical **pañor-*, qui est, soit le lat. *pōmārium* > bas-lat. **pómerio* « verger » (cf. vbr. *Pumurit* > *Pañorit* nom de lieu), soit le roman **mawr-* procédant du lat. *mātūrus*. — Conj. Ern. (la première est de beaucoup la plus probable).

Paô, s. m., patte, corn. et cymr. *paw*, « pied, sabot » : le mot le plus voisin est ag. *paw*; puis viennent provençal *pauta*, al. *pfote* et fr. *patte*; le mot est répandu, mais l'origine inconnue. Empr. bas-lat. ou germanique.

Paol, s. f., barre du gouvernail, timon : semble une simple variante de *peùl*, différenciée en forme et en genre. Cf. *nébeùd* et *neùz*.

Paot, adj., abondant, corn. *pals*, gael. *pailt* (ce dernier dénoncé par son *p* comme empr. brittonique) : soit un celt. **qal-to-*, ppe passé qu'on peut rattacher à la rac. du vir. *cl-and* > ir. et gael. *clann*, « famille, tribu, clan », vbr. *plant* « enfants », sk. *kúl-a* « race », etc. — Conj. Mcb.

Paotr, s. m., garçon, valet, mbr. *pautr*. Empr. roman ou germanique; cf. fr. ancien *pautr-aille* « valetaille » et ag. *paltr-y* « vil ».

Paouéza, vb., cesser (aussi *pöezein* V.), cymr. *powyso*, corn. *powesy*. Il est impossible de ne pas songer au lat. vulgaire *pausāre* « faire une pause », avec lequel on n'aperçoit pourtant aucun lien phonétique [3].

Paour, adj., pauvre (aussi *peùr* V.). Empr. fr. ancien *povre*.

Pap, papa, s. m., bouillie. Onomatopée enfantine (cf. ag. *pap* et al. *puppe* id.), qui remonte à un lat. vulgaire *pappa*.

---

1. Cf. les locutions du type de moyen-cymrique *py du pan-doit?* « de quel côté viens-tu ? » etc., que me signale à ce propos M. Loth.
2. Un emprunt populaire eût donné **peùn*.
3. Si l'on avait la moindre donnée qui permît de rapporter le gr. παύω « je fais cesser » à une rac. commençant par *q*, le mot brittonique pourrait remonter à l'indo-européen. Bien entendu, lat. *pausāre* est dér. d'empr. gr.

1 Pâr, s. m., observation, affût : abstrait d'une locution telle que [*être*] *paré*, « prêt à tout événement, aux aguets »; cf. *paréa* et *parédi*. Empr. fr.

2 Pâr, adj., pareil, égal, cymr. *par*. Empr. lat. *parem* (accus.).

3 Pâr, adj., mâle (d'où *parez* « femelle ») : abstrait du vb. mbr. *paraff*, « accoupler, faire la *paire* ». Empr. lat. *par* « couple ».

Park, s. m., champ, corn. et cymr. *parc*, ir. *páirc*, gael. *páirc*. Empr. fr. *parc* ou ag. *párk* « enclos », suivant la langue emprunteuse.

Pardaez, s. m., soir : écourté et altéré de *abardaez*[1].

Paréa, vb., guérir : dér. de *paré* « guéri ». Empr. fr. *paré*, « prêt, en bon état, dispos », ou comme qui dirait *ré-paré*.

Parédi, vb., cuire : dér. de *pared* « cuit », cymr. *parawd* « apprêté », corn. *parys* et *parez* id., *parusy* « préparer ». Empr. lat. *parātus*.

Parz, s. m., partie (mot vieilli), cymr. *parth*. V. sous *abarz*.

Pâs, s. m., toux, mbr. et corn. *pas*, cymr. *pás* et *pes-wch*, ir. *cas-achdach*, gael. *cas-ad* > *casd* id. : soit un celt. *qas-to-*, ppe passé de rac. QÂS « tousser », cf. sk. *kā́s* et *kās-á* « toux », *kās-a-te* « il tousse », lit. *kós-iu* « je tousse », vhal. *huos-t-an* > al. *husten* « tousser », etc.

Paska, vb., nourrir, cymr. *pesgi*. Empr. lat. *pasc-ere*.

Pastel, s. f., tranche : originairement « de pain, de pâte », etc., dér. d'empr. fr. *paste*, d'où aussi *pastez* s. m. « pâtisserie ».

Patéled, s. m., bavette : dér. d'empr. fr. ancien *pate* « chiffon »[2].

Pâz, s. m., variante de *pás*. V. ce mot.

1 Pé, ou bien, corn. *po* et *pe*, etc. : pour *be*, exactement « soit », forme de subjonctif du vb. « être ». V. sous *béza* et *bout*, et cf. fr. *soit*.

2 Pé, quel, qui, corn. *py* et *pe*, cymr. *pa* et *py*, vir. *ca-*, *co-*, etc. : d'un celt. *qo-*, sk. *ká*, gr. πο- (dans πό-θι, πό-θεν, πό-τε, etc.), lat. *qui* et *qui-s*, got. *hwa-s*, ag. *who* et al. *we-r*, lit. *ká-s*, etc. V. sous *p-*, et cf. *piou*.

Pébez, quoi (quelle sorte, chose, etc.). V. sous *2 pé* et *péz*.

Pebr, s. m., poivre. Empr. lat. *piper*.

Pék, s. m., poix (d'où *péga* « poisser »), corn. *pêk*, *peyk* et *pég*, cymr. *pyg*. Empr. lat. *pic-em* (accusatif). Cf. *kroug* et *péoc'h*.

Péd, adv., variante de *pet*. V. ce mot.

Péden, s. f., prière. Empr. lat. *petenda*. V. sous *pidi* et cf. *nouen*.

---

1. V. ce mot : le *b* a été pris pour une mutation.
2. Aujourd'hui encore *pattes* pl. a techniquement ce sens (Littré).

Péder, quatre (au fm.¹), corn. *pedar*, cymr. *pedair*, vir. *cethcoir* id. (gael. *ceithir* sans distinction) : d'un celt. **qet-esr-es*, sk. *cát-asr-as*, zd *catanrō* « quatre » (au fm.). V. sous *pévar*, *tri* et *teir*.

Pégeit, adv., combien. V. sous *2 pé* et *1 keit*.

Pégémeñt, adv., combien. V. sous *2 pé* et *kémeñt*.

Pégen, peger, adv., combien. V. sous *2 pé*, *1 ken* et *4 ker*.

Pégouls, quand, à quel moment. V. sous *2 pé* et *1 kouls*.

Pelbiz, s. m., osselet à dévider : composé de *2 pell* et *biz* ².

Pelkâs, s. m., bris de navire. V. sous *2 pell* et *3 kas* ³.

Péléac'h, adv., où : composé de *2 pé* et *léac'h*.

Péler, s. m., timon de charrue : dér. probable de *paol* ou *peũl*.

Pélestr, s. m., cuvier : pour *béol-lestr*. V. ces mots. — Conj.

Pelgeñt, s. m., messe de minuit, cymr. *pilgeint* > *pylgain* ou *plygain* « le point du jour ». Empr. bas-lat. **pulli-cantiō* « chant du coq ».

Pélia, vb., peler, plumer. Empr. fr., ou dér. de *1 pell*.

1 Pell, s. m., paille, bale⁴. Empr. lat. *palea* > **palia*.

2 Pell, adv., loin, corn. et cymr. *pell* id. : soit un celt. **qel-lo-*, dér. d'un radical **qĕl-* > **qel-* > **ql̥-*, accusée par le gr. τῆλ-ε et (éol.) πήλ-υι « loin » et le lat. (*pro-)cul*, sans autre équivalent assuré.

Pellen, s. f., balle à jouer, corn. et cymr. *pel*. Empr. lat. *pĭla*.

Pelléter, s. m., peaussier. Empr. fr. *pelletier*.

Pelloc'h, adv., désormais : comparatif de *2 pell*.

Pemdéziek, adj., quotidien. V. sous *bemdez*.

Pémô'ch, s. m., pourceau : pour *penn-môc'h*. V. ces mots.

Pemp, cinq, corn. *pymp*, cymr. *pump*, vbr. *pimp*, gaul. **pempe* dans πεμπέ-δουλα « quintefeuille », vir. *cóic*, etc. : soit donc un celt. **qenqe* = lat. *quīnque*, tous deux altérés pour i.-e. **pénqe*, sk. *páñca*, gr. πέντε, got. *fimf* (ags. *fíf* > ag. *five*, al. *fünf*), lit. *penki*, etc., etc. Cf. *pibi*.

Pempiz, s. f., quintefeuille : dér. de *pemp*. V. ce mot.

Pénaoz, adv., comment. V. sous *2 pé* et *neũz*.

Pendôk, s. m., chabot (poisson à grosse tête), mbr. *pendoc*, « têtu, nain, coquin » : écourté de *pendolok*. — Conj. Ern.

---

1. Le groupe celtique est, avec le groupe asiatique (indo-éranien), le seul qui ait conservé la flexion féminine des nombres 3 et 4.
2. Exactement « loin du doigt » : l'objet éloigne le fil des doigts afin de l'empêcher de les meurtrir.
3. Objet « rejeté au loin » ou « de loin » à la côte.
4. Aussi *pel*. Mais le sens subsidiaire, « écailles, duvet, écorce, peau », doit venir de contamination du fr. *pel* « peau ».

Pendôgi, vb., culbuter : dér. du précédent : et cf. *pendolok*¹.

Pendolok, s. m., têtard, cf. mbr. *penndolein* « étêter »², etc. : les composants sont *penn*, et l'équivalent br. du cymr. *tol-i* « écourter » lequel répond à une forme hypothétique gallo-lat. *tăliăre* (> fr. *tailler*).

Penduen, s. f., roseau à tête noire : ⎫ dér. de *penn-du*.
Penduik, s. m., mésange : ⎭ V. ces deux mots.

Pengamm, s. m., torticolis. V. sous *penn* et *2 kamm*.

Pengap, s. m., garniture du bout du fléau : exactement « tête du bout ». V. sous *penn* et *kab*, et cf. *penvestr*.

Peṅgenn, s. m., sillon, arpent, mbr. *penguen*. — Étym. inc.³

Penglaou, s. m., mésange. V. sous *penn*, *glaou* et *penduik*.

Pengoat, s. m., massue, mbr. *pengot* altéré par étymologie populaire (cf. *koat*) de *penn-scod* « tête de souche ». V. sous *penn* et *skôd*. — Ern.

Penn, s. m., tête, pièce [de bétail], corn. et cymr. *pen*, gaul. *pennos* dans Πεννο-ούινδο-ς et le nom des Alpes *Penn-ines*, vir. *cenn* < *cend*, ir. et gael. *ceann* id. : d'un celt. *qenno-*, sans équivalent sûr.

Pennaoui, vb., glaner : dér. de *penn*, employé par ellipse pour *penn-éd* « tête de blé > épi de blé »⁴ (ou les glane un à un).

Pennaska, vb., entraver. V. sous *penn* et *nask*⁵.

Peñs, s. f., fesse. Empr. fr. altéré et nasalisé⁶. Cf. *beṅdel*.

Pensac'h, s. m., abcès, tumeur, goître : soit « poche en forme de tête » ou « poche unique ». V. sous *penn*, *pennaoui* et *sac'h*.

Pensac'hen, s. f., cervelas : dér. du précédent.

Pensaouta, vb., courir çà et là⁷, extravaguer. V. sous *penn* et *saout*.

Peṅsé, s. m., bris, naufrage : pourrait se rattacher au suivant.

Peṅsel, s. m., pièce de rapiéçage : paraît dér. d'une forme nasalisée de *péz*. V. ce mot; mais cf. fr. (picard) *r'pincheu* « rapiéceur ».

Penvers, adj., opiniâtre (on dit aussi *kil-vers*) : soit « tête à l'envers » composé de *penn* et d'empr. lat. *versus* « tourné ».

---

1. Les têtards sont très frétillants et culbuteurs.
2. « Étêté », d'où « tête sans corps » : les sens se concilient.
3. On l'a rapporté au radical de *daspuñ*, soit « assemblage » (Ern.); en tout cas, l'ir. *cuing* « joug » n'a rien à voir ici, si, comme il est probable, il vient du lat. *conjungere* (Mcb).
4. On sait que le mot *penn* a couramment le sens d'« unité ».
5. « Attacher la tête d'un animal à l'un de ses pieds ».
6. L'*f* pris pour une mutation forte dans la liaison *hé feñs*.
7. A la façon d'*une seule bête* égarée du troupeau.

Penvestr, s. m., licou : substitué à *kabestr* par calembour, à cause de la synonymie de *kab* et de *penn*. V. ces trois mots.

Péoc'h, s. m., paix, mbr. *peuch*. Empr. lat. *pāx* et cf. *pok*.

Pep, chaque, tout, corn. *pup* > *pob*, cymr. *pawb*, vbr. *paup*, vir. *cách*, ir. et gael. *gach* id. : soit un celt. *qo-qe ou *qā-qe, à peu près formé comme le lat. *quis-que*, c'est-à-dire contenant, à la suite d'un pronom relatif et indéfini (cf. *p-) la particule i.-e. *qe, sk. *ca*, gr. τε, lat. *que*, etc., qui insiste sur le sens indéfini.

Pér, s. m., poire. Empr. lat. *pira*.

Pérák, pourquoi. V. sous *2 pé* et *rāk*[1].

Péran (V.), s. m., quart : syncopé par dissimilation de la forme complète que montre le cymr. *pedry-ran* id. V. sous *pévar*, *péder* et *rann*, et cf. lat. *quadri-* et *quadru-* en composition.

Pergen : adj., propre, pur; adv., expressément. — Étym. inc.

Perc'hen, s. m., propriétaire, corn. *perhen*, cymr. *perchen* et *perchenog*, et cf. *perchi* « respecter » : dér. d'empr. lat. *parc-ere* « épargner », peut-être avec influence d'un bas-lat. *percentāre* « toucher le tant pour cent », et, pour le br., de l'empr. fr. *aparchent* « il appartient ».

Pers, adj., bleu d'azur. Empr. fr. ancien *pers*.

Person, s. m., curé. Empr. fr. ancien *persone* id. [2]

Pervez, adj., avare, corn. *perfeyth* et cymr. *perffaith* « parfait ». Empr. lat. *perfectus* (parfait > bien avisé[3] > économe > avare).

Perz, s. f., part, côté. Empr. bas-lat. *partis* (de *pars*). Cf. *parz*.

Pésavad, quoi (« plaît-il? ») : analyser *pé da mád?* « quoi pour [votre] bien? = qu'y a-t-il pour votre service? » V. ces trois mots.

Pésk, s. m., poisson, corn. *pysc* et *pesc*, cymr. *pysg*. Empr. lat. *piscis*.

Pet, combien : soit un celt. *qeti- ou *qeto-, cf. zd *caiti* « combien », lat. *quot*, *quotus*, et *cottus dans *cottī-diē* « chaque jour », gr. πόστος, πόσσος, πόσος, et sk. *katithá* « le quantième ». V. sous *p-.

Pétiz, s. m., petit ver d'appât, cf. fr. (normand) *pestiche* id. Empr. bas-lat. *pasticius* « appât », dér. de *pastus* « pâture ». — Ern.

Pétoun, s. m., palourde : soit un empr. fr. dialectal *pétonque* (?), pour *pétoncle* < lat. *pectunculus* « petit peigne » (nom de ce coquillage).

---

1. Mot à mot « quoi auparavant? » C'est la traduction en langue vulgaire de la formule : *post hoc, ergo propter hoc*.
2. Bas-lat. *persona* signifie « homme de dignité ». Cf. ag. *parson*.
3. Le Dict. Le Pell. donne encore ce sens pour le breton.

Pétra, quoi. V. sous *2 pé* et *trá* (« quelle chose? »).

Peūk, s. m., bourrade, corn. et ir. *poc* « coup », gael. *puc* « pousser ». Empr. ag. ancien *pukken* > *to poke*, « frapper, pousser ».

Peūl, s. m., pieu, cymr. *pawl*. Empr. lat. *pălus*.

Peūr, quand : analyser *2 pé* et *eūr* « heure » empr. fr.

Peūr-, particule indiquant l'accomplissement *total* (*peùr-ōber* « achever », etc.) : forme atone de *pùr* au sens adverbial « purement, beaucoup, très », et ayant pris devant les verbes le sens du préf. lat. *per-* dans *per-ficere*, etc. Double empr. lat. (Sur *ù* > *eù*, cf. *leùri*, etc.)

Peūreul, s. m., palourde. Empr. bas-lat. **perolia*, avec métathèse pour le vrai mot *pelórida*, d'où vient le fr. *palourde*.

Peūrgedged, adv., nommément, surtout : analyser en *peùr-ket-kent* « très tant premier », altéré par assimilation. — Ern.

Peūri, vb., paître, mbr. *peuriff*, cymr. *pori*. Empr. bas-lat. *păburāre* (Du Cange), corrompu de *păbulāre*, qui est le vb. dér. de lat. *păbulum* « pâturage ». — Conj. à peu près désespérée.

Pévar, quatre (msc.), corn. *peswar*, cymr. *petguar* > *pedwar*, vir. *cethir*, etc. : d'un celt. **qet-war-es*, sk. *catvāras*, gr. τέσσαρες, etc., lat. *quattuor*, got. *fidwōr* (ag. *four* et al. *vier*), lit. *ketur-i*, etc. Cf. *péder*.

Péz, s. m., morceau, corn. et cymr. *peth*, gaul. **pet-ti-s*[1], vir. *cuit*, gael. *cuid* « part » : d'un celt. **qet-ti-*, dér. du radical distributif **qet-*, soit « quantième ». V. sous *pet*. — Conj. Mcb.

1 Pézel, s. f., jatte. Empr. roman **padella*, issu du lat. *patella* « écuelle » et aboutissant à fr. *paelle*. Cf. *palaren*.

2 Pézel, adj., mou, blet : paraît altéré (Ern. s. v.) de mbr. *mezel* (cf. *locr*) « lépreux > pourri > mou ». Empr. lat. *misellus* > Bas-Maine *mezel* Du.

Piaoua, vb., posséder : dér. de locutions telles que *ouz piou, da piou*, « à qui [cela appartient-il?] ». V. sous *piou*.

Piben, s. f., tube, fistule, pustule, corn. *pib* « musette », cymr. *pib* « tuyau », vbr. *pip-enn-ou* « canaux ». Empr. bas-lat. *pīpa*.

Pibi, vb., cuire, cymr. *pobi*, corn. *pobas*, cf. corn. *peber* « boulanger » : soit un britt. **pep-ō* « je cuis », pour celt. **qeq-ō* (lat. *coquō* et osque latinisé *pop-īna* « taverne »), et celui-ci altéré par assimilation (cf. *pemp*) pour i.-e. **peq-ō*, sk. *pác-a-ti* « il cuit », gr. πέπ-ων « mûr » et πέσσω « je cuis » (< **πεq-yω*), lit. *kep-ù* (métathèse) et vsl. *pek-ą*. Cf. *poaz*.

---

1. Attesté par le bas-lat. (empr. gaul.) *petia*, d'où sont issus fr. *pièce* et ital. *pezza*.

Pibit, s. f., pépie. Empr. bas-lat. *pipita* < lat. *pituīta*. Cf. *birc'houidik*.

1 Pik, s. m., pic, pique. Empr. fr.

2 Pik, s. f., pie. Empr. lat. *pīca*.

Pikol, adj., gigantesque, très grand. — Étym. inc.¹

Pikouz, adj., chassieux, cf. *pik* « taie sur l'œil ». Empr. roman probable : l'analogue se retrouve en provençal (*piquerno* « chassie »). — Ern.

Piden, s. f., membre viril, cymr. *pidyn* id. : dér. d'une souche romane **pit-* qui rappelle l'al. *spiess* « broche » et *spits* « pointu ».

Pigel, s. f., houe, pioche : dér. de *1 pik*.

Piger, s. m., ergot du seigle : id., à cause de sa forme pointue.

Pigosa, vb., cogner, becqueter : contamination évidente de *pilgosa* (cf. *pilgoz*) et de l'empr. fr. *picoter* « becqueter », cf. *1 pik*.

Picher, s. m., petit pot. Empr. fr. ancien *pichier* id., du bas-lat. *biccărium « vase à bec », cf. ag. *pitcher* et al. *becher*. Cf. *bék*.

Picholou, s. m. pl., broussailles, menu bois : exactement « [choses] menues », pl. de *pikol* au sens étymologique. — Conj.

Pil, s. m., guenille, cymr. *pilyn* « couverture », ir. *pillin* et gael. *pillean* « bât », ag. écossais *pillions* « chiffons » : dér. d'empr. lat. *pellis*². — Mcb.

Pila, vb., piler, broyer. Empr. fr. *piler*.

Pilgoz, s. m., billot : composé du suivant et d'un mot vieilli *scoss* qui a le sens de *skôd*. V. ces mots et cf. *pengoat*.

Pill, s. m., tronçon de bois, cymr. *pill*, « tronc, fût ». Empr. lat. *pīla* « colonne » (avec doublement inexplicable), d'où aussi fr. *pile*.

Pillik, s. f., poêlon, cf. cymr. *pilig* « cuve » : diminutif de l'empr. lat. *pīla* « mortier ». Cf. le précédent et *palaren*.

Pilpouz, s. m., fil ou laine d'effilochage : dissimilé pour *pil plouz* « guenille en brins ». V. ces mots. — Conj.

Piña, vb., monter : dér. de mbr. (*en*) *pign* « en suspens » (cf. *diribiñ*), lui-même abstrait d'empr. lat. *pend-ēre*³ « être suspendu ».

Piñfa, vb., orner, parer : abstrait d'empr. fr. altéré *pimpant*; cf. aussi *pipeler, pipeloter*, etc., « parer, enjoliver ».

1. V. sous *bihan* et cf. ital. *piccolo* « petit ». Si, comme l'impliquerait *picholou* infra, le mot a signifié « tout petit », il a pu passer au sens de « très grand » par une plaisanterie ou une antiphrase qui remonterait aux temps lointains où l'adjectif se plaçait à volonté avant le substantif; car c'est ainsi qu'il se construit constamment. Cf. le Gloss. Ern. p. 488.

2. M. Meillet me signale fr. dialectal *peilles* « chiffons » comme très usité dans le Haut-Berry (Chateaumeillant).

3. *Pendeō* est devenu *pendiō, d'où l'*i* et l'*n* mouillé.

Pinsin, s. m., bénitier. Empr. fr. nasalisé *piscine*.

Pint, s. m , pinson, cymr. *pingc*. Empr. ag. altéré *spink*, et cf. ag. *finch* et al. *fink*, dont le prototype germanique a aussi passé au roman, bas-lat. *pinth-io*, ital. *pincione*, fr. *pinson*.

Pinvidik, adj., riche : métathèse (sous l'influence de *pinvizic*[1]) pour **pin-dicik* = corn. *pendeuig* et cymr. *pendefig*, « prince, grand personnage », d'un celt. **genno-tam-ĭko-* « tout à fait principal », dér. de **genno-tamo-*, qui est superlatif de **genno-*[2]. V. sous *penn* et cf. *intaño*.

Piou, qui, corn. *pyw*, pour **pwi* = cymr. *pwy* = vbr. *pui* = vir. *cé* > *cia* id. : d'un celt. **qei*, qui répond au lat. *quī*. V. sous **p-*.

Pirc'hirin, s. m., pèlerin, corn. *pirgirin* (voc.) > *pryerin* « étranger », cymr. *pererin*. Empr. lat. *peregrīnus* avec métathèse.

Pismik, adj., qui fait la petite bouche, délicat, dégoûté : exactement « petite miette », sobriquet. V. sous *2 piz* et empr. lat. *mīca*.

Pistik, s. m., point de côté : semble une formation hybride mal définie; cf. fr. ancien *pis* « poitrine », et al. *stich*, « point, piqûre ».

Pistri, s. m., empoisonnement, corn. *pystyc* et *pystry* « magie », et cf. ir. *piseóg* id. : dér. d'empr. lat. *pyxis* « boîte [pharmaceutique] ».

Pitoul, adj., friand. Empr. fr. ancien *pitouls* « piteux »[3].

1 Piz, s. m., pois (aussi *péz*), corn. *pês*, cymr. *pys*. Empr. lat. *pisum*.

2 Piz, avare (aussi *pic'h* V.) : soit donc un radical **pitt-*. qui paraît être le même que celui du fr. *pet-it* d'étymologie inconnue (« petit > mesquin > chiche > avare »); apparenté peut-être à *péz* ou *bihan*.

Plâd : adj., plat; s. m., plat. Empr. fr.

Plac'h, s. f., fille, servante, cf. ir et gael. *caile* id. : soit **pal-ac'h*, qui semble empr. gr. byzantin παλλακή ou lat. *pellex* « concubine ».

Planken, s. f., planche. Empr. fr. (normand) *planque*.

Plañson, s. m., tresse, cf. mbr. *planczonenna* « natter les cheveux », dér. de *planczonenn* « plant »[4]. Empr. fr. *plançon*.

Plaouia, vb., attaquer, blesser, mbr. *plaouhyet*, « très malade », cymr.

---

1. Ce mot (*pinuik* V.) correspondrait à un cymr. **penn-veddic* « possédant en chef », composé de *penn* « tête » et *meddu* « posséder ». — Loth.
2. Comme lat. *fīni-tumu-s* « limitrophe », de *fīni-s*, etc.
3. Par la filière sémantique « compatissant — sensible — délicat — friand ». On observera que l'ital. *pietanza* « charité » a abouti de même, par une filière différente, au fr. *pitance*.
4. Par métaphore entre les nœuds d'une tresse et ceux d'une plante grimpante. — Conj. Ern.

plau « tourmenter » : dér. de cymr. *pla* « fléau », corn. *pla* « peste ». Empr. lat. *plăga* > *plăga*, « plaie, fléau ».

Plarik (V.), adv., tout doucement : pour *plan-ik*, diminutif du radical *plan-* emprunté au roman ; cf. lat. *plānus* « aplani », ag. *plain* « simple » et ital. *piano* « lentement ». — Conj. très hasardée.

Plék, s. m., pli, tendance, corn. *pleg* : abstrait de *pléga* < mbr. *plegaff* « plier », cymr. *plygu*. Empr. lat. *plicăre*.

Pléd, s. m., attention. Empr. fr. ancien *plaid* « action en justice », pris au sens de la locution *tenir plaid de* « tenir compte de ».

Pleûstra, vb., s'accoutumer, hanter : proprement « habituer [la bête de trait] au chariot ». Empr. bas-lat. *plostrăre* (dér. de lat. *plaustrum*).

Plijout, vb., plaire : formé sur un radical empr. fr. *plez-*, abstrait de *plaisir*, *plaisant* et de la conjugaison du vb. *plaire*.

Ploué, s. m., campagne, village : autrefois, et dans les noms de lieux (*Plou-*), « paroisse, communauté d'habitants », corn. *plui* > *plu* > *plew*, cymr. *plwyf* > *plwy*, vbr. *pluiu*. Empr. lat. *plēbēs*.

Ploum, s. m., plomb, corn. *plom*, cymr. *plwm*. Empr. lat. *plumbum*.

Plouz, s. m., fétu. Empr. fr. ancien *pelous* « velu ».

Plû, s. m., plume, mbr. *pluff* et *pluvenn*, corn. *pliv*, cymr. *pluf* > *plu*. Empr. lat. *plūma*.

Pluia, vb., plonger : pour *plouma*[1], qui existe aussi, et qui est dér. de *ploum* comme lat. *plumbicare* (> fr. *plonger*) de *plumbum* ; ou simplement pour *pluñia* qui serait empr. fr. *plonger*.

Plusk, s. m., cosse, pelure, cymr. pl. *plisg*, ir. *plaosg* id. : très anciennement altéré (*p* pour *b*), comme l'indiquent cymr. *blisg* et gael. *blaosg*, d'un celt. *bloi-sko-* qui paraît se rattacher au même radical que gr. φλοι-ό-ς « cosse », etc. (sous *blêô*). Cf. fr. ancien et dialectal (venu du celte?) *pluskier* « épelucher » (God.), *espelucher* id. (Hatzf.).

Plustren, s. f., signe sur la peau : soit exactement « hantise, objet qui s'attache », à rattacher à la dérivation de *pleustra*. Cf. *peür-*, etc.

Poan, s. f., peine, douleur, travail, corn. et cymr. *poen*. Empr. bas-lat. *pēna* (> fr. *peine*) < lat. *poena* « châtiment », empr. gr. ποινή.

Poaz, adj., cuit, cymr. *poeth* « chaud » : d'un celt. *qoq-to-*, sk. *pak-tá*, gr. πεπ-τό-ς, lat. *coc-tu-s*, etc., ppe passé de la rac. de *pibi*.

Pober (V.), s. m., boulanger. V. sous *poaz* et *pibi*.

---

1. Cf. *plu*. La « plume » substituée au « plomb » (les deux opposés) par une sorte d'allitération facétieuse.

Pobl, s. f., peuple, corn. *pobel* (voc.) > *pobyl*, cymr. *pobl*, vir. *popul*, gael. *pobull*. Empr. lat. *pŏpulus* > bas-lat. *poplus*, changé de genre.

Pok, s. m., baiser, cymr. *poc*, vir. *póc*, ir. *póg*, gael. *pòg* et *pàg* id. Empr. lat. très ancien *pācem*¹ (accus.). Cf. *péoc'h*, *kroug* et *kroaz*.

Pód, s. m., pot. Empr. fr. (abstrait du lat. *pōtāre*).

Poell, s. m., prudence, raison, corn. **pull* (*gor-bull-oc* « fou »), cymr. *pwyll*, vir. *ciall*, gael. *ciall* « intelligence » : d'un celt. **qei-slā*, dér. de rac. QI > QIT « comprendre », sk. *cét-a-ti* « il connaît », *cit-tá* « pensée », *ket-ŭ* « signe de reconnaissance » = got. *háid-u-s*, « manière, espèce » (ag. *-hood* et al. *-heit* devenus simples suff.), etc.

Poéz, s. m., poids, corn. *poes*, *poys* et *pôs*, cymr. *pwys*. Empr. lat. *pensum* « pesé » > lat. populaire *pēsum* « poids » (d'où aussi fr. *poi(d)s*).

Poc'han, s. m., plongeon (oiseau), plongeur. Empr. ags. *pohha* « poche » (surnom dû à la forme spécifique du bec). — Conj.

Polos, s. m., prune sauvage : pour *bolos*, qui existe aussi, cymr. *bwlas*, etc. : dér. d'empr. lat. *bulla* « boule ». Cf. *boulas*.

Ponner, adj., lourd. Empr. lat. *ponderis* (gén.) « de poids ».

Poñsin, s. m., poulet. Empr. fr. nasalisé *poussin*. Cf. *roñsé*.

Poñt, s. m., pont, corn. *pons*, cymr. *pont*. Empr. lat. *pontem*.

Poral (C.), s. m., tique : dér. du radical **podr-*². Cf. *poré*.

Porbolen, s. f., ampoule, mbr. pl. *porfolennou*, cf. mbr. *bulbuenn* « pustule », fr. *bourbillon* [d'une pustule], sk. *budbuda* « bulle », etc. : ces semi-onomatopées sont irréductibles entre elles.

Poré, s. m., maladie subite et dangereuse : exactement « infectieuse », corn. *podreth* « gangrène », cymr. *pydredd* « pourriture » dér. de *pwdr* « pourri », soit donc br. **posr-e* : le tout dér. d'empr. lat. *putris*.

Poroc'hel, s. m., pourceau, cymr. *porchell* et *parchell*. Empr. lat. *porcellus*.

1 Porz, s. m., porte, cour, corn. et cymr. *porth* id. Empr. lat. *porta*³.

2 Porz, s. m., port, corn. et cymr. *porth*. Empr. lat. *portus*.

Post, s. m., poteau, pilier, corn. et cymr. id. Empr. lat. *postis*.

Potal, s. f., serrure, entrave : se rattache, dans le dernier sens, à la souche du fr. *poteau*, dér. du lat. *postis*. Empr. fr. probable, et cf. *post*.

---

1. Venu, par le latin ecclésiastique, de l'expression *dare pācem* « donner [le baiser de] paix ». L'iro-gaélique est empr. brittonique.

2. Insecte dont la piqûre peut causer la gangrène.

3. Le second sens (espace découvert qui se trouve entre la porte charretière et la maison) se déduit sans difficulté du premier : cf. russe *dcerĭ* « porte » et *dcorŭ* « cour ».

Potéô, s. m., aiguière. Empr. fr. *pot d'eau* ou *pot d'ève*.

Pouch, s. m., poulain. Empr. fr. altéré *poul(i)che*.

Pouc'h, adj., sale, vilain : semble abstrait de quelque onomatopée récente de mépris ou de dégoût; cf. fr. *peuh!* et *pouah!*

Poulc'hen, s. f., mèche, mbr. *pourchen* id. : à rapprocher avec doute de gael. et ir. *cuilc* « roseau », d'origine obscure. — Conj. Ern.

Poull, s. m., fosse, étang, corn. *pol* « puits », cymr. *pwll* « mare », vir., ir. et gael. *poll*. Empr. ags. probable *pōl* > ag. *pool* id.

Poulout, s. m., pelote, grumeau. Empr. fr. altéré *pelote*[1].

Poultr, s. m., poussière. Empr. fr. ancien *pouldre*.

Pounner, adj., variante de *ponner*. V. ce mot et cf. le suivant.

Pour, s. m., poireau. Empr. lat. *porrum* ou fr. patois *pour*.

Pourc'ha, vb., vêtir, cf. ir. *cuilce* « toile » : paraît se rattacher vaguement à la même dérivation que *poulc'hen*. — Étym. inc.

Prâd, s. m., pré, corn. *pras*. Empr. lat. tardif *prátum*.

Pratel, s. f., tonnelle. Empr. lat. très tardif *pratellum*[2].

1 Préd, s. m., temps, heure, mbr. *pret*, corn. *prit* (voc.) > *prys*, cymr. *pryd* id. : d'un celt. *qr-it-u-* « fois », cf. sk. *sa-kŕt* « une fois » et *-kŕtv-as* pl. « fois », osque *petiro-pert* « quatre fois », lit. *kar-ta-s* et vsl. *krat-ŭ* « fois », qui se rattache à rac. QERT « couper, diviser » (sk. *kr̥nt-á-ti*, etc.).

2 Préd, s. m., repas : proprement « [heure du] repas », écourté de *préd boëd* ou autre locution par suppression du déterminant[3].

Préder, s. m., souci, occupation, cymr. *pryder* « soin », corn. *priderys* « soucieux », vbr. *pritiri* « hésitation » et *preteram* « je me soucie » : dér. de la forme primitive de *1 préd* (ce qui fait perdre le temps).

Preiz, s. m., proie, cymr. *praidd*. Empr. lat. *praeda*.

Préna, vb., acheter, corn. *prenne* et *perna*, cymr. *prynu*, vbr. *prin-it* « acheté », vir. *cren-i-m* « j'achète » (ir. et gael. *creic* id.) : soit un radical celt. *qri-nā-* « acheter », sk. *krī-ṇā-ti* « il achète », gr. πίρ-νη-μι « je trafique » et πρία-μαι « j'achète », lit. *per-k-ù* id., russe *krĭ-nu-ti*.

Prénest, s. m., fenêtre : dissimilé pour mbr. *prenestr*, lequel est altéré de mbr. *penestr* < *fenestr*. Empr. fr. *fenestre* et cf. *prenna*[4].

Prenn, s. m., bois en œuvre, corn. *pren*, cymr. *pren*, vir., ir. et gael.

---

1. L'*ou* pour *o* est régulier (cf. *mouden*, etc.) et la première voyelle s'est assimilée à la seconde (cf. *lagad*, *munud*, *butun*, etc.).
2. Cf. roman *pradello* > prov. *pradel* et fr. *préau*.
3. Cf. A. Darmesteter, *la Vie des Mots*, p. 57.
4. Le *p* pour *f* comme dans *peñs*. Puis une *fenêtre* est un objet qu'on *ferme*.

crann « arbre » : d'un celt. **qrenno-*, qui rappelle gr. κράνον et lat. *cornus* « cornouiller » (bois très dur), lit. *kér-a-s* « tronc dépouillé », etc. ; cf. aussi lat. *quer-nu-s* « de chêne ». — Rien de satisfaisant.

Prenna, vb., fermer (par une barre de bois). Cf. *prenn*.

Préñv, prév, préoñ, s. m., ver, corn. et cymr. *pryf*, vir. *cruim*, gael. *cruimh* id. : d'un celt. **qrimi-* < i.-e. **qrmi-*, sk. *kŕmi*, lit. *kirmi-s*, et cf. lat. *vermis* (< **qvermi-* ?), mais sans rapport avec ag. *worm*.

Prézek, s. m., parole, discours, sermon : abstrait de mbr. *prezec*, « prêcher, parler », cf. ir. *pritchaim*. Empr. lat. *praedicāre*.

Pri, s. m., argile, corn. *pry*, cymr. *pridd*, vir. *cré* (gén. *criad*), gael. *crè* id. : d'un celt. **qrē-ya*, sûrement apparenté à lat. *crē-ta*, « marne, craie », mais sans aucun autre équivalent connu.

Pried, s. m. f., époux, épouse, corn. *priot* (voc.) > *pries*, cymr. *priod* id. Empr. lat. *prīvātus* « qui appartient en propre à ».

Prim, adj., trop petit, avare, prompt, cf. cymr. *prin* « rare » : paraissent deux dérivations légèrement différentes, ayant eu primitivement le sens de « cher », de la rac. à voyelle longue signifiant « acheter » qu'on trouvera abrégée sous *préna*. Cf. aussi cymr. *prid* « précieux ».

Priz, s. m., prix, valeur. Empr. fr. ancien *pris*.

Prof, s. m., offrande, présent de noce (T.) : abstrait d'empr. fr. ancien *profrer* « offrir ». — Loth.

Pudask, s. m., putois : suppose un vb. perdu **puda* « puer ». Dér. d'empr. lat. *pūtēre*, et cf. le nom français.

Pucha, vb., s'accroupir : proprement « se faire petit », dér. d'un mot perdu qui est à peu près identique au cymr. *pwt* « petit ». Dér. d'empr. lat. *pŭtus* « petit » contaminé de *pūtidus* « affecté ». — Conj.

Pul, adj., abondant, mbr. *puill* id. : abstrait de mbr. *puilla* > *puła*, « se multiplier, abonder ». Empr. fr. altéré *pulluler*. — Conj.

Puñez, s. m., abcès, furoncle. Empr. fr. ancien *pugnès*, « punais, fétide ».

Puñs, s. m., puits. Empr. fr. nasalisé. Cf. *beñdel*[1].

Pûr, adj., pur, propre, corn. *pur*, « très, tout à fait » (cf. br. *peùr-*), cymr. *pur*, « pur, sincère ». Empr. lat. *pūrus*.

Pût, adj., âcre, sauvage. Empr. fr. ancien *put* id.

Puzé, s. m., chien courant : pour **buzé*, cf. cymr. *bytheuad* id. Empr. ags. *bicce* > ag. *bitch* « chienne ». — Conj.

---

1. Cymr. *pydew* est lat. *puteus* sans altération.

R

Ra, particule marquant le subjonctif; cf. cymr. *ri-* > *rhy-*, vbr. *ro-* > *ru-*, gaul. *ro-*, vir. *ro-* > *ru-*, ir. *ro* et gael. *ro* « très », particules intensives en composition et conjugaison : d'un celt. **ro* pour **pro* « avant », sk. *prá*, gr. πρό, lat. *pró-*, got. *fra-* (ag. *fore*, al. *vor*), lit. *pra-*, vsl. *pro-*, etc. Cf. *1 rak*, lequel équivaut peut-être à un adj. dér. **pro-ko-*.

*Ra-, particule verbale, tombée comme telle en désuétude, mais encore reconnaissable dans quelques dérivations, telles que *ramps*, *reṅkout*, *réverzi*, *ros*, *dirésa*, etc. : identique au précédent.

Rabin, s. m., avenue. Empr. fr. ancien *rabine* « ravin », etc.

1 Rak, prép., devant, avant, cymr. *rhag*, corn. et vbr. *rac* id. : d'un celt. **rak* pour **prak* (dér. de **pro*, cf. *ra*), qu'on peut rapprocher approximativement de sk. *prák* « en avant », gr. πρόκ-α « aussitôt », etc.

2 Rak, car : écourté de *rak ma* « parce que », où *rak* est identique au précédent. V. sous *5 ma* et, pour le sens, cf. *pérak*.

Raktal, adv., de front > aussitôt. V. sous *1 rak* et *tâl*.

Raden, s. m., fougère, mbr. *radenn*, corn. *reden*, cymr. *rhedyn*, gaul. *ratis*, ir. *raith*, ir. et gael. *raith-neach* > *raineach* id. : dér. d'un celt. **rati-*, pour **prati-*, cf. lit. *papártis*, russe *paporotĭ*, dont le radical se retrouve dans sk. *par-ṇá* « feuille », ag. *fern* et al. *farn-kraut* « fougère ».

Raé, s. m., raie (poisson). Empr. fr.

Ragéost, s. m., automne. V. sous *1 rak* « devant »[1] et *éost*.

Rambré, s. m., rêverie, radotage : contamination possible de *ambren* et *randon*. V. ces mots, mais cf. ag. *to ramble* « errer ». — Conj.

Rampa, vb., glisser, mbr. *rampaff*. Empr. fr. ramper.

Ramps, s. m., géant, cf. ir. *roimse* « perche » : paraît contenir le préf. *ro-* devant le radical de l'ir. *mess* « mesure[2] » > gael. *meas* « opinion », soit « grande taille ». V. sous **ra-*, et cf. *rems*, *màd*, *amzer*.

Ran, s. f., grenouille. Empr. lat. *rāna* > bas-lat. *rána*[3].

Raṅklez, adj., insatiable : dér. secondaire par rapport à cymr. *rhangcol* « très désireux », de *rhangc* « appétit ». — Étym. inc.

---

1. Le sens peut être pris à la lettre : au mois d'*août* on a l'automne *devant* soi.
2. La rac. bien connue MED « mesurer » (lat. *mod-iu-s* « boisseau », got. *mit-an*, ag. *to mete*, al. *mess-en*, etc.) n'a pas laissé de descendant direct en breton.
3. D'où aussi fr. *raine* (rue Chantereine) et *rainette*.

Raṅdon, s. m , rêverie, radotage. Empr. fr. ancien *à randon*, « à la hâte, au hasard », d'où aussi ag. *at random*.

Raṅjen, s. f., rêne (aussi *reṅjen*). Empr. bas-lat. **retina* (> fr. *rêne*), qui eût donné br. **reden* ou **rezen*, contaminé du vb. fr. *ranger* [à l'obéissance] ou *arranger* [le harnais]. — Conj. très hasardée.

Rann, s. m., partie, corn. *ran* > *radn*, cymr. *rhann*, vbr. pl. *rannou* « parties » et *rannam* « je partage », vir. *rann* et *rannaim*, ir. et gael. *runn*, etc. : d'un celt. **rannā*, pour **pr-annā*, dér. de la rac. PERĀ « distribuer », que supposent gr. πορ-εῖν « fournir », πέ-πρω-ται « il est assigné », et lat. *pars* (pour **par-ti-s*. cf. *par-ti-m* adv.), *por-ti-ō*, etc.

Raṅvel, s. f., seran à égrener le lin. V. sous *rimia*.

Raċ, s. m., cordage en chaîne de fer (pour attelage), mbr. *rou* et *raou*, cymr. *rhaw* « chaîne »: rappelle d'un peu loin ag. *rope* « corde ». Empr. ags. *rāp* id., altéré par une influence inconnue ?

Raoskl, s. m., canne : dér. de *raoz* au moyen d'un suff. assez rare.

Raouen, s. f., empan, mbr. *rouhenn*, cymr. *rhychwant* id.: soit un celt. **rokk-inā*, pour **rog-n-inā*, dérivation assez compliquée et diversement altérée de rac. REG qu'on trouvera sous *rén* et *reiz*[1].

Raouia, raoula, vb., enrouer, s'enrouer, cf. le ppe *raouet* « enroué » : respectivement dér. et altéré d'empr. bas-lat. *rāvus* (lat. *rāvus* id.).

Raoulin, s. m., linteau, mbr. *raulhin* id. : dissimilé pour **raourin* < **ragourrin*, soit le mot *gourin* « linteau » précédé du préf. **ra-*. — Ern.[2]

Raoz, s. m., roseau : semble, comme fr. *ros-eau*, un empr. germanique très ancien; cf. got. *rāus* « roseau » (al. *rohr* « tuyau »).

Raskl (T.), s. m., tiroir. Empr. fr. (objet qui *racle*). Cf. *araskl*.

Rastel, s. f., râteau. Empr. fr. ancien *rastel*.

Rât, s. f., pensée, dessein, cf. vir. *raith* « il remarqua », etc. : d'un celt. **rat-ā*, dont on rapproche lat. *inter-pret-*[3], got. *frath-jan* « comprendre » et *frōth-s* « sage », lit. *su-prant-ù* « je remarque », etc.

Ratouz, adj., ras, tondu: contamination de *4 râz* et *touz*. Cf. *torgammed*.

Ratoz, s. f., surtout dans *a-ratoz* « à dessein » : dér. de *rât*.

Raveṅt, s. m., sentier : soit **rar-heṅt* « chemin en cordon » (qui se tord, sinueux). V. sous *rao* et *heṅt*. — Conj. (cf. *gwénóden*).

---

1. Comme gr. ὄργυια « brasse » paraît se rattacher à ὀρέγω « tendre », et cf. fr. *toise* < lat. populaire *tēsa* ppe de *tendere*.

2. Ou contamination de **raok-hin* « limite d'avant » (cf. *1 rak* et *araok*) par **rollhin* « rouleau-limite » ?

3. « Qui sert d'*inter*médiaire pour la *compréhension* ».

Ravesken (C.), s. f., synonyme de *hañvesken* (V. ce mot) : soit donc **ra-hañv-hesk-* « stérile depuis plus d'une année ». — Ern.

1 Râz, s. m., rat. Empr. bas-lat. *rattus*.

2 Râz, s. m., chaux. Empr. lat. *rasis* « poix crue ». — Douteux.

3 Râz, s. m., détroit, courant en contre-marée : identique au suivant, au sens de « rasure, râclement des contre-courants ». — Conj. Ern.

4 Râz, adj., ras, plat, uni (aussi *râc'h* V.) : abstrait de mbr. *razaff* (*rahein* V.) = cymr. *rhath-u*, « gratter, râcler », le tout se ramenant à un celto-lat. **raz-dō* « je râcle », d'où procède aussi lat. *rādō*, sans autre équivalent sûr. V. un dér. secondaire sous *rozel*.

1 Ré, dans *ar ré* « ceux », *va ré* « les miens », etc., cf. cymr. *rhai* et *rhyw* « quelques-uns » : d'origine obscure et compliquée de contamination.

2 Ré, s. m., paire : identique au précédent[1].

3 Ré, trop : variante de *ra* pris au sens intensif. V. ce mot.

Réal, s. m., cinq sous. Empr. espagnol *real*.

Rébech, s. m., reproche, remords. Empr. fr. ancien *rebecher* « reprocher » < *rebrecher* < lat. *rubricāre* « marquer [une faute] à l'encre rouge ».

Rébet, s. m., violon. Empr. fr. ancien altéré *rebec*.

1 Réd, s. m., cours, course, flux, cymr. *rhed* « course » et *rhed-u* « courir », vir. *reth-i-m* « je cours », ir. *riothaim* et gael. *ruith* id. : d'un celt. **ret-ō* « je cours », lit. *rit-ù* « je roule », et cf. la rac. RET fléchie sous *rôd*.

2 Réd : adj., nécessaire ; s. m., nécessité ; corn. *reys* et *rês*, cymr. *rhaid* id. : d'un celt. **ra-tyo-*, qu'on peut ramener à rac. AR, « ajuster, mettre en ordre », ppe sk. *r-tá* « ordre immuable » et *r-tú* « saison », gr. ἀρ-αρ-ίσκ-ω « j'ajuste », lat. *ar-tu-s* « articulation », etc.

Réga, vb., fouir, tracer de petits sillons : dér. de mbr. et vbr. *rec* « sillon », cymr. *rhych* et vir. *-rech* id., d'un celt. **riko-*[2] et **rikko-*, qui lui-même se ramène à un i.-e. **pṛko-*, lat. *porca* « le rehaut entre deux sillons », ags. *furh* > ag. *furrow*, et al. *furche* « sillon ».

Régez, s. m., braise, corn. *regihten*, cymr. *rhysod*, vir. *richis* id. L'extrême dissemblance de ces formes ne permet pas de les ramener à l'unité.

Régi, vb., déchirer : variante probable de *réga* « sillonner ».

---

1. *Ré* est pris pour marque de pluriel, en sorte que la locution *eur ré* indique que l'objet est à la fois unité et pluralité. Au surplus, le cymr. *rhyw* est un substantif qui signifie proprement « espèce ».

2. Ou féminine, soit gaulois latinisé **rica*, d'où viennent ital. *riga* « ligne », fr. *raie* et *rigole*, etc.

Réc'h, s. f., chagrin : soit originairement « déchirement »; se ramène à *rikkā*, « sillon, déchirure ». V. sous *réga* et *régi*. — Ern.

Rei, vb., donner, mbr. *reiff*, corn. *rei* et *ry*, cymr. *rhoi*, et cf. vir. *rath* « grâce » (cymr. *rhâd*) et *é-ra* « refus » : rac. i.-e. RÊi, sk. *rá-ti* « il donne », *rā-tá* « donné », *rāi* et *rá* « richesse », lat. *rē-s* « chose ».

Reiz, s. f., ordre, loi, raison (aussi *reih* V.), mbr. *reiz* « juste », cymr. *rhaith*, vbr. *reith*, vir. *recht*, ir. et gael. *reachd* « loi » : d'un celt. *rek-tu-*, à peu près identique à lat. *rec-tu-s*, got. *raih-t-s*, ag. *righ-t* et al. *rech-t*, tous issus de rac. REG « diriger »; sk. *r̄ñj-á-ti* « il s'étend » et *rj-ú* « droit », gr. ὀ-ρέγ-ω « je tends », lat. *reg-ere*, vir. *rig-i-m*, got. *-rak-jan* et al. *reck-en* « étendre », etc., etc. Cf. encore *rén* et *raouen*.

Remm, s. m., rhumatisme. Empr. fr. ancien *reume*.

Rems, s. m., durée, cf. vir. *rémes* > ir. *reimheas*, lequel s'analyse *ré* « temps » et *mess* « mesure » (tous deux perdus en br.) : le premier est un doublet de vir. *roe* « espace », qu'on rattache à la même origine que lat. *rūs* « campagne », ag. *room* et al. *raum* « espace » (cf. ir. et gael. *raon* « champ »); on trouvera le second sous *ramps*.

Rén, s. m., conduite, mbr. *ren* « conduire », cf. vir. *ren* « empan » : soit celt. *rég-no-* « rection », dér. de rac. REG. V. sous *reiz* et *raouen*.

Reṅk, s. f., rang, ordre, cymr. *rhencg*. Empr. fr. ancien *reng*.

Reṅkout, vb., devoir : identique au cymr. *rhyng-u* « s'interposer », dér. de *rhwng* « entre »; ou bien au vb. vir. *ricc-i-m* « je manque », qu'on explique par préf. *ro-* (sous *ra-*) et rac. ENEK du sk. *ān-áṃç-a* « j'ai atteint », gr. ἐν-εγχ-εῖν, etc.[1]; ou enfin cymr. *rhangc* (sous *rañklez*).

Rendael, s. f., dispute : tiré de l'expression mbr. *ren dael* « mener dispute », et passé au fm. par analogie de *dael* tout court. — Ern.

Réô, s. m., gelée, mbr. *reau*, corn. *rew*, cymr. *rhew*, vbr. *reu*, vir. *reo*, ir. *reó*, et cf. vir. *réud*, ir. *reodh-adh*, gael. *reodh* « gelée » : soit un radical celt. *rewos-*, pour *prewos-* (?), d'une rac. PRUS, que reproduisent lat. *pru-īna* « frimas » (< *pruso-īna*), sk. *pruṣvā* « gelée blanche », ags. *frēos-an* > ag. *to freeze*, vhal. *frios-an* > al. *frier-en* « geler », etc.

Réol, s. f., règle, corn. *reol* et cymr. *rheol*. Empr. lat. *régula*.

Réor, s. m., derrière, anus, cymr. *rhefr* id., et cf. cymr. *rhef* et vir.

---

1. Pour la première hypothèse, remarquer que la locution « cela s'interpose » aboutit aisément au sens de « cela est nécessaire »; pour la seconde, comparer le fr. « il faut », qui étymologiquement veut dire « il manque ». Mais, dans l'une et dans l'autre, il reste des complications et des obscurités.

remor, « gros, gras » : soit un celt. **rem-ro-*, peut-être pour **prem-ro-* « fort », dont les équivalents sont peu sûrs. V. sous *gourem*[1].

Répui, vb., accueillir en hospitalité: dér. d'empr. fr. *repu*.

Réter, s. m., orient, ir. *air-ther* id. : altéré pour *er-der (?), d'un celt. **arei-tero-* pour **parei-tero-* « situé en avant », cf. gr. παροί-τερο-ς, forme de comparatif de la prép. primitive qui est devenue br. *ar-*[2].

Reûd, adj., raide, ferme. Empr. fr. ancien *roide*[3].

Réuein (V.), vb., variante de *raoula*. V. ce mot.

Reûn, s. m., crin, soie de porc, cymr. *rhawn*, ir. *róinne*, gael. *ròin*, « poil, crin » : soit un celt. **ràni-*, pour **râ-mni-*, et cf. sk. *ró-man* et *ló-man* « poil », mais sans lien phonétique appréciable.

Reûstla, vb., brouiller, mêler (aussi *rouestla*), cymr. *rhwystro* « empêcher », dér. de *rhwystr* « obstacle », et celui-ci de *rhwyd*. Cf. *roued*.

Reûz, s. m., malheur, mbr. *reux* « souci », cf. peut-être corn. *wryth* > *ryth* « malheureux » et *wryth* « chagrin ». Empr. ag. ancien *reuthe* « chagrin » > ag. *ruth* « pitié ». — Conj.

Reûzeûlen, s. f., butte, éminence : dér. de *ros*. V. ce mot.

Réverzi, s. f., grande marée, cymr. *rhyferthwy* « tempête », vir. *ro-bar-ti*, etc., « grande marée » : exactement « poussée en avant », préf. **ro-* et rac. BHER « porter » avec suff. V. sous **ra-*, *aber*, *kémérout*, etc. — Ern.

Révi, vb., geler : dér. de *réo* > *réô*. V. ce mot.

Revr, s. m., variante de *réor*. V. ce mot.

Réz, adv., à fleur, à niveau. Empr. fr. ancien *rez* id.

Ribin, s. f., brèche. Empr. lat. *rapīna*[4] (d'où aussi fr. *ravine*).

Ribl, s. m., bord, corn. *ryb* « à côté ». Empr. lat. *rīpa* et *rīpula*.

1 Ribla, vb., vagabonder: soit *ribla* « côtoyer », dér. de *ribl*, mais influencé sans doute dans un sens péjoratif par *2 ribla*.

2 Ribla, vb., filouter, cf. mbr. *ribler* « brigand ». Empr. fr. (populaire ou argot) *ribleur* « voleur », et cf. *ribaud*, d'origine germanique.

Ribot, s. m., baratte. Empr. fr. *ribotte* id. (Bretagne et Bas-Maine).

Riboul, s. m., pompe: cf. fr. dialectal (Bas-Berry, etc.) *rabouiller* « tripoter dans l'eau » (Balzac, *Un Ménage de Garçon*). Abstrait d'empr. fr. probable, mais peu clair et en tous cas altéré.

---

1. Stokes. Mais ailleurs il pose un celt. *rb-rā apparenté au lat. *orb-i-s*.
2. C'est en regardant l'*est* que *s'orientent* les peuples primitifs.
3. Prononcer *roued*, et pour le vocalisme comparer *reùstla*.
4. Donnant accès à une bête de proie (conj. Ern.): mais peut-être plus simplement variante de *récin* < empr. fr. *ruine*.

Ridel, s. m., crible, corn. *ridar*, cymr. *rhidyll*, vir. *rethar*, gael. *rideal*. Empr. ags. *hridder*[1] > ag. *ridil* > ag. moderne *riddle*.

Riel (C.), s. m., glace, verglas : dér. du même radical que *riou*.

Richona, vb., gazouiller, caqueter. Empr. fr. popul. *richonner* « rire » ; cf. fr. ancien *rinchon* « sifflement du vent », fr. *ricaner, rechigner*, br. *riñchana* « beugler », et autres semi-onomatopées. — Ern.

Rimia, vb., frotter, râcler (aussi *riñoia*, etc., et cf. *rañoel*). Empr. fr. ancien *riffer*, « griffer, gratter, râcler ». — Ern.

Riñkin, s. m., ris moqueur. Empr. fr. *rican-er*, et cf. *richona*.

Riñchana, vb., meugler. Onomatopée, et cf. *richona*.

Riñsa, vb., rincer, fourbir. Empr. fr. (d'origine germanique).

Riot, s. m., querelle. Empr. fr. ancien *riote* (d'où ag. *riot*).

Riou, s. m., froid : soit un radical **rinc-*, empr. ags. *hrīm* « gelée » > ag. *rime*, et contaminé de *réô* ; ou dialectal pour **rew* > *réô*.

Riska, riskla, vb., glisser : soit un celt. **rit-skō* « je glisse », que reproduit à peu près exactement l'al. *rut-schen* « glisser », mais auquel on ne connaît non plus qu'à *rutschen* d'autre équivalent. Cf. *ruza*.

Riva, vb., refroidir : dér. de *riou*. V. ce mot.

Rizen, s. f., cordon, corniche (aussi *rézen*). Empr. fr. *frise*, contaminé de br. *réz* « de niveau avec ». V. ce mot. — Conj.

Rô (V.), s. m., don, vœu : base du vb. *rei*. V. ce mot.

Rok, adj., brusque, arrogant. Empr. fr. *rogue*.

Rokéden, s. f., veste. Empr. normand *roquet* = fr. *rochet*. Cf. *roched*.

Rôd, s. f., roue, corn. *ros*, cymr. *rhod*, vir., ir. et gael. *roth* id.: d'un celt. **rot-o-* et **rot-ā*, cf. gaul. latinisé *petor-ritum* « char à quatre roues », sk. *rath-a* « char », lat. *rot-a*, al. *rad* et lit. *rãt-a-s* « roue ». V. la rac. sous *1 réd*. (Ou tout simplement empr. lat. ?)

Rodella, vb., rouler, enrouler : dér. d'empr. lat. vulgaire *rotellus* « rouleau », et cf. *rodel* « boucle » < lat. *rotella* > fr. *rouelle*.

Roéñv, roév, s. f., rame, mbr. *roeff*, corn. *ruif*, cymr. *rhwyf* (cf. vir. *rām* qui est authentiquement celtique). Empr. lat. *rēmus*.

1 Rog, s. m., déchirure, accroc : abstrait de *régi*[2].

2 Rog, s. f., rogue. Empr. fr. d'origine germanique.

Roched, s. f., chemise d'homme. Empr. fr. *rochet* d'origine germ. (al. *rock*).

---

1. Dér. de la rac. qu'on trouvera sous *karsa, krouer*, etc.
2. D'après le rapport de *skei* à *skô*, de *rei* à *rô*, etc. V. ces mots.

Roc'h, s. f., rocher, cf. fr. *roc* et *roche*. — Étym. inc. [1].

Roc'ha, vb., ronfler, râler, cf. cymr. *rhoch* « grognement », gael. *ròc* « voix rauque » : contamination, sous la forme *rocc-āre, des empr. lat. *roncāre*, « grogner, ronfler », et *raucāre* « émettre un son rauque » ; cf. ag. *rook* « freux ». V. aussi *raouia*, *roṅkel* et *roṅken*.

Roll, s. m., rôle, rouleau. Empr. fr. ancien *rolle*.

Rollec'h, s. m., ornière (*rod-lec'h*). V. sous *rôd* et *léac'h* [2].

Roṅkel, s. f., râle (aussi *roc'hken* V.). Cf. *roc'ha*.

Roṅken, s. f., glaire (qui enroue). V. sous *roc'ha*.

Roṅsé, s. m., cheval, mbr. *roncet* et *roncin*. Empr. fr. nasalisé *roussin*, et cf. en fr. même (Bas-Maine) *rōsē* Dn. V. sous *beṅdel*.

Ros, s. m., tertre, cymr. *rhos* « plateau nu », vir. *ross*, « promontoire, bois », ir. et gael. *ros* « promontoire » : d'un celt. **rosto-*, pour **pro-st-o-*, « qui se tient en avant, qui prédomine » (cf. sk. *prastha* « plateau »), composé de préf. **pro-* et rac. STÂ. V. sous **ra-* et *saō*.

Rôst, s. m., rôti. Empr. fr. ancien *rost* (d'où aussi ag. *roast*).

Rouanez, s. f., reine, pervenche, clématite (sobriquet) : fm. refait sur une base **rouan-*, soit celt. *rēg-enā (mais la concordance vocalique est en défaut), à peu près identique au lat. *rēg-īna* fm. de *rēx*. V. sous *roué*.

Rouaṅv (V.), s. f., variante dialectale de *roéṅv*.

Rouden, s. f., raie, marque : contamination d'un dér. de *rôd*, soit « ornière », avec l'empr. fr. *route* au sens de « trace, sentier ».

Roué, s. m., roi, mbr. *roe*, corn. *ruy* et *ruif*, cymr. *rhwyf*, gaul. *-rix* et *-rēx* à la fin de beaucoup de noms propres : soit un celt. **rēg-* > **rīg-*, sk. *ráj* et *ráj-an* « roi », lat. *rēx*, vir. *rí* (gén. *ríg*), got. *reik-s* « chef » (empr. celt.), d'une forme allongée de la rac. qu'on trouvera sous *reiz*.

Roued, s. f., filet, corn. *ros*, cymr. *rhwyd*, vbr. pl. *roit-ou*. Empr. lat. *rētia* « filets », pl. nt. pris pour un fm. sg.

Rouez, adj., clair, rare, cymr. *rhwydd*, vbr. *ruid*, « vide, libre », vir. *réid*, ir. et gael. *réidh* « uni » : proprement « chevauchable, carrossable », d'un celt. **reid-i-*. cf. got. *ga-ráid-s* « bien disposé », ag. *read-y* et al. *be-reit* « prêt » ; tous issus de rac. REIDH, cf. ag. *to ride* et al. *reiten*

---

1. Ag. *rock* est sûrement empr. fr. *roc*, et ir.-gael. *roc* peut fort bien être empr. ag. *rock*. Dans ces conditions, il est impossible de savoir si le roman *rocca* vient du celtique, ou si br. *roc'h*, malgré son *c'h*, est empr. fr. *roc*.

2. « Place de la roue ». Mais néanmoins contamination évidente de *rolla* « rouler ».

« chevaucher », vir. *riad-ai-m* « je me fais voiturer », gaul. latinisé *rēda* « char »; exclusivement celto-germanique. — Uhlenbeck.

Roufen, s. f., ride, froncis. Empr. ag. *ruff* « froncis ».

Rouñ, s. m., gale. Empr. fr. *rogne*.

Rousin, s. m., résine. Empr. fr. altéré, ou ag. *rosin*.

Roz, s. m., rose. Empr. fr. *rose* ou lat. *rosa*.

Rozel, s. f., instrument à étendre et aplatir (*raser*) la pâte: soit un bas-lat. **rāsella*, de lat. *rādere*. Cf. 4 *rāz*, qui est celtique.

Rufla, vb., humer, renifler. Empr. fr. populaire *r'nifler*.

Rujôden, s. f., rouge-gorge: pour *rūz-jôd-en*. V. ces mots.

Ruļa, vb., rouler, mbr. *ruilhal*, etc. Empr. roman **rodulyāre* > **roüllar*, dér. de lat. *rotulus* ou **rotillus*, etc.[1] Ou simplement fr. *rouller*.

Rumm, s. m., nombre, espèce, génération, mbr. *rum* « bande ». Il importe de bien préciser la relation de ce mot avec ses quasi-homophones ou quasi-synonymes. On distinguera : 1° br. *ru-m*, qui peut procéder d'un celt. **roi-mo-* et dont le seul répondant à ce degré vocalique est corn. *ru-th* « foule »; 2° le cymr. *rhi-f* « nombre » et *cyf-rif* « calcul », qui ramène à un type de même rac., soit **rī-mo-*, que reproduit ags. *rīm* « nombre » et al. *reim* « cadence », cf. gr. ἀ-ριθ-μό-ς à rac. réduite (mais avec une épenthèse inexplicable); 3° enfin, sans rapport avec ceux-ci, vbr. pl. *ruimmein* et cymr. *rhwym* « lien », dont on ne sait que penser, mais qu'en tout cas il faut séparer de **rig-men-*, dér. nt. d'une rac. RIG « lier », cf. vir. *ad-riug* et *con-riug* « je lie », lat. (peut-être empr. gaul.) *cor-rig-ia* « courroie », en sorte qu'il n'y a qu'homonymie superficielle entre cymr. *cyfrif* et br. *kéfré*. V. ce dernier mot[2].

Rûn, s. m., colline, mbr. *reûn* id. : soit un celt. **roino-*, perdu ailleurs qu'en br.; cf. al. *rain* « éminence », d'où fr. ancien *rain*.

Rusk, ruskl, s. m., écorce, corn. *rusc*, cymr. *rhisg*, vir. *rúsc*, ir. *rusc*, gael. *rùsg*, gaul. romanisé **rūsca* id.[3] : le mot paraît celtique, mais emprunté au rameau irlandais par le corno-breton, qui autrement aurait l'*i* cymrique; on ne lui connaît nulle part d'équivalent.

Rusken, s. f., ruche (faite d'écorce) : dér. de *rusk*.

---

1. On voit que les congénères du fr. *rouler* datent en br. d'époques fort différentes: l'ordre chronologique de formation ou d'emprunt est *rôd — rodel — ruļa — roll*.

2. Il est possible qu'il se soit produit, entre la plupart de ces mots, des contaminations très anciennes et par conséquent indéterminables.

3. Qui semble attesté par l'ital. (dialectal) *rusca* et le provençal *rusco* « écorce », le fr. *rusche* « ruche ». V. le suivant.

Rusia, vb., rougir (aussi *ruia* T., C., *ruein* V.). Cf. *rûz*.

Rust, adj., rude, brutal. Empr. fr. *rustre*.

Rustériou, s. f. pl., hémorrhoïdes : altéré, par l'influence de *rûz*, pour mbr. *rudher*, qui paraît se rattacher, comme gael. *ruith-* « flux » (?), à la rac. « courir > couler » qu'on trouvera sous *1 réd*. — Ern.

Rûz, adj., rouge, corn. *rudh*, cymr. *rhùdd*, vir. *rùad*, ir. et gael. *ruadh* id. : d'un celt. *roud-o-, dér. de rac. RUDH, sk. *loh-á*, *róh-ita* et *rudh-irá*, « rouge, sang », gr. ἔ-ρευθ-ος « rougeur » et ἐ-ρυθ-ρό-ς « rouge », lat. *rūf-u-s* (empr. d'autres dialectes italiques) et *rub-er*, got. *ráuth-s*, ags. *rēad* > ag. *red*, vhal. *rōt* > al. *rot*, lit. *raud-à* « rougeur », etc.

Ruza, vb., glisser, se glisser, ramper, cf. mbr. *rusaff* « tromper ». Empr. fr. ancien *reüser* > *ruser*[1] « faire des détours pour tromper la meute » (de la bête de chasse qui rentre en cachette au gîte). — Ern.

Ruzel, s. f., rougeole : dér. de *rûz*.

Ruziéruz, s. m., liseron : dér. probable de *ruza*.

S

Sabr (T.), s. m., sève. Empr. ags. *saep* > ag. *sap* « sève »[2].

Sadorn, s. m., samedi. Empr. lat. *Sātúrni* (*diēs*).

Saé, s. f., habit, robe, cymr. *sae*, vir. *sái* « tunique ». Empr. bas-lat. *saia* (> fr. ancien *saie* et dim. *sayon*), pour *saga, cf. gaul. σάγος « blouse militaire », gaul. latinisé *sagum* et *sagulum*.

Saez, s. f., flèche, corn. *seth*, cymr. *saeth*, vir. *saiget*, ir. et gael. *saighead*. Empr. lat. *sagitta* (> fr. ancien *saete*, savant *sagette*).

Saézen, s. f., rayon : dér. de *saez* (métaphore).

Safar, s. m., bruit, clameur, mbr. *saffar*. Empr. roman probable (provençal *chafaret*, etc.[3]), mais d'origine inconnue (onomatopée).

Safron, s. m., bourdonnement : soit « nasillement », composé de *fron* et d'un élément préfixal inconnu. Cf. *sardonen*.

Safronen, s. f., bourdon, escarbot : dér. de *safron*.

---

1. Peu probable, si ce mot est contenu dans *keùruz*, qui est un composé de type ancien. Serait-ce un celt. primitif *roud-ō « je glisse », recélant à l'état fléchi la rac. inconnue qui se cache aussi dans l'al. *rutschen*? Cf. *riskla*.

2. Le mot est altéré comme *sapr* pour *sap*.

3. Le prov. a aussi *safret*, « frétillant, lascif, égrillard » (Mistral); mais il n'y a aucun fond à faire sur ces homophonies. Cf. plutôt fr. *ef-faré*.

Sacha, vb., tirer. Empr. fr. (normand, picard) *saquer* ou espagnol *sacar* « tirer », contaminé d'empr. fr. ancien *sachier* « ensacher ».

1 Sac'h, s. m., sac, corn. et cymr. *sach*, vir. *sacc*. Empr. lat. *saccus*.

2 Sac'h, adj., stagnant : soit un celt. **stakko-*, pour **stag-nó-*, identique à lat. *stag-nu-m* dont l'étymologie est assez obscure. Cf. *ster*.

Sâl, s. m., manoir, salon. Empr. fr. *salle*[1].

1 Sâl, s. m., bond : abstrait de mbr. *saillaff* « sauter ». Empr. fr. ancien *saillir* (conservé dans *tressaillir* et *assaillir*) < lat. *salīre*.

2 Sâl, s. f., seau (aussi *sel* V.), mbr. *sailh* et *seilh*. Empr. fr. *seille* id., du lat. *situla*, dont relèvent aussi fr. *seau*, ital. *secchia*, etc.

Sall, adj., salé : abstrait de mbr. *sallaff*. Empr. fr *saler*.

Salokrâs, terme de politesse : décomposer en **salv ho gras* « sauf votre grâce », où le terme du milieu seul est breton.

Samm, s. m., charge, corn. *sam* (douteux). Empr. bas-lat. **samma* pour *sagma* (empr. gr. σάγμα), d'où aussi fr. [bête de] *somme*.

Sammédein (V.), vb., soupeser : dér. du précédent.

San, s. f., aqueduc, canal : abstrait de mbr. *sanell* « rigole ». Empr. fr. ancien *chaignel* > fr. *chéneau*. — Conj. Ern.

Sanab, s. m., morelle. Empr. lat. *sinapi* « moutarde ».

Sanal, s. f., grenier, fenil. Empr. fr. altéré *arsenal*[2].

Sañka, vb., enfoncer, planter, imprimer, cymr. *sangu* et *sengi* « fouler ». Empr. ags. *sencan* « enfoncer », causatif de *sincan*[3].

Sañtol (V.), s. m., encan : la seconde syllabe paraît être *taol* « coup »[4] ; le premier élément est inconnu, cf. *safron* et *sardonen*.

Saô, s. m., élévation, montée, lever, mbr. *saff* (cf. *saven* et *sével*), etc. : soit une base celt. **sta-m-*[5], sk. *sthå-man* « place où on se tient debout », gr. infinitif στή-μεν-αι « se tenir », στή-μων et lat. *stā-men* « chaîne de tissu », got. *stō-ma* « matière », lit. *sto-mû* « stature » ; tous issus de rac. STĀ « se tenir debout », sk. *ti-șth-a-ti*, *sthi-tá*, *sthā-tár*, etc., gr. ΐ-στη-μι « je place », ἔ-στη-κε « il se tient », στα-τό-ς, etc., lat. *stār-e*, *sta-tu-s*,

---

1. Le sens « manoir » n'a dû appartenir d'abord qu'au pl. *salou*, puis a passé par abus au singulier.
2. Où *ar* a été pris pour l'article breton. De plus l'emprunt procède sans doute d'une corruption populaire *arsenaille* s. f.
3. Devenu ag. *to sink*. Cf. al. *sinken* « s'enfoncer » et *senken* « enfoncer ».
4. Vente *au coup* de marteau ou autre instrument.
5. L'absence totale de nasale dans toutes les formes bretonnes ramènerait plutôt à un type **stab*, cf. sk. *stabh-ná-ti* « il étaie » ; mais celui-ci n'est après tout qu'une amplification ou une contamination de la rac. ci-dessus (sk. *skabh-ná-ti* id.).

si-st-ere, etc., vir. *táu* et *tó* « je suis », etc., got. *st-and-an*, ag. *to stand* et al. *stehen*, lit. *stó-ju* « je marche », vsl. *sta-jq* « je m'arrête » et *sto-jq* « je me tiens debout », etc. Cf. *arsaò, gwestad, ros*, etc.

Saônen, s. f., vallée. — Étym. inc.

Saotr, s. m., ordure, vbr. pl. *saltr-ocion* « vicieuses » : abstrait d'un bas-lat. *exalter-atus*, « gâté, corrompu, souillé »[1]. — Conj.

Saoud, s. m. f., gros bétail, vaches. Empr. bas-lat. *solidus* > bas-lat. *soldum*[2] (monnaie), par répercussion du rapport de *pecūnia* à *pecu*.

Saouzan, s. f., surprise, tromperie, corn. *sawtheny* « tromper », vbr. *soudan* « stupeur » : dér. d'un empr. bas-lat. **subidānus* « soudain » < lat. **subitānus*, dér. de l'adv. *subitō*.

Saoz, adj., s. m., Anglais, mbr. *Saus*, corn. *Sows*, cymr. *Sais*, etc. Empr. bas-lat. *Saxo* (pl. celt. **Sax-ŏn-es*), qui est un ethnique germanique.

Sap, sapr, s. m., sapin : d'un gaul. latinisé **sap-u-s*, attesté par bas-lat. *sapinus* > fr. *sapin*, etc. ; la forme celt. se ramène à **soq-o-* « résine », gr. ὀπ-ό-ς et vsl. *sok-ŭ* « suc », lit. *sak-aì* « résine », etc. ; cf. corn. *sib-uit* « sapin », et cymr. *syb-wydd-en* « pin »[3]. Cf. *sabr*.

Saragérez, s. f., bardane : paraît, comme *sérégen*, se rattacher à une forme sans *t* du radical de *staga*. V. ces deux mots[4].

Sardonen, s. f., frelon : pour **sa-dron-*(vbr. pl. *satron*), dont le second élément paraît l'équivalent de l'ag. *drone* id. et se retrouve ailleurs encore qu'en germanique; le premier est un préfixe inconnu[5].

Savellek (V.), s. m., râle de genêt, cf. cymr. *sefylliog* « ce qui tient debout »[6] (aussi « flâneur, errant »). V. sous *saò* et *sével*. — Ern.

Saven, s. f., terrasse : dér. de *sad*. V. ce mot.

Skabel, s. f., escabelle. Empr. fr. Cf. *skaoñ* et *eskammed*.

Skaf, s. m., esquif. Empr. lat. *scapha* et *scaphium*.

Skalf, s. m , fente : abstrait de *skalfa* « se fendre », qui pourrait être une métathèse avec corruption de l'al. *spalten* « fendre ».

Skañ, skañv. adj., léger, agile, mbr. *scaff*, corn. *scaf*, cymr. *ysgafn*, vbr.

---

1. Le cymr. *salder* « pauvreté » n'est homophone qu'en apparence : il dérive de *sal* « souffreteux », dont au surplus l'origine m'est inconnue.
2. D'où ital. *soldo* et fr. **sold* > *sol* > *sou*.
3. Pour le second terme de ces composés, voir *gwèzen*.
4. L'insertion de l'*r* peut provenir d'une contamination du fr. *grateron*, ou mieux du br. *skraba, skrapa*, etc.
5. Conj. Ern. — Cf. *safron* et *santol*.
6. Parce qu'il vole avec les pieds en position verticale. Ou le second sens?

scamn-hegint « ils allègent », vir. *scaman* « léger » : d'un celt. **skam-no-* auquel on ne connaît nulle part d'équivalent sûr ; mais cf. *skévent*.

Skanbenn, adj., étourdi. V. sous *skan* et *penn*.

Skandala, vb., gronder : dér. d'empr. fr. *scandale*.

Skant, s. m., écaille, vbr. *-scant-*, isolé : soit un celt. **skant-o-*, pour i.-e. **sknt-o-*, dont la rac. est la même que celle de l'al. *schind-en* « écorcher », également isolé ; cf. pourtant visl. *skinn*, ags. *scinn* > ag. *skin* « peau ».

Skaô, s. m., sureau, mbr. *scau*, corn. *scawen*, cymr. *ysgaw*, gaul. latinisé *scobis* ou *scobiēs* id. : celtique, sans équivalent connu.

Skaoñ, s. m., banc, mbr. *scaffn*. Empr. lat. *scamnum*.

Skaota, vb., échauder, brûler, détremper, chauffer. Empr. bas-lat. *ex-cald-āre* > fr. *échauder*. V. aussi *kaot*.

Skaouarc'h, s. m., fenouil marin : peut se rattacher à *skaô*.

Skara, vb., marcher à grandes enjambées (en se fendant), d'où *skarinek* « qui a de grandes jambes » : dér. de *skarr*. V. ce mot.

Skarn, adj., maigre, sec, décharné : abstrait d'un mot *skarn-et, qui correspondrait à un bas-lat. *ex-carn-ātus id. Empr. lat.

Skarnil, s. m., sécheresse, gerçure : dér. du précédent.

Skarr, s. m., fente, fêlure, crevasse : soit un celt. **skar-so-*, qui se rattache à la même racine que *skarza*. Cf. *skara* et rapprocher *diwesker*.

Skarz, adj., nettoyé, net, mince : abstrait du suivant.

Skarza, vb., curer, diminuer, cymr. *ysgarthu* et *dy-sgarth-u* « nettoyer », vbr. *iscarth-ol-ion* « balayures », vir. *diu-scart-ai-m* « j'écarte », ir. *sgardaim* « je déverse », gael. *sgàird* « diarrhée » et cf. cymr. *ysgarth* « excrément » : d'un celt. *skar-tō « je sépare », dér. d'une rac. SKER, dont les formes plus simples sont cymr. *ysgar* « séparer », vir. *scar-ai-m* « je sépare », sk. *apa-skar-a* « excrément », ags. *scer-an* > ag. *to shear* et al. *scher-en* « tondre », lit. *skir-ti* « séparer ». Cf. le doublet *karza*.

Skéd, s. m., éclat, lustre, vir. *scoth*, ir. et gael. *sgoth*, « fleur, éclat » ; cf. lat. *scat-ēre*, « jaillir, éclater » et lit. *skat-au* « je sautai ». — Étym. inc.

Skei, vb., frapper, mbr. *squey*. — Étym. inc.[1] — Cf. *skô*.

Skéja, vb., tailler, couper, mbr. *squegaff*, cymr. *ysgi* « coupure » et *ysgien* « sabre », vir. *sclan*, ir. et gael. *sgian* « couteau » : soit un celt. *skē-ō* « je coupe », rac. SKHĀ, sk. *ch-ya-ti* « il coupe », gr. σχάω et σχάζω « je dépèce ». Tous autres rapprochements sont arbitraires.

---

1. Le radical étant *skô*, et le sens « échouer » existant pour *squôein*, M. Ernault songe à un rapport avec fr. *eschouer*, dont l'origine est également inconnue.

Skeltren, s. f., éclat de bois fendu, trique: se rattache à une forme d'une des racines qu'on trouvera sous *faouta*. Cf. *skirien*.

Skeûd, s. m., ombre, apparence, corn. *scod*, cymr. *ysgod*, vir. *scáth*, ir. *sgáth*, gael. *sgàth* id.: d'un celt. **skāt-o-*, que reproduisent, à des degrés divers, gr. σκότ-ο-ς « obscurité » (cf. gr. σκιά et sk. *chāyā* « ombre »), got. *skad-u-s*, ag. *shade* et *shad-ow*, al. *schatt-en* « ombre ». Cf. *gwasked*.

Skeûl, s. f., échelle, cymr. *ysgol*. Empr. lat. *scāla* > fr. *eschelle*.

Skéveñt, s. m., poumon, corn. *skephans* et *scevens*, cymr. *ysgyfaint*, ir. *scaman* > *sgamhán*, gael. *sgamhan*, « foie, poumon »[1] : dér. de la forme qui est devenue en br. *skañ*. V. ce mot.

Skiant, s. f., science, intelligence, corn. *sceans*. Empr. lat. *scientia* (très ancien, vu la prononciation purement gutturale du *c*).

Skiber (C.), s. m., hangar, cf. cymr. *ysgubor* « grange » qui se rattache à br. *skuba*: dér. d'un empr. ags. *scyf-en*, de même famille que ags. *sceoppa* > ag. *shop* > fr. *échoppe*.

Skidi, vb., défricher (enlever des souches) : dér. de *skôd*.

Skilf, s. m., griffe, défense, mbr. pl. *squilf-ou*, par métathèse de *squifl-eu*; cf. cymr. *ysgwfl* « prise » et *ysgyfl-u* « saisir », sans équivalent précis[2], et même le vocalisme ne concorde pas. V. aussi *skoul*.

Skiliô, s. m., hièble : soit *skaô* + *ècl* (ce dernier empr. lat. *eb'lum* « hièble », et cf. ces deux mots), ultérieurement contaminé de *iliô* « lierre », le tout avec violente contraction; ou simplement syncopé de **skil-iliô*[3] (Loth).

Skiltr, adj., éclatant, sonore : dér. d'un radical **skilt-*, peut-être pour **sklit-*, qui rappelle le fr. *esclat-er*, également d'origine peu claire.

Skin, s. m., rayon de roue, etc. Empr. germanique **skinu* « aiguille », d'où aussi al. *schien-bein* « tibia » (os allongé) et fr. *eschine*.

Skiña, vb., éparpiller, mbr. *squignet* « épars », cf. aussi *stigna* « étendre » (> *stéña*, sous *stéñ*) : contamination d'empr. lat. *extendere* « étendre » et *scindere* « diviser ». — Conj. Ern.

Skirien, s. f., attelle, gourdin, vbr. *scirenn* : dér. probable de la rac. qu'on trouvera sous *skarza* au sens de « fendre ». Cf. *skeltren*.

Sklas, s. m., glace légère, verglas, mbr. *sclacenn*, etc. Empr. fr. altéré *glace* (avec *s* prothétique, cf. quelques-uns des suivants).

---

1. Viscères beaucoup plus « légers » que la chair.
2. On songe au germanique (ag. *claw*, al. *klaue*), qui présente à peu près les mêmes éléments dans un ordre différent : en ce cas, il y aurait emprunt; mais de qui à qui ?
3. Qui signifierait « lierre d'abri »; le cymr. a un mot *ysgil* « retraite ».

Skléar, adj., clair, limpide, mbr. *sclaer*. Empr. fr. Cf. *sklas*[1].

Sklent (méan), ardoise : avec *k* épenthétique[2], pour **slent* = vir. *slind* « tuile » (cf. vir. *sliss* « tranche » et *slissiu* « latte »), d'un celt. **slint-o-* pour **splint-o-*, « [pierre] qui se fend, schiste »; rac. SPLIT « fendre », ou SPLID, dans ag. *to split* et dans *splint* « éclat de bois », al. *spleiss-en* « fendre » et *splitt-er* « éclat », etc. Cf. les variantes sous *faouta*, etc.

Skléren, s. f., râcloire : variante de *1 kléren*[3]. V. ce mot.

Skleûr, s. m., lueur, apparence. Empr. lat. *clārus*. Cf. *skléar*.

Sklisen, s. f., éclisse, attelle, spatule. Empr. fr. *esclice*.

Sklôka, vb., glousser, mbr. *scloquat* (aussi *sclossein* V.), cf. ags. *clocian*, ag. *to cluck*, lat. *clōcīre*, etc. Onomatopées, comme *kloc'ha*.

Skô, s. m., coup (vieilli). V. sous *skei*.

Skoaz, s. f., épaule, corn. *scuid* (voc.), cymr. *ysgwydd*, cf. vir. *sciath*, « omoplate, aile, nageoire », ir. et gael. *sgiath* « aile » : respectivement d'un celt. **skeid-ā* et **skeit-o-*, qui se rattachent peut-être à la même rac. que sk. *chi-ná-t-ti* « il fend », gr. σχίζω « je fends », lat. *scind-ere*, al. *scheid-en* « séparer »[4] (il y a alternance de dentales finales).

Skoazel, s. f., appui : dér. du précédent. Cf. fr. *épauler*.

Skôbitel, s. f., volant. Empr. espagnol *escobeta*, « petite brosse, tête de chardon » (et non fr. *escopette*, dont le sens est tout différent).

Skôd, s. m., menue branche, souche. Empr. fr. ancien *escot* > *écot*, lui-même venu du bas-al. *skot* (al. *schoss* « rejeton »).

Skôed, s. m., écu, mbr. *scoet*, cymr. *scuit* > *ysgwyd*, vbr. *scoit* « bouclier », vir. *sciath*, ir. et gael. *sgiath* id. : d'un celt. **skeito-*, dont le plus proche parent est en visl., mais joindre lat. *scūtum* (< **skoito-*).

Skôl, s. f., école, cymr. *ysgol*, etc. Empr. lat. *schola*.

Skolaé, s. m., dorade : dér. de *skoul* (poisson rapace). — Conj.

Skolp, s. m., copeau, cymr. *ysgolp*, vir. *scolb*, ir. et gael. *sgolb* id. : dér. d'une amplification (soit i.-e. SKELGw) d'une des racines qu'on lira sous *faouta*, etc.; cf. gr. σκόλοψ et ag. *shelf* « billot ». V. aussi *skeltren*. — Mcb. — Ou bas-lat. **excolpāre*, de *colpus* « coup »?

Skôp, s. f., écope. Empr. fr., lui-même empr. germanique.

---

1. Ici la prothèse s'explique aisément par un mot abstrait du fr. *esclairer*. Partout ailleurs elle peut être analogique de ce cas.
2. Contaminé peut-être de fr. *esclater*, *esclice*. Cf. *skiltr*.
3. Avec contamination de fr. *rascler*. Ou cf. *skléar*.
4. L'articulation de l'épaule « sépare » le bras du tronc.

Skôpa, vb., cracher avec effort. Empr. roman ; cf. provençal *escupir* 'at. **ex-con-spuere*.

Skôr, s. m., étai, étançon. Empr. fr. ancien *escore* > *écore*, altéré en *accore* « étai de navire ». Ou bien empr. ags. **scor* > ag. *shore* « étai » > fr. *escore*. Cf. cymr. *ysgor* « rempart », empr. ir. *scor*.

Skorf, s. m., décharge d'un étang. Empr. germanique probable ; cf. ags. *sceorp-an* et al. *schürf-en* « pratiquer une coupure ». — Conj.[1]

Skouarn, s. f., oreille, corn. *scovarn*, cymr. *ysgyfarn*, et *ysgyfarnog* « lièvre » = vbr. pl. *scobarn-oc-ion* « qui ont des oreilles » : soit un celt. **skow-ernā*, dér. de rac. SKOW « faire attention à », sk. *kav-i* « sage », gr. κο(ϝ)-έω et ἀ-κού-ω « j'entends », lat. *cav-ēre* « être sur ses gardes », vhal. *scouw-ōn* « épier » > al. *schauen* « regarder » (cf. ag. *to show* « montrer »), etc. — Douteux.

Skouér, s. f., équerre, exemple, cymr. *ysgwâr* et *ysgwîr*. Empr. fr. ancien *esquarre* ou *esquierre* (cf. ag. *square* et *squire*) < lat. **exquadrāre*.

Skoul, s. f., milan, corn. *scoul* : pour **shouvl* < **skoufl*, attesté par fr. *écoufle* empr. br. ; cf. cymr. *ysgyflwr* « saisisseur ». V. sous *skilf*.

Skoultr, s. m., branche de bois d'émonde : abstrait de *diskoultra* « émonder », qui contient l'empr. fr. *coultre* « couteau »[2].

Skourjez, s. f., fouet. Empr. fr. ancien *escourgée* id.

Skourn, s. m., glace forte. — Étym. inc.[3].

Skourr, s. m., grosse branche, corn. *scorren* (voc.) > *scoren*, cymr. *ysgwr* id. : soit un celt. **skor-o-*, « séparation, fourche », qui se rattacherait à la même rac. que *skara*, *skarr*, *skarza*, etc.

Skraba, vb., gratter, râcler, cymr. *ysgrafu*. Empr. germanique, visl. *skrapa*, ag. *to scrape*, etc., et cf. aussi *skrapa* et lat. *scabere*.

Skrampa, vb., ramper : contamination du précédent (« râcler le sol ») avec l'empr. fr. *ramper*. Cf. *rampa*, *skrapa* et *krampinel*.

Skrapa, vb., agripper, escroquer. V. sous *1 kraf*, et cf. *skraba* ou *skléar* pour l'explication de l's initial. D'ailleurs semi-onomatopée.

Skrid, s. m., acte écrit. Empr. fr. ancien **scrit* > *escrit*.

---

1. M. Loth soupçonne dans le nom du Scorff (rivière) une nasale ancienne devenue *ff*, qui réduirait à néant l'hypothèse proposée.
2. Mais avec contamination probable de *skourr*.
3. La variante *sorn* (Ern.) n'aurait jamais pu signifier que « temps brumeux », et l'on ne voit guère comment une contamination par *sklas* lui aurait donné le sens de « glace forte ». On penserait plutôt à une relation avec lat. *cortex* « écorce ».

Skrija, vb., frémir, tressaillir, pousser des cris aigus [1] : dér. d'une variante de *kridien* [2]. V. ce mot, et cf. *sklas*, *skléar*, etc.

Skrimpein (V.), vb., hennir : dans certains dialectes du br. et en corn. (*scrymba*) signifie respectivement « vagir, crier », et paraît une onomatopée vague ; cf. aussi ag. *to screech* et *to shriek*.

Skrin, s. m., coffret, cymr. *ysgrin*. Empr. lat. *scrīnium*.

Skriña, vb., grincer des dents. Cf. *kriña* et *sklas* [3].

Skriva, vb., écrire, corn. *scrife* « écrit », cymr. *ysgrif* « écrit », *ysgrifo* et *ysgrifenu* [4] « écrire », etc. Empr. lat. *scrībere*.

Skuba, vb., balayer, corn. *scibia*, cymr. *ysgubo*, cf. cymr. *ysgub*, vir. *scōp-* > *scuap*, ir. et gael. *sguab* « balai ». Empr. lat. *scōpae* « balai », d'où ital. *scopa* et fr. *écouv-illon*. Cf. *skóbitel*.

Skudel, s. f., écuelle. Empr. bas-lat. *scūtella* id., dim. de *scūtum*.

Skuiz, adj., las, ennuyé, corn. *squyth*, *squytheys*, etc. : d'un celt. *skwītto-*, dér. d'une variante labialisée de la même rac. qui a produit le celt. *skī-to-* > vir. *scith*, ir. *sgith*, gael. *sgith* « las », soit donc rac. SKI ou SKHI, peut-être variante à métathèse de la rac. d'où procèdent sk. *kṣi-ná-ti* « il détruit » et *kṣi-ti* « destruction », gr. φθί-ω et φθίνω « je dépéris », φθί-σι-ς « consomption », lat. *si-tu-s* « corruption ». — Conj. Mcb.

Skuḷa, vb., répandre, mbr. *scuyllaff*, corn. *scullye* (cymr. *chwalu*), vir. *scáil-i-m* « je répands », ir. *sgaoilim* et gael. *sgaoil* id. : dér. d'une forme de la rac. SQEL ou SKEL au sens de « diviser », et peut-être empr. ir. en brittonique (à cause du *k*). V. sous *faouta*, *skarza*, *skolf*, etc.

Skuria, vb., fourbir. Empr. fr. ancien *escurer* « écurer ».

Sé, adv., là : écourté de *asé*. V. sous *azé* et *zé*.

1 Séac'h (V.), s. m., foudre : variante de *saez* [5].

2 Séac'h, adj., sec, corn. *sech*, cymr. *sych*, vbr. *sich*. Empr. lat. *siccus*. Cf. *hesp* et *hesk*, qui au contraire sont celtiques.

Sébéza, vb., éblouir, s'évanouir. Empr. lat. *stupidāre*. Cf. *souez*.

Séder (T.), adj., sain, gai, franc, cymr. *sad* et *sedr* « ferme » : soit un celt. *sta-to-* et *sta-tero-* « ferme », lat. *sta-tu-s* id., dér. de la rac. qu'on trouvera sous *sao*. Cf. aussi *goustad*. — Conj.

---

1. Ce sens doit provenir de contamination du fr. *crier*.
2. Elle n'est pas isolée : corn. *scruth* et cymr. *ysgryd* « frisson ».
3. Fr. ancien *grigner des dents* id. ; aucun rapport avec ag. *grin*.
4. Br. *skricen* « lettre missive » = lat. *scrībenda*.
5. V. ce mot (*c'h < tt*). Le changement de genre est dû à *foultr*.

Ségal, s. m., seigle, corn. *sygal*. Empr. lat. *secále* id.

Sec'hed, s. m., soif : dér. de *sec'h* > *2 séac'h*.

Sec'hik, s. m., mousse terrestre : du même (mousse sèche).

Seitek, dix-sept : pour **seit-dek*[1]. V. sous *1 seiz*.

1 Seiz, sept (aussi *seic'h* V.), corn. *seyth*, cymr. *seith*, vir. *secht n-*, gael. *seachd* : d'un celt. **septen-*, sk. *saptá*, gr. ἑπτά, lat. *septem*, got. *sibun* (ags. *seofon* > ag. *seven* et al. *sieben*), lit. *septyn-ì*, vsl. *sedm-ĭ*[2].

2 Seiz, s. m., soie. Empr. roman **séda* (cf. espagnol et provençal *seda*, fr. *soie*, vhal. *sīda* > al. *seide*), issu de lat. *sēta* « soie de porc ».

Sélaouï, vb., écouter, mbr. *sezlou*, cf. corn. *golsowas* id. — Étym. inc.

Sell, s. m., regard (et *sellout* vb.), corn. *syll* et *sylly*, cymr. *syllu*, vir. *sell* « œil » et *sell-ai-m* « je regarde », gael. *seall* « regard » : d'un celt. **stilno-* « œil », qu'on peut ramener à **stilp-no-* = gr. στιλπ-νό-ς « brillant » ?

Semel (V.), s. m., fantôme. Empr. lat. *similia* pl. nt.[3]

Sempl, adj., faible, défaillant. Empr. fr. *simple*.

Seni, vb., sonner, bruire : dér. de *son*. V. ce mot.

Senti, vb., obéir. Empr. lat. *sentīre*, qui a pris en roman le sens d' « entendre » ; cf. en lat. même le rapport d'*oboediō* à *audiō*.

Séô, s. m., sève (aussi *sev*). Empr. fr. Cf. *sabr*.

Sérégen, s. f., bardane. V. sous *saragérez*.

Serc'h, s. m. f., concubinaire, concubine, mbr. *serch* id., cymr. *serch* « amour », vir. *serc*, ir. *searc*, gael. *scirc* « amour » : d'un celt. **serk-o-* et **serk-ā*, contamination du radical **sterg-* « aimer » (gr. στέργ-ω et στοργ-ή) et du radical **serk-* « se soucier de » (got. *saúrga*, ag. *sorrow* et al. *sorge* « souci »)[4], tous deux très isolés.

Serra, vb., fermer. Empr. fr. ancien *serrer* ou espagnol *cerrar* id.

Sétu, voici, voilà : confusion probable de la locution *sellet hu* « voyez là », avec une autre forme plus simple contenant un démonstratif tel que *sé*. V. sous *sé* et *sell*, et cf. *sédé* « voici » qui ne saurait procéder d'une locution hypothétique *sel té* « vois toi ».

1 Seûl, s. f., talon, mbr. *seuzl*, cymr. *sawdl*, vir. *sál*, gael. *sáil* (empr. de l'irlandais-gaélique au brittonique ? à cause de *st* > *s*) : d'un celt.

---

1. A une époque où la sourde explosive subsistait encore.
2. La conservation de l's initial, qui aurait dû devenir *h* en brittonique, vient de contamination de *sizun*. — Ern.
3. Cf. le sens du lat. *simulācrum* « apparence ».
4. C'est la seule façon de s'expliquer à la fois l's initial gaélique et le maintien de l's (au lieu de *h*) en brittonique, ainsi que la finale cymr. *ch* au lieu de *y*.

sta-tla, « base, piédestal, ce sur quoi on se tient ». V. la rac. sous *sao*.

2 Seûl (particule superlative), d'autant [plus], corn. *suel* et cymr. *sawl* « tel », isolés : paraissent se ramener à une base celt. *stal-, contamination d'un type *sā-li- et d'un type *tā-li-s (= lat. *tā-li-s* « tel »), tous deux construits respectivement sur les thèmes démonstratifs i.-e. *so et *to- que montre, entre autres, la déclinaison de l'article grec. V. aussi sous *1 ann*.

Seûlen, s. f., seine à pêcher, mbr. *seulenn* id. : dissimilé pour *seun-en, dérivation singulative d'empr. lat. *sagēna* id. — Loth.

Seurt, s. m., espèce, qualité. Empr. fr. *sorte*.

Sével, vb., élever, bâtir, aussi *saouein* V., et cf. le ppe *saouet*, etc., cymr. *sefyll* « être debout » : dér. de mbr. *saff*. V. sous *sao* et le suivant.

Séven, adj., honnête, avenant, poli ; mbr. *seven*, « grand, sain, fort, bien venu », vbr. *Seman* n. pr. : dér. de *saff*. Cf. le précédent.

Sévéni, vb., accomplir [loyalement] : dér. de *séven*.

Sézô, s. m., sénevé. Empr. lat. altéré *sesamum*[1].

Siblen, s. f., cordeau. — Étym. inc.[2]

Sidan, s. m., linot : proprement « duveté, soyeux », cf. cymr. *sidan*, « soie, duvet ». Empr. germ. (ags. *sīde* « soie »). Cf. *2 seiz*.

Siel, s. f., sceau. Empr. fr. ancien *séel* (< lat. *sigillum*).

Sifern, s. m., rhume de cerveau, morfondure : abstrait de l'empr. fr. *enchifren-é* « enrhumé du cerveau ».

Sifoc'hel, s. f., seringue, sarbacane. Empr. bas-lat. *sifoncella, dimin. dér. de *siphunculus* « petit tuyau », d'origine grecque.

Sigodiez, s. f., espièglerie. Empr. fr., cf. *gôdisa*. — Conj.

Sigur (V.), s. m., prétexte[3], mbr. *sigur* « sûr », corn. *segyr* « oisif », cymr. *segur* « tranquille ». Empr. lat. *sēcūrus*.

Sich, sij, s. m., siège. Empr. fr. ; cf. *azésa* et *lich*.

Sîl, s. f., passoire, mbr. *sizl*, cymr. *hidl*, vir. *sithl-án* id. : soit un celt. *sēd-lā > *sīdlā, de rac. SĒdh attestée par gr. ἤθ-ω (et σίθ-ω) « je filtre » ; cf. une variante radicale SEIbh dans ag. *to sif-t* et *sieve*, al. *sieb* « filtre », etc., et une forme plus simple encore dans lit. *sė-ta-s* « filtre » (accent traînant sur l'initiale), *sijó-ju* « je filtre », etc.[4]

---

1. La nasale conservée dans *séon* V. < *sesano.
2. Le visl. et al. *seil* « corde » est trop éloigné, et la locution fr. ancienne *a un sible* (God.) « tout d'une venue » n'est pas étymologiquement éclaircie.
3. « Ce qui couvre, met quelqu'un en sécurité, en repos ».
4. L's br. pour *h* cymr. est une grave difficulté : la conjecture d'une contamina-

Sili, s. m., anguille, corn. *silli*, gael. *siolag* « anguille de sable » : peut-être simplement empr. ir. en brittonique. V. aussi sous *stlaoñ*.

Silzik, s. m., saucisse, mbr. *silsiguen*, cymr. *selsig*. Empr. bas-lat. *salsīcia* (dér. de *salsus* « salé »), d'où fr. *saussice* > *saucisse*.

Sioaz, hélas, corn. *soweth*, cymr. *ysywaeth*, soit une locution signifiant « d'autant pire ». V. sous *sé*, *2 seùl* et *4 gwdz*[1], et cf. *ʒoken*.

Sioc'han, adj., s. m., délicat, faible, avorton, mbr. *Syohan* n. pr. Empr. ags. *sēoc* « maladif » > ag. *sick*, et cf. al. *siech* id.

Sioul, adj., tranquille, patient, cf. mbr. *sioulic*, « tout bas, en secret ». Empr. ags. *stille* « silencieux », cf. al. *still* id. et ag. *still* « encore » (la résonnance de *ll* a pu développer l'*o*). — Conj. hasardée.

Sistr, s. m., cidre, corn. *sicer*, cymr. *suger* id. Empr. bas-lat. *cisera* (d'où aussi fr. *cidre*), altéré de lat. *sīcera* « vin de fruits » < gr. σίχερα.

Sivellen, s. f., surfaix, mbr. *ciuellen* : contamination d'un empr. bas-lat. *cingella* (qui eût pu donner *kinvel*, cf. cymr. *cengl* = empr. lat. *cingula*) avec un mbr. *cenclenn* (prononcé *senkl-*) = empr. fr. *sangle*. — Conj. en l'air, car l'altération serait très forte.

Sivi, s. m., fraise, mbr. *seuuien*, cymr. *syfi*, vir. *subi* pl., ir. *suibh*, gael. *subh* « framboise ». Empr. ir. en brittonique. — Étym. inc.

Sizun, s. f., semaine, corn. *seithun* et *sythyn*, vir. *sechtmaine*. Empr. lat. vulgaire *septimāna* (d'où aussi fr. *semaine*) > *sectimāna* par contamination du numéral celtique *secht*. V. sous *1 seiz*.

Soa, soav, s. m., suif, mbr. *soaff*, corn. *suif* (voc.) et cymr. *swyf*, vbr. *soui*. Empr. lat. *sēbum*, d'où aussi fr. *suif*.

Soavon, s. m., savon. Empr. fr. contaminé du précédent.

1 Sôl, s. f., sol, aire. Empr. lat. *solum* contaminé du suivant.

2 Sôl, s. f., semelle. Empr. lat. *solum* ou plutôt *sola* fm.[2] contaminé d'un autre empr. lat. plus correct *solea* « semelle », que représentent, sous la forme *solia*, le corn. *sel* et le cymr. *sail* « fondement ».

3 Sôl, s. f., poutre: écourté de fr. *solive* par imitation de *1 sôl*.

Sôlier, s. f., grenier, galetas. Empr. fr. ancien *solier*, du lat. *sōlārium* « terrasse de faîte exposée au soleil », d'où aussi al. *söller* id.

---
tion par fr. ancien *doulcil* « bonde » (cf. *doulzil*) compris et coupé *dour-sil* (Ern.), est remarquablement élégante.

1. L'élément initial est le démonstratif qui sert de base à *seùl* « tel ».
2. Que supposent également fr. *sole* (d'un four, etc.], et al. *sohle* « semelle ».

Sommona, vb., assigner en justice. Empr. fr. ancien *semondre* < **semonre* < bas-lat. **summónere* < lat. *submonēre*.

Son, s. m., son, chanson, corn. *son* « son ». Empr. lat. *sonus*.

Sorc'hen, s. f., rêverie, radotage. Empr. ags. *sorg* et *sorh* « souci » (> ag. *sorrow*). V. sous *serc'h*. — Conj. Ern. (peu probable).

Soroc'h, s. m., cri du pourceau, bruit sourd. Onomatopée.

Soroc'hel, s. f., vessie de porc gonflée : contamination par le précédent de l'empr. bas-lat. **syrincella* ou **syringella*, « petit tuyau, corps creux en général », dimin. de *syrinx* empr. gr. Cf. *strinkel*.

Souba, vb., tremper, imbiber, baigner : originairement « tremper la soupe », dér. de **soup-* > **soub-*. V. les deux suivants.

Souben, s. f, potage: dér. d'empr. fr. *soupe*.

Soubero'h, s. m., neige fondue ou qui tombe à demi fondue : composé de **soub-* et *erc'h*. V. ce mot et les deux précédents.

Soubla, vb., baisser, incliner, mbr. *soublaff*, cf. mbr. *soupl* > *soubl*, « agile, qui se ploie », etc.: dér. d'empr. fr. *souple*.

Souez, s. f., surprise, admiration (aussi *souéc'h* V.). Empr. lat. *stupēdō* « stupeur », contaminé peut-être de *stupefactus*[1]. Cf. *sébéza*.

Soucha, vb., se tapir, s'accroupir (aussi *choucha*) : contamination possible de *soubla* et de *pucha*, ou de *soubla* avec empr. fr. *coucher*, ou cf. fr. *se jucher* avec changement de sens. — Aucune donnée ferme.

1 Souc'h, s. m., soc, corn. *soch* (voc.) > *zôh*, cymr. *swch* id.: le même mot que br. *houc'h* « porc > groin » (à cause de la forme de l'instrument qui affouille), mais contaminé d'empr. bas-lat. *soccus*[2].

2 Souc'h, adj., émoussé: soit un celt. **stukko-*, pour **stug-nó-* « froissé », rac. STUG, cf. sk. *tuñj-á-te*, « ils brandissent, lancent, poussent », etc., ag. *stock* « tronc » et al. *stock* « gourdin », ags. *stycce* et al. *stück* « morceau », sans équivalent assuré ailleurs. — Conj.

Souin, s. m., jeune porc. Empr. lat. *suīnus* « de porc »[3].

Soul, s. m., chaume (aussi *seul* V.), corn. *soul* > *zoul*, cymr. *sofl*. Empr. lat. *stipula* > **stupula* ou **stupila* > **stubla*. Cf. ag. *stubble*.

Sounn, adj., droit, d'aplomb, ferme, mbr. *sonn*, « arrêté, sans mouvement »,

---

1. Pour expliquer l'aspirée vannetaise au lieu de *s*. Ou se ramenant, avec vir. *socht-aim* « je me tais », ir. et gael. *sochd* « silence », à une base celt. **stup-to-*, dont la rac. est la même que celle du lat. *stup-ēre* (Loth).
2. Lui-même évidemment gaulois latinisé.
3. Ou ags. *swīn* > ag. *swine*, qui est aussi empr. lat.

cymr. *syn-u* « regarder fixement » : paraît se rattacher d'une manière quelconque à la rac. STÂ (sous *sao*), cf. vir. *con-ó-snaim* « je cesse », etc. ; ou à celle qui a produit ag. *to stun* « rendre immobile », si ce n'est même un emprunt très ancien (le mot ags. est inconnu).

Sourin, s. m., bois de charpente : dér. d'une base celt. **stur-*, cf. gr. σταυρ-ό-ς « poteau », lat. *in-staur-āre* « édifier », sk. *sthā-var-á* « ferme », se ramenant tous en dernière analyse à la rac. STÂ. Cf. le précédent. — Conj.

Sout, s. f., bergerie. Empr. fr. ancien *soute* « abri ».

Souta, vb., souder : contamination d'un dér. d'empr. lat. *solidus* > roman *sóldo* (cf. *saout*) et d'empr. fr. *souder* qui a la même origine.

Spanaat (T.), vb., cesser. Empr. ags. *spannan* « assujettir »[1].

Spanel, s. f., spatule (à étaler) ; cf. le précédent.

1 Sparf, s. m., goupillon : abstrait du vb. *sparfa*, pour **sparc'ha* « asperger ». Empr. bas-lat. *sparg-ere*. Cf. le suivant.

2 Sparf, s. m., asperge. Empr. fr. contaminé du précédent[2].

Sparfel, s. f., épervier (aussi *spalfer* et *spalver* T., et cf. *splaouer*) : dissimilations diverses pour **sparver* forme romane = ital. *sparviere* et fr. *épervier*, empr. vhal. *sparwāri* > al. *sperber*.

Sparl, s. m., barre, pêne. Empr. bas-lat. **sparulus*, dér. d'un germanique latinisé **sparus* ou **spara*[3] (> fr. *espar* et *esparre*).

Sparr, s. m., gaffe, lance. Empr. ags. **sparre* > ag. *sparre* > *spar* « barre » (attesté par ags. *sparr-ian* « barrer »), et cf. ags. *spere* « lance » > ag. *spear*. Cf. le précédent et *speur*.

Spaza, vb., châtrer : dér. d'empr. lat. *spad-ō*, « castrat, eunuque ».

Spék, s. m., javelot, levier, dorade (C.), fruit de la bardane, pistil[4]. Empr. lat. *spīca* « épi » (cf. *spīculum* « dard »), d'où un mot **spik* qui a subi par synonymie l'influence de *bék* « pointe ». V. ce mot, et cf. ag. *spike* « pointe » et *pike* « brochet », cymr. *pig*, ir. *pice*, gael. *pic*, etc.

Spelc'h (V.), s. m., hâle, gerçure. Empr. ags. *spile* « éclisse », plus anciennement sans doute « *action de fendre, *fente ».

---

1. D'où ag. *to span* « saisir », cf. al. *spannen* « tendre » ; l'al. *spannung* signifie encore aujourd'hui « attente immobile ».

2. A cause de l'homophonie fortuite d'*asperge* (< lat. *aspáragus*) et *asperger*, et de la forme des tiges d'asperge qui figurent un goupillon et en peuvent tenir lieu. — La mutation *c'h > f* est peu régulière, mais non sans exemple. Cf. *farien*, *fuba*, etc.

3. Cf. al. *sparren* « poutre » et *sperren* « enclore ».

4. Tous ces sens sont dérivés : le levier a une partie effilée qui s'insinue sous l'objet à soulever ; il y a aussi un poisson qu'on appelle « dard » en fr. ; le reste va de soi.

Spéô, s. m., entrave; écourté pour *sepeo*. Empr. fr. ancien *cepiel* « entrave » > fr. *cépeau* (dér. de *cep* id.), Bas-Maine dim. *seplè* Dn.

Sper, s. m., sperme, germe. Empr. lat. savant *sperma*, mais apocopé par une sorte d'euphémisme venu de confusion volontaire avec le radical (empr. lat.) *sper-* « espoir [de génération] ». — Conj.

Spéred, s. m., esprit, intelligence, corn. *spirit* (voc.) > *spyrys*, cymr. *yspryd*, vir. *spirut*, ir. et gael. *spiorad*. Empr. lat. *spīritus* prononcé **spiritus* tel qu'il est venu par la langue ecclésiastique.

Spern, s. m., épine, corn. *spern*, gaul. *sparno-* dans *Sparno-magus* « le champ des épines », soit un radical brittonique **sper-*, pour celt. **skwer-* « piquer », cf. lit. *skvèrb-ti* « forer »[1]. Rien du lat. *spīna*.

Speûnia, vb., glapir, cf. vir. *scem*, ir. *sceamh*, gael. *sgeamh* et *sgiamh*. Onomatopée très ancienne probable à initiale *sq*, cf. ag. *squeak*.

Speûr, s. f., cloison, cf. ags. *sparrian* et al. *sperren* « enclore »: dér. d'une forme altérée par allongement **spāra*. V. sous *sparl* et *sparr*.

Speûrel (C.), s. f., étai : dér. du précédent.

Spévia, vb., entraver : dér. de *spéô*. V. ce mot.

Spézad, s. m., groseille à maquereau, corn. *spedhes*, cymr. *ysbyddad*, vir. *scé* (gén. *sciach*), ir. et gael. *sgeach* « baie d'arbuste épineux »: soit un celt. **skwiyat-* ou **sqiyat-*, qui relève peut-être de la même rac. que lat. *spīca* « épi », ag. *spit* « broche », al. *spitz* « pointu », dont on ignore la forme radicale et les appartenances. — Conj. Ern., très douteuse.

Spi, s. m., affût, attente, espérance ; abstrait de mbr. *spiaff* > br. *spia* « guetter ». Empr. fr. ancien *espier*, d'origine germanique.

Spil (V.), s. m., givre, verglas : variante dialectale de *spelc'h* au sens de « éclisse, éclat ayant un aspect fendu ». — Conj.

Spilen, s. f., épingle : pour **spinl-yen*, qui procède d'empr. lat. *spīnula*, ou d'empr. roman **espin'la* > fr. *espingle*.

Spina, vb., effleurer, ouvrir [avec une pointe très fine, cf. cymr. *yspin* « épine »] une pustule, une ampoule, etc.: dér. d'empr. lat. *spīna*.

Spinac'h, s. f., hâle, gerçure : proprement « incision faite avec une pointe fine », d'où « fente » : dér. d'empr. lat. *spīna*. Cf. *spina*.

Spisa, vb., nouer deux cordes en en entrelaçant les bouts: exactement « épaissir »; dér. d'empr. lat. **spīssus*, pour *spissus* « épais »[2].

---

[1]. Aucun autre équivalent, à moins qu'on n'y rapporte les mots germaniques et latins cités sous *sparl* et *sparr*. Mais i.-e. *kw* peut-il donner germ. *f* ou *p*?

[2]. Le fr. a le terme de marine *épissure*.

Splann, adj., clair, diaphane, pur, évident, corn. *splan*, cymr. *ysplan* (et *ysplenydd*). Empr. lat. *splendens* et *splendidus* « brillant ».

Splaouer (V.), s. m., épervier. V. sous *sparfel*.

Splét (V.), s. m., avantage, profit (a dû aussi signifier « outil », cf. *spléten*[1]) : abstrait d'empr. fr. ancien *espleitier* > *exploiter*.

Spléten (V.), s. f., languette : dér. du précédent.

Spluia, vb., tremper, imbiber. V. sous *pluia*, et cf. *skléar*.

Splûs, s. m., pépin (aussi *spus* mbr.), corn. *sprus* : abstrait d'empr. fr. *épluch-ure*, cf. fr. ancien *espelucher* « becqueter ». — Conj. et cf. *plusk*.

Spoué, s. f., éponge, cymr. *yspwng*, et cf. le vocalisme de *moué*. Empr. bas-lat. **sponga* altéré de lat. *spongia* id.

Spount, s. m., effroi. Empr. fr. ancien *espoenter* « épouvanter ».

Spréc'hen, s. f., haridelle : variante de *bréc'hañ*. V. ce mot, et cf. *sklas*, *skléar* (ici l's a assourdi le b subséquent). — Conj.

Spura, vb., fourbir : comme qui dirait lat. **ex-pūrāre*. Cf. *pùr*.

Stâd, s. f., état, situation, État, estime[2], cymr. *ystad*. Empr. lat. *status*.

Stafad, s. f., soufflet : proprement « [coup] sur la bouche », dér. du radical de *1 staoñ* au sens de « bouche ». V. ce mot.

Staga, vb., lier, attacher, cf. cymr. *ystigo* « persévérer » : contamination possible d'empr. fr. ancien (picard) *at-taquer* « attacher » et d'empr. ags. *stic-ian*, « attacher, s'attacher » (ag. *to stick*). — Conj. hasardée.

Stagel, s. f., le filet de la langue : dér. du précédent.

Stâl, s. f., boutique. Empr. fr. ancien *estal* « étal ».

Stalaf, s. f., panneau, vantail, volet : semble identique à l'infinitif mbr. *stalaff* « in-stall-er »[3], dér. du précédent ou empr. fr.

Stalbenn, s. m., pignon : exactement *tâl-benn*, mais avec *s* prothétique (cf. *skléar*), ou (bien plutôt) contamination de *stâl*. V. ces mots.

Stambouc'ha, vb., gonfler, s'enfler : exactement « se trop remplir la bouche », composé de *1 staoñ* au sens de « bouche » et de *bôc'h* au sens de « joue gonflée ». V. ces mots. — Conj. (la formation serait peu claire).

Stamm, s. m., tricot. Empr. fr. ancien *estam*[4] « tricot » Dn > *estaim*, *étaim* « longue laine de chaîne », du lat. *stāmen*. Cf. *steüen*.

---

1. Provençal *esplet* « outil », fr. juridique *exploit* « instrument » au sens de « document, pièce ».
2. Ce dernier sens vient du fr. classique *faire état de qqch.* « en faire cas ».
3. L'*f* final conservé à cause du pl. *stalafou*, plus usité que le sg.
4. D'où fr. *étamine*, tissu qui ressemble au tricot.

Stamp, s. m., enjambée : exactement « foulée ». Empr. ags. *stempan* « broyer », cf. gr. στέμβειν et al. *stampfen* « fouler aux pieds ».

1 Stank, s. f., étang, corn. *stanc*. Empr. fr. *estang*.

2 Stank, adj., épais, serré, abondant : identique au précédent ; procède de la locution *dour stank* « eau d'étang », d'où « eau stagnante »[1].

Stanka, vb., étancher, obstruer. Empr. fr., et cf. provençal *estancar*.

Staol, s. f., étable. Empr. lat. *stabulum* > **stablum*.

1 Staoñ, s. f., le palais de la bouche, mbr. *staffn*, corn. dér. *stefen-ic* « palais », cymr. *safn* « bouche » et *safn-ig* « gorge » (cf. br. *san* V.). cymr. *ystefaig* « palais », vbr. *istom-id* id. : d'un celt. **stamen-* « bouche », zd *staman* et gr. στόμα id., sans autre équivalent sûr (al. *stimme* « voix » ?).

2 Staoñ, s. f., étrave : suppose un mbr. **staffn* et un vbr. **stamn*. Empr. ags. *stemn*, « tronc, bloc » (> ag. *stem*).

Staot, s. m., urine, mbr. *staut*. Empr. germanique probable ; cf. ag. *to stale*, al. *stallen* et fr. ancien *estaler* « uriner », dont les relations sont obscures. Cf. Loth, *Romania*, XIX, p. 593.

Stard, adj., raide, ferme, solide, mbr. *start*. Empr. ags. *stearc* ou ag. *stark* id. (al. *stark*), en tous cas inexplicablement altéré.

Stavad, s. f., variante de *stafad*. V. ce mot.

Stéan, s. m., étain, mbr. et corn. *stean*, cymr. *ystaen*, ir. *stán*, gael *stán* et *staoin*. Empr. lat. *stannum* > bas-lat. *stagnum*.

Stéki, vb., heurter, se heurter : dér. de *stôk*.

Stéfia, vb., boucher : dér. de *stouf*. V. ce mot.

Stéc'hen, s. f., quenouillée : dér. d'empr. ags. *staef*[2] « bâton » > ag. *staff*, et cf. ag. *distaff* (< **dise-staef* « b. à écheveau ») « quenouille ». — Conj.

Stél, s. m., ciel-de-lit, corn. *stil* « poutre », cymr. *ystyllen* « latte, » etc. Empr. lat. *astilla* « attelle ». Cf. *astel* et le suivant.

Stellen, s. f., maladie de nerfs qui cause raccourcissement et immobilité : abstrait de *stellenna* « consolider à l'aide d'attelles », d'où « immobiliser », dér. du précédent. — Ern.

Stéñ, adj., raide, tendu : abstrait de *stéña* « étendre », lequel est une contamination, par le lat. *extendere*, de l'ancien vb. celt. **ten-yō* « je tends » = gr. τείνω, cf. vbr. *tin-s-ot* « il a épandu » ; la rac. est TEN, sk. *tán* « continuité », *tan-ú* « mince » et *tan-ó-ti* « il étend », gr. ταυυ- et τανα-Fός « étendu », lat. *ten-ui-s* et *ten-dō*, vir. *tan* « temps » et *tana*, etc.

---

1. Puis, par abstraction, « stagnant » tout court, etc.
2. Sur l'échange d*f* et c'*h*, cf. 2 *sparf*.

(sous *tanaô*), ag. *thin* et al. *dünn* « mince », vsl. *tĭn-ŭkŭ* id., etc., etc.

Ster, s. f., rivière, mbr. *staer*: soit un celt. **stag-rā*, qui relève de même rac. que gr. σταγ-ών « goutte », στάζω (< **σταγ-yω*), « je dégoutte, je coule », et lat. *stag-nu-m*, sans autre équivalent assuré.

Stéréden[1], **stéren**, s. f., étoile, corn. *steyr* pl. et *ster-en* sg., cymr. *seren*, gaul. *Sir-ona* (nom d'une déesse stellaire) : d'un celt. **ster-ā* « étoile », sk. *stár*, *tár* et *tār-ā*, gr. ἀ-στήρ et ἄ-στρ-ο-ν, lat. **ster-ula* dimin. > **sterla* > *stella*, got. *stair-nō*, ag. *star* et al. *ster-n*, etc. ; subsidiairement tous rattachés à rac. STER, « joncher, épandre », sk. *stṛ-ṇó-ti*, gr. στόρ-νῡ-μι, lat. *ster-nō*, vir. *fo-sair* « couverture », etc. Cf. *gouzer*.

Stern, s. m., cadre, châssis, métier de tisserand, bois de lit, attelage, cf. cymr. *ystarn* « bât » et *ystarnu* « seller », cymr. *sarn*, « pavé, litière »[2] : d'un celt. **star-no-*, dér. de la rac. qu'on verra sous le mot précédent, mais contaminé sans doute d'empr. lat. *sternere*.

Sterven (C.), s. f., morve : variante à métathèse de **strev-en* dont on trouvera l'explication sous *stréfia*. Cf. aussi *2 dérô*.

Steûden, s. f., tenon, mortaise: dér. de mbr. *steut*, « série, rangée » (parce que tenon et mortaise se font suite), cymr. *ystod*, « couche, rang ». Empr. bas-lat. **stătus*, allongé d'après *stāre* « avoir de la consistance ».

Steûein (V.), vb., variante dialectale de *stoufa*.

Steûen, s. f., la chaîne ou la trame d'un tissu, mbr. *steuven*, cymr. *ystof* « chaîne » seulement. Empr. lat. *stāmen* id. (rien du fr. *étoffe*).

Steûzia, vb., fondre, disparaître. V. sous *teûzi* et cf. *skléar*.

Stiv (V.), s. m., cloison (de navire). Empr. bas-lat. *stŭba*, « pièce à feu, salle de bain, chambre » (d'où al. *stube* « chambre » et fr. *étuve*).

Stivel, s. f., fontaine à lavoir: dér. d'empr. bas-lat. *stŭba* au sens de « salle de bain ». — Conj., et cf. le précédent.

Stlabéza, vb., souiller, salir. Empr. fr. altéré *esclabouter* « éclabousser », contaminé de *labéza* (l'idée de « jet » leur est commune). — Ern.

Stlaka, vb., claquer. Onomatopée compliquée d'empr. fr. ou germ., cf. fr. *claquer* et fr. ancien *esclachier* « éclater ».

Stlafesk, s. f., mercuriale (plante) :) variantes d'un seul et même mot,
Stlanvesk, s. f., petit plantain :) d'origine inconnue.

---

1. Singulatif refait sur le collectif *ster-ed*, comme *ster-en* sur *ster* tout court. — Lat. *astrum* est empr. gr.

2. L'idée générale est « jonchée » ou « surface, espace vide destiné à être rempli ». Le cymr. *sarn* est celtique pur.

Stlaoñ, s. m., frai d'anguille, cf. cymr. *slowen* et *yslywen* « anguille » : ce mot et *sili* paraissent être des variantes différenciées d'un celt. **slangwinā* (empr. germ.?), dont la base est la même que celle de bas-al. *slang* et al. *schlange* « serpent », sans autre équivalent. — Rhŷs.

Stlapa, vb., jeter, lancer. Empr. ags. probable [1].

Stléja, vb., ramper, cf. vir. *slind-* « poli » et *sláet* « glissoire » : dér. d'une rac. SLIDH « glisser », d'où ags. *slid-an* > ag. *to slide*, lit. *slid-ŭ-s* « lisse », *slyjd-au* « je glissai » et *slystu* « je glisse ». Cf. aussi *lintr*.

Stleûk, s. m., étrier. Empr. fr. altéré *estrieu* [2].

Stlôak, s. m., cendre à lessive ; cf. al. moderne *aus-laug-en* « lessiver les cendres, etc. » pour en extraire le principe détachant [3].

Stloné, s. f., grand plantain. Cf. *stlañvesk*.

Stok, s. m., choc, pulsation (d'où *stoker* « trébuchet » et *stokérez* « ratière ») : abstrait d'empr. fr. *choquer* et *toquer* (ital. *toccare* « toucher »), contaminés en outre de fr. *estoc*, « souche, tige ».

Stôl, s. f., étole, bande d'étoffe (d'où *stóliken*, « lisière d'enfant, barbe de coiffe »), corn. *stol*, cymr. *ystola*. Empr. lat. *stola* « robe ».

Stonn, s. m., herbe à brûler. Empr. fr. ancien altéré *estoule*, « éteule, chaume », du lat. *stipula*. Conj., et cf. *soul*.

Storéen, s. f., courroie, fouet à sabot : pour **skoréen* (lat. *ex corio* « de cuir »), cf. *skourjez* et *korréen*. — Conj. assez hasardée.

Stou, s. m., inclinaison, mbr. *stouff*, etc., cf. cymr. *ystwng* « dépresssion », vir. *stúag* « arche » et *tuag* « arc » : semble le produit d'une confusion celtique des deux radicaux **stig-* « faire un mouvement ascendant ou descendant » (rac. STIGH, gr. στείχ-ω, got. *steig-an*, al. *steig-en* « monter », etc.) et *bug-* « courber » (rac. BHUG, gr. φεύγ-ω et lat. *fug-iō* « je dévie > je fuis », cf. got. *biug-an*, ag. *to bow* et al. *bieg-en*, br. *bouk* et *bouc'h*) ; cf. en outre ag. *stee-p* « en pente » et *to stoo-p* « s'accroupir ».

Stouf, s. m., bouchon (d'où *stoufa* « boucher »). Empr. lat. *stuppa* (d'où fr. *étoupe* et al. *stopfen* « bourrer »), et cf. fr. *estouffer*.

Stoup, s. m., étoupe. Empr. fr. *estoupe*, et cf. *stouf*.

Stourm, s. m., bataille, assaut, tourmente (aussi *storm*). Empr. ags. *storm* > ag. *storm* « tempête », et cf. al. *sturm*.

---

1. Cf. ag. *slappe* > *slap* « coup violent », d'où aussi br. *stlafad* « soufflet » par contamination de *stafad*. V. ce mot.

2. Influence de *stlaka* « claquer, bruire » ? — Conj. Ern., d'autant plus légitime qu'il y a une variante *stleo* beaucoup plus rapprochée du fr.

3. Empr. peu vraisemblable : par où le mot serait-il venu ?

1 Strâk, s. m., craquement. Empr. fr. *craquer*, cf. *stlaka*.

2 Strâk (V.), s. m., boue, ordure: relève du même radical inconnu qui a produit visl. *threkk-r* et al. *dreck* id., mais avec *s* prothétique.

Straker, s. m., hâbleur: cf. *1 strak* et fr. popul. *craqueur*.

Strad (C.), s. m., fond, mbr. et corn. *strad* (toponymique), cymr. *ystrad* « vallée », vbr. *istrat* « plaine », vir. *israth*, ir. et gael. *srath* « vallée »: d'un celt. *stra-tu-* ou *stra-to-*, sk. *str-tá* « étendu », gr. στρω-τό-ς, lat. *strā-tu-s*-[1], tous issus de la rac. qu'on verra sous *stéréden*.

Strafil, s. m., agitation, trouble, émoi, frayeur. Empr. à un radical roman (fr.) *estrebil-*, *estourbeil-*, etc., qui relève en dernière analyse du lat. *ex-turb-āre*, cf. *turba* « tumulte » et *turbō* « tourbillon ».

Strañtal, adj., léger, dissipé: doit se rattacher au même radical que *stréaouein*, mais on ne voit point par quelle dérivation.

Strâp, s. m., fracas. Onomatopée; cf. *stlaka* et *1 strâk*.

Strapen, s. f., crochet à attacher le bétail: contamination des empr. fr. *trappe* et *grappin* par le mot précédent. — Conj.

Stréaouein (V.), vb., éparpiller: soit un celt. *strou-ō* « je disperse », lat. *stru-ō* « j'édifie » (cf. le suivant), got. *stráu-jan*, ags. *strēawian* > ag. *to strew*, et al. *streuen* « éparpiller », tous relevant, par une amplification primitive (STERu), de la rac. de *strâd* et *stéréden*.

Stréat, s. f., chemin étroit, venelle, rue, mbr. *strehet* « voie pavée », et cf. vbr. *strouis* « j'ai jonché »: ppe passé du vb. précédent au sens de « joncher, édifier, paver », etc.

Strébotein (V.), vb., buter, trébucher: contamination de ces deux empr. français, surchargée de l'*s* prothétique, cf. *skléar*.

Stréfia, vb., éternuer, mbr. *streuyaff*, cymr. *ystrew* et *trew* « éternuement » (*ystrewi* vb.), vir. *sreo-d*, ir. *srao-th*, gael. *sreo-th-art* id.: d'un celt. *streu-ō* « j'éternue », pour *pstreu-ō*, lui-même amplifié (cf. *stréaouein*) d'une rac. PSTER (onomatopée), gr. πτάρ-νυ-μαι, lat. *ster-nu-ō*.

Strec'h (V.), adj., variante dialectale de *striz*.

Strel, s. m., pierre d'attente. Empr. lat. altéré *extrālium* (corrompu d'après *alius*?), pour *extrāneum*, « extérieur, faisant saillie ». — Conj.

Stréoued (V.), s. m., litière des chemins. Cf. *stréaouein*.

Strep, s. m., étrape, serpe: contamination de ces deux mots français, ou abstrait d'empr. lat. *extirpāre* (d'où aussi fr. *étrape*).

---

1. Naturellement tous ces mots ne sont pas identiques.

Strif, s. m., effort, querelle. Empr. fr. ancien *estrif*[1].

Stril, s. m., goutte, filet d'eau: abstrait du vb. *strila* qui lui-même semble abstrait et altéré d'empr. fr. *distiller* « dégoutter ».

1 Strink, s. m., cristal. Onomatopée du son cristallin.

2 Strink, s. m., jaillissement, jet : abstrait du vb. *strinka*, « jaillir, lancer », qui lui-même est abstrait du suivant.

Strinkel, s. f., seringue, sarbacane: dér. d'empr. fr. altéré *seringue* (< lat. *syrinx*). Cf. *soroc'hel* pour la forme et *sifoc'hel* pour le sens.

Stripen, s. f., tripe. Empr. fr. altéré, cf. *skléar*[2].

Striva, vb., s'efforcer, quereller. V. sous *strif*.

Striz: adj., étroit; s. m., détroit (aussi *strec'h* et *stric'h* V.). Empr. lat. **strictus* et *strictus* (> fr. *estreit* > *étroit*).

Strôb, s. m., lien d'assemblage. Empr. lat. *struppus* > bas-lat. **stropus*, « lien, bandelette », lui-même empr. gr. στρόφος[3].

Strôbinel, s. m., tourbillon : dér. d'une forme romane issue du lat. *turbō* (gén. *turbin-is*), cf. cymr. *twrf* « tumulte » et br. *strafil*.

Strôden, s. f., coureuse, drôlesse, mbr. *stroton* et *strydton*, et cf. fr. ancien *trotlière* ou *troteresse* « prostituée »: dér. d'empr. fr. *trotter*, mais avec contamination du sens de *stroul*, etc.; ou se rattachant par une métaphore grossière au vbr. *strotur* « selle », empr. lat. *strātūra*.

Stroll, s. m., assemblage, amas, bande : peut-être proprement « rouleau [de papier] ». Empr. ag. altéré *scroll*. — Conj.

Strons, s. m., ébranlement, cahot. — Étym. inc.[4]

Strouez, s. f., brousse, hallier. Empr. germanique probable; cf. mhal. *strūch* > al. *strauch* « buisson ». — Conj. Ern.

Stroul (C.), s. m., ordure (d'où *stroulen* « souillon ») : terme d'argot populaire d'origine très indécise ; cf. *bastroulein*.

Stroulen (C.), s. f., brume (temps sale): dér. de *stroul*.

Strûj, s. m., fécondité: abstrait du vb. *struja* « féconder » (< **strud-ya-*), dont la base **strŭt-* suppose un empr. ags. ; cf. ag. *to strut* « se gonfler » = al. *strotz-en*, « regorger, pulluler ».

1. Empr. germ. contaminé d'al. *strit* > *streit* « combat » et **streb-ēn* > *streben* « s'efforcer », et cf. ag. *to strive*.
2. L's peut provenir d'un vb. **stripaff* < fr. *estriper* > *étriper*.
3. Mais *fals-strôb* est une simple corruption pour *fals-strep*.
4. A la grande rigueur, il n'y a dans le passage de fr. *secousse* à br. *strouns* aucun phénomène inusité dans les emprunts du br. au fr.; mais l'ensemble de la corruption est trop choquant.

Stûc'h, s. m., plume, etc., vir. *stuaic* « pointe », gael. *stuaic* « promontoire » : sens primitif mal défini. — Étym. inc.[1]

Stuc'hen, s. f., gerbe : dér. du précédent.

Stumm, adj., petit : comme qui dirait « ramassé », abstrait de *dastumi* analysé faussement *da-stum-i*. V. ce mot. Ou cf. al. *stump* « avorton »[2].

Stûr, s. m., gouvernail. Empr. hollandais *stuur* id.[3]

Sudélen, s. f., judelle (oiseau). Empr. fr. altéré. Cf. *jualen*.

Sûg, s. f., trait, corde d'attelage, cymr. *syg* « chaîne ». Empr. bas-lat. *sōca (cf. fr. populaire *souquer* « tirer »), d'origine inconnue.

Suien, s. f., dorade. Empr. lat. *zeus*. — Conj. Ern.

Sûl, s. m., dimanche, corn. [*dèdh*] *sùl*, cymr. *sul*. Empr. lat. *sōlis (diēs)*.

Sûl-, préf. augmentatif, variante de *seùl-* « tellement ». V. ce mot.

Sula, vb., rôtir, flamber, cf. *suein* (V.) « noircir » : exactement « se flamber à l'ardeur du soleil », dér. d'empr. lat. *sōl*. Cf. *sùl*. — Ern.

Sulbéden, s. f., imprécation : proprement « prière très instante, surprière ». V. sous *sùl-*, *zóken* et *sioaz*.

Sûn, s. m., suc, succion : abstrait de mbr. *sunaff* « sucer », cymr. *sugno* « sucer » et *sugn*[4] « succion », vbr. *dis-sungn-etic* « épuisé » : soit un celt. *sūk-nō « je suce », qui relève de la même rac. que lat. *sūc-u-s* et vir. *sūg* « suc », lat. *sūg-ō* et vir. *sūg-i-m* « je suce », ags. *sūc-an* > ag. *to suck*, al. *saug-en*, lett. *sùkt* « sucer », lit. *sùnk-ti* « faire couler », etc.

Sûr, adj., aigrelet, cymr. *sur*. Empr. fr. *sùr*, d'origine germanique.

Suta, vb., siffler, flûter. Onomatopée, et cf. *c'houitel*.

Suzun, s. f., variante de *sizun*. V. ce mot et cf. *burzud*.

T

1 Ta, ton, ta. V. sous *da* et *té*.

2 Ta, variante écourtée de *éta*. V. ce mot.

Tabut, s. m., bruit, querelle, cf. fr. *tabut, tabuter, tabuster, tarabuster*, etc. : onomatopées de langage populaire et de provenance très indécise.

Taken, s. f., goutte, morceau : identique au fond à *takon*.

---

1. Voir les articles de MM. Stokes, Macbain et Ernault.
2. Dans ce cas le br. serait empr. germ., et le double *m* s'expliquerait mieux, mais en revanche l'*u* ne se comprendrait pas.
3. Cf. al. *steuer*, vb. *steuern*, et ag. *to steer*.
4. L's brittonique maintenu par influence du lat. *sūcus*.

Takénein (V.), vb., ruminer: proprement « chipoter, manger lentement par menues miettes », dér. du précédent. Cf. toutefois *daskiria* (Ern.).

Takon, s. m., pièce de rapiéçage. Empr. fr. ancien *tacon*.

Tâd, s. m., père, mbr. *tat*, corn. *tat* > *tas*, cymr. *tâd*, ir. *datán* « père nourricier » > *daidín* et gael. *daidein* « papa » : d'un celt. *tato-, terme de caresse enfantine; cf. sk. *tatá* « père », gr. τάτα et τέττα, lat. *tata*, got. *atta* « père » et al. *ätte* « aïeul », lit. *téti-s*, vsl. *ot-ĭcĭ*, russe *tjatja*[1].

Taga, vb., étrangler, attaquer[2], corn. *taga*, cymr. *tagu*, vir. *tach-t-ad* « action d'étrangler », ir. *tach-dai-m* « j'étrangle », gael. *tach-d* id. : soit un celt. *to-ang-ō, où la rac. est la même que celle du lat. *ang-ere*. V. sous *eñk*, et le préf. sous *1 da*. — Très douteux, car il n'y a nulle part trace de la nasale qui eût dû demeurer.

Tach, s. m., clou. Empr. fr. ancien *tache* id.[3].

Tachen, s. f., pièce de terre, pâtis. Empr. roman, qui se ramène au radical de celui des mots qu'on verra sous *tach* et *takon*.

1 Tâl, s. m., front, corn. et cymr. *tâl*, gaul. *talos dans *Dubno-talos* n. pr., etc. : d'un celt. **talo-* = sk. *tala* « surface », spécialisé ailleurs en divers sens ; cf. gr. τηλία « table à dés », lat. *tel-lūs* « terre », al. *diele* « planche », lit. *tilé* id. et vieux-pruss. *tal-u-s* « sol », vsl. *tĭlo* « pavé ».

2 Tâl, s. m., fond : identique au précédent[4].

Tâl, s. f., stature, manière, danger[5]. Empr. fr. *taille*.

Taladur, s. m., doloire, mbr. *daladur*. Empr. bas-lat. *dolātōria (> fr. *doloire*), mais l'initiale influencée par *tarar*. V. ce mot.

Talar, s. m., sillon du bout d'un champ, cymr. *talar* id. : der. de *1 tâl*, soit un celt. **tal-aro-*, cf. la formation du fr. *front-ière*.

Talbenn, s. m., frontispice, pignon : comme qui dirait « tête de façade », composé du type ancien. Cf. *tâl* et *penn*, et la note sous *kîl*.

Talbôd, s. m., angélique sauvage : pour *tal-vôt, cf. cymr. *tal-fed-el* « angélique de jardin », soit un celt. **talo-buti-* qui signifierait « la précieuse »[6]. V. sous *bout* et *talvézout*. — Conj.

---

1. Sur le composé *tâd-iou* et similaires, voir sous *ioidik*.
2. Ce dernier sens par influence du fr. *at-taquer*.
3. D'où le vb. fr. *at-tach-er* « clouer ».
4. En partant, bien entendu, du sens de « surface ».
5. Ce dernier sens est abstrait de locutions telles que *é tâl koll* « en situation de perdre », d'où « en danger de ».
6. A cause des propriétés curatives de cette plante, qui passent pour si puissantes qu'on la dit aussi « panacée ». — Conj.

Taled, s. f., fronteau : dér. de *1 tâl*.

Talgenn, s. m., fronteau, cf. cymr. *tal-cen* « front » : proprement « peau de front [1] ». V. sous *1 tâl* et *kenn*, et cf. *talbenn* pour la formation.

Talier, s. f., croupe. Empr. fr. *darrière* = *derrière*, bizarrement altéré par rapprochement de contraste avec *tâl*. — Conj.

Talm, s. f., fronde, cymr. *telm* « lacet », vir. *tailm*, ir. *tailmh* et gael. *tailm* « fronde » : d'un celt. **talk-smi-*, dont on ne peut rapprocher que vsl. *tlŭk-ą* « je frappe ». — Stokes, Mcb.

Talvézout, talvout, vb., valoir, mériter : proprement « être paiement », d'où « compenser, équivaloir », cf. corn. et cymr. *tâl* « paiement », vbr. *tal* « il paya », mir. *taile*, ir. *táille*, gael. *tail* et *tail-eas* « salaire », gr. τέλ-ος « impôt » et τάλα-ντο-ν « poids de métal précieux »; dans ce dernier mot apparaît encore le sens « supporter > peser » [2], qui est l'acception primitive de rac. TELĀ, gr. τλ-άω « je supporte », lat. *tol-lō* et *tul-ī*, al. *dul-den*, « supporter, souffrir ». V. aussi *tleuñ, kévatal*, et cf. *béza, bout*.

Tamall, s. m., blâme, ir. *támaill* « opprobre » : d'un radical celt. **tamb-*, pour **stamb-*, cf. gr. στέμϐ-ω « j'insulte » et στοϐ-έω « je gronde » ???

Tamm, s. m., morceau, fragment, corn. et cymr. *tam*, vir. *temm*, gael. *teum* id. : d'un celt. **tend-men-*, dér. de rac. TEND « couper », gr. τένδ-ω « je ronge », lat. *tond-eō* « je tonds », vir. *ro-thunn-setar* « ils taillèrent en pièces », cf. gr. τέμ-νειν et vsl. *tę-ti* « couper ».

Tamoez, s. m., sas, tamis, cf. mbr. *taffoessat* « sasser » [3]. Empr. bas-lat. *tamēsium*, d'où aussi fr. *tamis*.

Tamoézen, s. f., épi : la forme normale est *toézen* [4] (V.), cymr. *tywysen* > *twysen*, vir. *dias*, ir. et gael. *dias*, soit un celt. **to-* ou **do-ek-s-inā*, cf. gr. ἄχνη « épi » < **ak-s-nā*. V. le préf. sous *da* et la rac. sous *ék*.

Tân, s. m., feu, corn. *tan* (voc.) > *tân*, cymr. *tân*, vbr. *tan* et dans *Tanneguy* n. pr. « chien de feu », etc., vir. *tene*, ir. et gael. *teine* id. : d'un celt. **tenos* nt., pour **tep-nos*. Cf. *téz* et *tomm*, et la note sous *kil*.

Tanaô, tanav, adj., mince, corn. *tanow*, cymr. *teneu*, ir. et gael. *tana* < celt. **tan-awo-*. V. sous *stéñ* la rac. et les homologues.

---

1. Le mot ne paraît pas de même formation que *dourgen* (Ern.), puisqu'ils sont de genre différent.
2. Cf. l'évolution latine *pendere* « suspendre > peser > payer ».
3. Qui montre que la forme régulière serait **tañoez* (cf. *tañouez* var. V.): l'm a été ramené par l'influence du fr.
4. Contracté de **taoézen*, qui ailleurs a inséré un *n* par contamination de *tamoez*. Le type brittonique devait être **toëssin-*. Mais cf. Mcb. s. v. *dias*.

Tané: adj., écarlate ; s. m., cochenille : dér. de *tân* (couleur de feu)[1].

Tann, s. m., chêne: cf. fr. *tan* « écorce de chêne » et al. *lanne* « sapin » (jadis aussi « chêne »). Empr. germanique par intermédiaire roman.

Tañô, adj., contracté de *tañaô*, variante de *tanav*.

Tañtad, s. m., feu de joie, cf. cymr. *tandod* « conflagration », vir. *tentide* « enflammé » : soit un dér. celt. **teno-tati-*. V. sous *tân*.

Tañva, vb., tâter, goûter, mbr. *taffhaff*, corn. *tava* id. : d'un radical celt. **tam* et **tab-*, presque isolé, qu'on retrouve aussi dans *téôd*.

Taô, s. m., silence, cymr. *taw* id. : soit un celt. **ta-wo-*, dér. d'une racine qui paraît être la même qu'on retrouve, amplifiée d'une gutturale, dans lat. *ta-c-ere* et got. *tha-h-an* « se taire ». Cf. *tével*.

1 **Taol**, s. m., coup, jet (d'où le vb. *taoli* > *teùrel*), corn. *toula* « jeter » cymr. *tafl* « jet » et *taflu* « jeter », vir. *tabal*, ir. *tabhall* et gael. *tabhal* « fronde » : d'un celt. **tab-allo-*, auquel on ne connaît pas d'équivalent (Mcb. rapproche ag. *to stab* « percer » ???).

2 **Taol**, s. f., table, cymr. *tafol* « balance ». Empr. lat. *tabula*.

Taouarc'h, s. m., tourbe, motte, cymr. *tywarchen*, vbr. pl. *tuorchennou*. Celtique d'origine probable[2], mais étym. inc.

Taouz (T.), s. m., yeuse : dér. d'empr. lat. *taxus* « if ».

Taran, s. m., feu follet, corn. et cymr. *taran* « tonnerre », gaul. *Taranis* « Jupiter tonnant », vir. *torand* « tonnerre », ir. *toran* « fracas », gael. *torrunn* « tonnerre » : d'un celt. **tor-anno-* « tonnerre »[3], dont on rapproche ir. *tair-m* « bruit », gr. adj. τορ-ό-ς « à haute voix », lit. *tàr-ti* « dire » et *tar-mė* « dicton », vieux-pruss. *tár-in* « voix ».

Tarar[4], s. m., tarière, mbr. *tarazr*, corn. *tardar*, cymr. *taradr*, vbr. *tarater*, vir. *tara-thar*, gaul. latinisé *tara-tru-m* qu'atteste Isidore et que suppose fr. *tarière*, etc.; cf. gr. τέρε-τρο-ν et lat. *tere-bra* id. : tous issus d'une rac. TERĀ « percer » (lat. *ter-ere* « user par frottement » et pf. *tri-vi*, vsl. *tĭr-ą* « je frotte » et infin. *trė-ti*), dont relèvent aussi les mots qu'on trouvera sous *kontron* et sous *dré*.

Targaz, s. m., matou : pour *taro-kaz*. V. ces mots.

Tariel (C.), s. f., niaiserie : variante altérée de *c'hoariel*. — Conj.

---

1. Plus vraisemblable que la dérivation par *tann* (coccus du chêne).
2. Malgré la quasi-homophonie de l'ags. *turf* > ag. *turf*.
3. Le sens primitif n'est altéré qu'en br., où l'évolution sémantique a dû être « tonnerre > éclair > météore ».
4. Aussi *talar*, par contamination de *taladur*. V. ce mot.

Tarlouṅka, vb., avaler de travers ; préf. *tar-*, équivalent phonétique de *dar-*, précédant avec sens péjoratif le vb. *loṅka*. V. ces mots.

Tarner (C.), s. m., torchon, cf. cymr. *tarnu*, « absorber, sécher » : rappellent vaguement le lat. *terg-ere* « essuyer », qui est également isolé.

Tarô, s. m., variante dissyllabique de *tarv*.

Tartéz, s. m., galette : dér. d'empr. fr. *tarte*.

Tartouz, s. m., mite, teigne : par assimilation pour *hartouz* (qui existe aussi) < *artouz*. Empr. fr. ancien *artuison* > *artison*.

Tarv, s. m., taureau, corn. *tarow*, cymr. *tarw*, vbr. *taruu*, gaul. *tarvos* (inscription de Cluny), ir. et gael. *tarbh* id. : d'un celt. *tarwo-*, gr. ταῦρο-ς, lat. *taur-us*, vieux-pruss. *tauri-s* « buffle », vsl. *turŭ*.

Tarval, s. m., cheville : dér. probable de *tarc*[1].

Tarz, s. m., coup violent, fracas (aussi *tarc'h* V.), cymr. *tardd* id., *tarddu* « éclater » : dér. de la rac. qu'on verra sous *tarar*.

Tarzel, s. f., barbacane, meurtrière, cf. cymr. *tarddell*, « issue, source » : dér. de *tarz* au sens de « percement > percée ».

Tas, s. m., tasse, coupe. Empr. fr. *tasse*.

Tâs, s. m., taxe, taux, prix. Empr. fr. *taxe*.

Tasman, s. m., lutin, fantôme ; cf. ital. *talismano* et fr. *talisman*, qui procèdent d'un empr. arabe *telsam* (pl. *telsamin*) « image enchantée ». Empr. fr. ancien qui a gardé le sens étymologique.

Tastourni, vb., tâtonner, manier : dér. de *dourn*, précédé de *tas-*, équivalent phonétique du préf. *das-*. V. ces mots.

Tata (terme enfantin), papa. V. sous *tâd*.

Tatina, vb., railler. Empr. fr. *taquiner*.

Tavaṅcher, s. m., tablier. Empr. fr. altéré *devantier*. Cf. *hincha*.

Tavaṅtek, adj., indigent : peut s'expliquer à la rigueur par *taz-vant-*, soit préf. itératif *tas- = das-*, et empr. ag. *want* « besoin »[2].

Tavarn, s. f., cabaret. Empr. lat. *taberna* ou fr. *taverne*.

Tavédek, adj., silencieux, cymr. *tawedog*. Cf. *taô = tav*.

Té, tu, toi : le radical *t-*, pour le sg. de la 2ᵉ pers., est commun à toute la famille indo-européenne et ne requiert pas d'exemple. Cf. *mé*.

Téac'h, s. m., fuite : abstrait de *tec'hout*.

Téar, adj., prompt, violent, cymr. *taer* « importun » : composé de *to-* et

---

1. Au sens primitif « [verge] de taureau ».
2. Voir une étymologie celtique au Gloss. Ern., p. 683.

d'un mot équivalent au cymr. *haer*, « entêté, pressant », soit celt. **sagro-* « fort ». V. le préf. sous *1 da* et la rac. sous *1 héal*.

Tech, s. m., habitude, inclination : abstrait de l'empr. fr. *en-tech-er*, dont survit aujourd'hui le ppe *entiché*. Cf. *dichek*.

Tec'hout, vb., s'enfuir, s'en aller, cymr. *techu* « se blottir », gaul. *Tic-īnus*[1] « le Tessin » (le rapide), vir. *tech-i-m*, ir. *teith-i-m* et gael. *teich* « fuir » : soit respectivement celt. **tekkō* et **tek-ō* « je fuis », rac. TEQ, sk. *tak-a-ti* et *tak-ti* « il court », lit. *tek-ù* et vsl. *tek-ą* « je cours », got. *thiu-s*, ags. *thēow* et vhal. *deo* « serviteur », etc.

Tei, vb., couvrir [une maison] : dér. de *tô*. V. ce mot.

Teil, s. m., fumier, mbr. *teyl*, cymr. *tail*, cf. gr. τῖλο-ς « purin », sans autre équivalent.

Teir, trois (au fm.), corn. *tēr*, cymr. *teir*, vir. *teora* id. : d'un celt. **tesor-es*, cf. sk. *tisrás* et zd *tiṣarō* < i.-e. **tisres* probablement altéré par dissimilation pour **tri-sr-es*, etc. V. sous *tri*, *pévar* et *péder*.

Télen, s. f., harpe, corn. *telein*, cymr. *telyn*. — Étym. inc.[2]

Tell, s. f., impôt, subside, cymr. *toll*, et cf. corn. *toll-or* « percepteur »[3]. Empr. lat. écourté *teloneum*, lui-même du gr. τέλος. Cf. *talvézout*.

Telt, s. m., tente. Empr. ags. *(ge-)teld* > ag. *tilt*.

Temps, s. m., trempe, tempérament. Empr. lat. savant *tempus*, substantif pris pour équivalent de sens de *temperāre* « tremper ».

Temps, s. f., épice : abstrait du vb. *tempsi*, dér. de *temps*[4].

Téner, adj., mou, délicat, corn. et cymr. *tyner*. Empr. lat. *tenerum*.

Tenn, adj., tendu, raide, rigoureux; s. m., tension, trait; s. f., attelage ; cf. cymr. *tyn*, vir. *tend*, ir. et gael. *teann*, « tendu, serré » : abstrait de

Tenna, vb., tirer, ôter, déduire, corn. *tenna* et *tynne*, cymr. *tynnu*, et cf. le précédent. Empr. lat. *tend-ere*, mais non sans contamination probable du radical celtique qu'on trouvera sous *stéñ*.

Tensa, vb., réprimander. Empr. fr. dialectal *tencer* « tancer ».

Tenzor, s. m., trésor. Empr. lat. savant *tensaurus*.

Téô, adj., gros, épais, mbr. et vbr. *teu*, corn. et cymr. *tew*, vir. *tiug*, gael.

---

1. La quantité *Tĭcīnus* conviendrait mieux, et après tout c'est peut-être la vraie, bien qu'on ne la relève qu'en décadence; car Sidoine était Gaulois.
2. Les rapprochements gr. τορύνη, « cuiller, plectre de lyre », lat. *trua* et visl. *thvara* « cuiller », d'une rac. TWER TRU « mettre en branle » (Rhŷs), se heurtent à l'*l* celtique.
3. Br. *teller*. La voyelle *o* dénonce l'influence de l'ag. *toll*.
4. Ce qui donne du « tempérament » à un mets.

tiugh id.: d'un celt. **teg-wo-*, qui ne se retrouve qu'en germanique[1], cf. visl. *thykk-r*, ag. *thick* et al. *dick* « gros ».

Téôd, s. m., langue, mbr. *teaut*, corn. *tavot* (voc.) et *tavas*, cymr. *tafawd* > *tafod* id.: soit un celt. **tab-āto-*, dont la rac. est sous *tañva*.

Téôl, s. m., tuile (aussi *teol* V.). Empr. lat. *tégula*.

Téon (C.), s. m., sève (aussi *tenv*) : abstrait de *tinva*[2].

Ter, s. m., goudron. Empr. ags. *teoru* > ag. *terre* > *tar*.

Termen, s. f., terme, corn. *termyn*, cymr. *terfyn*, vbr. *termin*. Empr. lat. *terminus*, mais le br. et le corn. refaits sur le fr. *terme*.

Termi, vb., haleter, gémir. Empr. fr. populaire *trimer*.

Terri, vb., rompre, abolir, se rompre, mbr. *terryff*. V. sous *torr*.

Ters, s. f., fesse. Empr. fr. ancien *tres* « derrière » (prép.).

Tersien, s. f., fièvre, corn. *terthen*, cymr. *tairth* et *teirthon*. Empr. lat. tardif *tertiăna* « fièvre tierce ».

Tes (V.), s. m., monceau, mbr. *tas*. Empr. fr. *tas*.

Teskaouen (T.), s. f., épi, glane. — Étym. inc., mais la syllabe initiale a sûrement quelque rapport avec les mots cités sous *tamoezen*.

Test, s. m., témoin, corn. *tist* (voc.) > *test*, cymr. *tyst*, vbr. pl. *test-ou*. Empr. lat. savant *testis* (et cf. br. *testéni* < lat. *testimōnium*).

Teûl, s. m., titre, charte, mbr. *teuzl*. Empr. lat. *titulus*.

Teûr, s. m., ventre, bedaine, mbr. *tor* et *torr*, cymr. *torr*, vbr. *tar*, vir. *tarr*, ir. *tárr*, gael. *turr* id. : d'un celt. *tarm-sā (*-so-*), dont le radical se retrouve dans gr. τράμ-ις « périnée », ag. *tharm* et al. *darm* « boyau ». — Conj. Mcb. (très plausible).

Teûrel, vb., jeter, lancer (ppe *taolet*), corn. *tewlel*, cymr. *taflu* id.: métathèse ou dissimilation d'un vb. dér. de *1 taol*.

Teûreûgen, s. f., tique, oursin : dér. prob. de *teûrek* « ventru ». V. sous *teûr*, et cf. toutefois *torlosken* pour le premier sens.

Teurvézout, vb., daigner, simple variante de *deurvézout*.

Teûz, s. m., lutin, fantôme, mbr. *teüs*, et cf. ir. *tucht*, « forme, apparence », gr. τυκ-τό-ς, « formé, façonné » (rapprochements très douteux).

Teûzi, vb., fondre, disparaître, mbr. *teuzyff*, cymr. *tawdd* « fusion » et *toddi* « se fondre » : soit un celt. *tā-yō « je fonds », dér. d'une rac. TĀ que représentent également gr. τή-κ-ω « je fonds » et τα-κ-ερό-ς « fluide »,

---

1. Mais qui peut se rattacher à la rac. STEG « couvrir », si l'on en juge par le gr. στεγ-νό-ς, « couvert, solide, épais », et le vsl. *stog-ŭ* « amas ». V. sous *ti* et *tô*.
2. Ou radical de *tinva*, si ce vb. est celtique.

lat. *tă-bu-m* « sang » et *ta-bēs* « consomption », vir. *tă-m* id., ags. *thăw-an* > ag. *to thaw* « dégeler » (al. *tauen* id. et *verdauen* « *dissoudre > digérer »), vsl. *ta-ja-ti* « fondre » et *talŭ* « liquide ».

Tévaat, vb., grossir, épaissir: dér. de *tev*, variante de *téô*.

Téval, adj., obscur, triste (aussi *tenval*, etc.), mbr. *teffal* (corn. et cymr. *tiwul-gou* « ténèbres » et *tywyll* « sombre » procèdent d'une tout autre formation), vir. *temel* « obscurité »: soit un celt. *tem-elo-, dér. de rac. TEM, sk. *tăm-as* « obscurité » et *tam-is-rá* « sombre », lat. *tenebrae* (pour *tem-es-rai*), vir. *tem-en* et vsl. *tĭm-ĭn-ŭ* « sombre » (de *tĭm-a* « obscurité »), vhal. *děm-ar* et al. *dämm-er-ung* « crépuscule », etc.

Tével, vb., se taire (ppe *tav-et*): dér. de *tav* = *taô*.

Tévenn, s. m., falaise, rivage, corn. *towan*, cymr. *tywyn*. Empr. ag. *doune* > *down*, « colline, dune »[1]. — Conj. hasardée, et cf. 2 *tun*.

1 Téz, s. m., pis, tétine, corn. *teth-an*, cymr. *teth*. Empr. bas-lat. *titta* (d'où aussi fr. *tette* et *teter*), lui-même empr. gr. ou germ. Cf. *déna*.

2 Téz, s. m., échauffement, corruption de l'air par grande chaleur, corn. et cymr. *tês*, vir. *tess*, ir. et gael. *teas* « chaleur »: d'un celt. nt. *tep-es- = sk. *tăp-as* « chaleur » = lat. *tep-or* « tiédeur », tous issus de rac. TEP. V. sous *tomm* et cf. *grouez*.

Ti, s. m., maison, corn. *ti*, cymr. *ty*, vbr. *-tig* (sous *buc'h*), vir. *tech* et *teg*, ir. et gael. *teach* id.: d'un celt. *teg-es-* nt., dér. de rac. STEG > TEG « couvrir », sk. *sthag-aya-ti* « il couvre », gr. στέγ-ω « je couvre » et τέγ-ος « toit », lat. *teg-ō* et *tec-tu-m*, ag. *thatch* et al. *dach* « toit », al. *deck-en* « couvrir », lit. *stég-iu* « je couvre ». Cf. aussi *tô*.

Tiégez, s. m., ménage: dér. de *tig* > *ti*. V. ce mot.

1 Til, s. m., tilleul, teille de lin, etc.[2]. Empr. fr. ancien *tille*.

2 Til, s. m., torchis à faire les cloisons: peut-être proprement « la cloison » elle-même, dér. d'empr. german., cf. al. *diele* « planche »[3].

Timâd (V., C., T.), adv., promptement: analyser *tiz-mâd*. V. ces mots.

Tiñ, s. m., teigne. Empr. lat. *tinea* > *tinia*, où fr. *teigne*.

Tinel, s. f., tente, pavillon. Empr. fr. altéré *tonnelle*.

Tiñt (C.), s. m., étai, chantier. Empr. lat. *tentum*, « tente, [objet] tendu ».

---

1. Lui-même, en dernière analyse, d'origine celtique.
2. L'évolution du sens est « tilleul — écorce de tilleul — écorce teillée en général »; cf. le fr. *teille*.
3. D'où aussi fr. *till-ac*. — Conj. Ern.

Tinva, vb., se dit d'une greffe qui prend, etc., cymr. *tyfu* « croître » et *twf* « croissance ». Empr. lat. *tum-ēre* « se gonfler »[1].

Tir, s. m., terre, corn., cymr. et vbr. *tir*, vir. *tīr* et gael. *tir* id. : d'un celt. *těrso-* > *tīrso-* « sec », presque identique à lat. *tersa* > *terra*[2].

Tiz, s. m., allure, diligence, cymr. *taith* « voyage », vir. *techt*, ir. et gael. *teachd* id. : soit un celt. *tik-to-* ppe de rac. STIGH > TIGH « monter > aller », cf. vir. *tīag-ai-m* et ir. *tighim* « je vais », gael. *tighinn* « venue », vsl. *stig-ną* « je viens », lit. *staig-à* « subitement »[3].

Tizok, s. m., eunuque : cf. ags. *tyska* « busard »; mais peut-être plutôt altéré et incompris pour *tri zôk* « trois chapeaux > triple chapeau », à cause de la forme bizarre de la coiffure des eunuques orientaux ou des castrats romains. — Conj. toute personnelle.

Tizout, vb., atteindre, avoir le loisir, mbr. *tizaff*, cymr. *teith-i* « capacités », vir. *techta-i-m* « j'ai » et *técht-e* « apte », gael. *teachd* « légal » : d'un celt. *tek-tō* « j'atteins », rac. TEQ, cf. ag. *thing* et al. *ding*, « affaire, chose », al. *ge-deih-en* « prospérer », lit. *tenk-ù* « j'atteins » (infin. *tèk-ti*).

Tleûn, s. m., quenouillée, mbr. *tleunv*, vir. *tlám* et gael. *tlàm* « poignée de laine » : correspond à un gr. *τλᾶ-μα* = celt. *tlā-men-* « ce qui est supporté » [par la quenouille]; cf. gr. *τλά-ω* « je supporte ». V. la rac. disyllabique sous *talvézout*. — Ern.

Tô, s. m., couverture de maison, corn. et cymr. *to* (et *toi* « couvrir »), vir. *tuga* et *tugim*, ir. *tuighe* et *tuighim*, gael. *tugha* « toit » : d'un celt. *tog-o-*, cf. lat. *tog-a* « vêtement qui couvre » et (pour le sens) *tug-uriu-m* « cabane », ags. *thaec* « toit », etc. V. la rac. sous *ti*.

Toal (C.), s. f., nappe. Empr. fr. *toile*[4].

Toalén, s. f., essuie-mains. Empr. fr. ancien *touaille* id.

Tôaz, s. m., pâte, cymr. *toes*, vir. *táis* > *toes*, ir. *taos*, gael. *taois* id. : soit un celt. *tais-to-*, dont on peut rapprocher vsl. *těs-to* et gr. *σταῖς* « pâte » et lat. *stīr-ia* « goutte épaisse ». — Aucune donnée ferme.

Toazon, s. m., glande, ris de veau : dér. du précédent (pâteux).

Tôk, s. m., chapeau. Empr. fr. *toque*.

Toek, s. m., toison : soit un celt. *tog-iko-* « recouvrant ». V. sous *tô*.

---

1. Ou celtique, et alors apparenté à *tumeó*, *tumulus*, etc.
2. Cette manière de désigner « la terre » est commune au celto-italique tout entier, mais ne se retrouve nulle part ailleurs. Ou celt. *těr-o-*, à cause du simple *r*?
3. Voir aussi les mots cités sous *stou*. Mais *tiz* pourrait également se rattacher à la famille de mots visée sous *tizout*.
4. Spécialisé en ce sens par rapprochement de *tô-* « couvrir ».

Tôen, s. f., toit : dér. moderne de *tô*. Cf. le précédent.

Toézella (V.), vb., émousser, agacer : variante dérivative de *tozona*.

Toézen (V.), s. f., épi, glane. V. sous *tamoēsen*.

Toc'haden (C.), s. f., épi, glane. Cf. *teskaouen*.

Toc'hor, adj., faible, moribond (aussi *toc'h* qui en paraît abstrait et écourté). Empr. ir. *torchair* « il tomba » ? — Rhŷs (le rapprochement avec cymr. *tochi* « tremper » n'est pas plus satisfaisant comme sens ni dérivation).

Tôl, s, m., variante contractée de *taol* (d'où *tôli* = *teurel*).

Tomm, adj., chaud, mbr. *toem*, corn. *toim*, cymr. *twym*, vir. *timme* « chaleur » : d'un celt. **tĕsmo-*, pour **tep-esmo-*, dér. de rac. TEP, sk. *táp-a-ti*, « il brûle, chauffe », lat. *tep-ēre* « être tiède », vir. *té* (< celt. **tep-ent-*) « chaud », etc. Cf. *iān* et *2 téz*.

Ton (C.), s. m., sorte de goémon [1] : le même que *1 tonn*.

Toñka, vb., toper en signe d'accord. Empr. fr. *toquer* [2].

Toñkadur, s. m., fatalité, prédestination : dér. secondaire par rapport à cymr. *tynged* et ir. *tocad* « chance », lesquels représentent un celt. **tonk-eto-* issu de même rac. que *tizout*. V. ce mot et *toñka*.

1 Tonn, s. m., flot, vague, vbr., vir. et gael. *tonn* id. : soit un celt. **tund-o-* « heurtant », issu de rac. STUD > TUD, d'où aussi sk. *tud-á-ti* « il heurte » et *tun-ná* « heurté », lat. *tund-ere* (pf. *tu-tud-ī*) et *tud-es* « marteau », got. *stáut-an* et al. *stoss-en* « pousser », etc.[3]

2 Tonn, s. m., variante de *tonl* > *toñt*.

Tonnen, s. f., couenne, croûte, cymr., ir. et gael. *tonn* id. : d'un celt. **tun-nā*, auquel on ne connaît pas d'équivalent.

Toñt, s. m., amadou. Empr. german., cf. hollandais *tonder*, ags. *tynder* > ag. *tinder* « amadou », etc., et al. *zünden* « allumer ».

Tôrad, s. m., ventrée : dér. de *tôr*. V. sous *teūr*.

Torfed, s. m., délit, crime. Empr. fr. ancien *tort-fait*.

Torgammed (V.), s. m., torticolis : combinaison bizarre des deux synonymes *tort* et *2 kamm*. V. ces mots et cf. *ratous*.

Torgen, s. f., tertre, butte : dér. d'empr. lat. *torus*. Cf. *dourgen*.

Torgos, adj., trapu, nabot : soit *tort-kôz* [4]. V. ces mots.

---

1. Dont chaque rangée est la trace d'une « vague » qui l'a apportée.
2. Contaminé de mbr. *tonquaff* « prédestiner », qui est la base du mot suivant : il existe des variantes *toka* et *tonga*.
3. Ce n'est pas la seule étymologie possible. — Cf. *astuz*.
4. « Vieux rabougri », le sens va bien, mais l'étymologie exigerait *z* et non *s* final; cf. le Gloss. Ern., p. 700.

Torchad, s. m., bouchon de paille : dér. de *torcha* « torcher », empr. fr.

Torc'houénia, vb., se vautrer (aussi *toréein* V. et *torimella* C., simples dérivés). V. sous *teûr* et *c'houénia*.

Torlosken, s. f., punaise. V. sous *teûr* et *losk*[1].

Torosen (C.), s. f. : synonyme de *torgen* et de même origine.

Torpez, s. m., motte de bouse à brûler : pourrait être contraction et syncope de *taouarc'h-pez*, composé de type ancien. V. ces deux mots.

Torr, s. m., fracture, corn. *torry* et *terry* « briser », cymr. *torr* « fracture », etc. : abstrait d'empr. ags. *tor-en* « déchiré » > ag. *torn*[2].

Tors, s. f., tourte, gros pain rond (aussi *torc'h* V.), corn., cymr. et mbr. (12e siècle) *torth*. Empr. lat. *torta* « tordue » > fr. *tourte*.

Tort : adj., tortu, bossu ; s. m., bosse. Empr. fr. ancien *tort* « tordu ».

Tortel, s. f., botte, faisceau : dér. du précédent (objet tort-illé).

Tortisa, vb., friser, crépeler. Cf. les deux précédents.

Torvéan, s. m., saxifrage. V. sous *torr* et *méan* (casse-pierre).

1 **Tôst**, adv., prép., proche, près de. Empr. fr. *tost*[3].

2 **Tôst**, s. m., le banc des rameurs. Empr. fr. ancien et méridional *toste* id., qui paraît d'origine germanique. — Ern.

Tosten, s. f., rôtie : empr. lat. *tosta* ppe fm. « rôtie ».

Touella, vb., charmer, tromper, séduire, corn. *tulle* id., cymr. *twyll* « fraude » : aucun autre équivalent sûr. — Étym. inc.

Touez, s. m., mélange, masse (d'où *é-touez* « parmi »), cymr. *twysg* « quantité » : suppose un celt. *teisko-*, qui pourrait être une contamination du radical de *tôas* et de celui de *meski*. V. ces mots[4].

Toui, vb., jurer, blasphémer, mbr. *toeaff*, corn. *toy*, cymr. *twng* « serment » et *tyng-u* « jurer » (cf. *moué* pour le vocalisme), vir. *tong-u* « je jure » : d'un celt. *tong-ō* (cf. gaul. *Tong-iu-s* et *Tong-etamu-s* n. pr. « l'assermenté »), qui relève de la même rac. que gr. τε-ταγ-ών « saisissant », lat. *tang-ere*[5] et visl. *thuk-la* « toucher », etc.

Touinel, s. f., hameau : dimin. d'empr. ag. *toune* « ville » > *town*.

---

1. « Brûlure au ventre »? Car c'est de préférence aux parties molles que s'attaque cet insecte presque inerme. Cf. *teûreûgen*.
2. L'*n* final survivrait-il d'aventure dans *torn-aot* s. m. « falaise », exactement « rivage déchiré » ?
3. Par transport sémantique du temps à l'espace.
4. Ou se rattachant à la rac. qui apparaît nasalisée dans le vhal. *thwingan*, « serrer, presser » > al. *zwingen* « forcer », et le gr. *τFαx-yω* > σάττω, « je bourre, je charge ».
5. Le serment primitif s'accompagne de l'attouchement d'une partie du corps.

Toul, s. m., chien de mer: abstrait d'empr. fr. *touiller* « barboter » [dans la vase]; cf. *toulen* (proprement « mélange confus »).

Toulbaba, vb., tâtonner, manier. Onomatopée plaisante[1].

Toulen, s. f., brume: dér. d'empr. fr. *touille*. V. sous *toul*.

Toull, s. m., trou, cymr. *toll*, vir., ir. et gael. *toll* id.: d'un celt. *tollo-* « creusé », assimilé pour *tor-lo-*, dér. à l'état fléchi de la rac. qu'on trouvera sous *tarar* (ou *tuk-s-lo-*, cf. vsl. *is-tŭk-nǫ-ti* « creuser »).

Touñ, adj., écourté, camard, mbr. *touign* id.: abstrait de *touigna* « écourter » = empr. lat. *tund-ere* « frapper ». Cf. *1 tonn*[2].

Toupina, vb., écornifler: dér. d'empr. fr. populaire *toupin* « pot-au-feu ».

Tour, s. m., tour, clocher, corn. *tur*, cymr. *twr*. Empr. lat. *turris*.

Tourked, s. m., lien de balai: dér. d'empr. lat. *torqu-ēre*[3].

Tourc'h, s. m., verrat, mâle, corn. *torch*, cymr. *twrch*, vbr. *turch*, vir., ir. et gael. *torc* « verrat »: soit un celt. *t-orko-*, dont le second terme est pour *porko-*, lat. *porcus*, vir. *orc*, etc., lit. *pàrsza-s*, ag. *farrow* et al. dimin. *ferk-el* « cochon de lait », vsl. *prasę*. On ne s'expliquerait pas ici l'intervention du préf. *to-*[4]; cf. *1 da*, *tourta* et *tours*.

Tourta, vb., cosser de la tête comme les béliers (cf. *tours*), cymr. *hyrddu* « heurter »: pour *tourza*[5], composé de préf. *to-* (sous *1 da*) et d'un dér. du celt. qui a donné br. *hors*. V. ces mots.

Tourtel, s. f., tourte. Empr. fr. *tourtel* « tourteau », et cf. *tors*.

Tours, s. m., bélier, corn. *hordh*, cymr. *hwrdd* id.: pour *hours*, avec la même préfixation que dans *tourta*, ou à cause de la locution *maout ours* prononcée par erreur *maoutours* > *maout tours*. Cf. *tourc'h*.

Touskan (T.), s. m., mousse terrestre: peut-être altéré pour *trousken*. V. ce mot (le lichen est une sorte de lèpre). — Conj. Ern.

Tousek, s. m., crapaud, mbr. *toucec*, cf. provençal *tossec* et espagnol *tósigo* « poison ». Empr. roman. du lat. *toxicum*[6] id., et cf. *taxus* « if » (dont le suc est vénéneux), tous deux venus du gr.

---

1. La première syllabe peut être l'altération, soit de fr. *tourner*, soit de br. *dourn*. Cf. *tastourni*.
2. Quant à l'ñ, comparer *moñ*, soit donc un type *tundāre*.
3. Cf. cymr. *torch* « collier » = empr. lat. *torques*.
4. Le celto-lat. avait peut-être un mot *trogos* « porc », à demi attesté par un lat. vulgaire *trogia* > *troia* > fr. *truie*. Il se pourrait dès lors que *torkos* > br. *tourc'h* fût une contamination de *porkos* et *trogos* : Sommer, *die Komparationssuffixe im Latein*, p. 91.
5. Influencé sans doute par le fr. *heurter*, qui représente un roman *urtāre*, évidemment formé sur une base celtique.
6. En conséquence, la vraie traduction de *kabel-dousek*, c'est « chapeau vénéneux ».

Tousier, s. f., nappe : relève de la même origine que *toal*[1].

Touz, adj., tondu : abstrait de mbr. *tousaff* > br. *touza* « tondre ». Empr. fr. ancien *touser* (< bas-lat. *tonsāre*).

Tôzôna, vb., agacer les dents (aussi *toazona*), mbr. *tasoanaff*, etc. : variante dérivative de *tuzum*. Cf. ce mot et *toézella*.

Trâ, s. f., chose, corn. *tra* id. : peut-être identique à *1 trô*[2].

Trabel, s. m., traquet : relève plus ou moins d'une onomatopée à laquelle se rattachent aussi *1 strâk* (fr. *traquet*), *stlaka*, et

Trabidella, vb., vaciller, chanceler, et

Trabiden, s. f., haillon (qui bat sur le corps). — Ern.

Tragas, s. m., confusion, tumulte. Empr. fr. *tracas*.

Trank, trankl, s. m., galetas : métaphore maritime, cf. fr. *trinquet* « la voile la plus élevée du navire »; cf. pourtant fr. ancien *trinc* (God.), terme d'architecture inexpliqué. Empr. fr. — Conj.

Traoñ, s. m., partie inférieure d'un objet quelconque, mbr. *tnaou* et *tnou*, « vallée, en bas », cymr. *tyno* « vallon » : d'un celt. *ten-owo- = *sten-owo-*, cf. peut-être gr. *στεν-F́ό-ς > στενός (ion. στεινός) « étroit »; sans autre équivalent. Cf. *kraoun* et *naou*.

Traoñien, s. f., vallée : dér. du précédent.

Traouil, s. f., dévidoir. Empr. fr. ancien *travoil* id.

Travel, s. m., travail, peine, souci. Empr. fr. *travail*.

1 Tré-, préf., au delà[3]. V. sous *dré*, et qquns des mots suivants.

2 Tré, 1 tréac'h, s. m., reflux, jusant, corn. *trig*, cymr. *trai* et *treio* « refluer », vir. *trág-ud* « reflux » : proprement « [re-]trait », la rac. sous *trô*.

2 Tréac'h, adj., plus fort, supérieur, vainqueur (aussi *trec'h*), cymr. *trech*, vir. *tressa*, ir. *treas*, gael. *treasa* id. : d'un celt. *trek-s-*, forme réduite de *trég-yos-*, compar. de celt. *treg-no-* « fort » (cymr. *tren*, vir. *trén*, ir. et gael. *treun* « brave », et cf. lat. *strēnuus*), tous deux issus d'une rac. STREG « force »; ag. et al. *stark* « fort », lit. *streg-ti* « se raidir », persan *suturg* « vigoureux », etc. — Mcb.

Tréala, vb., haleter. V. sous *tré-* et *alan*, et cf. *tréc'houéza*.

Tréañti, vb., harponner, pénétrer, s'imbiber[4] : dér. de *tréañt* < *trézant* « harpon ». Empr. lat. *tridens* « trident ».

1. Sur l'échange d'*l* mouillé et *z*, cf. le Gloss. Ern., p. 704.
2. Au sens vague « tour > fois > objet »?
3. L'emploi postposé au sens du fr. *très* (de même origine) doit procéder d'une contamination du breton et du français.
4. Sens secondaires procédant de contamination de *tré-*.

Tréat, s. m., onguent : abstrait d'empr. fr. *traiter* « médicamenter »

Tréaz, s. m., sable de mer, sable, mbr. *traez* « rivage », corn. *traith* > *treth* > *treath*, cymr. *traeth*, vir. *tracht*, etc. : d'un celt. **trak-tu-*, presque identique au lat. *tràc-tu-s*¹. V. la rac. sous *tró*.

Trébez, s. m., trépied (aussi *trébé* T., V.), corn. *tribet* (voc.) > *trebath*, cymr. *trybedd*. Empr. lat. *tripedem* accusatif.

Tréki, vb., échanger : dér. de *trok*. Cf. *leski*, *terri*, etc.

Tréd, s. m., étourneau, corn. *troet*, cymr. *drudwy*, ir. *truid* > *trod* id. : soit un celt. **trodi-* et **trozdi-*, à peu près identique à lat. *turdus* (< **turzdo-s*), ag. *throstle* et al. *drossel*, lit. *stràzdas* « grive ». Cf. *drask*.

Trédé, adj., troisième, corn. *trysse* > *tressa*, cymr. *trydydd* : d'un celt. **tri-tiyo-* (cf. *tri*), sk. *tṛtīya*, zd *thritya*, lat. *tertius*, got. *thridja*, ags. *thridda* > ag. *third*, et al. *dritte*, lit. *trecza-s*.

Trédémarz, s. f., miracle étonnant. Cf. *marz*².

Tréderen, s. f., douaire (tierce-part). V. sous *rann*³.

Tréf, s. f., territoire dépendant d'une succursale. V. sous *adré*.

Trégas, s. m., variante altérée de *tragas*.

Tréc'hi, vb., surmonter, vaincre : dér. de *2 tréac'h*.

Tréc'houéza, vb., haleter. V. sous *tré-* et *c'houéz*, et cf. *tréala*.

Trei, vb. (ppe *tróet*), tourner, tordre : dér. de *1 tró*.

Treidi (V.), s. m., étourneau : pl. de *tréd* pris pour un sg.

Treiz, s. m., trajet par eau (aussi *treic'h* V.). Empr. lat. *trajectus*, mais sans aucun rapport avec *treuzi*. V. ce mot.

Tréloṅk, adj., âcre : abstrait de *tréloṅka*⁴. Cf. *torlouṅka*.

Tréma (V.), prép., vers : proprement « par ici » (*tré-*, *3 ma*).

Trémen, **tréménout**, vb., passer, dépasser, surpasser, transgresser, mourir (tré-passer). V. les deux termes sous *tré-* et *moṅt*⁵.

Trenk, adj., aigre, sévère, cf. cymr. *trwngc* « urine » : on rapproche en outre gr. τάρχ-ανο-ν, « vinaigre, piquette », et al. *dreck* « ordure ». V. sous *2 strák* et cf. *troaz*. — Rien de précis.

---

1. Qui signifie « étirement > étendue > terrain continu ».
2. « Troisième merveille », locution venue du folklore : dans les contes populaires, les récits fantastiques se succèdent au nombre de trois et en gradation.
3. Le mot, dès lors, devrait être masculin ; mais, l'*a* s'étant affaibli en *e*, il est devenu féminin à l'imitation de nombre de mots en *-en*. Aussi *trédérann*, *trédéarn* et *trédern*.
4. Signifie donc « difficile à avaler » ; mais la corruption du vb. sous l'influence de *tré-* est difficile à comprendre.
5. On attendrait **trécoṅt* ; mais il faut se souvenir que la prép. qui signifie « au delà » a, dans toutes les langues, des formes terminées par une consonne.

Tréô, s. f., variante de *tréf*. V. ce mot et *adré*.

Trés, s. m., lenteur, tranquillité : exactement « allure », identique à *treüz* « travers », qui est abstrait de *treüzi*. V. ce mot[1].

Tréskaô, s. m., hièble : soit « au delà du sureau », d'où quelque chose comme « faux sureau ». V. sous *tré-* et *skaô*, et cf. *skilio*.

Treskiz (V.), s. m., rigole : proprement « coupure en travers ». V. le préf. sous *tré-* et la rac. sous *skéja*. — Conj.

Trést, s. m., grand tènement de terre, cymr. *trest* « chose étendue » : paraît empr. ags. altéré *streccan* « étirer », cf. ag. *a stretch of land*.

Treûjen, s. f., tronc, trognon : dér. de *treüd* = *treüt*.

Treûskin, s. m., jabloir. Empr. fr. *troussequin* ou *trusquin*.

Treûst, s. m., poutre : pour *treustr*, corn. *troster* (voc.), cymr. *trawst*. Empr. bas-lat. *trăstrum* < *trănstrum* « traverse ».

Treûstel, treûstl, s. f., tréteau, linteau. Empr. fr. ancien *trestel* (> fr. *tréteau*), influencé par le précédent qui est de même origine.

Treût, adj., maigre, sec, cymr. *tlawd* « misérable » : soit un celt. *trā-to-* « traversé > transi », ppe de la rac. de *tarar*[2].

Treûzi, vb., traverser, percer (aussi *trézein* V.), d'où a été abstrait *treüz*, « travers, seuil » (> *treüza* « tordre », etc.) = cymr. *traws*. Empr. lat. *trāns-ĭ-re* > *trāsīre*. Ou d'un celt. *trās*, cf. *tarar*, etc.

Trével, s. m., variante assimilée de *travel*. Cf. *burzud*.

Trévers, s. f., trêve : contamination d'empr. fr. *tresve* et de br. *trevers* = empr. fr. *traverse*, « qui empêche, interrompt ».

Tréza, trézenna, vb., prodiguer, dissiper : proprement « laisser couler comme un vase percé », abstrait et dér. de *tréz-er*.

Trézen, s. f., lange : dér. d'empr. fr. ancien *trosses* > *trousses* « hardes » lequel est abstrait de *trousser* < lat. *tortiāre*[3].

Trézer, s. m., entonnoir, dissipateur (cf. *tréza*), mbr. *traezer*. Empr. lat. *trajectorium* > bas-lat. *tractārius* (d'où aussi al. *trichter* id.).

Trī, trois, corn. *try*, cymr. *tri*, vir. *trī*, etc. : d'un celt. *treis*, sk. *trăy-as*, gr. τρεῖς, lat. *trēs*, got. *threis*, ag. *three* et al. *drei*, vsl. *trĭje*, etc.

---

1. L'expression *it war hô trés* signifierait donc « allez selon votre trajet > votre façon d'aller », etc. — Le mot *trés* « trace » est sans doute le même, mais contaminé, quant au sens, du fr. *trace*. — Conj.

2. L'*l* cymr. peut être une altération; sinon, il ferait songer au gr. τλη-τό-ς, « patient », dont la rac. est sous *tleun*. — Ern.

3. L'*é* vient d'un pl. *trés* dont *trézen* est le singulatif. — Conj.

Trik-heûzou, s. m. pl., guêtres. Empr. fr. ancien *tricquehouze* avec sens analogue. Cf. *1 heûz*.

Triked (V.), s. m., tréteau, linteau. Empr. fr. ancien *triquet* « échafaud de couvreur ».

Trida, vb., tressaillir de joie : sorte d'onomatopée d'origine probablement romane, mais diversement modifiée ; cf. lat. *trepidāre* « trembler » et *tripodāre* « danser », provençal *tridoula* et périgourdin *triboula* « grelotter », etc. Cf. aussi *kridien* et *tripa*.

Trinchin, s. m., oseille, mbr. *trinchonen*. Cf. *trenk*.

Tripa, vb., danser, trépigner (aussi *trépa*). Empr. fr. *treppir* « danser », auquel Ern. rattache aussi *trivia* « tressaillir de peur ». Cf. *trida*.

1 Trô, s. f., tour, corn. *tro*, cymr. *tro*, et *troi* « tourner » (cf. *trei*) : d'un celt. **trog-o-* « traction », dér. à l'état fléchi d'une rac. probable TRAGH que reproduit lat. *trah-ere*, cf. aussi got. *thrag-jan* « courir ». Nombreux dér. celt. sous *1 tréac'h*, *tréaz*, *troad*, *gozrô*, etc.

2 Trô, s. f., présure : identique au précédent[1].

Troad, s. m., pied, marche, mbr. *troat*, corn. *truit* (voc.) > *trois* > *trôs*, cymr. *troed*, vir. *traig* (gén. *traiged*), ir. et gael. *troigh* id. : d'un celt. **trag-et-* ou **trog-et-*, dér. de la rac. TRAGH (sous *1 trô*)[2].

Troaz, s. m., urine, cymr. *troeth*, « urine, eau (alcaline) de lessive » : d'un celt. **trok-to-*, sans équivalent précis. V. sous *trenk*.

Trok, s. m., échange. Empr. fr. *troc*.

Tróel, s. f., liseron : dér. de *1 trô* (qui s'enroule).

Tróen, s. f., tourbillon d'eau, gouffre tournant : dér. de *1 trô*.

Troc'han, s. f., roitelet (T.). — Étym. inc.[3]

Tróidel, s. f., biais, ruse : dér. de *1 trô* (cf. fr. *tour*).

Trompil, s. f., trompette. Empr. fr. ancien *trompille* id.

Tronjen, s. f., tige : contamination de *treujen* et d'empr. fr. *tronc*.

Trônôz, s. f., lendemain, mbr. *tronnos* « après-demain », cymr. *tranoeth* « lendemain » : correspond en celtique à ce que serait en latin *trans noctem*, et *antrônoz* à **in trans noctem*. V. sous *tré-* et *nôz*.

---

1. Ce qui fait « tourner » le lait.
2. Pour le passage du sens « tirer » au sens « marcher », cf. al. *ziehen* « se diriger vers ». Ce sens est attesté déjà par le gaul. latinisé *ver-trag-u-s* « lévrier » (fort coureur, cf. *war*).
3. Le rapprochement possible avec lat. *trochilus* n'est pas satisfaisant pour la forme; celui avec cymr. *trochi* « plonger » et *trochydd* « plongeon » (oiseau) ne l'est pas pour le sens.

Trons, s. m., trousse, carquois. Empr. fr. altéré[1].

Trota, vb., trotter. Empr. fr., et cf. *stroten*[2].

Trouc'ha, vb., trancher, couper, cymr. *trwch* « mutilé » : soit un celt. *trokk-ō* « je coupe », dér. d'une rac. de forme indécise, dont paraissent relever aussi lat. *trunc-u-s* et *trunc-āre* « mutiler », al. *dringen* « presser », lit. *trenk-ti* « pousser », vir. *du-thraic* « il désire ». — Très incertain.

Trousken, s. f., croûte qui se forme sur une plaie, cf. vir. *trosc* « lèpre » : dér. d'un radical *trousk-*, qui n'apparaît nulle part mieux que dans le got. *thrūts-* « lèpre », et qu'on peut rattacher à gr. τρύ-ω « frotter » ou lit. *tru-nė-ti* « pourrir »; soit donc un celt. *tru-sko-* de sens indécis.

Trouz, s. m., bruit, cymr. *trwst*. Onomatopée probable.

Truant[3], s. m., gueux, cymr. *truan*, « faible, calamiteux » : dér. de cymr. et mbr. *tru* « chétif », gaul. *Trōg-o-s* n. pr., vir. *trúag* « malheureux » (et dér. *tróg-ān*, etc.); soit un celt. *troug-o-*, de rac. TRUG, gr. στρεύγ-ο-μαι « je suis en détresse », vsl. *strug-ati* « râcler », etc. Cf. *truez*.

Trubard, adj., fourbe : contamination possible de deux empr. fr., soit *truffer* « tromper » (mbr. *trufla*) et *fourber*, avec finale dérivative.

Trubul, s. m., affliction, mbr. *tribuill*, etc. : abstrait du vb. *trubula* « affliger » = *tribul-ya*[4], lequel est dér. d'un simple *tribul*, abstrait lui-même du radical de l'empr. fr. *tribul-ation*.

Truez, s. f., pitié, cymr. *truedd* « misère », vir. *tróige*, etc. : d'un celt. *troug-yā*, « misère, commisération ». Cf. *truant* et *trugarez*.

Trugarez, s. f., grâce, pardon, merci, corn. *tregereth*, cymr. *trugaredd*, vbr. *tru-car-auc* « miséricordieux », vir. *trócaire* et gael. *tròcair* « compassion » : d'un composé celt. *trougo-karyā* « amour des malheureux », dont on trouvera le premier élément sous *truant* et le second sous *karout*; mais le second seul est hors de doute.

Trul, s. m., guenille, chiffon : peut-être pour *drul*, cf. cymr. *dryll* « fragment »[5], soit un celt. *drous-lo-* et *drus-lo-*, qu'on rattache à gr. θραύ-ω « briser », lat. *frūs-tu-m* « morceau », lett. *drus-ka* « miette ».

---

1. Ce mot et *tronsa* « trousser » sont naturellement des emprunts beaucoup moins anciens que *très* > *trézen*.
2. Il est à peine besoin de faire observer que ce verbe n'a en tout état de cause rien à voir au br. *troad*.
3. Le fr. *truand* est empr. br.; mais en revanche c'est au fr. que le br. doit son *t* final, qui n'est pas étymologique.
4. Assimilation de la 1re syllabe à la 2e, cf. *burzud*, *butun*, etc.
5. V. sous *dral*. — Le fr. *drille* « chiffon » paraît être emprunté au breton.

Tû, s. m., côté, corn. et cymr. *tu*, vir. *tóib* > *tóeb*, ir. et gael. *taobh* id. d'un celt. **toibo-*, qui n'a nulle part d'équivalent sûr.

Tûd, s. f., les gens, mbr. *tut*, corn. *tus*, cymr. *tŭd* « pays », gaul. *Teuto* en tête de plusieurs n. pr., vir. *túath*, ir. et gael. *tuath* « peuple » : d'un celt. *toutā (et *teutā), qui se retrouve en germanique et en lettique (got. *thiuda*[1] et lett. *tauta* « peuple », etc.), ainsi qu'en italique (ombr. *tot* « ville », osque *túvtú* « peuple »), mais non en latin ni ailleurs.

Tuellen, s. f., robinet : dér. d'empr. fr. *tuel* > *tuyau*.

Tufa, vb., cracher sans effort. Onomatopée probable.

Tufen, s. f., douve, merrain (aussi *dufen*). Empr. fr. altéré. Cf. *douvez*.

Tuchen, s. f., butte, tertre : pour *tut-yen (cf. *hiñcha*), dér. de *tut* (sous *tŭd*) au sens de « pays », puis influencé par *2 tùn*. — Conj.

1 Tûn, s. m., espièglerie, ruse : proprement « friponnerie », abstrait de l'empr. fr. (argot) *tuner* « friponner »[2].

2 Tûn, s. f., colline, dune, falaise. Cf. fr. *dune*[3].

Turkez, s. f., tenaille. Empr. fr. ancien et dialectal *turcoises* (*tricoises*).

Turc'ha, **turia**, vb., fouir. — Étym. indécise[4].

Turubalou, s. m. pl., fatras. Onomatopée.

Turumel, s. f., fourmilière : cf. *turiaden* « taupinière », où la dérivation par rapport à *turia* est mieux marquée ; formation obscure.

Turzunel, s. f., tourterelle. Empr. lat. vulgaire *turturella*.

Tuzum, adj., pesant, épais : pour *tus-im, terme d'argot hybride, dont la finale est celle des anciens superlatifs fr. (*saint-isme*, etc.), et dont le radical se rattache, par emprunt ou autrement, à celui de l'espagnol *tocho*, « grossier, stupide ». — Rien de précis.

U

Ufern, s. m., cheville du pied, cymr. *uffarn*, et tous deux pour *ufrann que supposent ir. *odbrann* et gael. *aobrann* id. : soit un composé *od-brann*, dont le 1ᵉʳ terme est **od-* pour **pod-* « pied » (cf. sk. *pād*, gr. πούς

---

1. De même origine sont le nom ancien des Teutons et le véritable ethnique des Allemands (vhal. *diut-isc* > al. *deutsch*).
2. Cf. *le roi de Thunes* (Tunis) « le prince des escrocs ».
3. Le mot est d'origine celtique ; mais il a passé par tant de langues qu'il est impossible de savoir où les Bretons l'ont réemprunté.
4. Pourrait se rattacher à une rac. homologue de celle de *tarar*. Cf. cymr. *turio* « fouir », gr. τορύνη et lat. *trua* « cuiller à pot ».

(ποδ-ός), lat. *pēs* (*ped-is*), got. *fōt-u-s*, ag. *foot*, al. *fuss*, etc.), et le 2° se rattache au radical qu'on verra sous *bronn*, soit donc quelque chose comme « gonflement, excroissance, mamelon du pied »[1].

Ugeṅt, vingt, corn. *ugans* et *ugens*, cymr. *uceint* > *ugaint* > *ugain*, vir. *fiche*, etc. : d'un celt. *wiknt-, à peu près identique à sk. *viṃçati*, zd *vīsaiti*, gr. Ϝίκατι (dor.) et εἴκοσι, lat. *vīgintī*[2].

Uc'h, adj., haut, corn. et cymr. *uch* « au dessus » : abstrait de *uchel* = *uc'hel*, qui est la variante primitive et subsistante de *huel*. V. ce mot.

Ulmen, s. f., nœud d'arbre, rognure de bois. — Étym. inc.[3]

Ulven, s. f., duvet ou déchet de lin, de fil, etc. V. sous *elfen*, *elven* et *eüfl*.

Unan, un, corn. *onan* et *onon*, etc. : dér. de *un-*. V. sous *eunn*.

Unnék, onze : pour *un-dék. Cf. *unan* et *dék*.

Unvan, adj., uni, semblable, cymr. *unfan* « le même endroit » et cf. cymr. *man* « place » : le br. est formé de même, du radical *un-* et du mot qui est devenu br. *mân*.

Urlou, s. m. pl., goutte (maladie), variante de *hurlou*.

Urs, s. f., ordre, arrangement, cymr. *urdd*. Empr. lat. *ōrdō*.

Us, haut, dans la locution adverbiale *a us* (aussi corn.), « en haut, au-dessus » : variante de *uc'h* en certaines positions syntactiques, puis généralisée. Pour la phonétique, cf. la note sous *eks-*.

Usien, s. f., criblure, corn. et cymr. pl. *usion*, « bale, paille », et cf. cymr. *us* id., *usyn*, *eisin*, « son, bale », vbr. pl. *eus-in-iou* « criblures », sans équivalent retrouvé ailleurs. — Étym. inc. Cf. Loth, *Voc. Vbr.*, s. v.

Usmol (T.), s. m., synonyme de *usien*, dont le premier terme est *us-* du mot précédent; le second est celt. *muldo-* « résidu de mouture », cf. cymr. *mwl-wg* « bale de blé », vir. *moll* « son », got. *mulda* et vhal. *molt* « poussière », dont on trouvera la rac. sous *mala*.

Uvel, adj., variante ancienne (la seule correcte) de *vuel*. V. ce mot.

V

Va, mon, ma : variante muée de *ma*. Cf. *vâd*.

---

1. Séduisant, mais rien moins que sûr; car l'*u* brittonique implique en tout état de cause une corruption (*oid-* ou *oud-*). La variante cymr. *ucharn* peut être altérée, et les variantes *ffern* et *ffêr*, aphérésées; mais tout cela est bien compliqué.
2. I.-e. *dwi d(e)knt-ī « deux dizaines » > *dwi-tkntī > *dwitkntī > *wtkntī.
3. Variante possible de *ulven* (Loth).

Vak, adj., oisif, paresseux : abstrait de mbr. *vacaff*. Empr. fr. *vaquer*, « être vacant ou en vacances, être de loisir ».

Vâd, s. m., bien, plaisir : variante muée de *mâd*. Cf. *va¹*.

Vaganéein (V.), vb., s'évanouir : contamination probable de deux empr. fr., d'une part *s'évanouir*, et de l'autre la famille des mots *vague, vaguer, divaguer*, etc.

Valgoriein (V.), vb., balbutier : semble² une contamination d'empr. fr. *balbutier* (cf. *balbouza*) et d'empr. espagnol *farfullar* « bredouiller ».

Vergadel, s. f., poisson conservé, morue sèche. Empr. espagnol *vergadele* « merluche » (aussi fr. et provençal).

Vi, s. m., œuf, mbr. *ui*, corn. *oy* et *uy*, cymr. *wi* et *wy*, vir. *og* (gén. *uige*), ir. *ugh* et *ubh*, gael. *ubh* id. : d'un celt. *oges-* nt., qu'il est aussi difficile de rapprocher que de séparer du type i.-e. bien connu, gr. ᾠόν (pour *ὠϝ-ιό-ν*), lat. *ōvu-m*, ag. *egg*, al. *ei*, vsl. *jaje*, etc.; aucune autre affinité à constater.

Viel (C.), s. m., fainéantise : abstrait du vb. *viella* empr. fr. « jouer de la vielle », d'où « perdre son temps, muser », etc. Cf. *biel*.

Vil, adj., vilain, malhonnête. Empr. fr. *vil* et *vilain*.

Vilgen, s. f., femme de mauvaise vie : dér. du précédent. Cf. *dourgen*.

Viltañs, s. f., vilenie, ordure, pus, race infâme, lutins. Empr. fr. ancien *aviltance*, dér. d'un vb. *aviletér* « rendre vil ».

Vuel, adj., humble : fausse lecture pour *uvel*, mbr. *uvel*, corn. *huvel* > *uvel*, cymr. *uvyl* > *ufyll*. Empr. lat. *humilis* > *hŭmilis*³.

W

War, prép., sur, mbr. *voar* et *oar*, corn. *gur* > *war*, cymr. *guar* et *guor* > *gôr-*, vbr. *guor*, etc., vir. *for*, etc., gaul. *ver-* dans *ver-trag-u-s* « qui court bien » (cf. *troad*), *Ver-cingeto-rix* (cf. *1 kamm*) et autres n. pr. : d'un celt. *wer* < *uer*, pour *uper* « sur », sk. *upári*, gr. ὑπὲρ, lat. *s-uper*, got. *ufar*, ag. *over* et al. *über*, etc. Cf. aussi *1 gour-*.

Wardrô, prép., adv., autour. V. sous *war* et *1 trô*.

---

1. Dans ces mots la mutation douce s'est immobilisée et fixée, comme aussi, avec une altération plus forte, dans les mots du type *ab*.

2. Les étymologies de pareils mots, influencés par l'onomatopée, sont nécessairement très flottantes.

3. Cf. aussi vir. *umal*, ir. *umhal*, gael. *ùmhal*.

Warc'hoaz, adv., demain : pour mbr. *arhoaz* (*ar-c'hoaz*), proprement « la fois prochaine », contaminé de *war*. V. ces trois mots.

Warc'horré, prép., par dessus. V. sous *war* et *gorré*.

Warléné, adv., l'année dernière, cf. cymr. *yrllynedd* id. : le premier terme est un adj. celt. **arei-o-*, pour **parei-o-*, « passé, dernier », dér. de la prép. primitive qu'on trouvera sous *ar-* (cf. sk. *parut*, gr. πέρυσι « l'an dernier »), puis confondu, en br. seulement, avec la prép. *war* supra; le second terme est relevé et expliqué sous *léné* et *hévléné*.

Warlerc'h, prép., après : exactement « sur trace de > à la suite de ». V. sous *war* et *lerc'h*.

Warzu, prép., vers, du côté de. V. sous *war* et *tù*.

Z

Zé, adv., écourté pour *asé*. V. ce mot et cf. *sé*.

Zôken, adv., même (aussi *siken* et *ziken* T.), mbr. *so quen*, etc. : exactement « tellement autant », la syllabe initiale étant la même particule démonstrative qui sert de base dérivative à *2 seùl* et qui se retrouve à l'initiale de *sioaz*. V. ces mots et *1 ken*[1]. — Ern.

---

1. Étymologiquement on peut même traduire « avec > en outre » emphatisé par la valeur intensive du préfixe.

FIN

INDEX DES MOTS

(Les nᵒˢ renvoient aux pages.)

I. INDO-ÉRANIEN

1. SANSCRIT

a- « œ »	1	aç	156	éka	118
a- (nég.)	8	açrá	109	éti	205
ákṣa	5	áçravat	70	édha	213
agní	213	áçva	109	eṣām	164
aṅká	11	aṣṭáú	111		
ájāmi	204	ásti	34		
áñjas	8	ásthi	19	aidhá	213
áti	138	asya	158		
átha	117	asyās	158	ká	218
ádihan	96			kákṣa	56
adhás	175	á	1	kakṣá	49
ádhvanit	92	ādara	93	katithá	221
an-	8	ānámça	232	kadá	215
ániti	6	ápas	21	kaniṣṭhá	62
ánika	114	āmá	99	kanínikā	193
ánta	140	áyus	213	karóti	95
antár	114	āçú	96	karpara	60
ánti	10			kárma	95
anyá	111	úpa	146	kaví	243
ápa	1	upári	276	káṇa	136
apaskara	55, 240	upastáraṇa	141	kás, kāsá	218
abhí	7	uṣás	152	kāsate	218
áma	158			kúla	217
ambu	21	úrṇā	135	kúhaka	85
amlá	99	ūrṇavābhí	148	kuhí	85
áyas	166			-kŕtvas	227
aráṇi	164	ŕkṣa	158	kr̥ntáti	227
árṇa	17	r̥jú	232	kŕmi	95, 228
arṇavá	17	r̥ñjáti	232	ketú	226
áva	14	r̥ṇuté	17, 115	kráma	81
ávati	174	r̥ṇóti	17	krámati	81
aváni	14	r̥tá	231	kriṇā́ti	227
ávāta	147	r̥tú	231	krúñcati	83

INDEX

klāmyati	69	tán	252	náva	211
kṣiṇáti	244	tanú	252	návya	211
kṣiti	244	tanóti	252	naç « atteindre »	156
kṣétra	73	tápati	266	náçati	12
		tápas	264	naś	165, 211
kháñjati	51	-tama	174	náhus	210
khaḍga	71	támas	264	náhyati	209
khādati	95	tamisrá	264	náma	157
		tár	253	ní	210
gábhasti	129	tala	258	niktá	212
gādhá	33	tará	253	nidāghá	94
gáhati	33	tirás	107	niṣká	209
giráti	131	tíṣṭhati	238	niḍá	210
gilati	131	tisrás	262	nú, nū́	211
gṛṇáti	130	tuñjáte	248	nénejmi	212
gṛ́dhyati	143	tudáti	20, 266	naús	210
gṛbhṇáti	79	tunná	266		
gaús	48	tráyas	271	paktá	225
gnā́	109			pácati	222
grathnā́ti	145	dákṣiṇa	91	páñca	219
grantha	145	dadárça	107	pátati	119
grā́van	44	dadru	89	páti	215
glānā́	37	dánt	87	pári	15
		damā́	88	parut	277
gharmá	137	dáyate	104	parṇá	229
		dardū	89	palitá	190
ca	221	dárṣi	89	pád	274
cakrá	66	dáça	91	pāhí	118
cátasras	219	daça	108	pitú	110
catvā́ras	222	dáhati	94	pitudā́ru	117
candrá	53	dā́ru	93	píparti	184
cā́ru	55	dīrṇá	89	píbāmi	118
cittá	226	dṛ́mhati	93	piyū́ṣa	192
cétati	226	dṛḍhá	93	putrá	104
		dṛ́hyati	93	purú	173
chāyā́	241	devá	105	pūrṇá	184
chinátti	242	dyaús	91	pṛcchāti	19
chyati	240	driyáte	93	pṛthivī́	181
		drúh	108	pṛthú	181
jáṅghā	51	dvā́r	104	prá	229
jánati	131	dvé, dvaú	88	práti	4
jánas	131			prastha	235
jā́rate	130	dháyati	92	prā́k	229
jala	131	dhenú	92	prúṣvā	232
jalūka	131			plávate	185
jā́nu	134	ná	209	plīhán	121
jā́mātar	132	nákti	213		
jīrṇá	143	nakhá	175	phéna	115
jīvá	31	nagná	212		
jñātá	11	natá	13	badhirá	41
-jñu	134	nápat	61, 212	badhnáti	38
		napū́	212	barsá	26
takati	262	námas	115	bila	40
takti	262	nā́r, nā́ra	210	budbuda	226
tatá	258	náva « 9 »	209	bṛhánt	32

SANSCRIT

bhárati	60	ríyate	183	çañkhá	82
bhávati	11	rucá	191	çatám	53
bhinátti	30	ruṇáddhi	192	çátru	49
bhugná	40	rudhirá	237	çamyati	53
bhuráti	32	rej	184	çalá	59
bhūtí	41	raí	232	çaçá	127
bhṛṣṭí	26	roká	191	çaçáda	49
bhrātar	44	rócati	191	çiçati	59
bhrú	3	rodhati	192	çúra	64
		róma	233	çṛ́nga	76
mádhu	201	róhita	237	çṛtá	80
mádhya	112			çéte	84
mánas	78	lakṣate	178	çnatháyati	62
mányā	206	laṅghati	178	çraddádhāmi	80
mánye	78	laṅgháyati	182	çráyati	69
márta	196	lapati	183	çrávas	70
márma	198	lináti	138	çravasyá	70
márya	200	libati	184, 188	çráṇá	82
maryaká	200	líyate	187	çrātá	80
malina	198	lóta, lótra	179	çráyati	80
mahánt	195	lopāçá	190	çrópi	72
mahí	197	lóma	233	çvá	66
má	201	lohá	237		
mātṛká	204			ṣáṣ	170
mátra	10	vakrá	148		
más	203	vácas	75	sá	12
mása	203	váñcati	148	sakṛ́t	227
minóti	203	vatsá	155	sácate, sácā	160
mímikṣati	200	vadhú	138	sádati	22
muñcáti	204	vána	150	sádas	22
múrdhán	198	vanóti	150	sadívas	164
mṛṇáti	194	vamrá	200	sána, sanád	160
mṛtá	196	váyati	148	sanutár	8
mṛdú	38	vára	150	sanóti	110
médas	201	varaṇá	140	saptá	245
mriyáte	196	várga	146	samá	162
		vártate	152	sámā	157
yáças	172	vartulá	152	sarat	58
yaçás	172	várdhate	165	sasyá	156, 159
yásati	135	vas	171	sáhate	158
yugá	172	vásu	155	sáhas	158
yuṅkté	172	váste, vástra	155	sádhati	100
yúdh	175	váhati	149	sádhú	100
yunákti	172	váta, váyú	21	sádhyati	100
yuván	172	vástu	148	sámi-	157
yuvaçá	172	viṃçatí	275	sāyá	164
yūṣa, yūs	174	vikramá	81	sidhyati	100
		vivadhá	102	sú, su-	158
rajatá	16	vīrá	140	sūkará	166
rátha	234	vṛṇáti	150	sūte, sūnú	106
rá	232	véda [2 mots]	142	súrya	160
ráj, rájan	235	vraṇá	139	skabhnáti	238
rātá, ráti	232			stabhnáti	238
riháti	184, 188	çákṛt	50	stṛṇóti	142, 255
		çaṅkú	61	stṛtá	255

INDEX

sthagayati	254	syá	168	hánu	132
sthátár	238	srávati	126	háras	137, 145
sthámau	236	sruti	126	hári	131
sthávará	249	svápiti	167	hárṣati	130
sthitá	238	svápna	167	himá, héman	135
snáti	211	sváraṭi	169	hyás	90
snáyati	211	svásar	169	hrásati	130
snáyu	211	svádú	169	hrasvá	130
sphátati	120	svidyati	171		
sma, smá	192				

2. ZEND

(Le persan moderne entre parenthèses.)

ainika	114	thritya	270	vaeti	149
aeva	118			vanaiti	13
aota	13	darezayeiti	93	visaiti	275
açou	19	dim, diṣ	94	vohu	155
kaṣa	56	pitu	110	(suturg)	269
khaodha	85			staman	252
		búza	40		
caiti	221			hama	157
cataṅrō	219	(marz)	45	habya	156, 159
		maçaṅh	193	hisku	162
tiṣarō	262			hu-	158

II. ARMÉNIEN

dalar	91	matn	201	nist	210

III. GREC

(Le grec moderne et les mots non helléniques entre parenthèses.)

'A-	8	ἄγω	104	αἶθος, αἴθω	213
(ἀϐροῦτες)	3	ἀδύς	169	αἷμα	73
ἄγγελος	108	ἀεί	213	αἰών	213
ἀγκύλος	11	ἄελλα	21	ἄχος	172
ἄγκυρα	11	ἄημι	21	ἀκούω	243
ἀγοστός	41	ἀήρ	21	ἄκρατος	80
ἀγχί	156	ἀθαρής	215	ἄκρος	109
ἄγχω	113	αἰεί, αἰέν	213	ἀλεΐν	194

GREC

ἀλίνειν	138, 187	βῆσσα	33	δέρω	89
ἄλλος	7, 111	βίος	31	δεσπότης	215
ἅλς	165	βλέτυες	131	δέχεσθαι	85
ἀλώπηξ	190	βόθρος	34	δή	94
ἅμα	162	βόλεται	150	δῆμος	93
ἁμαλός	102	βουκόλος	47	δῖος	105
ἁμαρτάνω	27	βουλή	150	δόμος	88
ἁμαρτωλή	27	βούλομαι	150	δορκάς, δόρκος	174
ἀμάω	197	βοῦς	48	δόρυ	93
ἁμμές	165	βραδύς	38	δράγμα	106
ἀμνός	213	βρενθύομαι	46	δράσσομαι	93
ἀμφί	7, 114	βρόγχος	45	δραχμή	106
ἀμφιλύκη	191	βρότος	196	δρῦς	93
ἀν-	8	βρύκω	45	δύο, δύω	88
ἀνά	10	(βρῦτον)	46	δῶρον	106
ἀνάγκη	11				
ἄναλτος	14	Γαμβρός	132	Ἐγγύς	156
ἁνδάνω	169	γάμος	132	ἐγκέφαλον	113
ἄνεμος	11	γαυσός	129	ἕδος	22
ἄνευ	12	γελεῖν	133	ἕζομαι	22
ἀνεψιός	61	γενέσθαι	131	εἶδος	6, 142
ἀνήρ	210	γένος	131	εἴκοσι	275
ἀνθηρός	215	γένυς	132	εἰλύω	146
ἄνιπτος	212, 215	γέρανος	130	εἰμι	205
ἀντί	10	γῆρυς, γηρύω	130	εἰπεῖν	75
ἀνύω	110	γλήνη, γλῆνος	133	-είρω	58
ἄξων	5	γλοιός	133	εἰς	157
ἀπό	1	-γνητος	131	ἐκ	110
ἀπολαύειν	179	γνύξ	134	ἑκατόν	53
ἀπομύσσω	204	γνυπετεῖν	134	ἐλαχύς	182
ἄρακος	15	γνωτός	11	ἔλεγχος	182
ἀραρίσκω	231	γόμφος	136	ἐλεημοσύνη	7
ἀργός	116	γόνυ	134	ἑλίκη	156
ἄργυρος	16	γράφω	79	ἕλιξ	146
ἀριθμός	236	γρόνθος	145	ἔμφυτον	112
ἄρκτος	90, 158	γυνή	109	ἐνεγκεῖν	232
ἀρόω	15	γυρός, γῦρος	137	ἐνί	113, 210
ἀστήρ	253	γύψ	145	ἔνισπε	59
ἀστός	148			ἐννέα	209
ἄστρον	253	Δαίεται	104	ἕννυμι	155
ἄστυ	148	δαιτρόν, δαιτύς	104	ἕνος	160
ἄτερ	8	δάκρυ	86	ἐνώπια	114
ἅτερος	157	δάκτυλος	85	ἐξ	110
ἄτη	147	δάμαρ	93	ἕξ	170
ἀτμός	94	δαματός	88	ἕπεται	160
αὔρα	21	δάμνημι	103	ἔπος	75
ἄφνη	14	δάρις	106	ἑπτά	245
ἄχνη	259	-δε	85, 94	ἔργον	72
		δέδορκε	107	ἐρείκη	47
Βαθύς	38	δέκα	91	ἔρευθος	237
βανά	109	δέχεσθαι	85	ἐρυθρός	237
βαρύες	31	δέμω	88	ἔρυσθαι	140
βαστάζω	41	δεξιός	91	ἐσθής	155
βδέλλα	131	δέργμα, δεργμός	107	ἕστηκε	238
βένθος	33	δέρχεται	107	ἐστί	34

INDEX

ἔσχε	159	καινός	62	κότος, Κότυς	49
ἕτερος	157	καίνω	62	κρααίνω	95
ἔτι	136	κάκκη	50	κραδάω	82
ἔτος	156	κάλαμος	74	κραδίη	80
εὐ-	158	καλέω	67	κράνον	228
εὐθύς	100	κάλπη	60	κρηπίς	63
ἐχέτλη	159	κάμνειν	53	κρίκος	66
ἔχω	159	καμπτός	53	κρίνω	55, 140
ἕως	152	κάμπτω	51	κύκλος	66
		κάναστρον	52	κύλλα	74
Ζέει	135	κάννα	52	κύριος, κῦρος	64
ζεύγνυμι	172	κάνναβις	52	κυρτός	77
Ζεύς	91	κάπια	68	κύων	66
ζορκός, ζορξ	174	κάπρος	129	κώπη	54
ζυγός	172	καρδία	80		
ζύμη	174	καρπίον	64	Λᾶας	186
		καρπός	64	λάβραξ	42
ἤ	12	καρτός	76	λαβρεύομαι	180
ἥ	172	κάρυον	59	λᾶιγξ	186
ἡδύς	169	κατά	129	λαιδρός	184
ἥλιος	160	κείρω	76	λαιμός	182
ἤθω	246	κεῖται	84	λάμπειν	184
ἥλιος	160	κεχαδμένος	49	λάπτειν	189
ἡμεῖς	165	κεντεῖν	62	λάταξ	180
ἡμέρα	157	κέντρον	62	λείπω	86
ἥμισυς	157	κεράννυμι	80	λειτουργία	186
ἠώς	152	κέρας	76	λείχω	184, 188
		κεραυνός	84	λευκός	191
Θάλλειν	91	κερχνηίς	63	λέχεται	181
θάλλος, θάλος	91	κέρχνω	63	λέχος	149, 181
θάνατος	92	κεύθω	85	ληνός	135
θερμός	137	κῆδος	65	λητουργία	186
θέρος	137, 145	κῆλον	59	λίμνη	183
θῆλη, θῆλυς	92	κιβωτός	168	λιμός	182
θιγγάνω	96	κινέω, κίω	68	λοιδορέω	184
θνήσκω, θνητός	92	κλαδαρός	71	λουτρόν	179
θολερός	86	κλαδεύειν	71	λούω	133
θορεῖν	107	κλαμαρός	69	λυγγάνειν	189
θραύω	106, 278	κλίνω	69	λύγος	181
θρώσκω	107	κλόνις	72	λύζειν	189
θύρα	104	κλυτός, κλύω	70	λύχνος	191
		κνάφαλον	81		
Ἰάομαι	172	κνάω	81, 95	Μακρός	193
ἰδεῖν	142	κνώδων	95	μάλα	201
ἰδίω	171	κόγχη	82	μαλακός	102
ἰθύς	100	κοέω	243	μάργος	199
ἴορκος	174	κοιμάω	84	μαρμαρυγή	45
ἵππος	109	κοιμητήριον	84	ματάω	201
ἴσος, ἴσσος	155	κολοβός	136	ματεύω	201
ἵστημι	236	κολούω	136	μάτημι	205
ἰσχνός	162	κόμβος	51	μάτην	201
ἰτέα	149	κόνδυλος	83	(μαῦρος)	205
		κονίδες	211	μέγας	195
Κάδος	65	κόρος	63	μέδομαι	10
καθέδρα	49	κορώνη	77	μέθυ	201

GREC

μεθύσκω	202	οἶδα	142	πό-	218
-μείων	196	οἰνή	117	ποινή	225
μεῖραξ	200	οἰός	118	παλιός	190
μέλας	198	ὀκτώ	111	πολύ 85, 173,	186
μέλει	194	ὀλισθάνειν	187	παρεῖν	230
μέλι	197	ὀμαλός	162	πόσις	215
μέλος	198	ὅμου	162	πόσος, πόστος	221
μέμονα	78	ὄνομα	157	πατάομαι	99
μένος	78	ὄνυξ	175	ποτί	4
μέριμνα 32,	196	ὀπός	239	πούς	274
μέσος, μέσσος	112	ὄπωπα	114	πρέμνον	140
μέτρον	10	ὄργυια	230	πρίαμαι	227
μή	201	ὀρέγω 230,	232	πρό	229
μῆκος	193	ὀρθός	165	πρόκα	229
μῆλον	202	ὄρνις	115	πρός	4
μήν, μήνη	203	ὄρνυται	115	πτάρνυμαι	255
μηρία, μηρός	206	ὀστέον	19	πτερόν	119
μικκός, μικρός	35	οὐαί	146	πυγή	90
μίσγειν	200	οὐλή	139	πῦος	192
(μόναπος)	206	ὀφρύς	3	πώνω	118
μόρον	206	ὄχος	149		
μοῦσα	199	ὄψομαι	114	Ῥαφάνη	174
μύδος	207			ῥέγκω	126
μῦθος	112	Παλλακή	224	ῥέζω	72
μυκτήρ	204	παρά	15	ῥεῖ	126
μύλη	194	παροίτερος	233	ῥίζα	144
μύξα	204	παύω	217	ῥίς	125
μύρμηξ	200	πέδη	173	ῥύσις	126
μύσος	207	πείθομαι	38		
μῶλυς	102	πελιτνός	190	Σάγμα	238
-μωρος	201	πέλλα	183	σάλος	164
		πέντε	219	σάττω	267
Νάειν	211	πέπλος	183	σήθω	246
νᾶσος	114	πέπρωται	230	σίκερα	247
ναῦς	210	πεπτός	225	σκάζω 51,	100
νειός	211	πέπων	222	σκάλλω	120
νεκρός, νέκυς	12	πέρθω	44	σκαμβός	51
νέμω	115	περί	15	σκέλος	129
νέος	211	πέρνημι	227	σκιά	241
νέποδες	212	πέρυσι	277	σκόλοψ	242
νέω	211	πέσσω	222	σκόλυμος	19
νήθω	211	πετάννυμι	112	σκότος	241
νῆμα	211	πέτεται	119	σκύλαξ	74
νῆσος	114	πῆλυι	219	σκώρ	55
νήχειν	211	πίμπλημι	184	σμικρός	35
νίζω	212	πίνω	118	σμινύη	198
νόμος	211	πίτυς	117	σπαράσσω	2
νομός	115	πλάθανος	181	σπάω	58
νύ, νῦν	211	πλακοῦς, πλάξ	181	σπείρω	126
νύξ	213	πλάτανος	181	σπλάγχνον	121
νώ	211	πλατύς	181	σπλήν	121
		πλείων	186	σταγών	253
Ὁ	12	πλέω	185	στάζω	253
ὄγκος	11	πλήρης	184	σταΐς	265
ὀδούς	87	πνῖγος, πνίγω	209	στατός	238

σταυρός	249	τεταγών	267	φθίνω	244
στεγνός	263	τέττα	258	φθίσις	244
στέγω	264	τέρρα	94	φθίω	244
στεινός	269	τήκω	263	φιτρός	30
στείχω	254	τῆλε	219	φλέγω	192
στέμβω	252, 259	τηλία	258	φλοιδάω	37
στενός	269	τίθημι	80, 86	φλοιός	37, 225
στέργω	245	τῖλος	262	φλοῖσβος	37
στήμεναι	238	τλάω	259, 265	φραδής, φράζω	28
στήμων	238	τλητός	271	φράτωρ	44
στιλπνός	245	τορός	260	φρέαρ	30
στοβέω	259	τορύνη	262, 274	φρήν	44
στόμα	252	τράμις	263	φύεται	11
στοργή	245	τραχύς	107	φύρειν	32
στόρνυμι	142, 253	τρεῖς	271	φύσις	11, 41
στρεύγομαι	273	τρύω	273	φῶς	24
στρόφος	256	τυκτός	263		
στρώννυμι	142	τύμβος	90	Χαλάω	50
στρωτός	255	τυφλός	87, 108	χαρακτός	69
σφῶι	171			χαῦναξ, χαῦνος	129
σχάζω, σχάω	240	Ὑάκινθος	172	χειμών	135
σχίζω	242	υἱός	108	χείρων	130
		ὑπέρ	167, 276	χελιδών	137
Τακερός	263	ὑπερμενής	141	χέρης	130
τάλαντον	259	ὕπνος	167	χήρ	130
ταναός	252	ὑπό	146, 167	χθές	90
τανυ-	252	ὑπόστρωμα	142	χιών	135
τάργανον	270	ὑποφέρομαι	138	χλιαρός	72
τάτα	258	ὕπτιος	170	χλόη, χλόος	132
ταῦρος	261	ὕς	166	χλωρός	131
τε	221	ὑσμίνη	175	χόρτος	130
τέγος	264	ὑψηλός	167	χρίειν	145
τείνω	252			χρῖσμα	79
τεῖχος	96	Φαίνω	24		
τέλος	259, 262	φάλιος	24	Ὠθέω	87
τέμνω	259	φαλλός	25	ὠκύς	98
τένθω	259	φάρσος	32	ὠλένη	173
τέρετρον	260	φάρω	32	ὠμός	99
τερηδών	75	φέρεσθαι	31	ᾠόν	276
τέρχνος	107	φέρω	60		
τέσσαρες	222	φεύγω	40, 254		

IV. ITALIQUE ET ROMAN

1. LATIN

(Le latin vulgaire entre parenthèses.)

Ab	1	abecedarium	97	absens	119
abbas	1	Abellanum	21	acer	4, 9, 96, 109, 115

LATIN

acies.................. 109
aculeus.............. 172
acus.................. 109
acutus........... 34, 109
ad.................... 4
(adnominare)........ 13
adorare.............. 22
aedes................. 213
aequor............... 213
aequus............... 118
äer................... 21
aeramen............. 16
aes.............. 16, 166
aestus.......... 174, 213
aetas................. 213
aevum................ 213
agnus................. 213
ago................... 104
agrestis.............. 9
(Agustus)............ 115
ala................... 18
alauda................ 7
alba, albus.......... 112
alere................. 14
(alestrare)........... 111
alius........... 111, 255
Allobroges........... 7
altare................ 14
altus................. 14
(alvennus).......... 111
amare............... 5, 9
amarus............... 99
Ambiani............. 7
ambire............... 7
amita................ 9
amnis................ 21
ancora............... 115
Andegavi............ 10
(angarium).......... 12
angelus.............. 108
angere.......... 113, 258
angi.................. 114
anguis............... 13
angustus............. 113
anhelus.............. 166
anima, animus...... 11
ante.................. 10
apostolus............ 3
aratrum,............. 15
arca.................. 16
arduus............... 166
Aremorica........... 15
argentum............ 16
Armorica............ 15
Arnus................ 17

aro................... 15
articulus............. 18
artus................. 231
arvum................ 116
ascia................. 18
asinus............... 22
asparagus............ 249
asser................. 119
(astilla)......... 20, 252
astrum............... 253
astula............ 19, 20
astutus.............. 20
attritum............. 21
(auctoricare)........ 14
auctumnus........... 161
audio................. 245
augere............... 161
Augustus............ 115
aura.................. 21
auris................. 214
aurora............... 152
aurum................ 14
(ausaria)............. 14
autumnus............ 161
avere, avidus....... 174
avunculus........... 115
axilla............ 18, 19
axis.................. 5

Baca.................. 23
baculus.......... 30, 193
bajula............ 24, 31
bajulus............... 24
balbus, balbutio..... 24
baptizare............ 23
barba................ 28
(bassus)............. 29
bastum............... 28
batuere.............. 29
Becco................ 29
bellua, belua........ 37
benedictio....... 31, 35
benefactum.......... 34
beneficium.......... 31
(bersa).............. 32
berula............... 30
beta, betonica...... 31
betula............... 34
bibo.................. 118
(bidellus)........... 35
bilis................. 33
bis................... 32
(bitellus)........... 35
blaesus.............. 37
(bodina)............. 39

bos................... 48
(botellus)........ 30, 41
bovinum............. 34
bracchium........... 43
(bracillare).......... 44
(braga).............. 42
(branca)............. 42
branchia............. 43
Brittones............ 43
brittonicus.......... 43
(broccus)............ 45
(brogilum).......... 47
(bruca).............. 47
bruscum............. 46
bubalus.............. 47
(bucare)............. 47
bucca................ 39
(buccella).......... 29
bucina............... 29
bucinum............. 206
buculus.............. 33
(bulga).............. 26
bulla................. 226
(buscum)........... 40
(Buttadeus)......... 40
(buttare)............ 40
buxum............... 33

Caballus............. 56
cacare............... 50
cadere............... 56
caedo................ 68
(caelatorium)....... 59
caepa................ 68
calamus.............. 74
calare............ 50, 67
calculus............. 50
caldum............... 54
calidus........... 50, 54
callere............... 51
callidus............. 51
callum............... 50
calpar............... 60
(cambium)....... 52, 61
camelus.............. 54
camera............... 8
(caminare).......... 50
(camisia)....... 52, 164
(camminus)......... 51
canalis........... 52, 53
candela.............. 53
candeo, candidus.... 53
canere............... 52
canis................. 66
canistrum........... 52

canna	52	Ceres	63	con-	56
cannabis	52	cerno	55, 64, 140	concha	74
cantor	83	certus	64	concitus	68
cantus	52	cervus	55	condylus	83
caper	129	-cetum	73	confectus	68
capio	54	chrisma	79	confinium	57
capistrum	49	christianus	82	conjungere	220
cappa	48, 54	cicuta	58, 176	consertum	58
capra	57	cieo	68	consilium	85
(caprio)	57	cingula	247	consummare	78
(captiare)	56	cippus	57	contaminare	75
captivus	57	circa	66	contra	129
captus	57	(circare)	64	conucula	58
caput	48	circinus	63, 66	cophinus	73
carex	76	circulus	60	coquina	58
carinare	68	circum, circus	66	coquo	73, 222
carmen	62	(cisellus)	68	coquus	73
(carnaria)	55	cista	65	cor	80
carpentarius	51	clades	71, 74	corbis	51
carpentum	51	clamare	70	corio [ex]	254
carpere	64	clarus	242	cornix	64
carpisculus	63	clatri	70	Cornovia	64
(carrica)	55	clavis	7	cornu	55, 76
carrus	55	clavus	69	cornus	228
carus	54, 55	clemens	69	corona	77, 84
castanea	68	clericus, clerus	71	corpus	75
castigare	56	(cleta)	72	correctus	64
castra	57	clivius, clivus	69	corrigia	58, 236
castrare	57	clocire	71, 242	cortex	243
Catalauni[1]	179	(clocca)	71	corylus	60
catena	66, 128	clunis	72	cottidie	221
cathedra	49	co-	56	(covus)	63
cattus	56	coagulum	54	coxa	56
Catullus	49	(cocca)	74	creare	95
caulis	54	coccum	73	creatura	83
(cavannus)	54	cochlea	73	credo	80
cavare	69	coctare	73	cremor	79
cavea	54	coctus	225	cresco	81
(cavellum)	56	(coemeterium)	84	creta	69, 228
cavere	243	cogitare	84	cribrum	55, 83
cavilla	49	cognitus	72	crissare	82
(cavitas)	54	colere	48	crudus	82
cavus	56, 63	(colpus)	242	crusta	81, 83
celare	70	columba	77	crux	82, 83
celer	59	columen, columna	59	crypta	144
cella	59	com-	56	cubare	74
celsus	59	commeatus	67	cubiculum	123
cena	72	comminiscor	78	cucullus	77
centrum	62	commiscere	61	culcita	136
centum	53	compedes	173	culex	60
cera	72	componere	61	culmen	59
(cerasia)	63	compos	215	culmus	74

[1]. Erratum. La citation de la p. 129 est à supprimer.

LATIN

cultellus............ 75
culus............ 67, 84
cum............ 56, 129
-cumbere............ 74
cuneus............ 75
cuniculus............ 75
(cuntellus)............ 75
cupa............ 66
curro, currus........ 55
cursus............ 78
curtus............ 76
curvus............ 77
custos............ 85

Dacruma............ 86
-dam............ 94
dama............ 92
decedere............ 97
decem............ 91
decidere............ 97
decima............ 92
deesse............ 119
defendere............ 96
deficere............ 98
defrutum............ 46
deivos............ 105
deligere............ 98
-dem............ 94
(dementare)............ 87
demo............ 115
denarius............ 99
dens............ 87
(depanare)............ 96
derbiosus............ 89
descendere............ 100
despoliatus............ 93
deus............ 105
dexter............ 91
diabolus............ 94
dies 91,97,98,100,102,103
digitus............ 85
(dilatare)............ 86
dis-............ 100
discere............ 100
discus............ 100
(dispannare)............ 101
dispendium............ 101
dissipo, dissupo..... 170
distorquere............ 102
diurnus............ 19
divus............ 105
domare............ 104
domitus............ 88
domus............ 88
(duciculum)............ 105

duco............ 105
duo............ 88
durum............ 99
dux............ 105

Ebulum.... 118, 119, 241
ecclesia............ 173
effigies............ 96
elementum............ 111
elemosina............ 7
eminere............ 199
emo............ 115
episcopus............ 117
epistola............ 3
equus............ 109
erigo............ 4
esox............ 115
est............ 34
et............ 138
Evangelium............ 21
ex............ 6, 110
(exalteratus)............ 238
excaldare............ 240
(excarnatus)............ 240
extendere...... 241, 252
extirpare............ 255
extra............ 117
extraneus............ 255
exturbare............ 255

Faba............ 120
(factivus)............ 121
faginus............ 122
fagus............ 120
falco............ 120
fallere............ 87
falx............ 120
fames............ 173
fascis............ 29, 121
fastigium............ 26
fatuus............ 120
Februarius............ 170
felare............ 92
femina............ 92
fenum............ 124
ferctum............ 27
fero............ 60
ferus............ 121
fervere............ 32
fibula............ 166
ficus............ 122
fidere............ 122
fides............ 38, 121
figura............ 96
filius............ 92

findere............ 30
fingere............ 96
finis............ 140
finitumus............ 224
firmus............ 121
fissa............ 125
fistulare............ 123
flagellum............ 125
flamma............ 123
flos............ 37
fodio............ 34
follis............ 26
(fontana)............ 121
forare............ 32
fores............ 104
formica............ 200
formus............ 137
forum............ 5, 121
(fractare)............ 125
fractum............ 125
fragrare........ 42, 123
frangere........ 41, 125
frater............ 44
friare............ 145
frons............ 3
fructus............ 126
frustum............ 273
fucus............ 47, 206
fugio............ 40, 254
fuit............ 11, 41
fulcio, fulcrum...... 25
fulica............ 124
fumare............ 127
fundere........ 121, 124
funis............ 127
fur............ 127
furnus......... 124, 137
fustis............ 127

(Gabalus)............ 129
gabata............ 176
(gadalis)............ 127
galeritus............ 7
gallus............ 128
Gallus............ 128
(gannum)............ 128
garrire............ 130
gelu............ 70
gemellus............ 132
gena............ 132
gener............ 132
genista............ 25
gens............ 131
genu............ 134
genus............ 131

gero, gessit 105	inde 13	leo................. 183
gignere............. 131	indigena 131	levis................ 182
glacies.............. 70	infernum 173	liber................ 185
gladius.............. 71	infimus, infra....... 175	lien................ 120
gloria 70	infundibulum 124	ligamen............ 186
glus................. 133	ingenium 173	ligare............. 181
gluten.... ..... 133, 135	ingens 195	ligula............... 188
gluttire 135	initium.............. 114	ligustrum........... 191
gnatus.............. 131	inseque............. 89	lilium 186
gnavus....... 139, 142	instare............. 114	lima 186
gnotus.............. 11	instaurare.......... 249	limbus.............. 187
(gomor)............ 137	insula.............. 114	limus............... 183
grabatus..... 80	inter 114	linea................ 187
(gracillare)........ 144	interpres........... 230	linere......... 138, 187
graculus.... 143	intra 113, 117	lingere............. 188
gradior, gradus 143	(intratus)........... 174	linquere 86
grandis 46	ire................. 205	linum 187
(graniaria) 144	iter................. 116	liquidus, liquor 133
granum............. 143		litterae............. 188
gratum............ 142	Januarius........... 132	livor................ 187
gravis.... ..... 130, 144	jejunium............ 175	lixivum............. 187
gressus 143	Jovis.......... 103, 172	locare............... 177
grex 113	Judaeus, Judas...... 175	locusta......... 177, 181
grossus.......... 42, 143	jugum........... 173, 176	lubricus..... 185, 186, 191
grus 130	jungere............. 173	lucere, lucerna...... 191
gula 131	Junius.............. 118	lucius............... 64
	jus.................. 174	lucrum 179
Habenae............ 21	juvencus....... 172, 215	lucubrare........... 191
habere............... 129	juvenis 172	lumbricus........... 183
hasta............ 20, 131		lumen 191
hedera 5, 175	Kalendae........... 50	luna.......... 98, 188
helleborus 119		luo................. 133
helvus...... 131	Labes, labi.......... 190	lupus 190
heri, hesternus...... 90	(labrax)............. 42	luscus 188
hiems.. 135	labrum 180	lutum.............. 190
hinnire 163	lac................. 181	lux............ 139, 191
hirsutus............. 130	lacruma............ 86	
historia 102	lacus................ 178	Maceria............. 204
hodie 164	laicus............... 186	machina......... 29, 197
homines 11	lamina, lamna 180	macula 193
horrere 130	(lampreda).......... 178	magnus......... 193, 208
hortus 130	lana 135	Maius............... 193
hostis............... 128	lapidare............ 177	major...... 197, 199, 208
humilis 276	largus 179	maledictio...... 194, 203
	latex................ 180	malleus............. 193
Ignis 213	latro................ 178	malva 194
(imbrachiare)....... 112	latus............ 178, 185	mancus 195
impos............... 215	lavare............... 133	mandare............. 199
imus................ 175	laxare 185	mandere............ 195
in 113, 210	lectio 59	mandibula.......... 195
in-................. 8	lectus............... 149	manducare.......... 195
incendo............. 53	legendum........... 183	manica........ 195, 202
incertus 113	legere............... 59	manipulus 194
inclino.............. 69	Legiones............ 183	marcere.......... 43, 205
inclutus............. 70	(legua).............. 183	marcidus........ 43, 205

LATIN

mare................	205	monachus...........	195	occupare..........	6, 117
(margila)...........	200	moneta	205	ocius...............	96
margo..............	45	mons	199	ocrea	16
(mariscalcus)	196	mori, mors..........	196	octavus	92
Mars. 98,	201	morum	206	octo................	111
(martellus).........	206	motacilla............	30	oculus.......... 114,	214
Martius.............	201	(motorium).........	208	offerenda	214
materia.............	201	muccus, mucus.....	204	oinos	117
matertera...........	204	mugil...............	198	oleum, oliva	214
matrona........ 193,	216	mullus...............	207	opera	213
maturus........ 193,	217	multi, multus ... 51,	195	ora	214
matutinus...........	203	mundus..............	204	oratio, oratus.......	118
(mediarius)..........	199	mungere.............	204	orbis................	233
medicus	201	Murcia	205	orbus	214
Mediolanum.... 112,	184	murcidus	205	ordo	275
medius	112	musculus............	200	orior................	115
medulla.............	197	muscus	195	ornus	215
mel.................	197	mutilus..............	204	os...................	19
melior	201	mutus	207	ostreus 164,	187
membrum	113			ovum................	276
memini	78	Nare................	211		
memoria............	115	Natalicium..........	209	Pabulum	222
mens	78	natrix	5	(paburare)	222
mensa	204	natus	131	pala................	216
mensis...............	203	navis	210	palea	219
mensura	10	ne...................	209	palla................	216
mentha	31	necare	12	pallidus	190
mercatus............	196	necesse	11	palma...............	216
Mercurius....... 98,	200	nec unus............	212	palpare	216
merenda	199	nemus	115	pālus	222
meridies	81	nepos 61,	212	panarium	216
merula...............	206	neptis 61,	212	panis	217
(mesa)	204	nere	211	pannus	101
mespilum...........	200	Nero	210	panus...............	96
-met................	192	nex..................	12	papilio	24
metere..............	197	nidus	210	pappa...............	217
metior	10	(nodellus)	213	par..................	218
mica................	224	nomen	157	paratus	218
micare...............	101	non.................	209	parcere	221
milium	198	nona................	113	parra	125
mille................	202	nos............. 165,	211	pars............ 221,	230
minor 195,	203	nota	17	partim	230
minuo	203	notus	11	pascere	218
minutus........ 203,	208	novem	209	pastus	221
mirari...............	203	Novius, novus	211	patella..............	222
(miratorium)........	198	nox 213,	272	patere 23,	112
miscere.............	200	nudus................	212	pati	216
misellus	222	num	211	patruus, patronus...	216
modius......... 48,	229	numerus........ 211,	212	patulus	112
modus	10	nunc................	211	(pausare)............	217
moenia	197	nux..................	80	pavor	118
mola, molere.......	194			pax 221,	226
(molina).............	202	Oboedio............	245	paxillus	217
mollis...... 38, 102,	194	occa, occare	214	pectunculus.........	221
(monachia)..........	199	occultus.............	70	pecu, pecunia.......	239

INDEX

pedica 173
pellex 224
pellis 183, 223
(pelorida) 222
pendere 223, 259
penna 119
pensum 226
per- 222
perca 42
(percentare) 221
peregrinus 224
perfectus 221
perficere 222
perna 43
persona 221
pes 275
(pesum) 226
petenda 218
petere 119
(petia) 222
petorritum 234
phalaena 24
phlebotomum 123
pica 223
picus 29
pila 219
pila 223
(piluccare) 38
(piuthio) 224
pinus 117
(pipa) 222
piper 218
(pipita) 36
pira 221
piscis 221
pisum 224
piuita 36, 223
pix 218
plaga 225
(planca) 182
planus 181
planus 184, 225
plaustrum 225
plebes 225
plenus 184
pleores 186
plicare 225
pluit 185
pluma 225
plumbum 225
plures 186
poena 225
pomarium 217
ponderis 226
pons 226

popina 222
populus 226
porca 230
porcellus 226
porcus 268
porrum 227
porta 226
portio 230
portus 226
possum 215
postis 226
potare 118, 226
potior, potis 215
potus 118
praeda 227
praedicare 228
praeter 160
(pratellum) 227
pratum 32, 227
preces 19
privatus 228
pro- 229
procul 219
propago 109
pruina 232
puer 104
(pullicantio) 219
pullus 189, 190
pupilla 193
purus 228
putere 48, 228
puteus 228
putidus 228
putris 48, 226
pyxis 224

Quadrata 73
(quadrellum) 72
quadru- 221
quadrum 63
quaerere 69
quando 215
quantum 109
quattuor 222
-que 221
quercetum 73
querela 58
quernus 228
qui 218, 224
quiescere 78
quinque 219
quis 218
quisque 221
quot, quotus 221

Radix 144
rado 231, 236
rana 229
rapa 174
rapina 233
rasis 231
(rattus) 231
(raucare) 235
ravus 230
recens 62
rectus 232
reda 236
regere 232
regina 235
regula 232
remus 234
res 232
resurgere 90
retia 235
rex 235
ripa, ripula 233
rivus 126
(roncare) 235
rosa 236
rota 234
(rotella) 234
rotulus 236
rotundus 81
ruber 237
(rubricare) 231
rufus 237
rus 232

Saccus 238
sacer 156
saeclom, saeculum 164
sagena 246
sagitta 237
sagma 238
sagulum, sagum 237
sal 165
salinae 163
salire 258
saliva 157
salix 156
salsus 247
salum 164
sapinus 239
satio 159
Saturnus 100, 237
satus 156
Saxo 239
scabere 79, 243
scala 241
(scamellum) 117, 161

LATIN

scamnum	240	
scandere	170	
scapha, scaphium...	239	
scatere	240	
schola	242	
scientia	241	
scindere	241, 242	
(scobies, scobis)....	240	
scopae	244	
scribenda	244	
scribere	244	
scrinium	244	
scutum	242, 244	
sebum	247	
secare	161, 245	
secernere	8	
securus	246	
secus	160	
sedere, sedes	22	
seditio	8	
semen	97, 156	
semi-	157	
senex, senior	160	
sentire	245	
septem	245	
septimana	247	
sequitur	160	
series	58	
sero	158	
serus	164	
sesamum	246	
seta	245	
sex	170	
sextarius	20	
sibilus	171	
sicera	247	
siccus	162, 244	
(sifilus)	171	
sigillum	246	
similis	162, 245	
simul	162	
simulacrum	245	
sinapi	238	
(siniscalcus)	160	
siphunculus	246	
sistere	239	
sitis	162	
situla	238	
situs	244	
(soccus)	248	
sol	102, 160, 257	
solarium	247	
soldum	239	
solea	247	
solidus	239, 249	
solum	247	
somnus	167	
sonus	248	
sopire	167	
soror	169	
spado	249	
spargere	249	
sper-	250	
sperma	250	
spica	249, 250	
spiculum	249	
spina, spinula	250	
spiritus	250	
spissus	250	
splendere, splendidus	251	
spongia	251	
spuere	243	
spuma	115	
stabulum	252	
stagnum	238, 253	
(stagnum)	252	
stamen	238, 251, 253	
stannum	252	
stare	238, 253	
status.	90, 238, 244, 251, 253	
stella	253	
sterno	142, 253	
sternuo	255	
stipula	248, 254	
stiria	265	
stola	254	
stratura	256	
stratus	255	
strenuus	269	
strictus	256	
struo	255	
struppus	256	
(stuba)	253	
stupere	248	
(stupidare)	244	
stuppa	254	
suadere	169	
suavis	169	
sub	146	
subito	239	
submonere	248	
subsidere	142	
substernere	142	
subtrahere	136	
sucus	169, 257	
sudare	171	
sugo	257	
suinus	248	
super	276	
supinus	170	
surgere	90	
sus	166	
susurrus	169	
syrinx	248, 256	
Taberna	261	
tabes	264	
tabula	260	
tabum	264	
tacere	260	
(taliare)	220	
talis	246	
(tamesium)	259	
tangere	267	
(taratrum)	260	
tarmes	75	
tata	258	
taurus	261	
taxus	260, 268	
tectum	264	
tego	264	
tegula	263	
tellus	258	
telonium	262	
temperare	262	
tempus	262	
tendere	252, 262	
tenebrae	264	
tener	262	
tenere	99	
tensaurus	262	
tentum	264	
tenuis	252	
tenus	99	
tepere	266	
tepor	264	
terebra, terere	260	
tergere	261	
termes	75	
terminus	263	
terra	265	
tertiana	263	
tertius	113, 270	
(tesa)	230	
testis	263	
Ticinus	262	
-timus	174	
tinea	264	
titillare	163	
(titta)	264	
titulus	263	
toga	265	
tollo	259	
tondere	259	
(tonsare)	268	

torquere	268	unguentum	8, 212	vespa	153
torques	268	unguis	175	vesperum	140
torta	267	unus	117	vestis	155
torus	266	urceolus	214	vetus	156
tosta	267	urna	60	vexare	147
toxicum	268	ursus	158	vibrare	153
(tractarius)	271	uva, uvula	167	vicus	153
tractus	270			videre	142
trahere	272	Vacare	146	(vidubium)	142
trajectorium	271	vacca	48	viere	148
trajectus	270	vacillare	148	vigil	118
trans	107, 272	vacuus	146	vigilia	136
transire	271	vae	146	viginti	275
transtrum	271	vagina	138	vilis	149
trepidare	272	vagus	132	(villare)	154
tres	271	valere	133	vimen	149
tribus	4	vannus	151	vindemia	30
tridens	269	vasculum	123	vinea	154
tripes	270	(vassus)	147	vinum	154
tripodare	272	vastare	147	vipera	34, 132
trivi	260	vectum	149	vir	140, 143
trochilus	272	vehere	149	virago	143
(troia)	268	vela	149	virgo	143, 152
trua	262, 274	velim, velle	150	viridis	152
(tructa)	103	vellere	150, 154	virtus	196
trunco, truncus	273	vena	146	vita	31, 39
tudes	266	venator	150	vitis	149
tugurium	136, 265	Veneti	150	vitrum	152
tuli	259	venter	151	vitta	148
tumere	90, 265	ventus	21, 151	vitulus	155
tumulus	90, 265	venus	150	viverra	153
tundere	20, 266, 268	Venus	97, 150	vivus	31
turba, turbo	255, 256	verbascum	27	vix	35
turdus	270	verbera	152	volgus	146
turris	268	Vergilius	73	volnus	139
turturilla	274	vermis	228	volo	150
tutudi	20, 266	versus	138, 152, 215, 220	(volta)	26, 39
		vertere	16, 152	voluta	26
Ubi	217	vertex	152	volvere	146
ulmus	118	verti	152	vortex	152
ulna	173	veru	31	vos	171
ulva	120	verus	155	vox	75, 207
uncus	12	vesci	26	vulpes	190
unguen	8	vescus	35		
unguendum	212	vesica	171	Zeus	257

2. OMBRIEN

nerf	210	nesimei	210	toto	274

3. OSQUE

nesimum	210	petiropert	227	túvtú	274

4. FRANÇAIS

(Le français ancien, dialectal ou populaire, entre parenthèses.)

(Abéquer)	2	(avileter)	276	bernache	43
abreuvoir	3	avives	21	(bes-)	32
accore	243			(bestourner)	208
achever	6	Babiller	26, 177	bette	31
(acquest)	3	babiole	22	(beugle)	33
âcre	4, 115	baboue	27	bévue	32
adresser [s']	20	bac	23	biais	33
afficher	186	badaud	23	biche	36, 109
affres, affreux	6	(badelaire)	23	bident	35
(afibler)	122	(badeolier)	22	bière	35
agacer	159	badin	23	bigler	37
agrafer	80	(baguiole)	22	bigorne	35
aguet	3	(bailie)	30	bijou	36
aigrette	161	baille	24	bille	35, 101
aiguillette	4	bâiller	23	billon	35
air	109	bal	24	bipède	35
airain	16	balai	24	biscornu	32
aise	5, 109	balancelle	42	bise	36
(alebiqueux)	111	balbutier	24, 276	biseau	33
allier	7	(balie)	25	(bisse)	36
alouette	7	(baller)	24	bitume	48
altérer	7	ballet	28	blanc	36
amour	2	ban	112	blasé	36
angle	11	bannière	26	blesser	38
angoisse	11, 12	Bar	26	bloc	38
animal	12	baraterie	27	(blosser)	38
(anvin)	13	baratte	27	(blutel)	48
(apert)	10	Barbe-bleue	27	(boeste)	39
apostume	36	barboter	41	boeuf	26, 33
appartenir	221	barbouiller	24	(bolzon)	48
(apuiail)	15	barque	27	bombarde	39
(arein)	16	barre	28	borgne	39
arlequin	127	bartavelle	39	borne	39
arranger	230	bas	29	bosse	39
arrhes	17	(bast)	28	botte	40
arriver	17	baste	28	botteler	40
arsenal	238	battre	29	bouc	40
artison	261	(bauche)	204	(bouche)	40
asperge	249	baudroyeur	39	boue	26
asperger	249	bave	22, 206	bougette	26
assaillir	17, 238	bayer	23	(bouis)	33
(atillié)	20	beau	49	boule	40
(a toz)	20	bec	29, 42	bouleau	34
attacher	258	bécard	29	bouquet	40
attaquer	20, 251, 258	bedeau	35	bourbe	41
attelle	20	béer	23	bourbillon	226
auberge	161	bel, belette	49	bourde	41
aucun	212	berle	30	bourg	41
auvent	111	(berlingouin)	178	bourgeon	46

bourras	40	Cabale	97	chétif	57
bourru	41	(cacou)	49	chevêche	168
bouse	26	cafard	52	(chevestre)	49
bouter	40, 41	cagne	52	cheville [en]	8
boutique	41	cagot	49	chicane	159
boutoir	40	(caiche)	50	chiffonner	168
bouvreuil	33	caille	72	chipoter	168
braguette	42	caillou	50	chique	168
braie	42	cancre	79	(choine)	168
brailler	44	(canestel)	52	chômer	168
braise	45	(cannelle)	52	choquer	254
bran	43	canon	53	chouan	54
branler	42	Cantal	53	chrême	79
(branque)	42	canton	53	(chuchilleur)	169
brave	42	(caqueux)	49	cidre	247
bréchet	47	(carabe)	54	cimetière	84
bref	44	caravelle	54	claie	72
(brehaigne)	43	carne	75	clair	242
brelée	43	carogne	52	(clamer)	70
breloque	127	(caroler)	76	clan	217
(brèque)	47	carreau	72	claquer	253
(bresil, bresille)	45	(casser)	56	clef	7
brevet	44	cave	54	cligner	37
bribe	45	centre	62	clinquant	67
bride	45	cep, cépeau	250	cloche	71
Briffaut, (briffer)	45	cependant	63	clore	71
brique	44	(cerchier)	75	clos	72
briser	32, 41, 47	(chaignel)	238	clôture	71
broc	45	chaire	49	(coëffe)	73
broche	43, 45	chaise	49	coeur	78
brochet	43, 45	(chaldron)	176	cohue	74
brocoli	46	chaloir	168	(coignel)	77
broder	46	chambre	8	(coillier)	77
(broigne)	46	champ [de]	53	(coint)	72
(broil)	47	change	61	col	135
(broisson)	46	chant [de]	53	collet	139
(brost)	46	Chantereine	229	com-	61, 65
brouet	42	chanteur, chantre	83	combe	74
brouette	46	char	55	Complies	128
brousse	46	charge	55	con-	61, 65
broussin	46	charivari	177	(conchier)	75
(brouster), brouter	46	charrée	73	congé	67
broyer	41	chasser	56	(connil)	75
(bruchet)	47	chat	56	(conréer)	78
bruit	47	(chatel)	168	conter	75
brume	47	chat-huant	54	copeter	135
brusque	47	chattemite	203	(coppe)	75
bruyère	47	chaude [fièvre]	176	coq	73
buanderie	47	(chaudel)	176	coque	74
bubon	41	chausse	177	coquin	197
buée, buer	47	chef	48	corde	75
(bulzon)	48	chemin	51	(coreie)	76
buter	255	chéneau	238	(coroller)	76
butin	41	cheptel	168	(correier)	78
		chercher	64	corroyeur	76

FRANÇAIS

cosse	71, 77
(costé)	77
Cottiennes (Alpes)	78
coucher	248
coultre	243
coupe	75
couraille	78
(courquaille)	75
(coust)	78
(coustume)	84
couvrechef	78, 126
crabe	79
cracher	79
crampon	79
cran	79
craquer	255
(craqueur)	255
crème	79
créneau	79
(creusequin)	81
crier	81, 244
croasser	83
croc	82, 83
(croissel)	81
cromlech	181
(cropir)	83
crosser	58
croupir	83
croûte	81
(crouyet)	78
(cudoire)	84
(cuider)	84
(cuignet)	77
Dague	86
daim	92
dais	86, 91
dalle	88
danse	87
dard	88, 89
darne	88
(darrière)	259
dé-	94, 100
débaucher	204
déchanter	91
déchiré	97
découpler	101
déduit	96, 108
défendre	96
défrayer	97
dégoiser	97
degré	93
(deiien)	90
(delaier)	86
délaisser	98
délayer	182
déloger	98
demoiselle	98
démonter	101
(demourant)	92
dépenaillé	101
déporter	92
dérober	7
derrière	259
dés-	100
(despenner)	101
devantier	261
dévot	92
(dez)	100
difforme	97
(diot)	99
distiller	256
divaguer	276
doloire	258
domestique	148
dorloter	104
(doublier)	105
(doubter)	105
(doulcil)	105, 247
douve	106, 274
Douvres	105
(douzil)	105, 247
dragme	106
Driant	106
(drillant)	106
drille	106, 273
(druge)	108
(drus)	108
dune	274
durer	216
(Ébaffé)	1
ébat	109
échafaud	116
échauder	240
échoppe	241
écope	242
écore	243
écot	242
écoufle	243
écouvillon	244
effaré	237
église	173
(egresse)	110
emplâtre	216
(encant)	109
enchevêtré	49
enchifrené	246
engendrer	114
engin	173
engoulevent	137
entaché	94
ente	112
(entecher)	262
entiché	98, 262
entré	174
(enui)	114
épauler	242
épervier	249
épissure	250
épluchure	251
(erre)	116
errements	116
escabeau	116
escabelle	239
escafignon	73
(eschamel)	161
(eschelle)	241
(eschevete)	65
(eschine)	241
(eschiner)	161
(eschouer)	240
(esclabouter)	253
(esclachier)	253
(esclairer)	242
(esclater)	241, 242
(esclice)	242
escopette	242
(escore)	243
(escot)	242
escourgée	243
(escrit)	243
(escurer)	244
(esfreis)	110
(espar)	249
(espargne)	117
(esparre)	249
(espelucher)	225, 251
(espier)	250
(espingle)	250
(espleitier)	251
(espoenter)	251
(esquarre)	243
(esquierre)	243
essai	116
essieu	119
(estaim)	251
(estal)	251
(estaler)	252
(estam)	251
(estang)	252
estoc	254
(estouffer)	254
(estoule)	254
(estoupe)	254

(estreit) 256	flamme 123	fruste 125
(estrieu) 254	flanelle 135	(fuer) 122
(estrif) 256	flaque 123	fur [au] 5, 122
(estriper) 256	(flasque) 123	(furgier) 124
(étaim) 251	(flastrer) 123	
étamine 251	(flatrer) 123	Gaber 135
étancher 252	flatter 123	gâble 129
état 251	(flaud) 123	gaffe 135
étiquette 71	(fleschier) 123	gagner 139
étoffe 253	flétrir 123	gai 128
étoupe 254	(flieme) 123	gaîne 138
étourdi 110	(flipe) 121	gale 128
étrape 255	(flor, flour) 123	galerne 146
étriper 256	flou 123	garder 138
étroit 256	foire 124	gardon 130
étuve 253	fol, folâtrer 121	(gargate) 130
évanouir [s'] 276	(fondoire) 123	(garite) 55
évêque 117	(forbouter) 122	(garlande) 130
Èvre 14	force 124	garrigue 55
exploit 251	(fou) 120, 122, 124	(gars) 130
	fouace 124	gaudir 136
(Fagne) 132	fouet 124	(gavelot) 131
faillir 75, 120	fougue 124	gazouiller 131
(faitis) 121	fouillis 127	Gédéon 176
fallon 120	(fouldre) 124	gendarme 98
falot 120	fourber 273	gentil 98
(fals) 120	(fourbot) 124	gimbelet 154
(falz) 120	(fourc) 97	glace 241
fanfare 47	(fourgier) 122	glane 133
(fanfreluche) 127	(frailler) 125	glas 134
(fanque) 120	frais 125	glisser 76
farce 120	fraise 125	gloire 135
fardeau 120	franc 125	glouton 135
fat 120	(freloche), freluquet 127	gobelet 135
fauvette 124	frétiller 97	gobelin 136
faux 120	frette 125	gober 135
féal 120	freux 125	goéland 145
(fel) 120	fricassée 126	goémon 139
(felpe) 121	frimas 126	(gogue) 136
(fenestre) 227	fringant 126	golfe 214
fesse 121, 125, 220	(fringuer) 126	gond 131
(feste) 121	fripe 121	gorge 140
(festier) 122	(friquer) 126	(goualer) 149
(festillante) 122	frise 235	(gouaper) 135
feurre 122	frit 126	goudron 77
feutre 121	frivole 126	gourd 139
fi 119	(froissier) 96, 125	gourme 144
fic 122	(fronchier) 97	goutte 61
fiche, ficher 122	(froncquier) 97	grâce 238
fier [se] 122	froude 126	grappe 80
figue 122	front 126	grappin 79, 80, 255
filleul 122	frontière 258	grateron 239
(flac) 123	(frost) 125	gratin 80
(flael) 125	frotter 126	gravier 142
flairer 123	(fruschier) 96	(gregnon) 144

FRANÇAIS

grêle, (grelu)....... 145	(hastise)............. 20	lacs................ 180
grémil............. 142	(batize)............. 20	(laiens)........... .. 178
(grenou)............ 144	havre................ 3	(lais)................ 178
grès 145	héberger.......... 161	laisser.............. 185
grésil............... 144	(heir)................ 5	(lambre)............ 178
grésillement 144	Hèquet............. 159	lame................ 178
(grésillons)......... 144	(herberge)........ 161	(lamper)........... 178
grève............... 142	(hergnier)......... 167	(landore)........... 178
grief, (griès) 144	héron.............. 161	(lanfais)............ 178
grigner..... 82, 144, 244	(heuder).......... 162	langage............ 178
grignoter........ 82, 144	heur............... 118	langouste......... 181
grincer............. 144	heure......... 211, 222	(laor)............ .. 179
gringotter...... 126, 144	heurter......... 162, 268	laper............... 179
gripper 80	heuse...... 162	laquais............. 177
grommeler.......... 83	hocher............ 159	lard, larder......... 179
(gronche)............ 144	hoir.................. 5	largesse............ 179
grondin............. 76	(holier)............ 166	latte................ 180
gros............... 42, 83	honorer........... 114	(laurel)............. 189
grotte............. 144	hop................ 165	leçon.............. 59
(gruel) 144	horloge 165	(lëesse)............ 181
(guaber)............ 135	(houlier)........ .. 166	(leial).............. 181
(guaffe)........ .. 135	houppe............ 166	(leis)............... 185
(guaim)............. 155	(hourd), hourder.... 165	lent................ 183
(guarde)............ 147	(bu) 166	lest................ 180
(guarene)........... 147	(hugue)........... 167	levée............... 185
gué................ 148	huitre.............. 164	lez.................. 185
(guenchir)....... .. 154	hulotte............ 130	lézard............. 134
guéret............. 158	huppe............. 166	(liam)............. 186
guérite......... 131, 152	hurler............. 167	lie................. 182
guet............... 131	Huron............. 164	liège 186
guêtre............. 131		lierre 5
guibre............. 153	Idiot.............. 99	lilas 187
guideau............ 66	if................. 175	lime............... 186
guigne.............. 68	imputer........... 163	(limestre)........ . 187
Guillaume.......... 154	installer........... 251	linceul............ 187
(guilleri)............ 67	(-isme)........... 274	lion................ 183
guimaud............ 154	ivraie, ivre........ 107	lippe, lippée........ 187
guimbelet.......... 154		lisière............. 191
guinder............ 155	Jante.............. 51	litière............. 184
guise............... 132	jarosse............ 168	liturgie 186
guivre...... .... 34, 155	jarret.......... 129, 176	(lober) 188
	jars................ 130	loffer............... 185
Hacher............. 18	jaser............... 131	(logne)............. 189
haie............... 49	jeteur, jeton 176	loisir............... 185
(hait, haitier)....... 162	(jode, joete)........ 176	(lombre)........... 189
halleboteur 156	joie................ 176	lombric............ 183
hanap.............. 157	(jote).............. 176	(lorberie) 189
hanter............. 160	(jou).............. 176	lot................. 188
haquenée 163	jubilé.............. 176	(loufée, lous).... 190
(hardiz)............ 157	jucher........ 174, 248	(lubre), lubrique 190
hargneux 167	judelle........ 177, 257	luette.............. 167
harlequin.......... 127	jupe............... 169	(lus)............ .. 64
harnais............ 157	(juper, jupin)..... .. 177	luzerne............ 192
(harper)............ 158		
(haste)....... 158	Labour............ 179	Madré.. .... 27, 193

INDEX

maie............ 90, 197
(maignan)............ 195
mail. 193
maillart....... .. 194
maille... .... 193, 194
(mailloque)........... 194
maillot. 194
main d'œuvre....... 12
maint............... 199
maire............... 197
(mait)............... 197
maladroit........... .10
(malie)............. 193
malle 193
(maneir)............ 195
manger.............. 195
mangoneau 25
manière............. 194
manne............... 195
marche.......... 45, 197
(mardelle)........... 27
maréchal............ 196
marée............... 196
marelle............. 196
(marle)............. 200
marmonner 207
marmotte........... 196
marmouset.......... 196
marne............... 200
marque............. 198
marquis............. 45
marre............... 196
marri.. 196
(mastin)............ 197
matelot............ 196
matras.............. 28
(matrasser)......... 197
mauvis 202
(mehaingnier)....... 193
(mehier)............ 199
Meilhan 112
membre 97
méreau 196
(merchier) 199
merlan.. 196
(merle)............. 200
(meschief)......... 168
mesure 208
métier............. 197
meuble.. 99
(meuil)............. 198
(meyer)............. 199
mie. 61, 206
mignon 203
mil................ 198

mine........... 199, 203
(misre).............. 203
(mitouin)............ 203
(moign), moignon... 204
(moise, moiseure)... 207
(moiste)............ 206
moite........... 204, 207
(moiuel)............ 204
(moraille).......... 205
morceau 206
More, moricaud..... 205
morille 206
(morsel)............ 206
morve 206
motte............... 206
mouchoir....... 176, 207
moue 207
(moun).............. 204
mousse 207
(mousse)............ 207
(mousser)........... 207
mouton 195
muid 48
(musel)............. 208
muser......... 102, 208
(musser)............ 207
mutiler 208

(Nant) 13
Nantua.............. 13
Naples.............. 209
napperon 5
nenni............... 209
nerf................ 210
net 209
(noe, noete)........ 212
noise 212

Octroi 14
oeillet............. 214
(oile).............. 115
(orb)............... 214
(orouel)............ 214
(ormel)............. 214
(orseul)........... 214
(otrei) 14

(Paelle) 216, 222
paille 216
paire............... 218
paisseau 217
(pal, pale)......... 216
paletot............. 216
palier.............. 216
(palle) 216

palourde............ 222
(paltoke)........... 216
(palué)............. 216
panais.............. 217
panier.......... 216, 217
pape................ 215
paquet.............. 215
parc 218
paré, parer..... 216, 218
(parouer)........... 216
pas............... 52, 61
(paste)............. 218
(pate), patte.... 217, 218
(pautraille)......... 217
payer............... 216
(pègre)............. 35
(peilles)........... 223
peine 225
(pel), peler........ 219
pelle............... 216
pelletier 219
pelote.............. 227
(pelous)............ 225
peluche 216
Pennines [Alpes].... 220
pépie 36
pers 221
(persone)........... 221
(pestiche).......... 221
pétoncle 221
(pétun)............. 48
peuh................ 227
Philippe............ 122
pic 29, 223
(pichier) 223
picoter............. 223
pièce............... 222
pierrot............. 122
pile, piler......... 223
pimpant............. 223
pinson 224
(pipeler)........... 223
pique 223
pis................. 224
piscine............. 224
pitance............. 224
(pitoulz)........... 224
plaid............... 225
plaire, plaisant..... 225
planche............. 182
(plançon)........... 224
(planque)........... 224
plaque 182
plat................ 224
(ploi).............. 38

FRANÇAIS

plonger	225	résine	236	(séel)	246
(pluskier)	225	(reume)	232	seille	238
poêle	216	(reüser)	237	semaine	247
poids	216	révéler	101	semondre	248
point	61	rez	232	sénéchal	160
pot	226, 227	ribaud, (ribleur)	233	seringue	256
poteau	226	(ribotte)	233	serpe	255
pouah	227	ricaner	234	serrer	245
(pouldre)	227	(richonner)	234	setier	20
pouliche	227	(riffer)	234	sève	245
(pour)	227	rigole	231	(sible)	246
poussin	226	rincer	234	siège	246
(povre)	217	(rinchon)	234	simple	245
préau	227	(riote)	234	soie	245
presser, pression	193	(r'nifler)	236	soit	218
(pris)	228	(rober)	7	sol	239
(proférer)	228	roc, roche	235	sole	247
(pugnés)	228	rochet	235	solier, solive	247
puis	228	rogne	236	somme	238
pulluler	228	rogue [2 mots]	234	son, sonner	87
(put)	228	roide	233	sorte	246
putois	228	(rolle)	235	sou	239
		(roquet)	234	soudain	239
Quai	49	rose	236	souder	249
(quaille)	72	roseau	230	souhaiter	162
quenouille	58	(rost)	235	soupe	248
(quer)	63	rouelle	234	souple	248
(queste)	65	rouler, (roüller)	236	(souquer)	257
quincaille	67	roussin	235	soute	249
quitte, quitter	84	route	235	(suc)	168
		(r'pincheu)	220	sucer	169
Rabattre	15	ruche	236	suie	167
rabine	229	ruine	233	suif	247
(rabouiller)	233	(rusche)	236	sûr	257
rage	15	ruser	237	surseoir	141
raie	229, 231	rustre	237		
(rain)	236			(Tabut)	257
(raine), rainette	229	Sabbat	103	tache, tacon	258
ramper	229, 243	(sachier)	238	taille	258
(randon)	230	(saete, sagette)	237	tailler	220
ranger	230	saie	237	talisman	261
rascler	15, 230, 242	saillir	238	tamis	259
raser	236	saler	238	tan	260
(rastel)	230	salle	238	taquiner	20, 261
ravine	233	sangle	247	tarabuster	257
re-	4	sapin	239	tard, tardif	86
rebec	231	(saquer)	238	targe	93
(rebecher, rebrecher)	231	saucisse	247	targette	28
rechigner	234	sauf	238	tarière	260
redouter	105	savon	247	tarte	261
regain	154	sayon	237	tas	263
rêne	230	scandale	240	tasse	261
(reng)	232	seau	238	taverne	261
réparé	218	sec	161	taxe	261
repu	233	secousse	256	teigne	264

teille	264	trébucher	255	Vague	146
(tencer)	262	trépasser	107, 270	vague, vaguer	276
terme	263	(treppir)	272	vanneau	151
téter, tette	264	(tres)	107, 263	vaquer	276
Teuton	275	très	107, 269	vassal	147
(Thunes)	275	tressaillir	238	(veage)	29
tillac	264	(trestel)	271	veilleuse	192
(tille)	264	(tresve)	271	velours	124
(title)	96	tréteau	271	venelle	25
toile	265	tribulation	273	venimeux	35
toise	230	(tricoises)	274	vergadelle	276
tonnelle	264	(tricquehouse)	272	verger	32
toque	265	(trimer)	263	verne	152
toquer	254, 266	(trinc), trinquet	269	(verrouil)	78
torcher	267	tripe	256	vert	152
tort	266, 267	(triquet)	272	(vertut)	48
(tost)	267	troc	272	verveine	27
(toste)	267	(trompille)	272	vesce	31, 32
touaille	265	tronc	272	viande	92
(touille, touiller)	263	(troteresse)	256	vielle	35, 276
(toupin)	268	trotter	256, 273	vielleux	154
tour	272	(trottière)	256	vif	34
tourner	268	(trouille)	28	vigne	154
tourte	267	trousse	271, 273	vil	276
(tourtel)	268	troussequin	271	vilain	35, 276
(touser)	269	trousser	271, 273	(vitrec)	36
tracas	269	truand	273	vive, vivre	34
trace	271	truchement	177	(vochier)	214
traire	136	(truffer)	273	(vois)	207
traiter	270	truie	268	vouge	142
trappe	255	truite, truité	103	(vougier)	214
traquet	36, 269	trusquin	271	(vouivre)	34
travail	269	(tuel)	274	voussure	39
(trave, travele)	106	(tuner)	274		
traverse	271	(turcoises)	274		
(travoil)	269	tuyau	274		

5. AUTRES LANGUES ROMANES

(L'initiale entre parenthèses indique respectivement l'espagnol, l'italien et le provençal.)

Alazan (e.)	23			cerrar (e.)	245
ascella	18	Cabestan (p.)	49	chafaret (p.)	237
		caire (p.)	63	cipollata (i.)	176
Badare (i.)	23	caldo (e.)	54	cocedura (e.)	65
bastare (i.)	28	cambio (i.)	52	coine	75
bayo (e.)	23	camminare (i.)	51	conh (p.)	75
becco (i.)	29	cañon (e.)	53	conio (i.)	75
berro (e.)	30	cantone (i.)	53	cueva (e.)	63
bosco	39	cap (p.)	48	cuño (e.)	75
bragar (e.)	42	capello	48		
brague (p.)	42	capo (i.)	48	Diavolo (i.)	94
broccoli (i.)	46	cazzo (i.)	50		

GOTIQUE

Ensalbatai (p.) 103
escobeta (e.) 242
escupir (p) 243
esplet (p.) 251
estaucar (p.) 252
estourbeil- 255
estrebil- 255

Farfullar (e.) 276
fat (p) 120
fresco (i.) 125
frusto (i.) 125

Gato (e.) 127
guai (i) 146

Hounilh (p.) 124

Ingannare (i.) 128

Lavagna (i.) 186
loufa (p.) 190

Macar (e.) 193
magnano (i.) 195
mastroulba (p.) 28

melba (p.) 198
Milano (i.) 112
moggio (i.) 48
moneda 205
moreno (e.) 205

Ninguno (e.) 212

Padella 222
pauta (p.) 217
pequeño (e.) 35
pezza (i.) 222
piano (i.) 225
piccolo (i.) 35
pico (e) 29
pietanza (i.) 224
pincione (i.) 224
piquerno (p.) 223
pradel (p.) 227

Quaglia (i.) 72

Real (e.) 231
riga (i.) 231
rocca (i.) 235
rusca (i.) 236

rusco (p.) 236

Sabatar (p.) 103
sacar (e.) 238
safret (p.) 237
scopa (i.) 244
secchia (i.) 238
seda (e , p.) 245
soldo (i.) 239, 249
sparviere (i.) 249

Talismano (i.) 261
toccare (i.) 254
tocho (e.) 274
tósigo (e.) 268
tossec (p.) 268
triboula (p.) 272
tridoula (p.) 272

Ugola (i.) 167

Vergadele (e.) 276

Zuc (p.), zucca (i.).. 168

V. GERMANIQUE

1. GOTIQUE

Aggwus 113
ahtau 111
aíhwa- 109
áins 117
áiws 213
alan 14
aljis 111
alls 214
ana 10
anan 11
ans 119
arjan 15
atta 258
áugō 114
aúhjōn 84

Baíran 60
bansts 38
beitan 30
biugan 40, 254

blōma 37
briggan 9
brikan 41
brōthar 44

Daddjan 92
dags 94
dáils 104
daúr 104
diups 105
driggkan 76
du- 85
dulgs 103
dwals 86

Fair- 15
faúr- 15
fidwōr 222
filu 173
fimf 219

fōtus 275
fra- 229
fraíhnan 19
frathjan 230
freihals 125
frōths 230
fulls 184

Ga- 56
galeiks 162
garáiths 235
gards 130
gasts 128
gatarhjan 107
gatils 98
gawidan 102
gibla 129
gistradagis 90, 210
grids 143

INDEX

Haban	54	munan	78	Tagl	106
baíhan	54			tagr	86
háidus	226	Nadrs	5	taíhswa	91
háims	84	nahts	213	taíhun	91
haírtô	80	namô	157	-taíran	89
háithi	73	naqaths	212	têkan	85
haldan	48	náudi-	209	til(s)	98
hans	52	náuths	209	timrjan	88
hardus	55	nêthla	208	tiuhan	105
hatis	65	ni	209	triu	93
haúrn	76	niman	115	tunthus	87
hlathan	72	niujis	211	tuzwêrjan	155
hleiduma	69	niun	209	twái	88
hund	53				
hwan	215	Qáinôn	58	Thahan	260
hwas	218	qaírnus	44	thiuda	274
		qêns, qinô	109	thius	262
Ibns	110	qius	31	thlaqus	190
in	113			thragjan	272
		Raihts	232	thridja	270
Ja	172	-rakjan	232	thrûts-	273
juggs	172	ráus	230		
juk	173	ráuths	237	Ubils	146
		reiks	235	uf	146
Kaúrn	143			ufar	276
kinnus	132	Sa	12	undar	175
kniu	134	saíhs	170	uns	165
		saíhwan	160		
Láikan	184	sauil	160	Waíla	150
láun	179	saúrga	245	waír	140
liugan	136, 180	sibun	245	waírthan	152
liubath	191	sigis	158	waírths	152
		sinista	160	wáit	142
Magan	195	sinths	160	wakan[1]	118
magaths	197	sitan	22	waldan	133
magus	195	skadus	241	walwjan	146
mahts	195	skeinan	62	wasjan	155
máis	208	skûra	54	wasti	155
marei	205	staírnô	253	waúrkjan	73
maúrgins	33	standan	239	waúrts	144
maúrnan	32	stáutan	20, 266	wigs	149
-mêrs	201	steigan	254	wiljau	150
midjis	112	stôma	238	winnan	147
milith	197	stráujan	255	withrus	156
mins	203	sunus	106	wulla	135
mitan	229	swaran	169	wunds	13, 147
mulda	275			wunns	147

2. VIEIL-ISLANDAIS

bjarg	32	diúpr	105	fleiri	186

1. Erratum. Lire ainsi la forme citée.

ANGLAIS

gagl	148	kalla	128	smale	202
gata	127	kasta	105	sumar	157
gjálpa	168	kirna	68	taka	85
hinna	62	kvistr	36	tamr	104
hlǽr	72	lág	189	til	98
hnakke	80	laug	138	tivar	105
hnot	80	lostr	180	toekr	85
hraukr	83	lurkr	189	threkkr	255
hrip	51	nór	210	thukla	267
hróf	80	seil	246	thvara	262
hrúga	83	sigr	158	thykkr	263
hryggr	82	skaka	100	veggr	147
ilkvistir	36	skinn	62, 240	vinr	151
jaki	172	skrapa	243	vist	26
jökull	172	skúr	54	vaela	149

3. ANGLAIS

(L'anglo-saxon entre parenthèses.)

A	117	blink	37	chirp, chirrup	122
adder	5	bloom	37	churn	68
(aeled)	213	bore	32	claw	241
alike	162	bother	39	claymore	71
all	214	bouken	47	clean	133
amid	112	bourn	30	cleave	133
(ān) > an	117	bow	40, 254	(clociau)	242
and	117	break	41	clock	71
answer	169	breast	46	cluck	71, 242
apple	21	breeches	42	cod < (codd)	136
apron	5	brew	46	cold	70
ash	215	bring	9	comb	81, 136
awl < (awul)	172	brisk	44	cord	75
		broth	46	corn	143
Babble	177	brother	44	cow	48
balk	25	brow	3	crane	130
barnacle	43	buck	40	craw	45
bathe	26	budget	26	crop < (cropp)	83
be	11	(burg)	41	cross	83
(beadu)	29	burst	44	(crumb)	83
beak	29	bush	39, 40	crumpet	79
bear	60	(byrgan)	27	cruse	81
beat	29			cry	81
bed	34	Cackle	127	(cȳta)	27
behind	62	cairn	55		
belly	26	call	67, 128	(Dǎh)	96
bernekke	43	carol	76	dale	92
(bicce)	228	cast	105	darn	89
bind	38	cat	56	day	94
bindweed	34	(cēowan)	168	(dĕaf) > deaf	108
bitch	228	chest	65	deal	104
bite	30	chew	168	deep < (dēop)	105
black	192	chin	132	dew	92

INDEX

dish	100	four	222	hiccough	163
display	101	fowl	114, 120	hide	85
distaff	252	frame	125	hind	62, 159
door	104	free	125	(blǣnan)	69
dough	96	freeze	232	(blūd)	70
doune	264	(fremman)	125	(bnecca)	80
dove	108	(frēols)	125	(bnitu)	211
down	264	(frēolsian)	125	(bnutu)	80
drink	76	(frēosan)	232	hog	166
drone	239	(fugol)	120	hold	48
dry < (dryge)	108	full	184	holly	59
(dūfe)	108	(furh) > furrow	231	home	84
dull	86	(fyllan)	127	-hood	226
dumb	87, 108			hook	163
		Garden	130	horn	76
(ēad)	111	(gāt)	127	horse	55
(eaht)	111	(gelic)	162	hound	66
(ēanian)	213	(geolo)	131	(hrēac)	83
ear	110	(gēow)	145	(bridder)	83, 234
(egethe)	214	(geteld)	262	(hrim)	234
egg	276	(gicel)	172	(hrith¹)	82
eight	111	(gielpan)	168	(hrōf)	80
elbow	160, 173	(gierd)	131	hurl < hurtle	165
(elm)	118	(gilpan)	168	hundred	53
end	140	(gīw)	145	(hwaeg)	155
even	110	glass	134	(bwēol)	66
evil	146	glide	38	(hȳdan)	85
		glow	133		
Fallow	194	goat	127	Icicle	172
(fām)	173	goose	148	in	113
farrow	298	great	42	iron	166
feather	119	greet	28	is	34
fell	183	(grēot)	145		
fern	229	grin	244	Jaw	168, 176
fetter	173	grit	145		
fie	119	guard	138	Kerchief	78, 126
(fif)	219	guest	128	kiddle	66
finch	224	gurnard	76	kin, kind	131
five	219			kite	27
flap < flappen	122	(Haefer)	129	knee, kneel	134
(flasce) > flask	123	(hūm)	84	knoll	25
flat	181	hare	127	know	139
flea	169	harsh	55		
flee	185	harvest	64	Lade	72
(flett)	123	hate	55	(laeppa)	177
flippant	122	have	54	land	179
floor	184	hazel	60	lap	177
fly	185	heart	80	last	180
foam	115	heath	73	lay	181
(folc) > folk	146	heave	54	layland	184
follow	162	hedge	49	leaf	190
foot	275	hemp	52	leak	182
fore	229	hen	52	lean	69

1. Erratum. Lire ainsi la forme citée.

ANGLAIS

leather	183
(leccan)	182
leisure	191
Lent	183
(licettan)	186
lick	184, 188
lie	136, 181
(liflic)	188
light	178, 191
(liht)	178
like	162
listen	70
lively	188
loaf	14
lobster	177
(lōcian)	178
log	189
loin	189
look	178
(lopust, lopystre)	177
lord	14
loud	70
louse < (lūs)	179
Maid	197
mane	206
manure	12
marl	200
marrow	197
-mast	201
maw	203
may	195
mead	201
mean	199
(mearh)	197
mellow	194
mere	205
mete	10, 229
(micgern)	202
-mid	112
might	195
(mire)	200
(molda)	198
month	203
moon	203
more	208
morrow	33
moss	195
mourn	32
mow	197
mud	207
murk	199
(mȳre)	200
(Naegel) > nail	175
naked	212
name	157
(nëad)	209
(neaht)	213
neck	80
need	209
needle	208
nest	210
nettle	187
new	211
next	210
night	213
nine	209
nit	211
nothing	210
now < (nū)	211
nut	80
On	10
one	117
(orlege)	181
over	276
owl	84
Pack	215
paltry	217
pap	217
park	218
parson	221
paw	217
pike	249
pillions	225
pitcher	223
plain	225
(pohha)	226
poke	222
(pōl) > pool	227
pukken	222
Queen	109
quern	44
quick	31
Ramble	229
random	230
(ràp)	230
(rēad)	237
ready	235
red	237
reuthe'	233
rick	83
riddle	83, 234
ride	235
ridge	83
ridil	234
right	232
(rim)	236
rime	234
riot	234
roast	235
rob	7
rock	235
roof	80
rook	235
room	232
root	144
rope	230
rosin	236
ruff	236
ruth	233
(Saep)	237
sallow	156
salt	165
same	162
sap	237
say	59
(sceoppa)	241
(sceorpan)	243
(sceran)	240
(scinn)	240
scrape	243
screech	244
scroll	256
(scyfen)	241
sedge	161
see	160
seed	156
(sencan)	238
(sēoc)	247
(seofon) > seven	245
shade, shadow	241
shake	100
shave	79
she	163
shear	100, 240
shelf	242
shine	62
shop	241
shore	243
show	243
shower	54
shriek	244
sick	247
(side)	246
sieve, sift	246
sin > since	164
(sincan) > sink	238
sirloin	189
sister	169

INDEX

sit 22
sith 164
six 170
skin 62, 240
slap < slappe 254
sleek, slick 176
(slidan) 254
slide 187, 254
slip 186
small 202
smith 199
smoke 204
son 106
soot 167
(sorg, sorh) 248
sorrow 245, 248
(sōt) 167
sour 170
sow 156, 166
span < (spannan) ... 249
spar < sparre 249
(sparrian) 249, 250
sparrow 125
spear < (spere) 249
spike 249
(spilc) 249
spin 58
spink 224
spit 250
splint, split 242
(sprecan) 125
square 243
squeak 154, 250
squire 243
stab 260
(staef) > staff 252
stale 252
stand 239
star 253
stark 252, 269
(stearc) 252
steep 254
steer 257
stem < (stemn) 252
(stempan) 252
(stician) > stick 251
still < stille 247
stock 248
stoop 254
storm 254
(strēam) > stream ... 126
(strēawian) 255
(streccan) > stretch. 271
strew 255
strive 256

strut 256
stubble 248
stun 249
(stycce) 248
(sūcan) > suck 257
summer < (sumor).. 157
sun 160
(sūr) 170
(swaec) 170
swarm 169
swear 169
sweat 171
sweet 169
(swefn) 167
swell 164
swim 122
(swin) > swine 248

Take 85
tame 104
tar 263
(targe) 93
tear 86, 89
ten 91
(teoru) > terre 263
tetter 89
(thaec) 265
tharm 263
thatch 264, 265
thaw < (thāwan) ... 264
(thēow) 262
thick 263
thin 253
thing 265
third 270
thorp 4
three 271
(thridda) 270
throstle 106, 270
thrush 106
till 98
tilt 262
timber 88
tinder 266
tink 99
to 85
toll 262
tooth 87
(toren) > torn 267
(tōth) 87
toune 267
town 184, 267
tree < (trēo) 93
(tūn) 184
turf 260

two 88
(tynder) 266
(tyska) 265

Un- 8
under 175
up 146, 167
(ūs) > us 165

Wail 149
wake 118
want 261
ward 14, 138
-wards 215
warm 137
(wāt) 140
way 149
(weardian) 138
weave 148
wed 99
wedge 147
weevil 171
weilen 149
well 150
wen < (wenn) 151
werwolf 140
wether 156
wheel 66
when 215
whey 155
whin 170
who 218
whynne 170
(wibba) 127
wield 133
(wifel) 171
will 150
William 154
wince 154
wind 21
wine 154
(wir) > wire 147
woe 146
womb 147
wood 153
wool 135
work 73
worm 228
wort 144
worth 152
wot 142
wound 13, 147
wriggle 143
wrong 143
(wudu) 153

ALLEMAND

Yard	130	yellow	131	yesterday	90, 210
yea	172	yelp	168	yoke	173
yean	213	yes	172	young	172

4. BAS-ALLEMAND, NÉERLANDAIS

(Le vieux-saxon entre parenthèses.)

babbelen	177	knorrhaan	76	skot	242
duif	108	last	180	slang	254
flappen	180	Leeuwarden	67	slecht	176
(grōtian)	28	lurken	183	stuur	257
hop	166	oorlog	181	tonder	266

5. HAUT-ALLEMAND

(Le vieux-haut-allemand entre parenthèses.)

Aar	115	biegen	40, 254	dorf	4
acht	111	(bibal)	40	drock	255, 270
adelaar	115	(bijiht)	173	drei	271
adler	115	bin	11	dringen	273
all	214	binden	38	dritte	270
amme	9	blinken	37	drossel	106, 270
an	10	blume	37	dulden	259
(āne)	13	bock	40	dumm	87, 108
angel	12	bohren	32	dünn	253
anke	8	born	30		
ansitzen	13	braue	3	Eben	110
antwort	10	brauen	46	egge < (egida)	214
apfel	21	brechen	41	ei	276
atem	94	bringen	9	eibe	175
ätte	258	bruder	44	ein	118
auf	146, 167	brünne	46	ein-	113
auslaugen	254	brunnen	30	eisen	166
		brust	46	elle, ellenbogen	173
Baden	26	burg	41	ende	140
balg	26	busch	39, 40	eng	113
balken	25			enger	12
bannen	25	(Cholbo)	137	entstehen	10
banse	38			erbrechen	44
barsch	42	Dach	264	esche	215
bauchen	47	dämmerung	264	ewig	213
becher	223	darm	263		
beichte	173	decken	264	Falb	190
beil	40	(dēmar)	264	farnkraut	229
beissen	30	(dëo)	262	fassen	173
bereit	235	Deutsch	274	feder	119
berg	32, 42	dick	263	fell	183
(bersich)	42	diele	253, 264	ferkel	268
bersten	44	ding	265	fessel	173
bett	34	(diutisc)	274	fink	224

INDEX

flach... 182
fladen... 181
fliegen... 185
fliehen... 185
fliessen... 185
floh... 169
flur... 184
folgen... 162
(fona)... 10
fragen... 19
freihals... 125
frieren < (friosan)... 232
fromm... 140
füllen... 188
fünf... 219
furche... 231
fuss... 275

Gabel... 129
gackern... 127
gacksen... 127
gähren... 135
gang... 51
gans... 148
(garten)... 131
garten... 130
gasse... 127
gast... 128
ge-... 56
(gëbal)... 129
gedeihen... 265
geisel... 153
gelb... 131
gelingen... 178
gerte... 131
gesinde... 160
gestern... 90
gewohnheit... 38
gewürm... 10
gigzen... 148
(zisal)... 153
glas... 134
gleich... 162
gleiten... 38
glocke... 71
glühen... 133
graben... 79
gross... 42
grüssen... 28

Haben... 54
hader... 49
(Hadubrand)... 49
haft, -haft... 57
häg... 49

(hâgo)... 163
hahn... 52
haken... 163
halm... 74
halten... 48
hanf... 52
harsch... 55
bart... 55
hase... 127
hass... 65
hauen... 54
hebamme... 9
heben... 54
hecke... 49
Hedwige... 49
beide... 73
heim... 84
-heit... 226
hemd... 164
henne... 52
herbst... 64
herz... 80
hinde, hindin... 159
hinken... 51, 100
hinten, hinter... 62
hirsch < (hiruz)... 55, 76
horn... 76
(hreigir)... 63
(hruf)... 81
huls > hulst... 59
hund... 66
hundert... 53
(huostan)... 218
hure... 55
husten... 218
hütte... 85

In... 113
ist... 34

Ja... 172
jauchzen... 174
(jëhan)... 173
(jësan)... 135
(jiht)... 173
joch... 173
jüchezen... 174
jung... 172

Kalt... 70
kamm... 81, 136
katze... 56
kauen... 168
keck... 31
kehle... 131

kind... 131
klaue... 241
kleben... 133
klein... 133
knie... 134
knollen... 25
kolben... 137
korn... 143
koth... 50
kragen... 45
kranich... 130
kranz... 145
kropf... 83
krumm... 83
kuh... 48
kund... 11
kunkel... 58

Laden... 72
lager... 182
land... 179
lappen... 177
laster... 180
latte... 180
lau... 72
laub... 190
lauge... 133
laus... 179
laut... 70
lecken... 184, 188
leder... 183
legen... 181
lehnen... 69
leiche... 162
leicht... 178
leie... 186
lette, lettern... 180
leuchten... 191
licht... 191
liegen... 181
lingen... 178
locker... 139
lode... 188
lodern... 191
lohn... 179
lücke... 139
lugen... 178
lügen... 136
(lûs)... 179

Macht... 195
mädchen... 197
mag... 195
magd... 197
magen... 203

ALLEMAND

mähen	197	ohne	12	schluchzen	189
mahlen	194	Ost	152	schlucken	189
mähne	206			schmal	202
mähre	196	Pappe	217	schmid	199
(marah)	196	pappeln	177	schmollen	207
(marahscalc)	196	(parren)	26	schneiden	211
mark	45	(päffiz)	36	schnur	211
-mast, mästen	201	pfote	217	schoss	242
matte	197	pfui	117	schreiten	64
maulen	207	pips	36	schürfen	243
meer	206			schwarm	169
mehl	194	Qual	133	schweiss	171
mehr	208	queck	31	schwellen	164
meinen	199			schwester	169
meise	206	Rad	234	schwimmen	122
mergel	200	rain	236	schwinden	169
messen	10, 229	raum	232	schwirren	169
met	201	recht, recken	232	schwitzen	171
meyer	199	reiber	63	schwören	169
minder	203	reim	236	(scouwōn)	243
mischen	200	reiten	235	sechs	170
mitte	112	reiter	83	sehen	160
(molt)	275	ric	58	seide	245
monat, mond	203	ringen	143	seil	246
morchel < (morhila)	206	(ritto)	82	seim	73
		rock	234	seine	164
Nachen	210	rohr	230	senden	160
nacht	213	ross	55	senken	238
nacken	80	(rōt) > roth	237	(sida)	245
nackt	212	rübe	174	sie	163
nadel	208	rücken	83	sieb	246
nagel	175	russ	167	sieben	245
nah	210	rutschen	234, 237	siech	247
nähen	211			sieg	158
name	157	Saat, säen	156	(sind)	160
natter	5	(sagēn) > sagen	59	sinken	238
neffe	61	salweide	156	sitzen	22
nehmen	115	salz	165	(snuor)	211
nein	209	samt	162	sohle	247
nessel	187	sau	166	sohn	106
nest	210	sauer	170	söller	247
neu	211	saugen	257	sommer	157
neun	209	schaben	79	sonder	8
nichte	212	schatten	241	sonne	160
niere	164	schauen	54, 243	sorge	245
(nift)	212	scheiden	242	spalten	239
niss	211	scheinen	62	spannen	249
nixe	212	schemel	116	spannung	249
not	209	scheren	100, 240	sparren	249
nun	211	schienbein	241	(sparwāri)	249
nuss	80	schinden	240	speise	204
		schlange	254	sperber	249
(öd)	111	schleifen	186	sperren	249
odem	94	schlicht	176	spierling	30
ohmet	197	schlitten	187	spiess	223

spinnen	58	teig	96	weben	33, 148
spitz	223, 250	teil	104	wecke	147
spleissen	242	thal	92	wecken	118
splitter	242	(thwingan)	267	weg	149
sprechen	125	tief < (tiof)	105	weh	146
spreiten	126	tor	104	weide	149, 153
spross	126	trefs > trespe	107	weiss	142
stallen	252	trichter	271	wenn	215
stampfen	252	trinken	76	wer	218
stark	252, 269	trocken	108	werg, werk	73
steben	239	trug	108	werden	152
steigen	254	(tûba)	108	wert	152
stern	253	tür	104	wickeln	148
steuer, steuern	257			widder	156
stich	224	übel	146	will	150
still	247	über	276	wind	21
stimme	252	(ûf)	167	winden	148
stock	248	um < umb	7	(witu)	153
stopfen	254	un-	8	wohl	150
stossen	20, 268	und	117	wohnung	38
strauch	256	uns	165	wolle	135
streben	256	unten, unter	175	wonne	150
streit	256	(unti)	117	wund	13, 147
streuen	255			wurzel	144
(strit)	256	Ver-	15		
strom	126	verdauen	264	Zahm	104
strotzen	256	verheblen	70	zahn	87
(strŭch)	256	verzehren	89	zähre	86
stube	253	viel	173	(zand)	87
stück	248	vier	222	zehn	91
stump	257	volk	146	zerren	89
sturm	254	voll	184	ziehen	103, 272
(sumar)	157	von	10	ziel	98
(sŭr)	170	vor	15, 229	zimmer	88
süss	169			(zittaroh)	89
(swebban)	170	Wachen, wacker	118	(zorabt)	107
		wahr	155	zu	85
Tag	94	walten	133	zünden	266
tanne	260	wamme	147	(zuo)	85
tau	92	wann	215	zwei	88
taub	108	warm	137	zwingen	267
taube	108	warten	138		
tauen	264	-wärts	215		

VI. LETTO-SLAVE

1. LITUANIEN

(Le lette et le vieux-prussien entre parenthèses.)

Akètes	214	akėti	214	akis	114

LITUANIEN

ariù	15	kratýti	82	pētūs	110
aszis	5	(kraupe), kraupùs	81	pra-	229
asztůni	111	kraúti	83	prigaúti	129
aszvà	109	(kribinát),	79	putà	115
		krùvà	83		
(Bedre), bedu	34	kuriù	95	Rãtas	232
birti	35	kùrpe	63	raudà	237
broterēlis	44			ritù	231
búti	41	Laigýti	182		
		làkti	189	Sakaī	239
Dagà	94	(lapa)	184	sakýti	59
dedervinė	89	laúkas	191	sāpnas	167
dègti	94	lèngvas	182	saúlė	160
deszinė	91	lèszti	188	sėdėti	22
dēvas	105	lizdas	210	sėnas	160
devyni	209	lugnas	181	septyni	245
dirti	89	lutynas	190	sėtas	246
dírżas	93	lyjù	183	sijóju	246
drignės	107			skataũ	240
(druska)	273	Málti	194	skélti	120
dù	88	-manaũ	78	skirti	190, 240
dubùs	105	marės	205	skvėrbti	250
		márgas	45	slidùs	254
Gagónas	148	markatnus	205	slýdau, slýstu	254
galė, galéti	128	(matit)	201	staigà	265
gařsas	130	matýti	201	stėgiu	264
geltas	131	melmů	198	stóju	239
girnos	44	mėlynas	198	stomů	238
grandis	145	menù	78	strázdas	270
grústi	145	mergà	200	stregti	269
(gůws)	48	midùs	201	(sùkti), sùnkti	257
gývas	31	miltai	37	suprantù	230
		(milti)	37	súras	170
Isz	110	minti	205	svarùs	170
iszkernóti	68	miřti	196	szėpti	58
ja	172	mudas	207	szėrti	63
jaúnas	172			szeszi	170
jė	172	Nagà	175	szikti	50
jùngas	173	nágas	175	sziřtas	53
		naktis	213	szirdis	80
Kándu	95	(nauti-)	209	szlaũnys	72
(karinát)	68	nepotis	212	szlėti	69
kařtas	227	neptis	212	szokti	100
kárvė	55			szů	66
kàs	218	Obelis	21		
kaúti	54	óbůlas	21	(Talus)	258
kepù	222			(tārin)	260
kéras	228	Pàlvas	190	tarmė, tařti	260
kertù	76	papártis	229	(tauris)	261
keturi	222	pàrszas	268	(taúta)	274
kirmis	228	penki	219	tėkti	265
kósiu	218	perkù¹	227	tekù	262

1. Erratum. Ajouter : « en admettant, par hypothèse, dans ce mot, la métathèse inverse de celle de *kepù* ».

tenkù	265	ûsis	215	vèszti	149
tėtis	258			vilna	135
tűlė	258	Vagis	147	voverė	153
tréczas	270	valdýti	133	výras	140
trènkti	273	(walks)	134	výti, výtis	149
trinkti	76	vedù	99		
trunėti	273	vėjas	21	Žėlti	132
		vėlyti	150	žėmà	135
Ugnis	213	vèrsti	152	žeriù	130

2. VIEUX-SLAVE

(Le slave moderne entre parenthèses.)

Ablanĭ	21	iz-, izŭ	110	mravija	200
ablŭko	21	izmolėti	201	mrėti	196
		(jabloko)	21		
(Barsukŭ)	45	jagnę	213	Nagŭ	212
berą	60	jaje	276	nasŭ	211
biti	30	(jasenĭ)	215	ne, ni	209
bratŭ	44	jucha	174	noga	175
brėgŭ	32			nogŭtĭ	175
byti	41	Karati	68	noštĭ	213
		(kladu)	71	novŭ	211
Chotėti	161	(kolóti)	216	ny	211
		konĭcĭ	62	nynė	211
Derą	89	konoplja	52		
desĭnŭ	91	kotora	49	Ognjĭ	213
devętĭ	209	kovati	54	oko	114
dėlŭ	104	kragujĭ	63	orĭlŭ	115
dlŭgŭ	103	kratŭ	227	orją	15
dolŭ	92	kratŭkŭ	76	(ostrovŭ)	126
domŭ	88	(krĭnuti)	227	ostrŭ	109
dŭva	88			otĭcĭ	258
(dverĭ)	226	Lędina	179		
dvorŭ	104, 226	lija	183	(Paporotĭ)	229
		lizati	188	peką	222
Gavranŭ	42	lĭgŭkŭ	182	pitati	110
glagolati	128	(ljadina)	179	plavŭ	190
glasŭ	128	lovŭ	179	plodŭ	180
gnėzdo	210	lŭgati	136	po	1
golėmŭ	128			(pomjatĭ)	205
(golosŭ)	128	Medŭ	201	prasę	268
gorėti	137	melją	194	pro-	229
(gornŭ)	137	-mėrŭ	201		
gostĭ	128	mĭnėti	78	Sedmĭ	245
grądĭ	46	mĭnijĭ	203	(sereda)	80
		(mlsati)	36	sestra	169
Igo	173	mogą	195	sędą	22
imą	115	(molitĭ)	195	sėdėti	22
imę	157	(molsatĭ)	36	sėti	156
iskoni	62	morje	205	skokŭ	100
istuknąti	268	-motriti	201	skvrĭna	55

GAULOIS

sługa	157	tęti	259	vějati	21
sokŭ	239	těsto	265	věra	155
solý	165	tĭlo	258	viděti	142
srěda	80	tĭma	264	viti, vitĭ	149
staja	239	ŭmrĭŭŭ	264	vladą	133
stigną	265	ŭmŭkŭ	253	(Vladimirŭ)	133
stogŭ	268	tĭrą	260	vlŭna	135
stoja	239	(tjatja)	258	vrěteno	152
strugati	273	tlŭka	259	vrŭtěti	152
sŭnŭ	167	trěti	260		
sŭpą, sŭti	170	trĭje	271	Zelenŭ	132
sŭto	53	turŭ	261	zelije	132
svistati	171			zima	135
		Vedą	99		
Tajati	264	velěti	150	Żena	109
talŭ	264	vesti	149	živŭ	31
teką	262	věděti	142	žrŭny	44

VII. CELTIQUE

1. GAULOIS

(Le gaulois latinisé entre parenthèses.)

(Aballo)	21	berula	30	Cattos	56
Abona	21	bessus	38	Catuslogi	157
Abrincatui	9	betulla	34	Catuvellauni	49
(acaunum)	163	Biturix	29	Cebenna	57
Aedui	213	Bodiocasses	49	celicnon	59
alauda	7	bolga	30	-cēto-	73
Allobroges	7, 45	brāca	42	(Cilurnum)	60
Ambiani	7	brace	42	Cingetorix	51
(andabata)	29	brennos	37	Cintugenos	131
Andegavi	10	(Brigantia)	42	Cintugnatos	62
Aremorica	15, 205	(broccus)	45	co-	56
Argentoraton	32	(brogilum)	47	(Cogēstlus)	153
Argiotalos	116	brūca	47	com-, con-	56
arinca	15	(bulga)	26, 30	Condate	86
Arnos	17			Cottos	78
asia	159	Caletes	50	Cumba	74
Ategnatos	11	Caliācos	67		
Αὔος	14	(cambium)	52	Dagovassos	85
Avara	14	(Cambodūnum)	51	δεδε	86
		canta-	129	Dexsiva	91
bardos	28	(Cantobennieus)	53	(Divodurum)	105
(battuere)	29	canton	53	Dubis	108
(Beccō)	29	-captos	57	Dubnotalos	258
Beletucadros	49	Carpentoracie	51	dubron	105
Bēnācos	25	(carrus)	55	-dula	91
(Bergomum)	32	Catalauni	179	Dumnocovēros	155

Durnâcos	106	linna	183	(-sentum)	160
		litano-	181	Sirona	253
Eburos	119	(Litavia)	181	(Sparnomagus)	250
en-	113	litu-	186	su-	158
Epona	109	(Livius)	187	Sucarios	159
Eporedia	109	Λουέρνιος	190	Sucellos	158
ex-	110				
exâcon	115	-magos	197	Taranis	260
Exomnos	14	Magurïx	195	(taratrum)	260
		marga	200	tarvos	261
(gabalus)	129	μάρκα	196	Teuto-	274
Gabromagos	129	-maros	201	(Ticinus)	262
Γαλάτης	128	(Matidomnus))	193	(Tongetamus)	267
Gallos	128	(Mediolānum)	112, 184	(Tongius)	267
Genava	131	Morini	205	trigaranos	130
giamon	135			Tricasses	49
Glaua	133	νεμητον	115	Trōgos	273
(Gobanniō)	136	Nertâcos	210		
		nerto-	210	Usipetes	109
(Herminius)	199	(Noviodûnum)	211	Uxellodūnum	166
in-	113	πεμπεδουλα	91, 219	(vannellus)	151
inter	114	Πεννοουίνδος	220	vassos	147
Iovincillos	172	(petorritum)	234	Veneti	150
Isarnodori	165			Vercingetorix	139, 276
		ratis	229	vergobretos	44, 73
κάρνον	55	(rēda)	236	(Vernodubrum)	152
Κάναρος	64	-rēx, -rīx	235	(vertragus)	139, 272, 276
		ro-	229	(vidubium)	142, 153
lautron	179			Viducasses	153
legasit	181	σάγος	237	Vindoclādia	69
lenna	183	sasia	159	(Vindomagus)	151
(leuca)	183	(scobiēs, scobis)	240	Visurīx	155
Leucetios	191	Sego-	158		
licca	181	Seno-	160		

2. IRLANDAIS [1]

(Le vieil-irlandais entre parenthèses.)

(Abac)	21	(aed)	213	áilim, áiliu	22
(aball)	21	aeghe	21	aimser	10
(abann)	21	(áes)	213	(ainder)	215
(abbgitir)	2	(abèl), aial	21	áinleóg	151
abhra, (abrait)	3	aibghitir	2	(ainm), ainm	157
(ac)	156	áid-	4	airde	18
(acher)	4	(aidle)	112	airget	16
(acus)	156	(aig, aigred)	172	airim [2]	15
(adamna)	119	(áil)	174	airisem	18
(adriug)	236	(aile)	111	(airne)	164

1. Observation importante. On cherchera sous le gaélique les mots qu'on ne trouverait pas sous l'irlandais, et réciproquement.
2. Erratum. Corriger ainsi la forme citée.

IRLANDAIS

airther	233	beag	35	(brón)		43
ais	5	bealach	40	Bresal		44
aiteann	34	bean	109	(Bretan)		43
(aitenn)	34	beann	25	(breth)		58
áith-	4	bearraim	32	breun		43
(aithech)	215	(becc)	35	(bri)		42
aitherriuch	4	béccim	29	brisc		44
aithrech	19	(béim)	39	(brissim)		44
ál	109	(bel)	164	(bró)		44
alt	14, 112	(ben)	109	broc < (brocc)		45
altain	14	benim	30	brón		32
(altram), altrom	14	(benn)	25	(brot, broth)	45,	46
ammait	9	beó	31	(brug) > brugh		45
(án)	213	(ber)	32	(bruinne)		46
anál	6	berbaim	32	bruth		46
anam	113	(berim)	60	buachaill		47
(ancride)	113	(bés)	38	buaidhirt, buaidhrim		39
and	12	bethe	38	buith		41
andiu	164	beus	38			
ané	90	(biad) > biadh	39	(Ca-)		218
(anim)	113	biail	40	cacc		50
arathar	15	bil	40	(cách)		221
(arbar, arbe)	116	(bilor) > biolar	30	(cacht)		57
arbhar	116	bior < (bir)	31	caile		224
(arg)	116	(biror)	30	(cailech)		67
(argat)	16	(biss)	90	caill		74
(art)	90, 158	bith	36	(cáin)		62
(áru)	164	(bithe)	30	(cainnenn)		68
as-	110	(bíu)	31	cair		64
asgall	19	bláith	38	cairbre		51
(asil)	119	blas	36	(caire)		68
(asna)	119	(bláth)	37	cairem		63
(atchuirim)	89	(bled)	37	cais		55
(áth)	213	(bliadain) > bliadhain	38	caithim		59
		blonac > blonog	38	calath		50
Bacaim	23	bluinic	38	(callach)		50
(bacc)	23	(bocc) [2 mots]	40	calláin < (callaind)		50
báidim	33	(bodar)	41	(camm)		51
bainfheis	26	bog	40	can		215
bainne	26	bolg, (bolg)	26, 39	(canim)		52
bairgheau	27	(bós)	41	caoin		62
bairnech	43	(boss)	41	caomh		84
báith	23	bou	48	caonim		58
(balc)	25	(bráge)	45	caorthain		64
(balg)	40	braich	42	caraim		55
ball	24, 25	bráighaid	45	carn		55
(banb)	26	(braigim)	42	(carpat)		51
(banne)	26	brau	42	(carr)		55
(bard) > bárd	28	(bras)	42	carraig < (carric)		55
(bargen)	27	brat	47	(cartaim)		55
barn	27	(brath), brath	27	casachdach		218
(barr) > bárr	26	bráth	44	casair		56
bás	20	bráthair, (bráthir)	44	cat		56
(bass)	41	(bratt)	47	cathach		49
bathach	29	(brecc)	44	cathair		57

caur	64	
cé	224	
ceann	220	
céim < (ceimm)	51	
ceinn	62	
ceird	64	
(céle)	110	
(celim)	70	
cenél	11	
(cend, cenn)	220	
(cercenn)	66	
(cert)	64, 76	
cét	53, 128	
cétal	62	
cétamus	62	
cetheoir	219	
cethir	222	
chéle [a]	110	
cia	224	
(ciad-colum)	84	
(ciall)	226	
(cich)	66	
(cilornn)	60	
cingim	51	
(cinteir)	62	
cír	89	
(clad) > cladh	69	
(claideb)	71	
(claidim)	69	
(clam) > clamh	68	
(cland) > clann	217	
(clár)	70	
(clé)	69	
cléir, cléireach	71	
(cleith)	70	
(clérech)	71	
clí	69	
(clocc)	71	
(cloch)	71	
clóidheamh	71	
cloigionn	71	
(clóin)	69	
(cloth)	70	
(clú), cluinim	70	
(cnae)	81	
(cnám)	95	
cno	80	
cnoc < (cnocc)	80	
(cnú)	80	
co-	56, 218	
(coem)	84	
cóic	219	
(cóim)	84	
(cóinim)	58	
coirce	63	
(colba) > colbh	59	
coll, (coll)	60, 74	
(colmmene)	77	
(colomb)	77	
cóm-	56	
(comair)	57	
combrugad	41	
comhailtim	85	
(commaid)	74	
(comthinól)	85	
(condercar)	107	
(condud)	65	
connall	52	
(conósnaim)	249	
(conriug)	236	
(cor)	77	
corb	51	
corca	63	
(corn)	75	
corr	63	
coss	56	
(cossair)	141	
crann	228	
(cré)	228	
creic	227	
(crenim)	227	
(cretim)	80	
criathar	83	
(crich)	81	
(cride)	80	
crimóg	95	
(crín) > críon	82	
(criss)	81	
(crith)	82	
cró	79, 80	
croc	79	
(crocenn) > croiceann	82	
croidhe	80	
cromb	83	
(crúach)	83	
(cruim)	228	
(cruind)	81	
crúsgín	81	
cú	66	
(cúa)	54	
(cuicel)	58	
(cuil)	60	
cuilc, cuilce	227	
cuileann	74	
(cuilenn), cuilionn	59	
cuimnech	78	
(cuimrech)	58	
cuing	220	
(cuirim)	89	
(cuit)	222	
cúl	67	
cularan	59	
(culén)	74	
(cuma)	53	
(cuman)	78	
(cumang)	113	
cummasg	61	
(cumsanad)	110	
-d-	94	
dá	88	
(daer)	86	
dag	85	
daidín	258	
(daír)	93	
(dál)	85	
(dall), dall	86	
(dám) > dámh	93	
(damnae)	88	
(damnaim)	103	
datán	258	
(dead)	102	
dealt	92	
déar	86	
(deich n-)	91	
(deil), deil	91	
deór < (dér)	86	
(derc)	107	
(derscaigim)	100	
(dess)	91	
(dét)	87	
di, di-	88, 94	
(dia, día)	91, 105	
(díad)	102	
diallait	98	
(días) > dias	259	
(die), die	91	
(dil)	98	
(dillat)	98	
(dímicin)	101	
(dinim)	92	
(diuscartaim)	240	
(dliged) > dlíghead	103	
(dligim)	103	
do-	85	
dobhar	105	
dobiur	60	
(dobur)	105	
(dofonug)	212	
(doithim)	106	
(domain) > domhain	105	
(dorn, dornach)	106	
(dorus), dorus	104	
(dosli)	91	
(douicc)	105	

IRLANDAIS

(draigen)	107
dream	106
dreán	107
(drech)	107
(dremm)	106
dris < (driss)	107
droch	108
draigheann	107
druim	4
du-	85
(dúal)	108
(dub) > dubh	108
duille	91
duine	92
(duthraic)	273
Éasguidh	117
éc, écath	12
écen	11
(ech)	109
(eclas)	111
(edenn) > eidhean	173
eidir	114
(eintam)	174
eireog, eirin	172
eleastar, elestar	111
(én)	118
(enech)	114
eo	175
eó	115
(éra)	232
eross	17
(escid)	117
éss-	110
etar	114
Fabhra	3
fadh	142
faigen	138
faine	151
fáir	152
(faiscim) > fáisg	147
faithne	151
(fál)	146
(fán)	132
fann	147
(fannall)	151
(fé)	146
fead	171
feall	146
feamuin	139
fearn, fearnóg	152
(fecht)	143
(fedan)	102
(fedim)	99
(feil)	136
(feis)	26, 155
(feith)	146, 149
(fell)	146
feoróg	153
(fer)	140
(fern, fernóg)	152
(fes)	170
(fescor)	141
(fet, fetán)	171
(fíad)	6
(fíad, fíadach)	153
fiadh	153
(fíar) > fiar	147
(fiche)	275
(fid)	153
(fidba)	142
(figim)	148
(fillim)	146
(fín)	154
(find)	151
(fine)	151
(fíneóg)	129
fiodh	153
fíon	154
fionn	151
fíor < (fír)	155
(firián)	110
(fís)	6
fiú	155
(fiur)	169
(flaith)	133
fliuch	134
fo-	146
(fodamim)	141
fóen	170
(fogamur) > foghmhar	138
(fognam, fogníu)	139
foighid	141
(foilenn)	149
folach	136
folamh	139
(folc)	146
(folcaim)	146
(follugaim)	136
(folomm, folum)	139
(fonascar)	209
for-	139, 276
(format)	141
(fosair)	141, 233
(foscaichim)	100
(foss)	147
(fossad)	141
(fothrucud)	76
(fracc)	143
frachán	143
fraic	143
fréamh < (frém)	144
fri	215
(frigde, frigit)	143
frith-	215
froech	47, 143
fu-	146
(fuirec)	169
fuiseóg	6
Gabhal	129
gabhar	129
(gabor)	129
(gabul)	129
gach	221
(gaimred)	135
(gáir)	132
(gairim, gairm)	130
(gairri)	129
(gal)	128
(galar)	133
(gall, gall), Gall	128
gáo	129
(garb) > garbh	130
(gáu)	129
géadh	148
geal	131
gealbhonn	137
geárr	129
géc	61
géd	148
geimhreadh	135
(gein)	131
(geind)	131
gel [2 mots]	131
gelbund	137
(gelthoth)	132
(gemred)	135
(gerr)	129
giall < (gíall)	153
(gin)	132
glan	133
(glass)	134
gleann < (glenn)	133
(glún)	134
gnáth	11
gó	129
(goba) > gobha	136
(goll)	136
(gor) [2 fois]	137
(gorim)	137
(gort)	130
(graig)	143
(grán)	143

INDEX

greigh ... 143
(greimm) ... 143
(grend) ... 141
(grían) ... 145
(grinne) ... 145
groegh ... 143
grothlach ... 145
gúaire ... 137
guirim ... 137
(gulba, gulban) ... 137

(Huile) ... 214

(I n-) ... 113
iarann < (iaru) ... 165
(ibar) ... 119
(ibim) ... 119
(iccaim) ... 172
ifrionn, (ifurnn) ... 173
il- ... 173
(imbárach) ... 33
imluad ... 184
immedón ... 112
in ... 12
(ind) ... 140
(indéin) ... 13
(indell) ... 13
(indhé) ... 90
(indiu) ... 164
(inga) ... 175
(inis), inis ... 114
innocht ... 213
iol- ... 173
ionga ... 175
(israth) ... 255
(iss) ... 175
(issius) ... 164
(iter) ... 114
(ith) ... 110
(ith) ... 174
(itharnae) ... 117
(ithim) ... 110
iubhar ... 119

(Labar) > labhar ... 180
(labrur) ... 180
(ladg) ... 98
láidbim ... 184
(laigim) ... 181
(láine) ... 179
(lán), lán ... 184
(laud) > lann ... 179
laogh ... 184
(lár), lár ... 184
(lathach) ... 180

leabhar ... 185
leagh ... 182
leamh ... 118
leanaim ... 138
leas ... 180
leas- ... 184
leathan ... 181
(lebor) ... 185
(lecc) ... 185
(legaim) ... 182
(léiccim) ... 86
(léim, léimm) ... 178
(leftir) ... 187
(lem) ... 118
(lemnacht) ... 188
(lenim) ... 138, 187
(lenn) ... 183
(less) ... 180, 185
(less-) ... 184
(lestar) ... 184
leth ... 185
(lethan) ... 181
(lethar) ... 183
lí ... 187
lia [3 mots] ... 186, 188
liach < (liag) ... 188
liath < (líath) ... 190
(lie) ... 188
(lige) ... 149
(ligim) ... 188
(lii) ... 187
(lind), linn ... 183
lios < (liss) ... 185
(lith) ... 186
(Loarn) ... 190
(lóathar) ... 179
(lobat) ... 190
lobhaim ... 190
lobhar < (lobur) ... 190
(loch) ... 191
(lócharn) ... 191
(lóche) ... 191
lóchrann ... 191
lodan ... 190
(lóeg) ... 184
(loimm) ... 189
loinn ... 179
(loman), lomna ... 189
(lorc) ... 183, 189
lorg ... 183, 189
(los) ... 189
loscadh, (loscud) ... 184
loth ... 188, 190
(luach) ... 191
luaith < (lúaith) ... 191

luan ... 188
luasgaim ... 192
(lubgort) ... 187
(luch) ... 188
(lúi) ... 185
(luib) > luibh ... 190
(luige) ... 180
lus < (luss) ... 190

(Má), ma ... 192
(máa) ... 208
mac < (macc) ... 193
(-macdacht) ... 197
(madach) ... 201
madra ... 27
(máel) ... 204
(mag) ... 197
(magen) ... 8
magh ... 197
(maith) ... 193
(mala) ... 194
mall ... 194, 196
mam ... 194
(mant) ... 195
maol ... 204
(már) ... 201
márach ... 33
(marb) > marbh ... 196
(marc), marc ... 196
math ... 193
meanbh ... 203
meas ... 201
measg ... 112
medón [im] ... 112
meilim ... 194
(méinn) ... 199
(meirg) ... 199
meisge ... 202
(mèit) ... 199
(meled) ... 194
(melim) ... 194
(mén) ... 203
(merad) ... 198
menb- ... 196, 203
(mescaim) ... 200
(mesce) ... 202
(mess) ... 201, 229, 232
(mét) ... 199
(metacht) ... 201
(mí) ... 203
(mían) ... 199
(mid) ... 201
(mide) ... 112
(mil), mil ... 197
(míl) ... 202

(mín)	196, 204	(oc)	156	(riccim)	232
míol	202	ochd	111	(richis)	231
(mláith)	38	(ócht)	13	(rigim)	232
(mlas)	36	(ocht n-)	111	riothaim	231
mó < (móa)	208	(ocus)	156	ro, (ro-)	229
móin	195	odbrann	274	(robarti)	233
(moirb)	200	(og)	276	(robi)	30
molaim	201	(óibel)	127	roc	235
(molid)	201	oifrend	214	(rochim)	68
(moll)	275	oin	117	(roe)	232
molt	195	(olaud), olann	134	(rofetar)	142
(mór)	201	(omun, oponn)	14	(rogènar)	131
mosach	207	(orc)	268	roimse	229
(mraich)	42	ord < (ordd)	165	róinne	233
(mrecht)	45	(osnad) > osnadh	166	(ronenasc)	209
(mrug)	45	(ostrin)	164	ros < (ross)	235
muc < (mucc)	204	otrach	48	(roth), roth	234
(múch)	204			(rothunnsetar)	259
mudharn	208	Páirc	218	(rouicc)	105
(mug)	201	pice	249	(ru-)	229
muing	206	pillín	223	(rúad) > ruadh	237
(muinigin)	199	piseóg	224	rusc < (rúsc)	236
(muir), muir	205	plaosg	225		
(muldorn)	198	poc	222	(Sacc)	238
(mullach)	198	(póc) > póg	226	(sái)	237
murcach	205	(poll), poll	227	(saiget) > saighead	237
		(popul)	226	(sail)	156
(Nasc)	209	pritchaim	228	(saile)	157
(nathir)	5			saileóg	156
(nau)	210	Raith	229	(saithe)	159
neach	210	(raith)	230	(sál)	245
neamh	114	(ráith)	32	salann	165
neart	210	raithneach	229	(sam)	157
(nech)	210	(rám)	234	(samail) > samhail	162
(necht), necht	212	(rann, rannaim)	230	sambradh	157
(nem)	114	raon	232	(samlith)	162
(nemed)	115	rath	232	(samrad)	157
(nenaid)	187	re	215	(sant)	169
(nert)	210	(rè)	232	saod	160
(nessa, nessam)	210	reachd	232	(scáich)	100
(nett)	209	(-rech)	231	(scátil)	101
ni	211	(recht)	232	(scáilim)	244
ní	209	(réid) > réidh	235	(scaman)	240, 241
niae	212	reimheas	232	(scaraim)	100, 240
nigther	212	(rémes)	232	(scáth)	241
(nocht)	212	(remor)	140, 233	(scé)	250
Nodlog	209	(ren)	232	sceamh	250
(nói n-)	209	(reo) > reó	232	(sceith)	170
(nóine)	209	reodhadh	232	(scél)	59
(Notlaic)	209	(rethar)	234	(scem)	250
nós	211	(rethim)	231	(scendim)	170
(núe)	211	(réud)	232	(sceo)	109
		(ri)	215	(-scert)	2
(óa)	21	(rí)	235	(scian)	240
(óac)	172	(riadaim)	236	(sciath) [2 mots]	242

(scith)	244	(sláet)	254	(tailm) > tailmh	259
(scoiltim)	120	(slaidim)	180	tairm	260
(scolb)	242	slat	180	(táis)	265
(scor)	243	sleamhuin	182	(tám)	264
(scoth)	240	(slemon)	182	támailt	259
(scúap)	244	(slind)	242, 254	(tan)	252
(sé)	170	(sliss, slissiu)	242	(tana), tana	252, 259
seach	160	(sluag) > sluagh	157	taobh	274
sealg	113, 121	(sluccim)	189	taos	265
sean	160	sméar-	206	(tarathar)	260
searbh	170	(smér) > smeur	206	tarbh	261
searc	245	snaidhim < (snaidim)	211	(tarr) > tárr	263
seasg	161	(snáim)	211	(táu)	239
(sech)	160	(snám)	211	(té)	266
(secht n-)	245	snámhain	211	teach	264
(sechtmaine)	247	(snass)	211	teachd	265
séidim	171	snáth	210	teann	262
seile	157	snáthad < (snáthat)	208	teas	264
seisg, seisgeann	161	(snáthe)	210	(tech)	264
seiss	22	sneagh < (sned)	211	(techim)	263
(sel)	164	(sníim)	211	(techt)	265
(selg)	113, 121	(sním)	212	(techtaim, téchte)	265
(sell, sellaim)	245	snoighim	211	(teg)	264
(sen)	160	sochd, (sochtaim)	248	teine	259
(serb)	170	soileastar	111	teithim	262
(serc)	245	spiorad	250	(temel, temen)	264
(sernim)	126	(spirut)	250	(temm)	259
(ses)	170	sraoth	255	(tend)	262
(sesc, sescen)	161	srath	255	(tene)	259
sét	160	(srenim)	126	(tentide)	260
(sethar)	161	(sreod)	255	teora	262
(sétim)	171	(sreth)	58	(tess)	264
seud	160	(srón)	126	thug	105
sgamhán	241	(sruth)	126	(tiagaim)	265
sgaoilim	244	stán	252	tighim	265
sgardaim	240	(stúag)	254	(timme)	266
sgáth	241	(stuaic)	257	(tír)	265
sgeaoh	250	(su-)	158	(tiug)	262
sgian	240	suan < (súan)	167	(tlám)	265
sgiath	242	(subi)	247	(tó)	239
sgith	244	(súg, súgim)	257	(to-)	85
sgolb	242	suibh	247	tocad	266
sgoth	240	(suidi)	167	(tochlaim)	216
sguab	244	suig	166	(tóeb)	274
si	171	súil	160	(toes)	265
(síl)	97, 156	suithche < suithe	167	(tóib)	274
(sin)	12	(sút)	165	(toll), toll	268
(sínim)	164	(suth)	106	tomm	90
síor	163			(tongu)	267
síos	175	(Tabal) > tabhall	260	(tonn), tonn	266
(sir)	163	tachdaim	258	toran < (torand)	260
sith	159	(tachtad)	258	(torímu)	90
(sithlán)	246	(taidchur)	89	(torc), torc	268
(siubal)	122	(taig)	104	(torchair)	266
(siur)	169	taile > táille	259	(tracht)	270

GAÉLIQUE

(trágud)	269	(trúag)	273	uball	21
(traig)	272	truid	270	ubh	276
treas	269	(tuag)	254	(uc)	156
(trén)	269	tuath < (túath)	274	uch	84, 166
(tressa)	269	(tuc)	105	(ugail)	114
treun	269	tucht	263	ugh	276
(trí)	271	(tuga, tugim)	265	ughaim	172
(tria), tríall	107	tuighe, tuighim	265	(uige)	276
trioch, triugh	107			(uile), uile	214
(trócaire)	273	úacht	13	(uilin), uille	173
trod	270	uan < (úan)	213	uinseann	215
(trógán, tróige)	273	úan	115	uiseóg	6
troigh	272	(uasal), uasal	166	(umal) > umhal	276
(trosc)	273	(úath)	118		

3. GAÉLIQUE

(Chercher sous l'irlandais les mots qu'on ne trouverait pas ici.)

*Abar, abbor	3	bàrd	28	bràthair	44
abhainn	21	bàrr	26	breun	43
abhra	3	bas	41	brisg	44
achlais	19	bàs	29	broc	45
adha, ae	21	beag	35	broth	46
agadh	156	bealach	40	brugh	45
aibidil	2	bean	109	bruinne	46
aifrionn	214	beann	25	bruith	46
àile	21	bearbhain	27	bruthainn	46
àill	174	beàrr	32	buachaill	47
aimsir	10	beò	31	buachar	33
ainleag	151	beus	37	buaic	47
ainm	157	biadh	39	buaidheam	39
aithreach	19	bil	40		
aitionn	34	biolaire	30	Cabhuil	56
alt	112	bior	31	cachdan	57
altrum	14	bith	29	caile	224
ammeasg	112	blaosg	225	cairb	51
anail	6	blas	36	cairt	55
anam	113	blàth	37	calaman	77
aobrann	274	bliadhna	38	call	74
aparr	10	blian	37	calltuinn	60
arbhar	116	blonag	38	Calluinn	50
		bodhar	41	calman	77
Bac	23	bog	40	cannach	53
bagaid	23	brà	44	caoin	62
bailceach	25	bràghad	45	caomh	84
bainne	26	Braidalbainn	42	caor	64
bairghin	27	bràighe	42	carbad	51
bairneach	43	braim	42	càrn	55
ball	24, 25	bran	42	carraig	55
banais	26	brat	47	casad	218
banbh, Banff	26	brath	27	casair	56
baoth	23	bràth	44	casd	218

INDEX

cat.	56	cullach	50	fiadh	153
cathair	57	cumha	53	fiar	147
ceann	220	curcais	76	figh	148
ceithir	219			fine	151
ceum	51	Daidein	258	fiodh	153
ciall	226	dàil	85	fion	154
cir	89	dàimh	93	fionag	129
cladh, cladhaich	69	darach	93	fionn	151
claidheamh	71	dé	90	fior	155
claigionn	71	dealt	92	fiù	155
clann	217	deigh	172	flath	133
claon	69	deil	91	fleasgach	123
cléir, cléireach	71	deur	86	fliuch	134
cleith	70	di-	91	foghar	138
clí	69	diallaid	98	foidhidinn	141
cloch, cloch-	71	diar	86	foinne	151
cloimh	68	dias	259	fraoch	143
cluinn	70	dilleachdan	86	freumh	144
cnàmh	95	diu	164	fride	143
cnò	80	dligheadh	103		
cnoc	80	do-	85	Gach	221
colbh	59	dobhar	105	gagach	127
colman	77	domhain	105	gairm	130
comhailteachd	85	dòrn	106	galar	133
connadh	65	dorus	104	Gall	128
connlach	52	dream	106	garbh	130
corc	63	dreathan-	107	gèadh	148
còrd	75	dris	107	geal [2 mots]	131
còrn	76	droch	108	gealbhonn	137
corr	63	droigheann	107	geamhradh	135
craicionn	82	dubh	108	geàrr	130
crann	228	duille	91	geinn	131
crath	82	duine	92	geug	61
crè	228			giall	153
creic	227	Eadar	114	glan	133
criathar	83	easgaidh	117	glass	134
cridhe	80	eidheann	173	gleann	133
criomag	95	eireag	172	glùn	134
crion	82			gobha	136
crios	81	Fabhra	3	gobhal	129
crith	82	failc	146	gobhar	129
crò	79, 80	fainleag	151	goir	130
cruach	83	fàir	152	gràinne	143
cruimh	228	faisg	147	greann	141
cruinn	81	falach	136	greigh	143
crùisgein	81	falamh	139	grothlach	145
cù	66	fann	147	grunn	145
cuid	222	farmad	141	guairsgeach	137
cuilc	227	fead	171		
cuileag	60	feall	146	Iach	115
cuilean	74	feamainn	139	iarunn	165
cuilionn	59	feàrna	152	ibh	118
cuimhne	78	feart	138	ifrinn	173
cùl	67	féith	146	im	7
cularan	59	feòrag	153	innis	114

GAÉLIQUE

ioc	172	maith	193	Raineach	229
iodhlann	110	mala	194	raithneach	229
iol-	173	mall	198	rann	230
ios	175	maol	204	raon	232
ith	110	marbh	196	reachd	232
iubhar	119	marc	196	réidh	235
		math	193	reodh	232
(Keeil)	89	mèanan	203	ri	215
		meanbh	203	rideal	234
Labhar	180	meas	201, 229	ro-	229
làn	184	meil	194	roc, ròc	235
lann	179	meirg	199	ròin	233
laogh	184	meud	199	ros	235
làr	184	mial	202	roth	234
leabhar	185	miann	199	ruadh	237
leagh	182	mil	197	ruith	231, 237
leamhan	118	min	204	rùsg	236
lean	138	misg	202		
leas	180	mò	208	Saighead	237
leas-	184	mol	201	sàil	245
leathan	181	monadh	199	salann	165
leathar	183	mór	201	samhail	162
leitir	187	muc	204	samhradh	157
leth	185	muing	206	sannt	169
leug	186	muir	205	saod	160
leum	178	mult	195	seach	160
li	187	murcach	205	seachd	245
lia	186	musach	207	sealg	113, 121
liagh	188			seall	245
liath	190	Naoi	209	sean	160
lighe	188	nasg	209	searbh	170
linne	183	neach	210	seasg, seasgann	161
lios	185	nèamh	114	séid	171
liuth	186	neart	210	seileach	156
lobh, lobhar	190	nochd	212, 213	seilisdir	111
lòchran	191	Nollaig	209	seirc	245
lod, lodan	190	nòs	211	sgàil	101
loinn	179			sgàird	240
lomhainn	189	Ochd	111	sgamhan	241
lorg	183	oighre	172	sgaoil	244
losgadh	184	olann	134	sgàth	241
loth	188	ord	165	sgeach	250
luaisg	192	osnadh	166	sgeamh	250
luan	188	òtrach	48	sgeith	170
luath	191			sgiamh	250
luch	188	Pàg	226	sgian	240
lugh	180	pailt	217	sgiath [2 mots]	242
luibh	190	pàirc	218	sgith	244
lunndair	178	pic	249	sgolbh	242
lus	190	pillean	223	sgoth	240
		pobull	226	sguab	244
Ma	192	pòg	226	sile	157
mac	193	poll	227	sìn	164
magh	197	puc	222	siolag	247
màireach	83			sior	163

th.	159	sùil	160	tiugh	263
siubhal	122	sùith	167	tlàm	265
slat	180	suth	106	toll	268
sleambuinn	182			tonn [2 mots]	266
sluagh	157	Tabhal	260	torc	268
smarach	200	tachd	258	torrunn	260
smeòrach[1]	206	tail, taileas	259	treasa, treun	269
smeur, smiar	206	tailm	259	triall	107
snaidh	211	tana	259	triuthach	107
snàmh	211	taobh	274	tròcair	273
snàth	210	taois	265	troigh	272
snàthat	208	tarbh	261	tuath	274
sneadh	211	tàrr	263	tugha	265
sniomh	211	teach	264		
sochd	248	teachd [2 mots]	265	Uamhunn	14
spiorad	250	teann	262	uan	213
srath	255	teas	264	uasal	166
sreothart	255	teich	262	ubh	276
sròn	126	teine	259	uile	214
stàn, staoin	252	teum	259	uileann	173
stuaic	257	thug	105	uiseag	7
suain	167	tighinn	265	ùmhal	276
sùbh	247	tir	265		

4. VIEUX-BRETON

Admet	14	blinion	37	carr	55
aior	114	boitolion	39	carrecc	55
aiul	174	boutig	48	cauell	56
altin	14	brat	37	cein	62
amal	162	braut	44	cemmein	51
amser[2]	10	brehant	45	ceunin	62
ancou[2]	12	brèni	37	cepister	49
anu	157	brith	45	ceple	49
aperth, aperthou	2	bron	45	cepriou	57
arohenatou	16	brot	46	cerpit	51
arcibrenou	43	brothrac	46	cest	65
arlu	157	buc	40	cilurnn	60
aroorion	4	buch	48	clèd	69
arstud	20	buhez	47	clot	70
arton	158			clutam, clutgued	72
at-	4	Cadr	49	cnoch	80
attal	65	caiou	49	co-	56
auon	21	caitoir	50	cocitou	58
		cálámennou	74	-cofrit	58
Bat	23	calat	50	coguenou	157
beheit	33	cam	51	col	74
bichan[2]	35	cannat	53	colcet	136
bis	36	cant	128	coll	60

1. Erratum. Corriger ainsi la forme citée.
2. On ajoutera ces mots sous leurs têtes d'article respectives.

comnidder	61	etn-	118	henmam	160
compret	60	euonoc	114	hep	100
compri	137	eunt	110	hin	140
contulet	85	eusiniou	275	hint	160
corcid	63			hir	163
cors	76	Flairmaur	123	hitr	161
couann	54	fleriot	123	hoetl	164
coubat	54	fual	166	hoiarn	165
credam	64	funiou	127	hol	165
crihot	82			hui	171
crin	82	Gablau	129	huil	149
crip	81	gebell	132		
crit	82	gen	131	Iac	172
cron	81	gerthi	131	iár	172
cruc	83	gilb, gilbin	137	in	113
cruitr	83	glas	133	iot	174
crum	83	golbinoc	137	iou	172
cuinhaunt	58	gruiam	144	iscartholion	240
cunnaret	78	guas	147	isel	176
cusil	85	guascotou	147	istomid	252
cutinniou	83	guedom	142	istrat	255
		gueig	148	it	119
Dacrlon	86	guelch	154	ithr	114
dadlou	85	gueli	149	itlánn	110
dauu	93	guell	150	Iud-	175
decmint	92	gueltiociou	132	iurgchell	174
deleiou	91	guescim	147		
diauc	96	guid	153	Kalan	50
diniam	99	guilannou	149		
diprim	95	guiltiat	154	Ladam	180
diprou	95	guir	155	lammam	178
discl, discou	100	guird	152	lann	179
dissuncgnetic	257	guirdglas	145	laun	184
dometic	104	guirgiriam	141	laur	184
dor	104	guirtitou	152	lemhaam	186
dorn	105	guis	155	lenn	183
dou	88	gúithénnóú	148	lestir	184
drissi	107	gulan	134	let	185
drus	104	gulip	134	leu-	179
duglas	108, 134	guo-	145	leverid	188
dúiú-	105	guohethe	148	liaus	186
		guollung	139	libiriou	185
Edemnetic	119	guor-	139, 276	liein	186
eguin	175	guotig	138	lim	182
elestr	111	guotroit	136	limn	182
elin	173	gur	140	liou	187
enderic	213	gurt	215	lis	185
enep	114			lisiu, lissiu	187
ennian	13	Hacen	165	litan, Litau	181
epill	172	hael-	158	lo	184
erderh	107	hanther	157	lobur	190
eru-	116	helabar	159	loit	190
esceilenn	101	-helcha	113	louber	191
esceir	103, 129	-hemel	162	louuern	189
ethin	34	hendat	160	luscou	192

Macoer	204	ord	165	scobarnocion	243
mail	204	orion	214	scoit	242
main	197			Seman	246
mair	197	Paup	221	sich	244
map	193	petguar	222	soudau	239
maúr	201	pilgeint	219	soui	247
maut	200	pimp	219	strotur	256
med	201	pipennou	222	strouis	255
mein	204	plant	217		
mól	197	pluiv	225	Tal	259
melgabr	129	preteram	227	tan	259
metetic	197	prinit	227	tar	263
-mint	199	pritiri	227	tarater	260
mongou	206	pui	224	taruu	261
-monid	199	Pumuret	216	termin	263
morduit	206			testou	263
morthol	206	Rac	229	teú	262
motrep	204	rannam, rannou	230	-tig	264
mui	208	rec	231	tinsot	252
		reith	232	tir	265
Natrolion	5	reu	232	tonn	266
nedim	211	ro-	229	trascl	106
nerthi	210	roitou	235	treb	4
nimer	212	roluncas	189	troi	107
nion, nith	212	ruid	235	trucarauc	273
notuid	208	ruimmein	236	tuorchennou	260
nouuid	211			turch	268
		Saltrocion	239		
Ocet	214	satron	239	Unblot	37
ocoluin	163	scal	19	uuiu	155
oet	213	scamnhegint	240	uuo-	145
ol	162	-scant-	240		
oleu	214	scirenn	241		

5. CYMRIQUE

(Le cymrique ancien entre parenthèses[1].)

A	1, 156	adref	4	aidd	213
ab	1	adwy	213	aill	112
abcedilros	2	ael	109	all	7
aber	3	aelgeth	112	allt	14
Abergavenny	136	aelwyd	213	alltraw	14
ac	156	afal, afallen	21	allwedd	7
addawl	22	afanc	21	alu	6
addfed	14	afon	21	am	7
addoli	22	afu	21, 111	amser	10
adgori	89	afwyn	21	anadl	6
adnes	96	agos	156	(anat)	11

[1]. L'ordre alphabétique est celui de l'alphabet français. On cherchera sous le vbr. les formes anciennes qu'on ne trouverait pas ici.

anawel	21	bardd	28	bras	42
angel	108	barf	28	brat	27
angen	11, 12	barlen	27	brau	41
angor	115	barn	27	(braut) > brawd	44
(annat)	11	bas	29	brawd	44
annel	13	bath, bathu	29	bre	42
anner	215	baw	26	brech	43
anterth	113	bawd	200	brenigen[1]	43
anwe	13	bedd	34	brethyn	47
(aper)	3	beddrawd	31	breuan	44
arab	15	bedw, bedwen	34	breuant	45
aradr	15	bedyddio	23	brith	45
arbwyll	16	beichio	29	brithyll	44
arch	16	bendith	31	briw	45
archen	16	benffyg	31	bro	45
archmain	17	benyw	109	broch	45
arddwr	15	ber	31	bron	45
aren	164	bera	32	brwd	46
arf	17	beru	31	brwyd	46
argyfreu	16	berwi	32	brwyn	32, 45
ariant	16	berwr	30	brych	43
arluo	157	(bes)	36	bryd	58
armerthu	200	(bet)	33	brynn	32
arnod	17	blaen	37	brysg	44
arsaf	18	blaidd	37	Brython	43
arth, arthal	158	blas	36	bu, buch	48
arwedd	99	blawd	37	buchedd	47
arwydd	18	blawd < (blawt)	37	bugad	47
asen	119	(bleu) > blew	37	bugail	47
asglodyn	19	blin	37	bul	39
asgre	19	blisg	225	bun	109
asgwrn	19	blodon	37	bustl	33
asseddu[1]	22	bloedd	37	buw	48
asyn	22	bloneg	38	bwch	40
at-	4	blwng	38	bwlas	226
aur	14	blwydd	38	bwlch	40
(avory)	33	blydd	37, 38	bwmp	39
awel	21	blyngu	38	bwrch	41
		blys, blysig	37	bwrw	35
Bach	23, 35	boch	39	bwyd	39
bagad	23	boddi	33	bwyell	40
bagl	30, 193	bogail	29	bychan	35
baich	29	bol	26	byd	29
(baiol)	31	boreu	33	byddar	41
bal	24, 25	(bot) > bod	41	byr	32
balch	25	both, bothell	30	bys, byson	36
balog	25	braen	43	bystum	36
ban	25	brag, bragad	42	bytheuad	228
banadl	25	braich	43	byw	31
banw	26	braidd	43		
bar	26	bram	42	Cablu	49
bara	27	bran	42	cach	50
barcud	27	brann	43	cadarn	49

1. Erratum. Lire ainsi la forme citee.

INDEX

cadeir	49	cell	59	clasgu	69
cadr	49	celu	70	clawdd	70
cadwyn	66	celwrn	60	clawr	70
cae	49	celyn	59	cledd	69
caer	57	(cenfder)	61	cleddyf	71
caeth	57	cengl	247	cledr	70
cafall	56	cenin	63	cloch	71
caffael	50	cenn	62	(clog)	71
cafod	54	cer	63	cludedig, cludo	72
caill	50, 60	cerbyd	51	clun	72
cain	62	cerdded	64	clwyd	72
cainge	61	cerddinen	64	clyd	70
calaf	74	Cernyw	64	clyw, clywed	70
calan	50	cerydd	68	cnaif	81
caled	50	cesail	56	cneuen	80
call	51	cesair	56	coch	73
callawr	54	cest	65	cod	136
calon	50	cethr	62	coddi	65
cam [2 mots]	51	cethreu	53	coed	73
can	53	chwaer	169	coes	56
canlyn	138	chwain	169	cof	78
canrhe	53	chwaith	170, 209	coff	73
cant [2 mots]	53	chwalu	244	cog	73
canu	52	chwant	169	(coit)	73
canwyll	53	chwarau	169	coll, colled	74
car	55	chwarddu	170	collen	60
caraf	55	chwech	170	colomen	77
(caredd)	68	chweddl	59	colwyn	74
careg	55	chwefrol, chwefror	170	(Conbresal)	44
carn [2 mots]	55	chweg	170	cord	75
carthu	55	chwel	164	corf	75
carw	55	chwerw	170	coriar	72
cas	55	chwi	171	corn	75
caseg	56	chwib, chwiban	171	cornicell	64
casglu	69	chwig	155	corr	76
cath	56	chwilen, chwilio	171	cors	76
cathl, cathledd	62	chwistrell	123	corwynt	77
caul	54	chwyd, chwydu	170	crach	79
caw	205	chwyf	74, 122	craff	81
cawad	54	chwyflo	122	crafu	79
cawdd	65	chwyl	164	cragen	82
cawl	54	chwyn	170	crai	80
cawn	52	chwyrnu	170, 171	craidd	80
cawr	64	chwys	171	craig	79
cebystr	49	chwysigen	171	crammwyth	79
cedor	50	chwythell, chwythu	171	crange	79
cefn	57	ci	66	cras	80
ceg	58	cib	66	craw	79
cegin [2 mots]	58	(cidell)	66	crawen	81
cegu	58	cig	66	creadur	83
ceibr	57	cil	67, 89	credu	80
ceiliog	67	cilydd	110	cregu, cregyr	63
ceirch	63	cladd, claddu	69	creithen	69
ceirios	63	claf	68	cri	81
celff	59	clais	69	crib	81

CYMRIQUE 331

rin	82	cyhyd	59	dehau, deheu	91
roen	82	cylched	136	deifio	94
rog	83	cylion	60	deilen	91
rogen	82	cylor	59	derwen	93
romil	83	cymmal	198	di-	94
rug	83	cymmer, cymmeraf	60	dibr	95
rugo	83	cymmbwys	75	diddyfnu	103
rwm	83	cymmwl	74	diewynu	99
rwn	81	cymmyn	60	diffygio	98
rych	82	cymmysg	61	digwyddo	97
rychydd	63	Cymro	45	dihil	97
ryd	82	cyn	61, 62, 75	dillad	98
rydd	63	cynddaredd	78	dillwng	139
rys	81	cynllaeth	60	diog	96
u	84	cynneu, cynnud	65	dirmygu	101
uan	54	cynnull	85	dirwystro	100
ud	27	cynnyg	68	diwedd	102
udd, cuddio	85	cynrhonyn	75	dlêd	103
uddon	83	cyrch	60	dodwy	106
udyn	83	cyrchu	64	dôf	104
(uin)	58	cyrchyn	66	dôr	104
(um)	84	cyrhaeddu	100	draen	107
(usyl)	85	(cyscu)	78	drem	107
wch	77	cystudd	20	drewg	107
wlm	77	cywarch	72	drudwy	270
wm	74	cywystl	69	drwg	107
wmmwd	74			drws	104
wmmwl	74	Da	85	drwy	107
wsg	78	dadl	85	dryll	106, 273
wyddo	77	dadlaith	98	drysien	107
wynos	72	dadleithio	182	dryw	107
wyr	72	dafad	87	(du-)	85
y-	56	daffar	86	du < (dub)	108
ychwyf	74	daiar	104	(dubr)	105
ychwyn	170	daigr	86	(duch)	105
ydio	59	dal	86	dug	105
yf-	56	dalen	91	dull, dullio	108
(yfair)	57	dall	86	dur	99
yfall	85	daly	86	duw	105
yfarfod	169	dant	87	dwfn, dwfr	105
yfer	57	dar	78	dwrn	105
yff	57	darbod	88	dwy	88
yffaeth	68	darmerthu	200	dwyre	103
yffelyb	162	darn	89	dy-	85
yffin	57	darparu	88	dyben	95
yffiniden	58	darymred	89	dydd	91
yfhogi	75	(datl)	85	dyddwaith	93
yfogi	162	dau	88	dyfern	31
yfor	65	daw	93	dyfnad, dyfnu	103
yfran	58	dawr	93	dyfrydol, dyfrydu	58
yfrif	236	(dec)	91	dyhaeddu	100
yfryd	58	dechreu	93	dyled, dylu	103
yfyng	75, 113	defnydd	88	dylyfu	101
yfyrder	66	deg	91	dylynu	138
yhudd	16	degwm	92	dyn	92

INDEX

dygweddu	92	esgair	129	garm	130
dyre	92	esgemydd	161	garr	129
dyrifo	90	esgud	117	garth	130
dyrllyddu	91	estyn	20	garthou	131
dyrnaid	105	(et-)	4	garw	130
dysgarthu	240	etewyn	117	gast	131
dysgogi	100	etto	20	gau	129
dysgu	100	ewin	175	gauaf	135
dystewi	102	ewyll	174	gawr	130
dyweddio	99	ewyn	115	gefail	132
		ewythr	115	gefell	132
Eawg	115			gell	131
ebill	172	(Fel)	118	gên	132
ebol	109	ffasg	121	genau	131
ebrill	109	ffei	119	geni	131
echel	5	ffêr, ffern	275	(gerran)	129
echwydd	111	fflaim	123	giach	68
ed-	4	fflair	123	gilydd [y]	110
edn	118	fflam	123	gin	132
ef	158	fflamgoed	123	glafoer	133
(efel)	118	ffeirio	123	glain	133
eflyn	117	fflwr	123	glan [2 mots]	133
efwr	119	fflwrdylys	123	glas	133
egin, egino	110	fforch	124	glaw	133
eglwys	173	ffraeth	125	gleisiad	134
egroes	110	ffrâm	125	glin	134
egwyddor	97	ffrec	125	glo	133
eh-	110	ffregod	125	gloes	135
ehang	111	ffrewyll	125	gloth	135
ehedydd	6	ffroen	126	glud	135
ei	158	ffrom	126	glwth	135
eiddew	173	ffrwd	126	glyfoer	133
eidion	111	ffrwg	126	glynn	133
eidral	175	ffrwyth	126	gnawt	11
eiu	165	ffun, ffunen	127	go-	145
eira	116	ffur	127	(gob)	136
eirinen	164	ffust	127	godro	136
eisin	275	ffwrn	124	goddef	141
eithin	34	ffwyn	124	gof	136
eleni	162	ffydd	121	gofal	194
elestr	111	ffyll	127	gofer	138
elfen	112	ffynnu, ffynnus	121	gogof	207
elgeth	112	ffyrf	121	gogr, gogrynu	140
elin	173	(frit)	58	golchi	146
ell-	173			golen	139, 150
ellbwyd	173	(Gaem)	135	golfan	137
ellyn	14	gafl	129	gollwng	139
(em)	158	gafr	129	goloi	136
enw	157	gaing	131	gôr [2 mots]	137
eog	115	gair	132	gor-	139, 276
eres	116	gal	128	gordd	165
erfin	174	galar	133	gorfedd	141
erw	116	gallu	128	gorfyn, gorfynt	141
eryr	115	galw	128	gorhiniog	140
erysi	116	garan	130	gori	137

CYMRIQUE

gorllanw	140	gwern	152	gwynfydedig	151
gorsedd	141	gwers	152	gwynt	151
gorwedd	141	gwerth, gwerthu	152	gwyr	147
goryn	140	gwerthydd	152	gwyrdd	152
graian	145	gweryru	171	gwyrddlas	145
grann	141	gwest	26	gwyrth	196
grawn	143	gweu	148	gwyryf	152
gre	143	gwialen	153	gwysigen	171
greienyn	145	gwich, gwichio	154	gwystl	153
gro	145	gwig	153	gwythen, gwythien	148
grug	47	gwill	154	gwyw	153
grym	143	gwin	154		
(guar)	276	gwir	155	Hacru	156
(guibit)	142	gwisg, gwisgo	155	had, hadu	156
(guo)	145	gwiw	155	haeddel	159
(guor)	276	gwiwer	153	haeddu	100
gwadd	142	gwlâd	133	hael	158
gwae	146	gwlan	134	haer	262
gwaed	146	gwlith	134	haf	157
gwael	149	gwlyb, gwlybwr	134	hafal	162
gwaelod	149, 150	gwlych, gwlychu	134, 135	hagr	156
gwaer	77	gwn, gwna	142	haiarn	165
gwaeth	148	gwni, gwnio	144	haid	159
gwag	146	gwobr	137	haidd	159
gwain	138	gwr	140	halen	165
gwaith	148	gwrâch	143	haliw	157
gwal	149	gwraidd	144	hanner	157
gwala	146	gwraig	143	haul	160
gwall	146	gwraint	143	hawl	162
gwan, gwân	147	gwregys	140	heb	160
gwarae	169	gwreiddyn	144	hebrwng, hebryngiad	8
gwardu	138	gwrés	137, 145	heddyw	164
gwas	147	gwrhyd	139	hedeg	99
gwasarn	142	gwrth	140, 215	hedydd	6
gwasgu	147	gwrthryn	140	hefys	164
gwastad	141	gwrych	143	heibio	109, 160
gwastio	147	gwrym	140	hela	113
gwaudd	138	gwth	87	heli	163
gwaun	132	gwybr	213	helygen	156
gwawr	152	gwybydd	142	hen	160
gwddwf, gwddwg	142	gwych	155	henllydan	159
gwden	149	gwydd	148, 161	herwydd	161
gwe-	145	gwydd, gwydden	153	hesg	161
gwedd	102	gwyddfid	155	hestawr	20
gwedi	138	gwyddif	142	heul	160
gweini	139	gwyddon	129	hidl	246
gweli	139	gwydn	150	(hig, higell)	163
gwell	150	gwydr	152	hil	97, 156
gwely	149	gwyl	136	hir	163
gwelyddyn	150	gwylan	149	hodi	99
gwelyfodi	149	gwylch, gwylchu	154	hoedl	164
gwenan	151	gwylo	149	hogalen	163
gwenith	154	gwymon	139	hogi	163
gwennol	151	gwyn	151	holi	162
gwenynen	150	gwyneb	114	holl	165

bual	166	llawen	179	llym	182
budd, buddygl	167	llawn	184	llymaid	189
hûn, hunllef	167	llawr	184	llyngeu	189
hwch	166	lle	181	llyngyr	182
hwnt	165	llech	181	llyan	183
bwrdd	268	lled	185	llyo	188
bwyad	165	lledr	185	llyry	183
bwyl	149	lleen	183	llys	185, 190
by-	158	llêf	183	llys-	184
hyd	159	llefrith	188	llyth, llythien	188
hydd, hyddes	159	llegest	181	llythyr	188
hydr	161	lleian	180	llyw	185
(hyfen)	73	lleidr	178	llywernog	189
hygar	159	llen, llên	183		
hyglyw	159	lles	180	Ma	197
hynt	160	llestr	184	mab	193
hyny	163	llethr	187	mabin, mabinogi	202
byrddu	268	lleuen	179	(machteith)	197
hysp	161	lleufer	191	mad	193
		llew	183	maen	197
Iâ	172	lliain	186	maer	197
iach	172	lliant	187	maes	197
iden	172	lliaws	186	magnel	25
iaith	173	llif	186, 188	magu	193
iâr	172	llin [2 mots]	187	magwyr	204
iâs	135	llithro	187	Mai	193
iau	172	lliw	187	main	204
iawn	110	llo	184	maint	199
ie	172	lloer	188	malio	194
ieuangc	172	llosg, llosgi	184	mall	194
(in)	113	llost	189	malu	194
is	175	llu	157	malwoden	198
isel	176	lluarth	187	mam	194
ith	110	lluched	191	man	195, 196, 275
ithr	114	lludd	192	mant	195
iuddew	175	lludw	191	march	196
iwrch	174	llûg	191	marddanadl	196
		llugorn	191	marl	200
(Kynn)	62	llus	191	marw	196
		llw	180	mathru	195
Llabwst	177	llwdn	188	(mau-)	195
llâdd	180	llwfr	190	mawl	201
llaeth	181	llwg	191	mawn	195
llafar	180	llwrw	183	mawr	201
llafn	180	llwy	188	Mawrth	201
llafrog, llafru	180	llwyd	190	medd	112, 201
llai	181	llwyf	118	meddu	224
llaith	182	llydan, Llydaw	181	meddw	202
llam	178	llyfan	189	meddyg	201
llan	179	llyfn	183	Mebefin	202
llanw	179	llyfr [2 mots]	185	meillion	198
llary	179	llyfu	188	mêl	197
llath	180	llyg	188	melldigo	203
llathr	138, 187	llygad	178	melldith	194, 202
llawdr	188	llygoden	188	melyn	198

mêr	197	neb	210	pawl	222
merch	200	nedd, nedden	211	pedair	219
mes	201	neddyf	211	pedry-	216, 221
methu	201	nef	114	pedwar	222
(meun) > mewn	112	neidr	5	peidio	216
migwrn	202, 208	neithiwr, neithwyr	210	pel	219
mil, mil	202	nerth, nerthog	210	pell	219
mîn	203	nês, nesaf	210	pen	220
mis	203	newydd	211	pendefig	224
moch	204	newyn	209	penglog	71
modryb	204	ni	209, 211	percheu, perchi	221
moel	204	nifer	212	pererin	224
moes	38	nith	212	perffaith	221
moli	201	nithio	212	pesgi	218
mollt	195	nod	17	peswch	218
monoch	204	noden	210	peth	222
môr	205	nodwydd	208	pib	222
morddwyd	206	noe	210	pidyn	223
mordwy, mordwyad	199	noeth	212	pig	249
morthwyl	206	nog, nogyt	110	pilig	223
mûd	207	nos	213	pill	223
mwg	204	nych	209	pilyn	223
mwlwg	275	nyth	209	pingo	224
mwn	205			pla, plau	225
mwng	206	O barth	2	plisg	225
mwngci	205	ober	213	plu, pluf	225
mws	207	oed	213	plwm	225
mwrthwyl	206	oen	213	plwy, plwyf	225
mwy	208	oes	213	plygaint	219
mwyalch	206	ofer	99	plygu	225
mwyar	206	offeren	214	pobi	222
mwygl	203	ofn	14	pobl	226
mwyn	199, 204	(ogalen)	163	poc	226
mwynglawdd	199	oged	214	poen	225
mwys	203	ol	162	poeth	225
myfyr	115	olew	214	pont	226
myg	101	oll	165, 214	porchell	226
mymryn	113	on, onen, onn	215	pori	222
myn	199	or	214	porth [2 mots]	226
mynag	199			post	226
mynawyd	198	Pa	218	powyso	217
myned	205	pâl	216	praidd	227
mynydd	199	palf	216	pren	227
myr, myrion	200	palfalu, palfu	216	prid	228
mysg [y]	112	pall	216	pridd	228
mysgu	200	palu	216	prin	228
		pau	215	priod	228
Nacau	208	par	95, 218	pryd, pryder	227
naddu	211	parawd	218	pryf	228
Nadolig	209	parc	218	prynu	227
nai	212	parchell	226	pump	219
nant	13	parth	2, 218	pur	228
naw	209	pâs	218	pwdr	226
nawf	211	paw	217	pwll	227
naws	211	pawb	221	pwng	90

pwt	228	Sach	238	tandod	260
pwy	224	sad	244	taradr	260
pwyll	226	sae	237	taran	260
pwys	226	saeth	237	tardd, tarddell	261
py	218	safn	252	tarnu	261
pydew	228	sail	247	taroden	89
pydredd	226	Sais	239	tarw	261
pyg	218	sal, salder	239	taw	260
pylgain	219	sangu	238	tawdd	263
pyngu	90	sarn	253	tawedog	261
pys	224	sawdl	245	techu	262
pysg	221	sawl	246	teir-	262
		sedr	244	teirthon	263
Rhâd	232	sefnig	252	teithi	265
rhag	229	sefyll	246	telm	259
rhai	231	sefylliog	239	telyn	262
rhaid	231	segur	246	teneu	259
rhaith	232	seith	245	terfyn	263
rhange	229, 232	selsig	247	tês	264
rhangcol	229	sengi	238	teth	264
rhann	230	serch	245	tew	262
rhasgl	15	seren	253	tir	265
rhathu	231	sidan	246	tlawd	271
rhaw	230	(slowen)	254	to	265
rhawn	233	sofl	248	tochi	266
rhed, rhedu	231	sug	169	toddi	263
rhedyn	229	suger	247	toes	265
rhef	140, 232	sugn, sugno	257	toi	265
rhefr	232	sul	257	toli	220
rhenge	232	súr	257	toll	262
rheol	232	swch	248	tonn	266
rhew	232	swyf	247	torch	268
rhidyll	234	sybwydden	239	torr	263, 267
rhif	90, 236	sych	244	torth	267
rhisg	236	syfi	247	traeth	270
rhoch	235	syg	257	trai	269
rhod	234	syllu	245	tranoeth	270
rhoi	232	synu	249	traws	271
rhos	235			trawst	271
rhudd	237	Tad	258	trech	269
rhwng	232	taer	261	treio	269
rhwy	234	(tafawd)	263	tren	269
rhwyd	233, 235	tafl, taflu	260, 263	tresglen	106
rhwydd	235	tafod	263	trest	271
rhwyl	235	tafol	260	trew	107, 235
rhwym	236	tagu	258	tri	271
rhwystr, rhwystro	233	tail	262	tro	272
rhy-	229	tairth	263	trochi	76, 272
rhych	231	taith	265	trochydd	272
rhychwant	230	tal	258, 259	troed	272
rhyferthwy	233	talar	258	troeth	272
rhyngu	232	talcen	259	troi	272
rhysod	231	talfedel	259	tru, truan	273
rhyw	231	tam	259	truedd	273
		tan	99, 259	trugaredd	273

trwch	273	ugain, ugaint	275	ysgolp	242
trwngc	270	ulwyn	117	ysgor	243
trwst	273	un	117	ysgrafu	243
trwy	107	unfan	275	ysgrif, ysgrifo	244
trybedd	270	urdd	275	ysgrin	244
tridydd	270	us, usion, usyn	275	ysgryd	244
tu	274	uwd	174	ysgub, ysgubo	244
tud	274	uwel	127	ysgubor	241
turio	274			ysgwâr	243
twf	265	(Wi), wy	276	ysgwfl	241
twng	267	wybr	213	ysgwir	243
twll	268	wylo	149	ysgwr	243
twr	268	wyr	66, 104	ysgwyd	242
twrch	268	wyth	111	ysgwydd	242
twrf	256			ysgyfaint	241
twyll	267	Y	119	ysgyfaru	243
twym	266	ybore	33	ysgyflu	241
twysen	259	yd	110, 119	ysgyflwr	243
twysg	267	yddoe	90	yslath	180
tyfu	265	ym	114	yslywen	254
tyn	262	ymarwedd	99	ysnoden	210
tynor	262	ymdrochi	76	yspin	250
tynged	266	ymenyn	8	ysplan	251
tyngu	267	ymwth	87	ysplenydd	251
tynnu	262	yn	113	yspryd	250
tyno	269	yngwydd	6	yspwng	251
tyst	263	ynte	117	ystad	251
tywarchen	260	ynvore	33	ystaen	252
tywyll, tywyn	264	ynyd	114	ystarn	253
tywysen	259	ynys	114	ystarnu	253
		yrllynedd	277	ystefaig	252
(Uceint)	275	ysbyddad	250	ystigo	251
uch	84, 275	ysgafn	239	ystod	253
ucharn	275	ysgallen	19	ystof	253
uchedydd	6	ysgar	100, 240	ystola	254
uchel	166	ysgarth, ysgarthu	240	ystrad	255
uchenaid	166	ysgaw	240	ystrew, ystrewi	255
udo	175	ysgi, ysgien	240	ystwng	254
ufel, ufelyn	127	ysgil	241	ystyllen	252
uffarn	274	ysgod	241	ystyr	102
uffern	173	ysgogi	100	ysywaeth	247
ufyll	276	ysgol	241, 242	yw	175

6. CORNIQUE

(Le voc. corn. entre parenthèses[1].)

A	1	(abrans)	3	(ail)	108
abard, abarth	2	agan	165	(airos)	17
(aber)	3	(aidlen)	112	(als)	14

[1]. Les formes anciennes, en général, sous le vieux-breton.

INDEX

(altrou)	14	bern [2 mots]	32	cans	53, 12
alwedh, alwhedh	7	(binfic)	31	(cantuil)	53
ame	5	(bisou)	36	cara	68
(amenen)	8	(bistel)	33	carn	55
amser	10	(-bit)	29	carow	55
an	12	bleidh < (bleit)	37	carrag	55
anaf	13	(bleu) > blew	37	casal	56
anal	6	(blodon)	37	casec	56
(anauhel)	21	(blot)	37	cath	56
ancow	12	(boch)	39, 40	caugh	50
ancres	113	bodhar	41	caul	54
anser	10	bol	26	cavel	50
apert	10	bom	39	cavow	53
(aradar)	15	bos	38, 41	ce-	56
arch	16	brag	42	ceges	58
(argant)	16	bram	42	cegin	58
arv	17	bran	42	celin	59
ascorn	19	bras	27, 42	(cennen)	62
(asen)	119	brech	43	center	62
(askellen)	19	(bredion)	46	cerches	64
(auhel)	21	bresel	44	cerden	64
(auon)	21	Brethon	43	(ceser)	56
avar	33	breus, breuth	44	ceteponon	155
avond	21	brew	45	cev-	56
avorow	33	brithel	44	(chelioc)	67
(avu)	21	bro	45	(chen)	58
awel	21	broch	45	(chereor)	63
(awell)	174	broder	44	(cherhit)	63
awos	118	bron	45	(chic)	66
		bros	46	(chil)	67
Bad, badus	23	(brou)	44	claf	68
bagas, bagat	23	(bruit)	45	(claud)	70
bah	23	(bry)	42	cledhe	71
(baiol)	31	brynnian	45	clewas	70
(banathal)	25	brys	58	cloch	71
(baneu)	26	buch	48	clog	71
banna	26	bugel	47	cloirec	71
bar	26	(buhell)	40	(cluit)	72
bara	27	(buit)	39	cnéu	81
barf	28	byhan	35	cnyfan	80
bargos	27	byrluan	152	(co-)	56
barne	27	bys	36	coc	73
(barth)	28	bysvycken	36	codhe	77
bás	29	byw	31	côf	78
bechan	35			(collet)	74
bedewen	34	Cabel, cably	49	(coloin)	74
bedh	34	caer	57	colom	77
bedhy	33	caillar	50	colon	50
bedidhia	29	(caites)	57	colwidhen	60
(cal)		(cal)	51	compos	75
begel	29	Calan	50	côn	72
begy	29	(caltor)	54	(contronen)	75
(beler)	30	cam [2 mots]	51	cor	72, 76
benen	109	can	53	cord	75
bennath	31	cannas	53	corf	75
ber	31, 32				

CORNIQUE

corn	75	dorn	105	fedh	121
cors	76	dôs	105	fethe	120
coth	78	(dou)	88	(flair)	123
cowes	54	dour	105	(flam)	123
crak	79	dre	106	floch, flogh	123
cresy	80	drehedby	100	foen	124
crevan	81	(drein)	107	forh	124
(crif)	81	dreis	107	forn	124
(croadur)	83	drog	107	fors	124
crog	83	du	108	frau	124
crogen	82	duk	105	frig, frigow	125
crohen	82	(duw)	108	frot	126
(croider)	83	(duy)	105	(fruc)	125
(crois)	82	dychow	91	fuelein	167
crows	82	dylly	103	fûnen	127
(cruc)	83	dyow	91	fûr	127
cudhe	85			fust	127
cueth	65	E	158		
(cuit)	73	eal	108	Gad	127
cuntell	84	eath	111	gal	146
cusc, cusce	78	ebol	109	gallos	128
		ebral	109	gar	129
Da	85	ebron	109, 213	garan	130
daffar	86	edhen	118	garm	130
dager	86	edrek	19	(gauar)	129
(dal)	86	ef	158	(gelvin)	137
dalhenne	86	eges	110	(genau)	131
dans	87	eglos	173	(gevel)	132
dar	78, 93	(ehoc)	115	(ghel)	131
daras	104	êl	108	glas	111, 133
darn	89	(elgeht)	112	(glau), glaw	133
dasserchy	90	elin	173	gledh	69
(dauat) > davas	87	em-	114	(glibor)	134
dec, deg	91	en	113	glin	134
dehen	96	(enchinethel)	11	glow	133
(dele)	91	encinedel	11	(gluan)	134
(delehid)	103	ene < enef	113	(glut)	135
delen	91	enep	114	go-	145
demidhy	98	enes	114	(god)	142
den	92	enlidan	158	godhevel	141
(det)	91	ennian	13	godhfyth	142
dethwyth	93	enys	114	(gof)	136
dewedh	102	er	116	goil, gol	136
dhe-	85	(eru)	116	golchy	146
di-	94	(esel)	119	golow	139
digwydha	97	(estren)	164	golsowas	245
dinair	99	ethom	119	golvan	137
(dioc)	96	eve	118	goly	139
dismigo	101	(eviter)	115	(gorbulloc)	226
(diu)	88	ewidit	6	gordhy	152
doar	104	ewin	175	gortos	138
(dof)	93	ewiter	115	gou-	145
(dofer)	105	eythinen	34	(goudhan)	129
dones	104			gow	129
dòr	104	Fav	120	goydh	148

INDEX

(goyṭ)	135	gwrey	142	(iot)	174
goyn	138	gwyns	151	(iouenc)	172
goys	146	gwyrdh	152	(irch)	116
gre	143	gwyth [2 mots]	148	(itheu)	117
grig	47				
(gronen)	143	Ha	156	Ke	68
grow	145	hacter	156	(keber)	57
(grueiten)	144	(haf)	157	(kelionen)	60
(grugis)	140	hag	156	(kennin)	68
gu-	145	hager	156	(kerd)	64
guac	146	haloin	165	(ki)	66
(guas)	147	hanter	157	(kinethel)	11
gudzh	146	has	156	kunys	65
(guein)	138	haval	162	kyns	62
(gueli)	149	he-	158		
(guenenen)	150	heb	160	Lad	181
(guennol)	151	(hebrenchiat)	8	lader	178
(guhit)	138	hegar	159	ladhe	180
(guiat)	148	helhia	113	(lafroc)	180
(guiden)	149, 153	(helhwur)	113	lafur	177
(guil)	149	heligen	156	(lagat)	178
(gùilan)	149	hembronk	8	(lagen)	178
(guilschin)	134	hen	160	(lait)	181
(guins)	151	herwydh	161	lan	179
(guirt)	152	hês	159	lanwes	179
guis	155	(hescheu)	161	last	180
(guisc)	155	(hethen)	118	(lauar)	180
(guistel)	153	heuul	160	le	181
(guit)	146, 148, 153	hevis	164	leauh	181
(qulat)	133	hins	160	(leic)	186
(gur)	140	hir	163	leisw	187
gur-	139, 276	hivin	175	len	183, 184
(gurebic)	143	(hoch)	166	lenn	183
guris	140	hoed	165	lerch	183
(gurthit)	152	hoern	165	les	180
gusigan	171	hol	165, 214	lester	188
gustle	153	hombronkyas	8	(leu)	183, 185
(guyn)	151	hordh	268	leun	184
gwag	146	houl	160	levar	185
gwan, gwane	147	huhel	166	(lewen)	179
gweder	152	(huibreu)	213	leyth	181
gwels	132	(huir)	160	li	182
gwenan	151	(huis)	213	(liein)	186
gwernen	152	hun	167	lilie	186
gwerthe	152	(huvel)	276	lin	183, 187
gweth [2 mots]	148	hweda, hwedzha	170	linaz, (linhaden)	187
gwethe	118	(hwerthin)	170	lither	188
gwic	154	hwevral	170	(liu)	187
gwilleiw	153	(hyc)	163	(liver)	185
gwilskin	134			lo	188
gwin	154	lach	172	(loch)	184
gwithe	118	idhio	173	(loder)	188
gwiw	155	(ieu)	172	lodn	188
gwra	142	(iey)	172	logoden	188
gwrég	143	ifarn	173	(lor)	184

(lorch)	189	(moelh)	206	orth	215
losc	184	molleth	194	own	14
losow	190	(mols)	195	oy	276
(louan)	189	môn	204	oys	213
(louen)	179	mones	205		
(louuern)	189	(mor)	205	Pal, palas	216
lowarth	187	mordhos, (mordoit)	206	(palf)	216
lu	157	moreth	205	pals	217
luer	184	morthol	206	parc	218
(lugarn)	191	mowes	195	parez	218
(luhet)	191	moy	208	parusy, parys	218
(luir)	188	moyar	206	pas	218
(luit)	190	moys	203	paw	217
lusow	191	(muin)	204	pe [2 mots]	218
(luworth)	187	myns	199	(peber)	222
lyrch	183	myrch	200	pedar	219
lyvyr	185	myttyn	203	pêg, pêk	218
				pel	219
Ma	192, 197	Nacha	208	pell	219
mab	193	Nadelic	209	pen	220
machteth	197	nader	5	(pendeuig)	224
(madere)	27	naw	209	perfeyth	221
maga	193	neb	210	perhen	221
(mahtheid)	197	nedhan	211	perna	227
mal	194, 198	nedhe	211	pery	95
mam	194	nef	114	pês	224
man	195	nehuer, neihur	210	pesc	221
manal	194	(neid), neith	209	peswar	222
mar	196	nep	210	peth	222
march	196	nerth	210	peyk	218
marow	196	nês, nessa	210	(pib)	222
martesen	196	never, niver	212	(pirgirin)	224
marth	196	noeth	212	pla	225
mas	193	(noi, noit)	212	pleg	225
(maur)	201	nôs	213	plew	225
maw	195	noth, noyth	212	pliv	225
mê	193	ny	211	plom	225
(med)	201	nyge, nygethys	212	plu, plui	225
mel	197			po	218
mellow	198	Oan	213	pob	221
men	197	ober	213	pobas	222
menedh	199	(ocet)	214	(pobel), pobyl	226
mês	197	(odion)	111	poc	222
mesen	201	oferen	214	podreth	226
(metin), mettin	203	ogos	156	poen	225
meyn	203	(oilet)	213	poes	226
(mil)	202	(oin)	213	pol	227
(milin)	198	ol	162	pons	226
min	203	olas	213	porth [2 mots]	226
minow	203	ole	149	pôs	220
miras	203	om-	114	post	226
mis	203	ôn	213	powesy	217
moc	204	onan	275	poys	226
moch	204	onnen	215	pras	227
(modereb)	204	onon	275	pren	227

prenne	227	(seithun)	247	tês	264
(priderys)	227	(sel)	247	test	263
pries, (priot)	228	seth	237	tethan	264
(prit)	227	seyth	245	tew	262
pry	228	(sibuit)	239	tewlel	263
pryerin	224	(sicer)	247	(ti), ti	264
pryf	228	silli	247	(tir), tîr	265
prys	227	skephans	241	(tist)	263
pup	221	(snod)	210	(tiwulgou)	264
pûr	228	(soch)	248	to	265
py	218	son	248	(toim)	266
pymp	219	soul	248	(tollor)	262
pysc	221	soweth	247	(torch)	268
pystry, pystyc	224	Sows	239	torry	267
pyw	224	spedhes	250	torth	267
		spern	250	toula	260
Rac	229	(spirit)	250	towan	264
radn, ran	230	splan	251	toy	267
(reden)	229	sprus	251	tra	269
(regihten)	231	spyrys	250	traith, treath	270
rei	232	squyth, squytheys	244	trebath	270
reol	232	stanc	252	tregereth	273
rês	231	stean	252	tressa	270
rew	232	(stefenic)	252	trêth	270
reys	231	(steren), steyr	253	(tribet)	270
ridar	234	stil	252	trig	269
ros	234, 235	(stol)	254	tro	272
(rud), rûdh	237	strad	255	(troet)	270
(ruif)	234, 235	(stut)	20	trois, trôs	272
rusc	236	suel	246	(troster)	271
ruth	236	(suif)	247	(truit)	272
ruy	235	sûl	257	try	271
ry	232	sygal	245	trysse	270
ryb	233	sygan	169	tu	274
ryth	233	syll, sylly	245	tulle	267
		sythyn	247	(tur)	268
Sach	238			tus	274
sam	238	Taga	258	tyner	262
sawtheny	239	(tal), tal	258, 259	tynne	262
scaf	239	tam	259		
scawen	240	(tan), tân	259	Uch	275
sceans	241	tanow	259	ugans, ugens	275
(scevens)	241	(taran)	260	un	117
scibia	244	tardar	260	urrian	214
(scod)	241	tarow	261	(us, usion)	275
scoren, (scorren)	243	tas < (tat)	258	uy	276
(scoul)	243	(tava?)	260		
scovarn	243	tavas, (tavot)	263	War	276
scrife	244	(telein)	262	whans	169
scruth	244	tenna	262	wharfos	169
scrymba	244	têr	262	whâth	170
(scuid)	242	terlentry	187	whec	170
scullye	244	termyn	263	wheh	170
sech	244	terry	267	wherow	170
segyr	246	(terthen)	263	whêth	170

MOYEN-BRETON

whethl	59	(yar)	172	(yorch)	174
why	171	yben	109	ysedhe	22
whys	171	(yd)	110	ysel, yssel	176
whythe	171	ydh	119	yudhow	175
wole	149	yedhow	175		
wryth	233	yfarn	173	Zôh	248
(wur)	139	ygory	97	zoul	248
		ym-	114		
Y	119	ynter	114		

7. MOYEN-BRETON

(Y compris les graphies plus modernes, mais qui diffèrent sensiblement de l'orthographe de Le Gon.)

Abaff	1	ausill	14	bunçc	48
achubi	117	azff	14	butin	41
adreff	4	aznat	11		
ael	108	azr	5	Cadoc	49
a goez	6	azrec	19	cadoen	128
agroasenn	9			cadoer	49
ahel	5	Baeguel	29	caer	57
alazn	6	baelec	30	caffon	53
alcchsé	6	balazn	24	caffout	50
alhuezaff	7	banazl	24	caffun	50
aliaff	7	bastroulh	28	camblit [dizyou]	128
alteraff	7	baus	26	cantoell	53
alvéen	111	bazré	27	cantrêet	53
amgros	9	beaul	31	carez	68, 97
amneseuc	9	bech	29	Carnac	55
ampafalek	9	benaff	30	Catoc	49
amparfaret	9	benhuec	31	cauch	50
ampser	10	benny	31	cavall	56
anaff	13	bennoez	31	cazr	49
anavon	11	bescul	36	cenclenn	247
ancoffuez	12	besou	36	chagud	176
anhez	13	bet	33	chaodel	176
anneffn	13	beuziff	33	chouech	170
anneuffenn	13	bezret	31	choues	171
annoer	215	bilh	101	chuirinnat	170
anquen	10	bizhuyquen	36	ciuellen	247
aodé	213	blein	37	claff	68
aparchent	221	bleuzuen	37	clezeff	71
apert	10	blisic	37	clezren	70
arabat	15	blot	38	clezrenn	70
arazr	15	blouhi	38	coazrell	72
arbenn	95	boçen	39	cochuy	74
argant	16	bouhazl	40	coezaff	77
argoez	18	bresel	44	coezff	73
arhmé	17	breuzr	44	coloren	59
arsaw	18	breyn	43	compoes	75
asclez	18	brignhon	45	coruent	77
asezaff	22	brout	46	couff	78
attal	65	bulbuenn	226	coufforcher	78

INDEX

coustelé	69	discl	100	evaff	118
creff	81	dishilya	97	eyen	6
creuseul	81	disquiff	100	ezeff	211
cridiff	80	dizonaff	103	ezlen	112
crissaff	82	doanger	104	ezn	118
croas, croes	82	Doé	105	eznes	114
croezr	83	doff	104		
crou	79	don	105	Fae	119
cudennec	16, 84	donet	104	faff	120
cuff	84	dornguenn	105	fataff	120
cuntuill	84	dorojou	104	faziaff	120
czutell	171	douc, dougas	105	fenestr	227
		dougiaff	105	ferf	121
Daczon	87	draffl	106	fesqen	121
daczorch	90	drasgl	106	fifual	122
daes	91	dréau	107	fizyaff	122
daffnez	88	dréaucq	107	flet	123
daladur	258	drilhant	106	foi	119
dameuhein	87	druilla	106	forz	124
daroueden	89	duff	108	fraeill	125
dasonein	87	dyspayllet	93	freals	125
dazquilyat	89			fregaff	124
dazré	86	Eaug	115	fricaff	126
dazrou	86	ebil	172	frivoll	126
dazsonein	87	eenez	114	froan	126
deaoc	92	eff	158	froesaff	125
debruan	91	effn	110	fromet	126
degrez	93	eguit	110, 118	frotaff	126
delé	91	ehanaff	110	froucq	126
delezaff	91	ehuedez	6		
dellit	91	eintaff	174	Gaffr	129
desquiff	100	elboet	173	gafl	129
deuaff	104	elven [2 fois]	112	gaign	128
deuff	93	emdyvat	113	galu	128
deuiff	94	emolch	113	ganes	128
dezquent	93	encq	113	garr	129
dezreuell	90	encres	113	garu	130
dezrou	93	encbenn	114	gat	127
dezvyff	106	eneff	113	gaul	129
diben	95	enep	114	gaunach	129
dibriff	95	enmat	116	gausan	129
diço	100	enquelezr	11	gavet	176
dieznes	96	enta	117	glar	133
diffraetaff	97	entresea, entrezec	117	glas	133
difroncqa	97	eoull	174	glau	133
difurm	97	erer	115	glawren	133
dihelchat	96	eres	116	glenn	133
dihodein	99	eru	116	gloat	133
dillat	98	eston	117	gloeb	134
dilob	98	estr	164	glou	133
dimizyff	98	eübi	117	gluesquer	134
dioueret	99	eugenn	111	goagronenn	146
dipr	95	euret	118	goalenn	146
dirhaes	100	euryen	214	goascaff	147
diribign	100	euver	99	goelaff	149

MOYEN-BRETON

goelann	149	guis	132		
goelet	149	guyber	132	Id	110
goestel	153	guyou	155	iguen	163
goez	6, 153, 161	guypat	155	ilis	173
golchet	146	gwalch	146	illy	163, 173
gou	129	gwan	147	ilyanenn	174
gouaff, gouanff	135, 151			ilyeauen	173
gouen	151	Hadaff	156	iou	173, 258
gouher	138	hael	158	irin	164
gouilh	154	haezl	139	iryenn	174
gounit	139	haff	157	it	110
gour	137, 139	hallaff	6	iudal	175
gourhet	139	hambrouc	8		
gourhiziat	141	hanff, hanu	157	Kardel	54
gouriar	72	harluaff	157	Kerlu	157
gouris	140	harzaff	158	kneau	81
gourrin	140	hat	156	knech	80
gousper	141	haual	162	knoenn	80
goustadic	141	haznat	11		
gouzaff	141	heaul	160	Laez	181
gouzroncquet	76	hebiou	109	laezr	178
gozro	136	hec	159	lagat	178
grezn	143	hedro	110	lakés	177
groach	143	hegaff	159	langach	178
groachell	143	henaff	160	laoscat	179
groegonn	143, 146	hent	160	lap	177
gronn	145	hentaff	114, 160	lapous	177
gruec	143	hersquinaff	161	larg	179
gruech	143	het [2 mots]	159	laur	179
gruizyenn	144	heugal, heugui	162	laurec	180
gruy, gruyat	144	heurtaff	162	lauscaff	185
gueaff	148	hezr, hezreff	161	lausq	179
guedaff	131	hinvis	164	lazaff	180
gueffret [avel]	132	hiziu	164	lean	181
guelchi	146	hoalat	164	leat	188
gueleiff	136	hoant	169	leau	183
gueleuiff	150	hoar	169	lech	181
guelteff	150	hoaz	170	lechit	182
guen	132	hoazl	169	leff	183
guengoloff	150	horolach	165	lehet	181, 182
guenn	131	houat	165	leiff	182
guennhaen	151	huanat	166	leizen	188
guennuidic	151	huedaff	170	lencquernenn	182
guerelouann	152	huedez	6	lenor	187
guerzit	152	huennat	170	les	185
gues	155	hueru	170	lesell	185
gueun	132	huerzin	170	lesir	185
gueuré	118	huez, huezaff	171	lesquiff	184
guez	153	huffelen	167	leter	184
guezenn	153	huil	171	leuzriff	184
guezu	150	hun	167	leuyaff	185
guezr [2 mots]	152	huysiguenn	171	leynff	182
guezucut	155	huytout	171	lezr	183
guilchat	154	huzelen	167	libostren (?)	186
guinfher	153	hygoulen	163	licel	187

INDEX

liffrin, lirzin	188	meut	200	palf	216
lit	186	mezel	222	palliquet	216
liufriz	187	mezz	201	pan	215
lizrin	188	mibin	202	paraff	218
loes	188	mic, micq	202	parcfarth	216
loet	190	midiff	197	pas	218
loezn	188	milbuyt	202	pautr	217
loffr	190	milliga	203	pendoc	219
lorchen	189	mis	203	penestr	227
lost	189	moé	206	pengot	220
lot	188	moez	207	penguen	220
louazr	179	monet	104, 205	penndolein	220
louen (2 mots)	179	morcé	206	peuch	221
louff	190	morchet	205	peuriff	222
louffan	189	morzuill	206	pign	223
lousouenn	190	moten	206	planczonenn	224
louzr	188	mouc	202	plaouhyet	224
lozn	185	moues	195	plegaff	225
lué	184	moullecg	207	pluff, pluveun	225
luz	192	mous	207	porfolennou	226
		mozrep	204	pourchen	227
Maer	197, 199	mynhuiguenn	203	prenestr	227
maerat	199			pret	227
maes	197	Nadoez	208	prezec	228
maguaff	193	naffn	209	puill, puilla	228
mailluraou	194	néau	210		
malaff	194	neff	114	Qeverdu	64
malazn	194	nēgun	212	quaez	57
mall	193	nessaff	210	quautren	53
malloez	194	neuff	210	queff	57
maluenn	194	neusé	211	queffin	57
manc	195	neut	210	queffret	58, 132
manier	194	neuz	211	quebezl	59
marf	196	neyzor	210	quehit	59
marlarjez	205	nezaff	211	queiniff	58
mars	197	ni	212	quellidaff	60
martésé	196	niff	212	quempret	60
maru	196	nigal	212	quen	62
mat	193	niz	212	quenquis	61
mau	195	noabrenn	213	quer	63
mazron	193	nodas	212	querz	64
mechif	168	nof	213	queulusq	192
meilb	198			queyn	58
meill	198	Oabrenn	213	quic	66
melchonen	198	oar	276	quil	67
melfoden	198	ober	213	quilhorou	67
melle	198	oet	213	quillevarden	67
membr	99	offeren	214		
menauet	198	orguet	214	Radenn	229
menehy	199	ouenn	212	rampaff	229
merien	200	ozech	215	raou	230
mesenn	201			raulbin	230
meuliff	201	Pab	215	razaff	231
meurbet	201	paéaff	216	réau	232
meurzlargiez	205	pafala	9	rec	231

MOYEN-BRETON 347

reiff	232	soquen	277	tleunv	265
reiz	232	soubl, soublaff	248	tnaou, tnou	269
ren	232	soupl	248	toéaff	267
reun	236	spiaff	250	toem	266
reux	233	spus	251	tonquaff	266
revin	233	squegaff	240	tor, torr	263
ribler	233	squei	240	torth	267
rodel	234	squifleu	241	toucec	268
roé	235	squignet	241	touign	268
roeff	234	squilfou	241	tousaff	269
roncet, roncin	235	squôein	240	traez	270
rou	230	staer	253	traezer	271
rouhenn	230	staffn	252	treff	4, 150
rudher	237	stalaff	251	trevers	271
ruilhal	236	start	252	trezant	269
rum	236	staut	252	tribuill	273
rusaff	237	stéan	252	trinchonen	272
		ster	102	troat	272
Saff	238, 246	steut	253	tronnos	272
saffar	237	steuven	253	tru	273
sailh	238	stigna	241	trufla	273
saillaff	238	stou	254	tut	274
sallaff	238	strad	255		
Saus	239	strehet	255	Uhel	166
scaff	239	streuyaff	255	ui	276
scaffn	240	strodton, stroton	256	usen	192
scau	240	sug	169	uvel	276
sclacenn	241	sunaff	257		
sclaer	242	Syohan	247	Vacaff	276
scloquat	242			varlen	27
scoet	242	Taffhaff	260	vasé	22
scouc	168	taffoessat	259	voar	276
scuyllaff	244	Tanneguy	259		
seilh	238	tarazr	260	Yar	172
serch	245	tas	263	yen	172
seulenn	246	tasoanaff	269	yeu	172
seuuien	247	tat	258	yez	173
seuzl	245	téaut	263	yffornaff	173
seven	246	teffal	264	yoaff	176
sezlou	245	terryff	263	yoh	174
sigur	246	teu	262	yot	174
silsiguen	247	teüs	263	you	175, 258
sioulic	247	teuzl	263	youanc	172
sizl	246	teuzyff	263	yourch	174
soaff	247	teyl	262	ytron	175
sonn	248	tizaf	265		

OBSERVATION GÉNÉRALE

Les légères différences qu'on remarquera parfois entre les formes citées au lexique et les mots relevés à l'index proviennent en principe, — sauf inadvertance, comme dans corn. *hembronk* (8), cymr. *cymmer* (60), sk. *gṛbhṇấti* (79), sk. *kṣiṇấti* (244), — de variantes graphiques justifiées dont il a paru expédient d'informer le lecteur.

DERNIÈRES ADDITIONS

P. 27 (*baré*). — Les mots corn. et ir. sont empruntés à l'ags. (ag. *madder* « garance »).

P. 29 (*bék*) et p. 35 (*bihan*). — Sur une souche conjecturale celto-germanique *bĭg-*, *pĭk-*, etc., voir K. F. Johansson, *Kuhn's Zeitschrift*, XXXVI, p. 381.

P. 37 (*bleiz*). — Voir sur ce mot les rapprochements du même auteur, même article, *K. Z.*, XXXVI, p. 373.

P. 43 (*brennik*). — V. sur ce mot l'article *berlin* de M. A. Thomas, *Romania*, XXVIII, p. 172.

P. 73 (*koat*). — Sur le lat. *-cēto-*, voir M. Niedermann, *Studien zur Latein. Wortbildung*, in *Idg. Forsch.*, X, p. 256.

P. 74 (*koc'hen*) et cf. p. 71 (*kloc'h*). — Récemment (*Roman. Stud.*, II, p. 13 sq.), M. H. Schuchardt a rattaché les deux types de lat. vulgaire *clocca* et *coca* au lat. *cochlea* « escargot ».

P. 75 (*komps*). — Au lieu de « celtique », lire « brittonique »; ou bien, au lieu de *-wep-s-*, lire *-weq-s-*.

P. 190, n. 3. — Malgré la différence de genre, *louézaé* doit être un sobriquet signifiant simplement « robe grise ». V. sous *loued* et *saé*.

P. 195 et 196 (*mar* et *mâr*). — Selon M. Zimmer (*K. Z.*, XXXVI, p. 416), le substantif procéderait au contraire de la conjonction, dans une locution *heb mar* signifiant littéralement « sans si » (*si* dubitatif pris substantivement). Cette idée m'était bien venue; mais je l'avais écartée comme trop simple. Elle n'est guère démontrable, tant qu'on n'aura pas démêlé l'origine de l'*r* final de la conjonction *mar*.

P. 215, n. 2. — Il se peut qu'un brittonique régulier **otiko-* soit devenu **odiko-* sous l'influence de **od-* « pied » (cf. *ufern*) : fouler aux pieds une terre est une prise de possession et un acte de propriété.

P. 223 (*piden*). — Sur une souche possible de ce mot et similaires, voir encore Johansson, *K. Z.*, XXXVI, p. 347.

DERNIÈRES ADDITIONS

P. 228, n. 2. — Fr. *pailles* « chiffons de papeterie » figure au Dictionnaire de Littré.

P. 259 (*talier*). — L'hypothèse d'une contamination par *tâl* est inutile : *darier est devenu *dalier par dissimilation; puis le *d* a été pris pour une mutation douce, et en conséquence le mot est devenu féminin.

P. 268. n. 6. — Au fait je ne sais si *kabel-dousek* signifie étymologiquement « chapeau venimeux » ou « chapeau à crapaud ». Dans mon pays (Colmar, Alsace), la ciguë s'appelle *kròtepétrle* « persil à crapaud ».

www.ingramcontent.com/pod-product-compliance
Lightning Source LLC
Chambersburg PA
CBHW050532170426
43201CB00011B/1403